ANILARIM
Prof. Dr. Ernst E. Hirsch

TÜBİTAK Popüler Bilim Kitapları 45

Anılarım / Kayzer Dönemi, Weimar Cumhuriyeti, Atatürk Ülkesi
"Aus des Kaisers Zeiten durch Weimarer Republik in das Land Atatürks,
Eine unzeitgemässe Autobiographie"
Prof. Dr. Ernst E. Hirsch
Çeviri: Fatma Suphi
Redaksiyon: Macide Serpemen

© Türkiye Bilimsel ve Teknik Araştırma Kurumu, 1997
TÜBİTAK Popüler Bilim Kitaplarının Seçimi ve Değerlendirilmesi
TÜBİTAK Yayın Komisyonu Tarafından Yapılmaktadır

ISBN 975 - 403 - 067 - 7

İlk basımı Nisan 1997'de yapılan
Anılarım
bugüne kadar 15.000 adet basılmıştır.

7. Basım Haziran 2000 (2500 adet)

Yayın Yönetmeni: Sedat Sezgen
Teknik Yönetmen: Duran Akca
Grafik Tasarım: Ödül Evren Töngür
Uygulama: Şebnem Uygunuçarlar
Dizgi: Nurcan Öztop

TÜBİTAK
Atatürk Bulvarı No: 221 Kavaklıdere 06100 Ankara
Tel: (312) 427 33 21 Faks: (312) 427 13 36
e-posta: kitap@tubitak.gov.tr
İnternet: kitap.tubitak.gov.tr

Ajans-Türk Matbaacılık - Ankara

Anılarım

Kayzer Dönemi
Weimar Cumhuriyeti
Atatürk Ülkesi

Prof. Dr. Ernst E. Hirsch

ÇEVİRİ
Fatma Suphi

TÜBİTAK POPÜLER BİLİM KİTAPLARI

*"Aus des Kaisers Zeiten durch Weimarer Republik in das Land Atatürks,
Eine unzeitgemässe Autobiographie" adı ile 1982 yılında Münich'deki
Sweitzer Verlag tarafından yayınlanmış olan bu kitabı Türkiye'de yayınlama hakkı
Prof. Dr. Ernst E. Hirsch tarafından
Banka ve Ticaret Hukuku Araştırma Enstitüsü'ne bağışlanmıştır. Bu hakkın
TÜBİTAK tarafından kullanılmasına izin veren
Banka ve Ticaret Hukuku Araştırma Enstitüsü'ne teşekkür ederiz.*

Zaman sınırlarını aşan bir hayat hikâyesi

Prof. Dr. Ernst E. Hirsch
20 Ocak 1902 - 29 Mart 1985

İçindekiler

Sunarken	I
Birinci Bölüm	
GeldiğinYeri Unutma Sakın!	1
1. İlginç Evler	1
2. Kadın Konfeksiyon Mağazasında	13
3. Dietemannshusen	18
4. İğne Deliği	24
5. İki Kule	30
6. "Hayır Hirsch, Siz Amcanız Değilsiniz!"	42
7. "Bu Adamın Kültür Düzeyi Nedir?"	56
8. Lise Öğrencisi	67
9. 50 Yıl Sonra. O Zamanki ve Şimdiki Yetiştirme Görevi	84
İkinci Bölüm	
Çalışan Kazanır	97
1. Altın 1920'ler	97
2. Çıraklık Yılları	102
I. Berlin'deki Kapp Darbesi	102
II. Kopya Presi	105
3. Hem Çalışıp Hem Okurken	111
4. Yeğen	118
5. Münich Özgürlüğü	123
6. Doctor utriusque iuris	133
7. Stajyer	144
I. Offenbach am Main'deki Sulh Mahkemesi	144
II. Avukat Yanında Staj	147
III. Intermezzo	154
IV. Frankfurt am Main, Yüksek Eyalet Mahkemesinde	156
V. Hâkim Yardımcılığı Sınavında	157
8. Çifte başlangıç	162
I. Akademik Kariyere Başlarken	162
II. Hâkimlik Mesleğine Başlarken	171
III. Özel Hayat	174
9. "İnkılâp"	176

Üçüncü Bölüm
Atatürk'ün Ülkesinde Bir Hukuk Hocası . . . 187

Giriş: Çağrı . . . 187
Birinci Kısım: İstanbul'da On Yıl . . . 193
1. "Ü" . . . 193
   I. Yataklı Vagonda Temel Türkçe Dersi . . . 193
   II. "Köprü" ve "Tünel" . . . 195
   III. Üniversite . . . 199
   IV. "Ü" Apartmanı . . . 203
2. İstanbul Üniversitesi'nin Doğum Sancıları . . . 208
3. Dil Maddesi . . . 215
4. 1933/34 Öğretim Yılında İstanbul Hukuk Fakültesi . . . 225
5. Fakültedeki Görevlerim . . . 231
   I. Fakülte Öğretim Üyesi Olarak . . . 231
   II. Kütüphaneci Olarak . . . 239
   III. Üniversite Hocası Olarak . . . 245
   IV. AraştırmacıOlarak . . . 258
6. Özel hayatım . . . 267
   I. Ev-bark Kurmam . . . 267
   II. Geziler . . . 277
      a) Kaplıcalar . . . 277
      b) Türkiye İçinde Geziler . . . 278
   III. Toplum Hayatımız . . . 281
7. "La Turquie kémaliste" . . . 290
   I. Kemalist Türkiye'nin
      Benim Tanık Olmadığım İlk On Yılı . . . 290
   II. Kemalist Türkiye'nin
      Benim Tanığı Olduğum İkinci On Yılı . . . 295

İkinci Kısım: Ankara'da Geçirdiğim On Yıla Yakın Zaman . . . 305
1. Türk Vatandaşlığına Geçişim . . . 305
2. Ankara . . . 314
   I. 1936'da İlk Ziyaretim . . . 314
   II. 1943 Sonbaharında . . . 319
3. Cebeci Güncesinden Yapraklar . . . 321
4. Ankara Hukuk Fakültesi . . . 330
5. Türk Hukuk Eğitiminde Hukuk Felsefesi ve
   Hukuk Sosyolojisi Üzerine . . . 337

6. Hikâyeler 348
   I. Enver Tandoğan 348
   II. Ernst Praetorius 349
   III. İşçi Sigortaları Kurumu 350
   IV. Türk Hukuk Lûgatı 352
   V. Defne 354

7. Yüksek Okulların Hukukî Durumu 360
   I. 1933'ten 1946'ya Kadar 360
   II. Üniversiteler Kanunu 362
   III. Ankara Üniversitesi 365

8. Kodifikatör 369
   I. Genel Bilgiler 369
   II. Fikir ve Sanat Eserleri Kanunu Nasıl Ortaya Çıktı? 372
   III. 1956 Tarihli Türk Ticaret Kanununun
      Meydana Gelişi 375
   IV. Marka, Patent, Sınaî ve Faydalı Modeller Kanunu 380

9. Almanya'nın Amerikan İşgali Altındaki Bölgesinde
   Bir Türk Profesör 380

   I. Münich, Stuttgart ve Frankfurt (Main)'da 1948 380
   II. Berlin'in Amerikan Bölgesinde 385

Kişi Adlarına Göre Arama Cetveli 393

I

Sunarken

Hukuk öğrenimlerini son otuz yıl içinde yapan meslekdaşlarım bu kitabın yazarını sadece eserleri ile tanıyabilirler. İstanbul ve Ankara Hukuk Fakültesinde, yirmi yıla yakın bir süre, başta ticaret hukuku olmak üzere hukuk felsefesi ve sosyolojisi, hukukta metod, fikrî ve sınaî haklar derslerini okutmuş olan Prof. Dr. Ernst E. Hirsch öğrencilerinin kalbinde ve kafasında unutulmaz izler bırakan nâdir hocalarımızın başında gelir.

Hocamız Prof. Hirsch çalışkanlığı ile, bitmez tükenmez sandığımız enerjisi ile, hizmet heyecanı ve şevki ile, bilim adamı ciddiyet ve haysiyeti ile, zevkle dinlenen dersleri ve tartışmalı seminerleri ile, toleransı ve davranışları ile, insanlara karşı sonsuz sevgi ve saygısı ile, ayrıca hassas, ince, sanatkâr ruhu ile bizler için yalnız örnek bir hoca değil, aynı zamanda örnek bir şahsiyetti.

* * *

Bu eserin Almanca aslı 1982 yılında Almanya'da yayınlanmıştır. Kitabın tümünü okuyunca Hocamızın Türkiye'deki eski öğrencisi ve asistanları olarak bu eseri dilimize kazandırmak gerektiği sonucuna vardık. Bunun, yalnız hukuk hayatımız bakımından değil, Üniversite ve hatta siyaset hayatımız bakımından bir hizmet olacağı hususunda birleştik. Meslekî çalışmalarında ve katkılarında ticaret hukukunun özel bir ağırlığı olduğu için bu zevkli görevi Enstitü olarak yerine getirmeye karar verdik.

Bir yönü ile edebî bir eser olan bu kitabı Almanca'dan Türkçeye çevirme sorumluluğunu sayın Fatma Suphi üzerine aldı. Çeviri işinin Şubat-Mayıs aylarında tamamlanması ve kitabın aynı yıl yayınlanması kararlaştırılmıştı. Dört ay içinde bu eseri Türkçeye çevirmenin güçlükleri ve diğer sebeplerle çeviri çalışmaları uzadı. Prof. Dr. *Ünal Tekinalp* çeviri çalışmalarını takip etti. Prof. Dr. *Nuşin Ayiter* kitabın 67-83, 375-380. sahifelerini çevirmeyi kabul etti. Dizgi sırasında Prof. Dr. *İlhan Akipek* ve ben kitabı tümü ile gözden geçirdik. Bu çalışmalara Prof. Dr. *Nuşin Ayiter* yardımcı oldu. Hocamız hayatta iken bu çevirinin yayınlanabilmesi için, öğrenci veya asistanları olarak, elimizden gelen her şeyi yapmaya gayret ettik. 29

II

Mart tarihinde Hocamız hayata gözlerini kapadığı vakit dizgi işleri ancak tamamlanabilmişti.

* * *

Prof. Hirsch 31 yaşında iken 1933 yılında Almanya'dan ayrılmış ve Türkiye'ye davet edilen bir öğretim üyesi olarak 1933-1943 yıllarında İstanbul Hukuk Fakültesinde, 1943-1952 yıllarında Ankara Hukuk Fakültesinde çalışmıştır. Bu kitapda Prof. Hirsch hayatının 50 yılına ait hâtıralarını - kendisi ve okuyucusu için önemli bulduğu oranda - anlatmaktadır. Üniversite öğrenimine kadar geçen hayatını bazı okuyucularımız ilginç bulmayabilirler. Hem eserin bütünlüğünün bozulmaması, hem de bu dönemle ilgili hâtıraları da zevkle ve ibretle izleyecek okuyucular bulunduğu kanaatinde olduğumuz için, kitabı olduğu gibi çevirterek yayınlıyoruz.

Hukukçular, hele öğrencisi olma mutluluğunu yaşamış olanlar için Prof. Hirsch'in Weimar Cumhuriyeti döneminde Üniversitedeki öğrencilik yıllarının, avukat, hâkim stajyerliği ve akademik kariyerle ilgili hâtıralarının, İstanbul ve Ankara Hukuk Fakültelerinde geçen 19 yıla ait görüşlerinin şüphesiz ayrı bir önemi vardır.

Weimar Cumhuriyetinin çöküş yılları, Hitler'in iktidara gelişi, hukukçuların davranışı, Atatürk Türkiye'sinin ilk 30 yılı ile ilgili görüşler ve gözlemler, hukukçu olsun-olmasın, yakın tarihle, toplum ve siyaset hayatı ile ilgilenen her aydın için yararlıdır.

Üniversite hayatımızda nerden nereye geldiğimizi öğrenmek isteyenlerin bu kitabın ilgili bahislerini mutlaka okumaları gerekir.

* * *

Prof. Hirsch'in hatıraları Ankara Hukuk Fakültesinden Hür Berlin Üniversitesine geçişin hikâyesi ile son bulmaktadır. Prof. Hirsch Hür Berlin Üniversitesinde iki dönem rektörlük yapmış ve 14 yıl çalıştıktan sonra 1 Nisan 1967 tarihinde emekliliğini isteyerek bu Üniversiteden ayrılmıştır. II. Dünya savaşı sonundaki Almanya ve özellikle Berlin'le ilgili hâtıralarının kitapda yer almadığını, hâtıralarının bu dönemle ilgili kısmının da yayınlanması gerektiğini ve dilimizde yayınlanacak eserine, hiç olmazsa 1953-1967 dönemine ait hâtıralarını da ek olarak koymak istediğimizi belirttiğim vakit hocamızın cevabı (4.1.1983) şu olmuştur: "Berlin Üniversitesiyle ilgili intibalarım vefatımdan 30 yıl sonra yayınlanacaktır."

* * *

Büyük Alman hukukçusu *R. von Jhering* XIX. asrın ikinci yarısında hukuk öğretiminde köklü değişiklikler yapmış olan bir hukuk bilgini ve hoca-

III

sıdır. Jhering'in öğrencisi ve hayranı *Zitelmann* aynı metodu benimsemiş, onun öğrencisi E. Hirsch üçüncü nesil olarak hukuk öğretiminde bu ekolü Türkiye'ye getirmiştir. Hocamız Hirsch'in asistanları Türkiye'de ve Almanya'da bu ekolün dördüncü nesli olarak hukuk ve öğretim hayatında sorumluluk taşımışlardır. Hocamızın bu eserinde yer alan ve ayrıca özel mektuplarında ısrarla üzerinde durduğu bu hususu burada açıklamayı bir görev saymakdayım.

* * *

Türk vatandaşı sıfatını hayatının sonuna kadar sürdürmüş olan Prof. Hirsch Almanya'da Türk öğrencilerinin, hatta Türk vatandaşlarının da yardımcısı olmuş ve Türkiye'nin Almanya'da, bir bakıma Batı Avrupa'da fahrî temsilciliğini seve seve yapmıştır.

Prof. Hirsch, bir hoca ve ilim adamı olarak en büyük mutluluğu yaşamış; emeklerinin, hizmetlerinin manevî karşılığını hayatında görmüş, özellikle öğrencilerinin ve asistanlarının sevgi, saygı ve şükran duyguları ile dopdolu olduğunu bilerek dünyaya gözlerini kapamıştır.

Prof. Dr. Yaşar Karayalçın
Enstitü Müdürü

IV

*Geçer gider yeryüzünde
En güzel nimetler bile,
Zaman sınırlarını aşan düşüncelerimizle,
Yaptığımız etki düşünenlere,
Bir tek o vardır, o kalır sonsuzluğa.*

GOETHE

Birinci Bölüm
Geldiğin Yeri Unutma Sakın!

1. İlginç Evler

Hessen eyaletinde yer alan Friedberg kentinin 750'nci kuruluş yıldönümü dolayısıyla 1966'da yayınlanan* bir kitapçıkta, iri harflerle dizilmiş "İlginç Evler" başlığı altında, şu cümleleri okuyabilirsiniz:

"Kaiserstrasse" sokağındaki evleri gezmeye kuzeyden, kalenin yanından başlayalım. Kapı numaraları buradan başlar; çift sayılar solda, tek sayılar sağdadır. No. 18/20: GOETHE'nin EVİ'dir. Goethe'nin baba tarafından bir yeğeni, bu evi 1739 yılında satın almış, ölümünden sonra da ev, Goethe'nin ailesine miras kalmıştır. Ozanın 1772 yılında Wetzlar'a giderken bu eve uğradığı biliniyor."

Yabancı gezginleri kente çekmek için yapılan şu işe bakın! Goethe'nin asıl evi, Frankfurt am Main kentinde, Hirschgraben'dedir. Bu ev, İkinci Dünya Savaşından sonra onarılıp eski haline getirilmiştir. Goethe'nin ikinci bir evi ise, Weimar kentinde Frauenplan'dadır. Demek üçüncüsü de, benim doğup büyüdüğüm kentteymiş, öyle mi?

Gerçi ozanın, 1772 yılında Wetzlar'dan Frankfurt'a dönerken, "Zum Ritter" adlı eve inip hısımlarını ziyaret ettiği doğrudur. Ama bu ev göçüp gideli yıllar oldu. Geçen yüzyılın sonuna doğru bu ev yıkılmış, yerine –belki de aynı temel duvarlarıyla bodrumun üzerinde– birbirine eş iki ev: No. 18 ile No. 20 yapılmıştır. Evlerin sokağa bakan yüzü, tarihî bakımdan da mimarî bakımdan da "ilginç" sayılacak hiç bir özellik taşımaz. Evlerin içini gezelim deseniz, burada da pek öyle "ilginç" şeyler bulamazsınız; hele ozanın ziyaretinden iz bile yoktur.

Ve bu gerçeği benden iyi bilecek kimse de yoktur. Çünkü ben, ikiz evlerden No. 20 olanında, 20 Ocak 1902 tarihinde doğdum. Hayatımın ilk 18 yılını orada geçirdim, bu süre içinde komşumuz No. 18'i de, tavanarasından bodrumuna dek, dip köşe "gezip gördüm", çünkü komşu çocuklarla orada saklambaç oynardık. Her neyse, demek istediğim şu ki, söz konusu ikiz evler, gerçi benim için "ilginç"tir, ama yukarıda andığım kitapçıkta yazdığı

---

* Friedberg in der Wetterau. Alt und Neu. s. 12.

gibi "kenti gezmeye gelenlerle kentin dostları için" ve kitapçığın özellikle yöneldiği "gençlik" için, hele hele "Goethe'nin evi" olmak sıfatıyla, hiç bir özellik taşımazlar. Olsa olsa bu evlerin tam karşısına düşen yapının kamu açısından bir önemi olabilir: Bu yapı, eski belediye konağıdır; 1738'den kalma barok bir yapı olup güzel işlenmiş giriş kapısını eski Rayh'ın hür şehrinin arması süsler.

Benim için ise bu barok yapı, bambaşka bir anlamda "ilginç"ti: Doğduğum evin giriş katında babam Louis Hirsch, 1828 yılından beri *Mayer J. Hirsch* firması adı altında varlığını sürdürmekte olan bir kumaş ve konfeksiyon mağazası işletiyordu. İşte bu firmanın el ilânlarıyla reklâmlarında, mağazanın bulunduğu sokak adıyla kapı numarasının yanısıra, gözalıcı harflerle basılmış olarak, *"belediye konağı karşısında"* ibaresi yer alırdı.

Ama, evimizin özel konumunun doğurduğu tek sonuç, müşterilerin aklında yer etsin diye eklenmiş bu ibare değildi. Evimizin alt katının sol bölümünü, daha o zaman, polis karakolu yapmışlardı. Tutuklu hücresine, özellikle, sızmış sarhoşları tıkar, ayılmalarını beklerlerdi. Dolayısıyla ben, daha bacak kadar çocukken, belediye konağının önünde geçen kâh eğlenceli kâh üzücü bir yığın olaya tanık olmuş, "delik"te kıyametleri koparan tutukluların demir parmaklıklı zindan penceresinden dışarı taşan, daracık sokağımızı dolduran homurtularını, sövgülerini kulaklarımla duymuşumdur.

Ya yılbaşı geceleri? Belediye konağının saati geceyarısını vurmaya başlar başlamaz, büyük toplantı salonunun pencereleri ardına kadar açılır, trompetler korosu yeni yılı bir koral çalarak selâmlar, kentin yarısı sokaklara dökülüp havaî fişekler patlatarak, koroya eşlik ederdi.

Çocukluk anılarımın arasında bir bombalı saldırı bile var (Saldırı, vakayinameye göre, 22 Temmuz 1910'da, öğleden sonra ikibuçuk dolaylarında olmuş). Hastalıktan yeni kalkmıştım, sokağa çıkmama henüz izin yoktu; ben de, bizim evde "konuk odası" denen salonda oturmuş, kurgulu trenimle oynuyordum. Konuk odası, evin sokağa bakan tarafındaydı. Derken ev, öyle şiddetli bir sarsıntıyla sarsıldı ki, oyuncak lokomotiflerim, vagonlarım raylarından fırladılar. Karşımızdaki belediye konağının giriş kapısı havaya uçmuş, kapının bir kısmı bizim mağazanın camekânlarından birine savrulmuş, konağın merdivenleri baştan aşağı yıkılmıştı. Bizim evin önünde, yani tam "belediye konağının karşısında", bir yığın adam toplaştı, bu arada itfaiye de yetişti. İtfaiye, konağın üst katlarında mahsur kalanları, bez gerip upuzun merdivenler dayayarak kurtara dursun, beri yandan bombayı atanlar da boş durmamış, hemen 700 m. ileride ki Reichsbank şubesine baskın yapmış, müdürü ağır yaralamış, bankayı güzelce soyup paralarla kaçmışlar. Ne var ki, çok geçmeden yakalandılar ve tutuklandılar. Demek ki, 1910'larda bile "gangster"ler varmış. Gerçi o zamanlar bu deyim günlük Almancaya henüz girmemişti!

"Belediye konağı karşısında" yer alan evimizin bizler için "ilginç" bir yanı daha vardı. Babam, kent meclisi üyesiydi; dolayısıyla kent meclisinin bir çok komisyonunda görev almıştı. Bu komisyonlar belediye konağında toplanırlardı. O tarihlerde, belediye konağında belediye başkanıyla kent yönetiminin büroları da yer alıyordu. Kent meclisi üyesi Hirsch, belediye başkanına, mekân bakımından, "en yakın" kişi olduğu için, ikide bir konağa çağrılırdı ve annemizin bir gün iyice tepesi atıp belirttiği gibi, işinin başında durmaktan çok belediye konağında durur olmuştu.

Benim için "ilginç" olan başka bir ev de, Kaiserstrasse sokağındaki, 6 numaralı evdir. Bu ev, kalenin* önkapısının hemen bitişiğinde, "an der Freiheit" mevkiinde yer alıyordu. "Küçük ev" adını taktığımız bu evde babaannem Lina Hirsch otururdu. Onun ölümünden (1908) sonra, kızkardeşi Dorchen Buch burada oturdu. Kendisini tanıyan herkesin "Dorchen teyzesi"ydi, o. Benim doğumumdan dokuz yıl önce ölmüş olan dedem Eduard Hirsch (ikinci küçük adım, dedemin adıdır), bu evi geçen yüzyılın altmışlı yıllarında satın almış. Evin zemin katına küçük bir dükkân açılmışsa da, bu durum evi pek değiştirmemiştir. Ev, tam eskiden eski Rayh'ın hür kenti darphanesinin durduğu yerde bulunmaktadır. Bugün, Kaiserstrasse sokağının girişini oluşturan kale önü, eskiden kaleye ait olan ve kalenin savunması için atış alanı olarak hizmet eden bir açık alandı. Bu açıklık, Judengasse'ye ve bugünkü Kaiserstrasse'ye açılırdı. Kaiserstrasse'nin adı o zamanlar "Breite Gasse" imiş ve getto devirlerinde imparatorluğun koruması altında bulunan yahudiler, bu açık alanda gezinti yapar, hava alırlarmış. Benim çocukluğumda bu alan, panayır yeri olarak kullanılıyordu. Yılda iki kez, at panayırı sırasında, ip cambazı Knie ailesi "Weckerling'den Rappold'a kadar", yani Wackerling'in evinin (No. 8) çatısından, karşısındaki Rappold'un evinin (No. 11) çatısına kadar, Kaiserstrasse'yi enlemesine kesen (aşağı yukarı 35 m uzunluğunda) bir ip gerer, ellerinde değnek, ipin üzerinde sanatlarını gösterirlerdi. Alanda atlı karıncalar, dönme dolaplar, gürültüsü göğü tutan laternalar döner durur; kukla tiyatrosu gösteriler yapar, binbir çeşit dürbün ve ayna, dünyanın en son ve en tüyler ürpertici ucubelerini daha da kabalaştırıp büyütür; harikalar çadırında da okul çocukları için dev gibi bir balina, büyükler için ise, başka garip yaratıklar gösterilirdi. Atış pavyonları, insanı nişan alıp ateş etmeye çağırır; fırınlarda üstüne şeker serpilmiş sıcacık çörekler satılır; falcının biri de, insanın ağzını hayretten açık bırakan hünerler döktürürdü.

İşte bütün bu işler tam da bizim "küçük ev"in pencereleri dibinde olup biterdi. Üstelik, panayır sanatçılarının karavanları, yaya kaldırımının he-

---

* Bugün (1981'de) bu ev onarım görmüş olup, bir ayakkabı mağazasıdır: "Henny's Schuhsalon". Kaiserstrasse'nin girişinde, tam anlamıyla bir barok mücevher gibi durur.

men kenarında önü sokağa, arkası eve dönük olarak dururdu. Dolayısıyla bizler, sözcüğün tam anlamıyla, "perde arkası"nı görür, panayırı gezenlerin gözüne gözükmeyen nice olayı seyrederdik. Ama bu "küçük ev"in tek ilginç yanı, sırf temaşa meraklısı bacaksıza bedava seyir yeri sağlamasında yatmazdı. O bacaksız, bu evde, kendi anababasının evinde uygulanmayan pek çok geleneği göreneği, kısıtlı da olsa, tanıma fırsatını bulmuştur. Annemle babam, kendi gençliklerinde topluma uyma, toplum içinde erime sürecini acıyla yaşamış olduklarından, çocukları için bunu kolaylaştırmak istiyorlardı. Aslında her ikisi de, yahudi geleneğinin sadece din alanında kalmayıp evin günlük hayatında ve ev halkının iç ilişkilerinde de eğemen olduğu ailelerin çocuklarıydılar. Ama, kendilerini bu gelenekten kurtarmışlardı. Bizim evde hayat, Hıristiyan okul arkadaşlarımın evinde ve ailesinde olduğundan farklı değildi. Bizim evde de paskalya zamanı saklanan yumurtaları aramak ya da noel zamanı noel ağacı süslemek olağandı. Gelgelelim babaannemin No. 6'daki evinde bambaşka gelenekler görenekler vardı. Bu değişik hayat tarzı, o evi benim gözümde büsbütün "ilginç"leştirirdi.

Bu gelenek ve görenekleri anlatmak için, elimde, kendi anılarımın yanısıra iki kaynak daha var. Bunlardan biri, üstünde "Hirsch ailesi ziyaretçi defteri" yazılı, deri kaplı bir defter. Defterdeki ilk kayıt, 17 Ağustos 1894 tarihini taşıyor; son kayıt da Dorchen teyze tarafından, 70'inci yaş gününün hemen ardından gelen ölümünden* kısa bir süre önce, 6 Ekim 1915 tarihinde yapılmış. Elimdeki öteki kaynak ise, babamdan bir yaş büyük amcam Emil Hirsch tarafından, firmanın kuruluşunun 100'üncü yıldönümü dolayısıyla yazılan ve 6 Haziran 1928'de yayınlanan bir kitapçık. Kitapçığın başlığı aynen şöyle: "Annemizin Özlü Sözleri. Bayan Lina Hirsch'in Anısına (doğumu Buch; 17 Ağustos 1838 - 5 Şubat 1907)**. Yakınları ve evimizin Dostları İçin."

No. 6'da duran bu "Hirsch ailesi ziyaretçi defteri"nin (136:162 mm.) kapağını açtığınızda, karşınıza ilk sahifenin iç tarafına kurşunkalemle çizilmiş görkemli bir geyik başı çıkar. Geyik başının üzerinde kırmızı gotik harflerle "Zum Hirschen" yazılıdır.*** Resmi çizenin, babamdan on yaş bü-

---

* Bu "Ziyaretçi Defteri", No. 6'daki evden elimde kalan tek parçadır. Türkiye'ye taşınacağı sırada, annem ev eşyasıyla birlikte bu defteri de ilgili makamların izniyle bir taşımacılık firmasına teslim etmişti. Ne var ki, hâlâ bilinmeyen bir nedenden dolayı GESTAPO (Gizli Polis Teşkilâtı), bu eşyalara 1939'da el koymuştur. Eşyaların açık artırmayla satılması sırasında bu deftercik, Bad Nauheim'lı kuzinim Margarethe Hirsch'in okul arkadaşı olan Bayan Marie LORENZ tarafından alınmış ve korunmuş. Bu defteri, Bayan WINKHAUS'un aracılığıyla Bayan FEES, 1950 yılı Haziran başlarında bir ziyaret sırasında bana geri verdi. Yeri gelmişken adı geçen hanımlara, yürekten teşekkürlerimi sunarım.

** Yıl yanlış yazılmıştır. "Ziyaretçi Defteri"ndeki kayıtlara göre, doğrusunun 1908 olması gerekir.

*** "Hirsch" Almancada "geyik" demektir (ç.n.).

yük amcam Emanuel Hirsch olduğu anlaşılıyor. Emanuel amcama aile arasında Emo denirdi, kendisi o tarihlerde Bad Nauheim'da kaplıca hekimi ve kalp hastalıkları uzmanı olarak çalışıyordu. Bu kapak içinin tam karşısına düşen ilk sahifenin en tepesinde ise, Latin matbaa harfleri ve yeşil mürekkeple, "Hirsch ailesi ziyaretçi defteri" yazılıdır (Hirsch ismi gene kırmızı mürekkeple yazılmış). Sahifenin alt kenarında da, 15 mm'lik harflerle, 17 Ağustos 1894 tarihi yer alır. Bu tarih, babaannem Lina Hirsch'in, dul olarak yaşadığı ilk yaş günü olan, 56'ncı yaş günü dür. İlk sahifede, yukarıda andığım Emil amcamın el yazısıyla ithaf şiiri yazılıdır:

>Yolun kenarında durur küçük evimiz
>Güvercinler gibi çıkar gireriz
>Amca dün geldi, teyze de demin
>Baldız eklendi yanına yeğenin
>Evin önünden bir dost geçmeye görsün
>Hop! Rüzgâr onu da eve atmıştır, şaşarsın.

>Dar bile gelse odalarımız
>Sıkışsak bile - bizler gocunmayız
>İster kalabalık gelin, ister yalnız
>Çekinmeyin çalın, açılır kapımız
>Ha arabayla ha yaya gelmişsiniz
>Ne farkeder: Hoşgelmişsiniz.

Defterdeki çeşitli yazılardan sadece bir-ikisini buraya aynen aktarıyorum:

>Anmak İçin (babaannemin el yazısıyla)
>Babaanneyle Milly teyze beni *burada* görmeliydiler bugün-
>ama nasıl olacaktı bu iş, bilemiyordum;
>İyice sarıp sarmalayıp yüzümü,
>Kara buza rağmen geldim işte sonunda,
>Gülücükler içinde, odanıza,
>Şaşkınlık büyüktü, sevinç daha da büyük,
>Hayırlı olsun bu geliş, uğur getirsin size
>En küçük yavrunuzdan. Adını
>   Ernst Eduard
>   Koyduk, doğumu 20 Ocak 1902
>Yazıldığı tarih: 6 Şubat 1902.

>Bu güzel kitapçık —eğer doğru anlamışsam—
>Bizi birleştiren ruhu uyanık tutmak ister.
>Hem iyi hem de akıllıca bir düşünce bu,
>Her sahife bize bunu ispat eder.

O ruh ki, en son parçayı da bütünle birleştirir,
Gerçek, Yahudi *aile ruhudur* bu.
Huzur kalmamış, aile aynı ocağın başında
Ama suskun, yerleri dar geliyor,
Dünyanın dört yanına dağılmıştır, artık
Ve *savaşmak* zorundadır erkekleri.
İşte, bu yüzden, daha da kenetlenelim,
Ve karşı çıkalım hain güçlere,
Hem dışımızdan hem içimizden bizi tehdit eden.

Bırakın *beni*, haykırayım burada:
Hayatım boşuna geçmiş olsa da,
Tek bir gururum var, sonsuza kadar benim:
Erişilmez annemle babam
Ve dallı budaklı ailem, ve
Mayer Hirsch'in torunu olma şerefim!
22.VIII.1903

Dr. David Mannheimer
(Fürth kentinden, şu anda Nauheim'da)

Emil amcamın "Annemizin Özlü Sözleri" kitapçığından da buraya bir kaç karakteristik örnek alıyorum:

"Friedberg'li Hirsch ailesinin reisi Mayer Josef Hirsch, bir öğretmenin oğlu, bir hahamın torunu olup annesiyle babasının ölümü üzerine, henüz onüç yaşında bir çocukken, Alsas'ın Hagenau kentinden* 1812 yılında çıkarak, Wetterau'nun Friedberg kentine, dayısı Gumpel Katzenstein'in yanına göç etmiştir. Burada dayısının dükkânında çalışarak dayısına, dayısının ölümünden sonra da yengesine vargücüyle yardım etmiş. Bir yandan da hem sözlü hem de yazılı olarak Almanca çalışmayı sürdürmüştür (Fransız Hagenau'da da Almanca konuşuluyordu). Öte yandan İbranice ve Yahudi din biliminde babasıyla büyükbabasının yüzünü kara çıkarmamıştır: Seksen yaşına kadar, her Cumartesi öğleyin küçük bir odada "öğretmiştir", yani kendini dinleyenlere Bilgin Raşi'nin, yüzyıllardır en yaygın İncil açıklaması olan eserinden bir bölüm okumuş, bu bölümü açıklamış ve yorumlamıştır; böylece fahrî olarak Rabbi ünvanını kazanmayı haketmiştir. Kendisi, ayrıca hatırı sayılır bir kitaplık da kurmuştur. Otuz yaşındayken, daha Otuz Yıl Savaşları sırasında ya da bundan hemen sonra Griedel'den Friedberg'e göçetmiş bir ailenin kızı olan Täubchen Grödel ile evlenmiştir." (sayfa: 5)

---

* Elimde, Hegenau kenti doğum kayıt defterinden, 8 Haziran 1828 tarihli, resmen onaylanmış, bir kopya var: "Aujord'hui quatre Pluriose de I'an Cing de la République Française (23 Janvier 1797)..." Demek ki, büyük dedem, daha 1810 tarihinde Friedberg'e gelmiş olmalı.

İşte bu büyük dedemle büyük ninem sayesinde ben de, Friedberg'in en eski ailelerinden birinin üyesiyim. Hemen belirteyim: Belgelerde Friedberg'deki Yahudi topluluğundan ilk kez 1241'de söz edilmektedir. Yani, kentin kendinin ilk kez adının anılmasından sadece 25 yıl sonra. Babaannem, Hungen'liydi. Gene Emil amcaya kulak verelim:

"Tüccar Aron Buch'un (beş kuşak öncesine, Ella Einhartshausen'e kadar tek tek izleyebildiğimiz Buch ailesi, oldum olası Kurve Oberhessen'de oturmuştur) on çocuğundan beşincisi olan Lina, kızkardeşi Emma'nın ölümünden sonra eniştesi Eduard Hirsch ile evlendi. Evlenir evlenmez de, kızkardeşinin dört öksüzüne annelik görevini üstlendi, hele çocukların en küçüğü, daha ilk günden yoğun ilgiye muhtaçtı. Usergasse'deki dar kira evinden çıkıp kale önündeki kendi evlerine taşındılar. Bu arada, peşpeşe beş oğlan daha doğmuştu. Komşuları Weckerling, bu eve "sundurma" adını takmıştı, nedeni de, evin bulunduğu yerde bir zamanlar büyücek bir başka evin müştemilâtının yer almasıydı. Bu evde en önemli iş, düzeni korumaktı; herşeyin kendi değişmez yeri vardı, örneğin her akşam en az on çift ayakkabı, babamın buyruğuyla, boyanmak üzere, daracık mutfağın bitişiğindeki küçük odaya dizilirdi. Ancak yıllar sonra, eve bir gaz ocağı alınmasıyladır ki, annemiz biraz rahat yüzü görmüştür. Eskiden her öğün için ocakta ateş yakılırdı; ocağın hemen dibinde koca çamaşır kazanı dururdu. Gerektiğinde bu kazanda ağda da kaynatılırdı. O zamanlar su tesisatı da yoktu. Bettchen adındaki hizmetçi bir kızın çeşme başında bol bol gevezelik ettikten sonra, taşıyıp getirdiği sularla doldurduğumuz tekneyi kullanırdık evde. Tekne boşaldı mı, Bettchen gene çeşmeye koşardı. Bettchen, annemizin sağ koluydu. Hele, babamızın 1874'de Ellernpfuhl'da satın aldığı bahçenin bakımında anneme çok yardımcı olmuştur. Bu bahçe, annemizin gençliğinde olduğu gibi kendi bahçesini ekip biçme hayalini gerçekleştirmiştir. Sebzelerle meyvaların yanısıra çiçekleri de ihmal etmezdi, annemiz. Evimizin önodası, kendimizi bildik bileli, çeşit çeşit bitkilerle, çiçeklerle dolu olmuştur. Bu çiçeklerin bakımını sonradan büyük ablamız üstlendi. Annemiz, son zamanlarına kadar, yolun uzunluğuna aldırış etmeksizin, bahçeye gider, orada saatlerce çalışır ve ürününün bir kısmını da, kan ter içinde, eve taşırdı.

Yorulmak nedir bilmeyen bu kadın - her zaman bizden önce kalkmıştır, onu kahvaltıda bir kez bile gecelikle görmedik; 'kısa saçın işi kolay, bir fırça attın mı, tamamdır' derdi - iş günlerinde dur otur tanımazdı; sabbat ve bayram günleri ise, bunun zıddıydı. Ne var ki, tatil günlerinin bu rahatı, binbir zahmetli hazırlıkla kazanılırdı. Sabbat ya da bayram için yapılan ev temizliğinin, pişirilen yemeklerin, çöreklerin sonu gelmezdi. Buğday ununundan yapılan saçörgüsü biçimli 'Datscher', Cumartesi günleri yenen ekmeğin adıydı. Annemiz, her Cuma bu ekmekten pişirir, hamurunu yoğururken de, hamura karıştırılan haşhaş ('Mag') tohumundan bir tutamı ateşe atardı. Binlerce yıllık geçmişi olan kurbandı, bu. Annemiz, her Cuma akşamı, bir hayır duası mırıldanarak ışıkları yakardı, tıpkı ressam Oppenheimer'in Eski Yahudi Aile Hayatı resimlerinden birindeki törensel hava gibi...

Annemiz, hiç de kuru ve sıkıcı bir insan değildi; tam tersine, her zaman tatlı tatlı bir şeyler anlatmaya hazır, neşeli canlı bir yaradılışı vardı. Çevresine çocukları toplamaya bayılır, dağarcığında hep hazır duran türlü şiirleri okur, öyküler, masallar anlatırdı onlara. Hele yeri geldiğinde, taşı gediğine korcasına oturttuğu eski özlü sözlerle düşündüğünü kesin bir dille ve açık seçik dile getirmede üstüne yoktu. Bundan (1928 yılı kastediliyor!) seksen doksan yıl önce, gazeteler henüz bugünkü kadar büyük önem kazanmamışlardı; her kuşak kendi hayat tecrübesini bir sonraki kuşağa, kısa, özlü, canlı bir ifadeyle, çoğu kez de kafiyeli sözlerle aktarırdı. Bize anlattığı öyküleri, özlü sözleri annemiz, kendi babasından öğrenmişti. Ölümünden sonra evde onun yerini alan teyzemiz, Dorchen teyze, bize bunu bir kez daha kanıtladı; çünkü o da, annemiz kadar sık olmamakla birlikte, aynı sözleri kullanıyordu..." (s. 3-6)

"Aklımızda kalan özlü sözleri, altalta bir sıralayacak olsak, buna en çok şaşacak kişi, herhalde gene annemiz olurdu. Çünkü bu sözler, onun ağzından tek tek, yeri geldikçe dökülür, her seferinde de, bunlar en isabetli sözler olurdu. Kendi inandığına inandırmasını bilir, kâh şakacı bir biçimde kâh ciddî söylerdi söyleyeceğini. Genellikle mutfakta ya da biz oğlanlarla bizim kalabalık arkadaş grubumuza ayrılmış olan arka odada duyardık ondan bu sözleri; ön oda ise iki kızkardeşimizle onların arkadaşlarına ve büyüklerin konuklarına ayrılmıştı. Yani eve konuk olarak ya da iş için, babamızla görüşmeye kim gelirse, önodada ağırlanırdı. Mal getirenler, işçiler, köylerden gelen kadınlı erkekli haberciler, ikide birde kapımızı çalıp avuç açan askıntı takımı ise, mutfağa alınırdı. Ön taraftaki kibar takımına oranla bu insanlar, bizlerin çok daha fazla ilgisini çekmiş, bizi büyülemiştir. Gariplikleri daha dış görünüşlerinden başlıyordu! Hele Almancayı paldır küldür Wetterau ağzıyla konuşmaları..."

"Gel zaman git zaman bizler büyüdük, gurbete dağıldık; ama ister mesleğimiz gereği, ister görevimiz ya da işimiz yüzünden bulunduğumuz yerden dönelim, annemizin eski evi, her zaman bizlere huzur veren bir ada olmuştur. Ve her seferinde de, eski özlü sözlerle annemiz, taşı gediğine koymuştur..."

"Annemiz öldüğünde, rahatını bozmak istemeyen mezarlık görevlisi, toprağın donmuş olduğunu söyledi; biz de annemize kendi bahçesinden, kulübeciğinin hemen yanından toprak taşıdık ve atalarımızın geleneğine uygun olarak, bu tanıdık toprağı, onun başının altına döşedik. Annemizin mezar taşının ön tarafında, en sevdiği ilâhiden şu alıntı yazılıdır: "Hayatımız 70 yıl sürer, uzun olursa 80 yılı bulur ve eğer tatlı geçmişse, bedeli zahmet ve gayret olmuştur". Taşın arka yüzünde ise, şu manzum satırları okursunuz:

'Taşıdın bizi çileyle, ışığa kavuşturdun
Ve verdiği güvenli sıcacık inancının
Yol gösterdin gençliğimize,
Öğrettin çalışmanın baş erdem olduğunu.
Evin bize liman oldu -senin limanın dünyaydı-
Hayatın kasırgasında.
Gittin artık, evin bomboş.
Görmüyoruz seni, duymuyoruz sesini
Ama sessizce yön gösteriyorsun hepimize
Deniz feneri gibi.

Annemiz gömme töreninden sonra aramıza geliverseydi, tıpkı eskiden hastalık ya da kazalar karşısında söylediği gibi, yaşama ve çalışma tutkusuyla dopdolu bir sesle 'Şimdi ne iş var' diye sorardı, mutlaka." (s. 10-13).

Mezar taşı bugün yerinde durmuyor. Naziler zamanında çiğnenip yıkılan Yahudi mezarlığı bugün arsa oldu, üzerinde binalar yapıldı. Ama babaannemden içimde taşıdığım miras, nasıl da capcanlı yerinde durmakta!

Kapı No. 6'daki Küçük Ev'den *benim* hatırladıklarıma gelince:
En başta sabbat var. Sabbat –Emil amcamın "Annemizin Özlü Sözleri" kitapçığında anlattığı gibi– Cuma akşamından başlardı. Ama çocukluğumda bu aile törenine sadece, Eschwege'de anneannemle dedemin yanında kalırken katılabilmişimdir. Dedem Bernhard Goldmann'ın ölümüne kadar (1912) yaz tatillerimin çoğunu onların yanında geçirirdim. Eschwege'dekiler, çocukların yatma saatini pek öyle ciddiye almazlardı; hattâ yazın gün-

lerin en uzun olduğu zaman bile, Cuma akşamı sabbat'ın başlatılmasına katılmamıza izin verirlerdi. Ama Friedberg'de annemiz öyle değildi, bizi erkenden yatağa sokar, kışın kötü havalarda öğleden sonra bile evden dışarı salmazdı. Bu nedenle, Friedberg'de önem kazanan, sabbat günü yenen öğle yemeğiydi. Küçük Ev'de yenen öğle yemeklerine, okula başlayana kadar, yani babaannemin ölümüne kadar, düzenli olarak katıldım. Babaannemin ölümünden sonra da Dorchen teyze zamanında ara sıra katıldım. Bu yemeklerde neler neler yenmezdi ki! Bunların çoğu ya bizim evde hiç pişmezdi ya da pişirilse bile, babaanneminki kadar lezzetli olmazdı.

Tadlarını hâlâ damağımda duyduğum iki çorbayı anlatayım. Bunlardan biri, "Grünkernsuppe" dediğimiz, yani içine "Grünkern" denen, henüz yeşilken kavrulmuş buğday taneleri atılmış, koyu bir et suyu çorbasıydı. Öteki ise, yumuşacık haşlanmış kuru fasulye ve kaynatılıp didiklenmiş dil ve dil suyundan oluşan, "Bohnensuppe mit Geschlampsel" dediğimiz fasulye çorbası.

Bizim evdekinden daha değişik hazırlanmış et kızartması da - benim payıma düşen parça, annemizin çocuklar için uygun gördüğünden daha büyük olduğu için olacak - babaannemin evinde daha tatlı gelirdi. Patatesle sebze de, her fırsatta belirtildiği gibi "kendi bahçemizden" toplandıkları için, "gayet tabii" daha lezzetliydiler.

Doğal olarak sofraya domuz eti gelmezdi. Ama domuz dışındaki etler de, ancak hayvanı dinsel törelere uygun, kanını akıtarak kestiği güvencesi olan Yahudi kasaptan alınırdı. Özellikle kışları severek yenen et yemeği, kaz kızartmasıydı. Gerçi kazın yağını çıkarmak için göğüsle sırt derileri kısmen soyulmuş olur, biz de bu kıtır kıtır deriden mahrum kalırdık, ama ziyanı yok. Bu derilerden çıkarılan yağ ile, "Grieben" denen minik köfteler yoğrulur, bu lezizin lezizi nesneler de, Frankfurt'ta bankerlik yapan en küçük amcamız Otto Hirsch'e saklanırdı.

Bir çocuk için en önemli yemek ise "şalet"ti. Vaftiz olmuş Yahudi anneyle anneannelerin Berlin'li Hıristiyan kızları ve torunları,bu "şalet" sözcüğünü kaba ve "avamvari" bulduklarından olacak, aslında bambaşka bir yemek adı olan "Charlotte"u almış, kırk yıllık şalet'e şarlot adı takmışlardı. Herhalde bununla, elma şalet'i, patates şalet'i ya da "weckschalet"i kastediyorlardı. Bana sorarsanız, benim yüreğim, "İbrani Melodileri" adlı eserindeki ilk şiir olan "Prenses Sabbat"ta, çocukluğunu hatırlayarak aşka gelen ozan Heinrich Heine'den yanadır:

"Ey Şalet, tanrıların güzel kıvılcımı,
Cennetin kızı!
İşte böyle çınlardı şarkısı Schiller'in
Hayatında şalet tatmış olsaydı!"

Gerçi limonlu muhallebi ya da "Mohr im Hemd" de sevilen tatlılardandı, ama hiç biri şalet'in eline su dökemezdi. Benim Yahudi mutfağına duyduğum zaafla tatlı tatlı dalga geçen babam, "Achile'de Emuno'ya uyuyorsun" derdi; yani "yemek konusunda Yahudi öğretisine uyuyorsun".

Sabbat yemeği için pek zahmetli bir ön hazırlık ve pişirip kotarma aşaması gerekiyordu. Bu işleri cumartesi sabahı yapmak olanaksızdır, çünkü sabbatın kutsallığını bildiren üçüncü Emir'e göre, o evde oturan herkese hangi dinden olursa olsun, sabbat günü ateş yakmak da dahil iş yapmak yasaktır. Gerçi benim yetiştiğim devirde "küçük ev"in su ve gaz tesisatı döşenmişti. Ama mutfak hem küçük hem de basık tavanlı, gaz ocağı da ancak basit ve çabuk pişen yemekler için düşünülmüş ve zaten ancak bunlara uygun olduğundan, sabbat günü yenecek yemekler, örneğin Emil amcamın "Annemizin Özlü Sözleri" kitapçığında datçer'in pişirilmesini anlattığı gibi, cuma gününden ocakta pişirilir ya da ocağın fırınında kızartılırdı. Çoğu yemek de, "önpişirme" işlemi görürdü. Bu önpişirme işleminden sonra tencereler, "pişirme sandığı" denen bir sandığı boylardı. "Pişirme sandığı" denen sandık, Birinci Dünya Savaşından önce genellikle pek bilinmeyen, sadece eski Yahudi ailelerinin evinde bulunan bir şeydi. Küçük Ev'deki pişirme sandığı, mutfağın yanında, tahta perdeyle bölünmüş dar aralıkta yer alırdı. Sandık, aşağı yukarı 70:50 cm boyundaydı. Sert ve dayanıklı tahtadan yapılmış olan bu sandığın kapağının içi kalınca beslenmişti ve sıkıca kapatıldı mı, hava geçirmezdi. Sandığın iç duvarları da, aynı şekilde, saman, talaş ve paçavrayla beslenmişti. Sandığın içindeki yuvalara tastamam üç büyük tencere sığardı. Ocaktan kaynar durumda indirilen yemeklerin ısısı pek yavaş düştüğünden, sandığa yerleştirilen yemekler, aradan ancak bir kaç saat geçtikten sonra iyice pişer ve piştikten sonra da uzun zaman sıcak kalırdı. Birinci Dünya Savaşı yıllarında bu pişirme sandığı, bütün evlerde moda olmuştur. Hele üstünü güzelce boyar ya da kâğıtla kaplarsanız ve üzerine bir de yumuşak bir yastık koydunuz mu, sedir olarak oturma odasına girmeye hak kazanacak kadar güzelleşir.

Bizim evde kutlanmayan, hattâ üstünde bile durulmayan iki Yahudi bayramı daha, Küçük Ev'de oldukça büyük önem taşır, benim üzerimde de özel bir etki yaratırlardı. Bu bayramlardan biri, ilkbaharda kutlanan "Pesah" (passah ya da Yahudi paskalyası), öteki de noel zamanı kutlanan "hanukka" bayramı idi.

Bir başka adı da hamursuz (mazzoth) olan pesah bayramı, İncil'de de anlatıldığı gibi, ilkbaharın ilk dolunay akşamında, aile içi bir kutlamayla başlar. Bu aile töreninde paskalya kuzusu yenir, İsrailoğullarının Mısır'dan göçü anılır. Sembolik olarak acı otlar ve "hamursuz" denen mayasız ekmek yenerek, İsrailoğullarının bu yolculuk sırasında çektikleri sıkıntılar, acılar hatırlanır, pesah-haggada okunur. Pesah-haggada'da çeşitli dualarla ibadet formülleri, hayır duaları, dinsel töreler bulunur, pesah bayramının ilk iki akşamını kutlamak için gerekil Rabbi geleneği, Almaca olarak anlatılırdı. O akşam pesah-haggada'nın okunması sırasında ailenin en genç erkek çocuğu, anlatılanlarla ilgili sorular sorma hakkına sahipti. Bu soruları cevaplamak ise, elinde "seder"i tutan kişinin, genellikle ailenin en yaşlısının görevi sayılırdı. Gerçi babamın beş erkek, iki de kız kardeşi vardı, ama erkek soyunun en küçük erkek çocuğu ben olduğum için, okumayı söker sökmez, soruları soran da ben olurdum. Haggada, renkli resimlerle süslenmişti. Bu resimlerde on belâ, Mısır'dan göç, Kızıl Deniz'i geçiş vb. gibi konular, son derece gerçekçi biçimde sergilenmişti. Bu resimler, küçük bir çocukken beni, ister istemez derinden etkiliyordu. Bizim ailede "seder"i (= düzeni) koruyan, Georg Hirsch amcamdı. Kendisi aslında haham olmak istediği halde, zayıf bünyesi yüzünden bundan vazgeçmek zorunda kalmıştı; şimdi babamın işinde çalışıyordu.

Seder gecesini izleyen hafta boyunca, sadece hamursuz ekmek yenirdi, mayalı hamur yemek yasaktı. Bizim evde bu hamursuz ekmeğe, ya da biz çocukların söylediği biçimiyle "mazzen"e, tıpkı gevrek ya da noel kurabiyesi gibi, ara sıra ağza atılacak bir çeşit çörek gözüyle bakıldığı halde, No. 6'daki Küçük Ev'de hamursuz ekmeğin yenmesi kurala bağlıydı ve bu kurallar titizlikle gözetilirdi. Örneğin, geleneğe göre, hamursuz bayramı haftası süresince, eve mayalı hamurun kırıntısı bile girmemeliydi. Bundan dolayı, seder gecesinden önce, bütün ev tepeden aşağı silinip süpürülür, gündelik tabak çanak ortadan kaldırılarak hiç bir surette mayalı hamur değmemiş olan özel pesah tabak çanağı çıkarılır, bunlar tam sekiz gün kullanıldıktan sonra, haggada'da yazdığı gibi "Kudüs'te bir sonraki yıla kadar", sarıp sarmalanıp yerlerine kaldırılırdı.

Noel zamanı, Kudüs'te M.Ö. 165 yılında tapınağın yeniden kutsanmasının anısına kutlanan sekiz günlük hanukka bayramının özelliği ise, ilk gece bir tek mumun, bunu izleyen her gecede ise bir mumun daha yakılması idi. Her erkek Yahudi, "kendi" adına bir mum yakabilirdi. Mumu yakarken ya bir hayır dua mırıldanılır ya da tatlı ezgili, çok eski bir İbranice şarkı söylenirdi. Renk renk mumlar, diplerine mum damlatmak suretiyle bir tahtanın, eğer katılanlar birden fazlaysa, birden çok tahtanın üzerine dizilir, sokaktan geçenlerin de görebileceği biçimde pencere içine yerleştirilirdi. İlk kez kendi mumlarımı yakıp pencereye koyduğumda ne kadar da gururlanmıştım! Ama bu gurur duygusu, bir kaç gün sonra Kaiserstrasse sokağı No. 20'deki kendi evimizde ailecek noel ağacının altına geçip berrak bir sesle "Stille Nacht, Heilige Nacht" ilâhisini söylememe hiç de engel olmuyordu. Tabii, aradaki bağdaşmazlığın bilincinde değildim.

Dorchen teyzemin ölümünden sonra, No. 6'daki Küçük Ev, alt katta bulunan iki oda dışında kiraya verildiğinde de, benim için "ilginç"liğini korumuştur. Tam da bu iki odadan dolayı. Odalardan birinde, tatillerde gelen Emil amcam kalırdı. Öteki odada ise, büyük dedem Mayer J. Hirsch'in kitaplığı duruyordu. Ne var ki, kitapların çoğu İbrani alfabesiyle yazılmış olduğundan bunları okuyamıyordum. Daha sonraları Yahudi topluluğuna bağışlanan bu kitaplık, Naziler zamanında kaybolmuştur. Bu kitaplıktan günümüze, şimdi British Museum'da olan, el yazması bir haggada kalmıştır. Bu haggada paha biçilmez değerdedir. Benim Kaiserstrasse No. 6'daki "İlginç" eve ilişkin anılarım dipdiri. Babaannem Lina Hirsch, ölümünden bir kaç gün önce, herhalde benim altıncı yaş günüm dolayısıyla olacak, yeşil deri kaplı bir albümün ilk sahifesinin arkasına kendi eliyle şu satırları yazmıştı. Aradan geçen zaman onu ne kadar da haklı çıkardı:

"Ey çocukluk, bu seslerde
Nasıl da tılsımlı bir ezgi gizli.
Araya binbir düşünce girse de,
Dolar yüreğine, eskimeksizin.
Kader seni savurunca dünyaya
Acıyla sızlar için.
Çünkü geri gelmeyen bir şey varsa,
O da çocukluğun ve baba evin."

Friedberg, Ocak 1908

Sevgiyle,
Babaannen
Lina Hirsch

2. Kadın Konfeksiyon Mağazasında

O tarihte Friedberg'de ilkokulun adı "Örnek Okul"du. Bu Örnek Okul ikinci sınıf öğrencilerine öğretmenimiz *Wilhelm Braun** güzel yazı ve imlâ alıştırması olarak, kısa kısa sorular yazdırmıştı. Sorularla cevapları taştahta üzerine özel taş kalemle, Alman el yazısıyla, yani yukarı doğru ince, aşağı doğru ise kalın çizgiler çekerek yazacaktık (Tahtamızı kenarında asılı duran minik bir süngerle kolaycacık siliverirdik.)

Sorulardan biri şuydu: "En hoşuma giden yer neresidir?" Benim verdiğim kısa ve öz cevap da şöyle: "Kadın konfeksiyon mağazası". Bu güç sözcüğü doğru mu yazdım, yanlış mı bilemem. Karnemdeki sonuç: "Güzel yazı iyi ile pekiyi arası, imlâ çok iyi" idi.

Herneyse, öğretmenimiz Braun benim cevabıma pek gülmüş ve hemen babama yetiştirmiş, babam da ballandırarak sağda solda anlatıp durdu.

* Bu değerli adamın kısa bir biyografisi *Fritz Hermann*'ın Friedberg tarih derneğnin 60'ıncı yıldönümü, Wetterau tarih dergisi Friedberg 1956'dan genişletilmiş ayrı basısında bulunmaktadır.

Kadın konfeksiyon mağazasının özelliği neydi ki? En çok oradan hoşlandığım yıllarda bu mağaza, evimizin zemin katına bitişik eski bir ek yapıda yer alıyordu. Kaiserstrasse'deki dükkânın cephesi hizasında uzanan bu dörtköşe, bodrumsuz ek yapı avluya açılırdı. Yapının üçte birini, içinde kocaman bir şef masası, bir rahle, iki küçük masa, para kasası ve kopya presinin durduğu "Kontuar" kaplar, geri kalan üçte ikide ise, ilk bölümünden ince bir ahşap bölmeyle ayrılan "Kadın Konfeksiyonu" yer alırdı. Yapının tepesinde buzlu camdan, üçgen biçimli, sivri üçgen bir çatı, avluya bakan uzun kenarıyla iki dar kenarı boyunca da bir metre kadar genişlikte bir duvar çıkıntısı vardı. Bu sekiye sadece evimizin birinci kat pencerelerinden erişilebilirdi, çamaşır asmak için kullanırlardı burasını. Biz çocukların çıkması kesinlikle yasaktı, ama biz gene de burada oynamaya bayılırdık.

Acaba yedi yaşında bir çocuk bu Kadın Konfeksiyonundan neden hoşlanmış olabilir? Besbelli ki, bunun cinsellikle bir ilişkisi olamaz. Başka çekim noktaları vardı. Bir kere, dükkânın kendisi yeterince ilginçti. Tepeden ışıklı resim işliği çatılarına benzeyen cam çatısının tam altında, sayısız ip geriliydi. Bu iplere asılı yeşil perdeler, güneşin konumuna ve şiddetine göre çekilerek açılır, kapanırdı. Ama beni çeken bu ışık oyunları değildi. Deliklerle halkalardan sanatkârca geçirilmiş ipler yardımıyla perdelerin bir gidip bir gelmesi, çekiyordu ilgimi. Tabii, bu arada ipleri birbirine dolamaktan, asılıp koparmaktan da geri durmuyordum.

Beni çeken başka bir özellik de, sanki saklambaç oyunu için düşünülmüş gibi olan iç düzenlemeydi. Odanın iki uzun duvarı boyunca, yerden tavana kadar, birbiri üstüne çubuklar çakılmıştı. Bu çubuklara sıra sıra askılarda bluzlar, etekler, mantolar, elbiseler, kostümler, boy, renk ve kumaş cinsine göre düzenlenmiş olarak asılıydı. Bunları da toza ve güneşe karşı gene tavandan yere kadar inen yeşil perdeler korurdu. Bu perdeleri açıp kapayarak oynayabilir, ayrıca arkalarında saklanabilirdiniz. Burası, aniden ortaya çıkıp satıcı kızlardan birini korkutmak ya da bir halt karıştırdıktan sonra kaçıp gizlenmek için biçilmiş kaftandı. Kaçak durumundaysanız, en iyisi, dip sıradaki giysilerin arkasına gizlenmekti. Sadece ayaklarınız açıkta kaldığından, peşinize düşen kişinin sizi bulması için yerlere uzanması gerekiyordu.

Buranın bir başka çekici yanı da, prova odasıydı. Yapının avluya bakan pencereli cephe duvarı, prova odasının bir kenarıydı. Öteki üç kenar ise, gene ihtiyaca göre açılıp kapanan perdelerle çevrilmişti. Böylece 1.80 m. yüksekliğinde "kabinler" oluşturabilirdiniz. Aynı yükseklikte ayaklı aynalar, askılar, sandalyeler de buranın demirbaşlarındandı. Müşteri yokken, dükkânda çalışan hanımlar burada kahvaltılarını yapar ya da kahve içerlerdi. Personel, iki-üç satıcı hanım ile bir çırak kızdan ibaretti. İşte bizim "Ernstchen", özellikle bu kahve molalarında Kadın Konfeksiyonunda gezinmeye can atardı; çünkü evde öğleden önce sadece tereyağlı ekmek, kırk yılda bir de bir elma; ikindi kahvaltısı olarak da sütle marmelatlı ekmek verirlerdi. Oysa dükkânda öyle mi ya! Satıcı kadınlar öğleden önce salam, sosis ikindi kahvaltısında da pasta ve tatlı kurabiyeler yerlerdi, bütün bunları komşu dükkânlardan alıp getirmek işi de çırak kıza düşerdi. Annemin kesin yasağına rağmen, bir dilim körpe sosis, ya da bir lokma mis gibi "Streuselkuchen" atıştırmak ümidim, hemen hiç boşa çıkmamıştır ve belki de benim o yaşta en çok Kadın Konfeksiyonunda bulunmayı sevmemin asıl sebebi de budur. Bugün bile hâlâ bir lokma sıcak et sucuğu ile tazecik "Streuselkuchen" benim için gerçek bir damak zevkidir - ama çocukluğumdaki tezgâhtar kadınların, sert eğitim yanlısı anneme çaktırmadan ağzıma tıkıştırdıkları salamlarla pastaların tadını vermesi şartıyla!

Dükkânda çalışan çıraklar dahil herkesle senli benliydim. Aradan yıllar geçip "yaşım kemâle erdikten" sonra rastlaşıp eski günleri andığımızda da bu senli benlilik sürmüştür. "Hani bir dönme dolap yapmıştık, ne güzeldi, hatırlıyor musun? Kolunu çevirip çalıştırırdık..." "Hatırlıyor musun, sandıklardan, paçavralardan, kartondan, kâğıttan yaptığımız kukla tiyatrosunu...?"

Aklıma gelmişken şunu da anlatayım: Bu kukla tiyatrosuna hayatım boyunca unutmadığım bir ders borçluyum. Kukla tiyatrosunu ilk yaptığımızda, kukla olarak kaba yontulmuş tahta parçalarıyla irice patatesleri kullanıyordum. Kızkardeşim bunlara bir bez parçası bağladı mı, oluyordu size bir kafa. Ama bir gün haftalığımla defter, boya kalemi, kalem ucu filan alırken kırtasiyecide gözüme hazır kukla figürleri ilişti. Dükkâncı benim sessiz isteğimi farketmiş olmalı ki, bu kuklaları bana taksitle satmayı önerdi. "Kumbaranda bir şeyler birikmiştir. Şu İbişle Şeytan kuklası için bana 20'şer pfennig versen, yeter. Geri kalanı haftalığından 10 pfennig verir, taksitle ödersin". Bu alışverişe aklım yatmıştı.

Hazırlıklarımı tamamladım ve zamanı müsait mağaza çalışanlarıyla anne-babamı büyük "Gala Temsili"ne davet ettim. Sahnede İbişle Şeytanı gören seyirciler şaşırdı. Temsilden sonra, vicdanım gayet rahat, yeni kuklalarımı nasıl satın aldığımı anlattım babama. Ve... anlattığım gibi, hepsini toparlayıp geri götürmek, paramı da geri istemek zorunda kaldım. "Çünkü" demişti babam "ya haftalığını vermezsem ne halt edeceksin? Neyle borcunu ödeyeceksin? Eline geçeceğini umduğun para, henüz senin değildir. Kendine ait olmayan bir şeyi nasıl harcarsın?" "İyi ama" dedim, "o zaman Bay Br... niçin bu kuklaları verdi bana?" "Senin satın aldığın öteberinin parasını baban nasıl olsa öder, diye hesapladı da ondan. Bay Br... küçük bir çocuğun aklını çelmekle yakışıksız davrandı; sen de, onun seni kandırmasına izin vermekle budalalık ettin". Mantığıma hitap eden bu sözler bütün olumsuzluklarına karşın resmen kuklalarımdan ayrılmanın acısını azıcık olsun hafifletmişti. İşte o gün bu gündür, en baştan çıkarıcı taksit çağrılarına bile kayıtsız kalmışımdır. Bu bağışıklığım bugün dahi sürer. Ama biz dönelim gene Kadın Konfeksiyonunda çalışanlara. Tezgâhtarların kimi, işe bizim yanımızda çıraklıktan başlamıştı ve deyim yerindeyse, dükkânın "canlı demirbaşı" sayılırlardı. Mağaza için bu çok olumluydu, çünkü hem kentten hem de köylerden gelen devamlı müşterilerimiz bu tezgâhtar hanımlara alışmıştı. Özellikle çevredeki Wetterau köylüklerinden gelen köylü kadınlar, ille de Fraulein Adler'i isterler ya da -hizmete hevesli annemi kıracak bir dobralıkla- "Fraulein Adler nerede?" diye sorarlardı. Bunun nedeni, Wanfried'de doğmuş, Eschwege'de büyümüş olan annemin pürüzsüz bir yazı dili Almancasıyla konuşması, oysa Usagasse'de kasaplık yapan bir Yahudi'nin kızı olan Dora Adler'in, doğma büyüme Friedberg çocuğu olarak Wetterau ağzını konuşup anlamasıydı. Günün birinde dükkâna bir köylü kadın geldi ve son moda "Wohle" kumaşından istedi. Tezgâhtar kız, yeni gelen yünlü (ç.n.: Almancada "Wolle") ve pamuklu (ç.n.: Almancada "Baumwolle") toplarını çıkardı. Ama köylü kadın bir türlü memnun olmuyor, başını iki yana sallayarak, kendine özgü şivesiyle "Hayır, hayır bunlar değil, yeni "Wohle" kumaşından istiyorum" diyordu. En sonunda Fraulein Adler imdada çağrıldı. "Ah, anladım, Voile (doğru telaffuzu "Woahl") istiyorsunuz" dedi. Çok şükür meramını anlatabilen köylü kadın da, yarı öfkeli yarı hayran "Nemme Sie awer gleich des Maul so voll Fräulein Adler" diye bağırdı.

Kadın Konfeksiyonunun vazgeçilmez "canlı demirbaşları" arasında "seyyar ticaret memurlarının" özel bir yeri vardı. Toptancı firmaların temsilcilerine "seyyar ticaret memuru" derdik. Gerçi annemle babam, vaktiyle dedemin de yapmış olduğu gibi, yılda iki kez Berlin'e mal almaya giderlerdi, ama dükkânda satılan kadın giysilerinin çoğu gene de toptan siparişlerle sağlanırdı. İşte bu siparişleri "seyyar ticaret memurları" alıyordu. Berlin'deki büyük konfeksiyon atölyelerinin temsilcisi olan bu adamlar, ellerinde içleri örnek dolu koca bavullarla, taşradaki perakendecileri teker teker dolaşır, içinden seçmeleri için gelecek sezonun "kolleksiyonu"nu önlerine sererlerdi. Devamlı müşterilerini her yıl ziyaret eden, ufak tefek armağanlarla çocukların gönlünü almayı iyi bilen bu gezgincilerin her birinin kendine özgü bir üslubu vardı. Bu üsluba, Berlin ağzıyla dolu dolu konuşmayı ve başkentten en son fıkralarla dedikoduyu da ekleyebilirsiniz. Babam da bu sohbet yarışına küçük kısa öykülerle katılırdı. Dolayısıyla, parlak bir gelecek vaat ettiği şimdiden belli olan çapkın bacaksızın yumurtladığı en son "inci", dönmüş dolaşmış Berlin konfeksiyon sanayiinin (o günlerde adına "kadın üst giyim sanayii" denirdi) merkezi Hausvogteiplatz'da bile duyulmuştu. Öyle ki, 18 yaşına geldikten sonra bile, ne zaman bu gezginci amcalardan birine rastlasam, bana takılmadan geçmediler.

"Söyle bakiim, hâlâ en hoşlandığın yer Kadın Konfeksiyonu mu? Asıl şimdi desene, ha ha ha!" Annem, ev işlerinin yanısıra Kadın Konfeksiyonu ile ilgileniyor; "sosyete hanımlarının", yani kentimizde memur ve subay eşlerinin giyim zevkini yönlendiriyordu. Babama gelince... Babam, kentli-köylü her tabakadan insanla anlaşıp kaynaşırdı. Tanrı vergisi bir yetenekti onunki. Çocukla çocuk olur, herkesin anlayacağı telden çalardı. Çevresinde herkesin güvenini kazanmış ve bu güveni ayakta tutmayı bilmişti. Bunun sonucu olarak da, bir sürü fahrî görev üstlenmişti. Bu görevleri, karşılığında hiç bir şey almaksızın, özveriyle yerine getirirdi. "Kamu hizmetinde çıkar gözetmeksizin ve özveriyle çalışma övgüsü, ne yazık ki, çoğu kez haksız yere kullanılır. Oysa değerli hemşehrimiz Louis Hirsch'in kişiliğinde bu özellikler doğal olarak vardır. Kamuya hizmet için kendi sağlığını bile hiçe sayar. Fahrî olarak üstlendiği görevler arasında: Şehir meclisi üyeliği, bu kuruluşun çeşitli komitelerinde çalışma; başkan vekili olarak Sanayi ve Ticaret Odasında faaliyet; Giessen Eyaleti mahkemesinde ticaret yargıçlığı gibi güç bir görev ve son olarak da, Perakende Ticaret Derneğinin yönetim kurulu başkanlığını sayabiliriz." (Oberhessischer Anzeiger ve 6.6.1928 tarihli Friedberg Zeitung gazetesi, No. 131). Babam söz konusu derneğin kuruluşuna 1900 yılında bizzat katılmıştı. Amacı, küçük satış yerlerinin tekellere karşı verdiği ölüm-kalım savaşında bir destek olabilmekti. Babam, 1912'denberi Sanayi ve Ticaret Odasına kayıtlıydı; 1919'da "Belediye Encümeni"ne üye seçilmiş, 1924'de ise Ticaret Mahkemesi yargıçlığına atanmıştı. Kredi Reformu Derneği'nin mutemediydi; Friedberg'li iş adamlarına kredi açmak gerektiğinde, söz konusu iş adamı hakkında bilgi ondan istenirdi. Uzun sözün kısası: Babam, küçük kentlerin o vazgeçilmez kişilerinden biriydi. Hani küçük kentlerde öyle adamlar vardır: Kulakları deliktir, çeşitli yayınları sürekli okur, olanı biteni izlerler. Çağa ayak uydurmaya çalışır,* babadan, atadan görme bir yurttaşlık duygusu ve özveriyle de, günümüzde artık ücretli memurların yaptığı pek çok kamu görevini fahrî olarak üstlenirler.

Bu tutumu ister "idealizm", ister "toplum bilinci" ile; ister "yükselme hırsı", ister "sorumluluk duygusu" ile açıklayabilirsiniz. Kesin olan bir şey varsa, o da, bu hayat anlayışının benim de içime işlediğidir. Bütün hayatım boyunca, mesleğimin ve özel işlerimin arasında, mensubu bulunduğum küçüklü büyüklü kuruluşlar yararına gönüllü çaba göstermeyi, her zaman için, doğal görevim bildim.

Parti politikası açısından babam tipik bir güney Alman liberal demokrattı. *Friedrich Naumann*'ın taraftarı ve hayranı niteliği ile Nasyonal-Sos-

---

* Örneğin babam Friedberg'li ilk tâcir olarak 1 no.lu telefon abonesi idi. Posta Çeki Servisinin kurulmasında da Frankfurt Posta çeki merciinin 814 numara ile ilk bin müşterisi arasında bulunuyordu.

yal'dı. Friedrich Naumann'ın ithaflı orijinal bir gravür resmi yazı masasının üstünde asılı idi. Önce İlerici Parti (Forstschriftspartei) üyesi iken 1919'dan sonra Demokrat partiye girmişti. Ne çok kereler benim parti politikası bakımından kayıtsızlığıma kızmıştır! "Siz gençler eğer politikayla ilgilenmezseniz, günü gelir politika sizinle ilgilenir. O zaman da iş işten geçmiş olur" derdi. Ne kadar haklı olduğunu 1933'de nasyonal sosyalist hükümet darbesi gösterdi. Kişiliği sayesinde, Yahudi asıllı tacirlere o zaman reva görülen nasyonal sosyalist alçaklıklarına uğramadı. 30.8.1936 tarihinde altmışyedi yaşında bir ameliyat sonucu öldü. Annem ise seksenyedinci yaş gününü kutlayabildi. 30.12.1959'da Berlin'de vefat etti.

Peki, ya Kadın Konfeksiyon Mağazası ne oldu? O da 1931 yılında kapanmıştı.

3. Dietemannshusen

Bir zamanlar bir Alman kasabasında bir gece bekçisi yaşarmış. Adamcağızın yaşı ilerledikçe gözleri de görmez olmuş. İşinden olmamak için, gece devriyesine çıkarken, yanına karısını da almaya başlamış. Kadın arada bir kocasına "Diete, Mann" (ç.n.: "Boruyu öttür, adam") dedikçe, borusunu öttürür, kent sâkinleri de kendilerini güvende hissederlermiş. İşte, Werra ırmağı kıyısında yeralan Eschwege kasabasının "Dietemannshusen" lâkabı buradan gelir derler. Kentin, tepesi başlıklı kulesindeki 1650'den kalma Barok saat, geceyarısını hâlâ boru sesiyle haber verir.

Eschwege'de anneannemle dedem otururlardı. Annemin adı Clotilde idi, kendisine Cäcilie denirdi (ama Sesil diye çağrılırdı). Annem Eschwege ilçesine bağlı Wanfried'de 25.10.1872'de doğmuş, ama daha çocuk yaşta annesi Berta (doğumu Mayer, Homburg/Ohm) ve babası Bernhard Goldmann, küçük kızkardeşleri Meta ve Claire ve küçük erkek kardeşi Richard ile birlikte Eschwege'ye göçmüş. Dedem, Eschwege'de, kardeşi Philipp ile birlikte babadan kalma tekstil ticaretini yürütüyordu (Konfeksiyonculuk değil, kumaş toptancılığı yapardı). Müşterilerinin çoğu, yukarı Eichsfeld ve yukarı Werra vadisindeki Thüringenschen köylüklerinden gelirdi. Dükkân "Am Stade" denen geniş bir ana cadde üstünde, bir evin zemin katıydı. Ana caddeden Kuzey ve Doğu yörelerinde Heiligenstadt, Mühlhausen, Schmalkalden ve Eisenach'a giden araçlar akardı. Evin birinci katında dedemle anneannem otururdu, ikinci katta ise annemin erkek kardeşi "Richard Dayı" yalancı inci ve taşlardan "Gablonzer Schmuck" denen (Bijuteri) süs takıları, yani gerdanlıklar, bilezikler, kemerler, iğneler ve benzeri incik boncuk yapar, perakendecilere elden satardı.

Evin arkasında garip bir ek yapı vardı. Yapının hemen hemen yarısını, yüksek duvarlı büyük bir samanlık kaplıyordu. Eskiden burası ya bir han ya da arabacıların yeriymiş. Yapının öbür yarısını bizimkiler depo olarak kullanıyorlardı, içinde araba yaygısı, at örtüsü, yol halısı, büyük halı ve buna benzer "havaleli" mallar yığılı dururdu. Geniş bir kapıyla caddeye açılan, tabanı dört köşe kaldırım taşı döşeli genişçe avlu da, burada bir zamanlar, ahırları olan bir han ya da arabacılık işletmesi bulunduğuna kanıttır.

Geçtiğimiz yüzyılın ortasında arabacılar, Eschwege'de önemli bir rol oynamışlardır. Çünkü, Alman sanayi gelişmesinin çocukluk aşamasında, fabrikalarla sanayi ürünleri için gerekli hammaddeler, yalnızca atlı arabalarla taşınırdı. Frankfurt-Bebra-Hannover-Hamburg demiryolunun yapımı sırasında (yaklaşık 1850) arabacılar, ekmek kapıları kapanacak korkusuyla - kente ve insanlara zarar vereceğini ileri sürerek - demiryolunun kent merkezinden 5 km batısından geçmesini sağlamışlardır (Çevreyi koruma bahanesiyle maddî çıkarı koruma!). Böylece Eschwege'de istasyon yapılmadı.

Benim yetiştiğim günlerde ise, Frankfurt (Main) - Hamburg arası çalışan ekspres trenlerinin bazısı, Niederhone'de dururdu. Bugün bu istasyonun adı, Eschwege-West'tir. Orada aktarma yapılırdı -bugün hâlâ yapılır - ve Treysa'dan kalkıp Malsfeld üzerinden ya da Kassel'den kalkıp Waldkeppel üzerinden Eschwege'ye gelen ve bugün DDR sınırı yüzünden burada biten banliyö trenine binilir. Bu banliyö istasyonu bile, kent merkezine 2 km kadar uzaklıktadır, hele o günlerde kentin en kenarındaydı. Dolayısıyla 25 dakikalık bu mesafeyi yaya yürümek istemeyen, ya da yürüyecek hali olmayanlar, atlı araba –bugün bir taksi– tutmak zorundadır.

Eschwege de –benim doğduğum kent gibi– küçük bir kentti. Bugün de öyledir. 1200 yıllık bir tarihi, bugün kaymakamlık olarak kullanılan eski bir Landgraf Şatosu, çarşısının etrafında "Fachwerk" tarzı güzelim evlerden oluşan eski mahallesi vardı. Kent, adına Leuchtberg denen, aşağı yukarı 300 metre kadar yükseklikte konik bir tepenin eteklerinde yer alır; tepedeki Bismarck kulesinin harikulâde bir manzarası vardır: Batıda Hoher Meissner, Kuzeyde Eichsfeld, Güneyde Schlierbachwald, Doğuda da Leuchtberg'in eteklerinden kıvrılarak akan Werra'nın vadisi görülür.

Eschwege ve çevresi, en az Friedberg ve Wetterau kadar bildik yerlerdir benim için, çünkü 1912 yılına kadar yaz tatillerimi hep anneannemlerde geçirdim. Anneannem Berta, hamarat mı hamarat, ev işleriyle haşırneşir bir hanımdı. Anneannemle yakın bir kişisel ilişki kuramamışımdır. Dedemle ilişkim de zayıftı; çünkü dedem beni yanlış terbiye edilmiş bir "hanımevlâdı" olarak görürdü. Kendisi, kırk yılda bir Friedberg'e geldiğinde, her akşam saat 5'de eski istasyona gider (yeni istasyon 1913'de açılmıştır). Schweinsberg Gaststaette'sinde hâlis "Pilsner Urquell" birasıyla kafayı çekerdi. Bir keresinde dedem beni de beraberinde götürdü. Yedi sekiz yaşlarındaydım ve ağzıma henüz sütle su dışında bir damla içki girmemişti. Bir küçük bira da bana ısmarladı ve kendi bardağını şerefime kaldırdı. Ben de kaldırdım, ama daha ilk yudumla beraber, acı biranın genzimi yakmasıyla gerisin geriye püskürttüm ve gerisini de elbette içmedim. Dedemin öyle kalbi kırıldı ki, bana karşı duyduğu o azıcık ilgiyi de yitirdi. Kimbilir, belki de sonraları, bira çeşitleri arasından en çok bu "Pilsner Urquell"i sevmem, bu ilk acı tanışıklığımızdan ileri geliyordur.

Richard dayım, sık sık iş gezilerine çıktığından, bana fazla zaman ayıramazdı. Gene de kadınların çalıştığı (hmm!) takı ve süs eşyası işliğinde oynamama izin verir; renk renk cam boncukları karıştırmama, gönlüme göre gerdanlıklar, bilezikler dizmeme ses çıkarmazdı. Benimle en yakından ilgilenenler büyük dayım Philipp ile oğlu Paul Goldmann'dı. Hep birlikte Schlierbach ormanına ya da Bilstein şatosuna yürüyüşler yapardık. Pazar sabahları da, saat daha 6'da beni alır, Werra ırmağının iki kolundan birinde "Schwemme" seyretmeye götürürlerdi. Eschwege'li arabacıların atlarının pazar banyosuna "Schwemme" denirdi. Köprünün üstünde durup, atların suya sürülmesini seyretmek her seferinde yeni bir heyecan verirdi, hele gözüm "eski tanıdıkları" seçtikçe. Örneğin Hempfling Birahanesinin atları gibi. Hempfling Birahanesinin benim için çekici yanı, bira içilen bahçenin kenarındaki ağıllarda duran ve ağılların hemen önünde koşumlanıp tımarlanan atlardan birinin sırtına seyisin beni ara sıra oturtuvermesiydi.

Eschwege'nin, "Karline" dükkânında satılan Göttingen ya da Hannover'den gelme Zervelat ve Mettwurst'u (ç.n.: tütsülü bir cins sucuk), dedemlerin evinin çaprazlama karşısına düşen Heinemann pastahanesinin "Schmantkuchen"* ile "Bienenstich" pastaları, bir de Reichensachsen'e giden yol üstündeki "auf dem Felsenkeller" adlı lokantanın kâğıt helvası ünlüydü. Eschwege'deki tatil haftalarının doruk noktasını, geleneksel Johannis Bayramı oluşturuyordu. Bu bayramda büyük bir geçit töreni yapılır, okullar, loca ve dernekler sırayla geçerdi. Ben de dedemlerin penceresinden onları hayran hayran seyrederdim. Sonra beni bayram yerine götürürlerdi; ama, karanlık basmadan döner, uzun ve nemli geceden korunmak üzere sıcacık evimize başımızı sokardık.

Dedemin ölümünden (1912) sonra anneannem, evlenmemiş Richard dayıyla birlikte, onun evinin işini yapmak üzere, Berlin'e göçtü. Artık yaz tatillerini Eschwege'de geçiremeyecektim. Bu eksikliği gidermek için, anneannemle Richard dayım, 1913 yazında beni, Timmendorf'da deniz kenarında bir kaç hafta geçirmeye çağırdılar.

Beni Friedberg'ten Frankfurt (Main) - Hamburg gündüz ekspresine bindirdiler. Treysa'ya kadar bütün istasyonları ezbere tanıyordum, çünkü

---

* Cumhurbaşkanı Heinemann da okul tatillerini Eschwege'de büyük annesinin yanında geçirir ve Schmantkuchen'i severdi (FAZ Nr. 138, 19.6.1974).

Eschwege'ye çoğunlukla Treysa üzerinden giderdim. Ayrıca, oyuncak trenin sayesinde, demiryolculuk konusunda bilmediğim yok gibiydi. Babam bana "Demiryolu Kralı" adını takmıştı Örneğin Kassel'in de, Frankfurt (Main) gibi ana istasyon (Kopfbahnhof) olduğunu, burada lokomotif değiştirildiğini biliyordum. Ayrıca Hamburg garından önce gelen durağın Harburg olduğunu da biliyordum. Onun için tren daha Harburg'tan kalkar kalkmaz ayaklandım ve inmeye hazırlandım. Oysa önümde daha 25 dakikalık bir yolculuk vardı (Zamanından çok önce istasyonda olma ve varacağım yere daha çok varken, inmeye hazırlanma huyumu hâlâ terkedebilmiş değilim). Trenden indiğimde, inme-binme yerindeki (o zamanlar "Perron" denirdi) olağanüstü kargaşaya karşın Richard dayımı çabucak buldum. Frankfurt'taki gibi zemin geçitten geçecek yerde, bana çok yüksek gözüken bir merdiveni tırmandık ve altında vızır vızır trenlerin işlediği bir üst geçitten geçerek istasyon binasına, buradan da caddeye çıktık. İşte ilk Hamburg izlenimim bu demiryolu üstgeçididir.

Ne zaman "Hamburg" dendiğini duysam, çocukluk anılarım canlanır gözümde: Limanda gemiyle gezinti; çeşit çeşit boy boy sayısız gemi; özellikle de açık deniz gemileri, yüksek mi yüksek bordaları, bir kısmı su yüzüne çıkmış dev gibi pervaneleri ile yüklenmeyi bekleyen Güney Amerika şilepleri; limana tepeden bakan Bismarck von *Lederer*; kısa süre önce (1911) trafiğe açılmış olan 1/2 km uzunluğundaki akıl almaz Elbe tüneli (tünelin asansörleri sırf yaya değil, özellikle her türden ve boydan binek arabası ya da yük taşıtı taşırdı) ve nihayet, bir akşam üzeri, anneannemi otelde bırakıp Richard dayımla birlikte gittiğimiz St. Pauli'deki kapalı binicilik salonu. Sirke benzeyen bir manejde, birkaç at, orkestranın çaldığı sirk müziği eşliğinde koşup duruyordu. Bu müziği, zaman zaman Friedberg'e gelip gösteri yapan gezgin sirklerden tanıyordum. Müzik, çeyrek saatte bir ara veriyor, atlar binici değiştiriyordu. Bir tur daha atmak isteyen, gene para verip at sırtında kalabilirdi. Ben de seyisbaşının yardımıyla bir atın sırtına tırmandım; üzengileri bacaklarımın boyuna göre yukarı aldılar, elime dizginleri tutuşturdular, yuvarlanmamam için de geniş bir kayışla beni "bağladılar". Orkestra şefi değneğini kaldırdı ve atlar iyi bildikleri ezgiye uyarak adım adım gitmeye başladılar. Derken, müzik hızlandı, atlar tırısa kalktılar, en sonundada dörtnal koşmaya başladılar. Kaldı ki, tırıs bile huylandırmıştı beni, dizginleri kullanmasını bilmediğimden canhavliyle eğerin önüne yapışmışım, birdenbire gövdemi saran kemerle birlikte yukarı doğru kaldırıldığımı hissettim, eğeri bırakmak zorunda kaldım ve bir an için havada uçtum. Bu arada atım dörtnala uzaklaştı gitti. Orkestra boruları öttürdü, seyirciler kahkahadan kırılıyordu, bense yüzüm kireç gibi bembeyaz manejin ortayerinde öylece yatıyordum. Birisi beni alıp gülüp duran dayımın yanına getirdi.

İşte daha o zaman, yani 11 yaşındayken, başka insanlarla alay etmenin ne demek olduğunu öğrendim. Ve, benim sırtımdan "eğlendiği" için de Richard dayıyı asla affetmedim. "Eğlenme" sözcüğünü tırnağa alıyorum, çünkü daha çocukken bile, adeta içgüdüsel olarak itici geliyordu bu bana. St. Pauli olayından sonra, dayımla arama bir soğukluk girdi, amcalarımla kurduğum sıcak ilişkiyi onunla kuramamışımdır. Annem buna üzülür dururdu. İnsan çocukken, başka insanları ancak içine sinerse eğitici olarak kabul edebiliyor, örneğin, benim okul öğretmeni olarak amcamı kabul etmem gibi. Anne ve baba gerçi doğal eğiticidirler, ama bu görevin üstesinden nasıl gelecekleri binbir bilinmez etkene bağlıdır.

Babamla aramda hiç bir zaman ciddî bir çatışma olmadı. Babam, ya mantığıma hitap eder ya da bu işin yolu yordamı şudur, eğer başkalarıyla iyi geçinmek istiyorsan alışılageleni yapmak zorundasın, derdi. Bu "konformizm"i hor görmemeli. Asgarî düzeyde bir konformizm olmasa, hiç bir toplum yaşayamaz. Kurulu düzene başkaldıran devrimci bir protesto biçimi olarak konformizm düşmanlığı, ergenlik bunalımından başka birşey değildir. Bu tutumu moda halinde yaygınlaştırmak, ya da yaşam ilkesi olarak kabul etmek delilik olur. Çünkü bu tutum, bir salgın hastalığa dönüşebilir ve toplumun bünyesinde onarılması güç yaralar açabilir.

Annem ise benim elimden çok çekmiştir. Sürekli olarak çocuklarla didişmek zorunda olan annemin, sadece yemekten yemeğe, bir de tatil günlerinde çocuklarını gören babaya oranla, bunlarla daha fazla çatışması doğaldır. Ama annemle anlaşmazlığım, sadece bundan dolayı değildi. Hem annem, "keçi gibi inatçı" kızkardeşimden bile pek öyle zorluk çekmezdi. Herhalde bunun nedeni, çok erken yaşlarımdan beri bende varolan kendi başına buyrukluk tutkusudur. Başına buyruk ben, babamın konuşmasını, davranışlarını, hayat tarzının halka yakın özelliklerini, toplumun "üst tabaka"larının adetlerine uymaya özen gösteren, yazı dili Almancası konuşan anneme yeğ tutuyordum. Annem, kendi gördüğü eğitim yöntemlerini bize uygulamak isterdi. Kendisi, genç kızken Eschwege'den, Frankfurt'taki bekâr teyzeleriyle dayılarının yanına gönderilmiş, burada Elisabethenschule'de (iyi aile kızlarının gittiği bir okul) okumuş ve kasabanın dar ufku yerine büyük kentin geniş açısını tatmıştı. Dayıların en büyüğü olan Gustav dayı (Mayer) çok otoriter ve sert bir adamdı. Ben de onu bu haliyle tanıdım ve pek ısınamadım. Ona göre, çocukların iradesi büyüklerinkine tâbi olmalı, hatta gereğinde şiddete başvurularak kırılmalıydı. Eğitim, burjuvazinin "yüksek" tabakalarında, özelliklede "akademisyenler", avukatlar, doktorlar ve yüksek memurlar arasında geçerli ölçütlere göre uygulanmalıydı. Kız çocuklar, evliliğe; erkekler ise mesleğe hazırlanacak biçimde eğitilmeliydi. Ama hem kızlar, hem de erkekler için, "yüksek" tabakanın oturup kalkma, giyim, eğlence konularındaki "kibarlık" kuralları geçerli olmalıydı. Bunlara karşı çıkılmasına göz yumulmamalıydı. Bu eğitimin daha derin sebepleri, büyük olasılıkla, 19. yüzyılın ikinci yarısındaki Alman Yahudilerinin kendilerini topluma kabul ettirme çabalarında yatmaktadır. Bu tür eğitimin iyi ve değerli yanları olabilir, ama çocuklarda tepki ve açık ya da kapalı direniş duygusu uyandırmaktaydı. Hele çocukların kendiliklerinden örnek diye benimsedikleri kişiler, örneğin benim babamla okul öğretmeni amcam, bu kurallara boşverir gözükürlerse!

Babamdan yalnızca bir kez kötek yedim, ama bu da annemin şiddetli ısrarları sonucu oldu. Annem, okul saatinden önce benimle birlikte şapkacıya gidip, bana yeni bir şapka almak istiyordu. Nesnel bakılırsa, zaman mutlaka yeterliydi. Şapkayı alıp okula yetişebilirdim. Ama öznel olarak, yani benim açımdan, "çok geç" olmuştu; çünkü trene erkenden gittiğim gibi okula da erkenden gitmeyi âdet edinmiştim. Ne yediğim dayak, ne de bütün ders yılı boyunca yeni şapka alınmayacağı tehdidi beni bundan vazgeçirebildi. Eski şapkayla kalmam, aslında, annem için çok daha ağır bir cezaydı; çünkü annem çocuklarının iyi ve "kibar" giyinmesine önem verirdi, oysa benim üstüme başıma aldırdığım yoktu.

Annem hiç yorulmak bilmeden, "öyle konuşulmaz, ayıptır", "öyle yürünmez!" "cici çocuklar öyle davranmaz" der dururdu. Belki de kendi açısından ve kendi değer ölçülerine göre yerden göğe kadar haklıydı; ama ben de kendi çocukça deneyimlerimle vardığım sonuçlara göre, doğru davranıyordum. Sadece okul ve oyun arkadaşlarımdan gördüğüm davranış modeline uyduğu için değildi, böyle davranmam. "Kibar"lık, kırılıp dökülmek, benim yaradılışıma ters düşüyordu. Bu yüzden de beni belli bir kalıba sokmalarına karşı koyuyordum. Belki iyilikle söyleseler ve mantığıma hitap etseler, isteneni yapardım!

Annemin kardeşinden hoşlanmamam da, çoğunlukla bilinçaltında kalmış bu gibi nedenlere bağlı olabilir. Oysa dayım bana yakınlık gösteriyordu. Kapalı manejdeki olay, dayım için aslında bir şakaydı, benimde böyle kabul etmemi istiyordu. Daha küçükten, yani 11 yaşındayken, St. Pauli'nin gece hayatını tatmış olmakla böbürlenebilirdim!

Denizle ilk kez Timmendorf kıyısında tanıştım: Denizle, yani, gel-git olayı, kumsalda yaşam, deniz banyoları, burçlarına minik bayraklar dikilmiş kumdan kaleler, hasır koltuklar, deniz yıldızları ve midyeler, denizanaları, deniz kenarında banyo almak için kullanılan el arabaları diz kapaklarımın arkasındaki fena halde canımı acıtan güneş yanığı -kızgın öğle güneşinin tuzlu sudan çıkmış ve iyi kurulanmamış deri üzerinde ne gibi etkileri olabileceği konusunda koyu bir cehalet içindeydim! - ve bana bir daha yelkenliye binmeye tövbe ettiren fırtınalı bir yelkenli gezisi türünden olaylarla.

4. İğne Deliği

"Nereye böyle?" - "Kaleye. Askercilik oynamaya." - "Ama kaleye giremezsin ki; kapıları kilitli". – "Küçük kapıdan girerim". - "Hangi küçük kapıdan?" - "İşte canım, iğne deliğinden".

Babam, ağzı şaşkınlıktan bir karış açık, arkamdan bakakaldı. Kulağıma kimbilir nereden çalınmış olan bu sözleri, anlamını kavramaksızın tekrarladıktan sonra, hızla kaleye doğru yürüdüm. Kalenin, evimize 200 m kadar uzaklıktaki ön giriş kapısının demir çivilerle kaplı yüzlerce yıllık ağır kanatları gerçekten de sımsıkı kapalıydı. Belki babam, o güneşli Eylül günüyle hiç bağdaşmayan yağmurluğuma da şaşmıştır. O zamanlar (1910), genellikle "Lode" kumaşından yapılan kolsuz pelerin biçimli yağmurluklar giyilir, adına "yağmur kap'ı" denirdi. Yağmurluğumu sırtıma geçirmem, askercilik oynamak üzere "silâh kuşanmış" bir asker olarak tanınmamak içindi. Tepemde gerçi hâlâ, öğrencisi olduğum Augustinerschule'nin (eski diller öğretilen Gymnasium ve Realschule) kasketi vardı, pelerinin altında ise koltuğumun altına sıkıştırdığım karton bir miğferi sıkı sıkı tutuyordum; belime bir kılıç kayışı dolamıştım, omuzumdan sarkan kaba yontulmuş tahta tüfeğimin burnu yağmurluğun altından çıkmasın diye de, öteki elimle sımsıkı yapışmıştım. Masum okul öğrencisi "kılığı"ma diyecek yoktu doğrusu: Nitekim, bir iki dakika sonra, büyük kapı kanatlarından birindeki, 1.40 sm yüksekliğinde daracık bir ikinci kapı gıcırdayarak açıldığında, "kent yolu" girişinden "kaleye" süzülüverdim, girişte nöbet tutan askerler nereye gittiğimi sormadılar bile.

Bu anlatım, yani "kent yolu" ve "kale", Wetterau'daki Friedberg kalesi ile kentinin, 1806'dan sonra Hessen Dükalığına bağlandıkları, 1834'den sonra da tek bir topluluk olarak, resmî yazışmalarda "Friedberg (Hessen)" adıylaanıldıkları halde, aradan yüzyıl geçmesine karşın hâlâ birbirinden ayrı ve farklı birimler olarak algılandıklarını gösterir. Bugün bile "Kale" ile "Kent" iki ayrı dünya kabul edilirler.

"Kent, büyük ve önemli geçmişinin belgelerini korumayı ve bugünün canlı yaşamıyla birleştirmeyi bilmiştir. Bunu en iyi görebileceğimiz yer, Kaiserstrasse'nin, Ockstaedter Strasse ile Kale Kapısı arasında, adeta bir alana dönüşürcesine genişleyerek, Ortaçağ'da olduğu gibi, bugün de, cıvıl cıvıl bir alışveriş merkezi oluşturmasıdır. Bu alanı eskiden olduğu gibi bugün de, eski evlerin üçgen damlı cepheleri çevreler."

"Bu Friedberg Bulvarı, Kuzeyde Kalenin geniş kapısıyla, görkemli bir biçimde son bulur (Bugün artık Kalenin kapısı, 1910'daki gibi kilitli değildir). *Kale kapısının arkasında ise, bambaşka bir dünya başlar.* Bu dünyada dükkân filan yoktur, ama saray, kilise ve kaleye ait yapıların suskun mimarileri, kalenin yüksek tahkimat duvarlarının üzerinde asılı imişçesine duran cennet gibi bir bahçe vardır. Bu Kale bahçesine çıktığımızda, Taunus ve Vogelsberg* arasında göz alabildiğince uzanan Wetterau köylüklerinin verimli topraklarını seyredebilirdiniz."

Bağımsız politik kuruluşlar olarak** Reich Kalesi ile özgür Reich Kentinin altıyüz yıllık tarihini belirleyen şey, Kalede yaşayan Kale şövalyeleri olan "Burgmannen" (Castrenses)'in kendi aralarında seçip Kayzer tarafından onaylanan bir kale komutanı, "Burggraf" yönetiminde oluşturdukları Soylular Cumhuriyeti ile, Kentte yaşayan kentsoyluların "Bürger" (= Cives) örgütlendiği Kent Cumhuriyeti arasındaki çıkar çatışmalarından doğan karşıtlık olagelmiştir. Öyle ki, bu karşıtlık, bitmek tükenmek bilmeyen çekişme ve cenklere yolaçmış***, her iki tarafın savunma yapıları da, dış düşmandan çok birbirlerine yönelik olmuştur.

Kalenin Kente karşı geliştirmiş olduğu savunma yollarından biri derin ve geniş bir hendekti. Bu hendek, Kentle Kaleyi birbirinden açık ve seçik biçimde ayırırdı. Üzerinde eskiden, konup kaldırılabilen bir köprü varmış. 18. yüzyılın sonunda ise bugün de kullanılan taş bir köprü yapılmış. Kalenin büyük giriş kapısı, bu hendeğin öte yanında kalıyordu; Kalede yaşayan soylular bu hendeğin içinde geyik yetiştirdikleri için, hendeğe "Geyik Hendeği" denirdi. Ve ben, işte bu giriş kapısındaki incecik "iğne deliğinden" içeri süzülüp, o tarihte bir kaç hafta boyunca, sımsıkı kapalı duran Kaleye "sızmıştım".

Kapının hemen arkasında, solda, Kalenin bekçi noktasını geçmek zorundaydım. Bu nokta, ödtaşından Friedrik üslubunda yapılmış bir yapı idi ve içinde 24 saatlik nöbetleri boyunca nöbetçi bölüğünün askerleri kalırdı. O tarihte Friedberg'te henüz garnizon yoktu. Bu nedenle Hessen alayları, Kalede nöbet tutmaları için birer takım gönderirlerdi, bunlar da nöbetleşe hem Kaleyi bekler, hem de diplomatik protokol gereği yerine getirilmesi gereken askerî törenleri düzenlerlerdi. Açık duran kapıdan görebildiğim

---

* 1966'da çıkmış olan "Friedberg in der Wetterau" isimli resimli kitabın *Fritz Usinger* tarafından yazılmış önsözü.

** Politik ve dinsel bakımdan özerk olan *üçüncü* cemaat olarak Getto'ya kapatılmış Yahudi cemaatini unutmamak gerekir. Bu cemaatın kendi bekçileri, pazar denetçileri, kendi (aşağı seviyede) yargı erki, kendi okul ve hastahanesi ile öz yönetim hakkı vardı. Vergi egemenliği hür imparatorluk şehrine, ona karşılık denetim ve koruma hakkı ve Yahudilerle ilgili yüksek yargı konta, aitti. Bu hukuk sisteminin fiili anlamı bakımından şu olay zikredilebilir: 1562 yılında o zamanki Friedberg hahamı *R. Elieser Lipmann* havranın önünde bir Avusturyalı subay tarafından öldürülmüştü. Önce kaçan, fakat sonra yakalanan fail lehine, ailesi İmparator *Maximilian*'a bir af dilekçesi sunmuş, bu dilekçe o zaman imparator seçimi için Frankfurt (Main) de toplanmış olan prensler tarafından desteklenmişti. Büstü şato bahçesinde duran o zamanki Kont *Brendel von Homburg*, Yahudi sorunlarında en büyük yargıç niteliği ile af dilekçesinin reddedilmesini ve katilin cezalandırılmasını sağladı. (karş. *Paul Arnsber*, Hessen'de Yahudi Cemaatları (Frankfurt (Main) 1971, C. I, s. 198/199).

*** Fazla bilgi için Friedberg Tarih Derneği tarafından 1966'da yayınlanan şu esere bak. "Friedberg in Wetterau. Vergangenheit und Gegenwart, Kısım I".

kadarıyla askerler, ikişer saatlik nöbetlerini tutmadıkları sürece, ya kerevetler üzerinde yan gelir yatar, ya da kâğıt oynarlardı.

Kimse beni çevirip bir şey sormaksızın, yolun solunu izleyerek, o zamanki Seminer Okulu'nun (eskiden ilkokul öğretmenleri için eğitim yeri, bugün burası "Kaleiçi Gymnasium" adıyla bir tür kolejdir) yapıları boyunca ilerledim ve Kalenin avlusuna geldim. Bu avlu geniş dikdörtgen bir alandı; benim durduğum yerden bakıldığında sağ uzun kenarında 17. yüzyılın ilk on yılı içerisinde Rönesans üslubunda yapılmış bir saray ("Burggrafenschloss") ve sarayın özel avlusu yer alırdı. Kalenin avlusu ile bu saray avlusu arasında, güzel portallerle bölünmüş bir duvar ve bir takım yapıların dar kenarları vardı. Bunlardan biri, adına "Cavaliersbau" denen ve üçgen çatı alınlığındaki aslan kafaları, pilaster ve volütlerle özellikle dikkati çeken bir yapıydı. Bu yapının önünde, Kale avlusunda, geç Barok çağı üslubunda yapılmış olan St. Georg Çeşmesi yer alır. Bu çeşmenin kaidesine kazınmış bir tarih bilmecesini çözerek yapım tarihini (1738) bulmak, antik dilleri öğrenen lise öğrencilerinin pek sevdikleri bir eğlenceydi. Saray avlusuna açılan, 1611'den kalmış özellikle iyi bir Rönesans yapısı olan üç kemerli ana kapının önünde, benim çocukluğumda çifte nöbetçi dururdu. Bu nöbetçiler, oraya geçici olarak kurulmuş ve Hessen Eyaletinin renkleri olan kırmızı ile beyaza boyanmış bir kulübede, rüzgârla yağmurdan korunurlardı.

Bu eski Burggraf Sarayı, Hessen ve Rhein Büyük Dükü olan Ernst Ludwig'e, yazlık olarak hizmet ederdi. Ama, o günlerde Kalenin tüm kapılarının kilitli ve sürgülü tutulması, bütün girişlerde, portallerde askerlerin nöbet tutması; Kaleyi çevreleyen ve yer yer yayalara kapatılan yollarda "sivillerin", yani sivil kılıklı Alman ve yabancı gizli polislerin dolaşması, Ernst Ludwig'in şerefine değildi. Bu "siviller", akşamüstü Doberman cinsi köpeğini dolaşmaya çıkartan babama hiç ses çıkarmamışlardır. Kimbilir, belki de kalıbına bakıp, kendilerinden biri sanmışlardı onu.

Ernst Ludwig, sanatsever, bilim adamlarına dost biriydi. Üniformasını pek seyrek giyerdi. Söylendiğine göre, Kayzer II. Wilhelm, Ernst Ludwig'e şöyle demişmiş: "En sevdiğim yeğenim sensin, ama en berbat askerim de sensin". Dükün, Saraya geldiğini, normal olarak halka açık olan Saray bahçesinin kapatılmasından anlardık. Ama şimdi yalnız Saray bahçesi değil, bütün Kale olduğu gibi kapatılmış askerle kuşatılmış, polis gözetimine alınmıştı. Çünkü Kalenin "duvarlarının ardında" büyük konuklar ağırlanıyordu: Bütün Rusların Çarı, Çar II. Nikola, Çariçe Alice (Ernst Ludwig'in kızkardeşlerinden biri), Çar çiftinin dört kızı ve veliaht, ailecek "Burgfrieden"e yerleşmişlerdi; yakındaki dünyaca ünlü Bad Nauheim kaplıcalarından yararlanıyorlardı.

"Burgfrieden" sözcüğünü, Kentin belgelerde ilk anılış (1216) biçimi olan "Wridgurg"u hatırlattığı için, sözcük oyunu olsun diye kullanmıyorum.

Özellikle "Burgfrieden" dememin nedeni, ön Kale kapısının üzerindeki Kale armasının tam altında yer alan gül motifinde "frid sy bij ych" yazılı olmasıdır. Bu sözlerle, Kale kapısından içeri giren herkese barış güvencesi veriliyor. Aynı şekilde, Saray avlusuna açılan ana kapının üzerinde de, bu barış istemi,"distichon" vezninde, tekrarlanmaktadır:

"Pax ingressuris, pax egredientibus esto,
pax foveat totam dulcis alumna domum."
(İçeri giren herkesin barış üstüne olsun!
Dışarı çıkan herkes barışla gitsin!
Ey üzerine titrediğimiz barış, evimize dol, ısıt bizi!)

İşte şimdi bu barış, Çar ailesini ısıtmaktaydı. Hastalıklı biri olan "Çareviç" (doğrusu: Sezareviç, yani veliaht) Kalenin giriş kapısından Kente uzanan köprünün korkuluğuna yaslanıp, zayıf bedenini Eylül güneşinde ısıtır, bu arada da Kent halkı, ağzı açık onu seyrederdi. Veliahtı, mutlaka, koruma görevlisi "Kazak"lardan biri izlerdi Bugün hâlâ (tam 70 yıl sonra!) bu görüntü bütün canlılığıyla gözlerimin önündedir.

Saray avlusunu da kazasız belâsız aştıktan sonra, 18. yüzyıl sonu - 19. yüzyıl başından kalma son derece kuru bir yapı olan Kale kilisesinin tam karşısına düşen güzel, dar bir "Fachwerkhaus"un yanından sola sapıp, yarı açık duran, parmaklıklı, çift kanatlı bir kapıdan geçerek, tabanı taş döşeli geniş bir avluya gelirdim. Burası, cilâ fabrikasının sahibi Rossbach'a aittir. Avlunun öntarafında, ev ile buna bitişik olarak "comptoir" yapısı yer alırdı.

İşte burada, beni birileri bekliyordu. Evin bir kaç metre iç giriş kapısının önünde ufak bir taşlık bulunuyor, bu taşlığın solundaki bir kapı da, bir sofaya açılıyordu. Bu sofayı, evin okul arkadaşım olan iki oğlu, Kalenin karakolunu örnek alarak döşeyip hazırlamışlardı. İki erkek kardeşten küçüğü olan Rudolf, benimle aynı sınıftaydı; Fritz ise bizden bir sınıf büyüktü. Askercilik oyununda onlar "Kale şövalyesi" sıfatıyla subay oluyor; biz "Kentliler" ise, sıradan erleri oluşturuyorduk. Askercilik oyunu, o haftalarda gözlerimizin önünde sergilenen sözcüğün tam anlamıyla, askerî gösterinin çocukça bir taklidinden ibarettir: Nöbete girmek; omuzda tüfek nöbet tutmak (bu tüfek, kundağı, namlusu olan, ama değil ateş etmek, kovan yerleştirmeye bile yeri olmayan bir nesneydi); hazırola geçerek tüfekle selâm duruşu; rap rap adımlarla nizamî hareket ve dönüşlerle nöbet devri teslimi ve acemi eğitimi: Silâh tutuş hareketleri, esas duruş, topuk çarpma, "sağa bak!", "sola bak!" yarım dönüşler vb. Hepsi de, kulağımıza çalınan komutlara uygun yapılırdı.

En önemli görev, avlunun girişinde nöbet tutmaktı. Çünkü arada sırada, gerçek bir subay oradan geçerek, nöbetçilerini teftişe giderdi. Subay geçerken, bizim nöbetçilerimiz de, derhal topuklarını çarparak hazırola geçip, tüfekle selâm vermek zorundaydı. Subay gülümseyerek elini kasketine götürür, selâmı alırdı. Bazen de, durur tatlı dille eleştirerek, daha iyi nasıl yapacağımızı öğretirdi. Hele bir keresinde bir subay, bizim avlunun içine, karakolumuzun önüne kadar geldi, 8-10 yaşlarındaki yedi yumurcağı "silâh altına" aldı ve gerçek komutlarla talim yaptırdı.

Ne var ki, bunların militarizmle yakın uzak bir ilgisi yoktu. Bizlere hiç bir şey aşılanmıyor, beynimiz yıkanmaya çalışılmıyordu. Çocuklarla gençlerin o tür pre-militarist ya da para-militarist eğitimi, bundan birkaç yıl sonra, Birinci Dünya Savaşının patlamasıyla başlamıştır. 1910 yılının Eylül/Ekim aylarında ise bu, henüz çocukça bir oyun, bir kaç hafta boyunca görüp işittiklerimizi taklit çabasıydı, o kadar. Çar ailesi Kaleden ayrıldıktan ve Kale kapıları yeniden açıldıktan sonra, "devriye" bölüğü mızıka çalarak Kaiserstrasse'yi aşarak kaleye gitmez olduğunda, bu askercilik oyununun da tadı kaçtı ve sıkıcı olmaya başladı, kendiliğinden son buldu. Hele biz "kentliler" için pelerinimizin altına hançerle miğfer gizleyip, masum okul öğrencisi kılığına girerek, "iğne deliğinden"* geçme macerası çekiciliğini kaybetmişti.

Ama gene de biz "Kentli" çocuklar için "Kale", her zaman için, yeğ tuttuğumuz bir oyunyeri olma niteliğini sürdürmüştür. Kâh Kale avlusunda ayak topu oynar, kâh bisiklete binmeyi öğrenirdik; iyi bisiklete binenler ise, St. Georg Çeşmesinin pervazlarında gözüpek döner dururlardı; yaz akşamları akşam yemeğinden sonra, Kale karakolunun karşısındaki yaşlı ıhlamur ağacının çevresinde saklambaçla kovalamaca karışımı bir oyun ("Lubbert") oynardık. Burası bu oyuna pek elverişli olan kovuklu duvarlarla doluydu.

Şairin sözleriyle "yüksek Kale duvarlarının üzerinde yüzen" Kale bahçesi de, hem saklambaç oyununa elverişliydi, hem de yalnızlığı seven kitap kurtlarıyla flört peşinde koşan "Schiller kazları" (İyi aile kızlarının gittiği Schillerschule'nin öğrencileri) ve "Augustin eşekleri" için de (Augustinerschule'nin erkek öğrencileri) bulunmaz bir yerdi.

---

* Ancak çok sonra, bize okulda dildeki üslûbun zerafeti özellikle Synekdoche, Metonymie ve Metapher'lerle öğretilmeye çalışıldığında, *Martin Luther*'in incil çevirisinde dikiş iğnesinin deliği karşılığındaki Yunanca kelimeyi (Matthaus 19, 24) niye (Nadelöhr) olarak çevirdiğini anladım. Her halde o Wartburg'da Junker Jörg olarak sık sık böyle küçük bir kapıdan geçmişti. Bir devenin bir dikiş veya tamir iğnesinin deliğinden geçmesi mümkün değildir. Ona karşılık çok genç veya küçük bir devenin büyük kale kapısı içindeki bu dar ve alçak kapıdan geçmesi bakımından uzak da olsa bir ihtimal vardır. O zamanki okuyucular için tamamiyle anlaşılabilir olan bu tasavvur, İncil'in bu pasajının Almancalaştırılmasında ilk defa bu plastik biçimi alıyor ve ifade gücü kazanıyordu:
"Bir devenin iğne deliğinden (aralığından) geçmesi bir zenginin cennete girmesinden daha kolaydır. (Bu konuda krş. Lutz Röhrich, Lexikon der sprichwörtlichen Redensarten, 3. baskı, Freiburg 1973, Cilt 2, s. 668 "İğne" maddesi).

Kalenin uzaklardan da görülebilen simgesi olan 58 m yüksekliğindeki Adolfsturm kulesi, 1347 yılında, tutsak Graf Adolf von Nassau'dan alınan fidye ile yapılmıştı. Kulenin döne döne yükselen merdivenleri, sadece duvarlarındaki incecik yarıklarla, insanın ancak önünü görebileceği kadar aydınlanırdı. Bu merdivenlerde ve Kulenin sekiz katında fink atmak, zift cumbalarında türlü afacanlıklar yapmak, aşağıdaki karanlık mahzene azıcık ürpererek bakmak, mazgal dişli en üst galeride kulecilik oyunu oynamak, şu ya da bu özel nedenle coşup avaz avaz şarkılar söyleyerek bütün Wetterau'yu ayağa kaldırmak, okul ve öğrencilik hayatının doruk noktalarıydı. Kulenin tek bir kapısı vardı ve bu kapı yerden 13 m yükseklikteydi. Eskiden merdivenle çıkılırmış; bizim zamanımızda ahşap bir köprüyle erişmek mümkündü. Bu ahşap köprüye, Kalenin üç arka kapısının en iç tarafta bulunanından geçiliyordu. Sözünü ettiğimiz kapıda eski makara tertibatının yiv izleri hâlâ görülür. Kule kapısının anahtarı Kale bahçevanında dururdu; adamdan anahtarı koparana kadar epey dil dökerdik. Kale bahçevanı, Kulenin arka kapılarından ortadakinde, bekçi evinde oturuyordu. Bu bekçi evinin minik pencereli cumbaları, Spitzweg'i* imrendirecek şiirsellikteydi.

Komşu çocuklarıyla Kalenin bir köşesinde koşturmuyorsam eğer, boş zamanımı kışın buz pistine dönüştürülen çayır gölünde buz pateni kaymakla, Nisan ile Ekim ayları arasında ise, yukarıda sözünü ettiğim "Bahçe"mizde geçirirdim. Büyükannemin ölümünden sonra, kaba bahçe işlerini yapmak, kendini evimizin bir çocuğu gibi hisseden "hizmetçimiz" Kaichen'li Lieschen Rühle'ye düşmüştü (Lieschen, sonraları evlenip Bayan *Erbacher* oldu). Babam, çiçek tarhlarıyla, güllerin ve yemiş ağaçlarının aşılanması gibi işlerle, domates yetiştirmekle, meyva ağaçlarının bakımıyla ilgileniyordu. Kızkardeşimle bana da, daha küçücükten, birer tarh ayırmışlardı. Burada tere, turp, havuç ve maydanoz yetiştirirdik. Tere tohumlarını toprağa saçarken, ille de bir sözcük ya da isim oluşturmaya özenirdik. Ama, herşeyden önce, minik tarlamızı dikime hazırlamamız gerekiyordu. Toprak kazılıp kabartılmak isterdi. Benim kazma çabalarıma, bizim Lieschen, "eşeleme" adını takmıştı; çapayı kapar bana yardım ederdi. Bahçemizdeki çimenliğin üstünde tahta parçalarıyla bezlerden bir çadır kurmuştum, bu çadırın içi gölge olmasına gölgeydi, ama hava dolaşımı olmadığından dışarıda ki kızgın güneşin altından daha boğucuydu. Yağmurda fırtınada bahçemizdeki çardağın altına koşup sığınırdık, çardağın dört bir yanı yaban asmayla sarılıydı. Çardağın üç iç duvarı boyunca arkalıksız alçak kerevet, ortasında ise dörtköşe tahta bir masa vardı. Bahçemizden toplayıp üstünkörü yıkadığımız meyva ve sebzelerle bu masada yaptığımız ikindi kahvaltılarının tadı damağımdadır. Yemiş ağaçlarının arasında koca elma ağacı önsıradaydı, özellikle de verdiği ürün açısından. Meyvaları

* Carl Spitzweg. - Bir Alman ressam (ç.n.).

toplamak için yüksek merdivenlere tırmanmak gerekiyordu. Bir gün merdiven, babamın ters bir hareketiyle devrilmiş, babam da can havliyle iki ağaç dalına yapışmış, yerle gök arasında debelenip duruyordu. Görüntü o kadar komikti ki, durumun tehlikesini kavramaksızın, babamın karşısına geçip kahkahalar atmıştım. Neyse ki komşumuz Bay Flaschentraeger çabucak koşup yetişti, yoksa korkunç bir kaza olabilirdi.

Babaannemin çocuklarının ortak mülkü olan bu bahçe, tatillerde Emil Hirsch amcamın da sabah cimnastiği alanıydı.

Zamanla bahçeyi üç yanından kuşatan cilâ fabrikasının isi pası yüzünden, sadece giysilerimiz batmakla kalmadı, bahçede yetişen meyva ve sebzelerimizin de tadı kaçtı. Gerçi bu durum, amcamlarla babamın bahçeyi-içleri kan ağlayarak-satma kararlarını biraz olsun kolaylaştırmıştır. Ama biz çocuklar, bahçesiz yaşamaya dayanabilecek gibi değildik; ve sonunda babam, Seewiese'de bir bahçe kiraladı. Burası, eski bahçemize oranla daha küçük olmakla birlikte, yeri daha yakındı ve işlemesi de daha az zahmetliydi. Yeni bahçedeki iki büyük armut ağacı, güzün kazanlarda kaynatılarak yapılan armut marmelatının hammaddesini sağlardı. Eski elma ağacımızdan topladığımız elmalarla yapılan peltenin yerine artık bu marmelatı yemeğe başlamıştık.

5. İki Kule

Friedberg'e "Kuleli Kent" de denir. Kentin eski resimlerine baktığınızda*, niçin bu adın verildiğini anlarsınız. Bugün bile, kente doğudan veya batıdan yaklaştığınızda, kentin siluetini üç kule belirler: Kalenin en kuzey noktasında yer alan "Adolfsturm", bugünkü kentin güney ucunda, Frankfurt Caddesinin en yüksek yerinde su kulesi görevini yapan gözetçi kulesi ve ikisinin tam ortasına düşen bir yerde de kentin kilisesinin yüksek kulesi.

Ama "benim" iki kulem bunlardan hiç biri değildir. Zaten benimkilere pek kule de denemez. Gerçi birinin yapımına kule olarak başlanmış, fakat sona erdirilememiştir; öteki ise 5,5 metre kenar uzunluğu olan bir kare biçiminde yerin 25 metre altında yapılmıştır. Her ikisi de, yalnızca genel tarih ve kültür tarihi açısından değil, benim içimde, özel önem taşırlar.

I.

"Anlaştık öyleyse saat tam 3'te kent kilisesinin Gelin Kapısında buluşuruz" dedi Profesör Ferdinand Dreher. Bay Dreher, Gymnasium'un altıncı sınıfında sınıf öğretmenimizdi, "ev ödevlerinizi de bitirdikten sonra, kim bana yardım eder" diye sormuştu sınıfa. Ben ve iki-üç arkadaş daha par-

---
* Meselâ Friedberg kentiyle kalesinin eski manzaraları (Friedberg'deki Carl Bindernagel firmasının 125 inci kuruluş yıldönümü albümü, 1959); Fritz H. Hermann, Friedberg in alten Ansichten aus Vergangenheit und Gegenwart, Bölüm I, 1966, s. 73-108.

mak kaldırdık. Bunun üzerine yukarıdaki gibi sözleştik. Gerçi, ben halk arasında "Kent Kilisesi" denen Meryem Ana Kilisesinin yerini biliyordum. Ama, "Gelin Kapısı" hangisiydi acaba? Hem ayrıca bize Almancaya ve Tarihe de gelen Latince öğretmenimizin, Kent Kilisesinde ne gibi bir işi olabilirdi? Acaba ona hangi konuda yardım edecektik? Evde öğle yemeği yerken de kimsenin cevap bulamadığı bir yığın soru.

Dakik olmaya eğitildiğim ve bugün bile fazlasıyla dakik olduğum için, Kilisenin ana girişindeki iki heybetli kule kaidesini bitiştiren açılır kapanır parmaklığın önüne, zamanından tam 15 dakika önce varmıştım bile. Sınıf arkadaşlarım henüz görünürlerde yoktu, dolayısıyla "Gelin Kapısını" kendi başıma aramaya karar verdim. Kilise avlusunun yaşlı kestane ağaçlarının gölgelediği kuzey tarafında, uzun kilise nefi duvarında, bir yan giriş kapısı daha vardı. Ama bu kapının, arzanı nef kuleleri gibi, "Gelin Kapısı" olarak yorumlanabilecek hiç bir özelliği yoktu. Doğuya bakan koro bölümünü dolanarak, kilise avlusunun güneş içinde yüzen güney tarafına geçtim. Buraya yeni dikilmiş birkaç cılız ağaç, kuzeyle güney arasındaki çelişkiyi büsbütün vurguluyordu. Sınıf arkadaşlarımdan ikisini, buradaki uzun nefin küçük kapısının önünde bekleşirken buldum. "Gelin Kapısı" burasıymış. Arkadaşlarım, kapıyı fırdolayı çevreleyen taştan yaprak çelenkleri gösterdiler. Bayramlarda evlerin kapısında gördüğümüz, hatta bazen kendimizin de yaptığımız çiçek demetlerine benziyordu bu çelenkler. Kapının üst eşiğinin üzerinde, çelengin çevrelediği sivri kemerin içinde iki figür, üçüncü bir figürün önünde diz çökmüş olarak resmedilmişti. Üçüncü figürün arkasında ise bir haçın arzani kirişi ile tepesi gözüküyordu. Sonraları öğrendiğim gibi, bir DEESIS tasviriydi bu; yani Hz. İsa'nın tahta dünya yargıcı olarak oturması ve Vaftizci Jan ile Meryem'in yakarmaları. Bu tasvirin üzerinde hafif öne çıkık sivri kemerli bir dam vardı. Damın kendisi de dik üçgen bir çatıyla yükseltilmiş ve çelenklerle çevrelenmişti.

Birbirimize bunları gösterir eğlenirken "Ferdi", geldi. "Ordinarius"umuza bu adı takmıştık. O tarihlerde hümanist gymnasium'larda "sınıf rehberi" olan öğretmenlere, yani sınıftan sorumlu olan ve gerekli yönetim görevlerini de yerine getiren öğretmenlere "ordinarius" denirdi. Ferdi, bizi selâmladıktan sonra, kimin gidip kilise bekçisinden anahtarı alacağını sordu. Bu görevi üstlenen arkadaşa da, "Profesör Dreher'in çok selâmı var, anahtarı istiyor, dersin, o hangi anahtarı vereceğini bilir", dedi. Bir kaç dakika sonra da, ömründe o güne değin yalnız sinagoga girmiş olan küçük Yahudi oğlan, ilk kez bir kiliseye adım atıyordu.

Arkadaşlarım alışık bir tutumla yürüyüp gittikleri halde, ben birden durmuştum. Önüme çıkan kırmızı kum taşından büyük sütunu, gözlerimle yerden tavana kadar izledim. Sütun tavana eriştiğinde sayısız kemerlerle çözülüyor gibiydi. "İşe başlamadan önce size bir şey göstereceğim" dedi,

Ferdi. Ve bizleri, tıpkı arzani galeri ve güney yan galeri gibi, daha genişçe orta galeri ile nerdeyse aynı yükseklikteki kuzey yan galerinin kuzey batı köşesinde bir yere götürdü. Ferdi, koro bölümünün renkli cam pencerelerinin üstündeki bölüme bakmamızı söyledi. Daha sonra anlatıldığına göre, bu cam pencereler, Alman cam boyama sanatının 15. yy'ın son çeyreğinden kalma başyapıtlarıymış ve bu camlardaki renklere, günümüzde bile erişilememiş. Ama o zaman biz bunları görmedik. Bizim gördüğümüz, bir "orman"dı. Ormandaki "ağaç gövdeleri" muazzam sütun demetlerinden oluşuyordu. Bu sütunlar, tepelerindeki yapraklarla süslü başlıklarıyla, âdeta "ağaç dallarına" dönüşüyorlardı. Bu ağaç dallarının üzerinde de tavan vardı. Öğleden sonra güneşinin güneybatıdan, kilisenin güney yan galeri pencerelerinden süzülerek içeri düşüp tıpkı ormanda ağaç tepelerinden vuran ışığın yolaçtığı gibi ışık oyunları yaratması, benim çocuk gönlümde doğan orman imgesini daha da güçlendirdi.

Ömrüm boyunca aklımdan çıkmayan bu izlenimin bende iki etkisi olmuştur: Daha sonra ne zaman bir kilise gezdimse, ilkin, kilisenin içini bir bütün olarak görebileceğim bir nokta aradım. İkinci olarak da, babamın, pazar günleri Taunus'a gezinti yaptığımızda ormandan geçerken söylediği "tıpkı kilisedeki gibi" sözlerinin anlamını ancak o gün anlayabildim. Orman gezintimiz sırasında civar köylerden birinden yükselen kilise çanı sesi, ormanın güneş ışınlarıyla canlanan gölgeli alacakaranlığında titreşimler yaparak yankılandığında, hiç de müzik kulağı olmayan babam, gerçi yanlış tonlamayla ama gene de benim için anlaşılabilir biçimde, "Dies ist der Tag des Herrn" şarkısını söylemeye başlardı ve ben de içimden Onuncu Emirle sabbatın kutsanmasına hak verir, dükkânların pazar günleri 11 ile 14 arasında (o zamanlar 2 denirdi) niçin çalıştıklarını bir türlü anlayamazdım. Buna içerlememin nedeni, galiba biraz da, bu yüzden ancak öğleden sonra 3'te gezintiye çıkabilmemizdi. İster istemez ormanda gezinti süremiz kısalıyor, gezintimin keyfi kaçıyordu.

"Evet, artık işe başlayabiliriz" dedi Ferdi ve kilisenin güney galerisinin güneybatı köşesindeki küçük bir kapıya yöneldi. Kapının ardında dasdaracık bir merdiven kıvrılarak yükseliyor, duvarlarındaki minik yarıklardan sızan ışıktan başka aydınlatma olmadığından, önümüzü zor görüyorduk. Merdivenin basamakları -hele biz çocuklar için- aşırı yüksekti ve yer yer aşınmıştı. Merdiven boyunca duvara gerili ipi tuta tuta çıkmak gerekiyordu. Vardığımız merdiven sahanlığında, sağda bir odanın kapısı yarı açıktı, içinden kilise orgunun çalgı aracını görebiliyorduk. Ferdi, soldaki kapıyı açtı. İçerisi ağzına kadar raf, kutu, camekânlı dolap dolu bir odaya paldır küldür doluştuk. Odanın duvarları, çeşit çeşit gravürle kaplıydı. Birbirine yapışık çerçeveler içine alınmış, bazısı renkli camdan pencereleri örümcek ağı bürümüştü, odaya gün ışığı zar zor sızıyordu. Öyle ki, bir şeyler okumak için pencerenin önüne gitmek zorundaydınız. Eğer belleğim beni yanıltmıyorsa, odadaki dar bir kapı, gene benzer "döşenmiş" iki odaya daha açılmaktaydı. Tahtadan bir bölme, esas odayla bunları ayırıyordu. Bu odalardan birinde Ferdi çalışma tezgâhını kurmuştu. Bir kat üstümüzde ise, ancak kıvrımlı merdivene eklenen basamaklarla erişilebilen bir başka oda daha vardı. Burası eski bir kentsoylu evinin tavanarasına benziyordu. Aslında güney kulesi olarak tasarlanıp başlanan bu yapı, 1410 yılında Kral Ruprecht'in buyruğuyla durdurulmuş. Durdurma nedeni, kilise kulesinden çok bir savunma yapısını andıran Kuzey Kulesinin yanıbaşında heybetli bir de Güney Kulesi yükselirse, zaten Özgür Rayh Kentiyle sürekli çekişme içinde bulunan Rayh Kalesinin kendi güvenliğini ve üstünlüğünü büsbütün tehdit altında hissetmesini engellemek imiş.

Ferdi, "işte burası kentin arşividir" dedi. Hemen arkasından da Friedberg kenti ve kalesiyle ilgili yazılı-basılı belge olarak ne varsa, yani senet, vakayiname, Belediye Meclisi tutanağı, hesap defteri, mektup, gazete, harita, gravür, fotoğraf ve benzerinin, bu odalarda korunduğunu, derlenip düzenlendiğini anlatmaya koyuldu. Tarih bakımından büyük değer taşıyan bu belgelerin güvenlik amacıyla kuleye nakledildiklerini de sözlerine ekledi: "Geçen yıl Belediye Konağına yapılan bonmbalı saldırıyı hepiniz hatırlarsınız, herhalde. İşte o saldırıda sadece merdivenler yıkılmadı, Kent yönetimine ilişkin belgelerin, kâğıt ve yazıların korunduğu oda da ağır hasar gördü. Şimdi bu belgeleri buraya yerleştirmemiz gerekiyor. Siz de bu işte bana yardımcı olacaksınız."

Yaptığımız işin hiç bir bilimsel ya da teknik yanı yoktu. Öteye beriye koşturuyor, elimiz erdiğince yardım ediyorduk. Ama asıl işimiz, bazısı paketlenmiş, çoğu ise sadece iple bağlanmış evrak tomarlarını, "Gelin Kapısı"nın önünden sırtlayıp arşiv odasına çıkarmaktı. Fritz H. Hermann* bu işimizi gerçekçi bir dille anlatır: "Arşiv odalarının pencereleri açılmıyordu... toz bulutları içinde çalışmak zorundaydık; ayrıca odayı ısıtmak olanağı da yoktu. Ortalığı yerleştirirken çıkan çeriçöpü kovalara doldurur, kollarımız kopa kopa merdivenlerden aşağı taşır, kiliseden çıkarır ve komşu evlerin çöp yığınlarının üstüne kimseye hissetirmeden dökerdik... Tam üç yıl uğraştıktan sonra, arşivde herşey yerli yerini buldu. Dreher, tastamam 4427 cilt ve defterin, 20.000 kadar da ciltlenmemiş belgenin bulunduğundan söz eder..."

Kent kilisesinin güdük kulesindeki bu yerleştirme çalışmalarında ve arşivin 1913'de bugünkü yerine (Haagstrasse, No: 16) taşınmasında gene biz gençler yardımcı olduk. Üstüm başım kir içinde eve döndüğümden, annem, bu "yan uğraş"ımdan hiç mi hiç hoşlanmıyordu. Ama, Ferdi bana

---

* Bkz. "60 Jahre Friedberger Geschichtsverein"; "Wetterauer Geschichtsblaetter" Cilt 5'den genişletilmiş ayrı basım, Friedberg 1956, s. 49/50.

Ortaçağdan kalma bir belgenin üzerindeki güzel bir mühürü gösterdiğinde ya da coşup kendini kaptırarak 9-11 yaşındaki çocuğun kavrama sınırlarını unutup, bir belge ya da vakayiname temelinde tarihî ilişkileri açıklamaya giriştiğinde, dünyalar benim olurdu. Böyle böyle, örneğin 1356 yılına ait Dördüncü Karl'ın "Goldene Bulle"si gibi kavramları küçük yaşta öğrendim. Ferdi, sözü döndürür dolaştırır, mutlaka bu konuya getirip dayatırdı. Ancak on yıl sonra hukuk öğrencisiyken, alman Hukuk Tarihi dersinde, bu belgenin eski Rayh'ın (1806'ya değin) en önemli anayasası olduğunu öğrendim.

Kent arşivindeki "faaliyetim" sonucunda, kilisenin kendisi hakkında da, mimarlık, teknik ve sanat tarihi açısından sayısız bilgi edinmişimdir. Kilisenin özelliklerini öğreniyordum, çünkü tozlu belgeleri yukarıya arşiv odasına taşıma, süprüntüleri de arşivden aşağıya indirme sırasında, gözüm mutlaka ilginç bir şeye takılıyor, anlamını sorduğumda ise, bol bol açıklama dinliyordum.

Fakat, müziğe yatkın küçük çocuğun ruhunda en derin izleri bırakan şey, kuşkusuz, orgcu Müller'in -kendisi aynı zamanda bizim okulun şarkı öğretmeniydi- cuma günleri öğleden sonra orgta çaldığı prelüdlerle korallerdi. Müller, pazar âyini için "alıştırma" yapıyordu. Beni severdi, çünkü bir çan sesi kadar temiz ve berrak soprano sesim vardı ve kurduğu küçük öğrenci korosunda canla başla şarkı söylerdim. Müzikçi Müller, bu koronun yardımıyla Friedberg Öğretmen Seminerindeki öğretmen adaylarına ve şarkı dersine ilgi gösteren öteki pedagoglara, Carl Eitz'in icadetmiş olduğu "Tonwort" yöntemini öğretmeye çalışırdı.* Onca coşkulu çabamıza rağmen, bu "Tonwort" yönteminin niçin bir türlü tutunamadığını bilemiyorum. Ama iyi yürekli müzik öğretmeni Müller'i açık renk gözleri, bakımlı sakalı, okulun karşısına düşen evindeki org pedalı eklenmiş kuyruklu piyanosu ve o günlerde Kent Kilisesinin güdük kulesine yerleştirilmiş olan arşivin yanıbaşındaki org balkonunda çaldığı parçalarla hiç bir zaman unutmadım.

II.

Emil amcam, tatile gelip de benim "Kent arşivindeki faaliyetlerim"i duyduğunda ve bende tarihe karşı uyanan ilgiyi farkettiğinde, bir gün

---

* İtalya ve Fransa'da tonlar, do re mi fa sol la si do gibi "ton heceleri" ile dile getirildiği halde, Almanya'da 1800 dolaylarında adına "solminasyon hecesi" denen bu ifade biçiminden vazgeçilmiş ve bunların yerine ALFABE'nin ilk 7 ya da 8 harfi konmuştur. Ne ki, acemiler için sıralamadaki değişiklik (örneğin a ile c'nin arasına h'nın gelmesi gibi) anlaşılmaz kalıyordu, ayrıca ton basamaklarının birbiriyle ilişkisi de (yani yarım ton ya da tam tonlar) çok açık değildi. İşte Eitz, "Bausteine zun Schulgesangunterricht im Sinne der Tonwart-methode" (Okullarda şarkı dersi için ton sözcüğü metoduna göre ilkeler) adını taşıyan yapıtında, bu soruna çözüm getirmeye çalışmıştır. Eitz'in metoduna göre, yarım tonluk perdeler aynı ünlülerle dile getirilir ve her bir ton, kromatik gam'da "ünsüzlerle ünlülerin tutarlı değişimine" uygun olarak mutlak ton hecesi içeren bir işaret taşır. Örneğin, buna göre C-Dur (do majör) skala şöyle olacaktır: bi to gu su la fe ni bi.

elimden tutup beni Judengasse'ye götürdü. Eski getto'nun merkezini oluşturan bu sokağa hiç uymayan bir yapının önünde durduk. Emil amcam, yapının girişinin üzerindeki pas tutmuş, kirli levhayı okumamı istedi. Güç belâ okudum: "Tarihî Hamam" yazılıydı orada. "Friedberg'liler 'Roma Hamamı' derler, 'Yahudi Sokağı' demekten hoşlanmayan bazı insanlar da, 'Roma Hamamı sokağından' söz ederler" diye açıklama yaptı Emil amcam. "Ama burasının Romalılarla hiç bir ilgisi yoktur". Uzun uzadıya anlatmaya başladı. Anlattıkları, CIMBRIA armağan kitabında* yayınlandığından, bu makalenin önemli yerlerini olduğu gibi aktarıyorum:

"... 2. Gerçi 1200 yıllarında durum, Speyer Piskoposu Rüdiger Huozmann'ın 1084'de yazdığı gibi, yani; cum ex Spirensi villa urbem facerem, putavi millies amplificare honorem loci nostri, si et Judeos colligerem (Hilgard, Speyerer U.-B. II Nr. II) değildi, ama, gene de servi camerae, yönetim yeni pazar yeri kurulurken kendilerini tüccar ve banker olarak yerleştirmek istediğinde, bu çağrıya hemen uydular. Bunlar, oldukça kalabalık bir ailesi, ayrıca ev öğretmeni vb. gibi çalışanları da bulunan varlıklı kişilerdi. 1241 yılına ait Kraliyet kentleri vergi kayıt defteri, (Schwalm, Yeni Arşiv, 23, 522) düzenli vergi (precaria Bede) olarak, Frankfurt için 250 mark, Geilhussen için 200, Wetflaria için 170, Friedeberc için 120 ve Weitterebia Judei (Judei de Wetterebia) için de 150 mark gösterir. Rheinland'dan buraya yerleşen bu göçmenlerin kökeni konusunda, 13'üncü yüzyıldan kalan ve bugün Friedberg Yahudi Cemaatinin elinde olan**, iki eski dua kitabına başvurabiliriz. Aynı şekilde 1260 tarihli Friedberg Yahudi Hamamını yaptıran kişi olan Isaak Koblenz de Rheinland'lıdır. Hükümetin bu işle görevlendirdiği mimar Hubert Krantz, 1902-03 yıllarında içeri sızan sularla oldukça tehlikeli bir durum gösteren hamam yapısını onarmış, bunun için ilkin pompalarla suyu boşalttırmıştır. İşte ilk kez o zaman o güne kadar bilinmeyen ve şimdi gene su altında kalan yazıtın farkına vardım ve derhal yanına giderek kopya ettim. Ben çalışırken tepemin üstünde işçiler son dip sularını kovalarla yukarı çekiyorlardı, öyle ki dip çamurundan ben de nasibimi aldım. Eski zamandan çok sayıda Yahudi hamamı günümüze kalmamıştır, kalanların da pek azı sanat değeri taşır: Örneğin

---

* "Glocke als Wetterzauber beim Friedberger Judenbad von 1260" (Friedberg Yahudi hamamında hava tılsımı görevi taşıyan çan), muhtemelen 1926'da yayınlanmış, s. 95-103.

** Friedberg'li Yahudilere ait olup da geriye kalan, daha doğrusu imha edildikleri için kalamayan, tüm eski belgeler için bkz. Braun "Friedberg in der Wetterau" Bölüm I, 1966, s. 66.

Speyer'deki Romanes hamam, Friedberg'tekinden hem daha eski (1100 dolaylarında yapılmış) hem de sanat açısından daha değerlidir.

Yahudi hamamlarının adı kadınlar hamamı olmalıydı: Bu hamamlar Musa'nın 3. Kitabı 15, 19-33'de anlatılan kadim geleneğe dayanırlar. Bu geleneğe göre, Yahudi kadınlar ay adetinden ve doğumdan sonra, gelinler de düğünden önce bu hamamlarda suya dalıp çıkmak zorundaydı. Gövdenin tümüyle kısa bir süre için suyun altına daldırılması işlemi, ancak "canlı" bir suda, yani ırmak, pınar ya da yeraltı sularında mümkündü. Yani su, hiç bir surette, insan eli tarafından taşınmış olamazdı, kendiliğinden birikmiş olmalıydı. Suya dalma işinden önce evde sıcak suyla, çağdaş hijyen biliminin daha iyisini öğretemeyeceği kadar ayrıntılı bir biçimde yıkanılıp temizlenilirdi. "Canlı" su olma niteliklerinden ötürü bu hamamların İbranice adı Mikveh'dir, anlamı (su) birikintisidir. Almanca adları ise soğuk su kaplıcası ya da "Tunke"dir. Kadınların, saydığımız belli zamanlarda, insanı kuşatan çeşitli cinlerle perilerin, kötü ruhların özellikle tehdidi altında olduğuna dair kadim inanç, dünya halkları arasında, tıpkı akan suyun, kült anlamıyla pislenmiş bir insanı paklayacağı inancı gibi, (Ploss-Bartels, Das Weib in der Natur- und Völkerkunde, 1902, Judenbaeder Cilt I, 421/25) yaygın bir inançtır. Grek pınarları, Alman pınarlarından (Bkz. Wuttke, Volksaberglaube, ve Mannhardt) ve Roma pınarlarından (bkz. Wissowa, Röm. Religion, Gottheiten des Wassers 179 v.d.) da daha fazladır... - Eskiden her cemaatte bulunması gereken bir önkoşul olan Yahudi hamamları, genellikle, oldukça basit yapılardır. Akarsu kenarlarında ya da Worms'da olduğu gibi, yeraltı suyuna kolaylıkla erişilebilen yerlerde, yapı için fazla zahmete girilmemiştir. Belki de İspanya'daki Arap etkisine bağlanabilecek yapılarda ya üstü tonozla kaplı merdivenlerle asıl hamam kulesine ulaşılır ya da dört köşeli bir kulede merdivenlerle yeraltı suyuna inilirdi. Friedberg'de Isaak Koblenz, Meryem Ana Kilisesinin ustalarından birini-herhalde inşaata ara verildiği bir sırada- çevreyi incelemeye göndermiş, kendi vatanı olan Rhein bölgesini inceletmiş (Koblenz yakınlarındaki Andernach'da eski Yahudi hamamı halen durmaktadır), suya dalınan taş levhanın genişliğini belirtmiş (bu levha, 6. merdivenin sonundadır, hâlen parmaklıklarla çevrilidir, o zamanlar ayrıca kaplanmıştı) ve o levhaya kazılması gereken yazıtı da, bir parşömen üzerinde ustaya teslim etmiştir. Koblenz, burjuva hayatındaki adının yanına Yahudi cemaatindeki adını da eklemişti, ne var ki günümüze sadece "Isaak, Sohn des..." kalmıştır. Bu noksanın sebebi, bugün olduğu gibi o zaman da yeraltı suyunun güneydeki taşların arasından fışkırarak, tıpkı bugün Bay Krantz'ın işçilerini kaçırdığı gibi o günün işçilerini de kaçmaya zorlaması olsa gerek. Yazıtı kazan kişinin İbranice bilmediği anlaşılıyor, "Jot" harfini nokta gibi çizmiş ve üst kenara yerleştirecek yerde, satır ortasına koymuştur.

3. Aynı şekilde, Liebfrauenkirche kilisesinin koro bölümündeki makas ve pencere pervazlarının üzerinde görülen yapı taş ustası işaretlerinin aynı olan işaretler de, yapıyı kimlerin inşa ettiğini gösterir; sütun kaide ve başlıkları da, kilise minberinin önündekilere benzer (s. 101'de Yahudi hamamına ait 10 taş ustası işareti resmedilmiştir, bunların altısına kilisenin koro bölümünde rastlıyoruz).

Quod erat demonstrandum: İşte iki anıt, biri Meryem Ananın şerefine yapılmış olan Liebfrauenkirche Kilisesi (Kilisenin ana giriş kapısının üstünü Meryem'in taştan bir yontusu süsler), öteki ise Yahudi kadınlarının ritüel temizliği için yapılan hamamın kulesi; bunların her ikisi de, 13 üncü yüzyıl ortalarında (1260) aynı anda ve aynı yapı ustalarıyla taş sanatçıları tarafından yapılmıştır. Bu iki anıt, kentsoylu yaşamında (civitatis, rei publicae) ortaklığın dinî inanç ayrılığı ya da ibadet kurallarındaki farklılık yüzünden bozulmadığının, taşa oyulmuş birer kanıtıdırlar. Ya da başka bir deyişle, Alman Yahudilerinin -hiç değilse Wetterau bölgesinde- "ülkenin yerlisi olduklarını ve Alman çevreleriyle bütünleştiklerini*" pek güzel gösterir.

Böylece o "iki kule" benim için "siyasî" bir tutumun simgesi oldular. Öyle ki Almanya'nın içinde ve dışında en tüyler ürpertici Yahudi düşmanı davranışlar bile bu tutumu sarsamamış ve beni "kin" ya da küskünlük denebilecek duygulardan korumuştur.

III.

Bu konuyla ilgili olarak bugün ancak pek az kişinin bildiği bazı olaylara değinmek istiyorum. Az sayıda insanın bunları bilmesi "(nasyonalsosyalist) geçmişin üstesinden" gelmeyi güçleştirmekte, nerdeyse imkânsızlaştırmaktadır. Söze okullardaki durum ile girmek istiyorum, çünkü yetişmekte olan genç insan için olduğu kadar, yetişkin insan içinde bu dönem —sözcüğün tam anlamıyla— *temel* önem taşır. Federal eyaletlerin ço-

---

* *Paul Ansberg*, yukarıda adı geçen eser, s. 15; yeni bir "Perspektif" için bkz. *Bernt Engelmann*, Deutschland ohne Juden (Yahudisiz Almanya), (dtv 979), 2 nci basım, 1975.

ğunda, mezhep okulları varken, Hessen Büyük Dükalığı "Simultanschule" adında bir okul sistemi oluşturmuştu. Bu okulda, Hıristiyan mezhepleri bir araya getirilmekle kalmıyordu, özünde okul, *laik* nitelikteydi ve öğrenciler sadece din dersini, bağlı oldukları mezhep ve dine göre, ayrı ayrı görüyorlardı. Friedberg'te yaşayanların büyük çoğunluğu Protestan olduğu için, Protestan öğrencilerin din dersi, öğleden önceki genel ders programının içine yerleştirilmişti. Protestan din dersinin yapıldığı saatler, Katolik ve Yahudi öğrenciler için boş geçerdi. Öğrenciler ne isterlerse yapabilirlerdi, ister gezmeye, ister yüzmeye giderler ya da okulun bir köşesinde oturup istedikleri birşeyle uğraşabilirlerdi. Buna karşılık, pazartesi ve perşembe günleri ders bitiminden sonra okulda kalmak ve kendi dinlerine uygun din dersine katılmak zorundaydılar. Katolik öğrencilerin, Fronleichnam yortusunda, Yahudi öğrencilerin ise kendi önemli bayramlarında okula gelmemeleri de, ayrı ayrı yapılan din dersi kadar doğal bir şeydi. Gelgelelim, Yahudi öğrenciler, cumartesi günü - ki bu gün, Sabbat olarak dindar Yahudilerce en büyük bayram kadar kutsal sayılır- okula gitmek, hatta yazılı sınavlara bile katılmak zorundaydılar. Bu ise, Onuncu Emir'le Sabbat'ın kutsanmasına karşı işlenmiş ağır bir günahtı. Annemle babam ise, bu uygulamayı yerinde buluyorlardı. Sınırların başka türlü çizilmesinden yana değildiler. Aynı nedenle beni, okuldaki zorunlu din dersine ek olarak, isteyenlerin katıldığı, İbranice kurslarına öteki Yahudi çocuklarla birlikte yollamamışlardı. Bu İbranice derslerinde "Ataların dili" ve Yahudi dininin esasları öğretilirdi. Kuşkusuz annemle babam önemli bayramlarda dükkânı kapatır ve Sinagog'a giderlerdi. Biz çocuklar ise, evde kalırdık. Bizi götürdüklerinde de hiç bir şey anlamazdık, çünkü hem dil, hem de ritüel bize tamamen yabancıydı.

Benim için bu durum, 13 yaşıma geldiğimde değişti. Çünkü o yıl, "Bar-Mizwa"ya hazırlandım. Geleneğe göre, 13 yaşını doldurduktan sonraki ilk Sabbat günü, artık erişkin bir erkek evlât olarak, Sinagog'ta toplanmış bulunan Yahudi cemaatine tanıtılacak ve cemaate kabul edilecektim. İşte, politik plânda Almanlık ile Yahudiliği karşı karşıya getiren iç çatışma, bende ilkin o sıralarda başladı. Aslında, bu karşılaştırma, çatışmanın özünü saptırıyordu. Çünkü Yahudilik, Almanlığın karşıtı olarak konduğunda, Alman halkıyla içiçe yaşayan Yahudiler, yalnızca bir konuk halk konumuna indirgenmiş olur. Getto'da somutlaşan ve geleneksel devlet hukukuyla da onaylanan bu Ortaçağ bakış açısı, Yahudilerin özgürleşmesine, Napolyon zamanında getto'ların kaldırılmasına –yani, Yahudilerin "ev sahibi" halktan kopartılmasına hukuken son verilmesine– karşın, işte bu karşı karşıya getirme sayesinde varlığını sürdürebilmiştir. Fakat, hukukun güvencesi altındaki özgürlük ve kanun önündeki biçimsel eşitlik, halkın kafasındaki uçurumu kapatmaya yetmedi. Bir kere, Ortodoks Yahudilerin bizzat kendileri, getto anlayışını silkip atmaya yanaşmıyorlardı. Ortodoks Yahudiler, kendilerini "Tanrının seçkin kulları" olarak görüyor, ama bir yandan da kanun önündeki eşitlikten yararlanmaktan geri durmuyorlardı. Öte yanda ise Hıristiyan halkın bir bölümü, hatta devlet yetkilileri, kanunda yazılı olanı uygulamama konusunda direnmekteydi. Yahudiler, Alman toplumla gündelik burjuva yaşamı içinde tamamiyle kaynaşmış, kendi geleneksel örf ve âdetlerini terketmiş oldukları halde, onlara hâlâ "değişik insanlar" gözüyle bakılıyor ya da ancak vaftiz olup Hıristiyanlığı kabul ettikleri takdirde bu kaynaşma tamamlanmış sayılıyordu. Kanun önündeki eşitlik, toplumun olsun, yönetimin olsun uygulamalarında bir türlü sağlanamamıştı. Hattâ, "Freie Bahn dem Tüchtigen" (Çalışan Kazanır- ç.n.) sloganını kendine bayrak edinen Weimar Cumhuriyetinde bile bu durum değişmemiştir. Bu tutuma tipik bir örnek, bir Yahudi yargıç yardımcısının başından geçen şu olaydır: Yahudi yargıç yardımcısı, zamanın Prusya Adalet Bakanına, yani bir "Zentrumsmann"a ("Zentrum" partisinin üyesi - ç.n.) bizzat başvurarak, göreve başladığından bu yana on yıl geçmiş olduğu halde hâlâ yükseltilmemiş olmasından, yargıç yardımcısı konumunda bırakılmasından yakınmış. Bakanın yanıtı ise şöyle: "Die Ersitzungszeit ist zwar gewaehrt, aber es fehlt der gute Glaube" (bir kelime oyunudur, zira almanca "guter Glaube" hem iyiniyet, hem de iyi inanç anlamına gelebilir - ç.n.). "İktisadî zaman aşımı varsa da iyi niyet (inanç) yoktur". Bu cümlenin manasını sadece hukukçular anlayabilir!

Frankfurt (Main) Üniversitesinde Ticaret Hukuku Kürsüsünün başkanı olan ve benim de bilimsel asistanlığını yaptığım, yönetimi altında bilimsel çalışmalarını sürdürdüğüm *Friedrich Klausing* ile, yanılmıyorsam 1927 dolaylarında, söz konusu kürsüde benim doçentliğe yükselme olasılığımı tartışırken, kendisi bana şunları söylemiştir: "Siz Yahudisiniz. Burada, Frankfurt'ta, sizi doçentliğe yükseltsek bile, bir kürsü sahibi olma şansınız çok az. Olsa olsa, vaftiz edilmeyi kabul ettiğiniz takdirde ya da Berlin'de "Assessor"luk sınavını "pek iyi" ile verirseniz, belki size bir kürsü teslim ederler". Hessen eyaletinden gelen bir stajyerin Prusya'da "Assessor"luk sınavına katılma hakkını kazanması –bugünkünden farklı olarak– o zamanlar, neredeyse olanaksız denebilecek kadar zordu ve ancak pek özel koşullar altında mümkündü; bu sınavı "pek iyi" ile geçmek ise, duyulmuş iş değildi. Hemen ekleyelim, buna benzer bir tutumla Türkiye'de de karşılaştım. Şayet bana ısrarla önerildiği gibi İslâm dinini kabul etseydim, Türk uyrukluğunu – hiç kuşkusuz– çok daha erken bir tarihte kazanabilecektim.

Kaldı ki, vaftiz edilen bir Yahudinin bile pek çok kişinin gözünde hâlâ Yahudi kaldığı ve bu "özür"ün, ancak bir sonraki, hattâ iki sonraki kuşakta silindiği –o da, tabii, silinirse– saklanmaması gereken bir gerçektir*.

İlkin nasyonal-sosyalistler, politik içerikli "Ari ırk" kavramını, vaftiz edilmiş Yahudilerin torunlarını "Ari ırktan olmayanlar" diye aşağılamak amacıyla kullanmışlardır. Yahudi düşmanlığını Hitler ile yandaşları "icat etmedi", "mevcut" buldular. Yahudi düşmanlığı, eskiden, hem Katolik Kilisesi hem de Protestan Kilisesinin önde gelenleri, hattâ bizzat Luther tarafından kışkırtılmış, devlet yöneticileri de bu düşmanlığa kâh göz yummuş, kâh bunu kendi çıkarları doğrultusunda kullanmışlardır. Herkes bilir ki, Birinci Dünya Savaşından önce, Bavyera eyaleti dışındaki tüm eyaletlerde, bir Yahudi, gerekli özelliklerin hepsine sahip olsa bile, yedek subay olamazdı. Bu durum, Birinci Dünya Savaşı sırasında değişmiştir; oysa tam da o yıllardaYahudi düşmanlığı yeniden alevlenmekteydi. Hem savaş yenilgisinin günahı, hem de 1918 devrimi yahudilerin sırtına yüklenmek isteniyordu.

Şahsen ben, "Alman" ve "Yahudi" kavramlarının böyle karşı karşıya getirilmesini reddediyorum. Ben bir Alman olarak büyüdüm ve her zaman için kendimi bir Alman olarak hissettim. Bunu belgelemek için Klopstock'un bir "Ode"sinden alınan "Nie war gegen das Ausland ein anderes Land gerecht wie du" başlıklı okul kompozisyon ödevimi tanık gösterebilirim. Ben, Yahudiliği hiç bir zaman ayrı bir halk olma biçiminde kavramadım, benim için Yahudilik yalnızca "atalarımın inancı" idi, o kadar. Gerçi liberal bir anlayışla olmakla birlikte, ben de bu inançla büyütülmüştüm, bu inancı terkedip başka bir inanç benimsemeye ise hiç bir zaman gerek duymadım. Daha o yaşımda ben, Anayasanın güvence altına aldığı inanç ve vicdan özgürlüğünü, bu özgürlüğün olması gerektiği ve gerçekten de olduğu gibi kavrıyordum: Birey, kendi gönlünce mutlu olma yolunu seçme hakkına sahiptir. Bu nedenle siyonizmi reddetmiş, üniversitedeki öğrencilik yıllarımda da, Yahudiliği ön plâna çıkaran öğrenci kuruluşlarına, bunlar ister siyonist ister milliyetçi Alman kuruluşları olsunlar, hiç katılmamışımdır. 1933'de Almanya'yı terkettikten sonra da, hiç bir Yahudi cemaatine girmedim. 1953'de Türkiye'den döndüğümde, Protestan bir Alman

* Türkiye'de de benzer bir zihniyete rastladım: Osmanlı İmparatorluğu, bir çok milliyetin oluşturduğu bir devletti. Etnik halk topluluklarının her biri, aynı zamanda dinsel bir cemaat oluşturmaktaydı ve vergilerini düzenli biçimde ödediği sürece, gönlünce yaşama hakkına sahipti. Gruplar halinde yerleştirilen göçmen toplulukları için de bu geçerliydi. İspanya'daki Yahudi takibatı zamanında, oradan kaçan sayısız Yahudi'ye Osmanlı İmparatorluğunun belli kentlerinde yerleşme izni verilmişti. Yahudiler, özellikle Selânik'e ve o günlerde adına Konstantinopel denen bugünkü İstanbul'a yerleştiler. Bu Yahudi mültecilerin her bölümü İslâm dinini kabul etmiştir. Bu kişilere "dönme", yani hak yoluna geri dönenler denir. Bu kişiler ve onların soyundan gelenler, gerçi en yüksek memurluklara yükselmişlerdir, ama Atatürk'ün zamanında bile subay, milletvekili ve bakan olamıyorlardı, erkek ya da kadın bir "dönme" ile "gerçek" Türkler arasında evlilik ise yok denecek kadar azdı.

hanımla evlendim, daha önceki Yahudi eşimden olan oğlumu da, Protestan anneden olan üvey kızımla birlikte vaftiz ettirdim.

Bütün bunlara bakarak ortodoks Yahudiler ve siyonistler, benim hâlâ Yahudi sayılmama karşı çıkabilirler. Yahudi ana-babadan doğduğumu, Yahudi geleneklerine uygun olarak sünnet edildiğimi, Bar-Mizwa töreni ile Yahudi cemaatine kabul edildiğimi teslim ederler, gerçi. Ama bütün bunların benim dışımda olaylar olduğunu, asıl önemli olanın ise, benim kendi irademle her türlü dinsel görevden, törenden uzak durmuş olmam, yemek konusundaki kurallara aldırış etmemem, öteki görenekleri de gözetmemem olduğunu ileri sürerler. Yahudi dinsel inancını taşımadığı halde, kendine "Yahudi dininden Alman yurttaşı" diyen bir gruptaydım, ben. Tipik Yahudi özelliklerini taşımadığım, yıllardır kendimi her türlü Yahudi cemaatinden uzak tuttuğum için ben, dinsel anlamda da sosyolojik anlamda da Yahudi sayılmam. Şayet "Yahudilik" sahip olunabilen bir nesne olsaydı, onu çoktan elimden bırakmıştım.

Şimdi, bunlara karşı benim de söyleyeceğim şudur: Nasyonal-sosyalist yönetim sırasında beni Alman vatandaşlığından çıkardıklarında, kültürel anlamı ile "Alman" olmam sona ermedi. Belki hukuken ve politik olarak benim Almanlığıma son vermek mümkündü, ama "Alman olmamı" elimden kimse alamazdı; çünkü Almanlık, benim kimliğimin bir parçasıdır. Aynı şekilde Türk hükümeti bana Türk yurttaşı olma hakkını tanıdığında, ben gerçi Türkiye Cumhuriyetinin bir vatandaşı oldum, ama Türkiye'de doğmuş büyümüş bir Türk olmadım.

Gerçekliğin böylece açıklanması ile belki şu durum da açıklığa kavuşur: Herhangi bir dine bağlı olup olmamak, kendini içinde doğmuş olduğu ulusun bir parçası olarak görüp görmemek, o dini ve ulusu benimseyip benimsememek, yalnızca bireyin kendi bileceği bir şeydir. Örneğin ben, "Altın Kural"ın* içerdiği dinsel ve etik anlamda, Yahudi kaldım. O Altın Kural ki, On Emirin ve Hazreti İsa'nın dağdaki vaazının özüdür. Hem unutmayalım: İsa'nın kendisi de Yahudiydi!

Yahudiliğin sözünü ettiğim bu etik içeriğini bana din derslerinde öğretmediler. Gerçi Yahudiler kadar Hıristiyanların da saygı duyduğu öğretmenimiz Heinrich Ehrmann, bizi en iyi şekilde yetiştirmek için elinden geleni yapıyordu. Ama benim için asıl etkili rolü, çocukluğumda kendime örnek aldığım insanlar oynamıştır. Çocuk, ahlâka uygun davranışı kendi çevresindekilerinin davranışlarına bakarak öğrenir. Nitekim, baba ocağından

---

* Luther'in çevirisinde (Matth, 7, 12) şöyledir: "İnsanların size ne yapmalarını istiyorsanız siz de onlara onu yapın. Bu, kanun ve peygamber emridir. "Bu kural haham Hillel'e (M.Ö. 70-M.S.10) kadar uzanır. Hillel'in Yahudiliğe girmek isteyen bir dinsize bir soru üzerine şöyle cevap verdiği rivayet ediliyor: "Senin için hoş olmayan bir şeyi hemcinsine yapma, bütün kanun budur."

ilk gurbete çıktığımda, babamın beni "geldiğin yeri unutma, sakın" sözleriyle uğurlaması, boşuna değildi.

6. Hayır Hirsch, Amcanız Değilsiniz!

Karnelerime bakarak okul başarımı izlediğimde, ilk üç yılda (iki yıl Volksschule, bir yıl Vorschule) aldığım notun"pek iyi"; Gymnasium'un ilk iki sınıfında ise "iyi" olduğunu görüyorum. Quarta'dan itibaren sınıf geçme notum "genellikle iyi"ye düşüyor; üstelik bu bile, ancak Almanca, Tarih ve Matematik derslerinden aldığım pekiyiler sayesinde oluyor. Çünkü esas derslerden, yani Lâtince ve Eski Yunancadan aldığım notlar, "ancak yeterli". Ancak 1918 paskalyasında Obersekunda'dan Unterprima'ya geçerken, sınıf geçme notum gene "iyi"ye yükselmiş ve bu notu okulu bitirene kadar korumuştum. Olgunluk karnemde, Matematik"pek iyi", öteki derslerin hepsi "iyi", sadece beden eğitimi "genellikle iyi".

Bu yeniden yükselişi, Lâtince ve Eski Yunanca notlarımı "orta"dan "genellikle iyi"ye ve sonunda da "iyi"ye yükseltmiş olmama borçluydum. Bu başarıyı 1917 yaz yarıyılında Obersekunda sınıfında kazandım. 1915 Paskalyasından (Obertertia) itibaren Lâtince ve Eski Yunanca hocamız, Profesör *Frantz Reiz* idi. Aynı zamanda sınıf öğretmenimiz olan ona "*Unkas*" adını takmıştık. Çünkü söylendiğine göre, öğrencilere Noel armağanı olarak büyüklerinden "Mohikanların Sonuncusu Unkas" kitabını istemelerini öğütlemeyi âdet edinmiş. Öğretmenimizin başı sırf benimle değil, bütün sınıfla dertteydi; zira bizim Lâtince ve Yunancadaki temelimiz, onun bizden talep etme hakkını kendinde gördüğü, daha doğrusu talep etmeyi zorunlu bulduğu bilgiye hiç mi hiç uymuyordu. Bir kere yaşımız 13 ile 15 arasındaydı, yani ergenliğin ilk aşamasındaydık. Aklımız fikrimiz, duygularımız, coşkumuz okulda, okul ödevlerinde değil, 1914 yazında patlak vermiş olan Birinci Dünya Savaşındaydı. Bu savaşın olayları bizi kısmen doğrudan doğruya, kısmen de dolaylı olarak etkiliyor, zihnimizi kurcalıyor, bizi heyecanlandırıyor, duygulandırıyordu. Toplumu saran savaş psikozunun çabucak ve kuvvetle etkisinde kalıyorduk; hele seferberliğin ilk günlerinde bu psikoz, âdeta şu ya da bu biçimde ilkel bir patlama havasına girmişti. Yurt sevgisi yozlaşıp "bağnaz vatanseverlik" lâfazanlığına, evet hattâ gözükara bir şovenizme dönüşmüş; millî duygular sınır tanımaz bir milliyetçilik halini almıştı. Histeri boyutlarındaki casus korkusu, yabancı düşmanlığıyla da birleşince, iş keyfî olarak yolları tutmaya, evleri aramaya, sokak ortasında yabancılara saldırmaya kadar varıyordu.

Babam gibi 45 yaşına gelmiş "Landsturmleute", sivil giysiler içinde ama kollarında pazubent, omuzlarında tüfek; korkulan saldırı ve sabotajları engellemek için, geceleri demiryolu ve karayolu köprübaşlarında nöbet tutuyorlardı. Kibir ve azamet kokan sloganlarla donatılmış tren vagonlarının pencerelerinden sarkan hâki üniformalı muvazzaf askerler, bütün istasyonlarda kendilerini coşkunca bir tezahüratla selâmlayan, uğurlayan halk kitlelerine el sallıyor; yedekler ise, çiçeklerle şeritlerle bezenmiş, bangır bangır asker türküleri söyleyerekten güle oynaya silâh altı emirlerinde belirtilen kışlalara gidiyorlardı, sanki savaşa değil de yedek subay manevrasına gidiyormuşçasına. Bir süre için aktif askerlik görevinden muaf tutulmuş üniversite öğrencileriyle henüz askerlik çağına gelmemiş 17-19 yaşlarındaki öğrenciler arasından öylesine çok sayıda gönüllü başvuruyordu ki, özel alaylar kurmak gerekmişti. Bütün toplum, coşkudan kendinden geçmiş gibiydi; hele savaşın ilk haftalarında gelen zafer haberleri, toplumu iyice sarhoşa çevirdi. Herkes birşeyler yapmak, ille de savaşa katılmak istiyordu. Henüz 12-13 yaşında olan biz öğrenciler de.

Gençliğin bu kendiliğinden, tamamen duygusal eylem isteği, dört yıl süren savaş boyunca "Vaterländischer Hilfsdienst" (bir tür sivil savunma hizmeti için) çerçevesi içinde, ama her zaman gönüllü katkı temelinde örgütlenmişti. Elimde, 1917/18 kış aylarından kalma bir liste var, bu listede benim sınıfımdan (Obersekunda) öğrencilerin, cepheye yardım hizmeti çerçevesinde yürüttükleri "Faaliyetin Cinsi" ve "Ölçüsü" belirtilmiş.

Listede sayılan faaliyetler arasında şunlar var: Kızıl Haç için kapı önlerinden ya da evlerden eşya (para, çamaşır, örtü, sıcak tutan giysiler vb.) toplama; savaş ekonomisine yardım toplama (altın Sikkeler, eski eşya ve paçavra, yağhanelerde kullanılan kayın kozalakları); yaralıların hastane trenlerinden alınıp askerî hastaneye ya da öbür hastanelere taşınması; tarım işletmelerinde haftalarca vasıfsız işçi olarak çalışma; Friedberg Belediyesinin hizmetinde kentin malı olan meyva ağaçlarının budanması; yük trenlerinden kömür, şalgam, lâhana, patates gibi günlük ihtiyaç maddelerinin boşaltılması. Elimde şöyle bir belge var:

Frankfurt am Main Savaş Ekonomisi Dairesi
Friedberg (Hessen) kentindeki Augustinerschule Okulu Unterprima sınıfı öğrencisi E.H.'e, Dünya Savaşı sırasında, tarım ekonomisine gönüllü yardımcı olarak gösterdiği yüksek yurtseverlik örneği ve görev duygusunu takdir için bu şeref belgesi sunulmuştur.

Frankfurt am Main
Savaş Ekonomisi Dairesinin Mühürü
Frankfurt a.M., 20 Kasım 1918
i.A.
İmza: Hahn, Yüzbaşı

Bu tür faaliyetlerin okuma şevkini artırmak yerine -her ne kadar mazeretli olsa bile- tam tersine okula devamsızlığa yol açtığını; derste dikkat dağılmasına, ev ödevlerinin aksamasına sebep olduğunu, bilmem söylememe gerek var mı? Ne var ki, geriye baktığımda öğretmenlerimizin haklı olarak şikâyet ettikleri ve istemeye istemeye göz yumdukları, üstelik her askerî zafer kazanıldığında okulların tatil edilmesiyle daha da artan bütün bu kayıpların, genç insanların bu okul dışı faaliyetlerle kazandığı zengin tecrübenin yanında pek önemsiz kaldığını tespit ediyorum. Eğer okul için değil hayat için öğrendiğimiz doğruysa, bu pratikte öğrendiğim "sosyal bilgiler", üzerimde çok daha derin ve kalıcı bir iz bırakmıştır.

Evlerden, kapı önlerinden eşya toplarken karşılaştığımız insanların tepkisi ne kadar da başka başkaydı! Savaşın uzamasıyla birlikte insanların verici tutumu ve özverisi ne kadar de değişmişti! Bazen kendimi aşağılama, hakaret ve azarlarla kovalanan, kapı yüzüne çarpılan bir dilenci gibi hissediyordum. Bir yıl önce terslenerek kovulmuş olduğum bir kapının zilini yeniden çalabilmek için kendimle ne kadar da mücadele etmem gerekiyordu! Ama, her zaman birşeyler vermeye hazır olan, eşya toplamaya gelen bizleri dostça sözlerle yüreklendiren kişiler de yok değildi.

İşte, bazı öğretmenlerimizin (hepsi değil!) ululaştırdığı bu savaşın, bu "Stahlbad der Nation"un, bu "Heldenmut unserer Feldgrauen", bu "dulce et decorum est pro patria mori"nin gerçekte ne anlama geldiğini, bir gün yaralıların taşınmasına yardım ederken öğrendim. Henüz onüç yaşımdaydım. Kızıl Haç'ın düzenlediği bir "ilkyardım kursu"ndan geçmiştim ve en genç ve bedence en zayıf yardımcı sıfatıyla, sedyenin ayak ucunu tutmak bana düşmüştü. Sedyede, hastane treninden indirilip kentte kurulan askerî hastaneye taşınan ağır yaralı bir asker yatıyordu. Dile kolay geliyor. Ama bu sözlerin içinde neler yok ki!

Bir kere "alarm" var; sokaktan "Saat 5'e doğru bir yaralı treni bekleniyor" diye bir ses çınladı mı, çatı arasındaki odamdan gece yarısı, genellikle de saat ikiyle üç arasında verilen alarmla birlikte dışarı fırlardım. Artık bir daha yatıp uyumam mümkün değildi. Saat daha 4 olmadan titreye titreye istasyonda dikilir, alarmla uyandırılan öbür arkadaşlarımla birlikte bekleşirdik (Kızıl Haç'ın ve Kraliyet Demiryolları İşletmesinin imzalarını taşıyan özel izin belgemi hâlâ saklarım). Bekleyişimiz, genellikle sabah saat 8'i bulurdu. Bu süreyi elimizden geldiğince iyi (yani kötü) değerlendirirdik. Onüç yaşındaki bendenizin yanında-yöresinde anlatılan o yakası açılmamış açık saçık öyküler, babaevimde hüküm süren cinsel tabularla taban tabana zıttı. Ayrıca, bir yabancı gibi dışlanıp alaya alınmamak için uymam gereken ortam da, kendi okul sınıfımda alıştığım sosyal ortamdan çok değişikti. Bizim sınıftan benden başka sadece iki-üç kişi daha bu tür yardım hizmetlerine katılıyordu. Yaralıların taşınmasına yardım eden öğrencilerin çoğu 16 ya da 17 yaşında gençlerdi, kendilerinden üç yaş küçük olan bizleri de pek adam yerine koymuyorlardı. Ne yapalım, bu tutumu da "yutmamız" gerekiyordu. Hem büyük öğrenciler sigara da içerdi. Bazen hepimize buram buram dumanları tüten, koca bir fincan "Malzkaffee" dağıtıldığı da olurdu, ama, yiyecek birşeyler verilmedi hiç. Nihayet trenin "birazdan" geleceği bildirilirdi. Sedyeler ve dört sedye taşıyıcısı, 1 No.lu peronda nizamınca sıralanmış olarak beklerdi. Bu 1 no.lu perondan, altgeçit ve istasyon salonundan geçmeye gerek kalmaksızın, posta görevlilerine ayrılmış özel bir kapıdan doğruca caddeye çıkmak mümkündü. Buharlı lokomotifin ağır ağır perona girmesi ve bizlere "Still Gestanden!" (Rahat Dur!) komutunun verilmesi, epeyi zaman alırdı. Bu komutun ardından dört kişilik gruplardan herbiri, sedyeleriyle, vagonlara gönderilir, Friedberg askerî hastanesine taşınması gereken ağır yaralıları yattıkları yerden sedyeye aktarır ve vagondan indirirlerdi. Genç çocuğun bu yaralı dolu vagonların içinde gördüğü, burnuna dolan kokular, kulağına çalınan sözler "şen-şakrak" savaşın öteki yüzü falan değil, olanca dehşetiyle tâ kendisiydi. Gitgide durgunlaşmış, zafer kutlama törenlerinde bazı öğretmenlerin attığı nutuklara boş lâf gözüyle bakar olmuştum. İçimde kıpırdayan duygular, sırf yaralılara duyduğum çocukca acıma ya da savaşa karşı genel bir iğrenmeden ibaret değildi. Savaşın kasıp kavurduğu yerlerdeki durumu, gazete fotoğraflarından, hafta sonunda sinemalarda gösterilen haber filmlerinden zaten yeterince tanıyorduk. Tek tek askerlerimiz sakat kalmayı ya da ölümü göze alarak savaşmayı göze almasalar, biz "cephe gerisindekilerin" başına geleceklerin farkındaydık. Cephe çökerse halimiz nice olurdu? Bu düşünce şu ya da bu biçimde az mı dile getirilmiştir. Ve bunun arkasında yatan "bozgunculuk" değil, J.H. Voss'un Homer çevirisindeki sözleriyle "erkekleri katleden savaş"ın, insanlık tarihinden artık kesinkes silinmesi gereken bir olgu olduğu bilinciydi. Gerçi, yeryüzünden savaşı kaldırmak "soyluların dökeceği ter"e değerdi, ama bildirilerle, fermanlarla, dualarla olacak iş değildi bu. Sadece kendi istek ve umutlarımız değil, başkalarının istek ve umutları da giriyordu işin içine. O tarihlerde, savaşa katılan milletlerin hepsini saran kin, nefret, garaz alevlerinin ortasında anlaşma yoluyla elde edilecek bir barıştan çok, zaferle kazanılacak bir barış tek çözüm gibi gözüküyordu. Nitekim, yenilgiden sonra Alman Rayh'ının aleyhine yapılan Versay Antlaşması bunu doğrulamıştır. İnsan, savaşı ne kadar çok görerek tanır ve kişisel olarak yaşarsa, o kadar çok yardım etmek istiyor. Hastanelerdeki personel sayısı yetersiz kaldığından, bazen oralarda da bakıcıların görevlerini üstlendiğimiz olurdu; örneğin üstleri sadece ilk yardım sargılarıyla örtülü yaralıları dezenfeksiyon ve banyo odalarına götürmek ve temizlenmelerine "yardımcı olmak" gibi.

İşte, bütün bu olanlardan sonra, içiniz allak bullak, saat 10'a doğru okula gelir, sınıfa girerdiniz ve bazı öğretmenler sizi bir hayli aksilenerek ya da iğneleyici sözlerle karşılarlardı. İlk teneffüs zili çaldığında da sınıf arkadaşlarınız etrafınızı alır, "haydi gene iyisin, iyisin, XY bu sabah ortalığı kırdı geçirdi, herkese sıfırı bastı" gibi lâflar ederlerdi. Bunları da "yutmak" gerekiyordu. Yurdunuza karşı görevinizi yapmıştınız; önemli olan tek şey de buydu.

Aynı şey tarımda yardım ederken de oldu. Friedberg kentinin adı, eski belgelerde "Metropolis Wetteraviae" olarak geçer. Friedberg kenti Wetterau'nun tam göbeğinde yer almaktadır. Wetterau ise eskiden, "Kutsal Roma-Germen İmparatorluğunun buğday ambarı ve hazinesiydi". Aradan geçen zamanla sanayi buralarda da, seyrek de olsa, yerleşmişse de, Doğuda Vogelsberg, Batıda Taunus dağları, Kuzeyde Lahn ve Güneyde de Nidda ırmakları arasında kalan bu yöre ekonomisinin çekirdeğini, her zaman için, küçük ve orta tarım işletmeleri oluşturmuştur. O tarihlerde 10 bin kadar nüfusu olan küçük ilçenin merkez niteliğini, her sabah saat 8'e doğru istasyonda görebilirdiniz. Bu saatte istasyondan kızlı erkekli öğrenciler sözcüğün tam anlamıyla "boşalır", bu çocuklar Wetterau'nun dört bir yanından, Kuzeyden (Giessen-Butzbach), Güneyden (Frankfurt-Vilbel), Güney Batıdan (Bad Homburg v.d.H.) Kuzey Doğudan (Hungen ve Nidda) ve Güney Doğudan (Hanau) gelen trenlerle, "Okulların bulunduğu kente" akın ederlerdi.

Sexta'dan son sınıfa kadar okulda sıra arkadaşım Heinrich Reif adında bir çocuk olmuştur. *Heinrich Reif*, babamla yakın dost olan bir icarcı çiftçinin oğluydu; babası önceleri Bad Nauheim yakınlarındaki ünlü gülcülük merkezi Steinfurth'da bir çiftlik işletmiş, sonra da Bad Nauheim'la Winterstein arasında Hof Hasselheck çiftliğine geçmişti. Bizim dükkân müşterilerinin de büyük bir bölümü Wetterau'nun köylerinde yaşadığından, babam ara sıra büyük bir torbaya doldurduğu numunelik öteberiyle bunları ziyarete gider, dönüşte de torbasına, Birinci Dünya Savaşında maden değerinde olan tereyağlı ekmekle hallice bir parça domuz yağı kor, getirirdi. Ne yapar eder, babamı karşılamaya koşar, ya önceden sözleştiğimiz gibi istasyonun bir bariyerinde, ya da demiryolu bağlantısı bulunmayan köylere çift koşulu araba ile gitmişse, Feuerbach'daki giriş yolu üzerinde beklerdim; çünkü torbadan benim için, ağzıma lâyık kütür kütür bir elma çıkacağı kesindi. Mayer J. Hirsch firmasının 1828 yılından kalma, 1928'de firmanın yüzüncü yıldönümü münasebetiyle camekânda sergilenen (elimde bir fotoğrafı mevcut) ama ne yazık ki Naziler zamanında yokolan -daha doğrusu Gestapo tarafından imha edilen- ilk defteri kebirinde dükkânın müşterisi olarak adı kayıtlı olan pek çok kişinin torunları ve torunlarının çocukları, dükkâna bağlılıklarını 1928'lerde de sürdürmüşlerdir.

Sırf "Kadın Konfeksiyon Mağazasında" bulunmaktan değil, iş yapmaktan da hoşlandığımdan; ne bileyim daha küçücükten tezgâhların altından sicim artıklarını toplayıp tertipli tertipli yumak yaptığım, yere düşen toplu iğneleri mıknatısla toparlayıp kutularına yerleştirdiğim için, hele biraz daha büyüdükten sonra müşterilere gösterilmek üzere tezgâhın üstünde açılan kumaş toplarını yeniden usulünce dürüp taşıyabildiğim kadarıyla, raflardaki yerlerine koyduğumdan, bir insan türü olarak köylüler yabancım değildi; konuşma biçimlerini tanıyor ve anlıyordum. Ama gene de bir kentli evinde yetiştiğim, perakendeci dükkânında büyüdüğüm için, arada sırada bahçede iş yaptığım halde, köylülerin hayat tarzı ve faaliyetleri bana yabancıydı.

Benimle oynamaya gelen sınıf arkadaşlarımdan birinin, üstümün başımın her zaman temiz ve zarif olmasına bakıp da, burun kıvırarak "Beyefendi" dediği ben, giysilerinin ıslanmasına, pislenmesine, ya da alışmadığı iş yüzünden yaptığı beceriksiz hareketler yüzünden delinip yırtılmasına aldırmayan bir tarım işçisi olup çıkmıştım.

Köylülerin niçin "tavuklarla beraber" uykuya yattığını anlıyordum artık: Horozun ilk ötüşü demesek bile, ikinci ötüşünde mutlaka yataktan fırlamak şarttı. Hayvanlar insanlardan önce gelirdi. Atların kaşağılanıp koşumlanması, parmaklıklı arabaya koşulması gerekiyordu; sabah karanlığında arabayla yonca tarlasına gidilir, o gün için yemlik ot biçilir, arabaya yüklenir, eve getirilir ve boşaltılırdı. Ancak bu bittikten sonra kahvaltı sofrasına oturuluyordu.

Oberhessen'de, "sıkı bir kahvaltı gün boyu tok tutar" derler. İşte sabah kahvaltısı, o savaş günlerinde bile, bu özdeyişe uygun şan ve şerefle olurdu. Oysa kentlerde yaşayanlar adam başına haftada 50 gram tereyağı ve günde 100 gram ekmekle yetinmek zorundaydılar.

Büyük bir sessizlik içinde, ağırbaşlılıkla yapılan sabah kahvaltısından sonra tarlaya gidilirdi. Tarlada, Pantkot yortusu tatilinde havuç fidelerini ayırmak ya da direnle ot aktarmak gibi işler yapılır, büyük yaz tatilinde ekin biçilir, güz tatilinde de patates toplanırdı. Kuşluk yemeği ve ikindi kahvesi, tarlaya getirilir, kısa bir mola verilip yenirdi. Öğle yemeği, besleyici ve kuvvetli olurdu. Akşam yemeğinde ise, genellikle bir testi yağlı süt, ekmek, patates, tereyağ, bazen de bir dilim domuz yağı yenirdi. Biz, yarı aç kentli çocuklar, nasıl da atıştırırdık! Ama, alışık olmadığımız bedensel çalışma bizi bitkin düşürüyordu. Gerçi şişmanlamadık, ama daha güçlü ve sağlıklı olduk. Ve işte ilk o zaman İncil'deki şu sözlerin anlamını kavradım: "Alnından akan tere katık etmelisin ekmeğini".

Bir çiftliğe on kişilik ya da on iki kişilik çalışma grupları halinde geldiğimizde, âdeta bir çeşit yabancı madde gibi dururduk. Ama tek kişi olarak gidildiğinde, çok geçmeden aileden biri olur, günlük yaşamın dertleriyle sevinçlerini paylaşırdınız. 1918 yaz tatilinde onaltı yaşındayken Butzbach'taki bir çiftlikte tek başıma "tarımda görevlendirildim". Anılarımla ilgili belgelerin arasında, Frankfurt (Main) Savaş Ekonomisi Dairesince verilmiş olan ve Friedberg-Butzbach arasını trende asker bileti ücretine gitmemi sağlayan bir izin belgesi de var. Çiftlikte çiftçiden başka biri Rus, diğeri de Fransız olan iki de savaş tutsağı çalışıyordu. Okulda öğrendiğim Fransızcayla gayet iyi anlaşmanın da ötesinde, bayağı sohbet edebiliyordum Fransız tutsakla. İkide bir söylediği şey "size yalan söylüyorlar, sizi aldatıyorlar"dı; her konuşmamızın değişmez nakaratı da "l'Allemagne est perdue" idi.

Bir sabah iki jandarmayla bir cezaevi gardiyanının eşliğinde sekiz mahkûm çıkageldi. Bunlar, Butzbach cezaevinde cezalarını çeken mahkûmlardı; harman makinesini çalıştırmak için onlara ihtiyaç vardı. Harman makinesi, bir gece öncesinden çiftliğe, harman yerine getirilmişti. Bu harman makinesi, büyük bir tekerleği olan bir lokomobil'di. Bu tekerlek, bir transmisyon kayışı aracılığıyla asıl harman makinesini ve saman presini harekete geçiriyordu. Bu iş için, o zamanlar, elbirliğiyle çalışan büyücek bir ekip gerekliydi. Harman yerine önceden getirilip samanlığın zeminine geçici olarak yığılmış bulunan ekin demetleri, düzgün bir biçimde ve seri hareketlerle arabaya atılmak, oradan da presin haznesine tıkıştırılmak zorundaydı. Böylece arabadan saman presine akan ve sapı tanesinden ayrılan ekinler, pres'le demet demet sıkıştırılır, bağlanır ve hazır durumda dışarı atılırdı. Bu balyaları da aynı şekilde düzenli ve seri hareketlerle toplayıp depo yerine taşımak ve burada usulüne uygun istiflemek gerekliydi. Sapından ayrılan tanelerle dolan çuvalların da ağzını sıkıca bağlamak, yerlerine boş çuval yetiştirmek gerekiyordu. Makinenin dört bir yanındaki deliklerden "dışarı püskürtülen" kum, yabani otlar ve saman çöpleri sepetlere doldurulurdu. Bu sepetleri de durmadan boşaltmak gerekliydi. Elden ele işi aktararak çalışanlardan biri bile bir an için aksasa, harman hepten duruyor, hattâ giderilmesi uzun zaman alan tıkanmalar başgösteriyordu. Benim görevim, yerde durup beklemek ve bana fırlatılan dolu ekin demetlerini yakalayarak başkasına atmaktı. Arkamda ve yanımda "ağır cezalı" iki mahkûm çalışıyordu. Çalışma molalarında kendiliklerinden "cürümlerini" anlatırlardı. Böylece mahkûmların da bir insan olduğunu, onların da aile bağları olabileceğini, demir parmaklıkların, yüksek duvarların gerisinde, aslında, toplumun da "suç" ya da "sorumluluk" payı taşıdığı eylemlerinden dolayı ceza çektiklerini kavradım. İşte böyle bir "muhit"te harman makinesi başında geçirdiğim üç gün, benim için eşsiz bir tecrübe oldu ve özellikle de mahkûmlarla yaptığım sohbetler hiç aklımdan çıkmadı. Bu rastlantı benim için ne denli öğretici ve değerli olmuşsa, durumu sonradan öğrenen annemle babam için de o nispette dehşet verici olmuştur.

Bugün aradan 60 yılı aşkın bir zaman geçtikten sonra çalışma odamın penceresinden gözlerimin önünde uzanan buğday tarlalarına bakıp modern bir biçer-döver ya da kendi kendine yükleme yapan otomatik saman arabaları gördüğümde, aklıma hep gönüllü tarım işçiliği yaptığım o yurt hizmeti günleri gelir: Evet, biçme makinesi ekini biçiyordu, hattâ belki demet demet bağlıyordu da; tabii eğer demeti bağlamada kullanılan kâğıt şeriti kapmamış ve bizler ellerimizle kollarımızla yerden kucak kucak sap toplayıp, demet yapıp dizmek zorunda kalmamışsak! Saplar kuruduktan sonra, bunları kocaman bir direnle zar-zor hasat arabasına yükler, samanlığa boşaltır ve geçici olarak istiflerdik. Sonra da harman makinesinin başına geçip günlerce toz pas içinde didinirdik. Otu ve "Grummet"i direnle parmaklıklı arabanın yüksekliğinde kaldırarak ustalıkla yerleştirmek gerekiyordu, yoksa eve dönerken yolda ya araba devrilir ya da yük aşağı kayardı. Bugünkü modern tarım makinelerinin yardımıyla çiftçi bir karı-koca, pek az çabayla çok daha kısa zamanda, eskiden bir sürü tarım işçisi ve koşum hayvanının yaptığı işin üstesinden gelebilirler.

Butzbach'da geçirdiğim bu günlerde hayatımda satir de eksik değildi: Bir gün keman öğretmenim Otto Drumm'dan acele bir çağrı aldım. Kendisi Bad Nauheim Kaplıca Orkestrasının konsertmayster'iydi. Çağrıda, bir Keman Akşamı düzenlemek istediğini, karısının da kendisine piyanoda eşlik edeceğini bildiriyor, karısına nota sayfalarını benim çevirmemi istiyordu. Yazdığına göre başka öğrencileri değil de beni istemesinin nedeni, öteki öğrencilere güven duymamasıymış (ama, bana niçin güven duyuyordu, bilmiyorum). Neyse konser akşamı tam saat 8'de, Bad Nauheim'da Kurhäuserstrasse'de bulunmamı rica etmekteydi. Böylece, o tarih geldiğinde, tarlada geçen zorlu bir iş gününden sonra tarım işçisi, yeniden "Beyefendi" kılığına büründü ve trene atlayarak çeyrek saatte Butzbach'dan Bad Nauheim'a gitti. Gündüzün diren tutan, saman aktaran parmakları, akşamüstü piyano partisyonunun notalarını büyük bir özenle tam zamanında, yani piyanoyu çalan hanım için ne çok çabuk ve ne de çok geç, çevirmeyi başardılar. Konser bittikten sonra o, gene Butzbach'a dönmüştü; ertesi sabah saat 5'te yonca toplama işinde hazırdı. Haydi, öyküyü eksik anlatmış olmamak için, kahramanımızın atlara koşum takmayı, arabayı koşmayı zaten çoktan becerdiğini, hatta bazı bazı dizginleri ele alıp arabayı sürdüğünü, ama bir kez çiftliğin kapısındaki bir direğe çarpıp direği devirdiğini de sözlerimize ekleyelim. Kemanını da unutmayalım. Kahramanımız kemanını hep yanında gezdirirdi ve akşamları ya solo birşeyler çalarak ya da şarkılara eşlik ederek hoş bir hava estirir, acemiliği yüzünden çiftliğe verdiği ufak tefek zararları böylece telâfi ederek çiftçinin gönlünü alırdı. Tarım işçiliği ücreti olarak elime Kasım ayında tastamam 195 Mark 95 Pf. geçti.

Friedberg'in bir özelliği de, kenti çepçevre saran meyva, özellikle elma bahçeleri ve "Pomoloji" enstitüsüdür. Tabii, bu meyva ağaçları bakım ister. Meyvaların olgunlaşma zamanında ağaç gövdelerini zararlı böceklere karşı kireçlemek, meyvadan ağırlaşan dalları değneklerle desteklemek, ayrıca daha kıştan çeşitli önlemler alarak haşaratın ağaç kabuğundaki çatlaklara yerleşmesini ve ağaçlar çiçeğe durup da ilk yapraklar filizlendiğinde, bunları kemali âfiyetle yiyip bitirmelerini engellemek gerekir. Kuru dalların, Wasserreiser'in ayıklanması, ağaçların rahatça serpilip gelişebilmeleri için "budanması" gerekiyordu. Bütün bu işler için eğitilmiş bir personele ihtiyaç vardı, ama bu personel şimdi askere gitmişti. Yalnız, en "Üstleri" Bay *Billasch* yerinde kalmıştı, savaşa aktif olarak katılamayacak kadar yaşlıydı. Bizim sınıftan altı öğrenci, gönüllü olarak, ağaç gövdelerini kazımak, tepelerini budamak ve çubuğa ökse vurmak gibi işleri, Bay Billasch'ın gözetiminde, 1917 Aralık ayında üç hafta boyunca yapmak üzere başvurduk. İşi şöyle bir öğrendikten sonra, çalışmaya koyulduk. Ey zavallı ağaçlar, sizler nelere katlanmak zorunda kaldınız! En iyilerinden nice meyva dalı testeremizin altında can vermiştir. Yanlışlıkla kestiğimiz dalların süt gibi ak budak yerlerini hemencecik çamurla sıvıyorduk ki, marifetimiz açığa çıkmasın. Sabahları gün ışırken, biz "cellâtlar" Oberrosbach'a giden caddeyi arşınlar, âlet edevat kulübemize varırdık. Öğlenleri bu kulübede, evden getirdiğimiz türlü yemeğini demirden bir ocakta ısıtıp yerdik. Ücret karnemize göre, saat başına 30 Pfennig'den 156 iş saati için 46.8 Mark almışız. Bunun 1.50 markı da hastalık sigortasına kesilmiş.

Bütün bu olaylar, faaliyetler ve izlenimler arasında okula kafamı nasıl verebilirdim? Uyanık ve yetenekli bir çocuğa özel güçlük çıkarmayan herşeyi, örneğin matematik, Almanca kompozisyon, Almanca şiir ezberleme gibi ödevleri çarçabuk ve çoğunlukla da iyi olarak yerine getiriyordum. Ama, tarih ezberlemekmiş. Lâtince, Eski Yunanca, Fransızca dilbilgisi kuralı bellemekmiş, sözcük öğrenmekmiş, sözlüklerle cebelleşerek Lâtince ya da Eski Yunanca metinleri hazırlamakmış, bilemediğim sözcükleri (sayıları hiç de az değildi) sözlükten bakıp anlam bağlamına en uygun Almanca karşılığını bulmakmış gibi işler için ne zamanım vardı, ne iç huzurum, ne de dikkatim. Kısacası bunlara karşı hiçbir ilgi duymuyordum. Bu durumu, "Üç İngiliz kruvazörünü batıran Alman denizaltısı U 9 ve Deniz Önyüzbaşı Weddingen" üzerine Eski Yunanca olarak yazdığımız yazılı sınav da değiştiremedi, "Unkas"ın ikide bir "sözlüğe bak" uyarısı da. Oysa sonraları sözlüğe bakmak, ikinci tabiatım haline gelmiştir; neyse. Sınıfımızın duvarında asılı duran ve düzenli aralıklarla yenilenen, Görlitz'de enterne edilmiş Yunan tümeninin çıkardığı Kamp Gazetesi de (eski Yunan alfabesi, ama modern Yunanca) hiçbir şekilde bende Eski Yunanca öğrenme şevkini uyandıramamıştır.

Gerçi kötü bir öğrenci sayılamazdım, âsî tabiatlı değildim; hele terbiyesiz, haylaz hiç değildim. Ama kendimi, beni okulun taleplerine karşı kayıtsız kılan bir ruh akımına kaptırmıştım. Öyle ki, okul konusunda içimde hiçbir başarı tutkusu kalmamıştı. 1915-17 yılları arasında karneme gelen yabancı dil notları da bunu yeterince kanıtlıyor zaten. Yazılılardan ucu ucuna aldığım orta, hattâ geçmez notlar, sözlüye kalktığımda kemküm edip işittiğim azarlar beni bir türlü etkilemedi. Profesör Franz Reich'ın (yani "Unkas"ın) "Utanın Hirsch, utanın; şu yüzünüzü aynada bir görün de, utanın" diye beni paylaması bütün sınıfı güldürdüğü gibi beni de güldürüyordu. Utanıp pişman olacak yerde, kendimi düzeltecek yerde, ben de sınıf arkadaşlarımla bir oluyor, Unkas'ın ses tonunu taklit ediyordum.

Günlerden bir gün, Odissea'dan bir Homer çevirisine ya çok kötü hazırlanmıştım ya da hiç hazırlanmamıştım (herhalde Eski Yunanca dersine girmeden teneffüste, sınıf arkadaşlarımdan birinin sözcük defterini alıp ondan kopya çekmiş olmalıyım. Bu sözcük defterine sözlükten baktığımız yabancı sözcükleri yazar, sonra ezberlerdik). Uzun sözün kısası, derse kalktığımda kekeleyerek ağzımda birşeyler geveledim. Bunun üzerine Unkas, başını iki yana sallayarak, sitem dolu bir sesle "Hayır, Hirsch" dedi, "siz amcanız değilsiniz". Bu lapsus linguae üzerine bütün sınıf kahkahayı bastı. Bana gelince, ben de aldığım kırık not (5), umurumda bile olmaksızın, hiç olmazsa bu derste beni rahat bırakır düşüncesiyle sırama oturdum. Amcamla benim aramda bir fark olduğu görüşüne tamamen katılıyordum. Fakat ikimiz karşılaştırıldığımızda, sonucun kesinlikle aleyhime olması, için için içimi kemiriyordu.

Bu "iltifata seza" amca da kimdi, acaba? O tarihlerde babamın dört erkek kardeşi hayattaydı. En yaşlısı *Joseph* (doğumu 1859), at pazarcısı ve itfaiyeci amca; sonra *Emanuel* (doğumu 1864), Bad Nauheim'daki doktor amca; *Emil* (doğumu 1868), öğretmen amca ve *Otto* (doğumu 1874), banker amca. Sınıf arkadaşlarım da, ben de, kastedilenin öğretmen amcam olduğunu anladık. Emil amcam, Oberhessen'de özellikle güçlü olan Yahudi düşmanlığı yüzünden devlet hizmetine alınmasının güç olabileceğini hesaplamış, işin daha başında Baden eyaletine gitmiş ve orada çalışmaya başlamıştı. Önceleri Ettenheim Gymnasium'unda yardımcı öğretmen olarak çalıştıktan sonra, uzun yıllar Bruchsal Gymnasium'unda profesörlük yapmış, eğitim hizmetindeki son yirmi yılını da, nasyonal-sosyalist iktidar değişikliğine kadar, Heidelberg Kız Gymnasium'unda geçirmiştir. Lâtince, Almanca ve Tarih okutuyordu. Özellikle antik tarihle ilgilenmekteydi. Hele kendi doğup büyüdüğü yerlerin, hem doğduğu kent olan Friedberg'in hem de çalıştığı yörelerin, örneğin Bruchsal ("Brurain und Kraichgau") ve Heidelberg'in tarihine sımsıcak bir sevgiyle eğilmişti. Bilgisine ve bilimsel yayınlarına hürmeten, Heidelberg kentinde anıtları koruma görevine getirilmiş, ayrıca Şato Derneğinin yönetim kurulu yardımcı başkanlığına seçilmişti. Emil amcam, 7.3.1935'de, 65 yaşındayken öldü. Böylece, Üçüncü Rayh'ın vahşi mezaliminden esirgenmiş oldu. Bismark'ın bir hayranı olarak Nasyonal Liberal Partinin (1919'dan itibaren adı Deutsche Volkspartei = Alman Halk Partisi olarak değişmiştir) üyesiydi, ama hiçbir zaman siyasî bir hüviyetle kamu karşısına çıkmamış, fahrî olarak bile siyasî bir görev almamıştı. Ama anlaşılan, verdiği tarih dersleri o nispette siyasîydi. 1918 Devriminden sonraki ilk mezuniyet sınavında, tarih sınavı yaparken, sosyal demokrat hükümet komiserinin de gözlerinin önünde, savaş günlerinden kalma renkli, üzerinde *Hindenburg*'la *Tirpitz*'in resmi olan büyük boy mendilleri nasıl karatahtaya astığını ve Birinci Dünya Savaşının, yenilginin ve devrimin tarihî sebeplerini, o mendillerin altında sorarak sınav yaptığını, bir tür gurur duygusuyla anlatırdı. Tatillerde Friedberg'e geldiğinde, çok daha solcu fikirler taşıyan babamla aralarında siyasî tartışmalar çıkar, ama bu yüzden kardeşlik bağları hiç bir zaman zedelenmezdi. 1919'da kendi işini kuran banker kardeşine Emil amcam, Albert Ballin'in çerçeveli bir fotoğrafını hediye etmişti. *Albert Ballin*, HAPAG'ın (Hamburg-Amerika Deniz Hatları) uzun yıllar direktörlüğünü yapmış bir zattı, Kayzer Wilhelm II'nın sırdaşlarındandı. Kayzer'in yurtdışına kaçması ve devrimin patlak vermesi karşısında derin bir üzüntüye kapılarak 9.11.1918 tarihinde kendi elleriyle yaşamına son vermişti. Fotoğrafın arkasına amcam şunları yazmıştı: "O Almanya'yı da düşündü". Vurgulamanıza göre anlamı değişebilen, gayet lâstikli bir çift söz.

Ama, "Unkas"ı beni bir hiçe indirgeyen bu değer yargısına sevkeden, amcamın siyasî düşünceleri değildi, tabii. Unkas'ın bu sözleri sarfettiği bağlam içinde, tertium comparationis olarak akla, amcamın bir karakter özelliği geliyordu ki, bu özellik onun kişiliğine tipik, kendine özgü bir nitelik kazandırıyor, onu örnek alınacak bir insan, sosyolojik deyimiyle, taklit edilmeye değer bir *"Exemplarytyp"* kılıyordu. Bu özellik, meslekî görevin yerine getirilmesinde hiçbir uzlaşma tanımayan katı tutumdur. Öyle ki, canımdan çok sevdiğim, adeta taptığım Emil amcam, bana zaten pek seyrek yolladığı kartpostallarda, yeğeninin ders durumunu tatilde denetleyeceğinden, bilgi düzeyini yükseltmeye çalışacağından başka lâf yazmadığı için içlenir, gözyaşı dökerdim. Bir keresinde, annemin evimize sıkça gelip haftalarca kalan evlenmemiş teyzesi Mathilde teyze, "oğlana karşı çok katısınız" diye amcama çıkışmıştı, "nesi var, hârika bir çocuk, o" dedi. O günden sonra, amcamın dilinden bu "hârika çocuk" lâfı düşmedi. Hele kötü bir öğrenci olmamdan duyduğu hoşnutsuzluğu dile getirirken, en aşağılayıcı, en müstehzi bir ses tonuyla "hey sen, hârika çocuk" diye seslendiğini az mı duymuşumdur! Kuşkusuz, "görev" sözcüğü, benim baba evimde de büyük harflerle yazılıydı ve özellikle babam için görev, herşeyden önce gelirdi.

Dolayısıyla ben de, "görev" saydığım herşeyi, elimden gelen en iyi biçimde yerine getirmeye çabalardım. Zaten bütün mesele de buradan çıkıyordu ya. Savaş yıllarında okulda derslerimin bozulmasının, başarımın düşmesinin nedeni de bu değil miydi: Yurduma hizmet etmeyi, herşeyin üstünde bir görev sayıyor ve bu uğurda herşeyi ihmal edebiliyordum.

Ama Profesör Reitz'ın ve övgüyle andığı amcamın görüş birliği içerisinde oldukları nokta da, işte buydu; bir öğrencinin ancak tek bir sahici görevi olabilirdi: Öğrenmek. Bu esas görevin karşısında herşey, ne kadar takdire değer olursa olsun, geri planda kalmak zorundaydı. Ancak her birey kendi bulunduğu mevkide üstüne düşen görevi lâyıkıyla yerine getirirse, res publica'da işler düzgün yürürdü.

Bu tarih, benim sonradan hatırlayarak çizdiğim bir resim değildir. "Hirsch Hanesi Misafirler Defteri"ne düşülmüş şu ya da bu kayıt da, hafızamın beni yanıltmadığını gösteriyor. Bunlardan bazısını aynen aktarıyorum:

1.8.1898 tarihli (yani, büyük yaz tatilinin sonu), Emil imzalı *tek* bir cümle:

"Nil sine multo vita debit mortalibus".

Herhalde bu cümle, Horatius'un satırlarındaki şu cümlenin azıcık hatalı bir tekrarı olacak: "Nil sine magno vita labore debit mortalibus" (= hayat, ölümlülere hiçbir şeyi büyük emek karşılığı olmadan vermez).
7.6.1900 tarihinde ise (herhalde Pantkot yortusu tatili sonunda) şunlar yazılmış:

Yüreğim, yılma! Yumurta da tüylenir,
Ve uçar göklere, dar kabuğunu kırıp.
(Rückert)
3.3.1901 tarihli bir kayıt:
Hayat ve Çalışma Tek ve Aynı Şeydir.
(Reuter)

Öğretmen amcam, kendisini sabırsızlıkla beklediğimiz halde, hiçbir zaman tatillerin başlangıcında eve gelmez, gelişini 5-10 gün geciktirirdi. Niye geciktiğini sorduğumuzda, hep aynı cevabı alırdık: "İşim vardı". Böylece herşey açıklanmış olurdu, daha ayrıntılı bilgi gereksizleşir, anlamsız kalırdı.

Amcamın kişiliğini oluşturan özellikler "çalışma" ve "görevi yerine getirme" tutkusundan ibaret değildi. Amcam, "doğuştan" öğretmendi ve bu niteliğiyle, büyük dedesinden, dedesinden kalma aile geleneğini sürdürüyordu. Erkek-kız tüm öğrencileri kendisinden hem çekinir, hem çok severlerdi. Heidelberg Kız Gymnasium'unda büyük sınıfları okuttuğu yıllarda kendinden "Hirsch im Rosengarten" (= gül bahçesinde bir geyik) diye söz etmekten hoşlanırdı. Bir mezuniyet sınavı ertesinde, yetenekli kız öğrencilerinden biri amcama, üzerinde bu sözlerin yazılı olduğu karakalem bir resim hediye etti. Resimdeki güller, sınıftaki kız öğrencilerin yüz çizgilerini yansıtıyordu; görkemli boynuzlarıyla mağrur duran geyiğin yüzü ise amcamı! Kendi çıkarını hiç düşünmeden her zaman yardıma hazır olması, adeta meselleşmiştir. "Hirsch Hanesi Misafirler defteri"ne yazmış olduğu şu şiir, amcamın "tatilde ne yaptığı" hakkında güzel bir fikir verir:

> Bir oraya bir buraya itilip çekilirsin,
> Kâh yüceleşir kâh daralırsın,
> Tanımadığın konuklarla sohbet eder,
> Çevrendeki olayları öğnerirsin.
> Talih yüzüne güldü mü sevinir,
> Talihsizliğe yanarsın.
> Yaşlılara kulak verirsin seve seve.
> Miniklerle birlikte azar yersin.
> Hanımlara, erkânınca gülümser dudakların,
> Ama, korkutmasını da bilir gözlerin.
> Ananın sofrasında yan gelir, yatar,
> Kızartmaları, şarapları indirirsin gövdeye.
> Hastaları teselli eder yumuşak sözlerin,
> Okul düşüncesini kovalarsın zihninden.
> Eziyet günleri yaklaşsa bile, kaçmaz uykuların
> Babaevinde tam ondört gün, dile kolay, uçar geçer bir çırpıda!
>
> İmza: Emil
> (Tarihsiz, herhalde 1905)

Anne tarafından tevarüs ettiği manzum söz söyleme yeteneği, en güzel yeteneklerindendi. Tabii, bunlar "zuhurat şiirleriydi", hattâ "yalnızca" zuhurat şiirleri. Ama, içerdikleri insancıllık, uçsuz bucaksızdır!

Friedberg'de, kentin tarihiyle ilgilenip uğraşan herkes Emil amcamı tanır, sağlam bilgisi ve rüşvet kabul etmez yargısı dolayısıyla ona saygı gösterir, büyük değer verirdi. Ama kentin geri kalan nüfusu da tanırdı amcamı. Zira yaz ve güz tatillerinde Mainzertor'daki bahçemizde çalıştıktan sonra kir-pas içinde, tam bir sokak serserisi kılığında dönerdi eve. Pabuçlarıyla pantalon paçaları çamura belenmiş, yakasız, boyunbağsız gömleği terden sırtına yapışmış, pantalon askıları meydanda, kafasında da geniş kenarlı kocaman siyah profesör şapkası. Bunların hepsi de onun kişiliğinin ayrılmaz birer parçasıydılar. Dış görünümünü umursadığı yoktu, onu tanıyan ve sayanlar da aldırış etmezlerdi kılığına.

İşte bütün bu saydığım özellikleri ve nitelikleri dolayısıyla en sevdiğim, büyük bir hayranlık beslediğim amcam, Emil amcam olduğu için; kendisine duyduğum sevgi, babamın öbür kardeşlerine duyduğum sevgiyi fersah

fersah aştığı için; kendine özgü kişiliği nedeniyle hayatın bütün meselelerinde örnek aldığım, çocukken gerçi bilinçsizce (yani sırf duygusal olarak), ama kavrayışım geliştikçe bilinçle (yani isteyerek ve inanarak) kendime rehber seçtiğim kişi, tam da Emil amcam olduğu için, bu "Hayır Hirsch, siz amcanız değilsiniz" sözleri beni canevimden vurmuştu.

Gerçi o gün okuldan döndüğümde, sofra başında gülerek öğretmenimin ne dediğini anlattım; ama içimden, bundan sonra bu yargıyı silecek biçimde davranmaya ahdettim. O günden sonra, Yunanca ödevlerini en büyük bir özenle hazırlar oldum; herbir sözcüğü üşenmeden "Benseler"de arıyor, buluyordum. Bu Yunanca-Almanca sözlük, bugün dahi hemen yanıbaşımdaki rafta, elimin altında durur ve "Unkas"ın dilinde tüy bitene kadar tekrarladığı "Sözlüğe bakınız! Sözlüğe bakınız!" öğütlerine uygun olarak, gerektiğinde kullanılır. Sözlükten bakıp bulduğum sözcükleri, sözcük defterine geçiriyor; düzensiz fiillerde değişik fiil biçimlerini bile belirtiyor, hepsini su gibi ezberliyordum. Hazırlamam gereken Homer metinlerinde Profesör Reitz'in her zaman sorduğu soruları hatırıma getirerek geçmiş bölümlerle ilgi kurmaya çalışıyor ve Almanca çevirinin, aslına sadık ama gene de iyi ve akıcı olmasına gayret ediyordum.

O günkü deyimimizle "tahtaya kaldırılmadan" birkaç gün geçti. Sonra, birdenbire "nerede kalmıştık? Evet, Hirsch, siz başlayın" dedi öğretmenimiz. Sıramdan kalktım ve Eski Yunanca heksametreyi yanlışsız okudum. Bir çırpıda Almancaya çevirdim. Evde çalışırken iyi bir Almanca çeviri yapacağım diye, farkına varmaksızın, Johann Heinrich Voss'un Homer çevirisinde kullandığı sözcük ve deyimleri benimsemiş olmalıyım. Gerçi bizim evde, Voss'un Reclam yayınevi tarafından yayınlanmış olan öğrenci nüshası yoktu; ama sınıf arkadaşlarımın çoğunda bu kitap vardı ve yasak olduğu halde, çeviri ödevlerini hazırlarken bundan bi pons asinorum (= hafıza rehberi) olarak yararlanıyorlardı.

"Dürüst çalışmadınız, demek ki! Oturun!". Onca çabanın karşılığı bu mu olmalıydı. Hiddetten titriyordum. Teneffüs zilinin çalmasıyla kendimi kürsüye zor attım ve yüzüm kıpkırmızı, (bana sonradan anlattıklarına göre) köpürerek şöyle dedim: "Bana iftira ettiniz..." Ama sözlerimi bitiremedim. Ağzımdan çıkanı kulağın duysunmuş, bu ne cüretmiş, nasıl olur da ona "iftiracı", yani kasden gerçek dışı söz söyleyen kişi diyebilir mişim; bu duyulmuş rezalet değilmiş. "Derhal dışarı çıkın. Bir şikâyetiniz varsa, sonra, usulüne uygun olarak yaparsınız".

Boyumun ölçüsünü almıştım. Adalet buymuş meğerse. Iustitia, "Sıkayos", çevirmeye zorlandığımız Eskilerin göklere çıkarıp övdükleri o yüce erdem! Kırk yılın bir başında ter dök, çalış, gereğinden fazla zamanını bu işe ayır, sonra da seni dürüst çalışmamakla suçlasınlar!

Aynı gün öğleden önce "Unkas"ın bizim sınıfa bir dersi daha vardı. Bu dersten sonra hakkımı yeniden aramaya, ama okul yönetmenliğinde belirtildiği gibi bu sefer "alçak gönüllü" bir üslupla konuşmaya karar verdim. Dersin bitiminde zaten kendisi beni kürsüye çağırdı. "Geçen derste bana ne söylemek istiyordunuz? Kullandığınız çirkin sözcüğü tekrar etmek istemiyorum". "Dersimi dürüstçe hazırlamıştım. Dürüst olmayan araçlar ne elimde var, ne de onlardan yararlandım. Haksız yargınıza duyduğum tepkiyi belirtmek istemiştim". "Peki, buna inanmamı mı bekliyorsunuz? Son haftalar boyunca hep kırık not aldınız. 'Kör bir tavuğun da tek bir darı bulduğu olur' der, atasözü. Ama sizin bulduğunuz bir değil, kaç darı birden! Peki, şu deyimleri... (deyimler aklımdan çıkmış) nereden buldunuz, bakalım". "Beseler'den buldum. Beseler'den bulmadıklarımı da, sizin Yunanca derslerinizde Homer'i çevirirken kullandığınız deyimleri duya duya edindiğim Almanca sözcük dağarcığından çıkardım". Şaşkın şaşkın yüzüme bakakaldı. "Çıkın, çıkın" dedi, sonra da, ağzının içinde, anlayamadığım bir şeyler mırıldandı.

Öğleyin evde olanları aynen anlattım ve babamdan, okula gidip Profesör Reitz'la konuşmasını istedim. Bu sürekli kötü muameleye, aşağılanmaya dayanacak gücüm kalmamıştı.

Sınıf arkadaşlarımın ana babaları, ikide bir okula gelip öğretmenlerle konuştukları halde, ben babamdan böyle bir şeyi ilk -ve son- kez istiyordum. Babam o güne kadar oğlunun sınıf geçmesi konusunda hiç tasa çekmediğinden zaten buna gerek de olmamıştı; bu isteğim karşısında azıcık şaşırdı, ama, arayı soğutmadan öğretmenle görüşmeye gitti.

Döndüğünde yüzü gülüyordu. "Ne dedi, bana, biliyor musun?" 'Körlerin arasında tek gözlüye kral derler, ama eğer o tek gözlü, tek gözünü bile açmıyorsa, açana kadar tepesine binerim!'. Ne yapman gerektiğini biliyorsun, şimdi. Ancak kendin kendine yardımcı olabilirsin". Bunları dedikten sonra babam beni bıraktı ve kendi işine gitti.

Körler arasında tek gözlü mü?

O günden sonra sırf Yunancayı değil, tüm derslerimi aksatmadan çalıştım. Gerçi öğretmenimle hiçbir zaman biçimsel olarak barışmadık. Ama, esas görevime geri döndüğüme iyice kanaat getirdikten sonra, artık benden hoşlandığını farketmem uzun sürmedi.

Onun elyazısıyla yazılı son sınıf geçme karnem, 1918 Paskalya tatilinde Obersekunda'dan Unterprima'ya "iyi" derece ile geçtiğimi gösterir; bütün yabancı dillerde de notum, o yıl, "bütünüyle iyi"dir. Ertesi yıl bu notu "iyi"ye yükselttim.

7. Bu Adamın Kültür Düzeyi Nedir?

Obersekunda'da Almanca ve Tarih öğretmenimiz, Profesör Dr. *Karl Schmidt* oldu. Dr. Schmidt'in bizden önceki sınıflardan bize kalan lâkabı "pire" idi. Bu lâkabın nereden kaynaklandığını bilemiyorum. Her ne hal ise, Profesör Schmidt, 1917 Paskalya tatilinden sonra sınıfa, adımlarını dans eder gibi ata ata girdiğinde, kafamda "pire" çağrışımı uyandı ve farkına varmadan sırıttım. Profesör Schmidt'in tepkisi: "Hirsch, niçin sırıtıyorsunuz?" oldu. "Sırıtma" sözcüğünü seslerin hakkını vere vere öyle bir telâffuz etmişti ki, kendimi tutamadım ve iyice kıkırdamaya başladım. Tabii, sorusuna cevap alamadı. Bunun üzerine omuz silkerek başka tarafa döndü ve derse başladı. Aslında bu olanlar çoktan unutulup giderdi; gelgelelim Profesör Schmidt'in sınıfa her girişinde aklıma "pire" lâkabı geliyor ve aynı olay silbaştan yaşanıyordu. "Bu adamın kültür düzeyi nedir?" diye sordu öğretmenimiz, sınıfın hiç de iyilerinden sayılmayacak öğrencinin birine. Çocuk başparmağıyla işaret parmağını, 2 sm kadar açarak cevapladı soruyu. "Ne! Sizce o kadar yüksek bir düzeyde mi? Bana sorarsanız, o kadar bile demem!"

Her geçen günle durumum daha kötüleşiyordu, çünkü kendimi ne kadar zorlarsam zorlayayım, bu çağrışımdan kurtulamıyordum. O ders yılında ilk sınıf kompozisyonumuzu "Goethe, Hermann ile Dorothea'da niçin yangın fikrini kullandı ve bu olayı nasıl değerlendirir?" konusunda yazdık.

Birkaç gün sonra "pire", koltuğunun altında bir yığın kompozisyon defteri ile hoplaya zıplaya sınıfa girdi, dosdoğru bana koştu ve sağ elini uzatarak, "Hirsch, lûtfen beni bağışlayın", dedi. Elimde olmadan gene sırıtmış olmalıyım. "Hem, şu sırıtmayı da artık kesin. En iyi kompozisyon sizinkisi. Sizi tamamiyle yanlış değerlendirmişim. Gelin, dost olalım".

Ve dost olduk. Sırıtma illetimde, bıçakla kesilmişçesine, durdu.

İnsan, eski öğretmenlerinin hangisine daha çok şey borçlu olduğuna karar vermede güçlük çekiyor. Öğretmenlerimin hemen hepsi de bende kalıcı izler bırakmışlardır; örneğin coğrafya ve fiziğe gelen *Strohmann* ya da matematikçi *Rodenhausen* gibi. *Dreher* ve *Reitz* gibi bazı öğretmenler gelişmemi son derece teşvik etmişlerdir. Fakat hiçbiri, Profesör Dr. *Karl Schmidt*'in beni kültürlü bir insan kılma yolunda sarfettiği, sözcüğün asıl anlamıyla "pedagojik" biçimlendirme gücünü sergileyememiştir. Tek istisna, öğretmen amcamdır. Aşağıda sayacağım özellikleri, işte bu Profesör Schmidt'e borçluyum:

"Eskileri okula bekçilik etmek için arkamda bırakmamış olmamı,
Onların beni Latiumdan sonra seve seve hayatta izlemelerini,
Doğaya ve San'ata bakmaya sadıkça çaba göstermemi,
Hiç bir ismin beni aldatmamasını, hiç bir doğmanın beni daraltmamasını,
Hayatın koşullandırıcı zorlamasının beni, insanı değiştirememesini; iki yüzlülüğün dar gelen maskesini küçümsememi..."

Bu satırları, çoğu kişinin, hatta en kültürlülerinin bile tanımadığı, Goethe'nin eserlerinin bazı baskılarına da konmamış olan bir prolog'dan, Hermann ile Dorothea'ya prolog'dan aldım. İşte, içimde "klâsik" kültürün anlam ve önemine karşı ilgi uyandıran, ilgi uyandırmanın da ötesinde bu kültürü kendi zihinsel ve duygusal yaşamımın temeli kılmama etken olan, bu prolog'dur.

Konuşma bilgece olsun! Sonunda bilgeliği öğretti bize yüzyıl;
kader kimi sınamadı ki? Şimdi o eski ıstıraplara daha ferah
bakın, ferah bir gönül size bazı şeylerden vaz geçilebileceğini
söylüyorsa.
İnsanları tanıdık ve ulusları, öyleyse bırakın,
Kendi yüreğimizi tanıyıp onun varlığıyla sevinelim.

Bu sözler -hele savaşın yoğurduğu 1917 yaz aylarında!- insanı yaşamın üstesinden gelecek biçimde silâhlandıran o günkü "şaşmaz" ve "sarsılmaz" ruhu dile getirmiyor muydu? O "şaşmaz" ve "sarsılmaz" ruh ki, okulda bize Eflâtun'un Apologia'sını okuturken, Ksenofon'un anılarından da yararlanarak kavratmaya-boş yere- çalışmışlardı. Yukarıdaki bu mısralar, 1918 Devriminden hemen önce ve sonra, delikanlıya az mı manevî destek sağlamış; 1933 iktidar değişikliği sırasında ve bunu izleyen günlerde genç adama az mı destek olmuş; 1933 ile 1952 arasındaki sürgün yıllarında olsun, 1952'den sonra yurda dönüş ve 1967'de kendi isteğiyle, zamanından önce emekli olmasında olsun, az mı yol göstermiştir!

Homer'in Odysse'nin görüp geçirdiklerini harikulâde bir yalınlıkla özetlediği,

"Ne çok yerler görmüş, ne çok insan tanımıştı"

cümlesinin Almanca tekrarı olan:

"İnsanlar ve Milletler tanıdık..."

sözleri, bundan sonraki yaşamımın nasıl da özünü oluşturdu! Kısacası, öyle bir Almanca eğitimi görüyorduk ki, hümanist Gymnasium anlayışına ve amacına hem tamamen uygun düşüyor, hem de öğrencilere edebiyatı sırf bir okul dersi gibi değil de, yaşamın kültürel bir temeli olarak kavramayı, okulun pek dar bir çerçeve içinde sunabildiğini, bizzat okuyarak zenginleştirmek ve genişletmek gereğini kavratıyordu. Bunun bir parçası olarak, konuyla ilgilenen tüm Friedberg'li ve Nauheim'lı öğrenciler, güzel havalarda ormanda, gölbaşında buluşur, aramızda rol dağıtımı yaparak Shakespeare'in tiyatro eserlerini yüksek sesle okurduk. Böylece onları iyice özümledik. Buluştuğumuz göller, her iki kent merkezinden de, aşağı yukarı 2 km uzaklıktaydılar. Ormanın kenarında yer alan bu şiirli yerde, hafta içi sizi kimsecikler rahatsız etmezdi. Yaşlı söğüt dalları, yüzü yemyeşil yosun bağlamış küçük küçük gölleri yalar, böceklerin vızıltısından başka çıt çıkmazdı. Arada sırada bir kurbağa vıraklaması bozardı sessizliği. İşte biz burada, kimimiz ağaç kütüklerine çökmüş, kimimiz otların arasına yatmış olarak, aramızda Jül Sezar'ı, Coriolanus'u, Hamlet'i canlandırarak okurduk. Kimi zaman bunları Schlegel-Tieck'in Almanca çevirisinden okuduğumuz da olurdu. Çünkü İngilizce sadece son iki sınıfta, o da seçmeli ders olarak okutuluyordu. Fransızca tiyatro eserlerini hiçbir zaman rolleri paylaşarak okumadık; zira okulda Corneille'in Cid'ini işlemek, tüm hevesimizi kaçırmıştı. Sanırım, bu arada, okulun ders programına kesinlikle alınmayan Aristofanes, Plautus ve Terencius'un güldürü oyunlarını da -Almanca çevirisinden- zevkle okuduk.

Profesör Dr. *Karl Schmidt'*in tarih dersi de, resmen okutulan tarih kitabından bambaşkaydı. Roma Cumhuriyetinin ve İmparatorluğun tarihi, hiç de öyle savaşlardan, triumvira'lardan, imparatorların hükümranlık tarihlerinden ibaret kalmazdı bu derslerde. Schmidt'in Roma tarihi ders özetlerini yazdırdığı defterimi hâlâ saklıyorum. Schmidt'in dikte ettiklerini Alman kaligrafisiyle (tabii, Lâtince terimleri Lâtin harfleriyle) özene bezene yazmışım. İşte, başlıklar: "Roma'da durum ve ilişkiler, yasalar, örf ve âdetler".

Zaten, Lâtin yazarlarını okumak, ancak bu kültür tarihi temelinde anlam kazanıyordu; çünkü Roma hukuk düzenini, ekonomisini ve toplum ilişkilerini tanımadığınız sürece, size sunulan örneğin ne ölçüde çağının bir ürünü olduğunu ya da çağından ileri olup olmadığını değerlendirmeniz mümkün değildi. Yazarın anlattıklarını gözü kapalı kabul etmiyor, eleştiri süzgecinden geçirerek, aslında devlet, ekonomi ve toplum yapısı bakımından Ortaçağla Yeniçağdan uçurumlarla ayrılan Antik Çağın, nasıl olup da, adına "Batı Kültürü" dediğimiz şeyin temelini oluşturduğunu; bunun derinde yatan kök ve sebeplerini araştırıyorduk. Bugün kendi kendime soruyorum da, acaba niye bize henüz 15 yaşımızdayken Cicero'nun "de senectude"si ile eziyet çektirdiler (-bunu, zinhar "kocamışlık" diye çeviremezdiniz, aksi takdirde *Prof. Reitz'*ın bütün hışmı üzerinizde olurdu; sade bir dille "yaşlılık" diyecektiniz-); "de civitate"yi okutmaları çok daha yerinde olurdu. Yanında da Vergilius'un Aeneide'si iyi giderdi. İşte, iki profesörün, *Reitz* ile *Schmidt'*in arasındaki büyük fark buradan geliyordu: Reitz, en üst düzeyde bir filologdu. Reitz için bizlerde *Almanca* dil duygusu ve Almanca ifade gücünün gelişmesi, keskinleşmesi ve yetkinleşmesi için en uygun araç, dilsel ifadenin güzellikleriydi, incelikleriydi. Buna karşılık Schmidt, klâsik kültürle yoğrulmuş bir kültür tarihçisiydi. Schmidt için önemli olan, bizlere "Klâsik Antik Çağ"ın Goethe ve Schiller'de niçin ve nasıl kendi çağlarının canlı bir ifadesine dönüştüğünü göstermek, bu ifadenin Hermann ile Dorothea (1796) ya da Çan şiiri (1799) gibi örneklerinden hareketle kavratmaktı.

Almanları ben kendim daha sakin bir konuta götürüyorum, ki orada doğa insanı daha insan olarak yetiştirir.

Hermann ile Dorothea'nın prolog'unda aynen böyle denir; bununla kastedilen dokuz şarkıdır. Bu dokuz şarkının herbiri 9 sanat tanrıçasından birinin adını taşır, bu adın altında ise Almanca bir başlık vardır. Almanca başlığı, ancak söz konusu tanrıçanın "faaliyet alanını" aklınıza getirdiğinizde, tam olarak anlayabilirsiniz.

Eski Yunanlıların ülkesini ruhunuzla aramaya kalkışmayın, esas olan, binbir geçici biçimin, kurumun ardında insanın kendini insanca insan kılmak zorunda olduğunu kavramak ve bu kavrayışla Antik Çağın gerçekliğini kendi öz yaşamınız için verimli bir kaynak haline getirmektir.

Kendine özgü tarzıyla lise öğrencisinin gelişmesini belirleyen, sırf Almanca ve Tarih öğretmeni Schmidt değil, hepsinden de önemlisi *müzisyen* Dr. Karl Schmidt'di ki, bu kimliği sayesinde kendisiyle okulu bitirdikten sonra da, insanî bağlarımı koparmadım.

Annemden tevarüs ettiğim müzik yeteneğim, daha çok küçük yaşlarda kendini göstermişti. Bana sonradan anlattıklarına göre, henüz üç yaşımdayken, annem piyanonun kapağını kaldırır kaldırmaz koşar, pedalların yanına yere çömelir, *bir* kulağımı da piyanonun tahtasına sımsıkı yapıştırırmışım. Küçükken, yatmadan önce, ille de annemin piyanoda birşeyler çalması için tutturur, ancak bundan sonra yatağa girmeğe razı olurdum. Hattâ, çoğu kez "bis" istediğim de olurmuş, annem de bunu seve seve yerine getirirmiş. Bu arada, annemin çaldığı parçanın Beethoven'in sonatlarından bir bölüm mü, yoksa o günün modası bir hafif müzik parçası mı olduğu, umurumda bile değilmiş. Fakat, annem özellikle Beethoven'in piyano sonatlarını sever ve onları çalardı. Çocukken bu sonatları o kadar çok dinlemiştim ki, sokaklarda Pathétique'den, Appassionata'dan, Hammerklavier sonatından parçaları ıslıkla çalıp duruyordum. Savaşın ilk kışı olan, 1914/1915 kışında, o günlerin ünlü piyanisti *Fritz Malata*, Friedberg asker hastanelerinde yatan yaralıların yararına bir Beethoven resitali vermişti. Böyle bir gösteriye ilk kez götürülüyordum. Evden çıkarken annem, elime bir deste nota tutuşturdu. Şaşkınlıkla, *"sen* mi konser vereceksin?" diye sormuşum. Augustinerschule'ye varıp da, loş ışıklı temsil salonunda yerlerimizi aldığımızda, annem, notaları açtı ve "haydi, bakalım" dedi, "notaları okuyarak izleyeceğiz". Ne demek istediğini önce anlayamadım. Ama birkaç nota sonra, sesle canlanan nota işaretleri öylesine dikkatimi çekti ki, çevremdeki herşeyi unuttum. İlk kez Beethoven'i "yaşıyordum". O akşamdan sonra nota okumak, annem piyano çalarken ya da kendim bir konsere gittiğimde, soluk alıp vermek gibi doğallaştı, alışkanlık haline geldi benim için. Dönen piyano iskemlesi, oturmayı en sevdiğim yerdi; bu iskemlenin yegâne daha "büyük" rakibi ise, babamın yazıhanesindeki ayaklı kürsüydü. Bugün bile bu tür bir mobilyaya tesadüfen bir yerde rastgelsem, orada oturmayı en rahat koltuğa yeğlerim. Boş zamanımda eğer başka bir iş peşine düşmemişsem, bu sert piyano sandalyesine tüneyip, annemin benim ilk piyano deneylerime verdiği adla tuşları "tıngırdatıyordum". Sabahları annemin kuaför'ü Bayan Geyer, anneciğimin saçlarını taramak ve o güzelim saçları bir iş kadınına yaraşır ağırbaşlı biçime sokmak için evimize geldiğinde, piyanonun başına geçerek tek parmakla ya da iki parmakla, sağdan soldan kaptığım moda havaları kulaktan çalmağa çabalar, böylece annemle Bayan Geyer'e hoşça vakit geçirttiğime inanırdım. Ezgiye "bumpam-pa, bum-pam-pa" diye eşlik etmeyi kendim icad ettim, hele forte pedalinden ayağımı hiç kaldırmamacasına basmayı, özellikle hoş buluyordum. Kendini bu "sanat ziyafetinden" kurtarmak ve beni de piyanodan uzak tutmak için annem, 3/4'lük bir keman satın aldı ve daha küçücükten beni keman dersine başlattı. Gün gelip, benim ancak "gıcırdatmayı" öğrendiğim "Genç Kemancılar İçin Güldeste"den parçaları, annem piyanoya geçerek birlikte seslendirdiğimizde, ikimiz de ne mutlu olmuştuk. Gelgelelim piyano tıngırdatma tutkum bir türlü geçmemişti. Evdeki nota yığınları arasında eski bir "Piyano Alıştırmaları" (-galiba, Köhler'in-) buldum ve keman dersinde nota öğrendiğimden bu sefer de piyanoda notaların yerlerini bellemeye koyuldum. Hem keman hem de piyano dersi almam söz konusu olamayacağından, kendi kendimi eğitmeye başladım. Ama pek ilerlemedim, çünkü başımda bir öğretmen olmayınca doğru dürüst çalışmıyor, dalga geçiyordum. Çabucak da sabrım tükendiğinden, sadece ana ezgiyi notaya bakarak çalıyordum; eşlik eden sesleri ise aklıma estiği gibi çıkarıyordum, ne parmak aralarına ne de benzeri kurallara aldırış ettiğim vardı. Nitekim, aradan yıllar geçip Türkiye'ye sürgüne geldiğimde de, aynı şeyi yaptım. Meteleksiz bir piyaniste yardım olsun diye piyano dersleri alıyordum; iki-üç sesli Inventionslar, J.S. Bach'ın "Wohltemperiertes Klavier"inden nispeten basit prelüd ve fügleri "etüt etmeye" başlamıştım. Bu parçaların ve Beethoven'in piyano sonatlarının notaları, bir zamanlar fevkalâde zengin olan müzik kitaplığımdan hâtıra kalan tek şeydir. Üzerlerinde kurşunkalemle işaretlenmiş parmak aralarına bakacak olursak da, hayatım boyunca gördüğüm birkaç saatlik tek gerçek piyano dersini hatırlatırlar. Gene de, benim piyanoyu acemice tıngırdatışım, dört elli çalmalarda basso sesini vermeye, hattâ "Uzaktaki Sevgili"den tutun da "Archibald Douglas"a kadar uzanan bir şarkı dağarcığını, şarkıcıya eşlik ede ede öğrenmeme, pekalâ yetti.

Çalmayı öğrendiğim esas çalgı kemandı ve keman kaldı. Her ne kadar, Heimeran "yasasına" (= Heimeran, bir yazar adıdır - ç.n.) uygun olarak ("Das Stillvergnügte Streichquartett") oda müziği icrasında ikinci kemandan birinci kemana yükselmiş, sonunda da viyolada karar kılmış olsam bile, bu değişmedi. İşin başından beri amatördüm ve amatör olarak kaldım. Ama gene de 1933'de Almanya'yı terketmek zorunda kaldığımda, Beethoven'in Re-Majör Keman konçertosunun ilk bölümünü çalışacak kadar ustalaşmıştım.

Keman çalmasını öğrenmek hayli zahmetli ve hele bir çocuk için, başlangıçta oldukça nankör bir iştir. Çünkü uzun bir süre boyunca durmadan alıştırma yapmak zorundasınızdır, bir türlü müzik yapmaya geçemezsiniz. Kuşkusuz, müzik yeteneği olan ve müziği seven bir çocuğu bu sevimsiz "Durststrecke"yi (= aşılması güç yolu ç.n.) kısaltacak ya da en azından katlanılır hale getirecek pedagojik yeteneğe sahip, iyi öğretmenler vardır. İlk keman öğretmenim ne yazık ki, onlardan değildi. Sonuç olarak, bir türlü ilerleyemedim. Birinci Dünya Savaşı patlak verdiğinde, gele gele "üçüncü pozisyon"a kadar gelmiştik. Öğretmenim askere alındı. Aylarca ders almadan durdum; kendi başıma çalışmadığımdan ötürü iyice geriledim. Sonra, bir gün Bad Nauheim'daki Kaplıca Orkestrasının birinci konsertmayster'i olan *Otto Drumm*'un şahsında, keman tekniğini müzik yapmaya tâbi kılmasını bilen bir müzikçiye ve öğretmene kavuşuverdim. Böylece, Birinci Dünya Savaşı yıllarında, haftada bir kez, kolumun altında keman kutum (yani değme kemancıya taş çıkartırcasına!) Bad Nauheim'a keman dersine ya trenle ya da adına "Promenad Yolu" denen yoldan 3 kilometre yayan yürüyerek gitmişimdir.

Bad Nauheim, başka bakımlardan da müzik coşkumun yöneldiği "Mekke"ydi. Gerçi Kaplıca Otelinin terasında verilen konserlerden, burada müzik, sırf kahveyle pasta eşliğinde sunulan bir nesneye indirgendiği için nefret ediyordum. Ama buna karşılık Kaplıca Otelinin büyük konser salonundaki senfoni ya da filarmoni konserlerine bir yer bulmak için, içim giderdi. Bad Nauheim'de eski dilleri öğreten bir Gymnasium olmadığı, sadece bir Oberrealschule bulunduğu için pek çok Bad Nauheim'lı çocuk bizim okula geliyordu; Kaplıca Yönetimi de bizim Augustinerschule yönetimi emrine bu tür konserler için düzenli olarak bir dizi giriş kartı ayırırdı. Bu giriş kartlarını Okul Yönetimi, son üç sınıftan, müziğe ilgisini şu ya da bu şekilde kanıtlamış, yani özel müzik dersi alan, okul orkestrasında çalan ya da öğrenci korosunun belkemiğini oluşturan öğrencilere dağıtırdı. Şayet konsere gitmek isteyen öğrenci sayısı, giriş kartı sayısını aşarsa, o hafta en iyi sınavı kim yazmışsa, ona öncelik tanınırdı. Başarı ilkesine göre yapılan bu dağıtım bizlere uygun geliyordu. O hafta bana bir şey düşmemişse, ama mutlaka dinlemek istediğim belli bir parça ya da solist varsa, kart talihlisiyle her zaman için pazarlığa girişme ve daha sonraki bir konser için değiştokuş yapmak imkânım vardı. Sadece yaz aylarında, akşam saat 20 ile 22 arasında verilen bu konserlere, genellikle Friedberg'ten Bad Nauheim'a yürüyerek gider, tozlu pabuçlarımızı kaplıca parkının otlarına silip temizler, dönüş yolunda da, izlenimlerimize göre kâh eleştirir, kâh tartışır, kâh coşkunlukla överdik. Dönüş yolumuz, ay ışığında özellikle romantik; yaz fırtınalarında da özellikle kamçılayıcı olurdu. Böyle böyle kulağım terbiye oldu, "repertoire"ım zenginleşti.

Otto Drumm, birinci konsertmayster sıfatıyla Darmstadt'a çağrıldığında, gene yıllarca öğretmensiz kaldım. Ancak, Frankfurt'a gittikten sonra, bana tam 12 yıl boyunca ders veren, kol-kanat geren ve beni ilerleten yeni öğretmenime, Frankfurt operasının 1. konsertmayster'i *Hermann Hock*'a kavuşabildim. Hermann Hock'u bulmam da, ancak Prof. Dr. *Karl Schmidt*'in özel tavsiyesi sayesinde oldu.

Daha okul sıralarındayken Dr. Schmidt'in yönettiği okul orkestrasında "kemancı" olarak, orkestranın müzikal disiplinini, yani "Melos"a ve "Rhythmus"a uymayı, öğrenmiştim. Reformasyon'un 400'üncü yıldönümü dolayısıyla 1 Kasım 1917 günü, son iki saatte yapılan okul töreni ve ondan bir gün önce kilisede yapılan tören, belleğimde özellikle yer etmiş: Bir kere Otuz Yıl Savaşlarının sonuna doğru, 1645'te Heinrich Schütz tarafından bestelenmiş olan "Verleih' uns Frieden, Frieden, Frieden gnädiglich" (= Bize Barış ver, Tanrım) geride bırakmış olduğumuz ve bizzat yaşadığım üç savaş yılı dolayısıyla beni derinden etkilemişti. Üstelik o günlerde Alman Rayhstag'ının 19.7.1917 tarihli Barış Kararları okulumuzun öğretmenleriyle üst sınıf öğrencilerini ikiye ayırmış bulunuyordu. Bir kısım, tazminatsız, ilhaksız bir "feragat barışı"ndan yanaydılar ("Siyasî Barışa" bu ismi takmışlardı). Öteki kısım ise, yani pangermanizm yanlıları, hâlâ daha bir "askerî zafer barışı"nın mümkün olduğuna inanıyorlardı. Oysa, bu arada, Amerika Birleşik Devletleri de, Alman Rayh'ına karşı safta, İtilâf Devletlerinin safında, savaşa katılmıştı.

Öteki anım ise, okulumuzun daha önceki üç yıl boyunca peşpeşe gelen çeşitli zafer kutlama törenlerinde "Yaşasın" çığlıklarıyla, "Dayanalım!" sloganlarıyla çınlayan temsil salonunda, *Schmidt*'in özellikle seçmiş olduğu bu "Verleih' uns Frieden, Frieden, Frieden gnädiglich" parçasının, adeta bir tür siyasî gösteri niteliği kazanmış olmasıdır. Bu gösteri, bir "feragat barışı"ndan yana olduğu kadar, iki Hıristiyanlık mezhebi arasında da barış çağrısı anlamına geliyordu. Ve bu gösteri, *Martin Luther*'in 95 tezini Wittenberg Sarayının kilise duvarına astığı ve böylece Alman halkını din açısından ikiye bölme yolunda ilk adımı attığı günü kutlamak amacıyla yapılmaktaydı! Halkın bu bölünmüşlüğü, katolik nüfusun "diaspora"da (mezhep olarak azınlık halinde - ç.n.) yaşadığı yerlerde -ki, Fridberg de buralardan biriydi- büsbütün kuvvetle hissedilmekteydi; bugün de halen böyledir. O günlerde katolik dostlarım, benim bir Yahudi olarak böyle Protestan törenlerine katılmış olmamı, sitem yollu sözlerle kınadılar. Onlara cevabım şu oldu: Siz, aradan 250 yıl geçmiş olduğu halde bile, *Heinrich Schütz*'ü anlayamamışsınız!

Belki de, zamanında bir tür kendini savunma olarak dile getirilmiş olan bu düşünceler, benim için müziğin, müzik yapma ve dinlemenin taşıdığı anlamı, uzun uzadıya bir yığın tasvirden daha iyi anlatır. Sadece annemle, özelliklede piyano işleğinde keman sonatları ya da piyanoda 4 el için parçaları çalarak müzik yapmakla kalmadım; okul arkadaşlarımla da özel olarak müzik çalıştım. Kendi sınıfımdan olmayanları, okul orkestrasında tanımıştım. Öğrenci arkadaşlarımla, o gün kim nasıl denk gelmişse, öyle çalıyorduk; özellikle yaylı çalgılar için piyanolu ya da piyanosuz ikililer, üçlüler gibi. O günlerde tesadüfen oluşan oldukça garip "grubumuz" için az mı parça ayarlayıp, tek tek sesleri kopya etmişimdir!

Kemanı teknik açıdan ne kadar kötü çalmış olursam olayım, müzik yeteneğim, anlaşılan, öyle gözle görülür bir düzeydeydi ki, Prof.Dr. *Karl Schmidt*'in dikkatini çekmiştim. Ve daha sonraları onun aracılığıyla iyi bir keman eğitimi gördükten sonra da, sık sık kendisiyle hem özel toplantılarda, hem de şu ya da bu vesileyle kamu önünde müzik yaptık.

Özel toplantılarda: Prof. Schmidt'in Taubenrain No. 6'daki evinde bir öğleden sonrayı hatırlıyorum. Kentte "yaşlı Schmidt" diye anılan babası henüz hayattaydı ve koltukta oturuyordu. Kuyruklu piyanonun notalığına *Paul Hindemith*'in o sıralarda yeni çıkmış keman sonatını yerleştirdim. "Vadder, Jetz' pass emol uff, wir spiele was vom Hindemith" (= Baba, iyi dinle, şimdi Hindemith'den bir şeyler çalacağız) (Hemen ilâve edeyim ki, harika çocuk Paul Hindemith'i keşfeden ve eğitimi için gerekli parayı Friedberg'li sanat severlerden sağlayan kişi, Prof. Dr. Schmidt'tir). Ve sonatın "icra"sını bitirdiğimizde, Schmidt babasına dönüp sordu: "Na Vadder, wie hat's Dir gefalle?" (= Eee, babacığım, nasıl buldunuz?" "Da weiss ich net wohin demit" (= Ne anlayacağımı anlayamadım) oldu, seksen yaşındaki adamcağızın açıksözlü ve yalın cevabı.

Kamu önünde: Schmidt'in yönetiminde 1919'dan itibaren Augustinerschule'nin temsil salonunda düzenli olarak verilen öğrenci konserlerinde çalışıyordum. Benim de katıldığım iki konserin programını, örnek olsun diye, aynen aktarmak istiyorum. Ayrıca, 50. Öğrenci Konserinin bir eleştirisini ve Augustinerschule'nin o tarihteki müdürü Altendorf'un bir jübile nedeniyle yapmış olduğu konuşmayı da aşağıya alacağım. Altendorf, Gymnasium'un son iki sınıfında Eski Yunanca Öğretmenim olmuştu; Sophokles'i ve Thukydides'i kendi çağlarının birer ozanı olarak bizlere sevdirmede olağanüstü başarılıydı.

Programlar:
1923/24 Ders Yılı 7. Öğrenci Konseri,
15 Ocak 1924 Salı, Öğleden sonra Saat 5'te
Dinleyeceğiniz Eserler:

1. G.F. Händel :   2 Keman ve Kontrabas için
                         Sol Minör Sonat
2. Anton Dvorak :   Keman ve Piyano için
                         Op. 100 sayılı Sonatin
3. J.S. Bach :   İki Keman için
                         Re-Minör Konçerto

O günlerde Oberhessischer Anzeiger gazetesinde, 16 Ocak 1924 tarihli imzasız bir eleştiriden:

"... Bayan Dr. Weimer-Mannhardt, duygu dolu tonu ve ince tekniği olan bir sanatçı olduğunu, bir kez daha kanıtladı. Bay Dr. Ernst Hirsch, ilk kez önemli bir eserle (scil. Dvorak) karşımıza çıkıyor; olgun icrasıyla bizlere güzel bir sürpriz yaptı! Bay Prof. Dr. Schmidt ise, her zamanki gibi, gene piyanonun ustasıydı..."

1924/25 Ders Yılında 24 Mart 1925'de akşam
8'deki 8 inci Öğrenci Konseri:
Program
1. G.F. Händel:İki keman için piyano eşliğinde Mi-Majör Sonat (bestelenme tarihi 1730'dan önce)
2. J.M. Clair (1697-1764) : Keman ve viola için Mi-Majör Sonat
3. Joh. Seb. Bach : 2 keman için piyano eşliğinde Re-Minör
   2 nci çift konçerto (Ossip Schnirlin tarafından düzenleme)

İcra edenler
Bay Konzertmeister Herm. Hock ve Frankfurt a. M.'den Dr. Jur. E. Hirsh, piyanoda Bay Profesör Dr. Karl Schmidt,

Gene Oberhessischer Anzeiger gazetesinde, 22 Mart 1927 tarihinde ise, Dr. N. imzasıyla (herhalde Nebel olacak), 8 Mart 1927 tarihinde yapılan 50. Öğrenci Konserinin şöyle bir eleştirisi yayınlanmıştı:

"... 50. Konser, Beethoven'e adanmıştı. 5 No.lu Yaylı Çalgılar Dörtlüsü çalındı; o harikulâde tema üzerine birbirinden güzel varyasyonlar. Varyasyonların her biri, başlı başına bir bütünlük taşır, kâh tatlı bir içlilik, kâh gümbürdeyen bir güç dile getirir.

Özellikle de beşinci varyasyon, gökyüzündeki tüm kuşların şakımasını, tarlakuşlarının cıvıltısını yaşatır bize. Yaylı Çalgılar İçin Üçlü'sünde ise Beethoven, şiddetli, isyan dolu bir öfkeyi yansıtır. Nitekim, Beethoven'in en sevdiği ton olan, Do-minör tonlu tüm eserlerinde bu duygulara rastlarız. Eserleri seslendirenler, Bay konsertmayster *Hock* 30 yıldır kentimizi şereflendiren bir sanatçı. Bay Dr. Hirsch, sevilen ve sayılan viyola ustası Bay G. *Graff* ve çellist Bay E. *Peters* de, bu zorlu eserlerin hakkını vererek, ellerinden gelen en iyi icrayı bize tattırdılar..."

Okul müdürü Altendorf'un 18 Mart 1927 günü 50. Konseri açarken yapmış olduğu konuşmada da şunlar vardı:

"... Öğrenci Konserleri, öğrencilerin öğrenciler için sunduğu bir gösteri olarak tasarlanmıştı. Dolayısıyla, 50 konserin arasından 10'unda sadece öğrenciler çalmıştır. Fakat, bunun eğitim amacımız açısından yetersiz kaldığını gördük. Öğrencilerimizin çalgıların özelliklerini ve büyük bestecilerin en önemli eserlerini, en yetkin bir icra yoluyla, tanımalarını istiyorduk. Sonunda, solist çağırmanın zorunluluğu ortaya çıktı... Her şeyden önce, bu konserlerin başarısı için canla başla uğraşan, çok sevgili hocamız Prof. Dr. *Karl Schmidt*'e şükranlarımızı sunmak isterim. Kendisi, bu konserleri hem ortaya atmış, hem gerçekleşmelerini sağlamış, hem yeni yeni konserleri, yorulmak bilmeksizin, düzenlemiş ve hiç yüksünmeden tüm angaryaları yüklenmiştir. Ama, bunun dışında, yüksek düzeyde bir sanatçı olarak, bizzat konserlere katkıda da bulunmuştur. Bu çabamıza, fedakârca katkısını esirgemeyen tüm öteki sanatçılara da, teşekkür etmek isterim. – Bu konuda, ilk sırada, bugünkü dörtlümüzü anacağım: Başta konsertmayster Bay *Hermann Hock*. Kendisi, programlarımıza en sık katılan sanatçıdır. Kendisine eşlik eden Bay *Goothold Graf* ve okulumuzun çok sevilen eski bir öğrencisi Bay Dr. *Ernst Hirsch*; ayrıca Bay *Ernst Peters*. Sayın Baylar. Sizlere karşı kendimizi borçlu hissediyoruz. Sizler buraya kadar zahmet edip geliyor, bize bu olağanüstü sanat ziyafetini sunuyorsunuz, ama bunun karşılığında biz sizin hakkınızı ödeyemiyoruz..."

İşte o günlerden, yani "altın 1920'li yıllar"dan kalan bu belgeler, küçük bir kent Gymnasium'unda bile öyle büyük zahmetlere ve masraflı organizasyonlara girişmeksizin, hem okulun öğrencilerine hem de kentte oturan ve müzikle ilgilenen herkese, nelerin sunulabileceğini bize gösteriyor; bunu mümkün kılmak için gerekli tek şey bir adam -sanırım, çoğunlukla yanlış kullanılan "kişilik" sözcüğünün tam yeridir- bir *kişilikti*; yani Prof.

Dr. *Karl Schmidt* gibi, kendini yıllarca hiçbir karşılık beklemeksizin, bilgi eğitiminin müzikle desteklenmesine adamış ve tamamiyle kendi kişisel ağırlığı sayesinde günün en iyi ve en çok para alan sanatçılarının, tek kuruş almaksızın bu konserlere katılmalarını sağlamış bir kişiliğe gerek vardı. Ben şahsen kendimi hiçbir zaman bir sanatçı olarak görmedim. Ben, her zaman için bir amatördüm, ne var ki, hem Friedberg çocuğu olmam, hem Augustinerschule'nin eski bir öğrencisi, özellikle de Prof. *Karl Schmidt*'in eski bir öğrencisi bulunmam, üçüncü olarak da keman öğretmenim *Hermann Hock*'un öğrencisi olarak, kendimi, becerimin sınırları içinde elimden geleni yapmaya zorunlu hissediyordum.

Dolayısıyla, Frankfurt (Main) Üniversitesi Hukuk Fakültesindeki doçentlik dersime Augustinerschule'deki eski öğretmenlerimin arasından yalnız Prof.Dr. *Karl Schmidt*'i çağırmış olmama şaşmamalı. Doçentlik dersimin tarihi, 14.1.1930'du. "Dediklerinizden hiçbir şey anlamadım, ama devrik cümleler kullanma huyunuzdan vazgeçseniz, iyi olur. Ayrıca konuşurken heceleri yutmamak için, sabahleyin sıkı bir kahvaltı yapsanız derim; tebrikler". Bu sözleri bitirir bitirmez, "hoplayarak" uzaklaşmış, dersaneden çıkmıştı bile. Ama benim hayatımdan bir an bile çıkmamıştır; bugün dahi etkisini sürdürür:

"Tabiatı ve sanatı görmek için elimden geleni yapacağım
Hiçbir isim beni aldatmayacak, hiçbir dogma sınırlamıyacak"

Kitaplığımda, ince, elde ciltlenmiş bir kitapçığın bulunması da, belki bu doçentlik dersimle ilgilidir. Kitapçığın adı: LOGOS EPITAPHIOS (Thukydides II.34-46)

Günümüze yeniden aktaran: Wolfgang Schmidt, 1930.

Kitabın içinde, yazarın kendi el yazısıyla, "yazarın saygılarıyla" yazılıdır.
Ve yazar, yani *Wolf Schmidt*, Prof. Dr. *Karl Schmidt*'in oğlu ve "*Familie Hesselbach*"ın (Almanya'da bir TV dizisi - ç.n.) da "baba"sıdır. 1968 yılında Augustinerschule'nin 425 inci Kuruluş Yılı Kutlama Töreninde kendisini gördüm ve son defa olarak elini sıktım...

8. Lise Öğrencisi

Yaşı büyükçe bir öğrenci hangi sınıfa gittiği sorusuna lise öğrencisiyim cevabını verirse, lisenin son sınıfından bir önceki sınıfa gittiğinden emin olabilirdiniz. Zira aksi halde "Lisenin son sınıfındayım" diye cevap verirdi.*

1918 Paskalyasında ben de o anlamda lise öğrencisi oldum. 1919 paskalyasında da lise son sınıf öğrencisi oldum. Bana öğrenim bakımından hiç de güç gelmeyen, hatta Horatius ve Tacitus, Sophokles ve Thukydides'in okunması dolayısıyle çeşitli heyecanlar duymama aracı olan bu iki son öğ-

* Almanya'da lisenin son iki sınıfı alt ve üst Prima olarak adlandırılır (ç.n.).

renim yılı üzerine iki koyu gölge düştü. Bunlardan biri Birinci Dünya savaşının yenilgi ile sonuçlanması, öbürü de Yahudi aleyhtarlığı hakkında ilk kişisel deneyimimdir.

A.

Çöküş ve yeniden başlayışı yaşamam ve o zaman hissettiklerim, kompozisyon defterimden kelimesi kelimesine buraya aktardığım üç kompozisyon ödevinde yazılıdır.

Ev ödevi 17.12.1918
Savaşın sonu
Yaşantılar ve ruh halleri

Pazar 10 Kasım 1918

Karanlık bir gün. Kasım havası. Rüzgâr ve yağmur ağaçlarda kalan son yaprakları kamçılıyor. Gök yüzü Alman ülkesinin kapısına dayanmış olan felâketin kokusunu almış gibi.

Alman Reich'ındaki herkes için korkunç bir gün. İtilâf devletlerinin silâhı bırakma şartları. Gazetenin özel baskısı önünde bir yığın insan. Bir ses: "5.000 top, 150.000 vagon, 10.000 kamyon, 100 denizaltı...", "İtilâf daha ne istiyor? Savaş esirlerinin karşılıklılık şartı olmaksızın geri verilmesi". Bu, Foche'un anlayışına göre insaniyet. Denizaltı savaşının sona ermesi, ama ablukanın devamı. Gûya denizlerin serbestliği bu söyledikleri. Güç haktan önce gelir.

Yeis içinde eve dönülür. "Saldıralım" diyen birkaç askerin öfkesi neye yarar? Artık yapamayız ki. Her direniş işçi ve asker şûralarının patırtısı yüzünden felce uğramış.

Ve böyle olması gerekiyordu. Dört yıl boyunca mal ve kan feda edildi. Hepsi boşunaymış.

Durum, sed levius fit patientia,
Quidquid corrigere est nefas.

Pazartesi 11 Kasım 1918

"Silâh bırakma sözleşmesinin imzalanması sonucu bugün öğleyin her cephede düşmanlığa son verilmiştir.

Genelkurmay Birinci Yardımcısı Gröner."

1914-18 Cihan savaşı içindeki ordu raporlarının sonuncusu bu kelimelerle bitiyor. O halde her gün sabahın beşinde, en yeni günlük raporu okumak için "Oberhessichen Anzeiger"e koşmak zorunda değilim. Dört yıldan beri on dakikadan fazla sürmeyen bu kısa yürüyüş günlük işlerim arasında idi. Eve iyi haberler veya daha az sevindirici haberler getirirdim. Ve en yeni olaylar hemen haritalar üzerinde işaretlenirdi. Şimdi bütün bunlar sona erdi. Ama ne sona eriş! Ve herşeye rağmen Hindenburg ikinci bir Terentius Varro gibi ordusunun başında duruyor. Şu farkla ki düşman silâhlarına ve rakip komutanın üstün gücüne değil, yazgısının darbesine yenildi. *Ve Roma Senatosu bütün Alman ulusudur.* Gerçekten: Mert adam kendini en son düşünür!

Öğretmenin kırmızı kalemle kenara düştüğü not: Ne yazık ki hayır!

Pazar 17 Kasım 1918

Silâh bırakma şartları gereğince Fransa ve Belçika'nın işgal edilmiş kısımları ve Ren nehrinin sol kıyıları askerî birliklerimizden temizleneceği için ordu idaresinin, kütle karargâhı olarak kullanabileceği bütün binalara ihtiyacı var. Bu iş için dün ve bugün okulumuzu tümüyle boşalttık. Çatı arasına götürülmesi gereken sıraların hafif olduğu düşünülüyor. Acaba aşağı taşınırlarken de aynı derecede hafif mi olacaklar? Okulun ne zaman tekrar başlayacağı tartışılıyor. Bazıları üç hafta içinde, bazıları "yeni yılda" diyor. "Yeni yılda" paskalyada mı, yoksa pantkotta mı olacağı üzerinde fazla durulmuyor. Şimdi düşünceler geriye 1914 yılına dönüyor. İmparator manevralarında Augustin okulu, esas karargâhı misafir edecekti. Bu süre içinde İmparator da sarayda kalacaktı. Şimdi Prens sarayının odaları işçi ve asker şûralarının amaçlarına hizmet ediyor, İmparator da himaye edilmesi ricasiyle Hollanda'da oturuyor:

Tempora mutantur.

Pazartesi 25 Kasım 1918

Askerî birliklerimizin çekilişi kendisini yavaş yavaş burada da hissettiriyor. Son günlerde pek çok sayıda motorlu araç şehrimizden geçtikten sonra bu öğleyin ilk araba kolonları buradan geçtiler ve kısmen de burada yerleştirildiler. Bunlar 12.1'de Verdun civarından dönen telsizciler. Gerçi en ön saflardan gelmiyorlar ama düşman topçularından ve uçak saldırılarından nasiplerini yeterince aldılar. Yaptıkları ve çektiklerinden pek söz etmiyorlar da vatanın kendilerine şimdiye kadar gösterdiği içten karşılayışı anlatıyorlar. Tekrar memlekette Almanlar ara-

sında olmaktan mutlular, az anlatmakla beraber gözleri veciz bir dil konuşuyor:
Jucundi acti labores.

Cumartesi 30 Kasım 1918

Birliklerin geçişi aralıksız sürüyor. Hergün bir bayram havası içinde süslenmiş nakliye, topçu ve teçhizat kolonları bir bayrak denizi haline gelmiş caddelerden geçiyor. Kamyonlar homurtu ve tıslamalarla araya karışıyor. İçlerinde subayların bulunduğu otomobiller hızla geçiyor. Posta erleri ve karargâha gidenler Belediyenin önünde yorgun argın atlarından iniyorlar. Geçen her dakika yeni tablolar yaratıyor.

Akıl almaz derecede yüklü olan trafik için fazla dar olan eski "Geniş cadde" gürültülü kocaman canavarlar, sarsılan arabalar ve toplar, I inci Napoleon veya Mareşal Subise'in zamanındaki gibi, sonsuz bir sıra halinde üstünden yuvarlanıp geçerken acaba ne düşünmüştür? Ya bugün şehre girişinde komutanlarının önünden dimdik geçen topçu birlikleri? Bunlar dışarda en kötü ateş altında sonuna kadar dayanmışlar, fakat yine de memleketteki asker şûralarının cesur efendilerinkinden başka bir ruhu korumasını bilmişlerdi. Hiç bir başka ordu, bozulmuş yollara, buz gibi soğuk havaya ve düşmanın hızlı kovalayışına rağmen böyle bir çekilişi, böylesine düzenli olarak başarmaya muktedir değildir. Bunun için sadece komutanın zekâsı değil, askerin özdisiplini de gereklidir.

Yenilmez ordu ölüm ve bozgunla
düşman kıt'alarına giriyor,
Etrafında şen bir zaferin altın kanatları
çırpınan.
Ey zafer, ya da ölüme hazır ordu!

Perşembe 5 Aralık 1918

Acaip bir geceyi arkamda bıraktım. Gecenin saat 10.00'undan başlayarak, ardı arkası kesilmeksizin büyük kamyonlar, hepsi de Mainz yönünde olmak üzere evin önünden gümbürtü ile geçtiler. Bütün bu otomobillerin ve çok sayıda başkalarının - silâh bırakmanın son derece ağır şartları uyarınca- sadece Avrupalı ortaklarına dayanarak böyle bir zafer kazanmaları hiç bir zaman mümkün olmayan kibirli Fransızlara teslim edileceğini bilmek, çok acı bir duygu. İnsan yumruğunu sıkıyor ama vakıalar değiştirilemiyor.

Motorlu araçlar arasında, gecenin geç saatlerinde bile "Fuhrpark" kolonları geçiyor. Gerçekten de görevin son kerteye kadar yerine getirilmesi, diye buna denir.

Ve dışarda rüzgâr uğuldayıp ıslık çalıyor, yağmur şıpırdıyor. Her şeye rağmen ordunun geçtiği bütün yollarda dingiller gıcırdıyor, yük arabaları inliyor, atlar tepiniyor, canavar düdükleri ötüyor, emirler çınlıyor ve topçunun yürüyüş adımlarının takırtısı duyuluyor...

Sılada, sılada
Orada kavuşma var.

28.2.1919 tarihli sınıf kompozisyon ödevi
Öğrencilerin kendi kendilerini yönetimi, öğrenci şûrası ve okul meclisi hakkında düşünceler.

Lise son sınıf öğrencileri Schmidt ve Schulze, Ocak 1919'da aşağdaki konular hakkında konuşuyorlar:
1- Öğrencilerin kendi kendilerini yönetimi,
  a) bunun niçin gerekli olduğu,
  b) bununla neyin amaçlandığı,
2- Öğrenci şûraları,
  a) bundan ne anlaşılacağı,
  b) bunların yetki alanlarının ne olacağı,
3- Okul meclisi ve görevi.

Schulze: Günaydın sevgili Schmidt, acaba benim için biraz vaktin var mı? Bu günlerde öğrencilerin kendi kendilerini yönetmesinden, öğrenci şûralarından ve okul meclisinden pek çok söz edildiği duyuluyor. Benim böyle şeylere karşı oldukça şüpheci bir tutumum var, bu yüzden senin beni biraz aydınlatmanı istiyorum.

Schmidt: Yani Paulus olmak isteyen bir Saulus mu?

Schulze: Çok doğru dostum.

Schmidt: Gerçi ben doçent değilim ama bir çaresine bakarız. Demek ki sen böyle şeylere karşı şüphecisin ve bunları boş sloganlar olarak görüyorsun. Ben de önceleri öyle düşünüyordum ama arkadaşım Müller benim bu inancımı değiştirdi. Şimdi öğrencilerin kendi kendilerini yönetmelerinin gerekliliğini ve amacını anlıyorum.

Schulze: İşte benim kafam almıyor. Çünkü ben şöyle düşünüyorum. Eğer vazifeni yaparsan, işlerini vicdanının emrettiği gibi bitirirsen, hocalarınla ilişkilerin zaten iyidir. Bunun için öğrenci şûrasına gerek yok.

Schmidt: Aynı fikirdeyim. Çünkü yeni okulda herkesin ne olduğunu, neye sahip bulunduğunu terazinin kefesine atması tabiidir. Bunun için öğrencinin kendi kendisini yönetmesine ihtiyacımız yok. Sen kelimeyi yanlış anlıyorsun. Öğrencinin kendi kendini yönetimi, öğrencilerin okulun görevlerine katılmaları demektir. Böyle bir örgütün gerekliliğini derhal kendin de anlayacaksın. Altı yaşından onsekizinci yaşımıza kadar okulun, yani öğretmenlerin gözetim ve denetimi altında bulunuyoruz, yönetiliyor ve yönlendiriliyoruz, hatta lise öğrencisi olarak bile yeni yürüyen çocukları tutmaya mahsus kuşakla götürülüyoruz. Sonra üniversite geliyor. Bugün ceza tehdidi altında iken yarın ülkenin en özgür insanı haline geliyoruz. Bu bana sanki insanın soğuk bir banyodan sonra sıcak bir duşa girmesi ve bu tatlı duygunun keyfini çok uzun zaman çıkarması gibi geliyor. Sonuçları ağır üşütme hatta zatürree. Böyle bir aptallığı hayatıyla ödeyenler de var.

Schulze: Anlıyorum. Diyorsun ki üniversite öğrencileri özgürlüklerinin tadını gereğinden fazla çıkarıyorlar. Özgürlük serseriliğe dönüşerek yozlaşıyor ve...

Schmidt: Bu tabloyu ayrıntılarıyla çizmene gerek yok. Demek ki bugünkü okul durumunun sonuçlarını bütün açıklığı ile görüyorsun. İşte burada öğrenci kendi kendini yönetime yardımcı olacak ve fikrimce bu yardım şöyle gerçekleşecek. Öğrenciler okulun görevlerini birlikte tayin hususunda oy hakkı elde etmekle kendi yaptığı ve yapmayı ihmal ettiği şeyler için de belli bir sorumluluk yüklenecek. Bu sorumluluk duygusu kalıcı olacak ve okulda da belli bir özgürlüğe sahip olduğu için üniversite yıllarının böyle kötü sonuçları olmayacak.

Schulze: Evet! Okul görevlilerinin oyuyla tayin hakkından ne anlıyorsun? Bu karnelerin dağıtımına, müfredat programının hazırlanmasına, ev ödevleri verilmesine oyuyla katılma hakkı mıdır, yoksa sadece okulun tertiplediği gösterilerde, idarî sorunlarda, belli suçların cezalandırılmasında bir oy hakkı mıdır?

Schmitd: Son saydığın üç nokta doğru. Çünkü biz öbürlerinden bir şey anlamayız. Şu halde öğrenci yönetiminin amacı, okulla ilgili belirli sorunlarda öğrencilere oy hakkı verilmesi dolayısıyla sorumluluk duygusunu uyandırmaktır.

Schulze: Bunu anladım. Ama öğrenci şûrası tuhaf bir şey. Bu nerdeyse ihtilâlci anlamda işçi - asker şûrası gibi geliyor kulağa.

Schmidt: Bunda sana hak vermek zorundayım. Ama öğrenci komisyonu da denebilir.

Schulze: Bu müphem! Öğrenci şûrası denince lise ilk ve son sınıflarının güvenilir adamlarının tümünü anlıyorum. Her halde her sınıf üç öğrenci seçecek. Bu güvenilen kimseler sınıflarının iyi ve kötü halinden sorumlu olacaklar. Bunlar yabancı bir kelime kullanmak gerekirse "şikâyet makamı" olacaklar. Bunlar okulun çeşitli gösterilerinin programlarını hazırlayacaklar ve herşeyi gerçekleştirecekler. Bu, öğrenci şûrasının faaliyet alanı olacak.
Schulze: Pek güzel! Ama öğrenci şûrasına kim seçilecek?
Schmidt: Senin fikrine göre en uygun olanı. Sessiz biri değil, fakat çenesi düşük biri de değil. Kısacası hem sınıfın, hem hocaların güveni olan biri. Çünkü bu çok önemli. Bir tembelin, ya da işe yaramaz birinin öğrenci şûrasından, küçümseyerek ve hâkir görerek, söz ederler. Ve hocalar meclisi sadece pasif direnç gösterse bile, öğrenci şûrası iş göremez. Öğrenciler ve hocalar karşılıklı olarak birbirlerine muhtaçtırlar.
Schulze: Ben de öyle düşünüyorum. Ama dün tesadüfen bir lise ilk sınıf öğrencisi ile konuşurken, hocaların öğrenci şûrası önüne davet edilebileceğini duydum. Bu doğru değil, değil mi?
Schmidt: Bu gibiler tabii akıldan sakat. Bunu söyleyen bize kötülük ediyor. Eğer bir hocanın günün birinde sabrı taşarsa, insanın kendisini o hocanın yerine koyması lâzım. Belki kendisi de aynı şeyi yapırdı.
Schulze: Öğrenci şûrasını anladım ama okul meclisine ne gerek var. Bu sanki Parlamentonun yanı sıra bütün halkın toplanması gibi bir şey.
Schmidt: Bunu yanlış anlamışsın. Ya öğrenci şûrası, ya okul meclisi. Okul meclisi büyük bir öğrenci şûrasından başka bir şey değil. Yani her öğrenci kendi kendisinin güvenilir adamı, her öğrenci tek tek kendi oyunu terazinin kefesine atabilir. Ben öğrenci şûrasını daha iyi buluyorum: "Tot Capita, tot sensus". Ne var ki öğrenci şûrasının yanısıra okul meclisi de meselâ üç ayda bir toplantıya çağrılabilir. Öğrenci şûrasının üyeleri okul meclisi üyeleri önünde faaliyetleri hakkında hesap vermek zorunda kalırlar. Haydi sevgili Schulze, bu günlük bu kadar. Özel derse gitmek zorundayım... fugit irreparabile tempus.

20.5.1919 tarihli ev kompozisyon ödevi
Quidquid id est, timeo Danaos et dona ferentes.
Vergil, Aen, II. 49

Dünya tarihinde her şey tekerrür eder. Truva'nın zaptı, kurnaz Odysseus'un önerisi üzerine kurulan tahtadan dev at, ihtiyar Laokoon'un uyarıcı sözleri hakkındaki hikâyeler tarihsel gerçekler olmasa da, yine de bize yıllarca cesaretle vatanını savunan bir halkın, çabuk kanma ve düşmanın şövalyeliğine ve namusuna güvenme yüzünden sonunda battığını gösteriyor. Kartaca acımasız bir barışın katı koşullarını tamamiyle yerine getirdiği ve savunmasını bıraktığı için sona ermişti. Avusturya, içindeki halklar düşmanın kulağa hoş gelen sözlerine iyi niyetli dostların sözlerinden fazla inandığı için parçalandı.

İşte bugün vatanımızı da bu yazgı tehdit ediyor. Dört yıl boyunca bütün dünyaya karşı direndik ve bugün düşmanlarımızın güzel sözlerine ve çekici vaadlerine tam bir güven göstererek silâhları bıraktığımız için yerde savunmasız yatıyoruz: "Quiquid id est, timeo Danaos et dona ferentes!". Bu sözler savaş süresince dinleyen olmadan, ne çok tekrarlandı! Şimdi Michel'in gözü açıldı: "Evet bunu bilseydik" diyeceğine, "bunu dinlemiş olsaydık" demelisin. Düşman mutlu etmek için değil, zarar vermek ve heybesini doldurmak için saldırır. Otuz yıl savaşında Fransızlar ve İsveçliler, Kaiser'e düşman tarafın yardımına, protestanlara vicdan özgürlüğü sağlamak için değil, Alman vatanını yutmak için saldırmışlardır. Japonlar Tsingtau'a -sevgili Çinlilere sonradan iade etmek için değil- kendilerinde alakoymak ve aynı zamanda çok tehlikeli bir rakipten kurtulmak için saldırmışlardır. İngilizler de Palestin de bağımsız bir Yahudi devletinin kurulması için değil, bu ülkenin sahibi olma vakıasını bu kisve altında saklamak için mücadele ediyorlar. Kısaca düşmanın görünüşte "ideal" sebeplerle yaptığı her şey öz çıkardan başka bir şey değildir.

Düşman bu iş için araçlarını seçmede hiç bir zaman utanmaz. En kötü ve zalim plânlarını herhangi güzel bir söz altında saklamayı bilir. İngiltere sözde denizlerin serbestliği için çalışmaktadır, fakat bu özgürlüğü "Rule Britannia, rule the waves" olarak anlamaktadır. Amerika İspanyol kolonilerini almakla bizzat devletler hukukunu ihlâl ettiği halde, sadece devletler hukukunu ve insan haklarını savunmak için kılıcını çekmiştir. İnsan haklarına gelince "Yankee"ler için sarılar hâlâ ikinci sınıf insan ırkıdır.

Wilson, Clemenceau, Lloyd George üçlüsü çok kez Alman *halkıyla* savaşılmadığı, sadece "militarizm" ve "Kaisercilik" ile mücadele edildiği hususunda teminat vermişlerdir. Onlar Almanya'yı egemen "kast"tan kurtarmak, ona kendi "demokrasi"lerini armağan etmek ve onu görkemli çağlara götürmek istemişlerdir. Militarizm'in sadece kendilerinde geliştiği, Kaiserciliğin tahrip edildiği ve Alman halkına, kendisi onlarınkinden çok daha özgür bir demokrasi yarattığı için, demokrasiyi armağan etmelerine gerek kalmayan günümüzde bize, bizi gerçekten görkemli çağlara götürecek bir barış dikte ediyorlar. "Hayır, halkı değil, sadece savaşta suçlu olanları hedef alıyoruz." Kendileriyle alay ediyorlar, hem de nasıl alay ettiklerini bilmiyorlar. Yalan, iftira, olduğundan başka türlü görünmek, onları kullanmasını bilenlerin elinde en iyi silâhlardır.

Neler vaad ettiler, ne kadarını tuttular. İtilâf sempatizanı tarafsızların ve gerçek tarafsızların dikkatine. Almanya'nın oyundaki rolü bitti. İngiltere ve Fransa, İngiltere denizde, Fransa karada olmak üzere başrolü oynuyorlar. Çünkü Amerika kendine düşeni yaptı, olabilir. Milletler Cemiyetinin methine gelince, koca bir avanak tuzağından başka bir şey değil.

Bu yüzden her şey, hatta düşmanın görünüşte iyi ve ideal söz ve fiillerine karşı şüpheci davranmak gerekir. Bir düşmandan nadiren iyi bir şey gelebilir. Themistokles'e inanan Xerxes bunu unutmuş, Salamis'deki muharebeyi ve onunla beraber tüm savaşı kaybetmişti. Bunu biz de unuttuk, düşmanların söylediği her şeyi gerçek olarak kabul ettik, savaşı ve onunla beraber bağımsızlığımızı kaybettik. Çünkü Versailles barışı nasıl tecelli ederse etsin, onu imzalamayalım. İtilâfın esirleriyiz. Dünya, armağanlar getirseler bile Danaoslulardan korkmak gerektiği konusunda yeni bir örnek ve yeni bir uyarı sahibi oldu.

Bunlar sahiden armağansa, bunları barış anlaşması sırasında ya da sonra teşekkür ederek kabul etmek için daha vakit var. O zaman şimdi yaşadığımız hayal kırıklıklarını tekrar yaşamamış oluyoruz. Yeni bir uluslar ahlâkının havarisi rolündeki Bay Wilson bize neler vaad ediyor. Sözleri ne kadar güzel, ne kadar sade. Kılıcını sadece adalet için çekti. Öz Alman olan Saar bölgesini Fransızlara armağan etmek âdil midir? Bütün haksızlıkları telâfi etmek içinmiş: Kolonilerimizin elimizden alınması da bir telâfi midir? Sırf halkların kendi kaderini tayin hakkı için mi? Ve bu hak Alman'lardan oluşan Avusturya'dan esirgeniyor. Bu savaşı bitirmeye yardımcı olan dev at Milletler Cemiyetinin karnında rakiplerimizin en güçlü tazyik ve mücadele araçları yatıyordu. Bundan sonra onun karnında yalnız onların mı yeri ve oyu bulunacak?

Ve zavallı Alman ülkesinde hâlâ bu anda "hiç bir şeye bulaşmamış" bir hükümetin iş başına gelmesi halinde düşmanlarımızın bizi bütün katı koşullardan kurtaracağı, bizi bağırlarına ba-

sıp "sevgili Michel, müsterih uyumana devam et, işini iyi yaptın" diyeceklerini düşünen insanlar var.
"Ey akıl, sen budala sığıra sığın,
İnsan akılsız oldu!"
Önceden her şeye inanılmamış olsa idi, barış şartları konusundaki hayal kırıklığı şimdi daha az olurdu. Düşmana karşı, düşman oldukları sürece her zaman gösterilmesi gereken güvensizlik unutulmamış olsa idi zararlardan korunulmuş olur ve dünyadan bir "hayâl" eksilmiş olmaz, böyle bir "hayâl" hiç mevcut olmamış olurdu.
Bu yüzden insan düşmanlarına güvenmemeli, armağanlar getirseler bile Danae'lerden korkmalı. Güzel sözlere gereğinden fazla inanmak bir ülkenin mahvına sebep olur. Truvalılar Sinon'a kandılar, biz Bay Wilson'a. Sonuç hep aynı.
Una salus victis, nullam sperare salutem.

B.

Yukarıdaki kompozisyon ödevinin anlaşılması ve bugünkü neslin konu hakkında objektif bir fikir sahibi olabilmesi için bir kaç açıklama yapılmasına gerek vardır.
1- Yukardaki kompozisyon ödevi, teslim edildiği 20.5.1919 tarihinden de anlaşılacağı üzere İtilâf Devletlerinin iki hafta önce açıklanan barış koşullarının doğrudan doğruya etkisi altında, yani o zamanki sosyal demokrat başbakan *Scheidemann*'ın (Reich başkanı *Ebert*'le de anlaşmalı olarak) bu sözleşmeyi imzalayacak olan elin kuruması gerektiğini söylediği günlerde yazılmıştı. Buna rağmen barış sözleşmesi, Weimar Millet Meclisinde 237 oya karşı 138 oyla onaylandıktan sonra Versailles sarayının aynalı salonunda 28.6.1919'da imzalandı.
Millet Meclisindeki oylamadan *önce* Bad Nauheim'de öğleden sonra düzenlenen büyük bir gösteriyi hatırlıyorum. Bu gösteriye Friedberg ve Wetterau'un bütün okullarından öğrenciler katılmışlar, Reich'in çoğu kentlerinde de "Alman gençliğinin geleceğini tehdit eden olağanüstü katı ve haysiyet kırıcı barış diktasına ateşli protestosunu" dile getiren gösteriler düzenlenmişti. Sprudelhof'a çıkan geniş merdivenlerin en üst basamaklarının birinde durmuş, bu gençlik gösterisine katılan binlerce başın üzerinden bakarak konuşmacıların kamçılayıcı cümlelerini dinleyen ve sonunda eller kaldırılıp oy birliği ile kabul edilen kararı dinleyen onyedi yaşındaki gencin aklına kompozisyon ödevinin sonuna yazdığı Vergil'e ait (Aeneide 2,354) mısralar geldi. Bunlardaki her çağ için geçerli korkunç ve gerçek doğruluğun ilk defa tam bilincine varıyor ve bu onu sarsan bir yaşantı oluyordu. Genç sonra hiç bir siyasî gösteriye katılmadı.

2- Yukarıya kelimesi kelimesine geçirilmiş olan 17.12.1918 tarihli kompozisyon "Hançer darbesi" denilen efsanenin başlangıcını ve nüvesini gösteriyor. Bu efsaneye göre politik bakımdan en solda bulunan ve monarşinin yıkılmasına çalışan gruplar bozguncu yeraltı faaliyetleriyle savaş meydanında yenilmeyen cephe ordusunu arkadan vurmuşlar, böylece yıkılışa sebep olmuşlar. Her efsane gibi bunun da gerçekçi bir nüvesi var. Halkın büyük bölümü, savaş hakkında bilgi sahibi olmadığı ve Batı cephesi Fransa ve Belçika'nın ellerinde bulunduğu için, silâh bırakmanın Kasım ihtilâlinden *sonra* açıklanan şartlarından çok muğber olmuştu (K. *Eisner* tarafından 7/8.XI.1918'de "Bavyera Demokratik ve Sosyal Cumhuriyeti"nin, 9.XI.1918'de Berlin'de *Scheidemann* tarafından Cumhuriyetin ilânı). Deniz kuvvetlerindeki ayaklanmaları, silâh fabrikalarında ve cephe gerisinde beliren kıpırdanışları, ihtilâlin ilk belirtisi olarak kabul etmek ve Rus örneği ihtilâlci işçi ve asker şûralarının çabucak kurulmasını plânlamış bir hükümet darbesi olarak kabul etmek İtilâf Devletlerine çok üstün kuvvetlere karşı hâlâ direnen Alman cephesini arkadan hançerleme fırsatını verdi. Bu hançer darbesi efsanesi çerçevesinde harp esnasında orduda "Yahudi sayımı" olarak ilk işaretleri görülen güçlü bir yahudi alehytarı dalga oluştu. 1918 ihtilâlci hareketlerinde ve işçi ve asker şûralarında olayların ön safında normalden fazla Yahudi bulunuyordu. Halkın kaderin darbelerinde bir günah keçisine ihtiyacı olduğu için, yenilginin esas günahı Yahudilere yüklendi. Bu yahudi aleytarı akım lise yüksek sınıflarının öğrencilerini de sardı.

Düşmanlığın sona ermesinden sonra, Augustiner okulunun yüksek sınıf öğrencilerinin bir "dans saati" tertiplemesi ve buna kız okulunun son sınıf öğrencilerini de davet etmesi şeklindeki âdet canlandırıldı. Plânlanan dans saatine kız kardeşimin de katılması tabii idi, istenmese de kabul edilmek zorundaydı. Şahsen arkadaş olduğum (talebe aşkı!) ve kız kardeşimin sınıf arkadaşı olan bir öğrencinin de bu toplantıya katılmasını önerdiğim zaman türlü bahanelerle reddedildim. Bunun üzerine "onu Yahudi olduğu için istemiyorsunuz, o zaman ben de kız kardeşimle birlikte katılmam" dedim.

Bu benimle sınıf arkadaşlarım arasında gerçek bir kopukluğun meydana gelmesine sebep oldu. Sınıfa en son ben giriyor, ilk çıkan da ben oluyordum. Teneffüslerde tek başıma kalıyordum. Sınıf gezintilerini herhangi bir mazeret uydurarak "asıyordum". Günün birinde babam sınıf arkadaşlarımdan birine "Ernst ile alıp veremediğiniz ne var?" diye sorunca o "Ernst söylediğinde haklı idi, fakat söylemesi haklı değildi" demiş. Bu cümleyi hayatta, söylememem gerektiği halde görüşümü açıkça ortaya koyduğum zaman sık sık hatırladım.

Herneyse, kopukluk sadece birkaç ay sürdü. Mezuniyet sınavı tarihi yaklaştıkça ve sınıf arkadaşlarımın çoğunun özellikle matematikte yardıma ihtiyaçları arttıkça, barışma girişimleri hissedilir hale geldi. Sınıf hocamız, herkesin korktuğu ve Oberhes - Fulder'de Lich'li olan profesör *Walz*'ın şu sözü söylediği rivayet edilirdi: "Bazı öğrenciler sabredici, bazı Lich'liler ise, işkencecidir". Bu hocamız intihar suretiyle hayatına son verince ve sınıfı mezuniyet imtihanına kadar götürmeyi Prof. Dr. *Karl Schmidt* üstlenince beni sınıf sözcüsü seçtiler. Affettim; fakat sonradan hayatımda bir haksızlığa tahammül etmek zorunda kaldığım zaman daima yaptığım gibi, unutmadım. Ne var ki, ben de çok şey unuttum ve çok şeyin üzerinde de zaman otlar büyüttü. "Kin" nedir bilmem. Bu benim yirmi yıllık sürgünden sonra bir Alman üniversitesine geri dönmeme imkân veren bir eksikliğimdir.

"...sonunda bilge olmayı öğretti bize
Yüzyıl: Kader kimi sınamadı ki?"

C.

Her lise son sınıfı öğrencisi için olduğu gibi, benim için de meslek seçimi sorunu geldi çattı. Büyük babamın babası tarafından 1828'de kurulmuş ve babam tarafından işletmesine devam edilmiş olan ticarî işletme kız kardeşim Anni'ye verilecekti. Babam fazla bir açıklama yapmaksızın: "Makedonya senin için fazla küçük, kendine başka bir ülke ara!" dedi. Annemin bir küçük "paçavra dükkânının" küçük şehir atmosferinden burjuvazinin daha üst düzeyde, tercihen akademisyen tabakasına sosyal bir yükseliş umutları gerçekleşmediği için, kendisini nihayet oğlunun şahsında kanıtlanmış olarak görmek istiyor ve ne olursa olsun* bir yüksek tahsilde ısrar ediyordu. Ben şahsen doktor olmak istiyordum. Fakat Bad Nauheim'daki doktor amca, bir süre önce doktor olarak yerleşen damadının da yardımıyla, meslekteki doluluğa dikkat çekerek, ısrarla vaz geçirdi. 1918-1919 terhisi dolayısıyla birden bire sivil ahali için o kadar çok sayıda doktor serbest kalmıştı ki, haklı olarak bir doktor proletaryasından söz edilebiliyordu. Bunun dışında tıp fakülteleri, harp hizmeti yüzünden tahsile başlayamayanlarla, yahut vaktinden önce bırakmak zorunda kalıp da bitirmek isteyenlerle dolup taşıyordu. Öğretmen olan ve okul zamanımda benimle en çok ilgilendiği için, yeteneklerimi en iyi değerlendirebileceği inancında olan amcam ise her türlü yüksek tahsile karşıydı. Evvelden beri "tek gözlü" (tek yanlı) biri olduğumdan ve akademik bir tahsil için gerekli nesneye sahip olmadığımdan emindi. Ben de Hirsch ailesinin gelenekleri uyarınca tacir olmalı ve bu amaçla babamın en küçük kardeşi tarafından Frankfurt/Main'de yeni kurulmuş Otto Hirch ve Ort. bankasında staja başlamalıydım. Kısa bir süre önce evlenmiş olan bankacı bunu reddetti ve ağabeyisine, kendisine zorla bir "veliaht" sokuşturmak mı istediğini sordu. Eski

---

* Annemi aşağı yukarı 35 yıl sonra Berlin Hür Üniversitesine rektör seçildiğimi duyduğu andaki kadar hiç mutlu görmedim.

dilleri az çok bilen, fakat bir hisse senediyle tahvili, para kuru ile senet kurunu ayırt edemeyen onsekiz yaşında genç bir adamı ne yapsındı. Buna karşılık öğretmen soğukça, bunların hepsini öğrenebileceğim cevabını verdi. Her türlü ticarî, özellikle alışverişle ilgili istidat ve zihniyetim olmadığı halde, mezuniyetten sonra 1 Nisan 1920'de bankacılık sahasında staja başlamaya nihayet razı oldum. Usta ve çırak, birbirlerine karşı duydukları ailevî yakınlık haricinde, birbirlerine uygun olmadıkları, fakat sadece şartlar yüzünden bu tecrübeyi rıza göstermek zorunda bulundukları noktasında aynı fikirde idiler.

Kendimi Friedrich Stoltze'nin Frankfurt lehçesinde yazdığı "Die Kapp" isimli hikâyedeki David gibi hissediyordum. O zamanlar ve daha da sonraları ne çok defa şu satırları mırıldanırdım:

"David'in tacir olması gerekiyordu,
bundan hiç hoşlanmadı"

Babamın sözüne tutunuyordum. "Yalnız sen kendine yardım edebilirsin". Bu sözler Friedrich Stoltze'nin dilinde şöyle idi:

"Ben bilim tahsil etmeyeceğim, öyle mi? Sahiden bilim tahsil etmeyecek miyim? Ama ben bilim tahsil edeceğim, şimdi bilim tahsil edeceğim... şimdi tahsil edeceğim."

1919 sonbaharında, tatil sona erdiğinde, lise son sınıf öğrencilerine, ne tahsil edecekleri konusunda malûm soru sorulduğunda, sınıf arkadaşlarımın önünde utanır ve ekonomi okuyacağımı söylerdim. Profesör *Schmidt*, düşüncelerimi, duygularımı keşfetmişcesine "Kapp hikâyesindeki" ruh, lâfız ve üslup ile "demek ki ticarî bilimler okuyacaksınız" derdi. İşte biraz da bu yüzden aşağı yukarı on yıl sonra eski hocalar çevremden yalnız Profesör Schimdt'i, kendisine işte David de okudu ve büyük bir bilgin oldu diye gösterebilmek için doçentlik deneme dersine davet ettim. Ama o zamana kadar daha haylı vakit vardı.

D.

Zaman itibariyle öne geçtim. Henüz 1919 sonbaharı idi. Sona ermekte olan son okul yılı beni tam tabiri ile kamunun ilgisine maruz bırakan iki olayla bölündü: Friedberg kentinin kuruluşunun 700 ncü yılı ve Augustiner okulunun Gabelsberger Stenografi Öğrenci Derneği'nin 20 nci kuruluş yılı dönümü kutlamaları.

1- Friedberg şato ve kentinin kuruluş tarihi hakkında bilginler kendi aralarında hâlâ anlaşamıyorlar. Yeni versiyonlara göre 1170 tarihi civarı

söz konusu olabilir. Fakat emin olmak için daha sonraki bir tarihle, yeni kentin ilk defa 1216'da bir belgede sözü edildiği tarihle yetinildi.*
Savaş yüzünden ileri atılmış olan 700 ncü yıl kutlaması 21.11.1919'da Şatonun salon binasında yapıldı. Kutlama konuşmasını kentin arşiv muhafızı Profesör *Ferdinand Dreher* yaptı. Programın müzik kısmı (Gluck, Haydn, Wagner) *Herman Haustein* yönetiminde 32 çalgıya yükseltilmiş olan bir amatör gurup tarafından sunuldu. Ben de bu programda kemanımla "Con Sordino" oboe sesini taklit etmeye çalışıyodum.

"Augustin okulu öğrencisi Ernst Hirsch, iyi bir ses ve yoğun duygu ile, maalesef tanımadığımız bir yazarın, gelecek için çok zor bir mücadeleyi yürüten dar ve geniş anlamda vatanımıza sevgi hissiyle yazdığı prologu okudu" (Oberhessischer Anzeiger 22.11.1919, yıl 85, no. 275).

Hanns Koch'un çıkardığı ve redaksiyonunu yaptığı "vatan", isimli derginin birinci sayısında giriş ve hitabe olarak isimsiz yayınlanan bu prologun metni şöyleydi:

"Elem vatanımızda kol geziyor. Elem vadi ve uçurumlardan geçiyor, ormanlarda inliyor ve taze yeşil ekinin üzerinde uğulduyor. Ama vatan toprağı nasıl da güçlü ve taze kokuyor. Bu taze nefes insanın iliğine işliyor / onu hepiniz koklayınız, sen de kokla! / Ayağınızın altındaki toprağı çaldırmayın: Hepinizin içine kök saldığı ve damarlarınıza doğru yukarı her an yeni güçler salan vatan toprağını. / Bu güçlere ne kadar muhtaçsınız. Omuzlarımızda korkunç bir yük var. Herkes kendi yükünü taşısın / ama daha güçlü olan zayıfa yardım etsin ki, bu çok ağır yük onu boğmasın / Artık nefret ve cesaretsizliği, kıskançlık ve çekememezliği kalplerinizden söküp atınız ve iç dünyanızın ıstırabın acımasız sabanı ile açılmış yarıklarına sevgi ekiniz. Sevgi ekiniz ki vatan toprağından yeni güçler emsin, gölge veren dallar süren, sizi ve vatanımızı şemsiyesi altına alan koruyucu bir ağaç olsun."

2- Gabelsberger Öğrenci Stenografi Derneğinin kuruluş yıldönümü kutlamalarına gelince, bu hususta bazı ön açıklamalar yapmak zorundayım:
Stenografi öğretimi okulun görevleri arasında değildi. Ne var ki, öğrencilere bu konudaki kurslara katılmaları tavsiye ediliyordu. Bu kurslar o zamanlar birbirleriyle çok sert bir şekilde rekabet halinde bulunan iki öğrenci derneği tarafından yürütülüyordu. Bunlardan biri Gabelsberger Öğrenci Stenografi Derneği,diğeri de Stolze-Schrey Öğrenci Stenografi Derne-

---

* 1966 yılında 750. yıl töreninde aynı esas kabul edilmişti.

ği idi. Her iki öğrenci derneği de amaçları çerçevesinde tam bir dernek özerkliğine sahiptiler. Üyeler istisnasız müessesenin öğrencileriydiler ve usulüne uygun olarak aynı şekilde öğrencilerden oluşan, başkan, kâtip ve muhasip üyelerden ibaret bulunan yönetim kurulunu seçiyorlardı. Yönetim kurulunun görevi, dernek işlerini yürütmek, özellikle yeni başlayan ve ilerlemiş olanlar için stenografi kurslarının usulüne uygun olarak yapılmasını gözetmek, yarışmalar ve yabancı yarışmalara katılmaları düzenlemek, günlük işleri yapmak ve her yıl bir kuruluş yıldönümü kutlaması düzenlemekti. Müessesenin bir hocası sadece şeref üyesi idi. O da, eğer dernek başkanı, okul odalarının kurslar, yarışmalar ve kuruluş bayramları için kendilerine tahsis edilmesi hakkında müessesenin müdürüyle konuşmak istemezse veya pek nadir olarak uyuşmazsa işe karışırdı.

Yeni başlayanlar ve ilerlemişler için kurslar, ekseriya yarışmalarda birinci ödülü kazanmış ve ücretsiz ders vermeye hazır bulunan son sınıf öğrencileri tarafından yapılırdı. Kursa katılanlar kural olarak lise ilk sınıf öğrencileri, istisnaen daha yüksek sınıflardan öğrenciler ve öğretmen okulu öğrencileriydi.

Ben, Gabelsberger öğrenci derneğinin, yeni başlayanlar ve ilerlemiş olanlar için düzenlediği stenografi kurslarına lisenin ilk sınıfında muamelât yazısı için en alt basamaktan başladım. Lise ikinci sınıfında müzakere yazısı öğrenmek için devam etmek istiyordum. Savaş gönüllüleri için erken mezuniyet sınavı ve o yüzden bu gibi son sınıf öğrencileri için okulun vaktinden önce kapanması sebebiyle dernek, yönetim kurulu üyesi ve kurs yöneticisi olabilecek kişilerden yoksun kaldı. O zaman, herhalde 1916-1917 yıllarında olacak, beni başkan ve kurs yöneticisi olarak seçtiler.

Her ders saatine çok dikkatle hazırlanıyor, konuyu en iyi, en anlaşılır şekilde nasıl anlatabileceğimi, izah edip açıklayabileceğimi düşünüyor ve her şeyden önce çok dakik bir yazı yazmaya çalışıyordum. Tek tek stenografi işaretlerini alelâde yazı işaretlerinden türetmeye ve sesli harflerin sembollerini (i'nin yahut o'nun aşağı yahut yukarı yerleştirilmesi, a harfinden sonra gelen sessiz harfin kuvvetlendirilmesi, o harfinde yuvarlama gibi) ses ve uyumu gösteren, herkesin anlayabileceği işaretlerle kafaya girecek şekle sokmaya çaba gösteriyordum. Kısa bir süre sonra bana, her halde baba tarafımdan olacak, bir öğretme istidadının geçmiş olduğunu keşfettim.. Elbette, öğretmen amcam vardı ve soyağacımda 18'inci yüzyıla kadar hocalar ve bilginler yer alıyordu.

Benim kursumda bir şeyler öğrenilebileceği her halde etrafa çabuk yayılmış olacaktı. Bu yüzden yeni kursa yazılanların sayısı o kadar çok oldu ki kursların bölünmesi gerekti ve sınıf arkadaşım *Oswald Himmelsreich* bir kursu üzerine aldı. Bu arada ben de şehir Stenograflar Derneğinde müzakere yazısı konusunda öğrenimimi sürdürdüm ve bir yarışmada dakikada 240 hece yazabilecek kadar ilerledim. O zaman şehir derneği de beni kendi başlangıç kursu için hoca tayin etti. Çünkü orada da öğretici kadro eksikti. Böylece mezuniyet sınavıma kadar sadece Gabelsberger Öğrenci Stenografi Derneğini yönetmekle kalmadım, çok sayıda kursta birçok genç insanı da stenoya alıştırdım. Daima karşılıksız yapılan bu çalışmanın en güzel ödülü bana 50 yıl sonra Augustin okulunun 425 inci kuruluş yıldönümünde, tanımadığım bir kimsenin: "Siz beni tanımıyorsunuz ama ben sizi tanıyorum ve size nihayet, bana stenografi öğretmiş olduğunuz için teşekkür etmek istiyorum. Çünkü stenografi bilmeseydim bu mesleği yürütemezdim." sözleriyle yanıma gelmesi oldu. Fakat en büyük tatmin meşhur "docendo discimus"un iki anlamda gerçekliğini kanıtlaması oldu. Bir yandan, steno, yüksek öğrenimim boyunca ve bütün meslekî hayatımda kendisinden vaz geçilmez bir yardımcım oldu: Öte yandan da öğretme yeteneğim, öğretme uygulamasıyla ortaya çıktı ve gelişti.

Gabelsberger Öğrenci Stenografi Derneğindeki faaliyetim, derneğin kuruluşunun 20 nci yılının kutlanması münasebetiyle 15 Kasım 1919'da saat 8.00'de Augustin okulunun açılışından lise son sınıf öğrencisi Hirsch'in "Schiller çağımıza ne söyleyebilir?" başlıklı konuşması ve Wilhelm Tell'den Rüttli sahnesinin temsili ile görünüşte sona erdi. Konuşmanın metni artık elimde yok. Bu yüzden öğretmen amcamın, böyle bir konunun henüz 18 yaşına gelmemiş biri tarafından seçilmiş olmasına kızmasının haklı olup olmadığına karar veremiyorum. Herhalde "Sen zamanımız hakkında ne bilirsin ki" diye hor görülerek sorulan soru haklı değildi. Çünkü "bizim" zamanımız bir yıl önce patlak vermiş olan ihtilâlle, Versailles sulh anlaşmasının imzalanmasından sonraki beş ay, Weimar Anayasasının kabulünden sonraki üç ay arasındaki zaman dilimi idi ve bu olayların hepsi de iç politikada gerginliklere, dargınlıklara, sarsıntılara yol açan olaylardı. Konuşmamda yukarıda sözü geçen olaylar karşısındaki düşüncem uygun olarak "Demetrius"dan Sapiehas'ın "oyları saymak değil, tartmak gerekir" sözlerini de saklamadan söyledim. Ayrıca Rahip Rösselmann rolünde söylediğim Rüttli - Yeminindeki uyarı günün şartlarına uygundu.

"Çoğunluk nedir, çoğunluk budalalıktır;
Akıl her zaman azınlıktadır."

E.

Mezuniyet sınavı benim için, özel bir heyecanı olmaksızın, geçti. Çünkü sonbahar karneme dayanarak, yazılı sınavları, yani Almanca kompozisyonu, Almanca bir metnin Lâtinceye, Yunanca ve Fransızca bir metnin Almancaya çevrilmesini ve matematiği "iyi" yapmayı ve böylece sözlü sınavdan muaf tutulmayı umuyordum.

Yazılı sınavlardan sonra, fakat sözlü sınavdan önce "1920 mezuniyet umutlularının mezuniyet öncesi sevinçleri" sloganı altında son bir sınıf gezintisi yapıldı. Benim tarafımdan yapılmış ve çoğaltılmış bir program sahifesinin üst başında programa bakana doğru akan ve kıyısında daha yapraklanmamış bir ağaç bulunan bir nehri gösteren mürekkepli kalemle yapılmış bir resim var. Bu başlığın sağında ve solunda ince Lâtince yazıyla Horatius'dan birer dörtlük yer alıyor. Programın alt kenarında nota ile "Gaudeamus igitur, iuvenes dum sumus" yazısı, solda bir gitar, sağda bir kemanla kuşatılmış ortada ise bir ağaç kütüğü üzerinde kara bir kedi oturuyor.

Gotik yazılı program metni şöyle:

"Toplu yürüyüş: 8.24'de Friedberg'den kalkılıp Oberrosbach'a gidilecek, oradan yan yollardan, Capersburg, Kaisergrube, Vogeltal üzerinden, Bad Nauheim'daki orman evine varılacak. Saat 1.30'da orman evinde yemek yenecek. En lezzetli nesnecikler orada sunuluyor (Kahve ve kek dahil içkisiz yemek 10 DM). Yemekten sonra rahat sohbet. Katılan herkes neş'eli bir gönül ve özgür bir ruh getirsin; katılan her müzisyen çalgısını ve sesini getirsin!"

Tahmin ettiğim gibi muaf tutulduğum sözlü sınavdan sonra Bad Nauheim Belediye Başkanının evinde bütün sınıf için bir veda toplantısı yapıldı. Belediye Başkanının oğlu *Werner Kayser* de bir sınıf arkadaşı idi. Bad Nauheim'dan Friedberg'e ay ışığında dönüş hafızamda canlı kalmış. Kemanımla şen bir şarkı çala çala küçük bir kol'un başında ben, arkamda bir çocuk arabası içinde bir "Bowle ölüsü", onun arkasında da sınıfın şarkı söyleyerek yürüyen Friedberg'li bölümü.

Sınıf mümessili olarak son işim Belediye başkanının hanımına bir teşekkür (aynı zamanda bir arkadaşımızın kötü davranışları için özür dileme) mektubu yazmak ve 12 Mart 1920'de mezuniyet karnelerini aldığımızda okuldaki öğretmenlere bir teşekkür konuşması yapmak oldu.

Bu benim için okul zamanının sonu ve sonradan bir daha rastlamadığım çoğu arkadaşıma veda etmem demekti. Bunlardan yalnız üçü 1968'de Augustin okulunun 425 nci kuruluş yılı kutlamalarına katıldılar. Bunlarla, 1920 mezunları arasından hâlâ hayatta olanlarla 1970 yılında bir 50 nci yıl kutlaması yapmayı kararlaştırdık. 1920 mezunlarının yarısı hayatta değildi. Olağan hayatın dışına çıkmış diğer yarısı ile de ben şahsî temas kuramadım. 425 nci kuruluş yıl dönümü kutlamalarında, kutlama konuşmasını yaptığım Augustin okuluna içten bağlılığımı ise her zaman çok güçlü bir şekilde hissettim. Bu gün, yarım yüzyıl sonra ne düşündüğümü ve ne hissettiğimi ifade ettiğim için, Friedberg (Hessen)'deki okul zamanı anılarıma bu konuşma ile son veriyorum.

9. 50 Yıl Sonra
"O Zamanki ve Şimdiki Yetiştirme Görevi"

"Friedberg/Hessen'de Augustin okulunun 425 nci kuruluş yıldönümü dolayısıyla 1968'de 46 ncı Augustin günü münasebetiyle yapılmış konuşma".

Bugün bir okulun kuruluşunun 425 nci yıldönümünü idrak ediyoruz. Bir jübile bir kutlama için sadece zahiri sebep midir, yoksa bu gösteri anlamını kendi içinde mi taşımaktadır? Augustin okulunun eski bir öğrencisi olarak, düşünmeden, biraz da acele olarak kutlama konuşmasını yapmayı kabul ettiğimde kendi kendime sorduğum sual buydu. 400 yılı aşkın bir zaman önce ilk doğuş hücresi, hoca ve öğrenci sayısı, binaları, öğretim araçları, öğretim gereçleri ve öğretme metotları bakımından bugünküyle kıyas edilmeyecek olan bir okul için jübile kutlamasının anlamı ne olabilir diye düşünüyordum. 1543'de Lâtince öğretim yapan okulun yöneticisi Magider Hieronymus Hanuoldt ile, 1968'in Augustin Okulunun müdürü olan "Oberstudiendirektor" Dr. Schönbrunn arasında, o yılların bir Lâtince öğrencisi ile bugünün lise son sınıf öğrencisi arasında bir kıyaslama denemesinin anlamı yok gibi geliyor, meğer ki insan her türlü gelişme ve değişmelerin ötesinde, bir müessese olarak okulumuza has ve öğrencilerle öğreticilerine damgasını vurmuş özellikler keşfetsin.

I.

Bizim için alışılmış olan anlamıyla okul dünyevî bir kuruluştur. Bu her zaman böyle değildi. Almanya'da dünyevî okulların çıkış noktasını 13 ncü yüzyılda dinî okulların yanısıra meydana gelmiş olan ve her şeyden önce, Reformasyondan sonra protestanlık bölgesinin kentleri ve ülkeleri tarafından tedricen kurulan belediye okulları teşkil eder. İmparatorluk hür şehri Friedberg'in 19 Nisan 1543 tarihli Belediye (Rat) protokolüne "Yalınayaklar manastırı bir eğitim müessesesi (Pedagogio) haline getirilecektir" cümlesinin alınması kararının iki anlamı vardır: Birincisi kente ait, yani dünyevî bir okulun kurulması ve fakat aynı zamanda pedagogium deyiminden de anlaşılacağı üzre bir okul karakterinin tespit edilmiş olması. Bu yapay kelime ile o zamanlar genel anlamda genç insanların üniversiteye gidecekleri, yani üniversite için hazırlanacakları, üniversite için yetiştirilecekleri bir müessese kast ediliyordu.

Dörtyüzyılı bir hamlede atlayacak olursak 1946 Hessen Anayasasının 56'ncı maddesine göre, okul konusunun devletin işi, yani o zaman olduğu gibi dünyevî bir iş olduğunu görürüz. Bizim Augustin okulu da, sadece eski diller Gymnasium'u olmakla kalmayıp, burada öğretim yeni diller, matematik ve tabiî ilimler dalında sınav ve mezuniyet karnesiyle üniversiteye giriş imkânı ile sonuçlanmaktadır. Dörtyüzyıl boyunca ne kadar değişme ve farklılaşma olursa olsun, okulun dünyevî karakteri ve üniversite için olgunlaştırma niteliği hiç olmazsa şeklî bakımdan aynı kalmıştır. Bu unsurlar ne kadar önemli olurlarsa olsunlar, kendi başlarına o zamanki ve şimdiki okulun ayniyeti bakımından inandırıcı bir kanıt teşkil etmezler.

II.

Bu yüzden Şato kontunu, Belediye başkanını ve Fridberg belediye meclisini, yukarıda zikri geçen belediye meclisi kararında, her halde Melanchton'un kendisi tarafından icat edilmiş olan Pedagogium yapay kelimesini kullanmakla kalmayıp, bu adamdan uygun hocalar tavsiye etmesini de ısrarla rica etmeye iten sebeplerin neler olduğunu soralım. Melanchton kimdi, ne istiyordu ve kendi çağdaşları için önemi neydi?

İsmi o zamanki hümanistlerin âdeti gereği Alman Schwarzert adından grekleştirilmiş olan Philipp Melanchton Hümanist Reuchlin'in yeğen çocuğu idi, onun aracılığı ile 11 yaşında iken 1508 de, o zaman Alman toprağında sayıları az olan ve humanist bir zihniyetle yönetilen okullardan biri olan Pforzheim'a geldi. Bir yıl sonra Heidelberg'de üniversite tahsiline başladı, bu tahsile 1512 de Tübingen'de devam etti, 1514'de Magister oldu ve dört yıl sonra; yani 21 yaşında iken Yunanca profesörü olarak Wittenberg Üniversitesine davet edildi.* 29.8.1518 tarihli, yani bundan, 450 yıl önceki ilk profesörlük dersinde, "de corrigendis adolescentiae studiis"** konusunu yani üniversite reformunu ele alıyordu. Birkaç çarpıcı cümle ile sizlere kanıtlayacağım üzre bu konuşma, öğretimin yenilenmesi yoluyla sosyal ve politik hayatın yenilenmesi hakkında bir program içeriyordu. Kabul edeceğiniz gibi bugün çok çağdaş ve ilerici olarak ilân edilen bu konu, tekrar edeyim, 450 yıl öncesi için gerçekten güncel ve zamana uygundu.

Baskının önünde Teolog Otto Beeckmann'a yapılmış olan ithafta, öğretim reformu hakkındaki bu dersin konusu, Luther'in "Melanchton meseleleri düşünüp, onları veciz bir şekilde ifade ediyor" şeklindeki sözlerinin bir teyidi olarak üç cümle halinde özetlenmiş.

"Nihil efficacius est ad mutanda ingenia moresque hominum litteris. Nam fere semper talis est unusquisque, qualem studia faciunt. Nec mihi bonae litterae, nisi quae mentis bonae sunt, videntur."

* Burada Philipp Moeller'in "Büyük Almanlar" isimli eserdeki yazısını izliyorum. Editörleri Hermann Heimpell, Theodor Heuss, Benno Reifenberg.

** Melanchtons Werke in Auswahl (Melanchton'un eserlerinden seçmeler) (editör Nürnberger) Gütersloh 1961, Cilt III, sh. 29 ve dev.

Bu metnin anlamı: "İnsanların ruhsal ve ahlâkî eğilimlerini değiştirmek için edebiyattan daha etkili birşey yoktur. Çünkü bir insanı olduğu hale getiren şey öğrenimdir. Bu bakımdan bana sadece iyi bir ruh içeren yazılı eserler uygun görünüyor".

O zamanki durumu gözümüzün önüne getirelim. Bir yıl kadar önce 95 iddiasını (Thesen) Wittenberg sarayı kilisesinin duvarlarına yazan Dr. Martinus Luther'in gözleri önünde, yirmibir yaşındaki profesör, kendi deyimi ile acımasız bir açıklıkla, böyle insanlarda çok görülen desiselerle "hoc est vi et fraude" profesör ünvan ve nimetlerini elde eden ve âdeta utanmaksızın insanları şimdiye kadar karanlıkta bırakan ve yüzyılımızın sefaletine sebep olan o "barbarları" teşhir ediyor. "Oysa ben 'bonae litterae ac renascentes Musae' yani hümanizmin ve Rönesans'ın postulat'larını savunuyorum. Konuşmama, sizi, kültürlülerin edebiyatı (yani Yunan ve Lâtin edebiyatı) için kazanmak düşüncesi egemen olmaktadır."

Fakat acaba Melanchton, kültürlülerin edebiyatı, Yunan ve Lâtin edebiyatı derken neyi kastediyor, bunlardan neyi anlıyordu? Acaba genç profesör onlar da kendi öğrencilerine sadece bu eski dilleri öğretsinler diye eski dil filologları mı yetiştirmek istiyordu? Bu çok yanlış bir görüş olur. Dersler, örneğin gramer, dialektik, retorik öğrenmek ve öğretmek, ancak öğrencinin düşünce, iddia sonuç ve kanıtları konuya uygun ve doğru ifade edecek duruma sokulması için yeterli olan ölçüde gereklidir. Eski filozofların, teologların, tarihçilerin, hatiplerin, şairlerin eserlerini birinci elden okuyabilmek ve işin gölgesini değil, bizzat kendisini kavramak onun diliyle"rem ipsam assequare, non umbram rerum" için bu beceri temel ve kendisinden vaz geçilmeyecek şarttır. Fakat iş bununla da bitmez. "Hoc quasi viatico comparato per compendia ad philosophiam accede", "çünkü ancak şimdi ders kitapları yardımıyla felsefeye yanaşma cesaretini göstermek için gerekli seyahat parası tedarik edilmiş olmaktadır." "Nam in ea sum plane sententia, ut qui velit insigne aliquid vel in sacris vel foro conari, parum effecturum, ni animum antea humanis disciplinis (sic enim philosophiam voco) prudenter et quantum satis est, exercuerit" Anlamı: "Çünkü kesinlikle eminim ki, uhrevî veya dünyevî alanda seçkin bir şey yapmak isteyen kimse daha önce ruhunu insanla ilgili bilim sahalarında (çünkü ben felsefeden bunu anlıyorum) yeterli ölçüde ve anlayışla çalıştırmış olmalıdır." İnsanın iki bakış açısından iyinin en iyisini seçmesi, bilgi toplaması ve ruhu yetiştirmesi gerekir. Her şeyden önce tarih öğrenimi zorunludur. Çünkü tarih şu veya bu yazardan daha tam ve daha iyi bir şekilde soylu ve kötü, faydalı ve zararlı şeyleri anlatır (Kelimesi kelimesine çeviriyorum): "Kamusal ve özel olarak, hayatın hiç bir yanı ondan gizli kalamaz. Devlet ve ev işlerinin yönetimi hakkındaki bilgilerimizi ona borçluyuz. Neredeyse diyebilirim ki, bu dünyamızın kendisine hayat veren güneşten yoksun kalması, politik hayatın manevî muhtevası (civilium negotiorum ratio) olan tarihten mahrum kalmasından daha az zararlı olur." Demek ki Melanchton felsefe kelimesinin altında insanî bilim alanları olan tabii ilimleri ve hem de sosyal davranış kurallarının teori ve uygulamasını ("morum rationes exempla") anlamaktadır.

Melanchton'un kendi zamanındaki öğretim reformu hakkındaki görüşleri, eski dil öğreniminin yenileştirilmesi yoluyla, bu öğrenim sayesinde kamu hayatı için gerekli geniş görüş ve geniş bilgiye sahip olacak genç insanların yetiştirilmesi ve şekillendirilmesi olarak ifade edilebilecek kapsamlı bir programdı.*

Friedberg şatosu kontu, belediye başkanı ve belediye meclisinin 1543 senesinde Yalınayaklılar manastırını niçin bir Pedagogium'a çevirmeye ve yöneticisi ve gerekli öğretmenleri için Melanchton'a başvurmaya karar verdiklerini anlamak belki mümkün olacaktır. Onlar Melanchton'un fikirlerinin uygulanmasını ve gerçekleşmesini istiyorlardı. Bu arada eski diller - bunu tekrar vurguluyorum - kendileri için değil, fakat sadece insan için, doğal ve özellikle sosyokültürel bir hayat için önemli olan bilim alanlarına götürecek bir araç olarak ve bununla ilgili bilgileri saptamak ve ruhu geliştirmek gibi çift amaçla öğretilecek, öğrenilecek ve yaşatılacaklardır.

III.

Augustin okulumuzun - her türlü değişim ve gelişimi hesaba katmaksızın - bugün de bu ilkeye bağlı çalıştığını iddia edebilir miyiz?

Burada biri amaçla, diğeri de o amaca götürecek yolla ilgili iki soru söz konusu olmaktadır.

1. Amaçla ilgili olarak: Bütün dallarıyla bugünkü lisenin görevi aynı kalmıştır: Büyümekte olan insanları akıl bakımından olgunlaştırmak ve toplum hayatı için daha yararlı hale getirmek. Bu amaçla gençlere sosyal hayatın mümkün olduğu kadar çok sayıda düşünme, yargıya varma ve davranış modeli gösterilmeli ve tanıtılmalıdır. Ancak o zaman yaptıklarından ve yapmadıklarından tam sorumlu, kendi ayakları üstünde duran ("soma autarkes") yetişkin insanlar olarak, toplumun bütünü içinde kendilerine düşen değişik durumları doldurmaları ve o durumlara bağlı rolleri

---

* Onun bu programı uygulayışı ve bununla neler elde ettiği bugün 4,5 yüzyıl sonra şöyle değerlendiriliyor: "Melanchton'un Protestanlığı (Aristotelizm yoluyla) hümanistleştirmesi doktrini Alman eğitim müesseselerindeki öğretime uygun düştü ve eğitim aracı olarak değerini kanıtladı. Melanchton Yüksek Okullar ve Lâtince Okulları Örgütü tarafından praeceptor Germaniae sayıldı" (Philosophenlexikon). O, "okul yönetmelikleri kaleme alarak ve hoca yetiştirip bu okullara dağılmalarına aracılık ederek, bugünkü orta ve yüksek öğretimin yollarını açmış ve bütün ömrünce bunları devamlı olarak etkilemiştir (krşi. not 23'de zikredilen eser sh. 440). O "eğitim örgütleyicisi olarak yeni çağın yolunu aşmada önemli şekilde etkili olmuştur" (sh. 442). "Melanchton yaratıcı bir güç olmasa bile, etkisi itibariyle, 16. yüzyılın ilk yarısının fikir tarihinin en önemli temsilcilerinden biridir".

başarı ile oynamaları mümkün olur. Oyunun sahnede arızasız oynanması için nasıl her sanatçının rollerini iyi öğrenmesi şartsa, bizlerin de bu dünyadaki kalış süremizde, özel ve kamusal hayatta oynamak durumunda kalacağımız davranış rollerini zamanında ve iyi öğrenmemiz gerekir. Bu postulat'ın en iyi şekilde yerine gelmesi için herkesin "okul, öğrenim ve gezgincilik" yıllarında gözünün önüne öğrenim malzemesi olarak yeterli ölçüde büyük sayıda rol örneği ve davranış modeli konmalıdır ki, bunları bilgi ve idrak hazinesi olarak içine alabilsin.

2. Bu amaca zamanımızın basın, radyo televizyon gibi kitle iletişim araçlarıyla maddeten en iyi biçimde ulaşılabileceğini kimse ciddî olarak iddia etmek cüretini gösteremez. Bu anlamda bugün de Melanchton'un en iyiler arasından en iyisini seçmek ve bunun içinde işten anlayan hocaların fikrini sormak gerekir postulat'ı hâlâ geçerlidir.

Acaba Yunanlıların ve Romalıların edebiyatı bugün hâlâ içlerinden en iyilerinin seçileceği en iyiler sınıfına dahil midir, yoksa bize intikal etmiş olan bu antik kültür metaı bugünkü şartlar altında yeni yetişen insanları entellektüel bakımdan daha olgun ve toplum hayatı için daha elverişli yapmaya artık uygun değil midir sorusu bana problemin nüvesi olarak görünüyor.

Yukarda gösterildiği üzere Melanchton, Yunan ve Lâtin edebiyatının eserlerini her beşeri alanda gerçek bilgi ve idrak için tek kaynak olarak görüyordu. Tabii ilimler söz konusu olduğunda, daha geçen yüzyılın ilk yarısında geçerli olduğu kanıtlanabilen görüş ve ona dayanan, doğayı kendisinden değil de, bir Aristotele ve bir Plinius'dan tetkik etme yöntemi bir buçuk yüzyıldan beri maziye karışmıştır. Bunun üzerinde fikir ihtilâfı olamaz.

Fakat sosyal bilimler alanında durum farklıdır. Bu deyimi Melanchton'un ifade ediş tarzına sadık kalmak için kullanıyorum. Yani bir yandan "civilium negotiorum ratio" yani politik hayatın fikir muhtevası, öte yandan "morum rationes exempla" yani sosyal davranış kurallarının teorisi ve uygulaması.

Aristoteles tarafından ileri sürülmüş olan ve insanın tabiatı gereği sadece toplum içinde yaşayan yani sosyal bir varlık olduğu görüşü hepimiz için temel görüştür ("Anthropos physei zoon politikon"). İnsanı sosyal bir varlık olarak incelemelerine konu edinen ve hayatta insan gurupları ve topluluklarının yapısı ve fonksiyonel bağımlılıklarının mahiyetini tanımaya çalışan bütün bilim dalları bilimsel hipotezlerin doğruluğunu ancak ampirik yolla kontrol edebilirler. Tabii ilimlerde, biyoloji, kimya ve tıp alanında, yasaların insanın ruh ve vücut bütünlüğünün ihlâl edilmemesi ve canlı hayvanların korunması için koyduğu sınırlar çerçevesinde deney yapılabilir. Merkezinde insanın sosyal bir varlık olarak durduğu sosyal bilimler alanında deney için konmuş olan sınırlar daha dardır. Okul ve Üniversite alanında deney yapmak çağımızda moda bir söz, neredeyse moda bir hastalık olarak hüküm sürüyorsa da, pedagoglara ve politikacılara şunu hatırlatmak isterim ki, burada söz konusu olan, gelecekleriyle oynanan çocuklar ve gençlerdir. Bu konuda verilebilecek olan zararlar deney yapanlara değil, obje olarak mütalâa edilen yetişmekte olanlara isabet etmektedir. Beni yanlış anlamayınız. Hiçbir vakit mevcut olan herşeyin iyi ve mükemmel olduğu görüşünde değilim. Değişkenlik ve geçicilik, hatalar ve yanlışlar gibi insan hayatında mündemiçtir. İyi düşünülmüş ve işin mahiyetine uygun reformlara karşı diyecek sözüm yoktur. Ama, okul ve yüksek okul alanında çocuklar ve gençlerle deney yapmayı kesin olarak protesto ediyorum. Bu alanlar sosyal hayatın bütün diğer alanları gibi, bilimsel olarak kavrayabildiğimiz binlerce yıl içinde, başka insanlar tarafından kendi hayat mücadelelerinde yapılmış iyi veya kötü deneyimlere muhtaçtır. Ancak bu deneyimlerin temeli üzerinedir ki düşünme (simulierung) tekniği gerçek hayatın hal ve şartlarını modeller haline getirebilir. Geleceğin sibernetik devletinde (Steinbruch) idare mekanizmasının işin mahiyetine uygun biçimde programlanması mümkün olur. Melanchton, tarih öğreniminin önemine ve vazgeçilmezliğine işaret etmekle, bizim de geçmişin deneyimlerine el atmak zorunda olduğumuzu anlatmaya çalışmıştı. Bu herşeyden evvel Batı kültürü dediğimiz kültürün iki ana kökten, Grek-Romen ve Hıristiyanlıktan doğup büyümüş olması, bunun da ötesinde bugün bile her sahada bu köklerden kural olarak bilinçsiz ya da tamamen bilinçli olarak kuvvet alması yüzündendir.*

Bize edebî olarak intikal etmiş olan kültür mirasından rol örneği ve davranma modeli olarak emrimizde ne kadar çok nümune bulunursa, yetişmekte olan insanları entellektüel bakımdan daha olgun ve toplum içinde yaşamaya daha elverişli hale getirmek görevi o derecede kolaylaşır.

* Eski kültür mirasına bilinçli bir dönüş için bu ülkede hemen hemen farkına varılmamış bir kültür dönüşümüne dikkati çekmek istiyorum. Bu, Türkiye'de doğu kültürü ve dünyavî işlerde dahi İslâm inanç ve tasavvur dünyasına sabitleşmiş tutumdan batı kültürünün antik muhtevasına dönüşüm şeklinde gerçekleşmiştir. Rönesans ve humanizm'de ifadesini bulan kültür dönüşümü, Konstantinopolis'in 1453'de Türkler tarafından zaptedilmesiyle batı Avrupa'ya göçeden bilginlerle başlaması gibi Atatürk tarafından başlatılan modern Türkiye'deki kültür dönüşümü de, 1933 yılında politik sebeplerle Almanya'yı terk etmek zorunda kalan, fakat içlerinde canlı kalmış antik kültür mirasını da beraberlerinde götürüp radikal reform fikirlerinin emrine amade kılan bir avuç Alman profesöründen teşvik görmüştür. 1941'de, Türk Millî Eğitim Bakanlığı Dünya edebiyatından çeviriler külliyatını çıkarmaya başlamıştır. O zamanki Millî Eğitim Bakanı Hasan Ali Yücel'in bu seriye yazdığı önsözden sadece iki cümleye atıfta bulunuyorum. "Hümanizmin ruhunu anlamak ve duyabilmek için ilk aşama, insan varlığını en somut biçimde ifade eden san'at eserlerini kendine mal etmekle başlar. San'at alanları içinde edebiyat insan varlığını ifade biçimlerinin en somut unsurlarını ihtiva etmektedir". Burada Almanya'daki etkinliğinden dörtyüz yıl sonra Melanchton'un ruhu yeniden canlanmaktadır. Öğrenimin hümanizm ruhu içinde yenilenmesi yoluyla Türk gençliği, entellektüel ve politik kültürel bakımdan ilk defa rol örneklerinin batılılaştırılmasını kavrayacak ve onu gerçeğe dönüştürecek duruma getirilmektedir.

Didaktik olarak önemli olan, genç insanların ruhunu donmuş kalıplar içine sokmak değil, bil'akis onu etkilenir hale getirmek ve toplum hayatını şekillendirmek için her imkâna açık halde tutmaktır. Ancak bu yolla insanların melek veya şeytan olmadığı, sadece insan oldukları hususunda eleştirici bilinç uyandırabilir. İnsanlar, Hoffmansthal'ın sözleriyle,

"anlam verilemiyeni anlamlandıran,
hiç yazılmamış olanı okuyan
dağınık olanı egemence bağlayan ve
ebedî karanlıkta bile yollar bulan"

"harikulâde varlıklar"dır.

Fakat onların fiil ve davranışları kendi sosyal gurupları içindeki maddî ve gayri maddî yaşam koşullarından, özellikle kendi güdü ve ihtiraslarından, muhakemelerinden, arzu ve tasavvurlarından, irade güçlerinden ve vicdanlarının emrinden, iktidar hırslarından ve misyonlarının bilincinden ve daha bir çok şeyden etkilenir.

Büyük veya küçük guruplar içinde yaşamak ve gerçek bir koeksiztans'ın sayısız insanî ve insan üstü imkânlarını görmek ve kavramayı öğrenmek: Bu ancak binlerce yıl içinde toplanmış ve edebî belgeler halinde bize intikal etmiş deneyim hazinesi ile mümkündür.

Melanchton'un bu çekirdek düşüncesini meslekdaşım Ruegg kısa zaman önce, günümüz için bir postulat halinde şöyle formüle etmiştir.* "Bu gün her genç, yabancı deneyim biçimlerini kendi dünyasına aktarmak ve fakat onları bu deneyim biçimleri karşısında bir kişilik olarak mevcut olabilecek şekilde ifade etmeyi öğrenmek zorundadır."

IV.

Olması lâzım gelenle, gerçekten olan arasında önemli farklar vardır. Yetiştirme görevinin hedef ve yol olarak bu günde esas itibariyle 400 sene öncesinden önemli bir farkı olmadığını açıkça tespit ettikten sonra sonuç olarak kendi deneyimlerime dayanmak suretiyle Augustiner okulunun ve genel olarak gymnasiumların bu görevi fiilen yerine getirip getirmediklerini tespit etmek istiyorum. Burada kişisel deneyimlerimle, yüksek öğretim hocası sıfatıyla -çok sayıda meslekdaşımla hem fikir olarak- yüksek öğrenime yeni başlayanların hazırlanması ve öğrenim öncesi çalışmalarında yaptığım gözlemleri birbirinden açıkça ayırmak istiyorum. Demek ki önce eski bir Augustiner öğrencisi olarak az veya çok sübjektif, kendi görüş açımdan ve ondan sonra da üniversite progfesörü niteliğimle olabildiğince objektif olarak konuşacağım.

1. Karne defterimden görüleceği üzere iki ilkokul yılından sonra, önce bir yıl hazırlık sınıfına, sonra da dokuz yıl Augustiner okuluna yani gymnasi-

* Eski Diller Filologları Derneği toplantısı, Berlin, Nisan 1968.

um'a gitmiştim. O zaman gymnasium denince doğal olarak sadece eski diller dalı, hümanist gymnasium anlaşılırdı. Melanchton tarafından açıkça ortaya konmuş olan, eski dilleri kendi kendilerinin amacı olarak değil, sadece insanla ilgili bilim dallarında bilgi toplamak ve ruhu yetiştirmek için öğrenmek hedefi, hepsi olmasa bile, öğretmenlerimin çoğunluğu tarafından benimseniyordu. Sadece gramer ve kelimeye önem veren ezbercilerle, Melanchton esprisi içinde bizi eski diller filologu olarak değil, düşünen insanlar olarak yetiştirmeye çaba gösteren öğretmenlerimizi açık seçik ayırabiliyorduk.

Biyografileriyle Cornelius Nepos ve Aesop hikâyeleriyle Phaedrus, Quarta'da yani iki hazırlık sınıfından sonra 6 ncı okul yılında tanıştırıldığımız, iki lâtin yazarı idi. Kurt ve kuzu hikâyesi hayatımda bir kuvvetlinin (Devlet, dernek veya tek şahıs) kendini koruyamayan bir zayıfı yemeğe, fakat önceden de davranış biçimini haklı göstermeğe kalkıştığında hemen aklıma gelmiştir. Fakat Kant'ta, bana elli yıl boyunca bilinçli olarak edindiğim deneyimlerimin gösterdiği gibi her zaman güncel olan "politika, önceden Ahlâka saygılarını sunmadan bir adım atamaz" cümlesini okuyunca Aesop'un bu hikâyesinin en güzel yorumunu oluşturduğunu anladım.

Antik çağların ünlü adamlarının biyografilerine gelince, böyle bir metin Melanchton'un geçmişin insanlarının ve ilişkilerinin anlatılması yoluyla genç ruhları şekillendirmek ve yetiştirmek amacına tam uyuyordu.

Roma halkının politik protesto olarak şehirden Monte Sacro'ya göçmesinde, onları tekrar kamusal hayata dönmeye ikna eden "Menennius Agrippa" bugün halk sınıflarının birbirine fonksiyonel aidiyeti ve karşılıklı bağımlılığı dediğimiz olguya nasıl bir politik nüfuz ve bilimsel teşhisle yaklaşmıştır. Bu konuda bu hikâyenin veya tecrübe sahibi Aristides ve genç Themistokles'in hikâyesinin gerçeği yansıtıp yansıtmadığı hiç önemli değildir. Çok partili, plüralist bir toplumda politik yaşama hazırlanmak ve eğitilmek için Themistokles'e atfedilen cümledeki örnek zihniyet önemlidir. 2500 yıl önce iki parti liderinin doğudan gelen Pers tehdidine karşı Atina'yı ve bütün Yunanistan'ı korumak için alınması gereken tedbirler üzerindeki bir anlaşmazlıkta "istersen vur, fakat beni dinle" yani "ey yaşlı ve tecrübeli politikacı bir fikir mücadelesinin hararati içinde genç bir politikacının ileri sürdüğü fikre kızmışsan ve vurmak için elini kaldırıyorsan, vur fakat onun delillerini de dinle."

Melanchton'un amacı doğrultusunda şu veya bu antik dildeki müellifin eserinin terbiyevî değeri veya en uygun eserler hakkında değişik fikirler ileri sürülebilir. Özellikle Cicero üzerinde istenildiği gibi düşünülebilir. Bence "in Catilinam" nutku politik sorunlarda ayırım gücü ve muhakeme yeteneğinin şekillendirilmesi bakımından kendisinden vazgeçilemez.

Sizleri kişisel deneyimlerimle daha fazla sıkmak istemiyorum, fakat özellikle yüksek sınıflarda Lâtin ve Yunan müelliflerinin okunmasının daima güncelle ilişkili olduğunu tekrar vurgulamak istiyorum. Bu, özellikle Birinci Dünya Savaşı ve hemen sonrasındaki politik olaylar karşısında özellikle anlamlıdır. Okunan metin Perikles'in Tukydides tarafından nakledilen meşhur ölüm konuşması olsun, Platon'un* Apologie'si yahut Homer veya Vergil, Xenophon veya Tacitus, Sophokles veya Horatius'dan parçalar olsun farketmez. Yunan ve Lâtin müelliflerinin derinlemesine okunması sadece savaşlardan ve hanedanlardan değil, her şeyden önce şimdiki zamanla, geçmiş zaman arasındaki manevî ilişkilerden de söz edilen tarih ve Almanca dersleri ile birleşince, Melanchton'un amacı benim için gerçekleşiyordu. Sosyal ve politik ilişkilerin teori ve uygulaması için bilgi toplamak ve aklın şekillendirilmesi.** Bundan dolayı okuluma ve öğretmenlerime teşekkür etmek benim için bir görev ve ihtiyaçtır.

2. Bilim düzeyinde öğretim yapan yüksek okullarda öğrenime başlayanların hazırlığı ve ön eğitimi konusunda ne gibi gözlemlerim olduğu sorusunu cevaplandırmaya çalışırken Üniversite profesörü olarak bir yanlış anlamayı hemen gidermek zorundayım. Eski bir tam-hümanist olarak matematik ve fen bilimleri ve yeni diller gymnasium'larına karşı olduğum ve bu gibi okulların mezunlarını kültürsüz insanlar, hatta barbarlar saydığım doğru değildir. Böyle düşünceler benden çok uzaktır. Aynı şekilde mantıkî ve soyut düşüncenin ancak eski dil eğitimi yoluyla öğrenebileceği görüşünde de değilim.

a) Lâtince bilgisi olmayan çok sayıda öğrenci, öğrenimleri sırasında kendileri için çok sevimsiz bir sürprizle karşılaşırlar. Seçmiş oldukları fen ve sosyal bilimler dalında da sadece doktora sınavı için değil, meslekî mezuniyet sınavı için de temel Lâtince bilgisi (Klein Latinum) gereklidir. Bu yüzden meslekî öğrenimlerinin yanısıra Lâtince dersi almak ve eyalet sınav merciinin önünde bir bütünleme sınavı vermek zorunda kalırlar. Çocuklarını çoğu kez üniversite tahsilinin uzamasına yol açan böyle bir güçlükten korumak isteyen herkes, onların orta öğrenim sırasında hiç olmaz-

* Platon = Eflâtun.

** Bunun için pratik bir misâl: 1933'de Frankfurt Main'da Asliye hâkimi ve eylemsiz doçent olarak bu görevleri kaybettiğimde, üniversite profesörü olarak Türkiye'ye davet edilmek gibi büyük bir şansa sahip oldum. Türk kanunlarını, Türk öğrencileri için anlaşılır hale getirmek için Türkçeyi bizzat öğrenmem ve çevirmene güvenmemem gerektiğini çabucak farkettim. Türk dili Indogermen dil ailesine değil, Ugrofin dil köküne girer. Demek ki kelime hazinesine girmem mümkün değildi, bütün kelimeleri zahmet çekerek öğrenmek gerekiyordu. Ona karşılık isim ve fiillerin çekimi -yapıları itibariyle- Lâtinceye ve kısmen de eski Yunancaya benzediği ve cümle yapısı, özellikle yan cümlelerin yerine verbal konstrüksiyon konmasından doğan düşüncenin derli toplu ifadesi bana yabancı olmadığı için, gramer ve Sentaks bana o derecede kolay geldi. Gymnasiumda eski dillerde aldığım eğitim sayesinde üç sene sonra hukuk derslerimi doğrudan doğruya Türkçe olarak vermem mümkün oldu ve birkaç yıl sonra da Türk hükümeti bana kanun tasarıları hazırlamak ve bu tasarıları parlamentoda savunmak görevini verdi.

sa temel Lâtince ölçüsünde Lâtince bilgisi edinmesine özen göstermelidir. Bu, aynı zamanda, günümüzün her bilim dalındaki terminolojinin hemen hemen istisnasız Lâtince ve Yunanca kelime köklerinden yapay olarak türetilmiş olması dolayısıyla da gereklidir. Terminoloijinin bu yolla yaratılması uluslararası anlaşmayı sağlamak için en modern bilim dallarında da kullanılan bir usuldür. Sadece atom fiziği ve sibernetiki hatırlatmam yeterli olur sanırım.

b) Öğretim kurumlarında öğrenime başlayanlar arasında, ortak zihnî temellerin, yani yüksek öğretim derslerinde bütün öğrenciler için temel taşı görevini yapabilecek bilgi ve tasavvurların eksikliği göze çarpmaktadır. Yunan ve Lâtin kaynaklarından olduğu kadar İngilizce ve Fransızca eserlerden aynen yapılan atıflar çok az sayıda öğrenci tarafından lâfız olarak ve bunlar Almancaya çevrildiğinde muhteva olarak anlaşılmaktadır. Pek çok öğrencinin bu yabancı ve maalesef çoğu kez Alman eserinden yapılan alıntıların mâtuf olduğu tarihsel bağ ile çağa ve duruma özgü şartlar hakkında bilgisi yoktur. Oysa tabiî, aklî ve sosyal bilimlerin bütün konuları ve sorunları binlerce yıldan beri birikmiş manevî miras üzerinde durmaktadır. Bu manevî miras rönesans, hümanizm ve reform sayesinde bu gün de tüm kültürümüzün temelini teşkil etmekte, düşünce süreçlerimize egemen olmakta ve davranışlarımızı etkilemektedir. Melanchton'un Rüegg'in tezinde bugün mutad olan bilimsel ifadesini bulmuş olan temel düşüncesini hatırlayalım. Her genç yabancı deneyim şekillerinin zenginliğini kendi dünyasına aktarmak ve fakat onları, onlar karşısında kişilik olarak varlığını sürdürebilecek şekilde ifade etmeyi öğrenmek zorundadır. Rüegg'in haklı olarak belirttiği gibi bu fikir, demokratik bir toplumda her okul tipinin hünanist bir vazifesi olduğunu kabul etmeye müncer olur. Bu okulların hepsi günümüzün fikrî ve sosyal kavramlarının tarihsel müelliflerine bağlandığı, herkes için bağlayıcı ve herkesi birbirine bağlayan bir eserler manzumesine dayanarak, böyle bir aktarma yeteneğini sağlamalıdırlar. Fakat bu nasıl olacaktır?

Bir defa daha Melanchton'un çağına dönelim. Zamanının en büyük fikir adamlarıyla birlikte, onun en büyük eksik olarak gördüğü husus, gerek Yunanca gerek İbranice'den Lâtince'ye tercümelerin mevcut olmaması veya yetersiz olmasıydı. "Rem ipsam assequare non umbram rerum", "Sorun şeyin kendisine varmaktı, gölgesine değil". Günümüzde durum bambaşkadır. Alman yazı dili yüzyıllar boyunca öyle mükemmelleşmiştir ki, bugün büyümekte olan bir insanın, şekillendirilmesi ve yetiştirilmesi bakımından önem taşıyan yazarların Almancaya en iyi bir şekilde çevrilmemiş eseri yoktur. Fakat bugün de Melanchton'un "esas dildeki kaynaklara dönüş" çağrısını duymamazlıktan gelmemek gerekir. Eski dil gymnasium'larının bugün için de anlamları ve amaçları vardır. Hiç olmazsa batı, güney ve doğudaki komşularımız karşısında kültür bakımından daha düşük düzeyde kalmamamız gerekir. Bundan başka matematik, fen ve yeni diller sahasındaki bütün öğretim kurumlarının kültürümüzün kadim dünyanın etkisinde olması vakıası karşısında, bu kültürün fikrî temellerini ders programlarına alması gerekir. Bununla Lâtince, Yunanca ve İbranice'nin, şimdikinden daha geniş kapsamlı okutulmasını kastetmiyorum. Söz konusu olan Lâtince'nin birkaç ders saati eksik veya fazla olması değildir. Hümanist gymnasium öğrencisi olmayanlara da Melanchton anlamında yetiştirme görevinin amacına, başka bir yoldan da olsa yaklaşma imkânı verilmelidir. Almanca dersinde, tarih dersinde, yeni diller dersinde eski yazarlar Almanca, İngilizce veya Fransızca çevirileriyle dile getirilmelidirler. Bugün öğretildiği haliyle, çok sayıdaki yüksek okul öğrencisinin bilgi düzeyine bakılacak olursa, günümüzde toplum hayatıyla ve sosyal bilimlere ilgili dersler amaçlarına varamamaktadırlar. Bu konulara ayrılmış olan saatlerde birkaç misâl vermek gerekirse, orijinal metinden olmasa bile hiç olmazsa çevirilerinden biri Platon dialogu, Cicero'nun "Devlet"inden seçilmiş parçalar, Sophokles'in bir tragedyası okunsun. O zaman genç insanlara demokrasi ve politika hakkında, modern anayasa metinlerinin veya parti programlarının okunmasından daha fazla bilgi ve daha büyük bir anlayış verilmiş olacaktır.

Gönüllü çalışma toplulukları tüm kültürümüzün ortak fikrî temellerini gösteren hazırlık mahiyetindeki gösterilerle tamamlanabilir. Augustiner okulunun yüksek sınıflarındaki her üç daldan öğrencilerini ortak bir çalışma için toplamak ve meselâ Platon'un "Kriton" dialogunu böylece incelemek neden mümkün olmasın? Ben Türkiye'de ne Lâtince ne Yunanca bilen hukuk öğrencilerimle böyle yapardım. Bildikleri dillere göre Almanca, Fransızca, İngilizce veya Türkçe çeviriler alırdık. Bende de eski Yunanca orijinal metin bulunurdu. Önce Platon'un ne demek istediğini bulmaya çalışırdık. Gerçekten de bir çeviri ne kadar iyi olursa olsun, İtalyanca "Traduttore-traditore" kelime oyununda çok veciz, fakat çevirisi mümkün olmayan bir biçimde dile getirdiği üzere daima bir tehlike vardır. Çevirmen, müellifin düşüncelerini yanlış anlayıp, yanlış aktarmak tehlikesine düşebilir. Bir yandan Platon'un, ancak kendi yaşadığı ve yazdığı politik ve sosyal şartlar açısından bakıldığında anlaşılabileceğini açıkça görebilmek için ne derecede üstün bir zihnî terbiye ve nasıl bir bilgi hamûlesi gereklidir. Öte yandan her çevirmen kendi çağının ve kendi ulusunun ve onun içinde yaşayan tasavvurların çocuğudur. Yunan ustanın tasavvurlarını önce kendi tasavvur dünyasına yansıtmak ve oradan bildiği dilin ifade vasıtalarıyla okuyucuya aktarmak zorundadır. Tek bir cümlenin orijinalinin ve Almanca, Fransızca ve İngilizce çevirilerinin yardımıyla yorumlanması deneyi yetişmekte olan insana genelde fikrî ve politik dünyamızdaki güvensizlik faktörlerini ve özelde bilimsel düşünme, araştırma ve anlamanın güçlüğünü her türlü başka araçtan daha iyi bir şekilde anlatır. Ancak bu yolla zamanında yani yüksek öğrenime başlamadan önce bir insana kendi düşüncesinin kırılması ne kadar kolay ve kendi bilgisinin ne kadar eksik olduğu öğretilebilir. Binlerce yıldan beri birikmiş ve bize intikal etmiş deneyim hazinesine sahip olmaya kalkışmayan kimse, Çiçero'nun sözlerine hak vermek zorundadır:

> "Nescire, quid antequam natus sis, acciderit, id est semper esse puerum"
> "Doğumundan önce neler olduğunu bilmemek, daima çocuk kalmak demektir".

Çok yönlülüğü ve çeşitliliği içinde dünyayı öğrenmiş ve kavramış olmaksızın onu değiştirmek isteyen sadece hiç bir şey bilmediğini bile bilmediğini kanıtlamış olur. Biz hiç bir zaman okul için değil, fakat toplumda oynamayı arzu ettiğimiz veya hasbelkader oynayacağımız roller için öğreniriz.

İkinci Bölüm
Çalışan Kazanır!

1. Altın 1920'ler

Geçmişe tanıklık eden her şey, her belge, ancak kulağı ve gözleri ona açık olan, konuştuğu aslında anlaşılmaz dili anlamayı öğrenmiş olan kişilere bir şeyler söyler. Geçmişe ilgi duymayanlar karşısında ise en iyi öğretmen bile çaresiz kalacaktır. 1970'ler gençliğinin büyük kısmında görülen tarihe karşı kayıtsız, hattâ neredeyse düşmanca tutumu, bu kuşağın Hitler Rayh'ından ve doğurduğu sonuçlardan kendilerini de facto sorumlu tutmadıkları halde, de jure önceki kuşaklardan onlara devrolan sorumluluk yükünü bir türlü üzerlerinden atamamalarına bağlayabiliriz. Bu gençler, utopya sislerinin bulandırdığı sert ve acımasız bir geleceğe, mevcut düzene başkaldırma ve direnme tutumu ardında gizledikleri bir korku ile bakıyorlar. Ve geçmişten ders çıkarılmadığı sürece, ne bireylerin ne de toplumların hayatın üstesinden gelemeyeceği gerçeğini gözardı ediyorlar.

Geçmişin deneyimini reddeden bu tutum, Hitler iktidarının çöküş anına "Stunde Null" (Sıfır Dakika - ç.n.), denmesinde de kendini göstermektedir. Yanıltıcı olduğu için tehlikeli bir deyim, bu. Sanki belli bir zaman anından *önceki* olayları olmamış saymak mümkünmüş gibi! Sanki bir geçmiş yokmuş da, hiçten varolan bir başlangıç olabilirmiş gibi: Bugün bile hâlâ, bu "Stunde Null" fırsatının iyi değerlendirilmediğini duyar ya da okursunuz. Eğer bununla kastedilen, radikal bir devrim fırsatının kaçırılması ise, gözardı edilen nokta, böyle bir devrimin ancak söz konusu işgal kuvvetinin onayı ya da desteği ile mümkün olabileceğidir; tıpkı Rusların işgal alanında olduğu gibi. Yok, bununla kastedilen, geçmişi baştan ayağa silip herşeye yeniden başlamak ise, bu kez gözardı edilen nokta, bir binanın temel duvarları eğer hâlâ üzerine kurulacak yeni bir binayı taşıyacak güçteyse, bunları ille de yıkmanın gereksizliğidir. "Stunde Null"dan bu anlamda söz edenler, akıl almayacak derecede kötü hayat koşulları, yokluk ve sefalet içinde canlarını dişlerine takıp çalışarak, adına bugün "Alman mucizesi" denen olayı, molozların, küllerin, yıkıntıların arasından yaratan o insanları zerre kadar tanımıyorlar. "Alman mucizesi" - işte, size yanıltıcı ve bu yüzden tehlikeli bir söz daha. Evet, insanlığın "parlak anları" olabilir, ama halkların siyasî tarihinde "mucize" yoktur. Siyasî olaylar, birbirleriyle karşılıklı mücadele içinde olan somut siyasî güçlerin bu sonucudurlar; bu sonuç, belli bir meydan okumaya verilen karşılığa bağlı olarak yenilgi ya da yengi, çöküş ya da yeniden kuruluş, yok olma ya da hayatta kalma biçimlerini alır.

Mefistofeles'in, herşeyi hiçleyen o olumsuz ruhun, doğan herşeyin yok olmaya değdiği yolundaki iddiasının doğru olup olmadığını bir yana bırakalım. Eskinin yıkıldığı her yerde zamanın değiştiği ve yıkıntıların arasından yeni hayatın çiçeklendiği şeklindeki öteki cümlesi ise, her halükârda doğrudur. Bu açan çiçeklerin yaban gülleri mi yoksa soylu güller mi, ayrık otları mı yoksa incelmiş bitkiler mi olacağı ise, hayatta kalanlara ve bunların ruhsal, zihinsel tutumuna, gelecek uğruna kolları sıvamaya ne denli hazır olduklarına bağlıdır.

Ancak tarih açısından düşünmeyi öğrenmiş olanlar, insanlığa mutluluk vaadeden ideoloji ve utopyalara karşı şerbetlidirler. Çünkü, bilebildiğimiz tarih süresince, yani şu son beş bin yıl içinde, nice filiz halinde insan hayatının, herhangi bir yüksek değer uğruna feda edildiğini bilirler. O yüksek değer ki, "en yüce varlık" olduğu coşkuyla ilân edilir, bağnazlıkla savunulur ve kendisine korkuyla bağlanılır. Bugün yaşayanlar için, kendilerinden önce yaşamış ve zorla erken bir ölüme sürüklenerek bugünkü hayatın temellerini atmış olanlara teşekkürü aklının ucundan bile geçirmeyen sonraki kuşakların "iyiliği" uğruna kurban edilme olasılığının ne denli bir belâ olduğunu bilmek gerek. Bugün yaşayanlar, "yeni" hayatlarının, yıkıntılar altına gömülenlerin hayatlarına oranla daha iyi mi yoksa kötü mü, daha hoş mu yoksa sevimsiz mi, daha kolay mı yoksa zor mu olduğu sorusunu sormazlar bile. Ölüler için ne geçmiş vardır ne de bugün; ama yaşayanlar için yalnızca bugün ve yarın vardır. Ama işte bugünü ve yarını belirleyenin, dün, evvelki gün ve daha öncesi olduğunu, işte ancak dünü ve evvelki günü yaşamış, dünün ve evvelki günün yaratılmasına katkıda bulunmuş, bu günlerin acılarına katlanmış; daha öncesini ise geçmiş belgelerden öğrenmiş, kendi deneyim süzgecinden geçirmiş, eleştirmiş ve özümlemiş olanlar bilebilir.

"Ah, o eski güzel günler" mi? İnsanların belleği öyle düzenlenmiştir ki, insanlar başlarından geçen kötü şeyleri çarçabuk unutur ve geçmişi, gerçeklikle ilgisi olmayan bir bulanıklık içinde görürler. Jucundi acti labores! Fakat, Shakespeare'in şu sözü de gerçeğe uygundur: "İnsanların yaptığı kötülükler, onlar öldükten sonra da anılır; iyilikler ise, genellikle kendileriyle birlikte mezara gömülür."

Herşey bambaşkaydı; sadece bugünden daha başkaydı anlamına değil, geçmişe övgüler düzenleyenlerle geçmişi karalamaya çalışanların, çağdaş selâmet öğretilerinin pîrleriyle bunların mürîdlerinin, bugünkü siyaset adamlarının -cum ira et studio- keyiflerine göre göstermeye çalıştıklarından da başkaydı. Kuşkusuz herkes gibi ben de, dünyayı ve çevremi içinden çıktığım ortamın, aldığım eğitimin boyasıyla boyanmış, o sıra geçerli olan değer yargıları ve önyargılara göre biraz daha puslanmış ya da berraklaşmış bir gözlük aracılığıyla görmüşümdür. Ama benim kendimi de, başkalarını da olduğundan fazla göstermeye, aşağılamaya ya da haklı çıkarmaya, mahkûm etmeye ihtiyacım yok; bunun için kendi başımdan geçen kişisel olayların hatırlayabildiğim ya da belgeler aracılığıyla kanıtlayabildiğim ölçüde, yerel, zamansal ve toplumsal koşullarla olaylar ve ilişkilerle bağını ortaya koymakla yetinebilirim.

Kendi kişisel deneyimimle edindiğim bilginin özü şudur: *Pek çok şey çok başkaydı!* Adım başı, 1920'lere "altın yıllar" dendiğini okuyoruz. Bu yıllar, 1919 Versay Barış Antlaşması ve bu antlaşmanın uygulanması için, özellikle de tazminat konusunda, başvurulan siyasî baskılarla (örneğin 1923 Ocak ayında Fransızların Ruhr havzasına girmesi ve bunun sonucunda doğan milliyetçi aşırılıklarla) başlar. 1919 yılı ile 1923 güzü arasında para değerindeki düşüş öyle boyutlara ulaşmıştı ki, o güne kadar tarihte görülmüş olan devlet iflâsı örneklerinin tümünü gölgede bırakmış, sadece emeklilerle tasarruf sahiplerini değil, özellikle ticaret, zenaat ve tarım orta sınıfını mahvetmişti. "Altın 1920'ler", 29 Ekim 1929 "Kara Cuma" gününden sonra, kitlesel işsizlikle son bulmuş; işsiz kalan milyonlarca insan açlıktan ölmeyecek kadar parayı bile zor bulur olmuştu. Bu zaman dilimi, gerçi Rayh'ta ve eyaletlerde anayasal monarşinin yerine parlamenter demokratik cumhuriyeti geçirmekle birlikte, devlet iktidarının uygulanmasını –zorunlu olarak– bu iktidarı ötedenberi kullana gelenlere terkeden bir devrimin siyasî çalkantıları ile altüst olmuştur. Şunun için zorunlu olarak ki, nesnel özelliklere uygun bir eğitim görmüş, kişisel yeteneğine göre seçilmiş ve hem görev başında hem de hayatta kazandığı deneyimlerle olgulaşmış bir yönetici tabakayı bir kalemde görevden çekip almak ne kadar kolaysa onların yerini doldurmak hem çok zordur hem de zaman ister. Gerçi babadan oğula soyluluk geçmesi, Anayasa hükmü ile kaldırılmış, soyluluk ünvanları, ismin bir parçası haline getirilmişti; ama özellikle Prusya'da, geleneksel olarak soylu aile mensuplarına, ancak pek istisnaî durumlarda da "burjuva"lara verilen kilit yönetim görevleri için, o güne kadar bu tür kariyerlerin dışında tutulmuş olan halk tabakaları arasından eskilere eşit değerde eleman bulmak zordu. İşte bu babadan oğula geçen soyluluk yerine, şimdi "başarı soyluluğu" konmak isteniyordu, ve "Çalışan Kazanır" sloganı bu amaçla ortaya atıldı. Bu sloganın anlamı, hangi toplumsal tabakadan gelirse gelsin, kişinin en yüksek yerlere kadar yükselebileceğiydi. Yani eğer bir kişi, başarısıyla niteliğini kanıtlamışsa, artık devlet ve toplum hayatının en yüksek yerlerine ulaşmasına engel yoktu. Tabii ki, bu herkese kendi niteliğini kanıtlamada eşit şans tanınmasını da içermekteydi. Oluşumu bakımından değişik, yeni bir seçkinler zümresi yaratılmak isteniyordu, yoksa bugün yer yer gördüğümüz gibi, seçkinler zümresi tamamen yok edilmek istenmiyordu.

1920'lerde halkın dünyaya bakışı, bugünkünden (1981) tamamiyle farklıydı. Herkes şu gerçeği çok iyi biliyor ve hissediyordu ki, savaş ve yenilgi sonucunda, enflasyon ve tazminat ödeme yüzünden içine düşülen bütün bu zarar ve mahrumiyetler, ancak ve ancak her bir bireyin çalışması, çabası ve başarısı sayesinde, zamanla, giderilebilecektir. Dolayısıyla şu ya da bu toplumsal sınıfın mensuplarına, şu ya da bu din yandaşlarına, şu ya da bu siyasî parti üyelerine hiç bir ayrıcalık tanınamazdı; ancak, "Çalışan Kazanır"dı.

Weimar Cumhuriyeti, tek tek eyaletlerde çeşitli memuriyet ya da mahkemelere atama yapılırken, başvuranın niteliği değil de −savunulan sloganın aksine− bağlı olduğu din ya da parti göz önüne alındığı için yıkılmış değildir. Bu, işin bahanesi oldu. Yani 1933'te "Memuriyetin Yeniden Düzenlenmesi Kanunu" adı altında, yeni kurulan en yüksek iktidar mevkilerine şu ya da bu biçimde düşmanlık beslediği, bunu eleştirdiği bilinen ya da tahmin edilen bütün memurların, özellikle de Komünist, Sosyal Demokrat, Merkez Partisi ve Alman Demokrat Partisine yakın olanların; ayrıca "Ari ırktan" olmayanların, yani Yahudilerle yahudi soyundan gelenlerin memuriyetten süresiz olarak çıkarılmasına ve boşalan yerlerin de Nasyonal Sosyalist İşçi Partisinin "emektar" üyeleriyle doldurulmasına bir bahane. Bundan, yalnızca partililerin memuriyetlere atanması ve kariyerde yükselmesi sonucu doğmuştur. Nasyonal Sosyalist rejim sırasında uygulanan bu partiliyi kayırma tutumu, söz konusu rejim ortadan kaldırıldıktan sonra, bu kez de, "Nazilerden arındırma" hareketini doğurmuştur. Ve işte, bütün bu kötü deneyimlere rağmen, Federal Alman Cumhuriyetinde, hâlâ daha siyasî partiye bağlılık, yüksek memuriyetlere tayinde belirleyici kıstastır! Demek ki bu yolun sonuçlarını gerçi görmek mümkün, ama kavramak mümkün değil.

Hayatımı, burada anlattığım gibi, yönlendirebilmemi, işte bu "Çalışan Kazanır" sloganına borçlu olduğumu itiraf etmeliyim. "Altın 1920'ler" −Fransa'da daha isabetli olarak bu yıllara "Çılgın yıllar" diyorlardı− *kültürel* alandaki (edebiyat, bilim, teknik, müzik, tiyatro, film, kabare, resim ve heykel) büyük ve doruğa ulaşmış başarıları beraberinde getirmişti. Gerçekten de bu alanlarda "gayretlilere", "milletin soytarılarına" −özellikle de Rayh başkentinde− tüm kapılar ardına kadar açılmıştı.

Bu serpilip gelişme özgürlüğünün yer yer kötüye kullanıldığı da olmuştur. Ne var ki, buna şaşmamak gerek, çünkü özgürlük haklarının kötüye kullanılması, kamu hayatının pek çok alanında siyasî bağnazların aşırılıklarına yol açmıştır. Dünya savaşı yenilgisi nedeniyle zedelenen millî üstünlük duygusuna bir tepki olarak gelişen anti-semitik bir milliyetçilik, azgınca gazete kışkırtmalarında, "Yahudi" *Karl Liebknecht* ve *Rosa Lu-*

xemburg'un (15.1.1919); *Kurt Eisner*'in (21.2.1919); *Walter Rathenau*'nun (24.6.1922) ve Zentrum partisinin siyasetçilerinden *Matthias Erzberg*'in (23.3.1921) katledilmesi gibi siyasî cinayetlerde, ayrıca sayısız siyasî darbede (örneğin 1920 Mart 15'de Berlin'deki Kapp darbesi; 9 Kasım 1923'te Münih'deki Hitler darbesi) kendini göstermekteydi. Özel, kısmen de paramiliter birlikler, örneğin bir tarafta Stahlhelm, SA ve SS, öte tarafta da komünistlerin "Rotfront"u ile komünist olmayan solun "Reichsbanner Schwarz-Rot-Gold" örgütleri, hem salonlarda hem de sokaklarda çarpışıp durmaktaydı. 1919 ile 1933 yılları arasında birbirini izleyen hükümet bunalımları, Rayh hükümetinin tam yirmi bir kez yeniden kurulmasına ya da elemanlarını değiştirmesine yol açmıştır. Bunun nedeni, parlamentoda aşırı uç partileri yüzünden bir türlü çoğunluk sağlanamamasıydı. Bugünkü politikacılar ya da siyaset bilimcilerden hangisi şu gerçeği teslim edecek kadar dürüsttür: Weimar Anayasasının 48 inci maddesinde öngördüğü biçimde Rayh Başkanına "Notverordnungsrecht" tanınmamış olsaydı, Alman Rayh'ında hükümet etmek imkânsızlaşırdı, çünkü siyasî partiler ve bunların temsilcileri, parlamenter bir demokraside kendilerine düşen görevi kaldıracak olgunlukta değildiler. Üniversitelerde gerçi Rayh'ın kuruluş yıldönümü (18 Ocak 1871) akademik ihtişam içinde kutlanırdı, ama hocaların arasında olsun öğrenci birlikleri içinde olsun, Cumhuriyetten de, Anayasadan da, politik kurumlardan da, politikacılardan da büyük bir aşağılama ve horgörme ile söz edilirdi. Bu zehirli havayı bugün hatırlayan kim kaldı? Barmat'ın, Kutisker'in ve benzerlerinin yolaçtığı skandalları, o günkü adıyla ekonomik "dükalık"ların, yani büyük işletme tekellerinin ve tröstlerin kurulması, bugün kimin belleğindedir?

Evet, bireylerin, kuruluşların kendilerini geliştirme özgürlüğünü bu ve buna benzer biçimlerde kötüye kullanmaları engellenmeye çalışılmıştır, bunu kimse inkâr edemez. Ama alınan yasal ve idarî önlemler, ancak amaca uygun uygulanırlarsa ve enerjik bir biçimde hayata geçirilirlerse, etkili olabilirler. Oysa, işler tam da bu noktada aksıyordu. Sebepleri mi? Arkada yatan sebep ne olursa olsun insanların gafleti, başarısızlığı.

Eğer bugün (1981) özlemle "altın 1920'ler" den söz ediliyorsa, hatta Avrupa Konseyinin 1977'de başlattığı Berlin Kutlama Haftalarında, o günlerin kültür yaşamının parlak merkezi olduğu için Berlin'de törenler şölenler düzenlenerek o günler anılıyorsa, bu bir yanılgının ürünüdür; çünkü o parlaklık bir "Talmiglanz" (bakırla çinko karışımı yalancı altın pırıltısı) idi ve 1933'teki iktidar darbesinde de kendini tüketip gitti!*

---

* Aynı anlamda bir anlatım için bkz. *Fred Hildenbrand*, "... ich soll dich grüssen von Berlin. 1922-1923 Berliner Erinnerungen", Münich, 1966. Gene 1920'li yılların başka bir açıdan anlatımı için bkz. *Max Fürst*, Talisman Scheherzade. Die schwierigen zwanziger Jahre, 1976 (DTV 1978); Karl Korn, Lange Lehrzeit, Ein deutsches Leben, 1975 (DTV 1979).

İşte benim"çıraklık" yıllarım, 1920'deki Kapp darbesi ile 1933'teki iktidar darbesinin arasında kalan bu zaman dilimine rastlamıştır. Bundan sonraki sahifelerde o günlerimi anlatmaya çalışacağım. Okurdan ricam, anlatacaklarımı daima bu çizdiğim çerçeve içinde değerlendirmesidir.

2. Çıraklık Yılları

I.

Berlin'deki Kapp Darbesi
"Çelik miğferde gamalı haç,
Kara-ak-al şerit
Ehrhand Tugayı
Adımızdır, dedik."

13 Mart 1920 günü sabahın erken saatlerinde, beni Wetterau'nun Friedberg kentinden Rayh'ın başkentine getiren ekspres treni Potsdam İstasyonuna girdiğinde, karşılaştığım sesler işte bunlardı. Okul bitimiyle çıraklık döneminin başlangıcı arasındaki kısa süreyi bu kentte, anneannemin yanında geçirmek istiyordum. O güne kadar Berlin'in sadece resimlerden tanıdığım sanat ve doğa güzelliklerini bir bir gezmek için kendime ayrıntılı bir program yapmıştım.

Ama, gelgelelim, bu benim ilk Berlin ziyaretimin arka plânını oluşturan özellikler, sanat ve doğa yerine, askerî darbe ve genel grev gibi iç kapatıcı şeyler oldu. 12 Mart'ı 13 Mart'a bağlayan gece Ehrhandt Deniz Tugayı, General Lüttwitz'in emri üzerine Berlin'i işgal etmiş ve Rayh hükümetini devirmişti. Rayh Başkanı Ebert ve bakanları kentten zor kaçmışlardı. Generallandschaftsdirektor Kapp başkanlığında geçici bir hükümet kurulmuştu. Kentin dört bir yanına yapıştırılan çağrılarla Kapp hükümeti, halkı sükûnete, düzeni bozmamaya, Kapp-Lüttwitz hükümetinin buyruklarına uymaya çağırmaktaydı.

Henüz metrolar çalıştığından, Richard dayım - anneannem, dayımın ev işlerine bakıyordu - ve ben, Inselbrücke metro istasyonuna kadar metroyla gittik. Potsdam meydanına ve istasyona kıyasla burası son derece sakindi; adeta uykuda imiş izlenimini uyandırıyordu. İstasyonla Wallstrasse No. 25'teki ev arasında kalan kısa mesafeyi yayan yürüdük. Evde anneannem, olan bitenlerden habersiz - o zamanlar henüz radyo yoktu - bizi, "Berlin odası" denen odada hazırladığı kahvaltı başında bekliyordu. Pencereleri arka avluya bakan bu son derece geniş oda, o zaman Berlin'deki burjuva evlerinin tipik özelliğiydi. Caddeye bakan odalardan sokağın gürültüsü duyulduğu halde, "Berlin odasının" atmosferi, tek kelimeyle "huzurlu" idi. Arka avluda lâtarnasını döndüren çalgıcı hiç de rahatsız edici gelmezdi.

O günlerde caddeler oldukça huzursuzdu. Kapp ve Lüttwitz, sendikaların başlattığı genel grev üzerine, aradan daha beş gün geçmeden darbelerinin başarısızlığını teslim etmek zorunda kalarak 17 Martta yurtdışına kaçmış oldukları halde,* Rayh başkenti ancak yavaş yavaş normal hayata dönüyordu. İlk günlerde caddelere egemen olan görüntü, tüm önemli trafik noktalarında dikilen Ehrhardt tugayı nöbetçileri ve beyaz pazubentli gönüllü partililerdi. Daha sonraki günlerde ise, bu kez kırmızı pazubentli grev gözcüleri yolları doldurdu. İlk günlerde duvarlardaki afişlerde, darbecilerin siyasî yandaşlarınca çevreye atılan bildirilerde, kara-ak-al renkli çerçeve içinde Kapp-Lüttwitz hükümetinin çağrı ve buyrukları yer alırken, daha sonraları kırmızı ya da siyah-kırmızı-altın sarısı çerçeve içinde sendikaların ve yurt dışına kaçmış olan Rayh hükümetinin karşı çağırıları yer almaya başladı. Gösteriler, karşı gösteriler birbirini izliyordu. Berlin dışında olup bitenler hakkında lehte/aleyhte binbir söylenti alıp yürümüştü. Gazeteler sansürden geçiyordu. Gerçek durumu ve olayları aşağı-yukarı kestirebilmek için bu gazeteleri elinize aldığınızda, siyasî konumlarına göre, satırların arasını okumak zorundaydınız. Mağazaların camekânları tahtalarla çivilenmişti. Dükkânların da ancak bir kısmı, o da belli saatlerde olmak üzere, açılıyordu. Meydanlarla caddeler pislikten, çöpten, kâğıttan geçilmez olmuştu. Müzelerle galeriler kısmen ihtiyaten, kısmen de grev yüzünden kapalıydı. Sonuç olarak ben, bütün bu sanat hazinelerinin burnunun dibine kadar gelmiş olduğum halde, görmeyi o kadar arzuladığım bu eserlerin hemen hiç birini göremedim. Bir tek sefer operaya (Unter den Linden) gidebildim, ama, bu da üzerimde öyle büyük bir etki yaratmadı.

Hâlâ belleğimde kalan bir olay, Berlin'de yaptığım ilk gezintidir; daha sonraki yıllarda, özellikle de 1952-1967 arasında daha kaç kez böyle gezinti yapmak kısmetmiş! Bu ilk gezintiyi Krumme Lanke metro istasyonundan Grunewald ormanına yapmıştım. Benim gibi esas olarak kızılçamlarla köknarlara alışık bir Güney Almanyalı için, karımın Suab'lı ağzıyla dediği gibi "Stängele mit Wedele", yani tepesine tüy bağlanmış sırıklara benzeyen yüksek yüksek çam ağaçlarıyla doluydu bu orman. Kumlu toprak zeminde, küçük küçük birçok göl vardı. Grünewald ormanında gezintinin karşıtını ise Büyük ve Küçük Yıldız meydanları, Maillol At Binicisi ve Zafer Sütunu ile Tiergarten denilen parktaki gezinti oluşturuyordu. Unter den Linden caddesinde, Leipzig caddesinde, Friedrich caddesinde ya da

---

* Ehrhardt ise yurtdışına kaçmamış ve Almanya'da kalarak, kötü şöhretli O(rganisation) C(onsul) teşkilâtını kurmuştur. Erzberger'i ve Rathenau'yu öldüren katiller, bu teşkilâttan çıkmıdır. Ehrhardt, Nazi'ler onu da ortadan kaldırmak istediklerinde, ancak 30 Haziran 1934 tarihinde, Almanya'yı terketmiştir.

Alexander meydanında Brandenburg Kapısının altından geçerek yapacağınız gezintiler ise, burada cereyan edegelen siyasî olaylarla dolu olur, taşradan gelen ziyaretçiye kendi öz renklerini göstermezdi. Böylece aile ziyaretlerine bol bol vakit kalıyordu: Babamın en büyük ablası, Rosa Meyerhoff, yıllardır Berlin'de yaşamaktaydı. Friedberg'li yaşlı beyler kuşağı ve ailenin bir kısmı gerçi ona soğuk nevale adını takmışlardı ama, halam bana her zaman için sıcak davranmıştır. Ayrıca, eniştem Julius ve dört oğulları; Ernst, Franz, Fritz ve Walter'le de çok iyi geçinirdim. Hepsi de sık sık Friedberg'e gelirlerdi. Julius eniştem, stor ve perde satmak için; kuzenlerim ise okul tatili sırasında. Franz, Birinci Dünya Savaşı patladığında, Charlottenburg Teknik Üniversitesinde elektroteknik öğrencisiydi, derhal gönüllü olarak askere gitti ve Langemark yakınlarındaki ilk Flaman savaşında, bir hücum sırasında şehit düştü. O tarihe ait ordu raporlarının bildirdiğine göre, sadece gönüllülerden oluşan alaylar, dudaklarında "Deutschland, Deutschland über alles", İngiliz hatlarına saldırmışlar ve çoğu ölmüştü. Öteki üç kuzenim ise, savaşı nisbeten kazasız belâsız atlatmışlar, şimdi de ticaretle uğraşıyorlardı.

Ayrıca, o tarihlerde en sevgili kuzenim, Bad Nauheim'lı Margarethe Hirsch de, Kochstrasse'de Ullsteinhaus'da oturuyordu. Daha sonraları ona, abla dedim. Sırdaşı olduğum için, Vossische Zeitung gazetesinin ekonomi redaktörü olan amcası Elsberg'in yanına sürgüne gönderildiğini biliyordum. Sürgünün sebebi, kuzenimi "gözden ırak, gönülden ırak" ilkesi uyarınca bir erkekten uzaklaştırmaktı. Gel gör ki, bir yıl sonra gene de o adamla evlendi.

Annemin öbür akrabalarını da "dolaşmak" zorundaydım. Ama benim Berlin'e gelme sebebim, kapı kapı akraba gezmek değildi ki... 13 Mart'ta Berlin'e gelmiştim, bu arada 27 Mart olmuştu. Berlin, artık normal hayatına dönmüştü. Tam 1 Nisanda işbaşı yapmam gerektiğinde, Berlin'de geçirmeyi umduğum 19 günden geriye kala kala dört gün kalmış olduğunu hesapladım. 1 Nisan, Gründonnerstag'a rastlıyordu; bu günde bankalar, gişelerini öğle üzeri kapar, ancak Paskalyadan sonraki salı günü açarlardı. Demek ki, Paskalyadan sonraki salı işe başlayacak olursam –diye düşünüyordum– Berlin'de beş gün daha kalabilirim ve Kapp darbesi yüzünden kaçırdıklarımın bir kısmını olsun telâfi edebilirim. Gelecekteki patronumun anlayış göstereceğini ve yeğenine bu beş günü çok görmeyeceğini umuyordum. Bu amaçla babama telefon ettim ve aracılık yapmasını istedim.

Müstakbel ustamın cevabı aynen şöyle oldu: "Ya öteki iki çırak gibi 1 Nisan günü işbaşı yapar ya da hiç gelmez. Ona özel muamele yapamayız".

Bu mantıklı cevap karşısında diyecek sözüm yoktu. İş ilişkisi ile akrabalık ilişkisini birbirinden ayırmam gerektiği uyarısını almıştım ve ilk kez olarak da, hayat okulunun resmî okullardan daha zor olduğunu kavramıştım.

Böylece 31 Mart 1920 akşamı Berlin'den ayrıldım. Berlin, bende bir dünya kenti, bir metropol tadı bırakacak yerde, sağ radikal bir askerî darbenin ve bu darbenin sendikaların siyasî genel greviyle kırılmasının sergilendiği bir sahne izlenimi bırakmıştı.

II.

Kopya Presi

"E Fremder is immer von ausserhalb" (Dışarıdan gelen herkes yabancıdır) diyen yazar, yerel ozan *Friedrich Stoltze*. Geçtiğimiz yüzyılın ikinci yarısında Frankfurt ağzıyla kaleme aldığı öykü ve şiirler, bizim yüzyılın başlarında da, *Stolze*'nin doğup büyüdüğü yer olan Frankfurt'ta dillerden düşmemiştir. Bu zuhurat şiirleri ve kısa öykülerde, 1866'ya kadar Özgür Rayh kenti olarak kalan Frankfurt'un ticaret hayatındaki güçlü Yahudi etkisiyle de oluşan kendine özgü havası ve renkleri, gene Frankfurt ağzından yansıtılmıştı; bunun dışında da evrensel insanî zaaf ve durumlar, taklit edilemeyecek kadar isabetli bir tarzda dile getirilmişti. Friedberg çocuğu olarak, aşağı yukarı 30 km uzaklıktaki Frankfurt'tan bakılacak olursa, "ne de olsa hemşehri" sayılırdım. Dolayısıyla, bizim evde de "Stoltze" sırf kitap dolabında durmakla kalmaz, dizeleri ve öyküleriyle gündelik yaşamı neşelendirir, aynı zamanda da bizi düşündürürdü.

Manifaturacı dükkanımız olduğundan olacak babam, "*David und seiner Kapp*" öyküsünü bana o kadar çok okumuştu ki, daha çocukken bile yer yer ezbere öğrenmiştim. İşte gün gelmiş, bu öykü benim için canlı gerçeğin takendisi oluvermişti. Bu gerçek, yukarıda bir yerde de andığım şu başlangıç satırlarında pek isabetle dile getirilmekteydi.

"Der David sollt e Kaufmann weern
Es dhat em net behage..."
"David'i tüccar yapmak istediler,
Ama o hiç mi hiç istemiyordu..."

Bu nedenle, ileriyedeki sahifelerde, olayın, bir çeşit "fon müziği" olarak, bu "Die Kapp" öyküsüne değinmemi, bazı yerlerini de kelimesi kelimesine aktarmamı bağışlamanızı dilerim.

"Bak hele, David gelmiş!" dedi. Lärmeschläger kardeşler ve avazları çıktığı kadar seslendiler dışarı: "Bay Worms ya da Bay Speier" - demelerine kalmadan ikisi birden koşup geldi, bir ağızdan: "Buyrun, emriniz?" dediler. Bunun üzerine Lärmeschläger kardeşler, "işte bu bizim yeni çırak, adı David" dediler, "alın bunu Kayıt Bürosuna götürün, *kopya defterinin* başına koyun".

İşte, çiçeği burnunda çırak adayı 1 Nisan 1920 günü, saat tam 9'da staja başlamak üzere Frankfurt am Main'deki Otto Hirsch und Co. bankercilik şirketi sahibinin huzuruna çıktığında; kelimesi kelimesine olmamakla birlikte, içerik, ifade ve kullanılan Frankfurt ağzı bakımından aynen böyle karşılanmış, selâmlanmış, takdim edilmiş ve işinin başına böyle gönderilmişti. O da, aynen "alınıp kayıt bürosuna götürülmüş, *kopya defterinin* başına konmuş"tu. Bu kopya defteri olayının yabancısı değildim; babamın dükkânında da kopya presini sık sık ben kullandığımdan, bu usulü tanıyordum. Ticaret Kanununun o tarihlerde tüm ticarî kuruluşların uyması gereken; bugün bile, teknik nedeniyle kısmen değişmiş bir biçimde de olsa, hâlâ geçerliliğini koruyan bir maddesi, kopya defterine dayanak oluşturmaktaydı. Söz konusu maddeye uyulmadığı taktirde, tüccarın iflâsı halinde, hileli iflâs iddiasıyla ağır ceza verilirdi. Bu kanun düzenlemesinden de anlaşılacağı üzere kopya defteri, bir tüccarın önemli "ticaret defterlerinden" biriydi, çünkü ticarethanenin göndermiş olduğu tüm iş mektuplarının orijinale uyan kopyalarını içeriyordu. Bu mektuplar, ya kopya kalemi ya da kopya mürekkebi ile el yazısıyla hazırlanır, ya da yazı makinesinde kopya çıkarmaya elverişli renkli şeritle yazılır, bu ciltli defterin saydam, numaralı sahifelerinde kopyaları çıkarılır ve muhtemel hukukî anlaşmazlıklarda en önemli kanıt malzemesini oluştururlardı.

Muhasebecilik tekniğinin gelişmesi sonucu eskimiş sayılan bu kopya defteri usulü, o zamanlar (1920) henüz ticaret hukuku açısından zorunlu olmakla birlikte, vergi hukuku açısından gönderilen ticarî mektupların orijinaline uygun herhangi bir tekrarının (yani ister kopya, ister elle ister baskıyla çıkarılmış bir suret ya da mektup içeriğinin dayanıklı bir nüshasının) söz konusu mektup postaya verilmeden önce hazırlanarak, elde tutulması ve düzgün bir biçimde muhafazası yeterliydi.

Bu nedenle, gelen-giden muhaberatın asıllarıyla suretlerinin alfabetik sırayla dizilmiş dosyalar içinde raflarda durduğu bu odaya verilen ismiyle Kayıt Bürosu ya da "sevkiyat dairesi"nden içeri ayak attığımda, ilk gözüme ilişen şey, yeni moda *kopya aracı* olmuştur. Bu araç, elle ya da elektrik akımıyla çalışan bir silindirden ibaretti; silindire saydam bir kâğıt rulo geçirilmiş olup kopyası çıkarılacak olan yazı, bu ruloya başka bir sert lâstik silindirle bastırılır ve böylece elde edilen otomatik olarak da rulodan kopan kopyası ile birlikte bir sepette toplanırdı.

Bu aracı gördüğümde, sımsıkı kenetlenmiş dişlerimin arasından, tıpkı David gibi: "Ama ben gene de üniversiteye devam edeceğim" diye mırıldandım ve büro şefinin bana "kayıt", "kopya", "irsaliye" işlemleri hakkındaki açıklamalarını kemal-i sabırla dinledim. Şefim, cepheden savaş malûlü olarak başçavuş rütbesiyle dönmüştü. Vazifeşinaslık ve dakiklik kavramları sanki ete kemiğe bürünüp, onun kişiliğinde somutlaşmışlardı, gelgelelim genç bir erkeğe, hele bu erkek bir de patronun yeğeniyse, nasıl davranması gerektiğini bir türlü kestiremedi adamcağız. Ne ki, benim geçimli hem de becerikli bir genç olduğumu, işi çabuk kavradığımı, Ne, Nasıl, Nerede'yi hızla söktüğümü farkettiğinde, bu ilk çekingenliğini üzerinden attı. Böylece, 1920 Gründonnerstag'ındaki ilk çıraklık günümün öğle saatine, dolayısıyla da bankanın kapanışına kadarki süresi çabucak doldu ve ben, öyleyin saat 1'de Paskalya tatilini geçirmek üzere Friedberg'deki annemle babamın yanına yola çıktım.

1920 yılı 6 Nisanında, yani Paskalya'dan sonraki salı günü sabah treni, öteberimle birlikte beni yeniden Frankfurt'a getirdi. Bundan böyle Frankfurt'ta "möblierter Herr" olarak, yani mobilyalı bir odada oturacaktım. Hayatımın bu yeni dönemine başlangıcı, bana biraz olsun kolaylaştırmak amacıyla benimle birlikte Frankfurt'a gelmiş olan babamın eşliğinde, Frankfurt Garından çıkıp da tramvay durağına doğru ilerlediğimde, istasyon meydanında baştanbaşa makineli tüfeklerin dizili durduğunu gördüm. Ateşe hazır bu silâhların başında Fransız askerleri bekliyordu. Ateşkes koşulları ve Versay Antlaşmasına göre, Mainz yakınlarındaki bir köprü başını onbeş yıl süreyle işgal altında tutma hakkını kazanmış olan Fransızlar, yarım daire biçimindeki köprübaşının kendilerine düşen yarıçapının merkez noktasını yeniden tespit etmişler, fırsat fırsattır diye de öyle ileri doğru kaydırmışlardır ki, Frankfurt kent merkezinin bir kısmı, ana gar binası da dahil olmak üzere, bu köprübaşının kapsamına girer olmuştu. Bu yeni hesaba dayanarak, daha önceden hiçbir haber vermeksizin, geceleyin gelmiş, Frankfurt'un güya kendi paylarına düşen kısmını kestirmeden işgal edivermişlerdi.

Böylece, üç hafta kadar önce Berlin'de karşılaşmış olduğum duruma -en azından dış görünüş itibariyle- benzeyen bir durumla burun buruna gelmiştim. Aradaki fark, burada makineli tüfeklerin ardında duran askerlerin Birinci Dünya Savaşı sırasında düşmanımız olan bir devletin askerleri olması, halkın da sakin davranmasıydı. Zaten söz konusu durum, daha ilk itirazlar üzerine kaldırılacak olan bir "occupatio pacifica" olduğundan kent içi trafiği engellenmemişti. Dolayısıyla biz de, hiçbir güçlükle karşılaşmaksızın Mendelssohnstrasse No. 94'deki eve (Bockenheim karayolunun hemen yakınında bir ev) varabildik. Eşyalarımı, benim için hazırlanmış olan odaya bıraktık. Bundan sonra da yola düşüp Neue Mainzer Strasse No. 56'daki banka binasına geldik. Buraya vardığımızda, babam *"Geldiğin yeri unutma sakın"* sözleriyle benimle vedalaştı, elimi sıktı ve beni meslek hayatına, daha doğrusu bu hayatın çırak olarak geçirmem gereken ilk aşamasına saldı.

Otto Hirsch & Co. Bankası, yakın çevresinde telgraf adresine uygun bir biçimde "Ohaco" diye anılırdı. Bu özel banka, bir komandit şirketti; kişisel sorumluluk taşıyan yegâne ortak da amcamdı, yani babamın en küçük kardeşi Otto. Otto amcam, kendi bağımsız işini kurmadan önce, Frankfurt'un tanınmış ve saygın özel bankalarından olan Ernst Wertheimer & Co.'da borsa temsilcisi ve ticarî mümessil olarak çalışmıştı. Bankanın komanditeri ise, o günkü büyük Alman bankalarından Darmstädter & Nationalbank'dı. Bir çeşit güvenilir kişi olarak, kredi işlemlerinde, müdürler katının deneyimli bir üyesi olarak görev yapıyordu ve tekbaşına imza yetkisine haizdi.

Kasa, menkul kıymetler ve borsa bölümlerinde, Wertheimer & Co. firmasından amcamla birlikte ayrılmış olan işbilir elemanlar çalışıyordu. Çıraklık döneminin başlangıcında banka personeli 20 kişi kadardı, sonra, 1923 sonbaharına tesadüf eden enflasyonun doruğa ulaştığı günlerde bu sayı 160 dolaylarını buldu. 1924 para reformunu izleyen ilk yıllarda ise bu sayı başlangıçta hızla, sonraları ise yavaş yavaş düşerek önceki miktara indi. "Kara Cuma" gününde (29 Ekim 1929) Darmstädter & Nationalbank veznelerini kapamak zorunda kaldığında, komanditeri olan özel Otto Hirsch & Co. bankası da ödemeleri durdurmuş ve alacaklılarla bir konkordato aktetmiştir.

Carî hesap sahibi müşterilerin büyük çoğunluğu da gene Ernst Wertheimer & Co. firmasından yeni işletmeye devrolmuştu. Özellikle de iş ilişkilerinin, yeni bankanın sahibine duyulan kişisel güvene dayandığı hallerde. 1920-23 enflasyon yıllarında borsa spekülasyonlarının artmasıyla birlikte, carî hesap sahiplerinin sayısı, nispetsiz bir biçimde büyümüş, bunun sonucunda da, yukarıda da değindiğimiz gibi personel sayısında şişme baş göstermişti. Ohaco'nun uzmanlık alanı borsa spekülasyonu idi. Bankanın işlerinin esasını, hem kendi hesabına hem de müşteriler hesabına yürütülen hisse ve döviz spekülasyonları oluşturuyordu. Buna karşılık, normal olarak bir bankanın iktisadî temeli sayılan mevduat muameleleri ise, hemen hemen yok denecek kadar azdı. Bizzat patronunun yanı sıra üç borsa coberi de tipik, kendilerini kabul ettirmiş kurt borsacılardı. İşlerini iyi biliyor, iyi para kazanıyorlardı. Buna karşılık münferit ticarî işletmelerin nevi değiştirme yolu ile anonim şirkete dönüşmesi hemen hemen bütün branşlarda kötü cereyan ediyordu. Çünkü, bilançoların dehşet verici tarzda şişmiş olan sayıları, ilk defa 1924/1925 yıllarında altın Mark esasına göre düzenlenmiş bulunan açılış bilançolarında ortaya çıktığı üzere, aktiflerin gerçek değerlerinin karşılığı değildi. Nevi değişikliği yolu ile kurulan bu şirketlerin hisse senetlerinin borsada resmî borsa işlemi görmesine izin verilmemesine, bunlar sadece serbest işlem denilen işlemlere konu olmalarına rağmen, söz konusu hisse senetleri spekülasyon peşinde koşan müşterilere tavsiye ediliyordu. Gittikçe artan piyasanın tahrik edilmiş satın alma gücü ile hisse senetleri yükseliyor, müşteriler hiç olmazsa rakamsal olarak "ucuz" aldıkları hisse senetlerini bir süre sonra "yüksek" kurdan satıyor ve bu suretle görünüşte yüksek "kazanç" sağlıyorlardı. Ancak "yüksek satış" hasılatı, dolar kuruna dönüştürüldüğünde, bunun elde etme değerinden esaslı şekilde düşük olduğu saptanıyordu. Kazanılan kâğıt para kârını gecikmeksizin nesnel değerlere yatırmayı başaranlar varlık sahibi olabiliyordu; bunu beceremeyenler ise malvarlıklarının gerçek değerini yitiriyorlardı. Enflasyonun o yıllarında halk "spekülasyon ateşi"ne düşmüştü. Para değerindeki kayıp buna uygun bir şekilde fiyat artışlarında ifadesini buluyordu. Üretim ve toptan ticarette, piyasa uluslararası fiyatlara sıkı sıkıya bağlı olduğundan para değeri her gün hatta her saat düşüyordu; perakende satışlarda ise, fiyat kontrolüne ilişkin hükümler dolayısıyle fiyatlar daha ağır yükseliyor, bu da malların cevher değerine ayrı bir darbe oluşturuyordu. Özellikle hizmet edimlerine ilişkin faaliyetlerde artışlar adeta atlayarak vuku bulan düşüşleri izleyemiyordu. Bu sebeple istisnasız her temizleyici kadın, ihtiyaç maddelerine yetmeyen parasına birşeyler katabilmek için borsada spekülasyon yapmak zorunda kalıyordu. Ancak bu durumu bilenler, o tarihteki borsa işlemleri cirosuna ilişkin baş döndürücü sayıları kavrayabilirlerdi.

Borsa işlemleri cirosunun yükseldiği oranda, o şiddette, bunun için ödenen banka aracılık komisyonu ve Borsa İşlemi Vergisi dolayısıyle Maliyeye verilen meblağ da artıyordu. Satın alma veya satma komisyonu ile ilgili sözleşmenin yapılması ile müşteri anında bu vergiyi yükleniyordu. Ancak, hafızam beni yanıltmıyorsa, bankalar bu vergiyi üç ayda bir Maliyeye yatırdıkları için bu faizsiz "ödünç"ü kendi hesaplarına spekülasyon konusu yapıyorladı. Bu defa da para değerindeki kayıp Devletin zararına oluyordu.

Borsa işlemleri vergisinin tarhı da o tarihlerde çok hantaldı ve ayrıntılı işlemleri gerektiriyordu: Banka her komisyon işlemi için bir "inikat notu"nu, kopyalı olarak elle düzenlemeli, bunun orijinalini, hesapla birlikte müşteriye göndermeli, bir kopyasını da vergi dairesinin işletmeyi kontrolü sırasında sunulmak üzere koçana bağlı olarak kendisinde tutmalıydı. Bu "inikat notu" işlemin yapılmasından itibaren üç gün içinde düzenlenmeliydi, aksi halde cezası ağırdı. Cirolar yükseldikçe bu yazılı belge hazırlanması o oranda kapsamlı ve yoğun hale geliyor ve bunun sonucu olarak da aynı oranda, bunları süratle kavrayacak okullu, hiç olmazsa, "becerikli" personele ihtiyaç duyuluyordu.

Bu alandaki eğitimsizliğine rağmen gayet becerikli olan personele çok geçmeden ben de katıldım. Çıraklık günlerimin başında bir akşam üstü, patronun dairesine çağırılıp "berbat" elyazım yüzünden epeyi papara yediğim halde! Bu azara yol açan, üzerini kendi elyazımla yazmış olduğum bir mektup zarfıydı. Daha önce de sözünü etmiş olduğum gibi, çıraklığıma "Evrak kayıt ve sevkiyat" bölümünde başlamış olduğumdan, görevim, sadece gelen mektup ve evrakı dosyalarına kaldırmakla bitmiyordu. Aynı zamanda bizim gönderdiğimiz ve imzalanmış yazıların da, kopya aracında kopyalarını çıkarmak, elimle zarfların üzerini yazmak ve zarflara gerekli pulu yapıştırmak da benim işimdi. Gene böyle üzerine kendi elimle adres yazmış olduğum bir zarfa koyarak postalanmaya hazır hale getirdiğim bir mektup, patron tarafından, benim bilmediğim bir sebepten ötürü son dakikada durduruldu ve geri istendi. "Bana bak" diye gürledi patronum, "ya bir ay içerisinde elyazını düzeltirsin ya da çekip gidersin". İşte böylece, çirkin elyazım sayesinde birdenbire karşıma bir fırsat çıkmıştı. Öyküdeki David'in mektupların kopyasını çıkarırken ya da mektupları gönderirken bile işlediği binbir hataya rağmen bir türlü ele geçiremediği bir fırsat. Oysa David de "işten kovulmaya can atıyordu".

Peki, ne yapacaktım? İşi "kovulma" reddesine vardıracak mıydım? Babam ne derdi? "Geldiğin yeri unutma sakın" diye nasihat etmişti bana. Ağzımdan bir kez A çıkmıştı, B'yi de söylemem gerekiyordu. İşte bu düşüncelerle, emekli bir öğretmenden güzel yazı dersi almaya karar verdim. Bu iş için, bir ay süreyle öğle tatilimin yarısını feda ettim. Öğleyin saat 1 oldu mu, ilkin Opera Meydanındaki "Henninger" lokantasına koşar, yemek listesindeki en ucuz yemek hangisiyse onu mideye indirirdim. Gerçi yediklerim genç bir adamı doyurmaktan uzaktı, ama 1920 ilkbaharında 90 feniğe lokantadan çıkardım. Sonra Nordend semtine yazı öğretmenine gider, saat tam 3'te gene işimin başında olurdum. Bütün bu koşuşma sonunda iğne ipliğe döndüğümü, hafta sonunu geçirmek üzere Cumartesi öğleden sonraları annemlere epey hırpalanmış olarak vardığımı tahmin zor olmasa gerek. Ne var ki, sonuç bütün bu zahmetlere değmişti. Lâtin harflerini adam gibi yazar oldum; bugün bile elyazım hem kendi gözüme hoş gelir, hem de elimle yazdığım mektupları alanlar, bilmece çözmek zorunda kalmazlar.

Evrak kayıt ve sevkiyat dairesindeki faaliyetimden kazancım, elbette ki, sadece düzgün bir elyazısıyla kalmadı. Müşterilerin ve iş ilişkisi içinde bulunduğumuz kişilerin isimleriyle firmaların yanısıra, olağan çerçevenin dışına çıkan ve patronun ve vekilinin mektuplarında dile gelen çeşitli olayları da öğrendim. "Seni ilgilendirmese de, okuman gerekmese de, eline geçen herşeyi oku" demişti babam, "ama okuduklarını kendine sakla". Babamın bu sözünü tuttum ve hiç bir zaman pişman olmadım.

Maliye kusur bulmasın diye mutlaka o gün bitirilmesi gereken, dolayısıyla da akşam geç saatlere kadar süren bordroların yazılışı sırasında, borsa ticaretinin konusu olan değerli kâğıtların isimlerini, oyun oynar gibi, öğrenmiştim. Bu sayede, bir bankacı çırağının geçmesi gereken çeşitli aşamaların hiçbirinde bu açıdan zorluk çekmedim. Vezne, menkul kıymetler, yabancı nakitler, carî hesaplar muhasebe servisi, muhaberat servisi ve nihayet borsa işlemleri bölümü. Ayrıntılara girmesem de olur. Çalıştığım her serviste anlayışlı ve öğretmeye hazır "banka memurları" ile karşılaştım. O zamanlar, özel bankalarda çalışanlara "banka memuru" denirdi. Ben de, sessiz sedasız ve hiç bir "ayrıcalık" talep etmeksizin işletmenin işleyişine ayak uydurur, benden yardım istendiğinde hiç yüksünmeden yardıma koşardım. Hiç bir şekilde oyun bozanlık yapmadığım, böbürlenmediğim için de, tüm çalışanların saygısını ve sevgisini kazanmıştım. Birbuçuk yıl sonra çıraklık sürem doldu. 1 Ekim 1921 tarihinde elime şu belgeyi verdiler:

"Friedberg i/Hessen'den Bay Ernst Hirsch, yanımızda 1 Nisan 1920 tarihinde öğrenimine başlamış olup, bu öğrenimi bugün bitti. Kendisi bu süre içinde, aynı zamanda üniversiteye de devam ettiği halde, bankacılığın bütün bölümlerini öğrenmiş ve görev yaptığı her bölümde, işi çabuk kavraması sonucu, son derece yararlı olmuştur. Örnek alınacak çalışma disiplini, güvenilirliği ve işine karşı gösterdiği ilgi, ileride kendisinden büyük başarılar bekleme hakkını bize vermektedir.

Üniversite öğrenimi nedeniyle bankamızdaki çalışmasına, –geçici de olsa– ara vermek zorunda kalmasını üzüntüyle karşılıyoruz. Kapılarımız kendisine her zaman açıktır.

Bundan sonraki hayatında başarılar dileriz.
(İmza) Otto Hirsch & CO."

Böylece bankacı çıraklığım bitmişti. Ekonomik olgular ve ilişkiler konusunda pek çok bilgi edinmiş, pek çok ticarî ve teknik beceri kazanmıştım. Nitekim bütün bu bilgileri ileride ticaret hukuku hocası ve yargıç olarak sürdürdüğüm meslek hayatımda her zaman işime yaramıştır. Ama aynı zamanda şu gerçeği de kavramıştım: Asla borsacı olamazdım ben. Borsacılığa karşı içimde zerrece heves, istek yoktu. Ne diyordu Kapp öyküsü?

"Bu iş onu hiç, ama hiç açmamıştı!"

3. Hem Çalışıp Hem Okurken

Yukarıda aldığım çıraklık belgesinde, çıraklığım süresince eğitimimi de sürdürdüğüm, bundan dolayı da, bankadaki işimden geçici olarak ayrıldığım yazılı. Bu bilgi -biçimsel olarak- doğrudur, ama somut olarak iki noktada gerçeğe tam uymaz.

Gerçi Frankfurt (Main) Üniversitesinde 1920 yaz sömestresi için kayıt yaptırmış ve ilk üç sömestrede de Ekonomi ve Sosyal Bilimler Fakültesine öğrenci olarak yazılmıştım. Nitekim Frankfurt Üniversitesinden aldığım 17.3.1922 tarihli çıkış belgesinde, ekteki öğrenci karnesinde sıralanan derslerin kayıtlarını yönetmeliğe uygun olarak yaptırdım. Bu doğruydu.

Derslerin başında ve gereğinde sonunda yaptırılan kayıtlar bunu kanıtlamıştır. Ama sahiden "sürdürmüş müydüm" bakalım, eğitimi mi? Bankadaki çıraklık sürem dolduktan sonra, vaktiyle *başlanmış bu eğitimi* mi sonuna kadar götürecektim? Hayır, efendim. Aslına bakarsanız, üç sömestre boyunca "hem çalışan hem okuyan bir öğrenci" hayatı yaşamıştım ben. Yüksek öğrenim masraflarını böyle kendisi çalışarak karşılayan, yani hem geçimini hem de dar anlamıyla öğrenim masraflarını (harçlar, ücretler, pratiklere ve ders kitaplarına ödenen paralar gibi) öğrenimin yanısıra, yani *öğrenimiyle aynı zamanda* çalışarak sağlayan öğrencilere, o zamanlar, "Werkstudent" (emekçi öğrenci) denirdi. Özellikle Birinci Dünya Savaşını izleyen yıllarda, İkinci Dünya Savaşından sonra da, bu tür "kendi kendini finanse etme" yöntemi önemli bir yer tutuyordu. Çünkü savaş sonucunda ve savaş sonrası yıllarda yoksullaşmış olan ana-babaların çocuklarının yüksek öğrenim masraflarını karşılayacak paraları yoktu, özel ya da kamusal vakıflar ancak pek ender durumlarda burs veriyorlardı ve kamu hukukunca garantilenmiş "geçim yardımı parası" ya da "Öğrenim Teşvik Parası" hakkı olmadığı gibi, 1956'da Bad Honnef'te karara bağlanan, o gün bugündür de "Honnef Modeli" diye adlandırılan türden, üniversite öğrencilerini teşvik bursları, söz konusu tarihten önce, yoktu.

Böyle bir emekçi öğrenci olarak, bankadaki işim fazla mesailer yüzünden arttığı oranda üniversitede az görünür olmuştum. İşin başında, üniversiteye kayıt yaptırdığımı gizlemiş, sadece birkaç dil kursuna katılmaktan söz etmiştim. Bir bankacı olarak eğitilmemde bu kursların, tıpkı lise diploması olmayan çırakların devam etmesi gereken yetiştirme kursları kadar zorunlu olduğu gerekçesiyle, normal çalışma süresi içinde, bu iş için gerekli birkaç saatlik izni kolayca koparabiliyordum. Bunun dışında ise, sabahları 9'dan önce ya da akşamları, iş paydosundan sonra yapılacak derslere düzensizce girmekten başka birşey gelmiyordu elimden. Fakat, bu sabah ve akşam saatlerinde benim kayıt yaptırdığım hukuk ve ekonomiye giriş derslerinin hiçbirisi yoktu, sadece bir-iki yan ders vardı.

Kuşkusuz, bilimsel bir öğrenim, sırf derslere ve benzeri seminerlere girmekten ibaret değildir. Bunlar sadece uyarıcı nitelik taşırlar, amaca uygun yolları gösterirler, o bilim alanına özgü düşünme metodlarını ve çalışma tekniklerini aktarır, ayrıca hocanın da kişiliği aracılığıyla, öğrencinin "akademik" biçimlenmesini ve yetiştirilmesini etkiler. Yüksek öğrenimde öğretim metodlarını düzeltme çabalarına ve binbir çeşit öğretim ve öğrenim makine ve araçlarının kullanılmasına karşın, bir "Nürnberg Hunisi" yoktur. Eninde sonunda mesele gelir, öğrencinin kendi çabasına, kelimenin tam anlamıyla "studere" = cefa çekmesine, yorulmasına dayanır; yani öğrencinin çalışkanlık derecesi, sebatkârlığı, yetenekleri ve zihinsel olgunluğu tayin edici rol oynar. O günlerde pekçok öğrenci, öğrenim özgürlüğü kavramından, *öğrenme* değil de, *öğrenmeme* özgürlüğünü anlıyordu, bugün de hâlâ öyledir. Bu öğrenciler, tıpkı bir kölenin ahlâk anlayışına yakışır biçimde, ancak ve ancak sınav zoruyla, kırbaç altında çalışırlar. Daha geçenlerde aşırı uçlarda yer alan siyasî öğrenci grupları, sınav zorunluluğunu kaldırma talebinde bulunmaya kalkışmışlardı. Her üç kategoride de, yani öğrenci, asistan ve üniversite hocası sıfatıyla bir akademik "yurttaş" olarak geride bıraktığım elli yılın deneyimi bana göstermiştir ki, bir sınavın anlam ve amacı, o sınav için yerinde ve yeterli bir hazırlık yapmaya zorlamasında yatar. Her kim ki, sınavları kaldırmak ya da kısıtlamak, kolaylaştırmak niyetindedir, hem tek tek öğrencilere hem de kamuya kötülük etmiş olur: Öğrenci, yetersiz bilgilerle eksik donatılmış olarak meslek hayatına salıverilecek, açıklarını kapamaya, eksiklerini gidermeye bir türlü zaman bulamayacaktır. Kamu ise, meslekî bilgilerin giderek düşen düzeyinden zarar görecektir. Tek tek bilimlerin seviyesi düşer ve buna paralel olarak, ulusal ve uluslarüstü ekonomilerin yarısında, bilimsel araştırmalar, bu araştırmalar temelinde yükselen bilimsel donanım ve buna bağlı olan bilimsel bilgi ve teknikleri pratikte uygulama yeteneği ile, bütün bunların temelinde yükselen ülke ekonomisi, başka ülkelerin ekonomilerine kıyasla gittikçe öyle geriler ki, bu, içinde yaşadığımız çağda bizimki gibi bir sanayi toplumu için feci sonuçlar doğurur. 1920'lerin sloganı "Freie Bahn dem Tüchtigen" "çalışan kazanır" idi. Babadan oğula miras yoluyla geçen soyluluk, feodal çağlardan kalma soyluluk imtiyazları, kanun eliyle kaldırılmıştı. Milletin hayatında doğuştan soylulara (Geburtsadel) değil, başarılarıyla kendilerini kanıtlayanlara (Leistungsadel) öncelik tanınacaktı. Toplumsal-kültürel hayatın her alanında üstün başarı gösterenlerden yeni bir seçkinler zümresi oluşturmak, o günlerde sık sık tekrarlanan bir hedefti. Bunun üniversitelere etkisi, öğrenimlerinin yanısıra çalışarak ekmek paralarını kazanan, "emekçi öğrencilerin", bitirme sınavına kadar zorunlu olan asgarî sömestre sayısını aşmadıkları ya da pek az aştıkları halde, sınavlarda en iyi sonuçları elde etmeleri olmuştur. Nitekim ekonomik nedenlerle mümkün mertebe hızla akademik bir mesleği icra etmeye başlamak ve bunun için zorunlu olan sınav bilgilerini, normal üniversite ders saatleri dışında yoğun kişisel çalışmalarla kazanmak gibi çifte zorunluluk altındaki bu gençler, o günkü enflasyon şartlarının yol açtığı berbat ekonomik durumlarına rağmen, öyle başarılar kazanıyorlardı ki, bunları bugünün burslar ve yardımlarla şımartılmış öğrenci nesillerinin sadece bir refah toplumunun ekonomik şartlarının mümkün kılabileceği türden, gereğinden fazla uzatılmış öğrenim süresi içinde başardıklarıyla kıyaslamak dahi, abestir.

Ben de, söz konusu bu çifte baskının altında ezilmekteydim; yani, bir yandan mümkün olan en kısa zamanda öğrenimimi bitirmek, öte yandan da üniversite öğrenimi için öngörülen asgarî sömestre sayısının yalnızca bir bölümünde, üniversitenin sunduğu derslerden, seminerlerden istifade edebilmek. Çıralık süremin sonlarında ortaya çıkan şu durum, bunu zorunlu kılmıştı.

Daha önce de sözünü ettiğim gibi, işin başında, üniversiteye yazıldığımı gizli tutmuş, sadece üniversitede dil derslerine devam ettiğimi söylemiştim. Fakat, çıraklığım boyunca, başka bir yerde yeniden değineceğim bazı kişisel durumlardan ötürü, gerçek ortaya çıkmıştı. Kesin kararım olan "ich studier der Wissenschafte awwer doch" (ben, gene de ilim yapacağım), ergeç kendini belli etmişti. Çıraklık süremin sonuna doğru, ustayla çırak, daha doğrusu amcayla yeğen aralarında bir uzlaşmaya vardılar. Nitekim bu uzlaşma, çıraklık belgemin ikinci paragrafında şu sözlerle dile getirilmiştir: "Kendisinin öğrenimini sürdürmesi nedeniyle işyerimizde memur olarak faaliyetlerine şu sırada son vermek zorunda olduğumuz için fevkalâde üzgünüz; kendisine kapılarımız her zaman için açıktır". Sözleşmemize uygun olarak, oradaki resmî görevimden, üniversiteye devam edebilmek amacıyla ayrılmıştım, fakat, sömestre boyunca boş saatlerimde, sömestre tatillerinde de olanaklar elverdikçe hergün, bankanın serbest bir çalışanı olarak banka işinde çalışmayı sürdürmeye karar vermiştim. Bunun karşılığında bana, bir banka memurunun maaşı tutarında bir burs verilecekti. Bu anlaşmada tarafların uyuştuğu "ortak iş temeli", benim 2 1/2 yıl zarfında, yani okuduğum üç sömestreye ilâveten beş sömestre daha üniversitede okuduktan sonra, bir akademik ünvana kavuşacağım ve bundan sonra, görünüşte memur hüviyetiyle, gerçekte Otto Hirsch and Co. Bankasında patronun "junior"u olarak işe dört elle sarılacağım varsayımı idi. Yani, de facto olarak, tahsil hayatımın geri kalan bölümünde de "çalışıp okuyan öğrenci" olma niteliğimi sürdürecektim; tabiî durumum artık daha serbestti. Fakat, bu kısa süre içinde, yani 1 Nisan 1924'e kadar, ne yapıp edip akademik bir ünvana kavuşmak zorundaydım. Dr. rer. pol. ünvanını kazanmak için önce iktisat ya da işletmecilik öğrenimini bir diploma sınavıyla tamamlamak, bunun ardından da birkaç sömestre daha okumak gerekiyordu. Dolayısıyla ben de Ekonomi ve Sosyal Bilimler Fakültesinden kaydımı alarak Hukuk Fakültesine nakletmeye karar verdim. Yedi sömestrelik asgarî tahsil süresi (bunun üç sömestresini zaten okumuştum, bunu saydıracağımı hesaplıyordum) sonunda verilmesi gerekli olan birinci devlet hukuk sınavına kendi memleketim olan Hessen'de girmeye ve mahkemeye de Referendar olarak pratik hazırlık hizmeti yapmaksızın, doğrudan doğruya doktora çalışması yapmaya, hukuk öğrenimimi "doctor juris" ünvanı ile tamamlamaya karar verdim.

Bu plânı gerçekleştirmek, dediğim gibi, önceden "stud. rerpol." olarak okumuş olduğum üç sömestrenin hukuk öğreniminde geçerli sayılmasına bağlıydı. Bu olabilirdi; çünkü söz konusu üç sömestrede, yönetmelik gereği, yığınla hukuk dersi de almıştım. Böylelikle, liseyi bitirir bitirmez hukuk öğrenimine başlamış olan yaşıtlarımdan da geri kalmamış oluyordum. Bu daha çok biçimsel özellik bir yana, hukuk öğrenimine gerçekten başladığımda, bundan bir buçuk yıl önce başlamışlara göre, çok daha yüksek bir bilgi düzeyi ve bilince sahiptim.

Bir kere, ilk üç sömestreyi sırf üniversitede geçirmiş olan sınıf arkadaşlarımdan bankacılık çıraklığında öğrenmiş olduğum pratik ekonomik hayatla ilgili bilgiler bakımından üstündüm. Profesörlerin derslerindeki soyut teorik açıklamalarını, birçok durumda somut pratik tecrübeden çıkardığım bilgiyle birleştirebiliyordum; bu da hukuk derslerini anlamamı büyük ölçüde kolaylaştırmaktaydı. Özelliklede ticaret hukuku, kıymetli evrak hukuku, maliye ve vergi hukuku derslerinde pratik bilgimden çok yararlanmıştım. Bu dersleri, Frankfurt'ta devam ettiğim 4. sömestrede başka derslerin yanısıra almıştım.

Bunun dışında, bankadaki pratik faaliyetimin yanısıra özel olarak da kendimi yetiştirmeye önem vermiştim. Kendi kendime oturup hukuk ders kitapların elden geçirmiş, ayrıca ufaktan ufaktan felsefe metinleri de okumaya başlamıştım. Gerçi lisedeyken *Eflâtun* ve *Cicero*'nun bazı yapıtları aracılığıyla antik felsefeyle temas etmiştik. Ama Almanca dersinde sadece "edebiyat"ın temsilcileri, yani düşünürler değil de, şairler ele alınmıştı. Oysa Almanca üslûbu açısından yapılacak bir seçimle *Kant*'ın, *Schopenhauer*'in, *Nietzsche*'nin yapıtlarını da öğrenciye tanıtmak, sırf öğrencinin üslûbunu ve ifade yeteneğini geliştirme bakımından değil, aynı zamanda felsefenin temel kavramı ve akımlarını tanıması, öğrenmesi bakımından da yararlı olurdu.

İşte ben "Philosophicum"uma Kant'ın "Grundlegung zur Metaphysik der Sitten" yapıtını incelemekle başladım. Bu yapıt, benim için sağlam bir temel oluşturmuş, bu niteliğini bugün de korumuştur. İşte, 1920 yılında bir yaz akşamı, odamda açık pencerenin önüne oturup içine dalıp gittiğim bu yapıt, minicik bir Reclam yayınıydı. Odam geniş ve ferahtı, içi de güzel döşenmişti. Ev sahibim, Frankfurt'un tanınmış kuyumcu dükkânlarından birinin ortağı olan *Louis Trier* idi. Trier ailesinin müstakil evinin ikinci katında bulunuyordu odam. Bu aileyle uzaktan akraba olup, iyi tanışan bir okul arkadaşım beni kendilerine tavsiye etmişti. Eve pansiyoner olarak girmiştim, ama çok geçmeden evin iki oğluyla çok güzel bir arkadaşlık kurdum. Onların çalışma ve yatak odaları benim odamın hemen bitişiğindeydi. Ayrıca ev sahipleriyle de dost oldum, beni arasıra yemeğe ya da çeşitli davetlere çağırır oldular.

O akşamüstü kendimi okumaya öylesine kaptırmış olmalıyım ki, ev sahibim geceyarısına doğru eve döndüğünde, odamdaki ışık dikkatini çekmiş. Usulca kapımı tıklatıp, niye hâlâ yatmadığımı sordu. Ertesi sabah saat 07.00'de oğlu Erich'le birlikte civardaki palmiye bahçesine tenis oynamaya gidecektik. Okuduğum kitabın beni çok sardığını, vaktin bu kadar geç olduğunun farkına bile varmadığımı söylediğimde de, kitabı kendisinin de okuyup okuyamayacağını sordu. Son derece kültürlü bir kişi olduğu halde, bu yapıtı tanımıyordu. Birkaç gün sonra Kant'ın "Grundlegung zur Metaphysik der Sitten"i, sessiz sedasız odamdaki yazı masasının üzerindeki yerini almıştı! Merdivenlerde rastladığım ev sahibim ise, başını iki yana sallayarak, âdeta sitem edercesine, bu kitapta hiç de dikkate değer birşeyler bulamadığını, zaten kıt olan boş zamanımla uykumu böyle bir kitap uğruna feda etmemi hiç anlayamadığını söyledi.

Ama ben gene de özel felsefe derslerimden vazgeçmedim. Bu yolla, Frankfurt Üniversitesindeki hukuk öğrenimimin ilk üç sömestresinde kendime genel bir felsefe temeli edindim. 1932 Goethe yılında, ortada fol yok yumurta yoken, durduk yerde "Johann-Wolfgang-Goethe Üniversitesi" adıyla yüceleştirilen bu yüksek okul, 1914 yılında, Birinci Dünya Savaşı patlak vermeden hemen önce kurulmuştu. Kentin daha önce varolan yüksek ticaret okulundan kaynaklanan bu üniversite, hem özel vakıflar, hem de Frankfurt kenti bütçesinden beslenmekteydi. Hoş, eski Prusya üniversitelerinin arasında bir yabancı ve sonradan görme konumuna düşmesinin tek sebebi bu değildi: Bu üniversite, bir yandan kısmen bir özel vakıf yöneticisinin özelliklerini de taşıyan ve Kuratorium denilen bir idare meclisi tarafından yönetiliyordu. Sözkonusu Kuratorium'a Frankfurt kentinin Belediye Başkanı ve Başmuhasibi ile Prusya Eyaleti Hessen - Nassau'nun Başkanı da üyeydiler. Öte yandan da, günlük işleri bu Kuratorium'un seçtiği bir "Kurator" yönetmekteydi. Seçilen Kurator, Prusya Millî Eğitim Bakanlığı'nın onayından geçtiğinden, bir anlamda o Bakanlığın Üniversite'deki eli sayılırdı. Bunlardan başka Frankfurt, yüzyıllardan beridir bir ticaret kenti olup, burada, öteki eski ünlü Alman üniversite kentlerindeki türden bir öğrenci yaşamı olanaksızdı. Gerçi üniversite törenlerinde hiç değilse dış görünüş bakımından, öteki üniversitelerin görkemli havası taklit ediliyordu; örneğin profesörler cübbelerine bürünüyor, üniversiteliler cemiyetlerinin üyeleri üniformalarını giyiniyor, akademik kadro alayı, toplantı salonuna akademik orkestranın çaldığı mûtad nameler eşliğinde debbede ile girip çıkıyordu ama, bütün bu debdebe, çağdaş bir üniversiteye aykırı kaçıyordu. Bu üniversitede belki bir İlâhiyat Fakültesi yoktu, ama içinde yer aldığı kentin ruhuna uygun düşen, çok iyi donatılmış bir Ekonomi ve Sosyal Bilimler Fakültesi vardı. Fakat bu fakülteye, öbür fakültelerin mensupları kırıcı bir amaçla "5. fakülte" adını takmışlardı, hattâ yazar *Hans Reimann*, Frankfurt am Main kenti hakkında yazdığı "Baedecker" hicvinde, "Frankfurt'ta kim kimdir"i tanıtan, kentin ileri gelenlerinin alfabetik bir listesinde, büyük ölçüde eski ticaret yüksek okulundan devralınmış olan bu fakülte öğretim üyelerinin bilimsel niteliğiyle, dalga geçme cüretini bile göstermişti:

Arndt-Voigt'a bkz.
Voigt-Arndt'a bkz.
Bütün bunlara rağmen, tam da bu fakülte, öteki üniversitelerin iktisat ve toplum bilimlerine, geleneksel "klâsik" bilim dalları arasında lâyık oldukları yeri vermeye çaba gösterdikleri o günlerde, başı çekmiş ve önder rolü oynamıştır. Ve bu nedenle de, sosyoloji ve teorik iktisat hocası *Franz Oppenheimer*, istatistik hocası *Franz Zizek*, maliye hocası *Wilhelm Gerloff*, işletmecilik hocaları *Pape* ve *Fritz Schmidt* gibi üst düzeyde bilim adamlarının sayesinde büyük bir saygınlık kazanmıştı.

Benim kaydımı naklettiğim Hukuk Fakültesinde de, eski Yüksek Ticaret Okulundan kalan bazı hocalar ders vermekteydi; örneğin ticaret hukukçusu *Karl Burchard*, kamu hukukçusu *Friedrich Giese*, devletler hukuku hocası *Karl Strupp*, ayrıca fahrî profesör olarak Obermagistratsrat *Ernst Cahn* da idare hukuku derslerine geliyordu. Aynı şekilde fahrî profesör olarak ders veren avukat *Hugo Sinzheimer* ise, iş hukuku okutmaktaydı. Bu zat, iş hukuku konusundaki yol gösterici yazılarıyla bilim çevrelerinde kendini kabul ettirmiş, ayrıca ceza avukatı olarak da iyi bir isim yapmıştı; Frankfurt (Main) kentinin emniyet müdürlüğünü yaptığı yıllarda, 1918-1919 devrimi sırasında ve Weimar Cumhuriyetinin ilk Rayh Meclisinde milletvekili iken, siyasî bakımdan hayli hücuma uğramıştı. Hugo Sinzheimer, sırf "teatral" ders verme üslûbu nedeniyle değil, aynı zamanda işlediği "İş Hukuku" konusuyla da etkileyiciydi. İş hukuku dersi, o tarihlerde (1920), bazı hukuk fakültelerinin ders programlarına yeni konmuştu, özellikle de genç Frankfurt fakültesinin belirgin özelliğini oluşturuyordu. Hukuk Fakültesindeki hocalarımdan ayrıca belleğimde çok canlı kalmış olanlar: Ceza hukuku, hukuk felsefesi ve toplum felsefesi, yurttaşlık bilgisi konularında pırıl pırıl esprili dersleriyle *Max Ernst Mayer*, canlı, hareketli tutumu ve adeta bir çağlayan gibi konuşma tarzıyla Lâtindileri ve edebiyatları uzmanı *Ernst Levy*, ve onunla tam bir tezat oluşturan ölçülü biçili, mesafeli *Hans Otto de Boor*'dur. De Boor, "Medenî Hukuka Giriş" dersi veriyordu ve her dersin sonunda da, o derste anlattıklarını gayet ustaca toparlayan bir özet yazdırırdı. Bu özetleri, hâlâ saklarım. Bunlara karşılık, *Titze*'nin "Borçlar Hukuku" dersleri olsun, *Pagenstecher*'in "Aile Hukuku" dersi olsun, matbaanın icadından önceki devirlerden kalma bir ders anlatma üslûbuyla sunulmaktaydı. Oysa, her iki profesör de, işlerinin ehli bilginlerdi.

Üniversitede düzenli bir eğitimin bu ilk sömestresi, bankada da birkaç saat çalıştığım halde, bana çok sınırlı olmakla birlikte, belli bir "akademik özgürlük" veriyordu; yani kendi mesleğimle ilgili olmayan ya da çok az ilgisi olan başka dersleri de dinleme olanağı. Böylece, örneğin *Henning*'in "İrade Psikolojisi" derslerini düzenli olarak izledim. Ayrıca, "Hollands-Institut" da, Profesör *var der Meer*'den Hollandaca ve Flamanca dersleri alıyordum. Bu sayede, 1921/22 kış sömestresinin sonunda Hollandaca ya da Flamanca yazılı metinleri okuyup anlayabilir olmuştum. Aslında sırf meraktan, biraz da iş olsun diye öğrenmeye çalıştığım, bu kıyıda köşede kalmış diller, on yıl sonra dehşetli işime yaramıştır. Bu tecrübeyi hayatım boyunca birçok kez yaşadım. İnsanın sarfettiği hiçbir çaba boşuna değildir. Her çalışmanın kendi içinde başlı başına bir değer taşıması bir yana, insan zaman zaman öyle durumlara düşebilir ki, vaktiyle özel bir amacı olmaksızın öğrenmiş olduğu herhangi birşey ya da başkalarının zorlamasıyla edinmiş olduğu bir beceri, anlamsız vakit kaybı ya da nafile çaba gözüyle bakmış olduğu bir uğraş, bakarsınız bir gün imdadına yetişmiş, işine yaramış. Sanki insanın içinde, Sokrates'in deyimiyle bir "daimonion" var, içinden bir ses ona ne yapması gerektiğini söylüyor, doğru yolda ilerlemek için o sese kulak vermek yeterli oluyor.

4. Yeğen

Banker amca, hümanist Gymnasium mezunu yeğenini yanına çırak almamak için başlangıçta vargücüyle direndiği halde, işe başlamamdan iki-üç hafta sonra, bana arkadaşlarım arasından bankada çırak ya da gönüllü olarak çalışacak iki-üç kişi daha bulup bulamıyacağımı sormaya başlamıştı. Bu da, amcamın başına gelene katlanmanın ötesinde, ön yargılarının olumlu anlamda boşa çıktığını gördüğünü göstermekteydi. Özellikle de karısının beni benimseyip üzerime kol kanat germesi ve her bakımdan teşvik etmesi, amcamın bana karşı tutumunu olumlu yönde etkiledi. Yengem, Viyana'da doğmuştu. Tiyatro oyuncusu olmuş ve *Stefanie Salta* (kızlık soyadı Atlas'tı) adıyla tiyatro alanında ün kazanmıştı. 1900'lerde Frankfurt'ta aktris olarak oynarken, o zamanlar henüz pek genç olan amcamla, kendi deyimiyle, "işi pişirmiş" ve amcam ancak bağımsız bankerlik işini kurup kendisine denk bir sosyal konuma geldiğinde, onunla evlenmeyi kabul etmişti. Eşinden yaşça daha büyük olan bu kadın (bu konuda aşırı hassastı), benim için, okul çağlarımda Öğretmen Amcamın oynamış olduğu türden bir rol oynamıştır. Kendisiyle, ancak çıraklığa başladığım tarihte tanıştığım halde, hızla güvenini ve annelik kokan sevgisini kazanmıştım. Ben de ona hayrandım. Hayranlığımın tek sebebi, olağanüstü yüksek düzeydeki müzik ve edebiyat kültürü değil; bunun yanısıra ve özellikle güçlü kişiliği ve her zaman yardıma koşmaya hazır, gönlü yüce tutumuydu. Onu kendime bir tür "hayat önderi" kabul etmiştim. Yengem, o kadınlara özgü sezgi gücü ve hayat tecrübesi ile, bankaya çırak verilen gencin, kasıtlı ya da kasıtsız, kendi henüz genç ama çocuksuz kalmaya mahkûm aileye bir tür veliaht olarak "ithal edilmiş" olduğunu da kavramış, ayrıca bu gencin amcası ile taban tabana zıt yaratılışta olduğunu anlamıştı. Amcam, daha önce de anlattığım gibi, benim hangi mesleği seçeceğimi görüşen aile meclisinde, bankaya yerleştirilmeme karşı çıkmış ve aileyi beni kendisine zorla veliaht olarak kabul ettirmeye çalışmakla suçlamış, yengem ise beni hemen bağrına basmış ve bana kendi oğluymuşum gibi ya da filius honoris causa "fahrî evlât" gibi davranmaya başlamıştı. Yengemin bu tutumunu amcam, ama daha çok da annem, biraz aşırı bulur, huylanırlardı.

İşte bu hanımın aracılığıyla yepyeni bir sosyal çevreye girdim. Bu çevre, benim alıştığım türden mazbut ve basit "burjuva" aile hayatıyla tam bir tezat oluşturuyordu: Canlı bir düşünce hayatı olan, yüksek entellektüel düzeyde, tabu tanımayan bir Bohem çevre. Bu hayatın dış çerçevesini - daha sonra, Wöhlerstrasse No. 6'daki evin lüks, fakat zevkli döşenmiş, evvelâ ikinci katına, sonra da bir fino köpeğinin havlamasından rahatsız olup "Beletage" katına taşınmazdan önce - Hotel Continental'da kiralanmış olan daire oluşturmaktaydı. Evleneli henüz bir yıl dolmamış olan genç çiftin "evi", işte bu otel dairesiydi. Banyo odası, her ne kadar yasak ise de, gereğinde mutfak görevini yapıyor, bu yüzden de ikide bir sigortalar atıyordu. Çok geniş olan yatak odası, aynı zamanda oturma odasının yerini tutmaktaydı.

Burada tanıdığım insanlar, o tarihe kadar rastlamamış olduğum türdendi: Büyük tüccarlar, bankerler, banka müdürleri, sanatçılar, özellikle de tiyatro oyuncuları, opera şarkıcıları, sanat yönetmenleri ve rejisörler. Ticaret alemiyle sanat aleminin böylesi bir eşit hak ve ağırlık temelinde karşılaştığı bir ortamda, bilimsel öğrenime can sıkıcı gözüyle bakılmazdı elbet. Tam tersine, yengem bana her zaman, hukuk ve iktisat öğrenimi yapmanın geleceğin bankeri için yararlı olmaktan da öte, zorunlu olduğunu söylüyordu. Yani, artık Stoltze'nin "Kapp"ındaki alıntıyı kendi kendime mırıldanmaktan kurtulmuştum; çıraklık süremin bitiminden sonra gerçek bir öğrenim yapmak niyetinde olduğumu göğsümü gere gere söyleyebiliyordum. Bankadaki çıraklık sürem sırasında üniversitede öğrenci olarak kayıtlı olmamın, yukarıda da belirttiğim gibi, tek bir pratik değeri vardı, o da bu sürenin, akademik bitirme sınavına başvurmak için geçmesi zorunlu olan asgarî süreye sayılması. Ve yeğeninden gittikçe daha çok hoşlanan ve ona güven duyan amcam için de, meselenin özü bundan ibaretti: Karısının da telkiniyle amcam, bir özel banker için o bankerin "zenaat"a yatkınlığı ne kadar azsa, akademik öğrenimin ve ünvanın o kadar çok yararlı ve zorunlu olduğunu kavramıştı; şimdi de, bu pekalâ işe yarar ve güvenilir genç adamın kendi yanında çalışmasını istiyor ve onu, kendi yerini almak üzere yetiştirmeye çalışıyordu.

Aslında, ev çevresinde, bu jünyor rolünü üstlenmiştim bile. Amcamla yengem tatile çıktıklarında, evlerinde bir tür kâhya gibi kalıyor ve aşçı kadının beni şımartmasının tadını çıkarıyordum. Hiçbir dâvette eksik değildim ve ailenin iyi terbiye görmüş oğluna düşen bütün görevleri yerine getiriyordum. Tiyatroya ya da konsere gidildiğinde de, amcamın işi çıkmışsa ya da çok yorgunsa, yengeme kavalyelik ediyordum.

Bu değişen durumdan en yararlı çıkan, kemanım oldu. Sık sık andığım Friedberg'li lise öğretmenim *Dr. Karl Schmidt*'in tavsiyesi üzerine, Frankfurt Operası Orkestrasının birinci konçertmaysteri *Hermann Hock*, beni öğrenciliğe kabul etmişti. Başlangıç ikimiz için de zor oldu: Öğretmen için zorluk, hem savaş yüzünden hem de kasaba koşullarında ancak düzensiz olarak, üstelik de yetersiz keman çalışmış 18 yaşında bir gence, tıpkı 12 yaşında bir çocuğa öğretir gibi kemanı tutuş, duruş ve yay tekniğinin kurallarını öğretmek zorunluluğundan kaynaklanıyordu; öğrenciye ise, daha önceleri kendi teknik eksikliklerinin ve yetersizliklerinin farkında olmadığından, keman literatürünün oldukça zor parçalarına "el atmış" biri olarak, sil baştan acemi alıştırmaları yapmak zorunda kaldığı, üstelik de kötü alışkanlıkları yüzünden bu basit alıştırmalarda bile zorlanmak ağır geliyordu. Ayrıca gündüzün bankada çalıştığım için, keman alıştırmaları yapmaya imkânım olmuyordu; kemana yeni başlayan birinin çalışırken çıkardığı sesler kulağa pek hoş gelmediğinden, ev halkını ve komşuları düşünerek, akşamüstü de çalışamıyordum.

Sükûnetle ve doğru dürüst keman çalışmam için geriye sadece, hafta sonunda Friedberg'e ailemin yanına gittiğim cumartesi öğleden sonraları ve pazar günleri kalıyordu. Bu hafta sonlarında önceleri yalnızca alıştırma yaptım, hiç kimseyle birlikte müzik yapmadım. Çünkü Bay *Hermann Hock*, bana ders vermesinin vazgeçilmez şartı olarak, kendisi bana izin verene kadar sadece alıştırma çalışacağıma ve eskisi gibi müzik yapmayacağıma dair benden söz almıştı. Bu didaktik bakımdan doğru ve son derece tedavi edici bir önlemdi, bu önlem sayesinde eski "gıcırtı"mın nüksetmesi baştan engellenmiş oluyordu. Aşağı yukarı bir yıllık dersten sonra müzik yapma yasağı kalktı, ama gene şartlı kalktı. Şart, daha önce *Hermann Hock* ile birlikte çalışmış olduğumuz parçalardan başkasını çalmamaktı. Bu da gene didaktik bakımdan doğru ve tedavi edici bir kısıtlamaydı. Bunun sayesinde de, doğru yolda ilerlemeye başlayan aceminin, yeniden eski 'baştan savmacı' tutumunun nüksetmesi önlenmiş oldu.

Böylece, 1921 sonbaharında keman çalmanın temellerini hiç kuşkusuz yeterince kavramış ve bu konuda, Frankfurt Üniversitesi Akademik Orkestrasında, Üniversite Müzik Direktörü *Kaempfert* (?) yönetiminde, Cumartesi günleri, öğleyin saat 12 ile 1 arası, Y Anfisinde, ikinci keman olarak çalışmalara katılacak ve orkestrada çalabilecek kadar yetişmiş bulunuyordum. O sıralarda, akademik törenler için gerekli müzik parçalarının dışında, Mozart'ın "Bastien ve Bastienne" adlı şarkılı oyununa çalışıyorduk. Bunun dışında, akademik orkestrada ya da bankada tanıştığım gençlerle, kendi seviyeme uygun zorlukta oda müziği parçaları çalıyordum. Bu gençlerin arasında, Friedberg'in eskilerinden, amcamın da okul arkadaşı bir zatın oğlu olan *Hans Groedel* de vardı. *Groedel,* çok iyi piyanistti. Dostluğumuz ömür boyu sürmüştü. Hafta sonunu Friedberg'de geçirdiğimde, muhakkak bir oda müziği akşamı düzenler olmuştuk. Aşağı yukarı şöyle cereyan ediyordu: "Bu mektubu Sayın Dr. *Nebel,* bu sabah senin için bıraktı. Bir bak, bakalım. Okul müdürü (Schulrat), yarın için söz vermiş". Babam, cumartesi günü öğleden sonra, hafta sonunu geçirmek üzere, o zamanki deyimiyle "Pazar için" eve geldiğimde, bu gibi sözlerle karşılardı beni. Zarfı açtığımda, içinden Johannes Brahms'ın, La-Major, Opus 26, 2 inci piyano dörtlüsünün keman partisyon'u çıkardı.

Dr. Nebel, Friedberg ilçesinin hükümet tabibiydi. Viyolonsel çalıyordu. Bir vesileyle, benden pazar günleri, kiliseden sonra, ara sıra kendisiyle müzik yapmamı istemişti. Sağır - Dilsizler Yurdu Müdürü olan Bay *Usinger* de, düetleri bir piyano üçlüsü oluşturacak şekilde genişlerse pek memnun olurdu; belki bir alto viyola bile ümit edilebilirdi; şöyle: O zamanlar rahat yetmişinde olan, kilise okulu müdürü *Süss'*ün katılmasıyla. Böylece bir piyano dörtlüsünden bile söz edilebilirdi.

İşler o noktaya varmıştı! Piyano üçlüsü (kelimenin tam anlamı ile) Mozart, Schubert, Gade, Beethoven ve Brahms'ın, hem de öncelikle uzun eserlerini kutsal bir utanma ile seslendirmeye başladı, oysa şimdiye kadar sadece Barok döneminin üçlü soneleri programımızın gövdesini teşkil etmişti. Daha sonra bir çeşit kutsal bir hava hâkim oldu. Doğrudan eski kent surlarının üzerinden Seegraben ve Seewiese'ye bakan, Nebellerin piyano odasının penceresinden, uzayıp giden Winterstein görünürdü, onun koyu maviliği önünde de Ockstaedter Kilisesinin kuleleri açıkça kendini belli ederdi. Hafif bir Taunus rüzgârının kokusunu odamıza taşıdığı bahçeler ve tarlalar üzerinden Pazar huzuru, istekleri yapabileceklerinden çok fazla olan biz heveskârların (dilettant) üzerine inerdi.

Kimdir heveskâr? Elimde iki açıklama var: *Kluge*'nin Alman diline ilişkin Etimolojik Lûgat'ın da şöyle deniliyor: "Dilettant m. Lâtince, delectari, oyalanan. İtalyanca'da aynı anlamda dilettarsi, buna Part. Praes. olarak dilettante tritt (heveskâr tekmesi, ç.n.) Sanatı eğitimsiz ve gayrı ciddi bir tarzda icra eden yarım bilginin azarı..." İkinci açıklama *Ernst Heimeran'*ın "Bıyıkaltından Gülen Yaylısazlar Dörtlüsü" (Stillvergnügten Streichquartett)'nde yer alıyor: "Heveskârlar yapamayan kişiler değildir, yapmamaları gerekirken yapan kişilerdir". Bu açıklama hem Lâtince olan kelimenin kökündeki anlamına hem de Fransızca karşılığı olan, bir işi profesyonel olarak değil de aşk ile yapan demek olan "amateur"e uyuyor. "Aşık" *-Heimeran'*ı bir kez daha analım- "Yakışık almaz bir diğer kavram daha! Bu aşk ile yürütülecek iş değil; dersin bitiminde müzik öğretmenleri

sık sık; çalış, çalış, çalış, çalış! demeyi âdet haline getirmişlerdir. Vurgu müzik yapmadadır. Heveskârlar müzisyen değil, müzik yapanlardır."
"Amatör müzik yapıp, büyük ve kutsal mertebeye varan bir mutluluk içinde" (*Heimeran*) ciddiyet ve şevk ile çaba harcayan, böyle müzik yapanlardık biz işte! Oda müziği eserlerini kendimiz için seslendirirdik, çünkü dinleyici istenmiyordu, ancak Seegraben'de Pazar piyasası yapan, bedavacı dinleyicilere tahammül etmek zorundaydık.

İcranın eksikliklerini, notaların müzisyenler tarafından çalınması halinde nasıl seslendirilebileceğini tasavvur etmekle gideriyorduk. Bu tasavvur, bizim gibi amatörler için piyano partitur'unun gerçekten sanatkârane icrası sayesinde hayli kolaylaşıyordu. Bugün şair *Fritz Usinger*'in dilin araçlarıyla şekillendirebildiği -mukayese yoluyla- babasının müziği şekillendirme gücünün bir değişimidir.

Bugün bile La-Majör Opus 26 piyano dörtlüsünün stereo bir alıntısını duysam, herkes ilk tam el akordunda -üst sesin tiyersi ile Tonika- içinde hemen hemen elli yıl önce ilk defa bu dörtlüyü arkadaşlarımla birlikte seslendirmeyi denediğim o odayı ve dört müzik âletinin iç seslerinin duyulduğu, ancak piyanonun ton verici olarak çalışıp -yaylı sazlar için tehlikeli olan yerlerde yardımcı bir tarzda kıvrılan veya şefkatli bir biçimde örtücü olan- sanki bütün eseri piyano veriyormuş gibi bir durum yaratmak demek olan Audition'u hatırlarım. Gözlerim yaşarır.

Frankfurt'un çok dinamik ve heyecan verici olan müzik yaşamından da dinleyici olarak da yararlanıyordum; herşeyden önce, daha önce sözünü ettiğim yengemin bonkörlüğü sayesinde bir çok opera temsilini görebiliyor ve Müzik Derneği'nin, yani opera orkestrasının ve *Hans Rosbaud* tarafından yeniden kurulan ve inşa edilen Frankfurt Senfoni Orkestrası'nın konserlerini dinliyebiliyordum. Bu yolla müzik alanındaki gelişmem esaslı biçimde teşvik edilmiş oluyordu. O tarihlerde edindiğim, kısmen yırtık pırtık hale gelmiş "Eulenburg" Orkestra Partisyonu, sadece dinlemekle yetinmeyen, daha iyisi Saalbau'un balkonundan doğrudan orkestra podyumuna sarkan ve orkestra şefi ile göz göze gelen, sadece kulakları dinlemekle kalmayıp gözleriyle de partisyona ve şefin bagetine uzanan, müzik dünyasına girmeye çabalıyan bir coşkunun tanığıdır.

Amcam bir defasında, bence tamamen iyi niyetli bir dostun, banka memuru yeğenin çok memnuniyet verici "sivrilik"ine dikkati çekmesi üzerine, konser salonunun balkonundan uzanıp, hem de dinleyici topluluğunun gözleri önünde partisyonu birlikte okumaya çalışmanın banka memurluğuna yakışmadığını bildirdi. Her defasında programa ait partisyonu alabilecek parayı bulduğum sürece bu azar, söz konusu tutkuyu sürdürmeme engel olmadı.

Bir taraftan yeğen, diğer taraftan yenge ve amca arasındaki sıkı insanî ilişkiden doğan uyum, bazı çevrelere rağmen sekiz yıl sürdü, tâ ki daha sonra anlatacağım, tamamiyle şahsa bağlı bir kararın alınması dolayısiyle kaba bir şekilde sona erinceye ve filius honoris causa "fahrî evlât" kelimenin tam anlamı ile aforoz edilip evden kovuluncaya kadar.

5. Münih Özgürlüğü

Bana sağladığı sayısız avantaj ve kolaylıklara bakacak olursam, Frankfurt'ta kalmam daha akla yatkın göründüğü halde, üniversite öğrencilerine tanınan yerleşme ve seyahat hürriyetinden yararlanmaya karar verdim. Bugün de gerçi bu özgürlük, Anayasanın 12 fl, c1 hükmü ile sağlanmıştır, ama yüksek okulların aşırı dolu olması nedeniyle getirilen numerus clausus (kontenjan) uygulaması yüzünden pekçok öğrenim dalında pratik olarak uygulanması mümkün değildir.

Yurtdışında bir üniversite söz konusu olamazdı; çünkü enflasyon sonucunda Almanya'da hayat, öbür ülkelere kıyasla, özellikle de Fransa ve İsviçre'ye, hatta Avusturya'ya göre bile çok daha ucuzdu. Ayrıca, dünya savaşından hemen sonra, pekçok yabancı üniversitede bir Alman öğrencinin hiç de hoş karşılanmayacağı kesindi; siz, Alman kambiyosundan döviz alma hakkını elde etseniz ve bunun için gerekli Alman parasına sahip olsanız bile.

Alman üniversiteleri arasında büyük kent üniversitesi ya da küçük kent üniversitesi seçimi yapabilirdiniz. Bu farklılık, sadece dış ortamı etkiliyordu, yoksa akademik kadronun kalitesi buna bağlı değildi. Elbette ki, çeşitli yerlerde bilimsel düzey şu ya da bu ölçüde farklılık gösteriyordu, aynı şekilde tek tek fakülteler de eş düzeyde değildi. Benim istediğim, iyi bir hukuk fakültesi bulmaktı. Berlin'de gerçi o devrin "babaları" sayılan büyük hukuk otoriteleri ders veriyordu, ama canım Berlin'i hiç çekmiyordu. Kimbilir, belki de artık "amcaların, yengelerin" gözetiminden ırak olmayı istiyordum, biraz da Berlin'de kaldığım kısa süre, Kapp darbesi yüzünden gölgelendiğinden, coşkulu beklentilerle geldiğim bu kent, beni düş kırıklığına uğratmıştı. Leipzig Hukuk Fakültesi de, o sıralarda gerçi çok ünlüydü, ama şimdi pek hatırlayamadığım nedenlerden ötürü, orada okumayı düşünmemiştim. Bir küçük kent üniversitesi daha baştan saf dışı kalıyordu, çünkü o günün yasalarına göre, Hessen Özgür Eyaletinin (Freistaat Hessen) yurttaşı olarak, ilk hukuk sınavımı Giessen Eyalet Üniversitesinde vermek zorunda olduğum için, zaten orada en az bir sömestre okumak zorundaydım. Sonunda Münih'i seçtim. Münih, hem çok iyi bir Hukuk Fakültesine sahipti, hem de tiyatroları müzik hayatı ve yürüyüş yapmaya son derece elverişli dağlarıyla, beni özellikle çekiyordu.

Finansman sorununu da şöyle çözdüm. Babam ufak bir miktar sağladı, banker amcam da, sömestre tatillerinde bankada çalışmam şartıyla beni desteklemeye söz verdi. Kalacağım yeri de çabuk bulduk: Münih'ten sonra başka bir üniversitede okumaya karar veren, bizim okuldan benden birkaç sınıf büyük bir arkadaş, Münih'teki odasını bana devretti. Oda, Clemensstrasse No. 49'daki evin 4'ncü katındaydı ve henüz bir yığın yapı önünü kapamamış olduğundan, Schwabing Hastanesine kadar tarlalara, bahçelere bakıyordu. O güne kadar Frankfurt'ta kaldığım ev, oturmuş bir burjuva yaşam kültürü olan, müstakil bir aile eviydi. Bu evle, bir küçük burjuva kira evinde yer alan yeni bekâr odası arasında dağlar kadar fark vardı. Ama gene de, bu sayede, o güne kadar yabancısı olduğum bir toplum katmanını ve yaşam tarzını tanımış oldum. Bisikletime takılan isimle "hirsch"i (geyik - ç.n.) her seferinde sırtlanıp tam dört kat merdiven yukarı taşımak ve aşağı indirmek gerçi bir hayli zahmetli oluyordu, ama, o günlerde bir bisikleti, emniyet zincirli bile olsa, bina girişinde bırakmak hiç akıl kârı değildi, anında pişman olurdunuz. İnişsiz yokuşsuz, düzayak bir kent olan, o tarihlerde de henüz otomobillerle tıkanmamış Münih'te, bu "hirsch" olmasaydı, halim yamandı. Zaten bir üniversite öğrencisinin girip çıkabileceği tüm belli başlı binalarda bisiklet koymak için nisbeten güvenli yerler ayrılmıştı. Üniversiteye, devlet kütüphanesine, müzelere, Isar vadisine, Starnberg gölüne ve hatta Holzkirchner ya da Starnberger tren istasyonlarına yayan gidip gelmek çok zaman alacak, tramvayla gitmek ise pahalıya oturacak bir işti! Bu istasyonlara pazar günleri dağlara yürüyüşe çıkmak üzere hareket noktası olarak sabah erken saatlerde, hatta neredeyse gece karanlığında gelirdim.

Frankfurt Mendelssohnstrasse 94'de kaldığım sıralarda kahvaltım odama getirilirdi, bazı akşamlar da, eve döndüğümde bir kâse dolusu patates salatasıyla sosisi beni bekler bulurdum. Oysa Münih Clemensstrasse 49'da kendi başımın çaresine bakmak zorundaydım. Kahvaltı için kahvemi ya da akşam üstleri çayımı, piknik malzememin bir parçası olan ispirto ocağında pişiriyor, ekmeği, katığı, çarşıdan kendim alıyordum. Bu iş, annemin bana düzenli olarak yolladığı yiyecek paketleri ile büyük ölçüde kolaylaşmıştı. Zaten Friedberg'ten ya da Frankfurt'tan Münih'e para havale etmek, Mark'ın döviz piyasalarında hızla değer kaybetmesi ülke içinde de, 72 saat, 48 saat ya da hatta 24 saat zarfında paranın satın alma gücünde düşmeye yol açtığından, isabetli bir iş değildi. Paranın yola çıktığı anda, o parayla -kıt kanaat bile olsa- tam bir hafta geçinmek mümkünken, para gideceği yere vardığında, o miktar ancak bir öğle yemeğine ya da bir somun ekmeğe yetiyordu.

Herşeye rağmen yaşamayı başardık, bunu da, esas olarak, karşılıklı yardımlaşmayla sağladık. Para kredisinin yerini, ilkel şartlarda olduğu gibi, kullanılmış eşyayı borç verme almıştı; üstelik bu faizsiz bir borçtu. Birinin kesesinden bir öğle yemeği mi yediniz, borcunuzu gene bir öğle yemeği şeklinde öderdiniz; ekmek, sucuk gibi şeyler de aynî olarak, gene aynı kalite ve miktarda olmak şartıyla, ödeniyordu. Para kesenizin ya da cüzdanınızın hergün değişen satınalma gücüne göre, kâh bir birahanede, örneğin üniversite yakınında Adalbert sokağındaki Max-Emanuel-Brauerei'da, kâh üniversitenin yemekhanesi Mensa'da yerdiniz. Mensa'da iki adet suda pişmiş makarna tanesi ile adının çukulata sosu olduğu ilân edilen kahverengi bir bulamaç, ziyafet sayılırdı. Ya da evinizde, ispirto ocağınızın üstünde, "Erbswurst"lu sade suya çorba pişirir, içine de çeşni olsun diye, annenizin yiyecek paketinden çıkardığınız birkaç parça domuz yağı kırıntısı atardınız.

Bu tür bir beslenmeyle gerçi şişmanladık denemez -hoş cânım Münih birasından da hiç vazgeçemiyorduk- ama aç da kalmadık, yani karnımız iyi kötü hep doydu. Hatta bazen, talih yüzümüze gülüp de, elimize bir "kategori" bileti geçtiğinde, akşam yemeğini hepten unuttuğumuz da olduğu halde! Üniversiteyi Münih'te okumuş olanlar, bu "Kategori bilet"lerini bilirler; sadece belli bir "kategori"den kişiler özellikle de bilim ve sanat öğrencileri, kimlik göstererek, bir konserin ya da tiyatro oyununun başlamasından 5 dakika önce, henüz satılmamış biletleri çok düşük bir fiyata satın alma hakkına sahiptiler; bu bilet ister sahne yanı locası, ister parter, ister balkonda bir yer için olsun, fiyat farketmezdi. Hiç unutamadığım gösteriler, Kleines Haus'da (o zamanlar adı Residenztheater idi) *Bruno Walter* yönetimindeki *Erb* ve *Ivogün* gibi sanatçıların oynadığı Mozart operaları, Nationaltheater'de gene aynı oyuncular ve *Sigrid Onegin*'in sergilediği Wagner operaları, Prinzregententheater'deki tiyatro oyunları, Odeon salonundaki senfoni konserleri.

Sık sık da ayakta bir yer bulmak için kuyrukta beklediğimiz olurdu. Pazar günleri, Nationaltheater'in gişesinde bir hafta sonraki oyunların biletleri satışa çıkarılırdı. Özellikle Wagner operalarında o kategori biletleri işlemezdi. Bu nedenle de, parterde ayakta durma yeri ya da galeri için gene öğrencilere indirimli normal bilet alırdık. Bilet bulabilmek için en geç Pazar günü sabah saat 5'te, gişenin önünde, gene kendinize benzeyen müzik tutkunlarıyla birlikte, kuyruğa girmek zorundaydınız. Ancak saat 11.00'e doğru -o da belki- istediğiniz bileti alabilirdiniz. Kimi kez kuyrukta nöbetleşe beklediğimiz, kimi kez yanımızda açılır kapanır iskemle götürdüğümüz oldu. İkiden fazla bilet alamazdınız. Bu sanat Olimpos'unda "Meistersinger"in gerçekten üstün bir icrasını beş saat ayakta izlemek ne mutluluktu! Prinzregententheater'de Hauptmann'ın Florian Geyer'ini seyrederken "der deutschen Zwietracht mitten ins Herz" işitmek ise ne kadar etkileyici geliyordu insana! Bruno Walter'in orkestradan ayrılırken verdiği veda konserinde ve onun yerine geçecek olan *Hans Knappertsbusch*'in ilk tanışma konserinde halkın gösterdiği tepkilerine tanık olmak, sadece "Heute Hosianna! - Morgen Kreuziget ihn!" "Bügün ona dua et! Yarın çarmıha ger!" tutumunu toplumsal bir kollektif olay olarak izlemekten de öte daha o zamanlar, yani 1922/23 kış sömestresinde, Yahudi düşmanı nasyonal - sosyalist rengi, gayet açık ve seçik olarak seçmek ise, içten içe ne kadar tüyler ürpetici!

Münih'te geçirdiğim iki sömestre boyunca keman dersi almadığım için, önüne geçemediğim bazı aksaklıkları, ancak sömestre tatilinde Frankfurt'a gittiğimde, keman hocam *Hermann Hock* azıcık düzeltebiliyordu. Haliyle kemanım gerilemişti. Ama gene de keman çalmayı sürdürdüm, kâh odamda alıştırma yapıyor ya da içimden geldiği gibi ezgiler çalıyordum, kâh eski okul arkadaşım *Hans Schröder* ile birlikte, onun piyano da bulunan odasında birşeyler çalıyorduk. Arada da, bütün senfonileri yaylı sazlar için "uyduran" ve özel ilişkileri aracılığıyla bir birahanenin büyük salonunda prova yapmamızı sağlayan bir şefin yönettiği bir amatörler orkestrasına katılıyordum. Bu orkestra çalışmaları sırasında nota sehpalarının yanıbaşında testi testi bedava biralar dururdu. Bütün bu şartlar altında çalıştığımız *Schubert*'in "Bitmemiş Senfoni"si kimbilir neye benzemiştir? Umurumuzda bile değildi: Biranın da etkisiyle coşmuş, müzik yapıyorduk.

Fakat, bundan çok daha değişik bir ortamda da müzik yapma olanağını bulmuştum. Aslında kelimenin dar anlamıyla aramızda hiçbir akrabalık bağı olmayan bir kuzenim de, o sırada Münih'te üniversiteye devam ediyordu. Bu kuzenimle aramızdaki tek bağ, ortak bir teyzemizin olmasıydı: Annemin kızkardeşlerinden biri, onun annesinin erkek kardeşlerinden biriyle evliydi. Birbirimizi, teyzemle dayısının evlendikleri günden beri, yani 5 yaşımızdan beri tanıyorduk. Düğün gününde biz de kendi aramızda düğüncülük oynamaya kalkışmış, bir odaya kapanmıştık. Ama sonra kapının sürgüsünü açamamıştık bir türlü. En sonunda, düğündeki davetlilerden biri avludan merdiven uzatıp birinci kata tırmanmış, pencereden girerek bizi kurtarmıştı. Sonraları bana anlattıklarına göre, bu marifetimiz, çeşitli imalarla da karışık epeyi gülüşme konusu olmuş. Ama bir de bana sorun; anlaşılan öylesine keyfim kaçmış ki, düğün töreni için ezberlemiş olduğum şiiri okumaya yanaşmamışım, bu yüzden de alelacele eve getirilip yatağa yatırılmışım.

Kuzinim Renate'nin babası, Alman Barış Derneğinin üyesiydi. Derneğin yıllık kongresi o sırada Wuppertal'de yapılmıştı. Bu vesileyle baba-kız, Dernek Başkanı Profesör *Ludwig Quidde*, hanımı ve hanımın kızkardeşiyle tanışmışlardı. Quidde'ler Münih'te oturuyordu. Renate'yi evlerine davet etmişler, o da, her hafta Quidde'lerin evinde yapılan "jour fixe" toplantılarına kuzenini de getirmek için izin istemişti. Bu toplantılarda çeşitli yazarlar, sanatçılar, üniversite öğrencileri ve barışsever siyaset adamları biraraya gelir, bir fincan açık çay içip minicik çörekler atıştırarak, teklifsiz bir hava içinde söyleşir, şiir okur, müzik yaparlardı. Burada *Alexander von Gleichen-Russwurm*'u, *Thassilo von Scheffer*'i ve başkalarını, henüz yayımlanmamış yapıtlarını okurken dinlemişimdir. Gene burada, *Quidde*'nin güzel piyano çalan baldızı ile birlikte arada sırada müzik yaptığım oldu. Münih'te kaldığım süre boyunca gittiğim tek ev burasıydı. Oysa, cebim banker amcamın Münih'li iş ortaklarına yazdığı tavsiye mektuplarıyla doluydu. Ama, Frankfurt'tayken bu çevreden yeterince nasibimi almıştım, onları bir de Münih'te çekecek halim kalmamıştı, doğrusu.

Üniversitede ayrıca *Sandberger*'in verdiği armoni bilgisi ve kontrpuan kurslarını izleyerek, *von der Pforten*'in Mozart üzerine derslerini dinleyerek teorik olarak da takviye ettiğim müzik ve tiyatro dışında Münih benim mimarlık, resim ve heykel gibi plastik sanatlar için de gözlerimi açmıştır. Bu konuda özellikle *Heinrich Wölfflin*'in olağanüstü dersleri büyük rol oynadı. Çarşambaları saat 11.00 ile 12.00 arası Auditorium Maximum'da yapılan bu derslere genellikle kız öğrenciler rağbet ettiğinden, biz bunlara "Crêpe de Chine sınıfı" adını takmıştık. Bu derslerde sanat tarihinin temel kavramlarıyla, örneğin "çizgisellik ve resimsellik", "alan ve derinlik", "kapalı ve açık biçim", "Çokluk ve birlik" kavramlarıyla tanıştım, özellikle de dia-pozitiflerle daha da canlı kılınmış "Dürer'in ve Holbein'in çağında Alman Sanatı" derslerinde "anschaubar" olanı nasıl görmek, sınıflandırmak, bir yere yerleştirmek ve değerlendirmek gerektiği konusunda kafamda bir pencere açılmış oldu. Ve bu pencere açıldıktan sonra gezdiğim galerilerle müzeler, özellikle de Eski ve Yeni Pinakothek, Yeni Devlet Galerisi (o zamanlar henüz Königsplatz meydanındaydı), tam karşısına düşen Glyptothek'de Schackgalerie'de geçirdiğim saatler birden nasıl da daha verimli oluverdi. Önünden geçtiğim bir kilisenin ya da şapelin içine bir göz atmadan edemezdim. Bazen bir şeyin karşısında bu da heykel mi, mimarî eser mi diyene kadar alay etmişizdir. Teknik harikaların, örneğin en son tarzda inşa edilmiş çelik bir köprünün "sanat eseri" sayılıp sayılamayacağı konusunda az mı kavga etmişizdir!

Münih'teyken *Hodler*'in otoportresinin yeni çıkan çok renkli bir baskısını satın almıştım. Adeta orijinalmiş gibi çerçevelettim. Ve bu baskı, yarım asırdır gittiğim her yerde bana eşlik etti, her zaman için çalışma odamda başköşede asılı durdu. Gene Münih yıllarımdan kalma çok renkli bir gravür (el baskısı), o gün bu gündür evden eve benimle birlikte taşınmış, günlük işlerimin arasında hiçbir zaman sanatı ve doğayı unutmamam konusunda sürekli uyarıcı, hatırlatıcı bir rol oynamıştır, tıpkı Goethe'nin Hermann ile Dorothea'da dediği gibi:

"Doğayı ve sanatı görmeye yürekten çabalarım."

O tarihler dağcılık, kayalara tırmanmak ve kayak yapmak henüz bana yabancıydı. Bu nedenle bizler, yani üniversitenin bisiklet garajında tanıştığım Frankfurt'lu bir öğrenci *Fritz Rothschild*, okul arkadaşım *Hans Schröder*, bazen de kuzinim Renate ve ben, yaz ve kış sömestrelerinde, Batıda Walchensee ile Doğuda Chiemsee arasında uzanan Alplerin kuzey sınır dağlarında yaptığımız uzun yürüyüşlerle yetiniyorduk. Çoğunlukla Pazar günleri, sabahleyin erkenden Rayh demiryollarının özel seferleriyle, ucuz pazar tarifesinden yararlanarak istediğimiz yerlere gider, dönüşte de gene aynı biletle, istediğimiz herhangi bir istasyondan trene binebilirdik. Bu yolla Kochel'e kadar trenle gider, oradan hareketle Kesselberg üzerinden Herzogenstand'a tırmanır, Heimgarten'e kadar dağın sırtından yürür, oradan aşağıya Murnau'ya iner ve gene trene binerek Münih'e dönerdik. Tegernsee'den Hirschberg ve Wallberg; Bayrisch - Zell'den de Wendelstein ve Rotwand çekici yürüyüş hedefleriydi. Bayrisch - Zell'den çıkıp Sudelferd ve "Feuriger Tatzelwurm" üzerinden Oberaudorf tren istasyonuna, Marquartstein'dan çıkıp Kampenwand ve Hohenaschau üzerinden Aschau tren istasyonuna yürümek mümkündü. Üç günlük bir yürüyüş programı, bizi Kufstein'den hareketle Hinterbärenbad üzerinden Stripsenjochhütte'ye kadar getirmişti, burada Totenkirchl'deki alpinistleri, Ellmauer-Halt-Spitze'ye ve Fleischbank'a düzenlenen tırmanma seferlerini izledik, ama kendimiz katılmadık, doğrusu. Ertesi gün ise, Zahmer ve Wilder Kaiser arasında uzanan Kaiserbach vadisini boydan boya aştık, Öğle molasında bezelyeli sosis çorbamızı pişirdikten sonra, geceyi "Mitterjager"de geçirdik, köylü usulü "Kaiserschmarren" ile kırmızı Tirol şarabıyla kendimize bir güzel ziyafet çektik. Gezimizin üçüncü gününde ise, St. Johanni i.T.'den yukarı Kitzbühler Horn'a tırmandık, geceyi buradaki dağ kulübelerinden birinde geçirdikten sonra, ertesi sabah erkenden Kitzbühel tren istasyonuna indik ve trenle Münih'e döndük.

O günlerde henüz kayak liftleri yoktu. Varolan az sayıdaki teleferikten ise ilke olarak -ve herhalde biraz da parasızlıktan- hiç yararlanmadık. Halatla kazmayla yapılan zor tırmanışlar için gerekli bilgi ve deneyimimiz yoktu. Hem ille de şu ya da bu "zirveye tırmanmak" gibi alpinist bir tutkumuz da yoktu. Yürüyüş yapmak ve dağlara çıkmak, bizim için, hafta boyu uğraştığımız zihinsel işlerden sonra bir tür bedensel denge kurma çabasıydı. Gördüğümüz manzaraları, insanları ruhumuzda özümlüyor, "doğa" adı verilen ve "kültür"ün karşıtını oluşturan o ruhsal cevhere dönüştürüyorduk. O arada, hemen hemen her pazar çıktığımız bu dağ gezintilerinde kendimi bedensel bakımdan aşırı zorlamış olduğumu -özelliklede aslında gayet yetersiz olan beslenmemiz göz önünde tutulacak olursa- Bad Nauheim'daki doktor amcam, beni muayene ettikten sonra başını iki yana sallayarak koyduğu "dağcı kalbi" teşhisiyle özetledi. Herşeye rağmen dağlara duyduğum sevgi ve yürüyüş yapma ihtiyacı her zaman için içimde canlı kaldı. Gençliğim sayesinde kalbim de çarçabuk iyileşti, geride bir iz kalmadı.

Bazı kereler cumartesiden başlayan bu pazar dağ yürüyüşlerinin yanısıra, hafta içinde de, eğer "ev ödevi" hazırlamak ya da yazmaktan, Üniversitedeki "pratikler"den, akşamları konser ya da tiyatrodan zamanımız kalmışsa, Münih'in yakın çevresini bisikletle geziyorduk, örneğin Andechs Manastırı yakınında Herrsching'e ya da Ammersee gölü kıyısındaki vakıf şapeli ile Diessen'e, Starnberg'e, Isar vadisinden yukarı Grosshesselloher köprüsüne, Grünwald'e, manastır kilisesi bulunan Schäftlarn'a, Nymphenburg ve Schleissheim saraylarına gidip geliyorduk. Günümüzün çoğunlukla "motorize" öğrencileri için bunlar öyle uzun boylu bir gezi sayılmayabilir, ama o günlerin öğrencisi, bisiklet üzerinde aldığı bu mesafelerden sonra, yorgunluktan bitkin düşerdi.

21 inci yaş günümü kutlamak için kuzenim Renate ile birlikte Salzburg'a bir gezi yapmıştık. O sırada Wasserburg am Inn kentine uğramadım, oysa *Wölfflin*'in "Alman Kenti" konulu bir yayını, özellikle Wasserburg'u, Rothenburg, Dinkelsbühl ve Burghausen kentlerinin yanında, "Bavyera'daki İtalyan kentlerden biri" olarak nitelemekteydi. İnsan, uzun sömestre tatillerinde bir işte çalışıp azıcık para kazanmak zorundaysa, ders zamanı da üniversitenin sunduklarından yararlanmaya çabalıyorsa, iki sömestre yetişmiyor. Münih'te üniversitenin sunduğu şeyler az-buz değildi.

Dolayısıyla, yönetmeliğe uygun olarak kaydolduğum derslerin yarısının -başka derslere konuk öğrenci olarak yaptığım kaçamaklar bir yana- genel bir öğrenim, studium generale, niteliğini taşımasına şaşmamak gerekir. Oysa, Münih'i seçmenin asıl nedeni pek de bu değildi. Hukuk ve Devlet Bilimleri Fakültesini iyi bir fakülte olduğu için, bu daldaki öğrenimimi, studiosus iuris olarak orada sürdürmek için seçmiştim. Ve nitekim bu alandaki öğrenimim de eksik kalmadı. Münih'te geçirdiğim iki sömestre, yani resmen beşinci ve altıncı sömestreler boyunca, bu sömestreler için öngörülmüş olan müfredata ek olarak, ilk üç sömestrede kayıt yaptırmış olduğum halde, derslere girmeye imkân bulamadığım ve dışarıdan çalıştığım ders malzemesini de, büyük ölçüde, yeniden ele alıp özümleyebildim. Birinci devlet hukuk sınavına başvuru için gerekli olan belgelerden, Acemiler İçin Medenî Hukuk belgesini *Ernst Rabel*'den, İlerlemişler İçin Medenî Hukuk belgesini ise *Wilhelm Kisch* ve *Ernst Zitelmann*'dan, Ticaret Hukuku belgesini *Konrad Cosack*'dan, Ceza Hukuku belgesini *Reinhard von Frank*'dan, hatta bir de Roma Hukuku Uygulama Dersi belgesini *Wenger*'den aldım. Girdiğim dersler arasında *Wilhelm Kisch*'in verdiği Hukuk Yargılama Usulü, *Lotz*'un verdiği Maliye Bilimi, *Rothenbücher*'in verdiği Anayasa Doktrini ve Devlet Kilise Hukuku, *Karl Neumeyer*'in verdiği Devletler Hususî Hukuku da vardı. *Frank*'ın okuttuğu Ceza Yargılama Hukuku ve Devletler Umumi Hukuku dersleri insanın içine baygınlık verecek kadar sıkıcı olduğundan, bunlara pek girmezdim, ama üç hoca vardı ki, kişiliklerinin cazibesine kapılmış, hiç bir derslerini kaçırmaz olmuştum. *Lujo Brentano*, İngiltere İktisat Tarihi dersini veriyordu, o tarihte tam 78 yaşında olmasına, sınıfa tekerlekli sandalyeyle getirilmesine karşın, kürsüye çıktığı an öylesine hayatla doluyordu ki, dinleyicileri peşinden sürüklemeyi başarıyordu. Öteki hoca *Konrad Cosack*'tı. Ufacık tefecik yaşlı bir adamdı *Cosack*. Verdiği Medenî Hukuk ve Ticaret Hukuku dersleri,tıpkı aynı konuda yazmış olduğu iki kitabı gibi canlı, nükteli, pırıl pırıldı. Özellikle ticaret hukuku alıştırması yaptığımız seminerleri hatırlıyorum. Sorularına "evet" ya da "hayır" cevabını yetersiz bulurdu. Onun duymak istediği cevap, "duruma bağlı" idi. Ne var ki, bu cevabı veren kişi belki bir riziko altına girmiş olurdu. Çünkü, bu cevap üzerine *Cosack* sınıfa döner ve "hangi duruma bağlı" diye sorardı. Dört kişiyi kaldırıp sorusunu tekrarladıktan ve bir cevap alamadıktan sonra da, ilk öğrenciye döner ve üstü kapalı bir nükteyle, "Madem öyle, siz söyleyin bakalım, hangi duruma bağlıymış" derdi ve eğer cevap veremezseniz, yandığınızın resmiydi. Bir keresinde bir yazılı sınavda soru, komandit şirketlerde komanditerlerden birinin sermaye hissesinin olumsuz olup olmayacağı idi. Benim gibi bir bankacı yamağı için çocuk oyuncağı. Toplam 400 kadar sınav kâğıdını geri verirken, her zamanki muzip tavrıyla: "Benden başka problemi doğru çözen sadece bir kişi daha var. Ama ona ancak geçer not verdim, çünkü, anlaşılan, meselenin ne kadar tartışmalı bir mesele olduğunun farkında bile değil" dedi. O bir kişi bendim ve dersimi almıştım.

Bir de *Ernst Zitelmann* vardı. Zitelmann, Bonn'dan ordinaryüs profesör ünvanıyla emekli olmuş, 1922 yaz sömestresinde konuk profesör olarak haftada beş saat "Borçlar Hukuku" okutacağını ilân etmişti. Bu dersi daha Frankfurt'tayken *Titze*'den almış, ama ancak pek seyrek olarak izleyebilmiştim. Zitelmann, dersi okuyarak vermezdi, sol avucuna sıkıştırdığı minicik bir not kâğıdına arada sırada göz atar ve her ders için en ufak ayrıntısına kadar büyük bir berraklıkla plânlanmış, sınırları açık-seçik çizili ders konusunu serbest konuşarak anlatırdı. Dersaneye tam zamanında girer, ders bitimine de tam üç dakika kala o gün işlemiş olduğu konuyu birkaç cümle ile, kısa ve öz biçimde toparlayıverirdi. Kürsünün *arkasında* değil *önünde*, ilk sıradan hemen bir kaç adım uzaklıkta durur ve sınıfa tuzak sorular yöneltmesini severdi. Didaktik nedenlerle de, yanlış cevap verdirebilecek sorular sorardı. Ben, çoğunlukla ön sıralardan birinde oturur ve derse -genellikle yanlış cevaplar vererek- canla başla katılırdım. Gene böyle yanlış bir cevap yetiştirdiğimde, pek de kalabalık olmayan sınıfın -aşağı yukarı 80 ile 100 arası öğrenci derslere gelirdi- arka sıralarında gülüşmeler oldu. Bunun üzerine Zitelmann, sakin sakin "Çok rica ederim, beyler" dedi, "lütfen siz de öne gelin ve arkadaşınız gibi derse katılın, o zaman canınızın istediği kadar gülebilirsiniz". O günden sonra yanlış bir cevaba bir daha gülen olmadı. Bir başka sefer de devletler özel hukuku alanında da uluslararası üne sahip *Zitelmann*'a ders sırasında bir öğrenci Versay Antlaşmasının hukuken bağlayıcı olup olmadığını sordu. Zitelmann'ın cevabı aklımdan çıkmamıştır. Ve 1960'ların sonunda, öğrencilerin derslerimden birini "amacından saptırma" çabası karşısında, kendisinin adını da anarak, o gün vermiş olduğu cevabı aynen tekrarladım: "Dersimin konusu, borçlar hukukudur. Ders saati içinde sadece bu konuya ilişkin her türlü soruyu sormak her öğrencinin hakkı olduğu gibi, bunları cevaplandırmak da benim görevimdir. Ders biter bitmez, sınıftan üç dakika için çıkacağım. Bu süre zarfında her bir öğrenci, teneffüste on dakika benim sorunuza vereceğim cevabı duymak isteyip istemediğine, özgürce karar versin" dedi ve dediğini de yaptı. Politik bakımdan son derece çalkantılı ve duygusal bir dönemde bir doğru davranış örneği. Üstelik öteki üniversite hocalarının, işgal ettikleri kürsüyü genellikle tek yanlı olarak, sık sık kendi siyasî görüşlerini savunma amacıyla kullandıkları bir sırada. Zitelmann'ın dış görünüşü, tutumu, öğretme biçimi, yani kısaca güçlü kişiliği, beni cezbetmiştir. Elimde hâlâ, onun derslerinde stenoyla tuttuğum tafsilâtlı notlar mevcuttur. Daha sonraları, kendim üniversite hocası olduğumda, derslerimi hazırlarken bu notlardan az mı yararlandım! *Zitelmann*'ın editörlüğünü yaptığı "Medenî Hukuka İlişkin Hukukî Olaylar Konusunda Alıştırmalar" (Rechtsfälle für bürgerrechtliche Übungen) kitabını aldıktan sonra, kitapta yer alan ithaf yazısı ve epilogdan, *Rudolph von Jhering*'in üniversite hocası *Ernst Zitelmann* üzerinde ne denli büyük bir etkisi olduğunu öğrendim. Böylece, 1968 yılında Göttingen Bilimler Akademisi tarafından, *Rudolph von Jhering*'in 150. doğum yıldönümü münasebetiyle, "Jhering'in Mirası" başlığı altında düzenlenen sempozyumda Ernst Zitelmann'ı da anmayı borç bildim.* Zitelmann, 1917'de yayımlamış olduğu "Rechtsfälle" kitabını *Victor Ehrenberg*'e şu sözlerle ithaf etmişti: "... Göttingen'de çalışan doçentler olarak Rudolf von Jhering'in Medenî Hukuk Uygulama Derslerine hayran olduğumuz ve kavramları aydınlatıcı örneklerin ve uygulama derslerinin değerini kavradığımız, gençlik yıllarımızın anısına." Ve ben de buna şunları ekledim: "Bu vesile ile Zitelmann'ın sadece adını anmakla kalmayıp da, onun Alman hukuk fakültelerinde hukuk öğretimi alanında baş reformcu olan *Jhering* için kullandığı, pek de bilinmeyen övücü sözleri -kırıntı kabilinden de olsa- aktarırken, derin şükran duygularından doğan bir vecibeyi yerine getiriyorum. Zira 1922 yılında beşinci sömestrede genç bir hukuk öğrencisine, kendi coşkusunu aşılayan ve onda *Zitelmann* -yani bir anlamda *Jhering*- ruhunda üniversite hocası olma fikrini uyandıran şüphesiz *Ernst Zitelmann*'dır."

Bu hoca olmak kararını, siyasî havadaki tüm tehdit edici, karanlık bulutlara rağmen vermiştim. Üniversite arkadaşım *Fritz Rotschild*, "Kara-Al-Sarı Rayh Bayrağı" cemiyetinin üyesi olarak aktif biçimde siyasî olaylara katıldığı halde, ben pasif bir seyirci durumunda kalmayı yeğliyordum. 24 Haziran 1922 tarihinde, o günkü Rayh Dışişleri Bakanı olan ve

*Göttingen Bilimler Akademisi yayınları arasında kitap olarak çıkmıştır.

Sovyet Rusya ile Rapallo - Anlaşmasını imzalayan *Walter Rathenau*'nun bir siyasî cinayete kurban gitmesi, 1923 ocağında Ruhr havzasının Fransız ve Belçikalılar tarafından hukuka aykırı olarak işgali, bütün halkı sarsan ve Almanya'yı bir iç savaşın eşiğine getiren siyasî olaylardı. O tarihlerde kendilerine nasyonal sosyalist "hareket" adını verenler, Münih'te şimdiden sayısız taraftara sahipti. Siyasî hesaplaşmalar, özellikle caddelerde, yürüyüş ya da karşı gösteri tarzında, ya da büyük birahane bodrumlarında kitle toplantıları şeklinde cereyan ediyordu. Henüz ciddî kanlı çatışmalar yoktu. Üniversite içinde henüz pax academica hâkimdi. Oysa profesörlerin bir kısmı, siyasî tutumlarını gizlemeye hiç gerek görmüyorlardı. Tam 10 yıl sonra, Hitler iktidarında Münih'te Alman Hukuk Akademisine başkan olan *Wilhelm Kisch* Alsas'ta doğmuş büyümüştü ve nasyonalist tiradlarla aslında bir "Wackes" olduğunu gizlemeye çabalıyordu. Kisch, tahtada bir şeyler hesap ederken, bunu ister istemez çocukluğunun okul dili olan Fransızca yapardı, ön sıralarda oturan öğrenciler de, onun Fransızca mırıltılarını duyar, ayaklarını yere sürterek gürültü çıkarıp, protesto ederlerdi. Kisch de bunun hiç altında kalmaz, onlara cevap yetiştirirdi. *Konrad Cosak*, Sosyal Demokrat Partinin kayıtlı üyesiydi. Kendisine önerilen ordinaryüslüğü reddetmiş ve yalnızca fahrî profesörlüğü kabul etmişti. Çünkü, 1915 yılında Ordinaryüs Profesör olarak Prusya Eğitim Bakanlığı ile edinmiş olduğu ve kendisinin bu görevden istifa etmesine yol açan tecrübeler nedeniyle, yeniden devlet memuru olmak istemiyordu. Çoğunlukla Alman Millî Partisine ya da Alman Halk Partisine üye olan Münih'teki profesörler arasındaki istisnalardan biri de Rothenbücher idi. Rothenbücher, Alman Demokrasi Partisine üyeydi ve bir devletler ve anayasa hukukçusu olarak, tamamen siyasî fikirlerini paylaştığı dostu *Hugo Preuss*'un hazırlamış olduğu Weimar Anayasasının ilkelerini benimsiyordu. Bu tutumuyla da, çok daha sağda olan öğrenci gruplarına itici geliyordu, ama kendi de bir öğrenci birliği üyesi (Burschenschaftler)* olduğundan, bu duruma aldırış ettiği yoktu. *Beling*, hukuk felsefesi derslerini sabahları 7 ile 8 arasında vermeyi âdet edinmişti. Ve bu kadar erken derse gelmeye itiraz edenlere de, özel bir şeylerin zevkine varmak isteyen herkesin, erken davranmak zorunda olduğu cevabını verirdi. Son derece monoton bir hava içinde Devletler Özel Hukuku dersleri veren ve karşısında da zaten bir avuç dinleyici bulan *Neumeier* hastalıklı ve çok hassas bir insandı, nitekim 1933'de Nazilerin iktidara gelmesi karşısında intihar etmesi de, onun saf kişiliği hakkında bu olaydan on yıl önce edindiğim izlenime uyuyor.

---

* Burschenschaft 1815'de kurulmuş bir öğrenci birliğidir. Bu birlik nasyonel sosyalistler tarafından kullanılmıştır. Üyeleri Alman siyasî hayatında olumsuz rol oynadıklarından bugün bile itibarlarını kazanamamışlardır. (Ç.N.).

1922-1923 kış sömestresinin bitimiyle birlikte "Münih Özgürlüğüm" de son bulmuş oldu. Tam iki sömestre süreyle, dış bağlardan ve yükümlülüklerden uzak, büyümeye, hayret etmeye, öğrenmeye ve biriktirmeye fırsat buldum. Bunu, hukuk derslerinin yanısıra artes et litterae'nin de eşit bir yer aldığı çok geniş çerçeveli bir akademik öğrenim içinde yapabildim. Artık Münih'li olmuştum. Çarpıcı bir antitezle ifade etmek gerekirse: *Asam* - Kilisesinin içini de, en az üniversitenin bisiklet garajı kadar iyi tanıyordum. Garajın girişi Amalienstrasse'de, üniversite kitapçısı *Huber*'in tam karşısındaydı. Bu kitapçı aracılığıyla, henüz yayınlanmaya başlamış olan "Handwörterbuch der Staatswissenschaften" (Siyasî Bilimler Ansiklopedisi) adlı eserin 4. baskısına abone olmuştum, oysa bu çok ciltli eserin ne zaman biteceği konusunda hiç bir fikrim yoktu. Münih'te kendimi bulmuştum. İçimden sürekli olarak "ben bilim tahsili yapacağım" diye seslenen sesin doğru bir yol gösterici olduğu çıkmıştı ortaya. Onun bana gösterdiği yolda ilerlemeye devam etmem gerekiyordu. Bu yolun sonuna kadar gitmeliydim.

6. Doctor utriusque iuris

1 Mayıs 1923'te, Giessen Eyalet Üniversitesi'ndeki son sömestreme başladım. Bu sömestre, ilk devlet hukuk sınavına hak kazanmak bakımından gerekli olan yedinci ve dolayısıyla da Hessen yasalarına göre son asgarî sömestre idi. Giessen Eyalet Üniversitesi'nin bugünkü adı Justus-Liebig Üniversitesi'dir. Yeniden baba ocağına dönüp, özellikle iktisadî nedenlerden ötürü, orada oturmaya başladım. Enflasyon, adeta "şahlanmışçasına", başını almış gidiyordu. Hem bir yer kiralamak hem de yiyip içecek, geçinecek parayı bulmak, olanaksızlaşmıştı. Üstelik, okuduğum süre içinde, tatillerde bile, bankada çalışma fırsatını bulamamış, dolayısıyla bu yoldan hak kazanmayı umduğum aylık parasal destekten de yoksun kalmıştım. Bütün bunlar bir yana, Giessen'de sürekli oturmayı gereksiz buluyordum. Friedberg ile Giessen arasındaki demiryolu bağlantısı (aşağı yukarı 30 km), fevkalâdeydi. Üniversitedeki derslerin benim için taşıdığı tek anlam, aynı zamanda devlet hukuk sınavını yapacak olan hocaları tanımak ve kendimi de onlara tanıtmaktan ibaretti. Sonuç olarak ders plânımı fazla kapsamlı tutmaya da gerek yoktu. Stajyerlik sınavına hazırlık olmak üzere sınav adaylarını yetiştiren özel bir öğretmene (Repetitor'a) gitmeyi de gereksiz buluyordum. Bir hukukçu gibi *düşünmeyi öğrenmiş sayıyordum kendimi*. Tek ihtiyacım, bazı sınav derslerindeki bilgi eksiğimi kapatmaktı. İyice çalışarak özetlerden ve ders kitaplarından gerekli "sınav bilgilerini" edinebileceğime de aklım adamakıllı yatmıştı, çünkü tıpkı benim gibi Friedberg'te ailesinin yanında kalıp Baden Eyaletinde gireceği ilk hukuk sınavına aynı yollardan hazırlanan bir öğrenci daha tanımıştım. Bu öğren-

cinin adı *Karl Fees*'ti. Kızkardeşi *Else Fees* (E.D.C. *Cullmann*), kızkardeşim Anni'nin okul arkadaşıydı, anne Fees ise (doğumu *Ulrich*), banker amcamızla birlikte Friedberg'te aynı sınıfta okumuştu. Anne Fees'e hepimiz "Annecik" derdik. Böylece birbirimizle hemen kaynaşıverdik, ortak bir çalışma plânı hazırladık ve bunu düzenli bir biçimde uyguladık. *Fees* ailesi, Friedberg istasyonunun tam karşısında oturuyordu. En üst kattaki dairelerinin pencerelerinden istasyonun peronlarını rahatlıkla görmek mümkündü. Frankfurt (Main) dan gelen tren, sabah 7'ye doğru perona girer girmez, çantalarımızı kaptığımız gibi doğru istasyona koşar, Giessen'e gidecek treni kılpayı yakalardık. Böylece, sabah 6 ile 7 arası, ortak çalışmamızın başlangıç saati olmuştu. Öğleden sonraları da, aramızda sözleşerek, duruma göre buluşur, çalışmayı sürdürürdük. Giessen'e giderken banliyö treninde geçirdiğimiz bir saatlik süre zarfında, görmemişler gibi, sırf kendi mesleğimizden söz etmeyi ayıp sayıyorduk. Dolayısıyla yolda, *Gottfried Benn*'den *Stefan Zweig*'a kadar yazarların yeni çıkan edebî eserlerini okumakla vakit geçirirdik. Tabii, o zamanlar nisbeten ucuz olan bu kitaplardan ne kadarını satın alabiliyorsak...

Giessen'e vardıktan sonra, üniversiteye doğru yola düşerdik. Güzel yaz günlerinde yolumuzu azıcık değiştirdiğimiz, Lahn ırmağına bir dalıp çıktığımız da olurdu. Derse girmeden ırmakta yüzmek iyi gelir, bizi canlandırırdı. Münih'e oranla Giessen Hukuk Fakültesi'nin akademik kadrosu çok küçüktü, öğrenci sayısı da çok azdı.

Ama gene de bu Fakülte, Alman hukuk fakültelerinin arasındaki değerlendirme sırasına göre itibarlı bir yere sahipti. Bu itibar, başka fakültelerde parlak isimler olan ve kendi konularının ağır topu sayılan Giesen'de doçent olmuş ya da genç profesör olarak orada hocalığa başlamış bilim adamlarından kaynaklandığı kadar, benim öğrencilik yıllarımda akademik kadroyu oluşturan bilginlerden de gelmekteydi. Örneğin, *Mittermaier* dünyaca ünlü dede Mittermaier'in torunuydu, ceza hukuku kürsüsünün başındaydı. Özellikle kriminoloji ve cezanın infazı konularıyla ilgiliydi ve konuya ilgi duyan öğrenci gruplarıyla -ne yazık ki bu gruplar pek ufak olurdubirlikte cezaevlerine giderek pratik kavrayışlar uyandırmaya çabalardı. Çoğu öğrenci, ona "Mitternachtsmaier" ("Gece Yarısı Maier"i" - ç.n.), adını takmıştı, çünkü dersleri insanı bayıltıp uyutacak kadar sıkıcıydı. Onun yönetiminde katıldığım hukuk usulü seminerlerinden bende kalan izlenim de pek farklı değil. Aynı şeyleri Roma Hukuku hocası *Eger* için de söyleyebilirim. Kendisinden ilerlemiş öğrenciler için Roma Hukuku uygulama (*Digestenexegese*) dersi alıyordum. *Eger*, öğrenci babası sayılıyordu, çünkü öğrenci yardımlaşma kurumu, Mensa ve öğrenci evi, onun insiyatifiyle kurulmuş olup, onun himayesi ve yönetimi altındaydı. *Gmelin*'den dinlediğim

Alman Rayh ve Eyalet İdare Hukuku ile Devlet Kilise Hukukuna Giriş derslerinden çok yararlanmışımdır. Verdiği örnekleri, genellikle Baden eyaletindeki uygulamadan seçerdi, bunu da her seferinde şu sözlerle mazur göstermeye çalışırdı: "Baylar, ben Baden'liyim". Hoş, onun nereli olduğunu biz konuşma tarzından zaten çoktan anlamış olurduk, ayrıca belirtmesine hacet yoktu. Ticaret hukukçusu ve germanistik uzmanı olan Zycha, Alman hukuk tarihi dersini öylesine ilgi çekici bir tarzda anlatıyordu ki, tek bir dersini bile kaçırmamaya özen gösteriyordum. Ne ki, Zycha'nın ticaret hukuku pratikleri, Münih'te Konrad Cosak'ınkilere kıyasla daha az ilginçti. Zycha, özellikle maden hukukunda uzmandı, sömestrenin sonunda da Bonn'dan aldığı bir çağrıya uyarak, oraya gitti. Medenî hukuk ve hukuk felsefesi derslerinin hocası *Karl August Emge*, devlet memuru ve kadrolu profesör değildi. Emge'nin derslerini "astığım" olmuştur. Ondan aklımda şöyle bir cümle kalmış: Bir medenî hukuk profesörü için, her sömestre oturup medenî hukuk pratikleri düzenlemek yerine din sosyolojisiyle uğraşmak çok daha önemlidir. O zamanlar onun bu sözleriyle dalga geçerdik; hem Emge'nin kendi de hangi alana ait olduğunu tam kestiremiyora benzerdi: Hukukçu muydu, sosyolog muydu, yoksa felsefeci miydi, neydi? Neyse, yıllar sonra, hukuk ile sosyolojinin ne kadar yakın bağlarla birbirine bağlı olduğunu kavradığımda, Emge'nin o cümlesini hatırladım. *Eduard Bötticher*'den de, ceza usulü konusunda sınav için gerekli temel bilgileri edindim. Münih'teyken ceza usulü derslerine kayıt yaptırmış, ama dersleri izlememiştim. *Bötticher*, o yıllarda henüz stajyer idi, iki yıl sonra doktorasını verdi ve 1929'da da doçent oldu. Devlet ve Kamu İdare Hukuku eylemsiz doçenti olan *Heyland*, devletler hukuku konusunda olağanüstü iyi bir seminer veriyor; az sayıda bile olsak, biz dinleyicilerini etkilemeyi başarıyordu.

Yukarıda saydığım kişiler, bilgin ve hoca olarak sağlam bir orta seviyeyi temsil etmekteydiler. Ancak onların hepsini her iki alanda da aşan biri vardı: *Leo Rosenberg*. Öğrenciler, aslan yelesini andıran saçlarından ötürü ona "Leo" ("aslan" - ç.n.) derlerdi. Leo Rosenberg, Medenî Hukuk ve Hukuk Muhakemeleri Usulü Hukuku Kürsülerini yönetiyordu. Bir hukukçu olarak kişiliğimin oluşmasına, *Ernst Zitelmann*'ın yanısıra en büyük etkiyi o yapmıştır. Daha yukarıda da değindiğim gibi, *Zitelmann*, kürsünün önünde dimdik dikilip derslerini tamamen serbest olarak anlatırdı, *Rosenberg* ise kürsünün üstünde oturur, dersi okurdu. Her bir cümlesi hukukî bakımdan ince ince törpülenmiş, dil bakımından en berrak, en açık seçik anlatıma kavuşturulmuştu ve bu cümleleri öyle bir ses ve telâffuzla okurdu ki, sanki biz dinleyicilerin kafasında derinlemesine yer etsinler, bir daha da çıkmasınlar. Nitekim, kısmen böyle olmuştur. Keskin nükteleriyle ünlü, insanların kişiliğini kısa, öz, çoğunlukla da hınzırca birkaç sözle çiziktirmeyi iyi beceren Mainz'lı bir öğrenci arkadaşımız, "Leo" için şunları söylemişti: "Le Droit C'est MOİ"* ve özetleyivermişti onu. "Leo"nun yüz çizgileri, kürsüdeki duruşu, sonuna kadar gerilmiş yoğun enerjisi ve disipliniyle, bana hep *Verrocchio*'nun Colleoni adlı heykelini hatırlatmıştır.

Başka derslerin yanısıra *Leo Rosenberg*'in ilerlemiş öğrenciler için medenî hukuk pratik alıştırmalarına da kayıt yaptırmıştım. İlk ev ödevimizin konusu, o tarihlerde tek tek defterler olarak yayınlanan, benim de abone olduğum "Rayh Mahkemesi Medenî Hukuk Kararları" resmî kolleksiyonunda henüz çıkmış olan bir problemle ilgiliydi. Münih'te öğrendiğim gibi, ilgili literatürü ve mahkeme kararlarını tarayarak (tabii, bu arada Rayh Mahkemesinin son kararını da dikkate alarak!), aşağı yukarı 20 yarım dosya kâğıdı tutacak şekilde, problemi çözdüm. Friedberg Gymnasium'undan eski bir sınıf arkadaşım olan, şimdi de hukuk fakültesinden arkadaşım, yazdıklarımın boyutlarını gördüğünde, benimle alay etti. "Bizim burada dört sütundan fazla lâf yazılmaz, Leo, seninle alay edecek, göreceksin" dedi. Ve Leo, ödevimi gözden geçirirken şunu dedi: "Böyle bir problemi üç ya da dört yarım sayfa üzerinde çözebileceğini sanan varsa, çok aldanıyor; 20 yarım sayfada bile tüm incelikleri işlemek mümkün değildir". Böylece, o sonbaharda sınava girmeyi amaçlayan bütün adaylar arasında aniden sivrilerek, oy birliğiyle "şampiyon" ilân edildim; çünkü her kim Leo'nun saygısını ve teveccühünü kazanmışsa, onun başına hiçbir ciddî dert açılamazdı, o kişi, Giessen'de topu topu tek bir sömestre okumuş olsa bile! Bu tahmin, stajyerlik sınavında da, doktora sınavında da doğru çıkmıştır.

O günkü deyimle Prusya Sistemine göre yapılan ilk devlet hukuk sınavı, hukuk alanında hazırlık hizmeti için bir giriş sınavı niteliğindeydi, bu nedenle de sınavı, özel olarak Yüksek Eyalet Mahkemeleri tarafından kurulan sınav komisyonları yapıyordu. Sınav komisyonları, iki hâkim ile iki profesörden oluşmaktaydı. Bu kişiler, sınavla ilgili tüm çalışmaları -altı haftalık bir ev ödevi, dört yazılı sınav ve bir sözlü sınav- ortaklaşa değerlendiriyorlardı. Oysa, o tarihlerde Hür Eyalet (Freistaat) olan Hessen'de bu sınav, bir tür fakülte bitirme sınavı şeklindeydi; bu şekliyle, yılda bir kez olmak üzere, kış sömestresi başlamadan önce,o fakültenin hocalarınca yapılıyordu. Bu sınavda istenenler, yedi yazılı ve bir dizi sözlü sınavdan ibaretti. Sözlüler, o dersin uzmanı profesör tarafından yapılır ve tek kişi olarak onun tarafından değerlendirilirdi. O tek profesörün değerlendirmesi, toplam notun hesaplanmasına temel alınırdı. Yedi yazılı sınavdan birinin konusu ise, tekmil adayları tir tir titreden, adayların "masal sınavı" adını taktıkları bir iktisat problemiydi. İktisat, hem okutulan hem de sınavda sorulan bir dersti; oysa üç iktisat kürsüsü de Edebiyat Fakültesinde

---

* "Hukuk BEN'im!" (ç.n.).

mekân tutmuş durumdaydı. Ben, gerçi bu iktisat alıştırmalarını, yeni başlayanlar için alıştırma programı içinde *Günther*'den; ilerlemiş öğrenciler için iktisadî bunalım ve konjonktür alıştırmaları programı içinde de *Mombert*'ten almıştım. Bu dersleri ne oranda izleyip ne oranda astığımı, şimdi tam çıkartamıyacağım. Ama, kesin olan birşey varsa, tam anlamıyla ciddiye almadığımdır; nitekim bunun acısı sınavda pek güzel çıktı.

Bilimsel bir makale şeklinde yazmamız gereken sınav problemi şuydu: "Enflasyonun Sebepleri". Bu, günümüzde de (1981) pek güncel ve pek tartışmalı bir konudur. Yazılı sınav gününde de bu konunun hâlâ güncel olup olmadığını, yani o günkü deyimiyle "Rentenmark" usulüyle bir çözüme bağlanmış olup olmadığını bilemiyorum.

Ama, sınavın konusu, enflasyona nasıl son verileceği değil, enflasyona nelerin yol açtığı idi. Bankadaki çıraklığım sırasında ve Frankfurter Zeitung'un ticaret sayfasını sürekli izlemem sayesinde edindiğim pratik bakış açısıyla, çalakalem giriştim ve bildiklerimi sıraladım. Unuttuğum tek şey, bu soruyu bilimsel olarak, yani yazar ismi ve teori zikrederek cevaplamam gerektiğiydi. Dolayısıyla, sonuçta aldığım "yetersiz" notu, hiç de şaşırtıcı değildi. Ama, *Leo Rosenberg*'in bunun üzerine şöyle dediği anlatılır: "Gördüğünüz mü, Hirsch'in ne kadar iyi bir hukukçu olduğunun bir kanıtı daha!". 3.13.1923 tarihinde girdiğim ilk devlet hukuk sınavında aldığım ortalama not, sadece "iyice" (noch gut) idi.

Bu sınavdan sonra, "sınanmış hukuk adayı" rütbesine yükselmiştim. Bu durumda, şayet "hâkimlik ehliyeti" almak için gerekli olan üç yıllık hukukî hazırlık hizmetine girmek istiyorsam, gerekli başvuruyu yapmak ve "Referandar" ünvanını kazanmak zorundaydım. "Referandar" olarak, ilk hizmet yerime tayinim çıkacaktı. Ama ben, öğrenimimi hukuk doktoru ünvanı ile tamamlamak istiyordum. Bundan sonra da, hukukî hazırlık hizmetini yapmaksızın, dosdoğru amcamın özel bankasında çalışmaya başlayacaktım. Asıl isteğimin bu olduğunu, daha 1923 Temmuzunda ilk devlet hukuk (stajyerlik) sınavı başlamadan önce, Rosenberg'le birlikte, onun yönetiminde hazırlayacağım bir doktora tezi konusunu ararken hissetmiştim. Rosenberg, o günlerde yeni sayılan, hukuk fakültelerinin ders programlarında pek ender olarak yer verilen ve henüz bir sınav konusu olarak kabul edilmeyen iş hukukuna dikkatimi çekti. Giessen'de iş hukukunu, Doçent *Groh* veriyordu. Groh, bana, 4.2.1920 tarihli İşletme Konseyleri Kanununa göre "işletmenin ve işçiler topluluğunun hukukî niteliği" konusunu önerdi. Bu konu, o günkü literatürde oldukça sık işlenmekteydi ve son derece de tartışmalı bir konuydu. Bu tartışmalı durumdan ötürü tereddüt geçirdiğimi gören *Leo Rosenberg*, "o zaman doğru çözümü siz bulun" diyerek, kısa ve özlü bir dille tereddütlerimi giderdi. Bu da, onun benim yeteneklerime beslediği güvenin başka bir kanıtıydı.

Sonuç olarak, 1923-1924 kışının bu sekizinci ve sonuncu sömestresinde bu doktora tezini yazmaya koyuldum. Tez konum, 15.2.1924'de Fakülte tarafından onaylanmıştı. 19.3.1924'te girdiğim doktora sınavı (Rigorosum), gerçekten de çok zorlu bir sınav oldu: Neredeyse tam beş saat boyunca, tek aday olarak, fakültenin tüm kürsü başkanı hocaları tarafından, tüm konularda, soru yağmuruna tutuldum. Başlangıçta herşey yolunda gidiyordu. Derken soru sorma sırası, hukuk tarihi, Alman özel hukuku ve kilise hukuku konularında henüz profesörlüğe yükseltilmiş olan Profesör *Fröhlich*'e geldi. Profesör Fröhlich, *Zycha*'nın Bonn'a gitmesiyle boşalan kürsüye çağrılmıştı. Ne o beni ne de ben onu kişisel olarak tanıyordum. *Zycha*'nın yaz sömestresi boyunca başarıyla vermiş olduğu dersler temelinde, Alman özel hukuk konusunda özellikle iyi hazırlanmıştım. Ayrıca doktora tezimi yazarken de, Otto von *Gierke*'nin bu konudaki eserleriyle iyice haşır neşir olmuştum. Genel hukuk tarihi ve devlet kilise hukuku konularında da sınav için gerekli bilgiye sahiptim. Ama sınavda soru, Katolik Kilise Hukukundan geldi. Bu konudaki ilk sorudan sonra, açık yüreklilikle bu özel alanda hazırlıklı olmadığımı, ayrıca Giessen'de bu dersin de okutulmadığını bildirdim. Bundan dolayı da, Katolik Kilise Hukuku konusunda daha fazla soru sormak yerine, Devlet Kilise Hukuku ya da Hukuk Tarihi konularında sınanmamı istedim. Sınavı yapan profesör, bu sözlerimi büyük bir küstahlık olarak yorumladı, öfkelendi ve Giessen'de verilen ünvanın "doctor *utriusque iuris*" (yani, her iki hukukun da doktoru) olduğunu hatırlatarak, sınavdan çekildiğini açıkladı. Ama bu beklenmedik olay cesaretimi kırmadı, nedense. Sınavın geri kalan kısmı, bilimsel bir sohbet havasında sürdü, gayet düzgün ve pürüzsüz geçti. Akşam saat 7.00'de sözlü sınav bitmişti.

Profesörler, tam bir saat, bana verecekleri sonuç notunu tartıştılar. Doktora tezime, "fevkalâde iyi" notu verilmişti ("Giessen Üniversitesi 1924 Yıllığında" tezimin bir özeti yayımlanmıştır). Ayrıca sözlü sınavdaki bütün derslerden de, Katolik Kilise Hukuku konusunda aldığım "yetersiz" notu dışında, "fevkalâde iyi" almıştım. Anlaşılan oldukça çekişmeli geçen tartışmalardan sonra, "magna cum laude" verdiler. Bu not, gerçi adalete uygundu, ama "hakkaniyete" uygun değildi.

Ama ben tutarlı davranmayı seçtim ve sırf hakkım olmakla kalmayıp kanuna göre buna zorunlu dahi olduğum halde, "doctor utriusque iuris" ünvanını hiçbir zaman kullanmadım, sadece malûm "Dr. iur." ile yetindim.

Doktor diplomasını da aldıktan sonra, bilimsel kariyerim son bulmuşa benziyordu. Doktor diplomamı, Lâtince metninden dolayı, tarihî bir belge olarak, buraya aynen aktarıyorum (Bkz. Ek 1). Doktoranın, aslında akademik merdivendeki ilk adım olduğunu, o zamanlar ne anlayabilirdim, ne de böyle bir şeyi umabilirdim. Bunu, ancak, doktora sözlü sınavımın üzerinden tam 50 yıl geçtikten sonra, Justus - Liebig - Üniversitesi Hukuk Bilimleri Dekanı tarafından bana gönderilen kutlama mesajını (Bkz. Ek 2) okurken kavramışımdır. Bu özel onurlandırma, eskiden âdet olan doktora yenileme eyleminin yerini tutuyordu; eskiden, bir fakültede doktor ünvanını kazandıktan sonra, yarım yüzyıl boyunca bilim alanında çalışarak sadece kişisel ün sağlamakla kalmamış, aynı zamanda bir zamanlar kendilerine doktor ünvanını vermiş olan fakültenin de bilimsel itibarını yükseltmiş olan kişilerin, bu vesileyle doktorası yenilenirdi.

EK : 1

QVOD FELIX FAVSTVMQVE ESSE IVBEAT
SUPREMVM NVMEN
AVCTORITATE REI PVBLICAE HASSIACAE
RECTORE ANNVO ACADEMIAE MAGNIFICO
RICARDO LAQVEVR
IN PHILOSOPHORVM ORDINE PROFESSORE PVBLICO ORDINARIO
EX DECRETO
ILLVSTRIS IVRISCONSVLTORVM ORDINIS
RECTORE SENATVS ACADEMICI NOMINE ADSENTIENTE
ET PROMOVENDI VENIAM TRIBVENTE
PROMOTOR RITE CONSTITVTVS
IOHANNES GEORGIVS GMELIN
IVRIS VTRIVSQVE DOCTOR IVRIS PVBLICI PROFESSOR
PVBLICVS ORDINARIVS
HOC ANNO DECANVS
VIRO DOCTISSIMO
ERNESTO HIRSCH
FRIDBERGENSI HASSIACO
POSTQVAM EXAMEN MAGNA CVM LAVDE SVPERAVIT
ET DISSERTATIONEM
PROPOSVIT QVAE INSCRIBITVR
DIE RECHTSNATUR DES BETRIEBS UND DER
ARBEITNEHMERSCHAFT
EIN BEITRAG ZUM RECHT DES BETRIEBSRÄTEGESETZES
SVMMOS DOCTORIS VTRIVSQVE IVRIS HONORES AC PRIVILEGIA
HODIE ADSIGNAVIT
IN FIDEM REI GESTAE
GISSAE DIE XIX MENSIS MARTII MCMXXIV
SVB SIGILLO ACADEMIAE MAIORE

Dr. Ricardo Laqueur   Dr. Wolfgangus Mittermaier
h.a. rector   pro decano h.a.
Üniversitenin Büyük Mühürü

EK : 2

"Sayın meslekdaşım Hirsch,
Giessen'de vermiş olduğunuz doktora sınavınızın ellinci yıldönümü olan 19 Mart 1974 tarihinde, bu vesileyle, hem Fakültemiz hem de tüm meslekdaşlarım adına, en içten tebriklerimi sunarım.

Doktoranızı verdiğiniz günden bu yana, yüzyılımızda pek çok bilim adamının başına geldiği üzre, bir bilginin geleneksel kariyerinden ziyadesiyle uzaklaşan, meşakkatli fakat bilimsel faaliyetle dolu bir hayat yaşadığınızı biliyoruz. Öte yandan, yaşça daha genç olan Alman meslekdaşlar da, sizin İstanbul ve Ankara'da sürgünde geçirdiğiniz 20 yılın Türk halkı için ne denli hayırlı olduğunu kavramaktalar. Türk halkı, size sadece, Avrupa uygarlığı ile bağ kurmaya çalışan Türk gençliği üzerinde, bir Alman Üniversite hocası olarak yarattığınız olumlu etki için değil, aynı zamanda önemli kanunlara yaptığınız önemli katkı için de teşekkür borçludur. Ve biz, sizin bu nedenle bugün dahi, Türk halkının saygı ve şükranına mazhar olduğunuzu bilmekteyiz.

Almanya'da adınız, özellikle tam iki yıl süreyle rektörlüğünü yaptığınız Berlin'deki Freie Universität'in oluşturulması ve hukuk sosyolojisinin yeniden canlandırılması ile ilgili olarak tanınıyor. Uzun yıllar boyunca bu alanda tam bir yalnız savaşçı idiniz, fakat bu disiplinin bugün artık hukuk biliminde olsun, üniversite eğitiminde olsun en geniş bir biçimde kendini kabul ettirdiğine tanık oluyorsunuz. Dolayısıyla, bu konuda verdiğiniz mücadelenin boşa gitmediğini görmektesiniz. Kanaatimce, sağda solda hukuk sosyolojisi başlığı altında geliştirilmeye çalışılan şu ya da bu olumsuz düşünceler -ki, tahminimizce siz de bu gelişmeleri en az benim kadar kaygıyla izliyorsunuzdur- alt tarafı bir takım moda görüntülerdir ve hukuk sosyolojisinin hukukun gelişmesine yaptığı katkıyı, uzun vâdede, ciddî olarak engellemeleri olanaksızdır.

Ve kanaatimce, Berlin Freie Universität'teki sizin eseriniz olan Hukuk Sosyolojisi ve Hukuk Olguları Araştırma Enstitüsünün, sizin emekliye ayrılmanızdan sonra içine düştüğü bunalımı sağ salim atlatacağına duyduğum güven de, buradan kaynaklanıyor.

Doktor ünvanı kazanılmasının 50. Yıldönümü nedeniyle ünvanın yenilenmesi geleneği, ne yazık ki, Giessen'de kayboldu. Bu olayı değerlendirmenin yeni gelenekleri ise, mevcut şartlar altında, henüz bulunmuş değildir. Bu durumu değiştirmek elimizden gelmiyor, ancak üzüntü duyabiliyoruz. Sizden ricam, bu yazımı, söz konusu geleneksel kutlamanın yerine çok mütevazî bir katkı olarak kabul etmenizdir. Ne ki, kutlamamızın, bu nedenle daha az içten ve büyük bir bilgine duyduğumuz şükran duygusunun daha az derin olmadığı konusunda sizi temin etmek isterim.

En derin saygılarım ve içten dostluk duygularımla, her zaman sizin.

(imza) Prof. Dr. Gunter Kisker".

Sözlü sınavdan birkaç gün sonra, ikibuçuk yıl önce yaptığım sözleşmeye uygun olarak, 1 Nisan 1924'te tam saatinde Otto Hirsch und Co. Bankasından içeri girdim. Bundan dört yıl önce, o kapıdan içeri bankada çırak gibi çalıştırılıp banka memuru olarak yetiştirilmesi gereken lise mezunu bir çocuk girmişti, şimdi ise, bankada ticarî memur sıfatıyla hukuk danışmanlığından sorumlu olarak çalışacak, çiçeği burnunda bir "hukuk doktoru". Bir zamanlar, istemeye istemeye çıraklığa kabul edilen yeğen, geçen dört yıl zarfında "veliaht"lık katına yükselmişti. Gerçi henüz ticarî vekil olma yetkisi ya da ticarî temsil yetkisi yoktu, ama, bu yetkiye kavuşması, görüldüğü kadarıyla, uzun sürmeyecekti. Çünkü daha şimdiden şeflerin bütün üst düzey toplantılarına çağrılıyor ve görüşü alınıyordu.

Banka personeli, 160 kişiye yükselmişti. Ülkede para politikasıyla ilgili olarak alınan önlemlerden dolayı (daha istikrarlı bir para olan Renten-, Altın- ya da Rayhsmark'ı piyasaya sürerek enflasyonu durdurma önlemleri) borsa spekülasyonları eski canlılığını yitirmiş olduğundan, bankada çalışanlar, işsiz kalmaktan korkuyorlardı. İş dünyasında transaksiyonların azalması sonucunda, bu konudaki işlemlerin de hem kapsamı hem de hacmi daralmış, dolayısıyla bankanın kazanç şansı ve marjı gerilemişti. Sonuç olarak, işten çıkarmalar başlamış, bir sonraki sözleşme döneminde de yeni işten çıkarmalar olacağı, ayrıca sonbaharda yeniden bir kısım çalışanın çıkarılacağı, şimdiden bildirilmişti. Tam da böyle bir zamanda bankaya dönen eski çırak açısından bu, üstelik tüm çalışanlarla fevkalâde içten bir arkadaşlık ilişkisi kurmuş olduğundan, çok üzücü ve insana ters gelen bir durumdu.

Özel bir bankanın hukuk danışmanlığını yapmak, o günlerde, oldukça heyecanlı bir işti. Çok değişik durumlarla; bir yığın birbirinden ilginç ve güç hukuk problemiyle karşılaşıyordunuz: Para reformu yüzünden uzun vadeli sözleşmelerde yapılması gerekli değişiklikler, borçların ve hisselerin yeni Rayhsmark para kuruna göre ayarlanması, altın mark bilançoları hazırlanırken, yeniden değerlemeye ilişkin mevzuat ve mahkeme kararlarında yer alan ve dikkat edilmesi gereken noktalar ile uzun yıllar bankada çalışmış eski memurların işine son vermede iş hukuku özelliklerinin göz önünde tutulması vb. Bazen, bana anonim şirket genel kurullarında hem kendi hisselerimiz hem de müşterilerimizin hisseleri adına oy hakkı devredildiği de olurdu, bu sayede bankaların hem hukuk hem de iktisat açısından çok tartışmalı olan bankalara tevdi edilen hisse senetlerine ilişkin oy hakkının bankalar tarafından kullanılması "Depotstimmrecht"* sorununu, bunun avantaj ve dezavantajlarını, bizzat kendim yaşayarak öğrenmiş ve değerlendirmiş oldum. Ayrıca, "Bankaların Genel İş Şartları" ile de uğraşmak zorundaydım. Daha o zamanlar bile, "müsvedde" olarak çoğaltılmış olarak, *Schütz* ve başka avukatların, Alman Bankacılar Merkezî Birliğinin verdiği sipariş üzerine, Birlik üyeleri için yayınlanan ve sürekli olarak sirkülerle yenilenerek banka hukuku ve vergi hukuku uygulamasının son durumuna uydurulan bir *Bankacılık Formülleri* kitabı çıkıyordu. Bu formüller örnekleri kolleksiyonu, aynı zamanda, genel bankacılık şartları için bir "simile" içermekteydi. Söz konusu genel bankacılık şartları, aslında bir büyük banka işletmesi için geçerliydiler, daha küçük bir özel bankaya, ancak kısmen uyuyorlardı. Bunların arasından bize uygun terkipler bulmak, özellikle de en yeni hukuk kararlarını ve öğretisini göz önünde tutmak, benim çok hoşuma giden, zevkli bir görevdi. Borsa'da işlem gören menkul kıymet sahiplerinin haklarını korumak amacıyla çeşit çeşit birlikler kurulmuştu; bu arada müşterilere ait kıymetli evrakı muhafaza eden merci olmak sıfatıyla bankaya, bu müşterilerin haklarını savunmak görevi de düşüyordu.

İşte, müşterilerle ve söz konusu birliklerle bu konularda yazışmak da bankanın hukuk danışmanının görevleri arasındaydı; aynı şekilde "Rayh Resmî Gazete"sini günü gününe okumak, ya da ödemeyi durdurma ve protestoları içeren "Kara Liste"leri izlemek de, benim işimdi. İşten çıkarılan bazı memurların iş mahkemesinde açtıkları davalara da, işveren Ohaco'nun temsilcisi sıfatıyla ben giriyordum. Fakat, özellikle davacıyı yıllardır kişisel olarak da tanıdığım durumlarda, bu iş hiç hoşuma gitmiyordu.

Bazen de, bankanın finanse ettiği ve o sırada malî bunalım içinde olan bazı işletmelerde teftiş yapmam gerekiyordu. Özellikle, verilen teminatların sağlamlığını; antrepodaki teminat üzerinde teminat amacıyla temlik işlemi veya mülkiyeti muhafaza kaydı ile satış yapılmış ise, bunlara ilişkin hükümlere uyulup uyulmadığını denetlemek zorundaydım.

Bu tür işleri, ne yapıp edip hafta başına rast getirmeyi becerirdim, çünkü bu sayede firma hesabına ilginç bir hafta sonu gezisi yapma fırsatı doğardı. Böyle böyle birkaç kent daha tanıdım, bunların kültür hazinelerini

---

* Almanya'da uygulanan ve geliştirilen bu sisteme göre, bankalar, saklanmak üzere tevdi edilen hisse senetlerine ait oy haklarının, saklama sözleşmelerine koydukları yetkilendirme hükümleri ile, kullanma haklarının kendilerine bırakılmasını sağlıyorlardı. Bu yol ile hiç risk taşımadan şirketler dolayısiyle ticaret ve sanayide egemen oluyorlardı. Sistem, bugün, sınırlara ve bazı şartlara bağlı olarak işlemektedir. (ç.n.)

yakından gördüm. Örneğin, Saale ırmağı kıyısındaki Naumburg kenti. Bu kenti, katedralini ve "Naumburger Meister"in elinden çıkma yontularını, Weissenfels'deki bir ayakkabı fabrikasının denetimi vesilesiyle tanıdım. Ya da bir deri fabrikasının denetimi nedeniyle gittiğim Mülheim an der Ruhr'da belediye konağını Tersteegenhaus ve Wasserbahnhof'u; gene Ohaco'nun da hisse sahibi olduğu ve iflâs eden bir işletmenin genel kurulu dolayısıyla gittiğim Schwaebisch Gmünd kentinde pazar meydanını ve Hecligkreuzmünster'i gördüm.

Ama içimden bir ses, bütün bu kısmen oldukça canlı, uyarıcı, ilginç faaliyetlerin boş olduğunu fısıldayıp duruyordu. Çok gençtim ve genç yaşta, çok erken olarak kendimi belli bir konuma itilmiş hissediyordum. Öyle bir durum ki, kıskıvrak sarmıştı beni ve değiştirme şansım da yok gibiydi. Şayet "öğrenim yıllarından" sonra, biraz da "gezgincilik yılları" yaşayabilmiş olsaydım, yani, örneğin Zürih'te, Viyana'da, Londra ya da Amsterdam'daki tanıdık bir özel bankada, gönüllü olarak çalışıp böylece ufkumu genişletme ve benim için tasarlanan iş açısından biraz kişisel deneyim kazanma, kişisel ilişkiler kurma şansı tanınmış olsaydı, eminim sonuç sırf benim için değil, Ohaco bankası için de daha iyi olacaktı. Ama böyle bir düşünceyi değil açıkça söylemek, sezdirmek dahi, crimen laesae majestatis sayılıyordu; üstelik Münih'te yeterince "gezgincilik" yaptığım ileri sürülerek, öğle tatillerinde Borsa'ya gitmekliğim, Borsa temsilcileriyle ya da başka özel banka sahipleriyle tanıştırılarak, bankacılık işinde gelecekteki meslekdaşlarımla kişisel ilişkiler kurmam talep ediliyordu. Kuşkusuz, bir firma sahibi açısından son derece doğru ve yerinde bir talep. Bu talebin bir başka yanı da, Borsa camiasına firmanın veliaht prensi ve tek vârisi olan yeğeni doğru ışık altında tanıtmaktı, yani iyi aile kızları için gayet parlak bir kısmet olduğunu, hele firmayı daha da güçlü kılacak yüklü bir drahoma getirebilecek hanım kızların bu damat adayını hiç kaçırmamasını kulaklara fısıldamak...

"Sadece kendin kendine yardımcı olabilirsin" diyordum içimden. Hukukçu olarak yapmam gereken işler, atla deve değildi. Sağlam hukuk teorisi temelimi, aslında yalnız mahkemelerde, idarî işlerde, avukatlık ve noterlik bürolarında kazanabileceğim pratik bilgilerle takviye etmem gerekiyordu. Şayet, özel bir bankanın hukuk danışmanı olarak meslek örgütlerinde ve kurullarında söz sahibi olmak istiyorsanız, mutlaka hâkimlik ehliyetini kazanmış olmanız gerekliydi, yani mahkeme yargıç yardımcısı ünvanını taşımalıydınız. Ve, sonuçta, o günlerin Frankfurt bankacılık dünyasında sözü geçen tam hukukçuların da onayıyla desteklediğim bu gerekçem kabul olundu ve her iki tarafın da çıkarlarına uygun düşen şu anlaşmaya varıldı:

O güne kadar görevini sürdüren hukuk danışmanı, 31 Mart 1926'da, normal çalışma saatlerine tâbi bir ticaret memuru niteliğinden çıktı, ama serbest danışman statüsünde, "stajyerlik" eğitimi sırasında boş zamanlarında bankada kendisine gösterilecek olan tüm görevleri üstlenmeyi kabul etti. Bankadan aldığı memuriyet maaşının yerine, her ay, götürü olarak kendisine, adeta bir burs mahiyetinde, ödenecek parayı kabul etti. İkinci devlet hukuk sınavını da verdikten sonra, yeniden bankaya döneceğime ve hem yargıç yardımcısı sıfatıyla hem de jünyor ortak sıfatıyla görev yapacağıma, muhakkak gözüyle bakılıyordu. Fakat, hayat bana bambaşka bir yol çizmişti; hem ülkedeki iktisadî gelişmelerin hem de kişiliğimin gereği doğan çeşitli nesnel ve kişisel koşullardan dolayı, sonuç beklenenden daha başka türlü oldu.

7. Stajyer

I.

Offenbach am Main'deki Sulh Mahkemesi

Hessen Hür Eyaletinde geçerli kurallara göre toplam üç yıl süren hukuk hazırlık hizmetinin ilk yılı için, Giessen'de 1923 yılında "Rechtskandidat sınavını başarıyla vermiş" bir aday olarak, Hessen Adalet Bakanlığı tarafından, 1.4.1926'da stajyerliğe atandım ve başvuruma uygun olarak, stajımı yapmak üzere ilk görev yerim Offenbach am Main'deki Hessen sulh Mahkemesine gönderildim. Frankfurt da, Offenbach da siyasî bakımdan bağımsız komünler oldukları ve bu niteliklerini, bugüne kadar tüm yöresel ve komünal reformlara rağmen korudukları halde, birbirlerine o kadar yakın bir konumdadırlar ve öyle iyi bir trafik bağlantısı içindedirler ki, insan eğer işine kolayca ulaşabileceği uygun bir yer bulabilmişse, hangi kentte oturduğu farketmez. Ben de böyle uygun bir yer düşürebilmiştim. Frankfurt'ta geçen yıl oturduğum kuzey semtinden kalkıp pılımı pırtımı topladım ve Sachsenhausen'e taşındım. Kocaman bir bahçe içinde, çok bakımlı bir müstakil evin ikinci katında, büyük bir mobilyalı oda kiralamıştım.

Bu ev İkinci Dünya Savaşında bombalandı, yerini yeni yapılar aldı. Ev, Schweizerstrasse ile Gartenstrasse arasındaki, son derece sakin bir çıkmaz sokak olan Städelstrasse'de yer alıyordu. Öyle sakindi ki, camlar açıkken bile, aslında oldukça hareketli bir trafiği olan komşu caddelerin gürültüsü duyulmazdı. Üstelik ulaşım bakımından da daha iyisi can sağlığıydı: Bir kere, Frankfurt'la Offenbach arasında işleyen 16 numaralı tramvay durağı hemen burnumun dibindeydi. 16 No.lu tramvayla, Untermain köprüsünün oradan gıcırdayarak sola döner, Schaumainkai'a sapar, oradan da Offenbach'a yönelirdiniz. Beri yandan, öteki iş yerim olan Otto Hirsch und Co. Bankası da, hemen Neue Mainzer Strasse No. 56'daydı; yani Untermain köprüsü üzerinden, tiyatro binasının önünden geçtiniz mi, yaya olarak çabucak ulaşabileceğiniz bir yerde. Ayrıca Städel Sanat Enstitüsünün ve Liebig Evinin ünlü sanat kolleksiyonları da köşeyi döndünüz mü solda, yüzme tesisleriyle kayık kiralanan iskele ise köşeyi döndünüz mü sağ kolda, Schweizerstrasse'nin Schaumainkai kıyısına kavuştuğu yerdeydi. Sırf yayalara açık "Eiserner Steg" üzerinden Römerberg'e, katedrali çepeçevre dolaşarak eski kent merkezine ve Frankfurt'un "Nis"i denen, Main ırmağının sağ kıyısı boyunca uzanan kuzeyden esecek sert rüzgârlara karşı daha yukarıda kalan caddenin yüksek destek duvarlarıyla korunmuş, güneye açık, çok hoş düzenlenmiş gezinti yerine de kısa zamanda ulaşmak mümkündü. Irmağın yukarı kısmına doğru, 300 m kadar ileriden, yüzlerce yıl eski olan Alman Güney / Kuzey ekseni geçiyordu. Eksen, 1913'de yıkılan, 1920'lerde ise, gene eski üslûpta, ama daha geniş ve yüksek kemerlerle yeniden inşa edilerek 1926'da trafiğe açılan "Eski Köprü"den geçer, bugün artık yerinde yeller esen Konstabler Wache noktasında -yani, aşağı yukarı bugünkü yaya yolunun bitiminde- gene yüzlerce yıldan beridir Doğu-Batı ekseni olan "die Zeil" ile, yani kentin ana alışveriş caddesiyle, kesişirdi. Last not least, her iki Rittergasse'nin ve Paradiesgasse'nin ünlü "Ebbelwei" (ya da "Appelwoi") meyhaneleri de iki adım ötemdeydi.

Tramvayla Offenbach'a yolculuk, hele yer bulamayıp ayakta kalmışsanız, Sachsenhausen ve Oberad'daki yolların darlığı, ecişbücüşlüğü yüzünden pek keyifli geçmezdi, ama alt tarafı 20 dakika sürerdi. Prusya'ya ait olan Hessen-Nassau ile Hessen'e ait olan Starkenburg arasındaki sınıra gelindiğinde -o zamanlar buna "eyalet sınırı" denirdi, şimdi yalnızca tek bir Hessen eyaleti varolduğundan, "kent sınırı" deniyor- tramvay yolcuları, Offenbach içinde Kaiserstrasse'ye kadar katedecekleri mesafe için yeni bir bilet, bu kez Offenbach Tramvay İdaresinin bir biletini, almak zorundaydılar. Bazen de Frankfurt arabasından inip Offenbach arabasına aktarma yapmak gerekirdi.

Sulh Mahkemesi, benzerleri arasında oldukça büyük sayılırdı. Sulh Mahkemesi Başkanı ya da sulh hâkimlerinden biri, aynı zamanda Darmstadt Eyalet Mahkemesine bağlı, "detaşe" ticaret mahkemesine de başkanlık yapmaktaydı. Bu ticaret mahkemesinin diğer üyeleri ise, Offenbach Sanayi ve Ticaret Odalarının önerisi üzerine "ticaret hâkimi" görevine atanan tecrübeli ve saygın Offenbach'lı tüccarlarla fabrika sahiplerinden oluşuyordu. "Ticaret hâkimi" makamı ve ünvanı, son derece büyük bir imtiyaz ifade etmekteydi. Babam da bu ünvanı taşımaktan dolayı her zaman için özellikle gurur duymuştur. Hakkı da vardı; çünkü ticaret hâkimi, yüksek öğrenim görmemiş olduğu halde, "fahrî hâkim" sıfatıyla, bu görev süresince, bir hâkimin tüm hak ve görevlerine aynen sahip olduğu gibi, danışma ve kararlarda da, meslekten hâkim başkanla aynı oy hakkını taşırdı. Ticaret hâkimine tanınan bu konumun nesnel nedenleri vardır, bu kişi, uzun yıllarda biriktirdiği iş hayatı tecrübesiyle, pekçok durumda kendi iş tecrübesi ve bilgisine dayanarak, teamül ve ticarî işleyiş konusunda bir bilirkişi niteliğinde yargıya varabilir, dolayısıyla mahkemede görülen "ticaret davalarının" çabuklaştırılmasına büyük ölçüde katkıda bulunabilirdi. Hemen belirtelim, söz konusu davalar, *Mahkemeler Teşkilât Kanununda* açık seçik belirtilmiş olan "ticaret davaları" idi. Fakat bu arada, Offenbach Sulh Mahkemesinde başka davalara da bakıldığı, hatta her iki taraf avukatlarının rızasıyla praeter ya da contra legem olarak boşanma davaları görüldüğü rivayet olunurdu. Boşanmaların sulh mahkemesinde görülmesine neden olarak da, hukuk dairesine dosyanın havale edilmesi için mutlaka özel bir başvuru gerekmesi, yani bunun re'sen yapılamaması, avukatların ise, aralarında sözleşerek gerekli bu başvuruyu yapmamaları gösterilirdi.

Her ne hâl ise: Zaten bu daire ile benim işim yoktu, benim stajyerlik hizmetini yerine getirmem gereken yer, Sulh Mahkemesinin maddî olarak yetkili olduğu hem ihtilâflı, hem ihtilâfsız kaza meselelerine bakan dairelerdeydi. Göreve başladığım 1 Nisan 1926 tarihinde Sulh Mahkemesi Başkanım beni ilkin, Adlî Yardım Bürosunda görevlendirdi. Burası, bir avukata başvurmaksızın, usulüne uygun dilekçe vermek, ihbarda bulunmak ya da dava açmak isteyen her vatandaşa açık olan, onlara hizmet veren bir yerdi. Bu danışmanlık faaliyeti sayesinde, bir sulh mahkemesinin işlevleri hakkında, fevkalâde kuşbakışı bilgi sahibi oldum. İşe başladığımda, bankada hukuk danışmanı olarak geçirdiğim sürenin hiç de boşuna olmadığını anladım. Meselelere yaklaşımım, fakülteden henüz mezun olmuş bir stajyerinkinden çok farklıydı. Bankadaki çalışmam sırasında kazandığım tecrübe, hakkını kanun yoluyla arayan vatandaşlarla ilişkimi çok kolaylaştırmıştı. Bu görevimde gerçek anlamıyla hukuk bunalımı ile yüzyüze geldiğim gibi, gerçek anlamıyla mızmız, herşeyden şikâyet eden insanlar da tanıdım. Bundan sonra hukuk ve ceza işlerine bakan diğer dairelerden geçip küçük jüri mahkemesinde, savcılıkta, tapu sicili ile diğer sicil dairelerinde bulundum. Bu suretle gerek hukuk davaları ile ceza davaları arasındaki usul farklarını, gerek karar ile ara karar şekillerini öğrendim.

Sulh Mahkemesindeki faaliyetim hem çok yanlı, hem de öğreticiydi. Özellikle de, ustalarımın, kendilerine emanet edilen stajyerle yakından ilgilenerek, bir yandan bağımsız çalışma fırsatı tanıyıp diğer yandan da yazdığı raporlardaki teknik ve hukukî hatalara, dil yanlışlarına dikkat çekmelerinden, doğrusunu göstermelerinden çok yararlandım.

Offenbach Sulh Mahkemesine bağlı olan birkaç köy de vardı. Dolayısıyla köylülerin işlerine ve ihtilâflarına da bakıyorduk. Sulh mahkemesi savcılığında insan, hele polis kaynaklarından, öğrenciliği boyunca duyup işitmediği, neler neler öğrenmiyordu ki! Örneğin, tavuklarını değirmen barajında "otlattığı" için birinin cezaya çarptırılabileceğini öğrenmek, benim için hem dil bilgimi, hem de hukuk bilgimi zenginleştiren yeni bir şeydi. Gerçi, İncil'de "O *beni* yeşil bir çayırda otlattı" diye bir ifadenin yeraldığını biliyordum, ama günlük konuşma dilinde "weiden", yalnızca otlamak, yani yiyecek aramak anlamında, intransitiv olarak kullanılırdı; "otlatmak" anlamında kullanılmazdı. Oysa, eski bir Hessen kuralından, tavukların da otlatılabileceğini, yani yiyecek aramaları için otlağa götürülebileceğini, ama bunu baraj vb. yerlerde yapmanın yasak olduğunu öğrenmekteydim. Offenbach'da ben "dışarıdan gelen bir yabancı" idim. Yani sabah saat 09.00'da tramvayla buraya gelen, öğleyin 13 ile 14 arasında da evine dönen bir yabancı. Arasıra rapor hazırlamak amacıyla yanıma dosya aldığım oluyordu, ama genellikle sadece öğleden önceleri mahkemede bulunmak zorundaydım. Ayrıca, stajyerlere, geçimini sağlamak için yardım vb. burs şeklinde dahi hiçbir ücret ödenmiyordu. Dolayısıyla ben de, boş öğleden sonralarımı, bankadaki işimin başında değerlendiriyordum.

II.

Avukat Yanında Staj

O tarihte Hessen eyaletinde yürürlükte olan yasalara göre, hukuk hazırlık hizmetinin tamamlanması için, Sulh Mahkemesinde bir yıl stajdan sonra, ayrıca bir avukatın yanında da bir yıl staj yapmak zorunluydu. Başvurum üzerine özel isteğim kabul olunarak, Frankfurt'ta, yani "Prusya topraklarında" staj yapmak üzere bir avukat ve noter aramama izin verildi.

Daha 1925'te, yani hukuk hazırlık hizmetime başlamadan önce, Hukuk Fakültesinin ticaret hukuku seminerlerine misafir öğrenci olarak devam etmiştim. Dolayısıyla Ticaret Hukuku Kürsüsü Başkanı Profesör *Friedrich Klausing*'i ve aynı şekilde ticaret hukuku dersleri veren, fakat devlet memuru olmayan Profesör *August Saenger*'i tanımaktaydım.

Profesör Saenger'le başka bir tanışma nedenimiz de, kendisinin aynı zamanda tıpkı benim gibi, keman hocası *Hermann Hock*'un bir öğrencisi olmasından kaynaklanıyordu. Sonuçta, Saenger'in yanında, yani son derece büyük saygınlığı olan bir avukat ve noter yazıhanesinde staj yapma olanağına kolayca kavuştum. Yazıhanede ağırlık ticaret, şirketler hukuku ve vergi hukukuna verildiğinden, benim için tam biçilmiş kaftandı. Kısa bir alışma döneminden sonra Saenger'in dostluğunu kazandım. Öyle ki, kendisi tatile çıktığında, yazıhanenin yönetimini bana bırakıyordu, hatta beni noter vekili olarak görevlendiriyordu. İster istemez bu faaliyetim sırasında banka hukuk müşaviri sıfatından öte bir niteliğim yoktu, karşımdakiler bu hüviyetimle istemeye istemeye yetiniyorlar, hiç değilse kısa süreli bile olsa, danışmanlık görevi yapmamı istiyorlardı. Danışmanlık karşılığında bana vaadedilen parayı kabul etmiyordum, çünkü zaten Saenger bana, o sıralarda avukatlık yazıhanelerinde mutâd olanın çok üstünde bir maaş ödüyordu.

Bu avukatlık stajım sırasında hukuku ve hukuk hizmetini, o güne kadar tanıdığımın tamamen dışında, bambaşka bir tarafından görerek tanıdım. Sulh Mahkemesinde hükümler veriliyor, kararlar alınıyordu. Hâkimlik faaliyeti, kanuna ve hukuka dayanan hüküm veya emir vermekten ibaretti. Hüküm verirken, en iyi bildiğiniz şekilde ve vicdanınızın emri doğrultusunda, söz konusu kişinin durumuna bakmaksızın, yani, bir insan için mümkün olabildiğince tarafsız ve "objektif" olduğunu sandığınız biçimde davranırdınız. Haktan yana olanla olmayan arasında, haktan yana olanı "kararlaştırırdınız". Bu kararı beğenmeyene hukuk yolları açıktı. Kararınıza itiraz, bir üst mahkeme tarafından reddedilirse, içiniz huzur ve hoşnutlukla dolardı; ama itiraz haklı bulunup sizin verdiğiniz karar bozulursa, belki azıcık canınız sıkılırdı, ama, doğrudan doğruya size dokunan bir mesele olmadığı için, üstünde uzun boylu durmazdınız. Doğrudan doğruya işin içinde olanlar açısından doğacak sonuçlar aklınıza bile gelmezdi.

Avukat yanında staj yaparken, işte, meseleyi tam da bu açıdan görmek zorunda kalmıştım. Çünkü, bir avukat için müvekkilinin çıkarları önplanda gelmekteydi; avukatın görevi, bu çıkarları korumaktı. Yani, bir avukat, kendi verileri yararına olan herşeyi, tek yanlı ve "tarafgir" bir biçimde yapmak ve müvekkilinin çıkarlarına zarar verme ihtimali olan herşeyden de kaçınmak zorundaydı. Avukat, somut durumu (Sachverhalt) ve bu durumun doğuracağı hukukî sonuçları, müvekkiline yarar sağlayacak biçimde sunmak, bunu yaparken de zayıf noktalara hiç değinmeden geçiştirmek ve hasım tarafın muhtemel saldırılarını da başarıyla savuşturmak mecburiyetindeydi. Saenger, savunmayı üstlendiği bir müvekkiline ilişkin somut durum açısından belli başlı noktaları kısa bir not halinde dosyasıyla teslim eder ve dava lâyihasını ya da alışılmış bir davaya karşı cevabı yazmamı isterdi. Durumu ve hukukî sonuçlarını incelediğimde, kanunların olsun, öğretilen bilgiler ve içtihat temelinde olsun, söz konusu davanın ya da davayı red müracaatının ümitsiz olduğu sonucuna vardığım olurdu. Bu sonucu şefime bildirir ve lâyihayı, ikna edici bir dille yazmada yetersiz kaldığımı söylerdim. Saenger, bıyık altından gülerek, bir yandan da bana hak vererek, davalara hâlâ hâkimin ya da karşı tarafın avukatının gözüyle baktığımı ve bunu yaparken de, bu kişilerin kendim gibi iyi hukukçu olduklarını varsaymak hatasına düştüğümü söylerdi. Hiç kuşkusuz, daha işin başında ümitsiz oldukları açıkça gözüken, kendisinin de vekâleti üstlenmediği bazı davalar yok değildi. Ama bunlar istisnaydı. Bir insan davacı ya da davalı sıfatıyla avukata başvurduğunda, tarafların her birinin haklı olduğuna inandığı ve bunu iddia ettiği bir ihtilâf ilişkisi mevcut demekti.

Taraflar gerek somut durumu, gerekse hukukî durumu farklı farklı değerlendirirlerdi, çünkü bunları farklı değerlendirmek gerçekten mümkündü de. Avukata düşen görev, müvekkilinin bakış açısını benimsemek ve hukukun müsaade ettiği bütün araçları kullanarak bu bakış açısını temsil etmek ve savunmaktı. Bir avukat, vekilinin dikkatini muhtemel zayıf noktalara çekebilir ve bunların mevcut dava rizikosunu artırdığına işaret edebilirdi, üstelik bunu yapması da gerekirdi. Ancak mahkemeye karşı bu türden endişelerini hiçbir şekilde belli etmemesi lâzımdı. Kendi davasını destekleyen her hukukî argümanı, çok dolaylı ve uzak gözükse bile, kullanmak hem mümkün, hem de zorunluydu. Çünkü muhakeme usulü uyarınca, mahkeme, somut durumu ve ihtilâf konusunu, kendisine sunulan lâyihalar çerçevesinde hem muhteva hem de hukuk açısından enine boyuna incelemek ve karara bağlamakla yükümlüydü. "Bir avukat olarak, kendi tarafınızın zafer kazanması için çalışmak zorundasınız, objektif hukukun değil; objektif hukukun zafer kazanması için çalışmak, hâkimin işidir. Hâkim yalnızca kendi vicdanına karşı sorumludur, müvekkillerin çıkarlarından sorumlu değildir". Bu tür dersleri sık sık dinlerdim. Özellikle de, avukatla müvekkil arasındaki danışma sırasında, somut durumun müvekkilin üzerinde durmamış olduğu ayrıntıları konusunda müvekkile sorular yönelttiğimde ya da hâkim olan görüşün, müvekkilin görüşüne zıt yönde olduğunu belirttiğimde, böyle bir ders dinlerdim.

Ne var ki, avukatlık mesleğinin çıkarları ve meslek ahlâkı açısından doğru ve anlaşılır nitelikteki bu tür "aydınlatma" derslerine rağmen, ben, her zaman için"audiatur et altera pars" ilkesini benimsedim; yani, bir hukuk sorununu, hasım tarafın açısından da incelemeyi doğal saydım, ancak Saenger'in savunduğu tarafın çıkarlarını temsil etmem gerektiğinden, hazırladığım lâyihalarda, karşı tarafın ileri sürebileceği ama sürmemiş olduğu soruların hiç birine değinmezdim. "Tavşanları ürkütmekten" kaçınırdım, ama karşı tarafın avukatını da gafil avlayarak faka bastırmazdım. Uzun sözün kısası; bir davayı bütün vasıtalara başvurarak savunan ve bundan dolayı da vicdanı rahatsız olmayan savaşçının tek yanlı tutumu -ki, bu tutum bir avukatın mesleğini uygulayabilmesi için zorunludur- bana göre değildi. Müvekkilimin haklılığına kani olduğum zamanlarda, canımı dişime takarak savunuyordum onu. Bir davayı hatırlıyorum. Bu davada mesele, bir taşınmaz üzerindeki ipoteki kaldırmak için, sıra itibariyle altta bulunan ipotekli alacaklıların üst dereceye gelip gelemiyecekleri veya tapuda aksine kayıt bulunmadığı hallerde taşınmaz maliklerinin serbest kalan dereceyi kendileri için kullanabilip kullanamıyacakları sözkonusu idi. Gırtlağına kadar borçlu olan müvekkilim için bu soru alt derecede yer alan altı alacaklı için olduğu kadar önemliydi. Karşımızda altı alacaklı ve altı avukat vardı. İlk hukuk sınavına hazırlık olarak *Arthur Nussbaum*'un Alman ipotek hukuku konulu fevkalâde iyi yazılmış ders kitabını hatmetmiş olduğumdan, malzemeye hâkimdim. Müvekkilimize yöneltilen şikâyetlerin kesinlikle reddedilmesi gerektiğine inanmıştım. 25 sayfalık bir lâyiha dikte ettim. Lâyiham, hiçbir açık nokta bırakmaksızın, hem bilim hem de içtihatlara dayanıyordu. Ayrıca, Saenger de kendinden bu konuda tam emin olmadığından, duruşmaya da ben girdim. Karşı tarafın altı avukatı, acemi çaylağın hevesli çabalarıyla için için dalga geçtiler ve benim ileri sürdüğüm mülâhazaları, saf teoriden ibaret oldukları gerekçesiyle, geçersiz ve incelenmeye değmez bulduklarını bildirdiler. Hukuk mahkemesi de, çok kısa gerekçeli bir hükümle, aynı yönde karar verdi. Davayı ilk aşamada kaybetmiştik, fakat, müvekkilimin istinaf yoluna başvurmasında ısrar ettim. Eyalet Yüksek Mahkemesi talebi haksız bularak reddetti ve ilk hükmün geçici olarak uygulanabilir olduğuna karar verdi. Müvekkilim, altı davacı ve altı avukatın yolaçtığı çok büyük malî külfetin altından kalkamayarak iflâs ettiğini bildirdi. Ama bu arada ben de boş durmamış ve müvekkilim için, etraflı bir gerekçeli lâyiha ile müvekkilime hükmü temyiz edebilmesi için adlî yardımın onayını istemiştim. Saenger, benim bu çabalarıma bakıp bakıp merhamet duygularıyla "Auch Essig"* diyordu. Essig, aynı zamanda müvekkilimizin adıydı. Ama, gelin görün ki, Rayh Mahkemesi temyiz için adlî yardımı onayladı. Müvekkilimizin hakkındaki şikâyetler, nihaî olarak, geçersiz ve haksız bulunarak reddedildi ve tüm mahkeme masraflarıyla mahkeme dışı masraflar altı davacıya yüklendi. Rayh Mahkemesinin gerekçeli hükmünde, vaktiyle benim Eyalet Mahkemesine sunmuş olduğum cevap dilekçesinde işlediğim ana düşüncenin yer aldığını gördüm. Konkordato sonucunda tüm borçlarından kurtulmuş olan müvekkilimiz haklarına kavuşmuştu ve artık varlıklı bir kişiydi.

Gene anonim ortaklığa ilişkin başka bir davada, taraflar bir kent belediyesi ile bir Elektrik Anonim Şirketi idi. Bu davadaki mesele ise, adına iki kişiden oluşan anonim şirket (Zweimann-Aktiengesellschaft) denen ve kamunun çoğunluğu haiz pay sahibi olduğu bu türden bir şirkette, kent belediyesi tarafından genel kurula yollanmış olan temsilcilerin mutlaka aynı doğrultuda mı oy kullanmaları gerektiği, yoksa ayrı ayrı doğrultularda oy kullanıp kullanamıyacakları sorusu idi. Çünkü söz konusu kent belediyesi, elindeki hisselerden kaynaklanan oy kullanma yetkisini, Belediye Meclisine değil de, Şehir Encümeninin üyelerine, encümende temsil edilen siyasî partiler oranında olmak kaydıyla, devretmişti. Birkaç tane lâyiha hazırladım.

Anonim şirketin genel kurulunda bir siyasî parti grubunun üyeleri, oylarını, esas sermayenin %49'una sahip olan azınlık paysahibi lehine kullandı-

* Almanca "Essig" sirke demektir. "Auch Essig" "bu da sirke olacak" şeklinde çevrilebilir. (ç.n.)

lar. Bunun sonucunda da, azınlık paysahibi, bazı önemli gündem maddesi için, verilen oyların çoğunluğunu elde etmiş oldu. Belediye Meclisi, Belediye için oldukça elverişsiz sonuçlanan bu genel kurul toplantısı üzerine öfkelendi ve tanınmış anonim şirket uzmanlarına başvurarak bilirkişi raporları hazırlattı. Bu bilirkişi raporlarına göre bir hissedar, birden fazla hisseden doğan oy hakkını, ancak öteki hissedarlarla aynı doğrultuda kullanabilirdi. Kent Belediyesinin bu bilirkişi raporlarına dayanarak açtığı anonim şirket genel kurul kararının iptali davasında Saenger, azınlık paysahibinin vekâletini üstlenmişti ve davayı incelemem ve hazırlamam için bana devretti. İptal davası daha ilk mahkemede reddedildi. Kent Belediyesi, yeni yeni hukukî mütalâalar bularak, bu red hükmünü temyiz etti. Aradan aşağı yukarı bir yıl geçtikten sonra, ben Eyalet Yüksek Mahkemesinde stajımı sürdürürken, oradaki eğitim âmirim (Ausbilder) bu davada raportördü ve bana bir rapor hazırlamam için dosyayı verdi. O günkü Prusya staj kurallarına göre böyle bir rapor hazırlamak, stajyerlik stajının son bölümü için zorunlu bir görevdi ve bu, yargıç yardımcılığı sınavında bilimsel bir rapor hazırlanması gereken büyük ödev ya da diğer bir adıyla "üç haftalık ödev" için bir hazırlık niteliği taşıyordu. Bundan önceki mahkemede de facto olarak taraflardan birinin çıkarlarını temsil ettiğimi ileri sürerek, "taraflı" olduğumu ve bu görevi alamayacağımı bildirdim. Bu sözlerim üzerine hâkim, bıyık altından gülerek, sadece şunları söyledi: "O zaman söz konusu raporu hazırlamak sizin için büsbütün kolaylaşır".

Burada bütün bu ayrıntıları tekrar etmekteki amacım, vicdanımın ne kadar hassas tepkiler gösterdiğini ve pratik hukuk alanında bile bilimle uğraşmanın ne kadar hoşuma gittiğini göstermektir. Sanırım, Saenger de, bu eğilimimi görmüş olacak ki, bana didaktik bakımdan hayli çetrefil ve zorlu bir görev yükledi. Bu görev, beni o güne kadar ihmal etmiş olduğum vergi hukuku alanını, hiç değilse anahatları ve temel kavramlarıyla inceleyip öğrenmeye zorlamıştır. Saenger, kısım kısım çıkan bir derleme eserde vergi hukuku bölümünü yazmayı üstlenmişti. Söz konusu derleme, memurların ve iktisatçıların eğitimi için hazırlanıyordu. Dolayısıyla yazılacak bölüm, bu düzeye uygun olmalı ve özellikle bu okuyucu çevresinin anlıyabileceği biçimde açık ve kolay kavranır bir dille yazılmalıydı. Rayh Vergileri Kanunu, Gelir Vergisi Hukuku, Kurumlar Vergisi Hukuku, Muamele Vergisi Hukuku, Servet Vergisi Hukuku ve Veraset Vergisi Hukuku konularında yayımlanmış olan en önemli eserlerden de yararlanarak, bir müsvedde hazırladım. Hazırladığım yazının sistematiği kamu hukukuna değil, özel hukuka dayanmaktaydı ve özellikle de özel hukuk kurumlarının kavram dünyasını yansıtıyordu. Tipik bir hukuk kavramları çalışması yapmıştım. Bu çalışmam, yapısının berraklığı, konunun ele alınışındaki ekonomik tutum ve açık-seçiklik nedeniyle hem kolay okunur, hem de kolay akılda kalır nitelikteydi. Çalışmam, Saenger'i öylesine şaşırttı ki, bu müsveddeyi, noktasına virgülüne bile dokunmaksızın, olduğu gibi, kendi adı altında, söz konusu derlemenin "Vergi Hukuku" bölümünde yayınlattı. Yayında benim adım hiçbir surette, yani hiç değilse bir dipnotta teşekkür biçiminde bile geçmiyordu. Saenger, bu iş için aldığı paranın yarısını bana verdi, ben de hoşnutlukla bununla yetindim. Saenger'in davranış biçimini hiç garipsememiştim, çünkü zaten stajyer olarak yazdığım gerekçeli hükümlerin hâkim tarafından kendi hükmü olarak, gene yazdığım lâyihaların da avukat tarafından kendi lâyihası olarak imzalanmasına ve bunların sorumluluğunun dışarı karşı bu kişilerce üstlenilmesine alışıktım. Üstelik de, "kalfa" olarak, kendi ürünümün "usta"nın eseri gibi gözükmesi, ustamın bunu kendi imzasına ve bilimsel şanına lâyık görmesi bana yetip de artıyordu! Ayrıca hiçbir zaman unutmamalı ki, başkasının eserini kendi eseriymiş gibi gösteren herkes, ancak kendi iyi şöhretini tehlikeye atar. Aynı şekilde kendi eserini başkasının bir eseriymiş gibi gösteren herkes de, bu başkasına telâfisi mümkün olmayan bir zarar verebilir: Bu iki tespit de tartışmasız doğrudur ve yazarın şahsiyet hakları (droit moral) denilen sahayı alışılagelmişin dışında aydınlatmaktadır. "Ghost writers" denen "hayalet yazar"ların varlığı da bu görüşü teyit eder.

Vergi hukuku ile uğraşmak, aslında bana çok daha yakın bir konu olan kambiyo hukukunun gelişmesine beslediğim bilimsel ilgiyi, özellikle de uluslararası bir anlaşma temelinde bir dünya kambiyo senetleri hukuku yararına çabalarımı, yalnızca geçici bir süre için ertelemişti. Bunun bir kanıtı, 30.6.1971 tarihli "Frankfurter Zeitung"da (No. 476) çıkan "Dünya Kambiyo Senetleri Hukuku Projesi" başlıklı makalem ve bu konuyla ilgili özel çalışmalarımdır. Bu çalışmalarımı, 1927 yazında izin alıp, La Haye'deki Uluslararası Hukuk Akademisinin düzenlediği kurslara katılarak, daha da yoğunlaştırdım. Bunu tamamen kendi cebimden ödedim. Oysa öteki Alman iştirakçilerin hepsi de, istisnasız, devlete ya burs ya da seyahat yardımı için başvurmuş ve bunu sağlamışlardı.

Bu kurslar boyunca Fransızca olarak verilen ve çoğunluğu fevkalâde iyi olan devletler hukuku ve devletler özel hukuku derslerinin sadece çok sadık ve iyi bir dinleyicisi olmakla kalmadım, aynı zamanda da, kursların yapıldığı Barış Sarayının zengin kütüphanesinde çalışarak, kambiyo hukuku konusunda karşılaştırmalı hukuk malzemesi topladım.

La Haye'deki günlerim, aynı zamanda, benim için gerekli ve arzuladığım bir dinlenme yerine de geçti. Öteki kurs iştirakçileri gibi ben de, Scheveningen "Kurhaus"unda kalıyor ve kursa katılanlara tanınan tüm kolaylıklardan biz kursiyerlere verilen bir kart sayesinde yararlanabiliyordum. Çalışkan bir dinleyici olsanız ve ayrıca kütüphanede çalışmayı da aksatmasanız bile, geriye gene de yeterince boş zaman kalıyordu. Bu boş zamanlarda kumsalda güneşleniyor, ortak gezilere katılıyor ve çeşitli toplumsal davetlere gidiyordum. Dinleyicilerle hocalar arasındaki ilişki son derece rahattı, dolayısıyla profesörleri yakından tanımak imkânı doğmuştu. Hollanda'da kaldığım sürece,Fransızcamı ve Hollandacamı da hem tazeledim, hem de ilerlettim. Her iki dile de hâkim olmayı gerektiren pekçok neden vardı.

Şimdi geriye bakarak tesbit edebildiğim kadarıyla, beni bu kurslara katılmaya iten neden, hayatımda bilimin bana uygun tek meslek olduğunu fısıldayan içimdeki sesti. Borsacılığın bana göre bir iş olmadığını çoktan anlamıştım. Ama avukatlık mesleğini de özellikle yakın duymuyordum kendime. Fazla kılı kırk yaran bir tabiatım vardı, objektif düşünmek ve objektif karar vermek adeta içime işlemişti. Hukuka olan yeteneğim gün ışığına çıktıkça ve ancak ve ancak bilimsel bakış açısı altında hazırlanmış hukuk çalışmalarından duyduğum sevinç ve tatmin duygusu arttıkça, kafamda giderek berraklaşan bir görüş oluşuyordu. Benim için yalnızca iki meslek söz konusuydu: Ya hâkimlik, ya da bilim kurumlarında hocalık. Fırsatı düştüğünde, bu meseleyi Saenger'e de, Klausing'e de açtım. Klausing'in akademik kariyer şansım konusunda bana verdiği cevabı daha önce aktarmıştım: "Siz Yahudisiniz; ya vaftiz olun ya da Prusya Stajyerlik Sınavını pekiyi dereceyle başarın". Saenger'in cevabı ise şöyleydi: "Sizin gibi hiçbir siyasî partiye üye olmayan birisi için hâkimlik kariyerine girebilmek zor olacaktır, girseniz bile, ilerlemeniz daha da zor iş. Hele devlet hizmetinde iş bulamayan sürüyle stajyer yargıç yardımcısını düşündükçe. Yoksa Allenstein'da (Doğu Prusya) sulh hâkimi olup, hayatınız boyunca oraya çakılı kalmak mı istersiniz? Fakat, üniversite hocası olarak da pek fazla şansınız yok derim, tecrübeme güvenerek. Eğer siz iyi bir duruşma avukatı olacağınız konusunda kendinize güvenmiyorsanız, hukuk danışmanı olun. Bence siz, büyük bir işletmenin hukuk danışmanlığı için biçilmiş kaftansınız (ideal hukuk danışmanı tipi). Otto Hirsch and Co. Bankacılık Şirketinde hukuk danışmanlığı iyi bir çıkış noktası olabilir. Buradan hareketle, hukukçu yönetim kurulu üyesi sıfatıyla büyük anonim şirketlerden birinde olsun büyük holdinglerin birinin başında olsun, örneğin IG Farbenindustrie AG'de *Selk* gibi ya da *Flechtheim, Hachenburg, Julius Lehmann* ve başkaları gibi, avukat giysisi altında çok yüksek sorumluluk gerektiren danışmanlık faaliyeti sürdürebilirsiniz". Andığı isimler, gerçekten de ulu kişilerdi; hem bilimsel yayınları, hem de hukuk danışmanı sıfatıyla kazanmış oldukları ekonomik ve sosyal güç dolayısıyla ün salmışlardı. Staj sürem dolduğunda Saenger benim için olağanüstü iyi bir referans yazdı ve beni yanına ortak (Junior socius) olarak almak istediğini de belirtti. Ancak bunun için bir şart koşuyordu: Hukuktan ben sorumlu olacaktım, faturalardan da kendisi. Bunu söylemesinin nedeni, Saenger'in yokluğunda, vekili sıfatıyla benim, müvekkillerden sözlü ya da telefonla sunduğum danışmanlık hizmeti karşılığında, müddeabihe, işin zorluğuna ve avukatların ücret düzeylerine hiç uymayacak kadar düşük ücret almamdı.

III.

Intermezzo

Stajyer olarak geçirdiğim sürenin son bölümünü anlatmadan önce, kişisel durumumdan biraz söz etmek istiyorum.

Frankfurt'lu bankacı çiftle yakın ilişkilerim, geçici olarak tasarlanan ve programlanan hukuk hizmetime rağmen, hiç bozulmadan sürmekteydi. Dolayısıyla, eski alışık olduğum çevredeki kişisel hayatım değişmemişti. Gene üstad *Hock*'dan keman dersi almayı sürdürüyor, onun evinde yapılan oda müziği akşamlarına düzenli olarak katılıyordum; ancak, yoğun meslekî çalışmalar yüzünden eskisi gibi konser ve tiyatroya gidemez olmuştum. Hafta sonlarını, ya bankacı amcamın Falkenstein'daki kır evinde geçiriyor, ya da civarda gezintiler yapıyordum. Arada Friedberg'de annemlere gittiğim, orada Pazar günleri yapılan oda müziğine katıldığım da oluyordu.

Gene böyle Friedberg'e gittiğim bir hafta sonunda, 1928 yaz başıydı. Ailem, Mayer J. Hirsch Firmasının yüzüncü kuruluş yılını bir jübileyle kutlama hazırlıkları içindeydi, bu vesileyle bir aile toplantısı yapılacaktı. Anneme, birkaç haftadır gizlice nişanlandığımı, aile toplantısında bunu açıklamak istediğimi fısıldadım. Nişanlım *Trudl Löwenick*'i, Münih'li üniversite arkadaşım *Fritz Rothschild*'in evinde tanımıştım. Trudl'un babası, Frankfurt'taki "Mitteldeutsche Kreditbank"ın müdürüydü, yıllar önce ölmüştü. Annesi de ölmüş olduğundan, Trudl, hem yetim hem öksüzdü. Ders vererek ya da daktilo yazarak, kendine devletçe bağlanan maaşa ek kazanç elde ederek, geçimini sağlıyordu. Birbirimizle dost, bir Pazar gezintisi sırasında da "âşık" olmuştuk. Bütün bunlardan kimseye söz etmemiştim, hatta bankacı yengem Fanny'ye bile. Oysa, sonradan öğrendiğime göre Fanny yengemin benimle ilgili bambaşka tasarıları varmış; "zengin" demeyelim ama, son derece varlıklı, bir ailenin kızıyla beni başgöz etmeye çabalarmış. Bunu öğrendiğimde, gerçekten de yengemin bir Pazar günü verdiği bir partiyi hatırladım; orada her zamanki konuklar, eş dost ve çocukları dışında bir yabancı aile de vardı. Kızları, aşağı yukarı bana akran, silik bir kızcağızdı. O kızla ilgilenecek yerde, tabii ki, tanıdığım çocuklarla alt alta üst üste oynayıp eğlenmek daha çok hoşuma gitti. Başka zaman olsa, herkes bu çocuk sever tutumu över, beğenirdi, ama, nedense, bu sefer yengem, akşamüstü beni iyice haşladı ve o yabancı ailenin mâli durumunu da pek sarih imalarla anlatarak, partinin gerçek -aynı zamanda ekonomik!-

amacını açıklamış oldu. Şaşırmış gibi yapmadım, sahiden şaşırmıştım. Çünkü yengem o güne kadar bana bu konuda birşey söylememişti. Sadece, çok yakın ilişkim olan, Münih'li üniversite arkadaşım ve kuzenim Renate'nin, başka birisiyle evlendiğini; ondan sonra Viyanalı çok hoş bir kız olan Lene F. ile Frankfurt'tayken başlattığım, noelde Viyana'da sürdürdüğüm dostluğun da yürümediğini biliyordu. Lene F., Fanny yengemin uzaktan akrabasıydı. Aslında bu konu, yani benim özel ilişkilerim, tabu idi. Kendim bu konuda söz etmesini sevmiyordum, başkaları da, ara sıra takılmakla birlikte, açıkça soru sormaya çekiniyorlardı. Hem, sabahtan akşama kadar çalıştığım, azıcık bir boş zamanım kalınca da, bunu nerede geçirdiğim herkesin malûmuydu.

Annem, itirafım karşısında, dehşete kapıldı. "Yengen biliyor mu?" sorusu, ilk tepkisi oldu. "Ruhu bile duymadı" dedim. "Başımıza gelenler" dedi, annem. Annem, firmanın yüzüncü yıl jübilesinin böyle bir haberle tadını kaçırmamı kesinlikle yasakladı. Ne nişanlandığım haberini verebilir, ne de nişanlımı tanıtmayı aklımdan geçirebilirdim. Yoksa, kızın başını derde soktuğum için mi nişanlanmak "zorunda kalmıştım"? Kızkardeşimin evlenip, evini kurmasını niçin beklememiştim? (Bu âdet, hâlen Yahudi ve Müslüman ailelerinde yaygın olarak uygulanan, çok eski bir âdettir. Ailenin oğlu, kızkardeşi evlenmeden önce evlenemez).

Annemin bu beklenmedik tepkisi üzerine, babama durumu açmaktan vazgeçtim. Bir de onun keyfini kaçırmak, ailemizin bu mutlu gününde âhengi bozmak istemiyordum. Ama birkaç hafta sonra, bir gelini olacağı için içtenlikle sevindi. Gelgelelim, bankacı amcam ve yengem, bu davranışımı, sekiz yıllık dostluğumuza ihanet olarak yorumladılar. Aramız bir daha düzelmedi. Gerçi, Frankfurt'ta 27 Eylül 1928'de yapılan nikâh töreninde, dışarı'ya karşı, ilişki korundu ve annem, babam, kızkardeşimin yanında bankacı amcamla yengem de yer aldılar.

Bundan kısa bir süre sonra Fanny yengem öldü. Dendiğine göre, benim "ihanetime" dayanamayıp yüreğine inmiş. Ben aile tarafından aforoz edildim ve bir daha yüzüme bile bakmadılar. Hatta cenazesine katılmama bile izin vermediler. Başsağlığına gitmek ve orada uzaklardan gelen akrabalarımı görmek de kesinlikle yasaklandı.

Bütün bu şartlar altında yeni bir ev kurmak, kolay değildi. 1928 Ekim ayı başında Eschersheim'da Landgraf-Wilhelm Strasse'deki yeni bir binanın ilk katında, dört odalı bir daire tuttuk. Ben, Städelstrasse'deki evimden çıktım ve kendileriyle ikibuçuk yıldır çok güzel bir ilişki içinde yaşamış olduğum *Quincke* ailesinden, büyük bir üzüntüyle ayrıldım. Onlar da bana alışmışlar, gece yarılarına kadar daktilo yazmamı ya da keman çalmamı hoş görmüşlerdi. Eşyalarımla birlikte, emekli senato başkanının kitaplığından satın aldığım hukuk kitaplarını da, Eschersheim'daki yeni evime taşıdım. Öyle ki, yeni evimizdeki minik çalışma odamın tüm duvarları hukuk kitapları ile bezenmiş oldu.

IV.

Frankfurt am Main - Yüksek Eyalet Mahkemesinde

Hukukçu stajım sırasında bir yıllık avukatlık stajını, Hessen Referendar'ı olarak bir *Prusya* avukatı ve noterinin yanında yapmış olduğumdan, gerekli başvuruyla kendimi Hessen hukuk hizmetinden Prusya hukuk hizmetine aldırdım. Niyetim, böylece büyük devlet hukuk sınavına Berlin'de girmek ve yeteneklerimi orada kanıtlamaktı. Ayrıca, tüm endişelere rağmen, sonunda kesin kararımı vermiş ve Frankfurt am Main Üniversitesinin Hukuk Fakültesinde doçent olmayı kafama koymuştum. Bana yol gösteren tek düşünce şuydu: "Kendine ancak kendin yardımcı olabilirsin".

Başvurum üzerine, Frankfurt am Main Yüksek Eyalet Mahkemesi Başkanı tarafından, Hessen'de başarıyla vermiş olduğum birinci hukuk sınavı temelinde ve Prusya Adalet Bakanının 1 Temmuz 1928 tarihli onayına dayanarak, Frankfurt am Main Yüksek Eyalet Mahkemesi bölgesinde Prusya stajyeri olarak atandım ve ilk altı ay boyunca Eyalet Mahkemesinin çeşitli dairelerinde çalıştım. Aklımda yalnızca İstinaf Dairesindeki faaliyetim kalmış. Bu mahkemenin başkanı olan, Eyalet Mahkemesi reisi Schuppert, devletler özel hukuku konusundaki bilgilerimden fazlasıyla etkilenmişti. Eyalet mahkemesindeki stajım sırasında benim için yeni olan, haftada bir kez bir hâkimin yönetiminde yapılan ve assessor'luk için girilecek yazılı sınavlarla sözlü sınava bir tür hazırlık niteliği taşıyan Referendar kurslarıydı. Bu kurslara katılmak zorunluydu; kurs yöneticisi de, tıpkı bütün eğitici hâkimler gibi, kurs bitiminde kursa katılanlara bir belge veriyordu. Bu belge, sicil dosyasına konurdu. Kurslarda yeni birşey öğrenmedim. Çünkü özel hukuk konularında kurs yöneticisinden daha fazla bilgi sahibiydim. Kurs yöneticisi, gerçekten elinden geldiğince gayret gösteriyordu, ama, eninde sonunda kursa katılanların en zayıflarına göre dersi ayarlamak zorundaydı. Büyük sınava benzer yazılı sınavlar da yapılıyordu. Bu sınavlarda, konu dikte edilmez, teksir edilmiş duruşma evrakından oluşan ince bir dosya halinde, incelemeleri için kursiyerlere dağıtılırdı. Özel hayatımda yukarıda anlattığım gibi pekçok değişiklikler yüzünden olacak, Frankfurt am Main Eyalet Mahkemesindeki staj süremden aklımdan kalan ayrıntılar sadece bunlar.

Frankfurt am Main Yüksek Eyalet Mahkemesinde geçirdiğim son eğitim dönemi, 1929 yılının ilk yarısına rastlamıştı. Talihim bu dönemde eğitmen olarak karşıma, hem hukukçu hem de insan olarak olağanüstü bir kişilik sahibi olan *Bernhard Brandis*'i çıkardı. 1929 yılının sonunda Brandis, Rayh Mahkemesi üyesi sıfatıyla Leipzig'e atandı. Alman bir babayla İngiliz bir annenin oğlu olan Brandis, Hindistan'da büyümüştü ve tüm hayat tarzıyla, davranışlarıyla, daha küçük yaşta kendisine verilmiş olan eğitimi hiç inkâr etmeyecek biçimde, tepeden tırnağa bir centilmen, ayrıca gene dört başı mamur bir bilgindi. In artibus et litteris hakkıyla vukuf sahibi bir kişi olarak, sırf hukukçu yani madde ezbercisi olmayan, ama hukuku genel kültürün içinde derinlemesine kavrayan bir hukukçu örneğiydi. Kendisinden özellikle mesleğin pekçok inceliğini öğrendiğim bilgili bir hukukçu olmanın ötesinde, iyi bir çellistti de. Kibar ve bakımlı evine beni, üçlü müzik yapmaya oldukça sık çağırmıştır.

Avukat yanındaki staj faaliyetim dışında, tüm hazırlık hizmetim boyunca, geçimimi sağlamak için, hergün birkaç saatliğine banka işinde çalışmamı sürdürmüşümdür. Ayrıca Friedrich Klausing'in tavsiyesi üzerine, tarihçi *Fedor Schneider*'in verdiği Ortaçağ tarihi seminerine de katılmıştım. Böylece, özel hukukun cermen dalında nihayet kesinlikle göze aldığım doçentlik girişimi için gerekli olan tarihî araştırma konusunda temel bilgiler ve araştırma yöntemleri öğrenmeyi amaçlıyordum. Üç hafta içinde hazırlayıp teslim etmem gereken ilk bilimsel ödeve kadar, sadece bana sofra kurup kaldırmakla kalmayan, aynı zamanda becerikli ve iyi eğitimli bir sekreter olarak tüm çalışmalarımda bana fevkalâde yardımcı olan karımla birlikte Mosel nehrinde bir gezintiye çıktık. Gemiyle Koblenz'ten Trier'e kadar gittik. Böylece, aynı zamanda, sınavda iyi sonuç elde etmek için gerekli olan zihin açıklığını ve esnekliğini de yeniden kazanmayı umuyordum.

V.

Hâkim Yardımcısı Sınavında

Mosel gezintisinden döndükten birkaç gün sonra sınav ödevi konum geldi. Konu tam bana göreydi, şirketler hukuku meselelerini ele alıyordu.* İş Hukuku konusunda hazırladığım ve bilirkişi raporuyla bir gerekçeli hüküm taslağından oluşan, üç haftalık pratik ödevimi de tam zamanında teslim etmiş olduğumdan, karımla birlikte Berlin'e gittim. Berlin'de yazılı ve sözlü sınavlara hazırlanmak istiyordum. Meslekdaşlarımın çoğu, iyi bir Repetitor'a gitmemi ve yazılı sınav tekniğiyle sınav için gerekli bilgileri iyice bellememi ısrarla salık verdiler. Bütün bir öğleden önce, deneme olsun diye, bir belletenle çalıştıktan sonra, belletenin bana, olsa olsa şu ya da bu sınav hocasının en meraklı olduğu konular hakkında ipuçları verebileceğini, onun dışında fazla birşey öğretemeyeceğini hemen anladım. Çoğu bilgiye zaten sahiptim, eksiklerimi de kendim çalışarak pekâlâ öğrenebilirdim. Dolayısıyla bir daha belletene gitmedim, bunun yerine canımı dişime takarak, en son hu-

---

*Bu çalışmanın bir bölümünü, "Kann der Vorstand einer AG zur Ausführung eines GV - Beschlusses gezwungen werden?" başlığı altında ZHR 95 (1930), s. 69 v.d. yayınladım.

kuk meslek dergilerini incelemeye verdim kendimi. Bunları "Juristische Wochenschrift" dergisinin idarehanesinde rahat rahat okuyabiliyordum. Bu imkânı, Berlin'de tanışmış olduğum Justizrat Dr. *Julius Magnus*'a borçluydum. Dr. Magnus, Alman Avukatlar Derneğinin "Juristische Wochenschrift" adlı dergisini çıkarıyordu. 1928 yılında kendisine, Arjantin'in kambiyo hukukunun tablo halinde düzenlenmiş bir tasvirini elyazısı ile hazırlanmış olarak göndermiştim. Bu tablo, Lahey'deki Barış Sarayının kütüphanesinde yaptığım çalışmaların bir yan ürünüydü. Çalışmamı Dr. Magnus'a göndermiş, kendisinin Uluslararası Hukuk Yargılama Hukuku, Tâbiiyet Hukuku ve İhtira Hukuku konularında yayınladığı tabloların yanısıra, uluslararası kambiyo hukuku için de bir tablo hazırlamayı ve 1930 ve 1931'de Cenevre'de yapılacak olan ve kambiyo hukuku ile çek hukukunu birleştirme amacını taşıyan uluslararası kongreye yetiştirmeyi önermiştim.

Magnus, önerimi hemen benimsedi ve kendine özgü enerjisiyle, etkili kişilerden oluşan çok geniş çevresi sayesinde de finansmanını kısa zamanda sağladı. Bundan sonra, benim Arjantin kambiyo hukuku için hazırlamış olduğum örnek temelinde başka devletlerin kambiyo hukuku tablolarını da hazırlamaya koyulduk. Belçika, Brezilya, Fransa, Büyük Britanya, Japonya, Meksika, Uruguay, ABD ve ayrıca Kambiyo Senetleri Hakkındaki Üniform La Haye metni için tabloları ben hazırladım, ayrıca hepsinin redaksiyonunu üstlendim.* Fakat, sözlü hâkim yardımcılığı sınavından önceki sonbahar haftalarında artık bu işlerle uğraşmama gerek kalmamıştı, çünkü eserin ilk baskısı çıkmıştı bile. Dolayısıyla, o güne kadar yayınlanmış olan meslek dergilerinin yanısıra, Juristische Wochenschrift'in gelecek sayıları için hazır bekleyen müsveddeleri, mahkeme kararlarını ve karar - notlarını da inceliyordum. Çünkü, sınavda hâkimlerden biri, henüz yayımlanmış olmadığı halde, şu ya da bu yoldan tanıdığı malzemeyi sınavda tartışma konusu yapabilirdi.

Bütün bu yoğun sınav hazırlıklarından azıcık başımı dinlemek ve havamı değiştirmek amacıyla Gedächtniskirche'nin çevresinde düzenlenen bir şoför kursuna katıldım, sonunda da 3-B sınıfı motorlu taşıtlar için şoför ehliyeti aldım.

Karım, düzenli olarak yürüyüşlere çıkmamızı sağlıyordu. Ayrıca, zihnimi dinlendirmek için, komik kabareye ya da başka hafif oyunlara götürmeye çalışıyordu.

Yazılı sınavları kolayca başardım. Sadece hukuk usulü sınavım, sınav komisyonunun beklediği gibi, öteki sınavlarımın düzeyinde başarılı olmamıştı. Sonucu bana bildirirken bunu da belirttiler ve nedenini sordular.

* Uluslararası Kambiyo Hukuku Tabloları, 1929'da 1. Baskı, 1930'da ise 2. baskı olarak yayınlandı. Yayının editörü *Julius Magnus* idi, benim dışımda, ayrıca, Alman Kambiyo Hukuku uzmanı olarak ün yapmış olan Justizrat *Wilhelm Bernstein* da, Alman kambiyo hukukunu tablo halinde hazırlayarak esere katkıda bulunmuştu.

Sebep çok basitti: O sınav sabahı, erken saatlerde, çok sevdiğim doktor amcam Emo Hirsch'in aniden öldüğünü bildiren bir telgraf almıştım. Emo amcam, bir önceki gün, yetmiş yaşındayken, Kara Ormanlarda yaptığı bir yürüyüş sırasında ani bir kalp krizi sonunda hayata gözlerini yummuş. Sözlü sınavda ise, daha önce de kaç kez denemiş olduğum (-daha sonra da, artık sınanan değil de, sınayan kişi olduğumda da denediğim-) şu gerçek bir kez daha doğrulandı: Bir sınavda başarı kazanmak için, elbette ki yeterli temel bilgiler gereklidir, ama bunun ötesinde iki etken daha vardır ki, fevkalâde önem taşırlar: Bunlardan biri sağlam sinirler, öteki de şanstır. Eğer uykunuzu almış olarak, zihniniz açık, kafanız berrak, sinirleriniz yatışmış, sakin bir ruh haliyle sözlüye girerseniz, yarı yarıya başardınız demektir. Başarınızın geri kalan yarısı da, bilginizin derecesinden çok, bu bilgiyi her an hazır bulundurma ve kullanabilme yeteneğinize bağlıdır. Nihayet, biraz da şans gereklidir. Daha doğrusu, hakkında tek kelime bile bilmediğiniz sivrisinekten, iyi bildiğiniz file sıçrayabilmeniz üstelik sınavı yapanları da, hissettirmeden, birlikte sıçratmanız gerekir.

İki örnek vereyim: Prusya avcılık hukukunda zerre kadar bilgim yoktu. Sınavda, bir olay nakledilerek görüşüm soruldu. Anlatılanlardan, Avcılık İltizam Mukavelesinin hukuk bakımından düzgün olmadığı kolaylıkla anlaşılıyordu. Sınavı yapan hâkim bana şu soruyu yöneltti: "Prusya devleti, mukavelenin yerine getirilmesi konusunda ısrar etmeli midir?" "Kesinlikle hayır. Yoksa kiracı av hayvanlarının kökünü kurutur (köküne darı suyu eker)" dedim, hiç düşünmeden. Cevabım herkesi güldürdü ve hayata yakınlığı dolayısıyla tam not almaya lâyık görüldü. Ayrıca sorunu hukuk açısından uzun uzadıya tartışmam istenmedi. Sınavı yapanlardan bir başkası, hem avukat, hem de noterlikle uğraşan biri, Prusya noterlik hukukuna göre noterin hukuk davalarında da noterlik ücretini davalıdan isteyip istemeyeceğini, bu ücretin de tıpkı mahkeme masrafları gibi, "çekişmesiz yargıya tâbi bir dava ile tespit ve takibinin" mümkün olup olmadığını sordu. Bu konudaki düzenlemeyi o anda bilemediğimi, ama şu ya da bu açılar göz önüne alındığında, doğru ve amaca uygun düzenlemenin şöyle olması gerektiğini (nitekim şimdiki Kostenordnung'un 154 ve 155'inci paragraflarında aynen böyle hükme bağlanmıştır) söyledim. Sınavı yapan avukat gülümsedi ve benim önerdiğim çözümün kuşkusuz tek doğru ve amaca uygun çözüm olduğunu, ama ne yazık ki, Prusya'da henüz böyle bir kanun bulunmadığını bildirdi. Bu sözler yalnız sınav komisyonu üyeleri arasında değil, sınava katılan öteki adaylar arasında da gülüşmelere yol açtı.

Üstelik, hiç sıkılmadan, Frankfurt ağzı ile konuşmuştum. Sınava ara verildiğinde, öteki adaylar, dikkatimi bu konuya çektiler ve "aman" dediler, "böyle devam et, çünkü havayı yumuşatıyorsun". Aslında kötülüğümü isteyen bir sınav komisyonu olsaydı, haklı olarak, Prusya hukuku hakkındaki bilgilerimi yetersiz sayabilir, bu da başarımın bütününü olumsuz etkileyebilirdi. Ama böyle olmadı. Tam tersine, iki kez içine düştüğüm zor durumdan sıyrılıp çıkmayı başarabilmem çok olumlu değerlendirildi. Bunda, belki de, bunların dışındaki her soruyu, öteki adayların hiçbiri cevaplayamadığı halde, benim eksiksiz doğru cevaplamış olmam da rol oynamıştır. Sınav sonuç notu: "Mit Auszeichnung" (Fevkalâde iyi) oldu. Sınav komisyonu başkanı beni kutlarken, "Sayın Devlet Müsteşarı Hoelscher sizi yarın öğleden önce 11'de makamlarında bekliyorlar" sözlerıni ekledi. Ve bunun üzerine, anlaşılan, o gün ilk kez yüzümde aptal bir ifade görmüş olacak ki, "sayın müsteşar Hoelscher'in kim olduğunu biliyorsunuz, sanırım" diye devam etti. Ancak o anda durumu kavradım: Prusya Adalet Bakanlığı Müsteşarı, sınavda fevkalâde büyük başarı kazanmış olan genç hukukçuyla tanışmak istemişti.

Sınavdan sonra, güzel haberi vermek için, hemen "Juristische Wochenschrift" dergisinin idare yerine koştum. Ama Justizrat *Magnus*, sonucu çoktan öğrenmişti ve "beni yalancı çıkarmadınız" sözleriyle karşıladı beni. Bu sözlerinden, sınav komisyonunun üyelerinden bazılarına benden ve "yan uğraşımdan"* daha önce söz etmiş olduğunu anladım.

Sınavın ertesi günü Müsteşar Hoelscher, kendisini makamında ziyaret ettiğimde, şöyle dedi bana: "Yarın burada işe başlayabilirsiniz". Aklımın karıştığını görünce de ilâve etti: "Prusya Adalet Bakanlığında yardımcı eleman olarak görev yapacaksınız, önünüzde parlak bir kariyer imkânı olacak". Kendisine teklifi için teşekkür ettim. O günkü şartlar altında bu, çiçeği burnunda bir Prusya hâkim yardımcısı için, devlet kuşu (büyük piyango vurmuş) demekti. Ama bu teklifi kabul edemezdim, çünkü daha önce başka bir planı gerçekleştirme yolunda adımlar atmıştım. Prusya devlet hizmetine girmeye hiçbir şekilde talip olmayacağıma dair söz vermem şartıyla kabul edilmiştim Berlin'deki bu ikinci devlet hukuk sınavına. Bu nedenle de, daha sınavdan önce üniversite kariyerinde karar kılmış ve sınava kayıt yaptırdığım sırada, Frankfurt am Main'daki Hukuk Fakültesine doçentlik için başvurmuştum. Yakın gelecekte kollokyuma çağrılmayı bekliyordum ve Noel tatilinden sonra da doçentlik deneme dersini vereceğimi umuyordum. *Hoelscher* afallamıştı. Birkaç saniye düşündükten sonra şöyle dedi: "Prusya Adalet Bakanlığı bilimle uygulamanın yakın ilişki içinde olmasına büyük değer verir. Dolayısıyla bir hukuk hocası, pekalâ aynı zamanda, yarım gün çalışan bir hâkim de olabilir. Neden olmasın? Bu çözüme ne dersiniz?" "Hârika" dedim, "ama Frankfurt'ta kalmam ve yardımcı hakim sıfatıyla bir Prusya kentinden ötekine koşturmak zorunda bırakıl-

---

* Julius Magnus'un bana ne kadar değer verdiğini, Heidelberg Üniversitesi Hukuk Fakültesi tarafından kendisine fahrî doktorluk ünvanının verilmesi törenine, Magnus'un isteği üzerine, benim de davet edilmemden anlamak mümkündür.

mamam şartıyla". "Zaten sizden böyle birşey bekleyemeyiz. Hâkim yardımcısı olarak görev yapmanıza gerek yok, bu görevinizden sizi şimdilik izinli sayacağız; ve Frankfurt'taki Sulh Mahkemesinde ya da Eyalet Mahkemesinde yarım günlük kadro açılır açılmaz, oraya tayininizi çıkaracağız", cevabını aldım.

Böylece, yardımcı hâkimlik sınavını "fevkalâde iyi" dereceyle vermem sonucunda, zamanında *Friedrich Klausing*'in sözünü ettiği şart yerine getirilmiş ve Yahudi olduğum halde hem devlet hizmetine kabul edilmiş, hem de üniversite hocalığının önündeki engeller kalkmıştı. Ayrıca, üniversite hocalığında herhangi bir pürüz çıktığında, her zaman için Prusya adalet hizmetine tam gün görevli olarak geçebilir ve burada en yüksek noktaya kadar yükselebilirdim. "Çalışan kazanır" sloganı, gerçekleşebilir bir slogan olarak ortaya çıkmıştı.

Aradan birkaç hafta geçtikten sonra, Frankfurt Hukuk Fakültesinden, doçentlik başvurumun (doçentlik tezimin) kabul edildiği haberi geldi. Venia legendi'mi ticaret hukukunun ötesinde, iş hukukuna da teşmil etmek istediğim için daha evvel yazmış olduğum doktora tezimde iş hukuku konusunu işlediğimden ve yardımcı hâkimlik sınavı için hazırladığım, "fevkalâde iyi" ile derecelendirilen üç haftalık ev ödevim de gene iş hukuku sorunlarıyla ilgili olduğundan, deneme dersi için (arkasından kollokyum gelecekti) üç konu önerdim. Konulardan biri İş Hukuku, öteki Şirketler Hukuku, biri de Kambiyo Hukuku ile ilgiliydi. Fakülte, önerdiğim konular içinden iş hukuku ile ilgili olanı seçti ("Bir işyeri temsilciliği seçiminin geçersiz sayılması halinde doğan sonuçlar"), ama 18 Aralık 1929 tarihinde verdiğim deneme dersi ve bunu izleyen kollokyum, o tarihte Üniversitede ordinaryüs fahrî profesör ve İş hukuku konusunda tek yetkili kişi olan *Hugo Sinzheimer*'i tatmin etmemiş olacak ki, bunun dışında gayet olumlu geçen kollokyumdan sonra, fakülte tarafından bana Medenî Hukuk, Ticaret Hukuku, Alman ve Devletler Özel Hukuku konularından venia legendi hakkı tanındı.* Üniversitenin büyük anfilerinden birinde 14.1.1930'da verdiğim ilk doçentlik dersinden sonra, doçentlik formalitelerini tamamlamış ve akade-

---

* Frankfurt (Main) Johann - Wolfgang - Goethe Üniversitesi Hukuk Bilimleri Fakültesi Dekanı, 5.12.1979 tarihinde bana şöyle bir mektup yollamıştır:

"Sayın Meslekdaşım Hirsch,

Hukuk Fakültesi Dekanı olarak elime tarihî bir belge geçti. Bu belgenin dikkate değer nitelikte olduğu kanısındayım: 18 Aralık 1929 tarihinde siz, burada, Frankfurt'ta "Privatdozent" ünvanını kazanmışsınız. Frankfurt kentine sayısız bağlarla bağlı olduğumuzu, ayrıca bu kentte öğrencilik de yaptığınızı biliyorum. Aradan yarım yüzyıl geçmiş olduğu halde, bugün, bu olayı anmak istedim. Fakülte Kurulunun bir sonraki toplantısında, konuyu ayrıca gündeme getireceğim. Hukuk Fakültesi ve bu Fakültenin mensupları adına, size, bu vesileyle en iyi dileklerimi sunmak isterim.

En derin saygı ve selâmlarımla,

İmza: Herbert Jäger."

mik öğretim yetkisini kazanmıştım. İlk doçentlik dersimin konusu "Kambiyo Senetleri Hukukunda Kanunlar İhtilâfı Kurallarının Birleştirilmesi" idi (JW 1930, s. 69 v.d.'da yayımlanmıştır). Artık mesleğe hazırlık dönemini geride bırakmıştım, mesleğimi uygulamaya başlayabilirdim.

8. Çifte Başlangıç

1930 yılı başlarında, henüz 28 yaşıma basmışken, daha önce hem ticaret alanında hem de avukat stajyeri olarak geçirdiğim tecrübelerden çıkardığım sonuca göre, kendime, yeteneklerime en uygun bulduğum iki hukuk kariyerine de adımımı atmıştım.

Sadece "Befähigung zum Richteramt" (Hâkimlik Ehliyetnamesi) kazanmakla kalmamış, bunun yanısıra, her yıl Berlin'de sınava giren sayısız hâkim adayının başarı düzeylerini çok aşan, hatta inanılmaz gibi gözüken yüksek derecemle, "hayat boyu" hâkimlik güvencesine de kavuşmuştum. Bu başarıyı hiç yabana atmamak gerekirdi, çünkü ekonomik bunalım nedeniyle olsun, genel işsizlik ve tayinlerin durdurulması nedenleriyle olsun, yüzlerce hâkim yardımcısı işsiz durumdaydı, devlet hizmetine tayin edilme umutları da hiç yoktu.

Ayrıca, giriş dersimle "venia legendi"ye de, yani bir üniversite hocasının geri alınamaz hukukî statüsüne hak kazanmıştım. Böyle bir üniversite hocası olarak, gerçi henüz devlet memuru olup maaş bordrosunda yer almıyordum ama, hiç kimseye bağımlı değildim, yalnızca ve yalnızca bilim yapmakla görevliydim ve kendi hocalık yetki alanımda Frankfurt am Main Üniversitesi Hukuk Fakültesi ile beni davet edecek başka herhangi bir bilimsel yüksek okulda her türlü ders verme hakkını kazanıyordum.

I.

Akademik Kariyere Başlarken

O tarihte, hangi kariyerin hayat boyu sürdüreceğim meslek olacağı henüz kesinleşmemişti: Gerçi hâkim yardımcısı sıfatını kazanmıştım, ama hayat boyu hâkim olarak atanana kadar, geçici olarak izinli sayılıyordum. Buna karşılık, üniversite hocası olarak çalışmaya hemen başlayabilirdim: 1929-1930 kış sömestresinin ikinci yarısı için, *Friedrich Klausing* tarafından başlatılmış bulunan Kambiyo ve Çek Hukuku (Wechsel und Scheckrecht) dersini sürdürmeyi üstlendim. Deyim yerindeyse, suya itilmiştim ve yüzmek zorundaydım, boğulmamak için suyun üstünde kalmam gerekiyordu. Yıllarca bu malzemeyi karşılaştırmalı hukuk açısından incelemiş olduğumdan, konu yabancım değildi. Ayrıca, daha aday hâkim ve asistanken üniversitede vermiş olduğum tatil kursları sırasında da işin hocalık yanını (Didaktik) denemiştim. Kocaman, basamak basamak yükselen sıralarla dolu bir anfide, öğleden sonra 14 ile 16 arasına konan ders saati hiç de uygun bir saat sayılmazdı (plenus venter, non studet libenter) ama, evvelâ profesöre benzemeyen görünüşüm ve davranışımla,* sonra da tahtaya çizdiğim geometrik şekillerle ve görsel olarak da kavratıcı bir tarzda sunduğum dersle, bu dersi beraberce gören hukuk ve iktisat fakültesi öğrencilerini hem uyanık tutmayı başarmıştım, hem de aslında işlenmesi zor ve soyut olan konuya karşı ilgilerini bile uyandırmıştım. Bu başarımı, sanırım, biraz da kambiyonun pratik anlamı (önemi) ve işlevi hakkında bankada çalışırken edinmiş olduğum bilgilerden de bol bol yararlanmama, böylece hem hukuk öğrencilerinin, hem de iktisat öğrencilerinin ilgisini çekebilmeme borçluyum.

Üniversitenin Hukuk Fakültesinde, 1930 yılında, daha önce de sık sık adlarını andığım ticaret hukukçusu *Klausing* ve *Saenger*'den başka, tam on yıl önce birinci sınıf öğrencisi olarak derslerini dinlemiş olduğum başka profesörler de ders veriyordu, örneğin Kamu ve İdare Hukuku konusunda *Friedrich Giese*, Medenî Hukuk ve Hukuk Muhakemeleri Usulü Hukuku konusunda *Hans Otto de Boor*, İş Hukuku konusunda da *Hugo Sinzheimer* gibi. *Ernst Levi*'nin Freiburg'a gitmesiyle boşalan Roma Hukuku ve Medenî Hukuk kürsüsüne, kısa süre önce, Breslau'dan *Eberhardt Bruch* çağrılmıştı. Germanistik kürsüsü ise *Franz Beyerle* tarafından parlak bir biçimde doldurulmaktaydı. Ceza Hukuku ve Ceza Muhakemeleri Usulü Hukuku derslerini ise "Baba" *Heimberger* veriyordu. Heimberger'in çocukları da, en dikkatli ve en eleştirici öğrencilerimdendi. Genç yaşta ölen *Max Ernst Mayer*'in yerine *Arthur Baumgarten* çağrılmıştı. Bunlara devletler hukukunu okutan *Karl Strupp*'u ve Roma Hukuku ve Medenî Hukuk Kürsüsü Başkanı, özel ilgi alanı Uluslararası Özel Hukuk olan *Hans Lewald*'ı da katarsak, Frankfurt Hukuk Fakültesi, Almanca konuşulan hukuk fakülteleri arasında, pekâlâ, insan içine çıkacak nitelikte bir fakülteydi. Öteki hukuk fakülteleriyle karşılaştırıldığında, üç özellik taşırdı:

Birinci, Frankfurt'taki ordinaryüs profesörler, yaşları 40 ile 50 arasında değişen "genç" kimselerdi. Yaş bir sorun olmadığından, ayrıca aşırı sağcı *Giese* ile aşırı solcu *Baumgarten* arasında olduğu gibi, siyasî görüş ayrılıkları fakülte dahilinde bir çekişmeye yol açmadığından, profesörler arasında iyi bir uyum sağlanmıştı. Bunun en iyi kanıtı, yeni açılan Kamu Hukuku kürsüsüne oybirliği ile ve unico loco *Hermann Heller*'in çağrılmasıdır.

İkincisi, hemen hemen benimle aynı zamanda, üniversitedeki öğretim görevlerinin yanısıra pratik hayatta da hukukçuluk yapan pekçok genç doçentin göreve başlamasıdır. Üçüncü özellik ise, bu yeni göreve başlayan

---

* Bu konuyla ilgili olarak bkz. *Féaux de la Croix*'nın "liber amicorum" Ernst E. Hirsch, 1977, s. 18 v.d.'daki yazısı.

genç doçentlerin hemen hemen hepsinin ordinaryüs profesörlerden farklı olarak bir şoförlük ehliyetnamesi ve özel otomobili olmasıydı.

O sırada eylemli olmayan doçentler şunlardı: Maliye ve Vergi Hukuku dalında -Maliyede müşavir olan- *Engelhardt Niemann*; Medenî Hukuk ve Hukuk muhakemeleri dalında avukat *Arno Schantz*; Kamu Hukuku ile İdare Hukuku ve Hukuk Felsefesi dalında aday memur olarak çalışan *Hans Julius Wolff*; Medenî Hukuk ile Ticaret Hukuku ve Hukuk Muhakemeleri Usulü Hukuku dalında *Ernst Cohn*; Medenî Hukuk dalında asliye mahkemesinde hâkim olan *Fritz von Hippel*; gene asliye mahkemesinde hâkim olan *Heinrich Henkel*, Ceza Usulü Hukuku dalında; Alman Hukuk Tarihi, Alman Özel Hukuku ve Medenî Hukuk dalında Hans Thieme ve Roma Hukuku ile Medenî Hukuk dalında da *Arnold Ehrhardt*. Aslında ordinaryüs profesörlerin herbiri, *kendi* doçentini bir tür kartel uzlaşması temelinde "kabul ettirmişti", böylece Frankfurt Hukuk Fakültesi, hiçbir zaman kürsü başkanı açığı hissetmeyecek kadar elde hazır profesör adayı bulunduruyordu. *Eberhard Bruck*'un Breslau'dan gelirken yanında getirmiş olduğu *Ernst Cohn*, içimizden ilk kez ordinaryüs profesör oldu. 1932'de Medenî Hukuk ve Hukuk Muhakemeleri Usulü Hukuku ordinaryüsü olarak Breslau'ya çağrıldı. Breslau'da verdiği ilk ders sırasında, "korporiert" öğrenciler (yani "Korps" ve "Burschenschaft" üyeleri) tarafından planlı ve kasıtlı olarak çıkarılan patırtı ve kargaşalık, *Yahudi* Cohn'u hedef almaktaydı ve üniversitelerde zaman bakımından pek de uzak olmayan milliyetçi ve nasyonel-sosyalist terör hâkimiyetinin habercisi sayılmıştı.

Ben de, 1930/31 kış sömestresi için Ordinaryüs Profesör *Herbert Meyer*'in Göttingen Üniversitesi Hukuk ve Siyasî İlimler Fakültesinde verdiği dersleri devralmak zorunda kalmıştım, çünkü, söylendiğine göre, *Herbert Meyer*, hakkı olan bir sömestrelik izni, ancak ben onun yerine ders vermeyi kabul edersem, kullanacağını açıklamış. Bu faaliyet için bana, Bakanlıktan gönderilen çağrı yazısında belirtildiği üzere, sadece öğrenciler tarafından ödenecek ders başına belli bir ücret ve Frankfurt-Göttingen gidiş-geliş yol masrafı ile yatma ve yeme-içme masrafı için yasalarda öngörülen harcırah ödenecekti. O zamanlar işte bu denli cimriydi insanlar. Ama verdiğim derslere rağbet çok fazlaydı, pekçok öğrenci bu dersi almıştı, ben de bu nedenle, parasını cebimden ödeyip, karımı ve köpeğimi aldığım gibi Göttingen'e gelmiştim. *Herbert Meyer*'in Bakanlığa kendi öğrencisi *Karl August Eckhard*'ı değil de, beni önermesinin sebebi üzerinde çok kafa yordum. Üstelik, Frankfurt'ta zaten okuttuğum ticaret hukuku dersi hayli iyiydi de, Göttingen'de bir de Alman Özel Hukuk Tarihi dersi vermem gerekiyordu, ama bu konu, benim dalım olan Ticaret Hukuku ile ancak köken bakımından ilişkiliydi, hem bu konuda hiç bir çalışmam olmamıştı, önce çalışıp konuya girmem gerekiyordu. Buna rağmen tam da bu ders olağanüstü büyük bir rağbet gördü, bunun nedeni, herhalde, konuyu alışılmış biçimiyle tarih sırası içinde ele alıp cermen hukukundan çağdaş hukuka doğru işleyecek yerde, Medenî Kanun ve Ticaret Kanun'undaki bazı hukuk kurumlarının çağdaş kurallarından hareket ederek, bu kuralların tarih içinde göstermiş oldukları gelişmeyi, kaynaklara dayanarak, anlatmamdı. Bazı öğrenciler dersi o kadar sevmişlerdi ki, benden Sachsenspiegel'i okumak amacıyla ek bir seminer daha düzenlememi istediler, ben de bu isteği seve seve yerine getirdim, çünkü seminere en az 20 öğrenci düzenli olarak devam etmekteydi.

Bu büyük dört saatlik Alman Özel Hukuku dersini hazırlamak için olsun, iki saatlik ek semineri hazırlamak için olsun, gerekli olan zamanı ve gücü nereden bulduğuma bugün bile hâlâ şaşarım. Göttingen'deki meslekdaşlarımın beni son derece eleştirici bir gözle süzüp durduklarını, Göttingen'de başarısız olmamın, bundan sonra karşıma çıkacak meslek imkânları açısından olumsuz sonuçlar doğurabileceğini çok iyi biliyordum. Bu nedenle, her zaman en iyi biçimde hazırlanıyordum. Özellikle de ticaret hukuku derslerine hazırlıksız girmiyordum. Ticaret Hukuku Kürsüsünün başında, büyük *Otto von Gierke*'nin oğlu olan *Julius von Gierke* bulunuyordu. Bu zat, benim verdiğim ticaret hukuku derslerinde ağzına kadar dolan sınıf karşısında, sanırım şahsıma karşı pek dostane duygular beslemiyordu; çünkü kendisi bu dersi verdiğinde, sınıfın sadece ilk üç sırasında dinleyici olurdu. Julius von Gierke, saat 10 ve 12 arasındaki büyük derslerimden önce ve ders arasında "sınamak" icadı çıkardı, ayrıca *Paul Örtmann* ve *Julius Binder*'le sürdürdüğü şakalaşmalara beni de katmak istedi. Bunun üzerine, ben de tam 10.14'de profesörler odasına gelir oldum, ders aralarında da profesörler odasına hiç uğramadım. Tabii, von Gierke, maksadımı anladı ve *Herbert Meyer*'i temsil görevi bana verildiğine göre, bu temsil görevini sırf sınıfta değil, profesörler odasında da yerine getirmemi ima eden bir lâf attı. Ama ben, büyük isimlerin bile, beni ürkütmesine izin vermedim. Yukarıda adını saydığım hocaların yanısıra, Göttingen'de, Ceza Hukuku dalında Robert von Hippel, Kamu Hukuku Kürsü Başkanı olarak *Paul Schön*, Roma Hukukunda *Michaelis*, Ceza Usulü Hukukunda da *Richard Honig* vardı. Gerçi daha Frankfurt'tayken *Hans Otto de Boor* bana, Göttingen'de nasıl davranmam gerektiği konusunda akıl vermişti: "Frankfurt'ta bir doçent, genç bir meslekdaştır; Göttingen'de ise hiçbirşey". Göttingen'de benim yaşıtım olan genç doçentler arasında Ceza Hukukunda *Robert von Hipheľ*'in öğrencisi olan *Schaffstein*, Medenî Hukuk ve Hukuk Felsefesi dalında Binder'in öğrencisi *Larenz*, Alman Hukuk Tarihi ve Ticaret Hukukunda *Karl August Eckhard* ve iktisatçı *Jens Jessen* vardı. Fakat, bunlarla daha yakın bir ilişki doğmadı aramızda. Bir kere, ben Göttingen'de çok az kalmıştım (Noel tarihini de çıkarırsak sadece 3,5 ay), ayrıca daha sıkı kişisel ilişkiler kurmaya ayıracak boş zamanım da yoktu. Gerçi karımla birlikte, sırasıyla tüm meslektaşların evine bir kez akşam yemeğine çağrıldık. Bu akşam yemeği, katı *Herbert Meyer*'in evinde işkenceye, müstehzi *Julius von Gierke*'nin evinde ise çekiştirmeye dönüşmüştü. Calsowstrasse'deki evleri bizim kirada oturduğumuz kata hemen bitişik olan *Honig*'lerde ise gerçekten çok keyifli ve Bayan *Honig*'in ustaca yaptığı kinaye ve dedikodular sayesinde de son derece neşeli bir akşam geçirdik. Bayan Honig, Berlin'liydi ve o tarihlerde yazdığı "İcmaller" (Grundrisse) kitabıyla pek ün kazanmış olan Profesör *Heilfron*'un kızıydı. Gerçek bir sıcak dostluk ve içtenlik atmosferini sadece *von Hippel*'lerin evinde bulduk. Sanırım, bunda Frankfurt'ta aynı fakültede görev yaptığım oğulları Fritz ile aramızda gelişmiş olan candan arkadaşlık ilişkisinin de payı oldu. Karım, ayrıca hanımların kendi aralarında düzenledikleri çaylara da gidiyordu, bu toplantılara pek saygı duyduğunu söyleyemem.

Yakındaki ormanda yürüyüşe çıkmadığım, üniversite orkestrasında çalmadığım ya da gene bu orkestrada tanışmış olduğum iki öğrenciyle viyolacı olarak oda müziği çalıp, bu arada çello çalan öğrencinin (bu çocuk kimya öğrenimi yapmaya zorlanmıştı, ama, aslında gizli kalmış, anlaşılmamış bir besteciydi) bestelerine vaftiz babalığı yapmadığım zamanlarda, (öteki öğrenci, keman çalıyordu ve Frankfurt'lu bir iç hastalıkları uzmanı hekimin, *Strasburg*'un oğluydu), bir yandan derslerimi hazırlıyor, bir yandan da, bizimle aynı evde, bir kat üstümüzde oturan Göttingen Şehir Tiyatrosunun bir baritonundan konuşma dersi alıyordum. Derslerde gereğinden fazla bağırdığımı farketmiştim ve teknik konuşma dersi almam gerektiğini kavramıştım. Gelgelelim bariton, doğru konuşmanın ancak şarkı dersiyle öğrenilebileceği görüşündeydi, ses aygıtımın hacmını çok elverişli bulduğu için ille de bana şarkı dersi vermek istiyordu. Ben de o baritondan şarkı dersi aldım ("caro mio ben, credi mi almen, senza de te..."); her sabah 9'dan 10'a kadar şarkı dersi alıyor, sonra evden fırlayıp Göttingen'de Wallanlage'lere verilen isimle "akademik yol" da hızla ilerleyerek dersanelerin bulunduğu binaya koşuyor ve iki saatlik ders boyunca "terbiye edilmiş" sesimi yankılandırıyordum. O günlerde, konuşma tekniğine ilişkin olarak, pekçok şey öğrendim ve Göttingenli baritonu, onun Figaro olarak sahneye çıkışını her zaman şükranla andım, hele onun bana öğrettiklerini uygulamayı unutup da bağırmaktan sesimin kısıldığı zamanlarda!

Göttingen'e ilişkin diğer bir unutulmaz anım da, Üniversite orkestrasının koro ve iki öğrenci solistle birlikte, Duderstadt Köy Kilisesinde, 1930 Noelinden önceki Cumartesi ya da pazar günü vermiş olduğumuz konserdir. Konserde Johann Sebastian Bach'ın Noel Oratoryosunun ilk üç kantatını çalmıştık.

Göttingen'de verdiğim derslerin, hemen ardından münhal bir kürsüye çağrılmak, ya da en azından ismimin bir çağrı listesine konması gibi bir etkisi olup olmadığını tesbit edemiyorum. Yalnızca, 1932 başlarında Leipzig'de ve Freiburg i. Br. da "adımın geçtiğini" hatırlıyorum. Leipzig'de devlet memuru olan "Extra-ordinarius" sıfatıyla "Sınaî Mülkiyet ve Telif Hukuku" ve Rekabet Hukuku derslerini okutan *Konrad Engländer* ölmüştü. Freiburg i.Br.'da ise, gene devlet memuru "Extraordinarius" olan *Heinrich Hoeniger*, Ordinaryüslüğe yükselerek Ticaret Hukuku okutmak üzere Kiel'e gitmişti. Freiburg'da boşalan extra-ordinaryüslük kadrosu için, çok ciddî bir biçimde "adım geçmiş". Sanırım, *Hans Lewald*'ın Freiburg'daki meslekdaşı *A.B. Schwartz*'a 17.2.1932 tarihinde benimle ilgili olarak yazdığı tavsiye mektubu da bunda büyük rol oynamış. Bu mektup, kısa süre önce, tesadüfen ve *Hans Thieme*'nin dostça nezaketi sayesinde elime geçti:

"...Bizim burada Ticaret Hukuku ve Devletler Özel Hukuku dersi veren bir doçentimiz var; sayın Landgerichsrat Hirsch. Kendisi herkes tarafından sevilir ve hepimizin kanısına göre, fevkalâde bir insandır. Duyduğuma göre, sizin ticaret hukukçunuz, Kiel Üniversitesinin çağrısını kabul etmiş, şimdi siz herhalde onun yerine birini arıyorsunuzdur. Şayet Freiburg'da genç bilim adamları da düşünülüyorsa, Bay Hirsch'i almanızı bu hararetli duygularımla öneririm. Bir an önce ilerlemesini kendisi için en büyük içtenlikle ve şahsım adına temenni ederim, çünkü üzerindeki pratik faaliyetlerin yükü öylesine ağır ki, adamcağız, bir yandan da bilimsel çalışmalarını sürdürebilmek için, sağlığını harabediyor. Fransız hukuku ve uluslararası kambiyo hukukunda provizyon konulu kitabı (doçentlik tezi), değerlendirebildiğim kadarıyla, gerçekten fevkalâde iyi. Bu sömestrede, kendisiyle ortak bir seminer yapıyorum, dolayısıyla ilk elden gözlemlerim sonucu, çok yetenekli bir hoca olduğunu söyleyebilirim..."

Anlaşılan bu tavsiye üzerine "sıygaya çekildim": 1932 yaz sömestresinde, Aula salonunda, sabah sabah saat 8'de Aile Hukuku dersi veriyordum. Derse başladığımda, gözüm genç bir beye ilişti, gerçi gençti ama öğrenciye de benzemiyordu, ne ki, anlattıklarımı ve öğrencilerle diyalog yöntemimi büyük bir ilgiyle izliyordu. Dersin bitiminde yanıma geldi ve kendini tanıttı: Freiburg'dan *Erik Wolf*. Dersten önce izin istememiş olduğu için özür diledi, sınıfa son anda girdiğimi, resmî bir tanışmaya zaman kalmadığını söyledi. Acaba kendisine birkaç saat ayırabilir miydim? Kabul ettim, ancak hâkimlik yaptığım Eyalet Mahkemesine uğrayıp âcil bir iş olup olmadığını görmem gerektiğini bildirdim. O güne duruşma konmamıştı, dolayısıyla kendisiyle saat 11'e doğru buluştuk ve henüz açılan Frankfurt Stadyumunu gezmeye gittik. Orada birkaç saati birlikte geçirdik.

Bir süre zarfında tam anlamıyla"ahret soruları" cevaplamak zorunda kaldım. Bay Wolf, hukuk ötesinde de (yani metajuristisch - ama o zamanlar henüz bu deyim yoktu!) genel kültürümün olup olmadığını tesbite çalışıyordu. Anlaşılan sonuç olumlu çıktı. İsmim çağrı listesine kondu, ama sonuçta Prag'daki Alman Üniversitesinin genç bir profesörü çağrıldı.

Zaman bakımından biraz ileri atladım. Geriye dönelim. Göttingen'den döndükten sonra, rahatsız edilmeksizin üniversite hocalığı yaptım ve meslekdaşlarımın güvenini (ordinaryüslerden oluşan daha dar fakülte kuruluna, doçent arkadaşlarım beni kendi temsilcileri olarak seçtiler) ve öğrencilerin ilgisini kazanmayı başardım. Öğrencilerin ilgisini kazanmak benim için çok önemliydi, çünkü derslerime "rağbet" arttığı ölçüde, parasal bakımdan güvencem artıyordu. Devlet memuru olmayan ve bordrodan maaş almayan doçentler, öğrencilerin ders başına ödedikleri kayıt ücretini (hafta içindeki ders saatleri için saat başına 2.50 RM ve yazılı ödev yapılan pratik saati için saat başına 5 RM) hiçbir kesinti yapılmaksızın tamamen aldıkları gibi, bunun %100'lük tutarını da ilâve olarak alıyorlardı. Pratikte bu, haftada 6 ders saati tutan bir ticaret hukuk dersi için öğrenci başına 30.-RM, iki saatlik pratik çalışma için de öğrenci başına 20.-RM demekti. Ekonomi öğrencileri de ticaret hukuku dersini almak, yani bu derse "kayıt yaptırmak" zorunda olduklarından, dinleyicilerimin sayısı hayli yüksekti. Örneğin 300 kayıtlı öğrenci, sömestr başına brüt olarak 9000.-RM yapıyordu. Buna ilâveten, bir de yazılı ödev yapılan iki saatlik pratik de vermişseniz, buna da 200 öğrenci katılmışsa, gelirinize 4.000.-RM daha eklenirdi. Dolayısıyla, bir sömestredeki sırf öğrenci kayıt paralarından 12.000.- ile 15.000.-RM arasında gelir sağlıyordum, bu da ayda 2.000.- ile 2.500.-RM arası bir gelir yapıyordu ki, o tarihte bu para oldukça yüksek bir satın alma gücü demekti.

Ticaret Hukuku derslerinde ilerlemiş öğrenciler için verdiğim Medenî Hukuk pratiklerim öğrenciler tarafından çok tutuluyordu. Çünkü verdiğim ödevler, pratiğe yönelikti ve Müsteşar *Hoelscher*'in belirttiği biçimde bilimle pratiği birleştirmeye çalışıyordum. Pratik kurlara katılanların menfaati doğrultusunda, ders çok kalabalık olmuşsa, dersi bölüyor ve her bölüm için hem zaman, hem de konu bakımından ayrı bir pratik kuru hazırlıyordum. Sadece yazılı sınavları bütün sınıf aynı anda yazıyordu. Bu pratik kurların yükünü, özellikle de yüzlerce yazılı ödevini dikkatle eleştirme ve düzeltme işini asistanım *Dr. Ernst Nebenzahl* paylaşıyordu. Ev ödevleri çok uzun ve kapsamlı, sınav kâğıtları da okunaksız oluyordu. Dr. Nebenzahl, Freiburg'ta bir sebepsiz zenginleşme meselesini işleyen ve hem bilim hem de iş çevrelerinde her zaman adı geçen fevkalâde iyi bir tezle doktor ünvanını kazanmıştı, doçent olmayı düşünüyordu ve şimdilik benim yanımda liyakatini ispata çalışmaktaydı. Kendisiyle pürüzsüz bir ortak çalışma düzeni ve bugüne kadar süregelmiş olan bir dostluk kurduk.*

Çok iyi dost olduğum *Hans Lewald*, Berlin'de Friedrich - Wilhelm Üniversitesinin çağrısını kabul ettiğinde ve kendi elleriyle, büyük bir sevgiyle kurmuş olduğu Uluslararası Özel Hukuk Semineri sahipsiz kalıp, öksüzleştiğinde, vekâleten bu seminerin yönetimini üstlendim ve işleri yürüttüm. *Hans Lewald*'ın kürsüsünü çabucak doldurmak mümkün olmadığından, Bakanlık, bana bu kürsüyü vekâleten yönetme görevini verdi. Bu iş için öğrenci kayıt paralarına ek olarak, 500.-RM tutarında da bir tazminatı, aylık 100.-RM'lık ödentiler şeklinde alıyordum.

Frankfurt'ta ve Göttingen'de üniversite hocalığı yaptığım toplam altı sömestre içinde, Ticaret Hukuku ve Kıymetli Evrak Hukuku dışında, Frankfurt Limanı ve Demiryolu Yük İstasyonunda da bilfiil uygulama yaparak özel bir Ulaştırma Hukuku dersi, Medenî Hukuk dalında Borç İlişkileri Hukuku, Aynî Haklar ve Aile Hukuku Dersleri, Uluslararası Özel Hukuk, Alman Özel Hukuku Tarihi ve Fransız Özel Hukuku konusunda da özel bir ders verdim. Ayrıca, çoğunlukla *Friedrich Klausing* ve *Ernst Cohn* ile ortaklaşa Ticaret Hukuku seminerleri düzenledim, *Hans Lewald*'ın Uluslararası Özel Hukuk seminerlerine katkıda bulundum ve özelliklede, her sömestre, Medenî Hukuk ya da Ticaret Hukuku dalında pratik yaptırdım. Ticaret Hukuku ve Şirketler Hukuku konularında yönettiğim pratiklerin bir meyvası da, 1932 Noelinde yayınlanmış olan "Ticaret ve İktisat Hukuku Pratik Meseleleri ve Çözümleri" başlıklı kitapçıktır. Önsözden, öğretim üslûbum için karakteristik olan şu alıntıyı aşağıya aktarıyorum:

"Sınavı haklı kılan, hazırlanmaya zorlayıcı olmasıdır. Sınav için hazırlanan herkes, hayat için öğrenmiş olur. Ve böylece, bu derlemenin amacı da, yeterince belirlenmiş oluyor. Ders kitapları ve vak'a derlemeleri, sadece hukuk düşüncesi eğitimi vermede bir araçtırlar. Çözümlerin amacı da başka birşey değildir. *İlk başlayanlara*, pratik bir yol gösterici; *İlerlemişlere* bilgisini derinleştirmede bir araç, *Referendar*'a ise bilgisinin ve becerisinin bir ölçütü olarak hizmet ederler.

Bunlar, alıştırma ve sınavlarda öğretici değerleri sınanmış pratik vak'alardır... *Çözümler*, sadece söz konusu vak'anın problemlerini sergilemek ve uygun kararlar için ipucu vermek üzere sunulmuştur... Hazır reçeteler vermek aklımın ucundan bile geçmez. Nitekim, çözümlere şöyle bir göz atmak bile bunu ispata yeter. Ama en yüksek mahkemelerimizin kararları, hukuk

---

*Kendisinin "liber amicorum" Ernst. E. Hirsch, 1977, s. 9 ve 10'daki yazısına bkz.

uygulamasının ve uyarlamasının pratik sanatı bakımından kavratıcı değeri olan öğretim araçları olarak, vazgeçilmez değer taşırlar... *Hâkimler*, söz konusu vak'aları usulüne uygun biçimde çözmek, *üniversite hocaları* ise, çözümden belli ölçüde sapmak noktasında serbesttirler."

Bu kitapçık da, 10 Mayıs 1933'de* Frankfurt'ta Römerberg'de yakılan büyük ateşte (Autodafé), öteki "yıkıcı" kitaplarla birlikte sembolik olarak yakılmış, ama, pekçok meslekdaşımın beni inandırıcı bir dille temin ettikleri üzere, Üçüncü Rayh sırasında bile, bu meslekdaşlarım bu kitapçıktan kendi Ticaret Hukuku pratiklerinde malzeme olarak yararlanmışlar, özellikle de her Hukuk Fakültesinin "zehir dolabında", öğrencilerin ulaşması mümkün olmayan şartlarda, saklanan bu kitapçıktan öğrencilerin de istifade etmesini sağlamak istemişler. Sürgünden dönmemden sonra bu kitapçık birçok kereler yeni baskı yaptı. Dördüncü ve son basım tarihi 1969'dur.

Bu daha çok didaktik mahiyetteki yayının yanısıra, *Schlegelberger*'in çıkardığı Almanya'da ve başka ülkelerde Medenî Hukuk ve Ticaret Hukuku için karşılaştırmalı sözlük adlı eserde de "Ticaret Hukuku" maddesini hazırlamayı üstlenmiştim. Daha önce bu iş için öngörülen kişi, bilmediğim nedenlerden ötürü, son anda çekilmiş ve Juristische Wochenschrift dergisine yaptığım küçük katkılarla, o gün bu gündür yakın ilişkimi sürdüğüm *Julius Magnus* da, beni redaksiyon kuruluna tavsiye etmişti.** Başka bir bilimsel yayınım da, Frankfurt'ta avukatlık, noterlik yapan ve fahrî profesör olan *Julius Lehmann* ile birlikte anonim şirketler hukuku ile ilgili 19.9.1931 tarihli tüzüğe ilişkin ortaklaşa hazırladığımız şerhdir. Kitabın ilk baskısı 1931 Noel'inden önce çıktı ve çabucak tükendi, 1932'de ikinci baskı yapıldı.

Nihayet 1932 yaz sömestresinde Frankfurt (Main) Yüksek Eyalet Mahkemesinde Hukuk Tetkik Dairesi kesin üyeliğine tayin edildim. Aynı zamanda Hukuk Fakültesi hoca ve üyeliği sıfatını da koruyordum.

---

* Frankfurt Johann - Wolfgang - Goethe Üniversitesi öğretim üyeleri, 9 Mayıs 1933 tarihinde Rektör *Krieck* imzalı bir davetiye aldılar. Bu davetiye, o tarihte rektörlüğe tayin edilmiş olan bir Felsefe ve Pedagoji (!) profesörünün zihniyetini göstermesi ve o günün kültür düzeyini yansıtması bakımından ibret vericidir:
"Öğrenci birliği, tüm öğrencileri, 10 Mayıs Çarşamba günü, akşam üzeri, Römerberg tepesinde düzenlenecek olan, Marksist ve yıkıcı kitapların yakılmasına davet eder. Öğrenciler, bu eylemin taşıdığı büyük sembolik önemden ötürü, tüm öğretim üyelerinin bu sırada hazır bulunması arzusundadırlar. Bu nedenle, sayın meslekdaşlarının tam mevcutla hazır bulunmalarını rica ediyorum. Çarşamba akşamı saat 20'de Üniversiteden müzik eşliğinde yürüyüşe geçilecek, Römerberg'e hep birlikte gidilecektir. Öğrenci birlikleri ve SA - birlikleri de eyleme katılmaktadırlar."

** Söz konusu katkı, adı geçen eserin, 1933 başlarında yayınlanan Cilt IV, s. 161-195'inde çıkmıştır.

II.

Hâkimlik Mesleğine Başlarken

1931 yılı Ocak ayı ortalarında, daha Göttingen'de vekâleten hocalık yaptığım sırada, Frankfurt (Main) Asliye ve Sulh Mahkemesi Hâkimliğine tayinim geldi. Buna sınırsız derecede sevinmemin ötesinde karıma dönüp, "artık sırtımız yere gelmez, hiçbir zaman bir kürsüye çağrılmasam bile; hiçbir şekilde azledilmesi ve iradesi dışında başka yere tayini de mümkün olmayan, kaydı hayat şartıyla bu göreve getirilmiş bir Prusya hâkimiyim" dedim... Aradan 26 ay geçti geçmedi, bu rüya da bitti!

Ama henüz bir rüya âleminde yaşıyorduk, fakat bunun bedeli olarak, iki meslek birden icra etmem gerekiyordu. Biraz da bu nedenle, 1932 yılının başında, kendimize, Adler fabrikasının son çıkardığı model olan "Adler Primus" marka bir otomobil satın aldık. Evimizin hemen yakınında da bir garaj bulduk. Artık sabahları 7.35'te arabama atlayıp Eschersheim'den hareket ederek, Ginnheim üzerinden Bockenheim'a Üniversiteye gidiyordum. Dersim genellikle 8'deydi. O gün mahkemede duruşmam varsa, dersi 8.45'te bırakıyorum, gene arabamla Bockenheimer Landstrasse'den, Opera Meydanından, Hauptwache'den, Zeil'den geçerek, tam saat 9'da adliyede oluyordum. Duruşmalardan sonra ya da duruşma olmayan günlerde, makam odamın masasında biriken dosyaları inceledikten sonra, gene arabama binip Eschersheim'a öğle yemeğine dönüyordum. Akşama doğru gene yollara düşüyor, Üniversitede saat 18 ile 20 arasındaki pratiklere, ya da 20 ile 22 arasındaki seminerlere yetişiyordum. İşim bittikten sonra da, arabamla eve dönüyordum. Boş kalabildiğim günlerde -ah, bu günler ne kadar az ve kısaydı!- arabamızla Frankfurt am Main'in güzelim çevresine, özellikle arka Taunus'a Vogelsberg'e, Rhön'e, Spessart'a, Odenwald'a, Bergstrasse'ye, Rheintal ve Nahetal'e gezintilere çıktığımızı, bilmem, ayrıca belirtmeme gerek var mı?

Asliye Mahkemesi hâkimi olarak hâkimlik görevime 1 Nisan 1931'de başladım. İlk önce Hukuk Dairelerinden birine üye olarak verildim, öteki üye ise, bir hâkim yardımcısıydı. Göreve başlamamdan hemen sonraki ilk duruşmada mahkeme başkanı hastalandı, sonuçta ben, yaşça en genç olmakla birlikte, rütbece en yüksek hâkim sıfatıyla başkana vekâlet ettim ve duruşmayı yönettim.

Avukatlardan biri, toy ve tecrübesiz başkanı tongaya bastıracağını sandı. Ama fena halde aldanmıştı. Sahneye başka avukatlar da tanık olduklarından, haber pek çabuk yayıldı ve genç menç, benim şakaya gelir yanım olmadığı duyuldu. Bunun üzerine, Frankfurt (Main) Asliye Mahkemesinde hâkimlik yaptığım sürece avukatlarla bir daha hiçbir sorunum ya da kişisel çekişmem olmadı.

Asliye Mahkemesinin başkanı, *Pape*, benden hoşlanmıştı. Anlaşılan *Pape*, Adalet Bakanlığından, beni parlak bir geleceğin beklediği, dolayısıyla Asliye Mahkemesinin bütün dairelerini bir bir görmem gerektiği talimatını almıştı. Bu nedenle olacak, bir daireden öbürüne verildim durdum. Üç daire aklımda kalmış: Biri Hukuk Dairesi, Başkanı Ophüls'dü. *Ophüls*, sonradan Federal Almanya'ya büyükelçi olarak hizmet etti ve Frankfurt Hukuk Fakültesinde profesörlük yaptı. Üye ise, asliye hâkimi bayan hukukçu *Hedwig Brann*'dı. Hedwig Brann, parlak bir hukukçuydu. Yaşlarımızın toplamı 100'ün altındaydı. Bundan dolayı, avukatlar bu daireye "gençler dairesi" adını takmışlar. Bir yandan da daireye "İtfaiye - Hukuk" deniyordu, çünkü öteki Hukuk Dairelerinde çok fazla dava birikmişse, buraya aktarılırdı.*
Bizim takım, anlaşıldığından biraz fazla kolay boşanma kararı verdiği için, Ophüls "terfi ettirildi" ve başımıza aşağı yukarı 60 yaşlarında bir müzmin bekâr hâkim getirildi. Ama gene de, biz genç hâkimler hep çoğunluk oluşturduğumuzdan, mahkemenin boşanma davalarındaki eğiliminde bir değişiklik olmadı.

Sadece nizalı kaza davalarına bakan öteki hukuk mahkemesinin başkanı ise Asliye Mahkemesi Hâkimi Schuppert'ti. Schuppert, daha benim hâkimlik stajım sırasında ustam olmuştu. Her ikimiz de, yeniden görüşmekten büyük sevinç duyduk. O günkü atmosferi *Féaux de la Croix*, yukarıda sözünü ettiğim eserin 20.nci sahifesinde ve devamında, pek canlı bir dille tasvir eder.

Asliye Mahkemesi Başkanı *Pape* beni bir Ağır Ceza Mahkemesinin başkanlığına getirmeye kalkıştığında, hâkimlikten istifa edeceğimi söyleyerek tehditte bulundum. Zira, ceza hukukundan zerrece birşey anlamıyordum, üstelik üye olarak bile bir ceza dairesinde görev yapmamıştım. "Ama Bakana, sizi de bu görev için öngörmüş olduğumu rapor etmem lâzım" diye karşı çıktı, Pape. Sonunda beni, başkan vekili olarak görevlendirdi. Yani, şayet başkan şu ya da bu nedenle görevine gelemezse, onun yerini ben alacaktım. Pape, Ağır Ceza Mahkemesi başkanı arkadaşın başına birşey gelmemesi için, sabah akşam dua etmemi de sözlerine ekledi.

Son olarak çalıştığım üçüncü mahkeme, 4 No.lu Hukuk Dairesiydi. Bu mahkeme, trafik kazasıyla ilgili bütün hukuk davalarına ve dâvalının soyadının "H" ile başladığı başka medenî hukuk iltilâflarına bakıyordu. Bu mahkemenin başkanı olan Asliye Mahkemesi Hâkimi *Ungewitter*, mahkemesinin yeni üyesini gerçi pek bir candan karşıladı, oysa o mahkeme daha o zamandan nasyonal sosyalist *"Krebs"* (= kanser, ç.n.) illetine tutulmuştu. Öte yandan, başkan *Ungewitter*, mahkemenin yeni üyesinin, "horrible dictu" bizzat oto sürücüsü (onun deyimiyle *"Herren fahrer"*) olması nedeniyle,

---

* Bu konuyla ilişkili olarak bkz. Ernst Féaux de la Croix'nın "Privatdozent und Landgerichtstrat Dr. Ernst E. Hirch" başlıklı "Liber amicorum" Ernst E. Hirsch, Amriswil 1977. s. 18 v.d. (20)'de yer alan yazısı.

mahkemenin trafik kazası davalarındaki otoritesinin sarsılacağından korktuğunu da açıkça dile getirdi. "Gün gelip de ya siz bir kazaya sebep olursanız, mahkememizin hali nice olur, Herr Kollege!" dedi bana. Hiç tasalanmamasını "motorize" bir hâkim sıfatıyla sorumluluklarımın bilincinde olduğumu; hattâ mahkeme kararlarında benim gibi "işin içinde" olan bir "teknik uzman" hâkimin de katkısının taraflarca bilinmesinin, mahkemenin trafik kazası davalarındaki otoritesini daha da artıracağına inandığımı söyledim, kendisine.

Mahkeme başkanı acı acı gülümsedi, gülümsemeyi becerebildiği ölçüde, tabiî. Sonra da, dairesinin yeni üye hâkiminin eline bir tür hoşgeldin armağanı niyetine olacak, kapkalın bir dâva dosyası tutuşturdu. Bir ticaret hukuku doçentinin bu dâvaya raportör olarak tam da biçilmiş kaftan olduğunu belirtmeyi de ihmâl etmedi. Olay, olabildiğince basitti: Frankfurt'un hatırı sayılır bir Sigorta Anonim Şirketi, dünya ekonomik bunalamının sonucunda iflâs etmişti. Sigortacılık dışında işlere ve spekülasyonlara girişmiş olan şirket genel müdürü, intiharı seçerek, bu dünyadaki adaletten kaçmıştı. Birkaç hissedar ve alacaklı birleşmiş, Gözetim Kurulu Başkanı Bay Ho...'nun aleyhine, görevini ihmal ettiği gerekçesiyle, tazminat davası açmışlardı. Davalı da, Ticaret Kanununun § 249'unda dile getirilen, o tarihte geçerli olan hükme dayanarak, bir gözetim kurulu üyesinin görevini yerine getirirken basiretli bir iş adamı gibi ihtimam göstermesi gerektiğini ve kendisinin de bu kurala uyduğunu ileri sürüyordu.

Dava dosyasını inceledikten sonra, mahkeme başkanından, bir sonraki duruşmaya davalının Usul Kanununun § 141'e göre celbini sağlamasını rica ettim. Bazı bilgileri davalının kendi ağzından almak istiyordum. Duruşmada davalıya ne zamandan beridir Gözetim Kurulu üyesi olduğunu ve ne zaman kurula başkanlık yaptığını sordum. "Uzun yıllar boyunca" cevabını aldım. Peki, davacıların iddiasına ve basında çıkan yazılara göre, "Sigorta Şirketinin batmasına yol açan o sigortacılığa aykırı işlerin hiç mi farkına varmamıştı". Cevap, kendisinin kadife ve ipek toptancısı bir tüccar olarak genel ticaret hayatı konusunda bilgi sahibi olduğunu, fakat özellikle sigortacılık hukukundan ve sigortacılığın özelliklerinden hiçbirşey anlamadığını gösteriyordu. Kendisi, şirketin geçmiş yıllara ait faaliyet raporlarına göre olsun, bilançolarına göre olsun, gayet başarılı çalışmalar yapmış olan ve tek yönetici durumundaki genel müdüre sonuna kadar güvenmiş ve kendini normal bir gözetim kurulu başkanının rutin işleriyle sınırlamıştı. Son olarak sorduğum, gözetim kurulundaki faaliyeti karşılığında, normal olarak ödenen kâr hissesini alıp almadığı yolundaki soruya aldığım cevap "pek tabiî" oldu. Bunun üzerine, iki hafta içinde karar verilmesi kararlaştırıldı. Başka davalara da baktıktan sonra mahkeme heyeti, görüşmek üzere içeri çekildi. Alman Hâkimler

Kanununun § 43'ü uyarınca, emekli hâkim olarak, hizmet ilişkimin bitiminden sonra da, davanın görüşülmesi ve oylanması hakkında susmakla yükümlü olduğumdan, burada ancak şu kadarını söyleyebilirim: Görüşmenin sonunda dosyayı, hüküm taslağını hazırlamak amacıyla raportör olarak yanıma aldım, hüküm taslağını, görüşmenin sonucuna uygun biçimde, elyazısıyla yazdım ve usulüne uygun olarak, raportör sıfatıyla, sağ alt köşesine imzamı attıktan sonra, mahkeme başkanına "silsilei meratip"i izleyerek ilettim.

Karar günü, başkan (davanın reddine dair) hükmü okudu ve dava dosyasını zabıt kâtibine teslim etti. Zabıt kâtibi, dosyayı, tıpkı içlerinden hüküm okunmuş olan öteki dosyalara yaptığı gibi, aldı ve taraf avukatlarının inceleyebilmesi için, bu amaçla oraya konmuş olan masanın üzerine yerleştirdi. Mahkeme, öteki davalara bakarken, daha öğle olmadan, davacıların dava vekilleri geldi, kendini ilgilendiren dosyayı arayıp buldu, dosyanın kapağını kaldırdı ve davayı reddeden hükmü okudu. Birden bir hayret çığlığı attı ve şikâyeti açıklanan hüküm metninin altında kalmış olan asıl metni, yani altında raportörün imzası bulunan hüküm taslağını eline alarak, zafer kazanmışçasına havada salladı. Bu arada da hafif bir sesle, fakat gene de duyulacak gibi: "Daha iyi bir temyiz gerekçesi olamaz" diye söze başlayarak, mahkeme başkanı tarafından da engellenmeksizin, benim imzalamış olduğum hüküm taslağındaki davayı esasta kabul eden hüküm gerekçesinin ana maddelerini not etmeye başladı.

Bu sahneye tanık olan herkes için apaçık görülüyordu ki, raportörün hüküm taslağına temel oluşturan müzakerenin sonucu, sonradan başkan ve öteki üye tarafından son dakikada çiğnenerek değiştirilmişti, fakat başkan, raportörün taslağını dosyadan çıkarmayı unutmuştu!

Raportörün mahkeme başkanının bu beceriksizliği ya da dikkatsizliği karşısında kızgınlığa kapılmadığını kolayca tahmin edebiliriz: Azınlıkta kalan hâkimin vicdanı rahattı, bir ticaret hukukçusu olarak bağımsız ve âmirinin aksine hiç de "körü körüne içtihatlara bağlı" olmayan bir hâkim olarak kazanmış olduğu bilimsel ün doğru çıkmıştı. Daha sonraları, İstinaf Mahkemesinin davayı reddeden hükmü onayladığını, Yargıtay'ın ise bu hükmü bozduğunu ve benim gerekçeli hüküm taslağında yer alan görüşlerim doğrultusunda karar vererek, o güne kadarki içtihadı değiştirmiş olduğunu öğrendim.

III.

Özel Hayat

Bunca meslekî görev ve faaliyetin yükü altında evlilik hayatıma, 16.9.1931'de de kızımız Hannelore'nin doğumundan sonra aile hayatıma yeterli zamanı ayıramadığımı, uzun uzun açıklamama gerek yok, sanırım. Karım, gerçi, tıpkı benim gibi, o günler için erken sayılabilecek olan evliliğimizi, mesleğimde beklenmedik bir hız ve başarıyla yükselmemden ötürü haklı görüyor ve çocuğumuzun doğumundan sonra da benim işlerime özenle ve hiç yüksünmeksizin yardımcı oluyor, bana sekreterlik yapıyordu. Özellikle o sıralarda düzenlemeye başladığım, mahkeme kararlarını içeren özel kartoteksimin hazırlanmasında karımın yardımının büyük yararı oldu. Kartokteksimi kanunlara ve bunun içinde de, alt bölüm olarak, madde sırasına göre tasnif etmiştim. Nitekim daha sonraları JW ve NJW de aynı sisteme göre bir kartoteks düzenlediler.

Karım, anne ve ev kadını olarak da görevlerini kusursuz yerine getirmekteydi; özellikle her sömestr sonunda evimizde verdiğimiz seminer partilerinin hazırlanmasında ve yürütülmesinde bunu görebilirdiniz.* Ama öte yandan karımın kendisini oyalayacak ve eğlendirecek pek fazla imkânı yoktu. Aşırı yüklü bir meslek hayatım olduğundan, meslekdaşlarımla öyle pek uzun boylu ve sık görüşemiyorduk. Kuşkusuz, 1928 Noel tatilinde gittiğimiz Triberg'de bir kayak kursu, 1929 Noel ve yılbaşını geçirdiğimiz Rigi Scheidegg'deki kısa tatil, 1931 yazında Comer Gölü kıyısında Varenna'da yaptığımız tatil, 1932 yazında Hamburg'dan Stavanger'e, oradan da kıyı kıyı giden posta gemisiyle kuzey kutbuna kadar çıktığımız kuzey gezisi -gezinin sonunda Sognefjord'da küçük bir kıyı kasabasında kalmış, denize girmiştik- karımın biraz olsun dinlenmesini, havasının değişmesini sağlamıştı. Aynı şekilde Frankfurt'un yakın ve biraz daha uzak çevresine yaptığımız otomobil gezintileri de işe yarıyordu. Ama gene de, ben bütün bu geziler ve yolculuklar sırasında aşırı yorgunluktan ötürü, keyifsiz oluyordum. Yılda, iki-üç kez tek başıma sekiz-on günlüğüne kuzey Kara Ormana gidip, her zaman aynı otelde, "Kurhaus Hundseck" **'te kalırdım. Bu süre zarfında karım da, annesinin eski bir arkadaşı olan "Loeb teyze" ile birlikte Baden - Baden'de ya da başka bir yerde kısa bir tatil yapardı.

Sessizliği, ormanın yalnızlığını seviyordum, âdeta tutku derecesinde ormanda yürüyüş meraklısıydım. Bazı kereler, kaldığım otelin sahiplerinden biri olan, yetmişlik "Hammer Dede" de, yanında finosu, bana eşlik eder ve sırf kendinin bildiği orman yollarında gezdirirdi. Gene öyle bir gezinti sırasında Herrenwies'deki küçük kilisenin yanına vardık. Hammer Dede, mezarlıkta bir yeri işaret ederek, öldükten sonra gömülmek istediği yeri gösterdi. Gerekçesi, burasının yıl boyu en çok güneş alan yer olmasıydı. O

---

* Bkz. *Féaux de la Croix*, y.a.g. yazısı, s. 22; aynı şekilde *Hans Thieme*'nin, gene aynı eserde (s. 24-28), yer alan "Erinnerungen an Ernst Hirsch's Frankfurter Jahre" başlıklı katkısı.

** Kuzey Kara Ormanlardaki otellerin hepsi, eskiden - kaplıca tesisine sahip olsun ya da olmasınlar - kendilerine "Kurhaus" adını uygun görürlerdi. Günümüzde geçerli olan hukuk kurallarına göre, "Kurhaus" adını, ancak gerekli önşartları yerine getiren tesisler kullanabilirler.

günden tam otuz yıl sonra gidip mezarını ziyaret ettim. Hammer Dede'nin ilerisini gören, iyi işleyen bir ticaret kafası vardı. Bir gün, Hundseck'le Untersmatt arasındaki, "Mannheimer Weg" adıyla tanınan Kara Ormanlar dağ yolu Pforzheim-Basel yolunun, özellikle bakımlı bölümünden geçtiğimizde, bu yola paralel uzanan bir patikaya işaret ederek, bu noktadan bir Kara Ormanlar oto yolunun açılması gerektiğini belirtmişti. Gerekçesi, Kuzey Kara Ormanlardaki lokanta ve otellerin tek tük turist ya da yaz geçirmeye gelen birkaç kara orman tutkunu ile yaşamasının mümkün olmadığı, "turizm sanayiinin" kurulması zorunluğu idi. Daha sonra Kara Ormanlar Otoyolu fikri gerçekleşmiştir; yıl boyunca lokanta ve otellerin önünden otomobiller akar; ayrıca kış aylarında da kış sporu yapmaya giden binlerce kişinin ulaşımını sağlamak bakımından büyük bir ekonomik önem taşımaktadır bu otoyol.

Gerçi Kara Ormanlarda geçirdiğim bu yalnızlık günleri beni yeniden çalışmaya hazır hale getiriyor, taze güç veriyordu, ama, karımın bu nedenle yalnız kalması, evliliğimize aynı ölçüde yarar sağlamamaktaydı. Zamanla aramızda gerilimler doğdu. Gerilimlerin esas sorumlusu bendim, çünkü karımı ihmal ediyordum. Gene de, Landgraf-Wilhelm-Strasse'de kirada oturduğumuz dört odalı daireyi, gene Eschersheim'da Kirschberg No. 23'de bahçe içinde küçük bir müstakil evle değiştirmeye karar verdik. 1933 yılı 1 Nisan'ında yeni evimize taşındık. Hemen yakınımızda *Friedrich Klausing*'in evi vardı. Klausing'le eskiden olduğu gibi, şimdi de, iyi ve dostça bir çalışma arkadaşlığı içindeyim.

9. "İnkılâp"

Ülke içi politik durum her geçen gün daha da kötüleştiği halde, evimizden taşınmaya karar vermiştik. Bu kararımızı, benim bir hâkim olarak yasaların güvencesi altındaki hâkim bağımsızlığıma ve azledilemez olmama bağlıyorduk. Benim -ve pekçokları- için Nasyonal - Sosyalist Parti, Hitler'le birlikte iktidara gelse bile, kaydı hayat şartı ile hâkimlik mesleğine tayin edilen kişilerin, herhangi bir biçimde zarar görebileceklerini tasavvur edemiyorduk. Hitler'in 30 Ocak 1933 tarihinde Rayh Başkanı von Hindenburg tarafından Rayh Şansölyesi ilân edilmesi ve Rayh parlamentosunun feshi, nasyonal sosyalistlerin iktidarı ele geçirmelerinin başlangıcıdır. 1932/33 kış sömestresinde ticaret ve şirketler hukuku derslerini veriyordum. Dersler Senckenberg Müzesinin büyük anfisinde yapılmaktaydı. Şubat ayı ortasına doğru bir derste, anonim şirketler hukuku konusunu işlerken, şunları söylediğimi hatırlıyorum: "Bu konuda ne Üçüncü Rayh herhangi bir değişiklik getirebilir, ne de Yirminci Rayh". Öğrencilerden ne bir itiraz, ne de protesto yükseldi; oysa Hitler'in ilân ettiği "Bin Yıllık Rayh" daha açık bir biçimde istihza konusu edilmezdi.

1933 Mart ayında yapılan Rayh parlamentosu seçimlerinde NSDAP, oyların sadece %43,9'unu aldı, mutlak çoğunluğu kazanamadı. Böylece NSDAP, gerçi en güçlü fraksiyon oluyordu, ama ancak Deutschnationale Volkspartei fraksiyonunun desteğiyle parlamentoda çoğunluğu sağlayabilirdi. Rayh parlamentosu ve hükümet, anayasaya uygun biçimde kurulmuştu. İşte, bu nedenle bir ihtilâlden değil de, "inkılâp"tan söz edilmekteydi. Hitler, Ulmer Reichswehrprozess sırasında da, yeminle temin ettiği gibi, *anayasal yoldan* iktidara gelmişti. Bu iktidarı nasıl ve hangi amaçla kullanacağını ise, "Kavgam" adlı kitabında, herkesin anlayabileceği bir açıklıkla anlatmış bulunuyordu. Hitler'in hedefleri ve yöntemleri, basın aracılığıyla olsun NSDAP'nin öteki yayınlarıyla olsun, seçmen kitlesine öğlesine yoğun bir şekilde iletilmişti ki, herkes bu anayasal iktidarın sonunun nerelere varabileceğini pekâlâ görecek durumdaydı. Gerçi seçmenlerin büyük kısmı, bütün bu anlatılanları bir hayal, bir ütopya olarak değerlendiriyor, bunların birazının dahi gerçekleştirilebilirliğine ancak hayalperestlerin inanacağını düşünüyordu. Fakat nisbeten yüksek bir katılımın olduğu bir seçimde Hitler'in ve "Hareket"in yönetici kurmayları arasındaki yakın arkadaşlarının, seçmenlerin hemen hemen yarısını kazandıkları da bir olgu olarak karşımızdaydı. Her türlü telkin ve demagoji aracıyla, rüşvetle, yozlaştırmayla, geleneksel her türlü değer ölçüsünü ayaklar altına alıp çiğneyerek, tahrip ederek ve yeni bir takım değerler ortaya atarak, bu değerlerle Versay Antlaşması ve sonuçlarının millî onurda açtığı yaraları sarmak, dünya ekonomik bunalımı ve olağanüstü yüksek işsizlik yüzünden sarsılan ekonomiyi gene ayakları üstünde dikmek ve halst not least, "Bin Yıllık Bir Rayh" içinde "Deutschland über alles" ("Herşeyin Üzerinde Almanya") kurmak gibi vaatlerde bulunan Hitler, halkı iğfal etti. Ama, 1933'ten *önceki* yıllarda Alman basınının büyük kısmının seviyesizliğine tanık olan, özellikle de sözde bağımsız "Generalanzeiger" basınının rezilliğini bilen, siyasî mücadele üslubundaki kabalaşmayı izleyen ve parlamentoda Weimar Anayasasının ilkelerine sarılan orta yolcuların, Rayh'ta ve Prusya'da hukukun ve anayasanın çiğnendiğini gördükleri halde nasıl çaresiz kaldıklarını bilen herkes, iktidarı "anayasal yoldan" ele geçirmenin, gerçekte, bir hükümet darbesini dış görünüşte meşrulaştırmaya yarayan bir kılıf olduğunu kavrayabilirdi. Bu hükümet darbesi, Hitler'in Ocak ayı sonunda, Rayh şansölyesi ilân edilmesiyle, Mart ayındaki Rayh parlamentosu seçiminden de önce, de facto olarak tamamlanmış bulunuyordu.

Bu çapta siyasî altüst oluşları, ahlâkî değer ölçüleriyle değerlendirmek mümkün değildir. Bu nedenle, alman halkının kollektif olarak suçlu olduğundan söz etmek, bu suçun ceremesini bugünkü Alman nüfusunun da çekmesi gerektiğini söylemek, düpedüz saçmalıktır. Tüm halkın, gelecek kuşaklar da dahil olmak üzere, de facto olarak katlanmak zorunda kaldığı, uğursuz bir siyasetin sonuçlarıdır bunlar. Suç isnadı ise ancak bunu uygulayanlara yöneltilebilir. Uygulayanlar ise, *Goethe*'nin de dediği gibi, her zaman için vicdansızdırlar. Sorumluluğu gerektirecek bir vecibeden söz edilecekse, ancak aşağıdaki mülâhazalar ileri sürülebilir, kanısındayım:

Devlet gücünün "de jure" olarak halktan kaynaklandığı ve genel, eşit, dolaysız ve gizli yapılan seçimler sonucu seçilen milletvekilleri tarafından uygulandığı bir parlamenter demokraside, siyasî bir kollektif suçtan ancak şu anlamda söz etmek mümkündür: Seçmenlerin kararıyla iktidara gelmiş olan halk temsilcilerinin çoğunluğu tarafından örülmüş olan çorabın sonuçlarına, tüm halk *politik* olarak katlanmak zorunda kalmıştır. Seçimler gizli olduğundan, seçmenleri tek tek tesbit edemezsiniz, sadece seçilen milletvekillerini tesbit etmemiz mümkündür. Eninde sonunda, devlet gücünün uygulanmasındaki *siyasi* sorumluluk, bu milletvekillerinin sırtındadır. Bu milletvekilleri, bir hükümete sadece güvenoyu vermekle kalmamış, bunun da ötesinde, görevleri olan ve parlamenter sistemin özünden kaynaklanan denetleme görevinden vazgeçmiş, böylece hükümete sınırsız eylem özgürlüğü sağlamışlardır. Bu sonuç, 24 Mart 1933 tarihinde Rayh parlamentosu tarafından kabul edilen ve Yetki Kanunu (Ermächtigungsgesetz) adıyla anılan "Gesetz zur Behebung der Not von Volk und Reich" ile gerçekleştirilmiştir. Federal Almanya Anayasa Mahkemesinin görüşüne göre (resmî kolleksiyon Cilt 6, s. 331 v.d.) bu yetki kanunu, nasyonal sosyalist zorbalık yönetimini devrimle gerçekleştirmekte bir adımdır; bu kanunla, o güne kadar geçerli olan yetki düzeni kaldırılmış, yerine yenisi getirilmiştir. Bu yeni yetki düzeni, hızla hem içte hem de dışta kendini kabul ettirmiş ve uluslararası düzeyde de kabul görmüştü. Yetki kanununun çıkarılmasından hemen sonra yeni yetki düzeninin "de facto" olarak kabul edildiğine, hem hâkimler tarafından, hem de Üniversite mercileri tarafından itirazsız boyun eğildiğine kanıt olarak, o günlere ait kendi kişisel tecrübelerimi aktarmak istiyorum.

NSDAP, yani bir devlet mercii değil de, parti, 1 Nisan 1933 tarihinde Yahudi dükkânlarını, esnafı, avukatları, doktorları vb. boykot etmek çağrısı yaptı. "Almanlar! Kendinizi sakının! Yahudilerden Alışveriş Yapmayın!" yazılıydı pankartlarda. Bunları boykota uğrayanlar bizzat, kendi dükkânlarının camekânlarına, iş yerlerinin, muayenehanelerinin girişine, tehdit altında, asmaya zorlanıyordu. İşte terör böyle böyle başladı. Terörü daha da etkili kılan, boykot edilen dükkânların önüne SA-gruplarından oluşan nöbetçilerin dikilmesi ve halkı bu dükkânlara girmekten alakoyması idi. Tek tük istisna dışında alman halkı, bu şekilde terörize edilmeye izin verdi ve medenî cesaret gösteremedi. 1938 Kasım ayındaki "kristal gecesi" değil,

1 Nisan 1933'teki "Yahudi Boykotu Günü", asıl "Alman Utanç Günü"dür. Asıl bu gün, Alman halkının NSDAP'nin keyfiliğine karşı koymadaki zaafını ortaya çıkarmış ve nazilerin daha da keyfi önlemler geliştirme cüretini artırmıştır.*
30 Mart günü, bu "Yahudi Boykotu Günü"nden tam 2 gün *önce*, telefonla aranarak, o gün öğleden sonra, Eyalet Mahkemesi Başkanı Dr. Hempen'in makamına çağrıldım. Dr. Hempen, beni Eyalet Mahkemesinin Hukuk Sınavı Dairesinde (Justizprüfungsamt) görev yapan "Profesör" üyelerden biri olarak tanıyordu. Eski Prusya eyaleti Hessen - Nassau'nun o günkü Rayh komiseri *Dr. Roland Freisler* adına, benden, yeni bir haber gelene kadar hâkimlik görevimi yerine getirmemem ricasında bulundu. Ve ben - aynı önleme uğramış pek çok öteki arkadaşımın aksine- bu talebi şiddetle reddettiğimde de, başkan, *kendisine* zorluk mu çıkarmak niyetinde olduğumu sordu. Meselenin bu olmadığını, hâkimliğin bağımsızlığının ve her ikimizin de ettiği hâkimlik yemininin uygulanıp uygulanmamasının söz konusu olduğunu açıkladım. "O takdirde, size şu andan itibaren izinli olduğunuzu resmen bildiriyorum", cevabını aldım. Ancak 10 Nisan'da, yani 7 Nisan tarihli "Gesetz zur Wiederherstellung des Berufsbeamtentums" (Devlet Memurluğuna Yeniden Saygınlık Kazandırma) Kanununun yürürlüğe girmesinden birkaç gün *sonra*, bu sözlü emir bana yazılı olarak bildirilmiştir. Söz konusu kanundan 8 gün önce bir Eyalet Mahkemesinin başkanı tarafından bir eyalet yöneticisinin talimatı üzerine, kaydıhayat şartıyla memuriyete atanmış bir hâkimin zorunlu izne çıkarılması, hem her türlü yasal ve hukukî temelden yoksundu, hem de güçlerin ayrımı ilkesine, hâkimlerin bağımsızlığı ilkesine ve Kamu Personeli Hukukuna indirilmiş ağır bir darbe idi.**

Ama, o sırada elimden ne gelirdi ki? Üniversitenin Hukuk Fakültesinden, dost olduğum iki profesörle, geçici olarak zorunlu izinli sayılacağım açıklamasından hemen sonra, durumu tartıştım. Her ikisi de, aşırı bir adım atmamamı önerdiler. Birinin öğüdü hiçbir zaman aklımdan çıkmamıştır: "Mahkeme merdivenlerinde kendinizi öldürtürseniz, kimseye bir yararınız dokunmaz. Bugün artık bir dava uğruna ölen kahraman filan olmuyor, çünkü terör karşısında herkes susmak zorunda".

Rayh Mahkemesi katında, yukarıda sözünü ettiğim kanunun, içinde açık seçik belirtilmeyen "hâkimlere" de uygulanması hakkında neler düşünüldüğünü öğrenmek amacıyla, daha stajyerlik yıllarımdan tanıdığım

* Aynı şekilde -başka birçok yazı yerine- bkz. *Sebastian Haffner, Ammerkungen zu Hitler*, 1978, s. 175, 177.

** Bundan birkaç hafta sonra, *Hempen*, Frankfurt (Main) Oberlandesgericht'teki mevkiini, *Pretsler*'in isteği üzerine, "görev icabı" terketmek ve Berlin Kammergericht'ine tayinini kabul etmek zorunda kaldı. (Bkz. *Erhard Zimmer, Die Geschichte des OLG in Frankfurt (Main)*, 1976, s. 148).

Reichsgerichtsrat Dr. *Bernhard Brandis*'i* ziyarete gittim. Dr. Brandis, durumu, benim yanımda, Rayh Mahkemesi Yargıçları Birliği'nin o günkü başkanı, Senato Başkanı Dr. *Wunderlich* ile tartıştı. Sonunda Dr. Wunderlich bana şunları söyledi: "Genç meslekdaşım, sizinle birlikte sessizce tahammül ediyoruz". Bunun üzerine kendisine şu cevabı verdim: "Kusuruma bakmayın, sizden yaşça çok genç olduğum halde, sözlerinizi düzeltmek zorundayım: Siz, sessizce tahammül etmiyorsunuz, sessizce müsamaha ediyorsunuz".

Bu "siz" hitabı, tüm Alman hâkimlerine yönelmiştir. Çünkü hâkimlerin meslek teşkilâtı, Deutschnationale Volkspartei üyesi olan Adalet Bakanı Gürtner'e nesnel hiçbir müracaatta bulunmadığı gibi, hakimlerin bağımsızlığı açısından vazgeçilmez bir teminat olan görevden keyfî uzaklaştıramama ilkesinin göz göre çiğnenmesine karşı gık bile dememiş, hiçbir alenî prostesto girişiminde bulunmamıştı.

Yeni düzen, işte, bu denli hızlı bir biçimde kendini bilfiil kabul ettirdi. Alman hâkimleri ve hâkimlerin meslek kuruluşları, kendi özel statülerinin temellerini tahrip eden tüm keyfî davranışlara boyun eğdiler, bunları sessizce kabullendiler. Devlet memurluğunun bütün şartlarını eksiksiz yerine getiren ve büyük kısmı zerrece siyasî bir faaliyet içinde olmayan sayısız hâkimin, akşamdan sabaha, işlerinden tazminatsız atılmasına göz yumdular.

İsmine bakılacak olursa, memuriyetlere partililerin doldurulmasına ve devlet imkânlarının yemlik gibi kullanılmasına karşı güya bir "temizlik önlemi" olarak çıkarılan bu kanun, gerçekte, yeni rejimin istemediği kişileri memuriyetten atmayı ve açılan yerleri de liyâkatlerini kanıtlamış "eski mücahit"lerle doldurmayı amaçlamaktaydı. Tabii, aynı zamanda, NSDAY'ye kaydolmak için de ortaya atılan bir yem oluyordu. Bazıları, NSDAP'ye girerek kendi mesleklerinde terfi etmeyi ve daha kolay bir hayat teminini tasarlamaktaydılar. Buna bir örnek olarak, fakülte ve hâkim meslekdaşlarımdan birini anmak istiyorum. Bu zat, vicdanını rahatlatmak için bana gelerek, çoktandır parti üyesi olan bir savcının kendisine de parti üyesi olmasını hararetle tavsiye ettiğini, kendinin de, sırf karısıyla çocuklarını düşündüğünden bu tavsiyeye uyduğunu, yoksa kalben kesinlikle NSDAP yönünde düşünmediğini söylemişti. Aradan bir yıl geçtikten sonra aynı adam: "Yeni Anlamıyla Hâkim Bağımsızlığı" başlıklı bir tür "iman tazeleme" yazısı yayınladı. Ve bu yeni anlam artık geçerliliğini yitirdikten sonra da, Federal Almanya'nın saygın Hukuk Fakül-

---

* Senato başkanlığına yükseltilmiş olan Brandis, gerçi savaşı sağ salim atlatmıştır; fakat 1945 Ağustos ayın sonunda Sovyet NKWD'si tarafından tutuklanarak bir temerküz kampına gönderilmiş, 1946'da burada ölmüştür. (Bkz. Schaefer: "Das grosse Sterben im Reichsgericht", Deutsche Richerzeitung. 1957, s. 249 vd. s. 250).

telerinden birinde hukuk felsefesi ordinaryüsü oluverdi... Tabii, geçmişle "hesaplaşmanın" bir yolu da böyle olabilir! Tam da Yahudi Boykotu Gününde apartman dairesinden çıkarak, Eschersheim'de Kirscherg yakınındaki müstakil eve taşınmaya girişmiştik. Mobilyalarımızla kitap sandıklarını taşıyan kamyonet bir sefer gidip geldikten sonra, geri kalanını ben Adler-Primus marka arabamızla eski evden yeni eve taşıdım; mutfak eşyası, tabak, çanak, lâmbalar, vazolar ve başka ufak tefek eşyayı böylece kendim götürdüm. Gene böyle bir seferde, gümüşlerin durduğu kutuyu evden arabaya taşırken, gamalı haç pazubentli gençten bir adam yanıma yaklaştı ve ne yaptığımı sordu. Kendisi, kapımızın önüne boykot için dikilen NSDAP nöbetçilerindendi. "Gördüğünüz gibi, taşınıyorum" dedim. "Ama yalnızca birkaç ev öteye gidiyorum. Kendi gözlerinizle görmek isterseniz, yani buyrun yanıma oturun, beni nasıl olsa derslerden tanıyorsunuz". Bu cevap üzerine, öğrencimin nutku tutuldu. Utançtan kıpkırmızı kesilerek arkasını döndü ve gözden kayboldu, bir daha da ortalarda gözükmedi.

O gün Alman Rayh'ı içinde, özelliklede kentlerin alış-veriş merkezleriyle küçük köylerde olan biteni, ertesi günkü gazetelerde okuduk, gördük. 1 Nisan 1933 benim için, her zaman, "Alman Utanç Günü" olarak kalmıştır. Çünkü 20. yüzyılın ilk çeyreğinin sonlarında tam bir program kinciliği, Alman halkının büyük kısmında âdeta dünden hazırmışlar gibi, uygun zemin bulmuş, Almanlar Yahudi yurttaşlara karşı ancak ortaçağlara yaraşır bir kıran tutumu alabilmişlerdir. Polis, Yahudilere saldırılmasına, bunların yaralanmasına, aşağılanmasına seyirci kalmış, halk da bütün bu iğrençlikler ve zorbalıklar sanki bir film perdesinde cereyan ediyormuş gibi kılı bile kıpırdamadan bakmıştır. O gün, kimbilir kaç kişi SA'nın adamları tarafından sorgusuz sualsiz tutuklanmış, hakaretler yağdırılarak temerküz kamplarına sürüklenmiştir!

Bu konuda ilk elden bilgi edinmek isteyen herkes, yani nasyonal sosyalist "ihtilâl"in gerçekte neye benzediğini öğrenmek isteyen herkes, sadece cesaretini toplamalı ve 1.4.1933 tarihli Yahudi Boykotu Günü hakkında basında çıkan haberleri okumalı, yeter. Bu Alman Utanç Günü ile, hâlâ, bugüne kadar, hesaplaşılmış değildir; çünkü hiç kimse, Alman halkının büyük kısmının o gün pasif kaldığı gerçeğini görmek istemiyor. O günde, boykot altındaki bir büroya ya da dükkâna adım atmak bile büyük cesaret işiydi. Siyasî yönetim, Alman kamuoyuna neleri kabul ettirebileceğini ve engellemeksizin ne gibi alçaklıklar yapıp yaptırabileceğini o gün sınadı ve kavradı. Öyle alçaklıklar ki, örnekleri Alman kentlerinde son olarak tam altıyüz yıl önce Ortaçağın Yahudi takibatlarında; yakın zamanlarda ise, ancak Çarlık Rusyasında ve komünist Rusya'daki programlarda görülmüştür. Almanya, işte, bu kadar batmıştı! Ve beş yıllık Nazi rejiminden sonra 1938 Kristal Gecesinde değil, daha bu Rejimin ilk yılında.*

Bundan sonraki günlerde, yeni evimizi yerleştirmeye, özellikle de kitaplığımı yeniden düzenleyerek baştan kurmaya çalıştığım sıralarda, nasyonal sosyalist ihtilâl, sırf sokakta değil, Rayh Resmî Gazetesi'nin sayfalarında da bütün şiddetiyle esmeye başladı. Yetki Kanununun (Ermächtigungsgesetz) ve "Devlet Memurlarına Yeniden Saygınlık Kazandırma" kanunlarına yukarıda değinmiştim. Bunların hepsi çoktan hazırlanmış olup, zamanını bekleyen kanunlardı. Bundan böyle kanunların Rayh Parlamentosunda tartışılmasına, karara bağlanmasına filân hacet kalmamıştı; Rayh Hükümeti, her türlü taslağı kanun olarak "meşru" ilân edebilmekteydi, Deutschnationale Volkspartei'a üye olan Rayh bakanlarına da, sadece, olan biteni seyretmek düşüyordu.

Rayh Mahkemesi hâkimlerine yaptığım "Çağrı"nın moral bozucu sonucundan sonra ve Üniversitelerdeki tüm hocaların (memur olmayanlar da dahil) çıkarlarını temsil etmekle görevli Üniversite Birliğinin korkak tutumu karşısında, 1933 Nisan ortalarına doğru, derin bir karamsarlığa düştüm. İsimlerini bile doğru dürüst bilmediğim, başka fakültelerden meslekdaşlarım bana gelip, kendilerine yardım etmemi, akıl vermemi istiyorlardı, oysa ben kendim "himmete muhtaç bir dede" idim. Hem de nasıl! Pekçok öğrenci ve asistan kapımı çalıyor, kendisi zor durumda olanlar akıl danışıyor, kimi ise bana moral vermek, beni teselli etmek istiyordu. Fakat, görevi başında kalan ya da boşalan yerlere yeni tayin edilen hâkimlerden biri bile ziyaretime gelmedi. Anlaşılan, işin temelinde, yarım gün çalıştığı halde, iki günlük iş çıkaran bir meslekdaşdan kurtulduklarına sevinmişlerdi. Bu söylediklerim kendimi övmek için değildir, daha önce de adını andığım *Féaux de la Croix*'nın ve *Hans Thieme*'nin bana adanan Liber Amicorum'da çıkan yazılarını buna kanıt olarak gösterebilirim.

Fakültedeki bazı meslekdaşlarım, birkaç ay beklemek gerektiği, sonbahara kadar herşeyin normale döneceği görüşünü savunuyorlardı. Fakat ben, NSDAP'nın gayet plânlı bir şekilde yürüttüğü önlemlere, hele Yahudi Boykotu Gününün Alman kamuoyunda olsun, yabancı kamuoyunda olsun pek cılız, o da hemen bastırılan bir protesto görmesine bakarak, onların bu görüşünü hayalperestlik sayıyordum. Kendisine büyük saygı beslediğim Profesör *Saenger*, kendisi kanunun öngördüğü biçimde "Saf Âri Irktan" olmadığı halde, yaz sömestresinde ana ticaret hukuk dersini vermesinin kendinden istendiğini; dolayısıyla benim de kış sömestresinden itibaren Üniversitedeki hocalık görevime dönmemem ve hâkimlik yapmak yerine

---

* Bu konuyla ilişkili olarak bkz. *Armin Hermann*'ın, Yahudi Boykotu Günü hakkında, yukarıdaki tasvire uyan anlatımı. Die Jahrhundertwissenschaft: *Werner Heisenberg* und die Physik seiner Zeit, Stuttgart 1977, s. 112 v.d.

onun yardımcısı olarak avukatlık yapmamam için bir neden göremediğini bana açıkladığında, kendisine şu cevabı verdim ve dikkatini şu noktalara çektim: Fakültenin isteği üzerine üstlendiği ana ticaret hukuk dersini, yaz sömestresi için, orijinal ders programına göre, benim vermem öngörülmüştü; bu dersin nöbetleşe okutulması gerekiyordu; ama *Friedrich Klausing*, tıpkı benimle aynı nedenlerden ötürü zorunlu olarak "izinli" sayılan *Sinzheimer*'in ana iş hukuku dersini devralmak zorunda kaldığından, ayrıca yeterlilik açısından akla ilk gelecek isimler olan *Julius Lehmann* ve *Ludwig Wertheimer* de, keza zorunlu "izinli" sayıldıklarından ve bu nedenle görev yapamayacaklarından, bu sömestre için eksiği kapamak amacıyla kendisine başvurulduğunu, kendisinin zaten öteden beri vaftizli olduğunun bilindiğini; kış sömestresi gelince, bunun da yeterli olmayacağını ve kendinin de ders veremeyeceğini söyledim. Aynı şeylerin, noter olarak yürüttüğü faaliyet için de geçerli olduğunu, sözlerime ekledim. Avukatlık faaliyetinin geleceğinin ne olduğunu şimdiden kestiremidiğimi, ama gelişmelerin, avukatları da "ârileştirme" yönünde olduğunu belirttim. Zengindi. Şimdiden yurt dışına çıksa, servetinin üçte ikisini yasal olarak birlikte götürebilir, böylece maddî sıkıntıya düşmezdi. Ama Saenger, sözlerime kulak vermedi ve beni karamsarlıkla suçladı.*

Mayıs ayı başında kendimi adamakıllı toplamıştım. Kendi kaderimi kendi ellerime alacak gücü bulduğuma inanıyordum. Tıpkı babamın dediği gibi; "*Ancak kendim kendime yardımcı olabilirdim*". Ticaret hukuku konusunda, özellikle de kambiyo hukukunda yaptığım yayınlara ve dil bilgime güvenerek Paris'e hareket ettim. Yolda Leyden'e uğradım ve Profesör *Mejers*'i ziyaret ederek, oradaki iş imkânlarını öğrenmek istedim. Ziyaretim bir sonuç vermediği gibi, karşılaştığım anlayışsızlık büsbütün moralimi bozdu. Amsterdam'da Profesör *Scheltema* ticaret hukuku dersi veriyordu. Scheltema, benim bilimsel çalışmalarımı yakından bilridi, bundan başka durumumu da büyük bir anlayışla karşıladı. Ayrıca, kendisiyle Hollandaca konuşabilmemden de çok etkilenmişti.** Meslekdaşlarıyla benim durumumu görüşeceğine söz verdi ve kendisini iki hafta sonra aramamı rica etti.

Bunun üzerine Paris'e doğru yoluma devam ettim. Paris, o yıllarda, Alman mültecilerin pek tuttukları bir yerdi. Paris'e sığınan Almanlara ("bi-

* Ne yazık ki, ben haklı çıktım. *Saenger*, İsviçre'ye göçmeye karar verdiğinde, servetinin ancak üçte birini kurtarabildi. Litvanya Üniversitesi Kaunas (Kowno)'da kısa süre Sigorta Hukuku hocalığı yaptıktan sonra, daha 2. Dünya Savaşı başlamadan önce, ABD'de bir Yüksek Okulda bir kürsü bulmuş, ama, ilk dersini vermek üzere, kürsüye çıktığı anda, yüreğine inerek ölmüşdü.

** Frankfurt Üniversitesinin Hollanda Enstitüsünde, Profesör *van der Meer*'in verdiği Hollandaca dil kurlarını düzenli olarak izlemiştim. Kurlara ilk katılmam, bir tür curiosité d'esprit sonucu olmuştu, ama, sonraları, Fransız "Coutume"leri ve büyük Hollanda hukuk ekolleri konularında hukuk tarihi araştırmaları yapma niyetinde olduğum için bu dili öğrenmeyi sürdürdüm. Ayrıca, La Haye'deki uluslararası Hukuk Akademisine yaptığım ziyaret de, Hollanda dilinde pratiğimi ilerletme fırsatını bana vermişti.

zim orada"kiler) adını takmışlardı Fransızlar. Çünkü, ikide birde, her fırsat düştüğünde Fransız âdetlerini, alışkanlıklarını, yaşam biçimini eliştiriyor; burun kıvırarak "Ah evet, bizim orada bu tamamen başkadır" diyorlardı. "Bizim orada"nın Almanya olduğu açıktı, tabii. Fransız kambiyo hukukunun "provizyon" (karşılık) ile ilgili özelliği konusundaki doçentlik tezimi okuduklarını, ya da en azından bir kez ellerine aldıklarını varsaydığım *Lyon-Caen* ve *Thaller* gibi ticaret hukuku profesörlerini ziyaret ettim. Pek üzülerek omuz silktiler. Demelerine göre, Alman ve Fransız hukuku arasındaki farklar pek büyük, hatta aşılamaz derecedeydi, dolayısıyla bir alman hukukçusu, bir Fransız Faculté de Droit'sında rektör olarak bile görev yapamazdı, doğrusu. Avukatlık deseniz "licence en droit" yapmış olmanıza bağlıydı, bunu da ancak dört yıllık bir tahsil ve her yıl sonunda da bir sınavdan sonra elde edebilirdiniz. Tabii, bu tahsilin ardından birkaç yıl da "stage" yapmanız gerekecekti. İstisna yapılamazdı, Almanya'da verdiğim sınavlar da geçersizdi. Bana çok nazik, ama çok da mesafeli davrandılar.

Moral ibrem de, buna bağlı olarak, aşağılara düşmüştü. Derken, tamamen bir rastlantı sonucu, *Trier* ailesiyle karşılaştım. Trier ailesinin evinde, 1920-1922 yılları arasında, Frankfurt'taki ilk iki yılım sırasında kalmıştım. Beni bağırlarına basmış, dost çevrelerine tanıtmışlardı. Onlar da oğulları için uygun bir ticarî iş arıyorlardı, baba *Trier*'in ise, büyük uluslararası üne sahip bir kuyumculuk işletmesinin sahibi olarak, kendine uygun bir iş bulabileceği inancındaydılar.

Çabalarımı duyduklarında ve moralimin ne kadar bozuk olduğunu gördüklerinde, Alman hukukçusu olarak Paris'te ya da Fransa'nın başka bir yerinde iş bulmak sevdasından vazgeçmemi öğütlediler. Tabii, bütün o öğrenim çarkından bir daha geçmeyeceğim açıktı. Hekimler de buna benzer bir durumdaydılar. Ancak karamsarlığa kapılmamalı ve Amsterdam'ın cevabını beklemeliydim. Ama bu cevap gelene kadar adam gibi bir tatile ihtiyacım vardı. O mevsimde (Mayıs ayı ortalarıydı) Kuzey Denizi kıyısı pek güzel olurdu. Deauville yakınlarında, Honfleur dolayındaki Villerville kasabasında bildikleri çok iyi bir pansiyon vardı, hem bu mevsimde mutlaka tenha da olurdu. Pansiyonun adı "Chez Mahu" idi ve orada sinirlerimin yatışacağı, kendime geleceğim kesindi. Kendileri de orada bir tatil geçirmişlerdi, beni tavsiye etmeye hazırdılar.

Öğütlerini tuttum ve "Chez Mahu"ya gittim. Patronun bana gösterdiği çok sıcak kişisel dostluk ve kaderimle yakından ilgilenmesi sayesinde de, gerçekten yeniden kendimi buldum. Orada on gün kaldıktan sonra Amsterdam'a geçtim. Profesör *Scheltema*, Amsterdam Üniversitesi Hukuk Fakültesinin, müracaatım halinde, beni doçent olarak kabule hazır olduğunu bildirdi. Sonbaharda yeni ders yılı başında bir giriş dersi vermem yeterli görülecekti. Giriş dersini de, öteki derslerimi de Almanca olarak verebilecektim. O ders yılının sonunda Profesör *Oppenheim* emekliye ayrılıyordu. Fakülte, Oppenheim'ın Uluslararası Ticaret Hukuku Kürsüsünü bana vermek niyetindeydi.

Frankfurt'a döndüm ve yurt dışına çıkış hazırlıklarına giriştim. Bu, hem evimi dağıtmak, hem de evliliğime son vermek anlamına geliyordu. Zaten, evliliğim son zamanlarda öylesine yürümez hale gelmişti ki, karım da ben de, birlikte yapamayacağımızı anlamıştık. Her iki tarafın da rızasıyla boşanma davası açtık ve 1933 sonbaharında, her iki taraf da kusurunu kabul ederek, resmen boşandık.

Adler-Primus arabamızı, zorunlu "iznimden" hemen sonra zaten satmıştım. Evin kira kontratına da son verdim. Amsterdam'da ben kendime bir yer yapana kadar, karım iki yaşındaki kızımız Hannelore'yi alarak İtalya'ya gitmeye karar verdi.

Maliye ve pasaport dairelerindeki yurt dışına çıkış formalitelerini hızla hallettik. Bana, başkalarına yaptıkları eziyetleri yapmayıp kolaylık gösterdiler. Memurlar, tam tersine, yardımcı olmaya çalışıyorlardı; durumu çok iyi anladıklarını ve için için öfkelendiklerini yüzlerinden okumak mümkündü.

Yurtdışına göçerken, yanımda sadece hatırı sayılır miktardaki hukuk ve edebiyat kitaplarımı ve bunlar için özel olarak yaptırmış olduğum portatif kitap raflarını, notalarımı, kuyruklu piyanomu, yazı masamla koltuğumu ve üzerinde uyuyabileceğim bir divan götürdüm. Bunların hepsini bugün de kullanmaktayım. Bir kısmını, örneğin notalarımla bilimsel kitaplarımı, tozlanmalarını istemediğim için, kısa süre önce sattım.

Bunların dışında ne varsa karıma bıraktım; istediğini yapabilirdi. Karımın aksine ben nakde dönüştürebilecek bir servet sahibi olmadığımdan ve göç sırasında götürmek üzere seçtiğim ve bildirdiğim eşya da bir bilim adamının -her ne kadar son derece müziksever bir bilim adamı da olsa- en âcil ihtiyaçlarını ancak karşılar nitelikte olduğundan, bunları yurtdışına çıkarma iznini almam kolaylıkla mümkün oldu, ayrıca özel bir vergi ("Fluchtssteuer" = kaçış vergisi) ödememe de gerek kalmadı.

Adet yerini bulsun diye veda ziyaretleri yapmayı gereksiz görüyordum. 30 Mart tarihinden itibaren mahkeme ve üniversite binalarına ayak basmamıştım. Her iki kurumda da zorunlu "izinli" sayılıyordum, kalbim kırık, ruhum yaralıydı. Hiçbirşey olmamış gibi ya da sanki olanlar çok olağanmış gibi davranmayı beceremeyecek kadar da açık yürekli ve dürüst bir yaradılışım vardı.

Friedberg'de anne babamla vedalaştıktan sonra Haziran ortasında Frankfurt'tan hareket ettim ve Berlin üzerinden Amsterdam'a geçtim. Arada Berlin'e uğramamın nedeni orada, 1928 ile 1933 arasındaki beş yıl için pekçok şey borçlu olduğum iki kişinin elini sıkmak, onlarla vedalaşmak istememdi. Bunlar, *Julius Magnus* ve *Hans Lewald* idi. Her ikisi de, gerçi, henüz görevlerinin başındaydılar, ama oldukça zorlanıyorlardı. Tehdit altındaydılar, çünkü Julius Magnus Yahudi asıllıydı, Lewald ise herkesçe bilindiği gibi uluslarüstü insancıl bir dünya görüşünü savunuyordu. Her ikisi de, istasyona kadar gelerek beni geçirdiler, gece ekspresiyle Friedrichstrasse istasyonundan hareket ediyordum. Tam tren kalkarken, *Magnus*'un "İşte, Almanya'nın geleceği gidiyor" dediğini duydum. Kendisini bir daha görmedim. Theresienstadt'a götürülmüş ve orada ölmüş. Hans Lewald'ı ise, 1951 yılı başında Basel'de bir daha gördüm.

Bentheim'da Alman gümrük ve pasaport kontrolundan geçtik. Küçük el çantam da, iki keman kutum da memurların ilgisini çekmedi, pasaportumla da ilgilenmediler. Tren, sabahın erken saatlerinde, puslu bir havada Bentheim'dan ayrılırken, üniversite doçentinin güya elinden alınamaz venia legendi'si için çabaladığı onca yıl da, sözüm ona kaydıhayat şartıyla memuriyete atanmış ve azledilemez Prusya hâkiminin geleceği de, sabahın sisleri arasında kayboluyor, bir daha geri getirilmesi mümkün olmayan bir biçimde geçmişte kalıyordu.

Ama tren, kısa süre sonra, Alman-Hollanda sınırını geçtiğinde, artık güneş açmış, sisi dağıtmıştı. Yeni bir sabah, pırıl pırıl, beni bekliyordu.

Gerçekten de öyle oldu. Dış çerçevede ortaya çıkan âni değişiklik nedeniyle yaşadığım iç sarsıntı, benim için gelecekte mutluluk vaadeden bir işaret olarak kalmış, belleğime yer etmiştir: Çalışan kazanır!

Üçüncü Bölüm
Atatürk'ün Ülkesinde Bir Hukuk Hocası

Başlarken

Atatürk'ün ülkesinde Türkçe konuşulur. Yazı dili de Türkçedir. Bu yüzyılın ilk otuz yılında yapıldığı gibi Türkçe artık Arap harfleriyle yazılmıyor. Türk alfabesi, Lâtin harflerinden oluşmaktadır; bazı harfler, Türkçenin ses özelliği dikkate alınarak değiştirilmiştir. Örneğin, şu harfler, Almancadaki telaffuzlarından farklı biçimde telaffuz edilirler: c = dsch, ğ = Almancadaki uzatmalı "h" sesi, ı = Almanca son hecelerde rastlanan e, j = Fransızcada olduğu gibi, ş = sch, v = w y = Almancadaki j, z = yumuşak s.

Almanca olarak Türkiye hakkında yazı yazdığınızda, Türkçe isim ve sözcükleri Almanca telaffuzuna uygun bir imlâ ile mi, yoksa orijinal Türkçe imlâsı ile mi yazacağınızı baştan bir karara bağlamak zorundasınız. Örneğin, "Pascha"mı, yoksa paşa mı; "Kurusch" mu yoksa kuruş mu, "Dschemil" mi yoksa Cemil mi, "Tscharschaf" mı yoksa çarşaf mı, gibi. Ben, esas olarak orijinal Türkçe imlâya sadık kalmaya, Almanca imlâyı ise, ancak bir kelimenin iyice yerleşmiş olduğu durumlarda, örneğin Pascha kelimesinde kullanmaya karar verdim.

Atatürk ismi, soyadı olarak, ancak 1934 yılında verilmiştir. Atatürk'ün çocukluk adı Mustafa'dır, Askerî okulda ilâveten Kemal adını almış, *Mustafa Kemal* olmuştur. Paşalığa terfi ettikten sonra, *Mustafa Kemal Paşa* olarak anılmıştır. 1922 yılında Gazi ünvanını kazanmıştır. O günden sonra da *kendisine Gazi Mustafa Kemal Paşa* denmiştir.

Aşırı dilciler, Kemal'i değiştirip Kamâl yapmaya kalktılar, fakat bu çok sürmeyen bir moda çılgınlığından ibaret kaldı. O, tarihe *Kemal Atatürk* olarak geçmiştir. Dolayısıyla, kendisinden 1934'den önceki zamanlar için de sözettiğimde, *Atatürk* adını kullanacağım.

Giriş

Çağrı

İki işimi de yitirdikden sonra Alman Rayh'ını, hukuk açısından bakıldığında, bundan böyle Almanya sınırlarının dışında, yeni bir faaliyet bulmak amacıyla terketmiştim. Yani, söz konusu olan, hedefsiz bir kaçış değil, yetkili Alman makamlarının da "takdirini" kazanmış olan, kurallara uygun bir göçtü. Rayh hudutları içindeki ikametgâhımı terketmekle birlikte, Alman yurttaşı olmayı sürdürüyordum. "Binlerce göçmen"den biriydim, sadece Nasyonalsosyalist "inkılâp" çerçevesi içinde, partililere işyeri sağlamak amacıyla, akşamdan sabaha mesleklerini icra etmelerine ya hukuken son verilen, ya da fiiliyatta imkânsız hale sokulan binlerce kişiden biri.

Buna rağmen, o göçmen kitlesinden iki noktada farklıydım: İlkin, özgürlüğüm ve hayatım doğrudan doğruya tehlikede değildi. Hiçbir zaman politik bir taraf tutmadığım, hele aktif politikaya hiç karışmadığım için, rahatsız ve tehdit edilmiyordum; ayrıca hiçbir şekilde de polisin gözetimi, ya da takibatı altında değildim. Ailemden ve dindaşlarımdan pek çoğunun yaptığı gibi daha yıllarca Almanya'da kalmam, avukat olarak ya da herhangi bir başka meslekte çalışmam mümkündü. Ülkemi gönüllü olarak terkettim. Bir dış zorlamanın baskısı altında ya da kişisel özgürlüğümü, sağlığımı ve hayatımı korumak mecburiyetiyle terketmedim.

Bu adımı atmaya karar vermemin sebebi, nasyonal sosyalist devrim sonucunda doğan durumu ve bunun zorunlu sonuçlarını serinkanlılıkla ve objektif olarak değerlendirmemdir. "Hareket"in uzun vadeli ve kısa vadeli hedefleri, yıllardır açıkça ilân edilip duruyordu. Bu plânların adım adım gerçekleştirilmesi için ne denli özenli bir lojistik hazırlık yapıldığını, "Yetki Kanunu" ve bunun hemen ardından peşpeşe çıkarılan kanunlardan açıkça görmemek için aptal olmak gerekirdi. Bu da şu anlama geliyordu: Ben, iki görevimi birden yitirmem bir yana, hemen o gün olmamakla birlikte, gelecek yıllarda en kötüye hazırlıklı olmalıydım, nitekim Prof. *Saenger*'e aynen bunları söylemiştim (s. 209'a bak.). Dolayısıyla, Alman Rayh'ı sınırları içinde yeni bir meslek tutmak anlamsızlaşıyordu. Yapmam gereken şey, tehlikeli bölgeden uzaklaşmak ve bir göçmen olarak, yurt dışında kendime yeni bir hayat temeli kurmaktı. Ve bunu bir an önce yapmak zorundaydım; çünkü gelecek haftalar ve aylar zarfında yurt dışında kendilerine iş imkânı arayan göçmen sayısı çığ gibi büyüyeceğinden, şansım giderek azalabilirdi. Yurt dışına kendi isteğimle çıkmış olmak, beni sayısı pek çok olan göçmenlerden ayıran bir hususdur.

Öteki çok önemli fark ise, benim meçhule hareket etmememdi. Yani, kendimi önce yurt dışına attıktan sonra oturup uygun bir iş aramak zorunda değildim. Geçici bile olsa bir iş bulmuştum ve bu işin bir yıl zarfında kalıcı bir işe dönüşeceğini beklemek için elimde her türlü sebep vardı. Böylece taşınırken eşyalarımı Frankfurt (Main)'dan Amsterdam'a naklettirdim ve 1 Ekim 1933'den itibaren başlamak üzere Amsterdam'da Frans van Mieristraat'ta büyük bir oda tuttum. Ve 15 Temmuz 1933'te de, hiçbir formalite sorunu çıkmaksızın, bu adres üzerine tescil işlemini yaptırdım.

Eşyamı emanete bırakdıktan, yanıma aldığım parayı bankada bir hesap açtırarak yatırdıktan ve başta Profesör *Scheltema* olmak üzere birkaç ziyaret yaptıktan sonra, Scheltema'nın da tavsiyesine uyarak yazı deniz kıyısında geçirmeye karar verdim. Ekimde de kiraladığım odama taşınacaktım. Deniz kıyısında küçük bir pansiyonda kalmak, Amsterdam'da bir otel odasında kalmaktan hem daha ucuz, hem daha sakin ve sağlığa uygun olacaktı. O tarihlerde henüz küçük bir balıkçı köyü olan Bergen N.H.'da - ki bugün pek şık bir turizm merkezidir- "Zonneheuvel" otelinde aradığımı buldum ve 1933/34 üniversite ders yılı başlayana kadar yapmayı kararlaştırdığım günlük çalışmayı, yani Hollandaca'mı ilerletmek ve orada eylemli doçentlik için gerekli dersi hazırlamak işlerine koyuldum.

Bir gün, öğleden sonra geç saatlerde, bahçede bir aşağı bir yukarı gezinerek kelime ezberlerken, telefona çağırdılar. Çok şaşırmıştım. Arayan, Zürih'ten Profesör *Schwartz*'dı ve benden o tarihlerde reform çalışmaları yapılan İstanbul Üniversitesi'nde Ticaret Hukuku Kürsüsünü kabul edip etmiyeceğimi, bir komite adına soruyordu. Amsterdam Üniversitesi'nin sonbaharda beni doçent olarak kabule hazır olduğunu ve bir yıl sonra da, boşalacak Uluslararası Ticaret Hukuku Kürsüsü'nü bana devretmeyi amaçladıkları cevabını verebildim. İstanbul projesi hakkında daha yakın bilgi sahibi olup şartları iyice öğrenmeden, kesin bir cevap veremeyeceğimi de bildirdim. Daha yakın bilgi istedim. Hemen o akşam, Frankfurt'da kalan karımı telefonla aradım ve kendisinden, Zürih'ten beni arayıp, İstanbul Üniversitesi'ne çağrıda bulunmak üzere adresimi istediklerini öğrendim. Karım da fazla birşey bilmiyordu. Bu durum bana çok karanlık ve esrarengiz gelmişti. Aradan kırk yıl geçtikten sonra çıkan, *Horst Widmann*'ın çok yararlı bilgiler içeren "Exil und Bildungshilfe. Die deutsch sprachige akademische Emigration in die Türkei nach 1933. Mit einer Bio-Bibliographie der emigrierten Hochschullehrer" (1973)* kitabından öğrendiğime göre, Zürih'te 1933 nisan ayı ortalarında, *Philipp Schwartz*'ın başkanlığında (kendisi Frankfurt/Main Üniversitesi Tıp Fakültesi Patoloji ve Patolojik Anatomi profesörüydü) bir grup Alman göçmen üniversite hocası toplanarak "Alman Bilim Adamları İçin Danışma Merkezi" oluşturmuşlar. Sonraları bu komitenin adı, "Yurt dışındaki Alman Bilim Adamları Yardımlaşma Cemiyeti" olmuştur. Çalışmalarını ilk başta İsviçreli dostların malî desteğiyle sürdüren bu kendi kendine yardım örgütü, mayıs ayı sonunda, Türk Millî Eğitim Bakanlığının isteği üzerine Profesör *Malche* (Cenevre) tarafından hazırlanan İstanbul Üniversitesi için reorganizasyon ve reform plânı uyarınca bir dizi yabancı üniversite hocasına iş bulabileceğini

* Bu kitap Prof. Dr. Aykut *Kazangil* ve Dr. Serpil *Bozkurt* tarafından Türkçeye çevrilmiştir: Atatürk Üniversitesi Reformu (Almanca konuşan ülkelerden 1933 yılından sonra Türkiye'ye gelen Öğretim Üyeleri). Hayat hikâyeleri, çalışmaları, etkileri, İstanbul 1981, XXII+296 s. (ç.n.).

öğrenmiş. Tek şart, kendi alanlarında "isim sahibi" yetkili kişiler olmasıymış.* Profesör *Malche* ile yazıştıktan sonra *Schwartz*, çantasına *Kürschner*'in Bilginler Takvimi'ni, bir de sözünü ettiğim kendi kendine yardım cemiyeti tarafından hazırlanmış, yurtdışına göçmüş ya da göçe niyetli Alman profesörlerin bir listesini koyarak temmuz başlarında Ankara'ya gitmiş ve Kendi Kendine Yardım Cemiyetinin temsilcisi sıfatıyla, 6 Temmuz tarihinde Türk Millî Eğitim Bakanı Dr. *Reşit Galip* ile bir görüşme yapmış. Prof. *Malche* ve İstanbul Üniversitesinin reform plânı üzerinde çalışan pekçok Türk uzmanın da hazır bulunduğu bu görüşme sonucunda bir tutanak** imzalanmış. Bu anlaşmada 30 kürsü yer almakta ve herbir kürsü için de birden fazla Alman bilim adamının adı anılmaktaymış. *Schwartz*'a, Bakan tarafından, protokolda adı geçen bilim adamlarıyla temasa geçerek, kendi alanlarındaki kürsüleri devralmaları konusunda teklif götürmesi ve tutanakta ana hatlarıyla belirtilen sözleşme şartları temelinde "İstanbul Üniversitesi için resmî bir davet" yapması konusunda tam yetki verilmiş. *Schwartz*, hemen 7 Temmuz'da İsviçre'ye dönerek, söz konusu bilim adamlarıyla irtibat kurma çalışmalarına başlamış.

Demek ki, bana ilk başta telefonla, sonra da yazılı olarak sunulan teklifin sebeb-i hikmeti buydu. Gerçekten de zor bir durumda kalmıştım: Amsterdam Üniversitesine doçent olarak hemen nakil yapmam mümkündü, öte yandan da önümüzdeki yıl zarfında bir kürsü sahibi olmamı oldukça kesin kılan bir öneriyle karşı karşıyaydım.

Amsterdam Üniversitesi Hukuk Fakültesinin profesörleri beni büyük bir içtenlikle karşılamışlar, mevcut şartlarda ellerinden gelen herşeyi yapmışlardı. Noblesse oblige! Hem de, en az bir yıl kesin bir maaş alamayacağımı bile bile, onlara manevî borcumu ödemek zorunda hissediyordum kendimi.

Öte yandan ise, dediğim gibi, bana hemen başına geçebileceğim bir kürsü sunuluyordu. Üstelik de şartlar, o günkü duruma göre iyiden de üstündü ve kısa süre için hem ailem, hem de kendim için garantili bir gelir sağlamama elveriyordu. Ayrıca, Amsterdam'ın Alman sınırına çok yakın olduğunu, oysa "pek uzaktaki Türkiye'de" Hitler'den de, Hitler'in yayılmacı siyasetinin muhtemel sonuçlarından da daha iyi korunacağımı hesaba katmak zorundaydım.

Profesör *Scheltema* ile birlikte tüm bu noktaları bir bir gözden geçirdik. Kendisi bana İstanbul'un muhtemel çağrısını kabul etmemi, ancak İstanbul'daki kürsüye çağrılmamı hem hukuken, hem de fiilen garantiledikten sonra Amsterdam'la ilişkimi kesmemi salık verdi. Bunun üzerine Zürih'de-

* Kartpostalın faksimile'si için bkz. *Widmann*, y.a.g.e., s. 235.
** Protokolun fotokopisi için bkz. *Widmann*, y.a.g.e., 236-239.

ki Kendi Kendine Yardım Cemiyetine telefon ettim, ayrıca bir de mektup yazarak kürsü çağrısını kabul ettiğimi bildirdim. Böylece *Philipp Schwartz*, temmuz ayı sonunda, açık kalan pekçok sorunu halletmek üzere Türkiye'ye ikinci kez gittiğinde, yetkili Türk makamlarına çeşitli kürsülere kimlerin getirilmesi konusunda önerilerle birlikte benim evet cevabımı da götürdü.

Daha önce bu "Kendi Kendine Yardım Cemiyeti"nin çalışmaları hakkında hiç birşey duymuş, ya da okumuş olmadığımdan yukarıda aktardığım ayrıntılar bilgim dışındaydı. Dolayısıyla, benim adımın nasıl olup da bu öneri listesine girdiğine bir türlü akıl sır erdiremiyordum. Bunun Türk tarafından geldiğini sanıyordum, çünkü yukarıda sözünü ettiğim "Ticaret Hukuku" el kitabındaki yazımda, yeni Türk Ticaret Kanununa da yer vermiştim. Gelgelelim, böyle düşünmekle, uluslararası şöhretimi abartmışım. Aslında olaylar şöyle cereyan etmiş: Yukarıda andığım gibi 30 kürsülük bir liste yapıldığında, Hukuk Fakültesi için yeni kurulması gereken 6 kürsü düşünülmüş. İsmi geçen hocalar arasında, Devletler Umumî Hukuku konusunda Profesör *Strupp*, Medenî Hukuk konusunda Profesör *Honig*, Sosyal Sigorta Hukuku konusunda Profesör *Neumark* ve Ticaret Hukuku konusunda da Profesör *Ernst Cohn* (Breslau) varmış. Yani, 6 Temmuz 1933 tarihinde Ankara'da Türk Millî Eğitim Bakanı ile Prof. Schwartz tarafından ortaklaşa düzenlenen ön listede benim adım geçmiyormuş. *Philipp Schwartz*'ın Ankara'dan dönüşünü izleyen günlerde, Kendi Kendine Yardım Bürosunda, adı geçen bilim adamlarıyla irtibat kurma çabalarına girişildiğinde, bana anlatıldığına göre, 23 sayılı pozisyon "Ticaret Hukuku" tartışılırken, benim adım geçmiş. Tam o sırada, beni şahsen de tanıyan üç meslekdaşım, tesadüfen odaya girmişler. *Philip Schwartz*, daha onlar ağızlarını bile açmadan, ortaya sormuş: *"Ernst Cohn mu, Ernst Hirsch mi?"*. Bu soru üzerine hepsi aynı anda, bir ağızdan benim adımı söylemişler. Se non è vera, è bene trovato! (Doğru olmasa bile iyi uydurulmuş!). Çünkü o üç meslekdaş, *Ernst Cohn*'u da tanırlardı.

Schwartz, Türkiye'ye yaptığı üçüncü bir seyahatten sonra, Ağustos sonlarında Zürih'e döndüğünde, durum büyük ölçüde açıklığa kavuşmuş, kürsülere çağrı plânı gerçekleşme safhasına gelmiş gibi idi. Benim de, çağrılması öngörülen profesörler arasında kesin listede yer aldığım bana bildirildiğinde, Amsterdam'da Türkiye ve Türkler konusunda bilgi edinmek üzere malzeme toplamaya başladım.

1930'ların Amsterdam'ında yeni Türkiye'nin kültürel, ekonomik ve sosyal koşulları hakkında almanca yazılmış herhangi birşey bulmak imkânsızdı. Talihim yardım etti ve "Türkije zooals het was en is" isimli, *W.E. Noordman* tarafından Hollandaca olarak yazılmış ve henüz yayınlanmış (1933) bir kitap buldum.

Birkaç hafta boyunca bu kitabı derinlemesine okudum ve "Türkiye eskiden nasıldı, bugün nasıl" konusunda kuşbakışı, fakat çok iyi bilgi sahibi oldum. Eylül ayı başında Amsterdam'la bağlantımı kopardım, Profesör *Scheltema* ile vedalaştım ve Almanya'ya girmeksizin, doğruca Zürih'e gittim. Zürih'te gene benim gibi İstanbul yolculuğuna hazırlanan birkaç Alman meslekdaşa rastladım: Sözleşmelerinin hazırlanmasını beklerken, "Seegarten" pansiyonunda kalmaktaydılar. Gayet yüzeysel olarak Frankfurt'tan tanıştığım *Philipp Schwartz*'a ilâveten, *Wilhelm Röpke* ve *Alfred Heilbronn* ve aileleri ile yakın dostluk ilişkisine girdim. Marburg (Lahn) Üniversitesinden gelen iktisatçı Röpke, ne siyasî, ne de ırksal açıdan "isnat altında" değildi, ama vicdanî kanaatleri dolayısıyla nasyonal sosyalizmi reddediyordu. Münster (Westfalya) Üniversitesinden kovulan Alfred Heilbronn ise botanikçiydi. Hepimiz, Kendi Kendine Yardım Bürosuna elimizden geldiğince yardım ediyor, işlerin bir ucundan tutuyorduk. Böylece büroyu personel giderleri külfetinden kurtarıyorduk.

Türk hükümetinin tam yetkili temsilcisi olan Prof. *Malche*'in imzasını taşıyan resmî çağrıyı, yani İstanbul Üniversitesi Ticaret Hukuku Kürsüsüne çağrıyı, 1933 Eylül sonunda aldım; resmî sözleşmeyi ise, Türkiye'nin İsviçre Büyükelçisi, Ekselâns *Cemal Hüsnü* ve ben 4 Ekim 1933'de Cenevre'de imzaladık. Prof. *Malche* da hazır bulunuyordu. Cenevre'ye *Philipp Schwartz* ile birlikte gelmiştim. Yanımızda öteki arkadaşlarımızın önceden imzalamış oldukları sözleşme metinleri de vardı. Bunları Büyükelçiye imzalatıp, sahiplerine iletmek üzere geri aldık.

Bu sözleşmelere göre, yalnızca öğretim ve araştırmayla değil, mesleği icra edenler için bir takım yetiştirme kurslarının düzenlenmesi ve kamuya açık çeşitli eğitici faaliyetlerin sürdürülmesiyle de yükümlüydük. Sözleşmeler beş yıllıktı. Sürenin bitiminden 5 ay önce feshi ihbar edildiği takdirde, sözleşme sona erecek; eğer bu yapılmamışsa kendiliğinden beş yıl daha uzatılmış sayılacakdı.

Maaşlarımız, net olarak, ailevî şartlara da bağlı olmak kaydıyla, ayda 550.- ile 750.- Türk Lirası arasında değişmekteydi. Türk Lirası ile Rayhmark arasındaki oran 1'e 2 idi. Türk yaşam standartları ve ülkede üretilen ürünlerin genellikle düşük olan fiyatları göz önüne alındığında, maaşlarımız iyiydi. Seyahat masrafları ve bilimsel malzemenin, özellikle de bilimsel özel kitaplıkların nakil masrafları da, tam olarak ödenecekti. De facto olarak, bu sözleşmelerin çoğu, sessizce beş yıl daha uzatılmış; hattâ bir kısmı daha da uzun kalmıştır. Maaşlar, her ay başında ödenecekti ve gerçekten de, genellikle, böyle oldu. Sadece yılda bir kez güçlükler doğuyordu: Uzun vadeli sözleşmeler söz konusu olduğu halde, maaş ödemeleri her yıl devlet bütçesinde yeni baştan görüşülmekteydi. Ve bütçe karara bağlanmadan önce maaş ödemesi yapılamıyordu; her yıl bu yüzden haftalar süren gecikmeler ortaya çıkmaktaydı. Ama benim bildiğim kadarıyla ciddî bir anlaşmazlık, ya da pürüz hiç olmamıştır.

Sözleşmeleri de imzaladıktan sonra, Zürih'teki kalma süremiz, amacına ulaşmış oldu. Sözleşmelerin başlangıç süresi, 15 Ekim 1933'ten itibaren sayıldığından, bu tarihten önce İstanbul'da olacak gibi hazırlıklara başladım. Yolculuğa çıkmadan önce Zürih'de Rämistrasse'deki bir antikacı sahaftan bir takım hukuk kitabı satın aldım. Aralarında İsviçre Medenî Kanunu ve Borçlar Kanununun üç dilde resmî metninin de bulunduğu bu kitapları satın almakla ne kadar isabetli hareket etmiş olduğumu, İstanbul'daki kitaplığın yürekler acısı durumunu gördüğümde daha iyi anladım. Ayrıca, kuyruklu piyanonun akordu için gerekli araç gereci de satın aldım, zîra Türkiye'de bir ahenk anahtarı ya da piyano yastığı bulabileceğimden kuşkuluydum.

Ve, tıpkı bir sanatçı gibi, kolumun altında iki keman kutumla Zürih'ten yola çıkarak önce Viyana'ya gittim. Viyana'da, yıllar önce "kaybettiğim" eski mektup arkadaşım Lena F.'i bir kez daha görmek istiyordum. Bu kez vedalaşmamız kesin oldu.

I. Kısım
İstanbul'da On Yıl

1. "Ü"

I. Yataklı Vagonda Temel Türkçe Dersi

Viyana'dan, Almanlar için Türkçe öğreten yeni çıkmış bir kitap satın almıştım. Uzun tren yolculuğu sırasında bu kitabı okuyarak bir şeyler öğrenmeye çabalıyordum. Yataklı vagon kompartımanını paylaştığım diğer yolcu, az çok Türkçe bilen Avusturyalı bir ihracatçıydı. Benim ciddî çabalamama bakıp, eğleniyordu. Sohbete koyulduk. Nereden gelip nereye gittiğimi anlatım ona. İmzaladığım sözleşmeye göre ilk üç yıl derslerimi Almanca verebileceğimi, ama dördüncü yıldan sonra Türkçe ders vermek zorunda olduğumu da söyledim. Yol arkadaşım gülümseyerek başını iki yana salladı. Böyle bir sözleşme şartını ancak benim gibi hayattan kopuk, Türkiye'deki şartlardan ve durumdan habersiz bir profesör imzalayabilirdi. Aralarında Almanların da bulunduğu yabancı uzmanlar, daha Osmanlı İmparatorluğu zamanında ve son yıllarda da Cumhuriyetin ilânından bu yana Türk hükümeti tarafından görevlendirilegelmişlerdi. Bu yabancılarla, Fransızca konuşuluyordu. Fransızca, aydın zümrenin ve iş çevrelerinin ortak diliydi. Yabancı uzmanların belli bir süre içinde Türkçeyi öğrenme ve kullanma zorunluluğu, bu güne kadar kulağına gelmemişti. Zaten, Türkiye'de doğup büyümüş olmayan bir yabancının bu dili doğru dürüst öğrenmesi de imkânsızdı. Türkiye'de büyüme azınlıklar, Ermeniler, Rumlar, Yahudi ve Levantenler bile, bu dili bir türlü öğrenememişler, bunların konuştuğu "Türkçe" öteden beri alay konusu olmuş, mizahta kullanılmıştır. Alışılagelmiş deyimleri, kelimeleri, sayıları, ölçüleri, ağırlıkları ve günlük hayatta kullanılan kelimeleri öğrenmek ve bunları düzgünce telaffuz edebilmek bile hatırı sayılır ve Türklerin takdirini toplayacak bir başarıdır. Türkçeyi yanlışsız ve kusursuz konuşabilmek için, evvelâ Türkçe düşünmesini öğrenmek gereklidir; çünkü Türkçenin dil mantığı germen ya da romen dillerinin mantığından farklıdır. Oldukça zengin bir kelime dağarcığımız bile olsa, tek bir yanlışsız cümle kurabilmek için, önce kendi dilinizde düşünmeyi unutup Türkçe düşünmesini öğrenmeniz gerekir.

Elinizdeki ders kitabının ilk sahifelerine bir göz atın hele, dedi: Almancadaki "haben" fiilinin Türkçede karşılığı yoktur. Dolayısıyla, diyelim ki "ich habe Geld" diyebilmek için, önce başka türlü düşünmelisiniz: "Geld meines vorhanden (ya da nicht vorhanden) ist" - param vardır (ya da param yoktur). Bütün bunlara ilâveten, bir de "seslilerin uyumu" diye birşey vardır, bu ses uyumunun kurallarına göre, Almanca "ist"e tekabül eden Türkçe sonek, kendinden bir önceki sesli harfe bağlı olarak bazan "dir", bazan "dır", bazan "dur" olur çıkar. Gerçi Türk grameri güç değildir, çünkü Türkçede cins eki ve belirli harf-i tarif (bestimmter Artikel) yoktur. İsim ve fiil çekimleri ise, insanın aklını karıştıracak kadar çok sayıda soneklerle yapılır ki, bunları sözünü ettiğim ses uyumuna uygun biçimde doğru olarak ardarda dizmek çok önemlidir. Türkçe seslisi bol olan bir dildir. Özellikle de "i" ve "ü" büyük bir rol oynarlar. Yol arkadaşım "ü" seslisine özel bir anlam atfettiği pekçok örnek saydı: "Tütününüz var mıdır?" cümlesinde Türk tütününün tadı geliyordu ağzınıza; "gül" sözcüğünde ise gülün tatlı kokusu içimizi bayıltıyor; "bülbül" sözcüğünde, sanki kuş cıvıltısı kulağınızda şakıyor; "ümit" sözcüğünde iyi bir geleceğe beslenen özlem adeta elle tutulur hale dönüşmekte ve "ne güzel" ünleminde ise, bakıp görülen şeyden duyulan sevinç sanki dalgalanmaktadır.

Ve böylece, tütün, gül, bülbül, güzel ve ümit, Türkçe dil dağarcığımın ilk sözcükleri oldu. Türkiye'ye daha güzel beklentilerle gitmek mümkün müdür? Trenimizin hiç acelesi yoktu. Viyana'dan Budapeşte'ye, oradan Belgrad'a, oradan Sofya'ya, İkinci Dünya Savaşı öncesi sınırlarıyla Macaristan'dan, Sırbistan'dan, Bulgaristan'dan geçerek gidiyorduk. Edirne'ye birkaç kilometre kala tren, gece yarısı Bulgar-Türk sınırını geçti. Edirne'yi Almanlar, bugün dahi, eski kuruluş adıyla Adrianopel (Hadrianopolis) olarak bilirler. Gerçi Türk topraklarına girmiştik, ama henüz Türkiye'de değildik. Türkiye'ye gelmek için tren Edirne'nin "ördek gaga"sını aşmak, yani Bulgaristan'la Türkiye arasına sokulmuş duran birkaç kilometrekarelik alandan geçmek zorundaydı. Dolayısıyla Python istasyonunda Yunan pasaport kontrolü yapıldıktan sonra, Uzunköprü'de Yunan-Türk sınırını geçerek Türkiye'ye giriliyordu. Yataklı vagon kompartımanımızda yapılan gümrük ve pasaport kontrolü son derece nezaketle ve sessizce cereyan etti, oysa trenin öteki vagonlarında ve peronda oldukça bağrış-çağrış içinde ve çekişmeli geçtiği anlaşılıyordu.

Edirne ve İstanbul arasındaki mesafe, kuş uçuşu ile 220 km., Yunan toprağına girip çıkmayan karayolundan ise 250 km kadar olduğu halde, demiryolu yolculuğu tastamam 320 km tutan raylar üzerinde bugün dahi (1981) yedi saat almaktadır. O tarihlerde bu, en az on saatti. Bunun nedeni, arazinin çıkardığı güçlükler değildir. Günlük dilde Trakya ya da Rumeli olarak anılan "Avrupa Türkiye"sinin dağlık ya da başka bakımlardan güç aşılır bir coğrafi yapısı yoktur. İşin püf noktası, benim eskilerde yaşamış bir adaşımın, Belçikalı Baron *Hirsch*'in uyanıklığında yatar (Türkiye'de kaldığım ilk yıllarda, hep bu adamla hısım olup olmadığımı sorarlardı). Bu Baron *Hirsch*, 1869 yılında, "Doğu demiryolu" imtiyazını ele geçirmiş ve kilometre başına garanti de sağlamıştır, böylece raylar, nesnel olarak haklı gösterilemeyecek kadar, fuzuli yere uzun döşenmiş ve Osmanlı maliyesine ağır bir yük oluşturmuştur.*

Uzun sözün kısası, Baron *Hirsch* sayesinde trenimiz, binbir dönemeçe gire çıka dümdüz ovada ilerliyor, arada benim Orta Avrupalı ölçülerime göre gözüme pek küçük gözüken istasyonlarda yerli yersiz duruyordu. Bu istasyonlar, tıpkı Balkanlardaki öteki istasyonlar gibi kimsesiz, ıssız bir yer izlenimi uyandırmaktaydılar. Ancak öğleye doğru kompartımanın penceresinden trenin hızla yaklaştığı Marmara denizini gördüğümde ve eski Bizansın şehir surları boyunca kente yaklaştığımızda, Orta Avrupa'yı ve Balkanları geride bıraktığım duygusuna kapıldım.

"Avrupa"dan gelen trenlerin son durağı olan ve bulunduğu semtin adını taşıyan "Sirkeci" istasyonunun o tarihteki tek peronunda beni *Hans Kitzinger* bekliyordu. Geçici olarak onun himayesi altındaydım, artık:

II.

"Köprü" ve "Tünel"

Hans Kitzinger,** Halle Üniversitesinde Ceza Hukukçusu olan bir meslekdaşımın oğluydu; Frankfurt'ta hukuk okumuş, benim derslerimi de almıştı, düzenli olarak evime gelip giden öğrencilerimdendi. Hem Yahudi

---

* Nitekim daha sonra demiryolu inşaatı imtiyazı alan kimselerin de elde ettikleri bu kilometre garantisi sonucunda, örneğin 1907'de Bağdat Demiryolu yapılırken, 200 km olarak imtiyazı alınmış demiryolu hattı öngörüldüğü üzere Ereğli'de son bulacak yerde, burayı aşarak 9 km ötede, kimselerin oturmadığı bozkırın ortasında bir yerde son bulmuştur. Demiryolu şirketi, kilometre ücretini alabilmek için, hergün Ereğli'den hattın sonuna kadar, içinde ne yolcu ne de yük bulunan, bir tren çalıştırmıştır (bkz. Noordmann, y.a.g.e., s. 130).

** Kitzinger, Kitron adıyla, uzun yıllardan beri İsrail'de yaşamaktadır ve Parlamento Malî Komisyonu Hukuk Danışmanıdır.

olduğu, hem de siyasî görüşleri itibariyle bir hayli solda bulunduğundan, durumunun hiç de iç açıcı olmayacağını hesaplamış, Hitler şansölyeliğe getirilir getirilmez Almanya'yı terkederek İstanbul'a gelmişti. İstanbul'daki Hollantse Bank N.V. şubesinde gönüllü olarak geçici bir iş de bulmuştu. Avrupalıların Pera dediği Beyoğlu semtinde, büyük Pera caddesine açılan (İstiklâl Caddesi) bir yan sokakta tuttuğu bir odada kalıyordu. Odasına gitmek için, bagajım da dahil, hep birlikte bir taksiye dolduk. Taksimiz, tıkalı yollarda sağa sola kıvrılarak, zorlukla geniş bir köprüye ulaşabildi; sürekli klakson çala çala köprüyü aştı ve yılan gibi kıvrılan caddelerden, sokaklardan geçerek, yokuş yukarı daracık bir meydana vardı. Meydanda bir tramvay duruyordu. Sokaklarda o kadar çok gürültü vardı ki, yol boyunca *Hans Kitzinger*'in sağı solu bana tanıtmak için anlattıklarının ancak pek azını işittim. Kulağıma çalındığı kadarıyla anladığım tek şey, üzerinden geçtiğimiz köprünün adının "Köprü" olduğu ve Marmara denizinin Avrupa kıyısıyla Boğaz kıyısında yer alan İstanbul ve Beyoğlu (Galata ile Pera) semtlerini birbirine bağladığı idi. "Köprü" kelimesinden aklımda sadece "ü" kalmıştı. Vardığımız küçük meydan, Tünel meydanıydı; adını, "Tünel" -gene aklımda "ü" harfi kalmıştı- denen yeraltı treninin üst çıkış kapısından almaktaydı. Yeraltı treni, doğru Galata'dan aşağı iniyor, "Köprü"nün yakınlarında son buluyordu. Bu arada Posta Sokağı adlı sokaktaki evin önüne gelmiştik. *Hans Kitzinger*, evden içeri doğru "Kaputschi"*'ye benzer bir şeyler söyledi, derken orta yaşlı bir adam peydah oldu, öteberimi kaptığı gibi içeri taşıdı. Bu arada da *Hans Kitzinger*, anlaşılan aldığı bahşişten pek hoşnut kalmamışa benzemeyen taksi sürücüsüyle çekişiyordu.

Biraz elimi yüzümü yıkayıp yorgunluk çıkardıktan sonra, küçük bir "lokanta"ya gittik. Burada Türk yemek âdetlerini ve yemeklerini tanıdım. Yemek listesinin pek içinden çıkamamıştım. Tren yolculuğu boyunca yol arkadaşımla "ü" harfi üzerine felsefe yapacak yerde, sayıları, para birimlerini, belli başlı yemeklerle içeceklerin adını belleseymişim daha isabetli bir iş yapmış olacakmışım.

Yemek sırasında kalacak yer sorununu görüştük. *Hans Kitzinger*, şöyle bir plân teklif etti: Paradan tasarruf etmek için, ilk başta bir otelde ya da pansiyonda kalacak yerde, onun odasında bir sedir üzerinde geceleyecektim. Hemen ev arama işine girişirsem, uygun bir yer bulabilirdim. Ev aramada, onun tanıdığı bir Alman hanımın, tramvay şirketinde görevli bir Alman mühendisin eşinin bana seve seve yardımcı olacağından emindi. Tuttuğum evi en gerekli mobilyayla donattıktan sonra, bir ev benim gibi bir bekâr için nasıl olsa gereğinden fazla büyük olacağı için, bu sefer de o be-

---

* Almanlar, Türkçe "kapıcı" sözcüğünü bu şekilde telâffuz edip kelime oyunu yapmayı severler, doğru telâffuzda vurgu, son hecededir.

nim eve taşınacak ve İtalya'da hukuk öğrenimini sürdürmek ve doktor ünvanını almak üzere Türkiye'den ayrılana kadar bende kalacaktı. Bu plâna aklım yattı. Çünkü hem ekonomik bakımdan mantıklıydı, hem de her ikimizin o günkü ihtiyaçlarını karşılıyordu.

Öğle yemeğinin üzerine bir de Türk kahvesi içtik. Bu hayatımda içtiğim ilk Türk kahvesi idi. Yemek faslından sonra yetkili polis karakoluna giderek, kurallara uygun biçimde polis kaydımı yaptırdık, (Alman) nakliyat şirketi Feustel'e uğrayarak gereken belgeleri bıraktık ve hâlâ daha Amsterdam'da depoda bulunan eşyamın biran önce İstanbul'a getirilmesi için talimat verdik; *Kitzinger*'in gönüllü olarak çalıştığı bankada benim için bir hesap açtırdık. Yanımdaki nakit paranın bir kısmını Türk parasına çevirtip aldım, geri kalan kısmını da bu hesaba yatırdım. Bütün bu işleri bitirdikten sonra *Hans Kitzinger*, "köprü"ye gezmeye gitmemizi ve Haliç'i seyretmemizi salık verdi.

İstanbul'da herkes "Köprü"nün Galata Köprüsü anlamına geldiğini bilir. Oysa Haliç'in üzerinde ikinci bir köprü daha vardır. O günlerde buna "eski" köprü deniyordu, bugünkü adı "Atatürk Köprüsü"dür. Ayrıca İstanbullular için "Köprü", örneğin Frankfurt'lular için "Hauptwache" neyse odur: En önemli buluşma ve yer tarifi merkezi. Banka binasının Karaköy'de (daha doğrusu Karaköy meydanında) bulunduğunu ve "Tünel"den kolayca Posta Sokağı'na dönebileceğimi de öğrendikten sonra, yola düştüm; "Köprü"ye gidecektim. Birkaç adım attıktan sonra, bunun sabahleyin taksiyle üzerinden geçtiğimiz büyük köprü olduğunu farkettim. Demek ki, biraz önce çıktığım banka binası, Galata'daydı; köprünün öte yanında ise tepelere doğru yükselen, sayısız kubbelerle, cami minareleriyle dopdolu ev denizi ise İstanbul olacaktı.

Şaşkınlıktan açılmış gözlerimin önünde uzanan manzarayı, belki, iyi bir panorama kartpostalına bakarak tasvir etmek mümkündür. Ama, bu manzarayı daha ilk gördüğüm anda ruhumda uyandırdığı duygular ve daha sonraları, hergün üniversiteye giderken yolumun üstünde karşılaştıkça süren etkisini, sanırım, yalnızca tek bir kelimeyle anlatmak mümkündür, o kelime de kentin Osmanlıca eski adı olan "Mutluluk Kapısı" = "Dersaadet"tir. Hele o günlerdeki durumuma tastamam uyuyordu bu isim. Yüzümü İstanbul'a çevirip köprünün Boğaz ve Marmara Denizine bakan tarafından yürümeye başladım. Solumda Haliç, Boğaza ve Marmara Denizine açılıyor, doğal bir liman oluşturuyordu. Limanda birkaç şilep demirliydi. Boğazla Marmara Denizinin karşı kıyısında ise, coğrafî olarak Asya kıtası başlamaktaydı. İstanbul'un Asya'da yer alan semtlerini, bazı büyük yapıları seçebiliyordum. Ufukta gezinen bakışlarımı Marmara Denizini aşarak, Avrupa yakasına döndürdüm; Haliç'in en uç çıkıntısı olan Saray Burnunda yükselen saray kulesine çevirdim.

Köprü üstünde yürümemi sürdürdüm. Köprüden aşağı doğru merdivenlerin indiğini, aşağıdaki geniş rıhtımlarda hem vapur iskelelerinin, hem de gemi personeli için büroların, bilet gişelerinin, yolcu bekleme salonları ve dükkânların yer aldığını farkettim. Köprüde, sürekli bir titreşim hissediliyordu; titreşim köprünün kısmen büyük dubalar üzerinde bulunmasından, orta kısmın da Haliç'e girip çıkan gemiler için açılabilir şekilde yapılmasından ve hem denizin akıntısı ve dalgalardan, hem de köprünün üzerinde kaynayan yoğun trafikten ileri geliyordu.

Köprünün orta yerine vardığımda, döndüm, sırtımı o noktada bir balkon gibi dışa doğru kıvrılan köprü korkuluğuna yasladım ve gelen geçenleri seyre daldım. Orta Avrupa'dan henüz gelen birinin ilk gözüne çarpan özellik, erkeklerin başlarının açık, şapkasız oluşuydu. Ekim ayının ortasına geldiğimiz halde, erkeklerin çoğu başı açık geziyorlardı, bir kısmı da başlarına basit bir kasket geçirmişlerdi.* Bunun dışında dikkatimi çeken başka bir özellik, her dinden ve inanıştan din görevlisinin sırtındaki renk renk, süslü püslü giysilerdi. Bu dinî giysileri umumî yerlerde giymek, ancak 1934 yılı sonunda çıkarılan bir kanunla yasaklanmıştır.

İnsanların kafatası biçimlerinin ve fizyonomilerinin çeşitliliği, farklılığı çarpıcıydı. Bu canlı gerçeklik karşısında nasyonal-sosyalist ırk teorisi, bir farsa dönüşüyordu. Buracıkta, "köprü"nün üzerinde, kaynaşan insan tiplerinin yanyanalığı, içiçeliği gerçeğinde, sadece çok uluslu bir devlet olarak Osmanlı İmparatorluğu yaşamaya devam etmiyor, Eski Çağlardan kalma yüzler de görülüyordu. Bu Eski Çağ yüzlerinin, Babil, Hitit, hatta Mısır, Hellenistik ve Roma heykelleriyle, tasvirleriyle benzerliği şaşırtıcıydı. Küçük Asya'nın binlerce yıllık tarihi gözlerimin önünden geçmekteydi.

Köprünün üzerinde akan trafiğin bir an için durmasını fırsat bilip, karşı kaldırıma geçtim. Bu taraftan Haliç'in iç kısmı görülüyordu. Haliç tarafı öteki taraf kadar canlı değildi, çünkü burada sadece ara limandaki ve "eski" köprünün ardında kalan iç limandaki iskelelere uğrayan küçük motorlar çalışıyordu. Bakışlarım camiler boyunca İstanbul tepelerinde gezindi, "eski" köprünün berisindeki açıklıklara daldı. Burada Haliç daralır ve *Pierre Loti*'nin romanlarında durmadan tasvir ettiği "Avrupa'nın tatlı suları"na, kaynak pınarına doğru uzanır. Haliç'in karşı yakasında Galata ve bir zamanlar üzüm bağlarının kapladığı tepeleri dolduran üstüste yığılmış evleriyle Beyoğlu (= "Pera") yükseliyordu. Galata'da en çok dikkati üzerine çeken nokta, yuvarlak Galata Kulesidir. Kulenin bulunduğu tepenin üzerinde ve iki yanında Beyoğlu semtiyle başka semtler yer alır.

---

* Daha sonraları 1925 tarihli bir yasa ile, şapka giymenin zorunlu kılındığını ve 1928'den itibaren fes ve sarığın yasaklanarak, bunları giymenin cezai müeyyideye bağlandığını öğrendim. Burada söz konusu olan Atatürk'ün giysilerde de reform yaparak Türkiye'yi batılılaştırma çabasıydı. Memurlar ve aydınlar (batılı anlamda) şapka kanununa uymuş, buna karşılık müslüman halkın çoğunluğu şapkanın da tıpkı haç gibi Hiristiyanlığın bir sembolü olduğu görüşünü sürdürmüştür.

İlk izlenim ve yön tayini için yeterince görmüş sayılırdım. Köprüyü yaya geçip Karaköy meydanına döndüm. Kulaklarımı trafik gürültüsü, köprüden akan insan selinin iskelelere yanaşan, ya da kalkan vapur düdüklerine karışan uğultusu, gazete satan çocukların bağrışmaları, seyyar satıcıların sesi, martı çığlıkları doldurmuştu; sanki boğuk seslerin oluşturduğu bir konseri yer yer yırtan ezgilerdi bunlar. Hollantse Bank'ın karşısında bir yerde karşıma çıkan iyi giyimli bir beye yaklaşarak, dilim döndüğünce "tünel" sözcüğünü, soru sorar gibi, söyledim. "A la gauche, Monsieur" cevabını aldım. Sola sapmadan önce, tam karşımda "yüksek kaldırım"ın en alt basamaklarına ilişti gözüm. Yüksek Kaldırım, tünele paralel olarak Galata tepesine yükselen uzun bir merdivenli yoldur. "Tünel"in alt girişi birkaç adım uzaklıktaydı.

Yukarıya varıp da Tünel meydanına çıktığımda, sağ kolda Almanca kitapların sergilendiği ve üzerinde "Alman Kütüphanesi I. Karon" yazılı bir levha asılı olan bir camekânla karşılaştım. "Alman"ın "deutsch" karşılığı olduğunu biliyordum, "kütüphanesi" (tam iki "ü"!) de olsa olsa "Buchhandlung" anlamına gelecekti. Demek ki, bir Alman kitapçı -daha doğrusu mevcut tek kitapçıyı- bulmuştum. "Guten Abend" diye selâm vererek dükkândan içeri girdim. Başında siyah beresi olan, orta yaşlı topluca bir bey selâmımı aldı ve isteğimi sordu. Adımı söyledim, Üniversite için görevlendirilen Alman profesörlerden biri olduğumu belirttim ve Almanca, ya da Fransızca yazılmış bir İstanbul rehberi istedim. Bay *Karon*, bana 1930'da Almanca olarak basılmış olan *Ernest Mamboury*'nin kitabını verdi. Kitabı ve Alman Rayh gazetelerinden birinin son sayısını aldım. Bay *Karon*'la kısaca söyleştik, kendisi bana, İsviçre ve Almanya'dan hukuk kitapları getirtmeyede söz verdi.

Böylece,İstanbul'daki ilk akşamımda güzel bir dostluk ve iş ilişkisi kurmuş oldum. Bu ilişki, benim Berlin'e gitmeme (1952) kadar sürdüğü gibi, bundan sonra da yıllarca sürdü. İstanbul'u her ziyaret ettiğimde, kitapçım Bay *Karon*'a da uğradım.

Kaldığım evi bulmam zor olmadı. Kafamı yeni edindiğim İstanbul rehberine gömüp, bu masal gibi güzel şehrin topografyasına ve tarihine daldım.

III.
Üniversite

Ertesi gün öğleden önce yola düşüp Üniversite'ye gittim. Türkçede, "üniversite" sözcüğünü Fransızca telaffuz edildiği gibi yazıyorlardı. Burada da karşıma "Ü" harfi çıkmıştı, bu kez büyük yazılıyordu ve "i" ve "e" ince sesleriyle yanyanaydı.

Hans Kitzinger'i çalıştığı bankaya bıraktıktan sonra, Karaköy meydanını aşıp "Köprü"yü boydan boya geçtim ve Eminönü meydanında "İstanbul" topraklarına ayak bastım. Bir gün önce köprünün ortasında durup şehrin bu kısmını, sayısız kubbe ve minaresi, evleriyle gözümün alabildiğine seyretmiştim; şimdi de, işte, çevresindeki evlerle içiçe giren, ama geniş merdivenli bir tabana oturtulmuş Yeni Cami karşımda durmaktaydı. Her birinde üç şerefesi olan iki minaresi, son derece sanatkârane bir tarzda birbiri üzerine yerleştirilmiş olan kubbelerin ve yarım kubbelerin tepesinden aşarak göğe doğru yükselmekteydiler, tıpkı katedrallerin kulelerinin göklere açılan yolu göstermeleri gibi. Eminönü Meydanının karşı tarafına geçtim, ama camiye girmedim. Tramvay durağında dikildim. "Üniversite" diyerek bilet parasını uzattığım ve biletimi alırken bir de bahşiş bıraktığım tramvay biletçisi, aşağı yukarı 20 dakika süren bir yolculuktan sonra "Beyazıt" diye seslendi, bir yandan da eliyle bana inmemi işaret etti. Tramvaydan indiğimde kendimi büyük bir meydanda buldum. Meydanın bir tarafında yaşlı, ulu ağaçların kapladığı bir bahçenin arkasında Beyazıt Camii duruyordu. Geldiğim yolun karşı tarafında ise, zeminden biraz yükseltilmiş olarak anıtsal bir kapı vardı. Kapının iki tarafında süslü bir duvar ve birer pavyon yer alıyordu. Kapının üzerinde Arapça harflerle birşeyler yazılıydı, ayrıca Lâtin harfleriyle "İstanbul Üniversitesi" yazan büyük mermer bir levha yerleştirilmişti. Kapının arkasında, geniş ve üstü taşlarla kaplı bir yol, o günlerde pek cılız ağaçlardan oluşan "bahçe"yi aşarak, dosdoğru karşınıza çıkan üç katlı bir yapının giriş kapısına götürmekteydi. Bu yapı, meydanın bitimindeydi. Yanının sağında beyaz mermerden inşa edilmiş olan Beyazıt Kulesi yer alıyordu. Beyazıt Kulesinin en üst katından itfaiye, tüm kenti yangın var mı diye gözetlerdi. Cümle kapısındaki küçük bir levhada yeralan "İstanbul Üniversitesi" yazısından, doğru yere geldiğimi anladım. Cümle kapısına oranla göze küçük gelen, ama aslında normal büyüklükteki bir kapıdan içeri girerek üç katlı binanın avlusuna vardım. Avlunun sağında ve solunda yükselen geniş merdivenlerle, galerilerle süslü üst katlara çıkılıyordu.

Kapıcı, Fransızca olarak sorduğum "Faculté de Droit"nın yeri hakkındaki soruyu kesinlikle anlamamakla birlikte, eliyle merdivenleri çıkmamı işaret etti. İlk kattaki çift kanatlı bir kapının üzerinde "Rektörlük" yazısı gözüme ilişti. Bu kapının ardında olsa olsa "Rektorat" olabilirdi. Ama sırtımdaki giysiler yeterince ciddî olmadığından, hem de rektörle beni, fakültemin dekanının tanıştırmasının daha doğru olacağını düşündüğümden, oralarda duran gençlerden birine tekrar Faculté de Droit'nın yerini sordum. İkinci kata çıkmamı söylediler. İkinci katta gene çift kanatlı bir kapı yarım açık duruyordu, kapının önünde de çarşaflı yaşlı bir kadın çömelmişti. Kadın, ne dediğimi anlamadığından, el kol hareketleriyle içeri girmemi işaret etti. Son derece yüksek tavanlı bir odada, üzeri dosya ve kâğıt dolu bir masanın başında, üniversite öğrencisine benzeyen genç bir adam oturmaktaydı. Beni Fransızca olarak nezaketle selâmladı ve emirlerimi sordu. Kendimi takdim edip yeni Ticaret Hukuku Profesörü olduğumu öğrendiğinde şaşkınlığını zorlukla gizleyebildi. Çünkü kendisinden on yaş bile daha büyük değildim, hem de o zamanlar Alman profesör denince akla gelen sakallı, melon şapkalı ve kırışık pantalonlar giymiş bir tipe hiç mi hiç benzemiyordum. Dekan'ın yerinde olmamasından duyduğu üzüntüyü dile getirdi. Üniversite tatilde olduğundan, dekan sadece pazartesi ve perşembe günleri fakülteye geliyordu. Kendisi sekreterdi ve eğer istersem, bana fakültenin birkaç odasını gezdirebilirdi. Bu arada kapıyı bekleyen kadın, üzerinde iki fincan Türk kahvesi olan bir tepsiyle içeri girmişti. Türkiye'de bana sunulan ilk resmî hoşgeldin kahvesi budur. Bana kahveyi ikram eden genç fakülte sekreteri *Fadıl Hakkı*, sonraları soyadı kanunu çıktıktan sonra *Sur* soyadını almış, aşağı yukarı on yıl sonra Maliye profesörü olarak Ankara'da fakültede meslekdaşım olmuş, aradan uzun yıllar geçtikten sonra da Avrupa Konseyinde Şube Müdürü sıfatıyla Strassburg'a gelmiş ve Türkiye'deki ilk günlerimin eski ve candan bir dostu olarak beni Kara Ormanlardaki evimde ziyaret etmiştir. 1979 yılına kadar her yıl birbirimize yeni yıl tebriği yolladık. Bundan kısa süre sonra öldü.

Dekanlık memurlarından biri beni önce kitaplığa götürdü. Daha doğrusu, kitaplık niyetine kullanılan odaya, odanın kuzeye bakan yüksek pencerelerinden İstanbul'un en güzel camisi Süleymaniye'nin kubbeleri ile minareleri gözlerimin önüne serilmişti. Büyük salonun duvarları boyunca uzanan kitap raflarında pek kitap filân yoktu, buna karşılık kalın bir toz tabakasıyla kaplıydı her yer. Olan kitaplar da Arap harfleriyle basılmıştı. Dolayısıyla terkedilen İslâm Hukukunun meseleleriyle mi, yoksa 1926'dan itibaren ülkeye dışarıdan alınan yeni Avrupa hukukunun meseleleriyle mi ilgili olduklarını tesbit etmem imkânsızdı. Birçok dersaneye de bir göz attıktan sonra, profesörler odasının gene çift kanatlı kapısını açtılar, burası yüksek tavanlı, geniş bir odaydı, içerde rahat koltuklar ve sehpalar vardı, ayrıca da ortada büyük bir masa yer alıyordu. Masanın tam üzerinde tavandan kristal bir avize sarkmaktaydı. Odanın güneye bakan pencerelerinden, İstanbul'un evler denizi üzerinden Marmara Denizi, karşıdaki Asya kapısına kadar ayaklar altındaydı.

İçeri girdiğimde, koltuklarda oturan birkaç bey ayağa kalktı. Oldukça törensel, ama o nisbette de candan bir selâmlama faslı başladı. Selâmlaştıktan sonra, pek tabiî bir yandan kahvelerimizi yudumlayarak, Fransızca, canlı bir sohbete giriştik. Kalacak bir yer bulmuş muydum, derslerimi Almanca mı verecektim - bu arada, dersi Fransızca vermemin daha uygun olacağı, çünkü öğrencilerin çoğunun bu dili bildiği, ayrıca bu dilde bir çevirmen bulmanın da daha kolay olacağını belirttiler. Öğrenciler arasında olsun, üniversite asistanları arasında olsun Almanca bilenlerin sayısı pek azdı - Türkçe öğrenmeye başlamış mıydım, ailem ve öteki Alman profesörler de İstanbul'a gelmişler miydi vb. *Ali Kemal* (sonradan Elbir soyadını almıştır) adında bir Türk profesörün benim konumla doğrudan doğruya ilişkili olduğunu, kendisinin Deniz Ticaret Hukuku dersleri verdiğini ve *Karaköy*'de bir avukatlık bürosunun bulunduğunu öğrendim. Medenî Hukuk ve Roma Hukuku dersleri, dört başka profesör tarafından verilmekteydi. Fakülte, sadece hukukla sınırlı değildi, bağrında iktisat ve sosyal bilimleri de barındırıyordu. Bu dallardaki kürsüler içinde pekçok Alman profesör öngörülmüştü. Derslerin en erken kasım ayı başında başlaması bekleniyordu, üstelik bir de yabancı hocalar için çevirmen bulmak sorunu vardı. Sözün kısası, bu benim için son derece öğretici ve ilginç bir sohbet olmuştu. Ne yazık ki, bu ilk meslekî teması kurduğum meslekdaşlarımın kimler olduğunu bugün hatırlayamıyorum. Vedalaştıktan sonra, kapıda karşıma bir gazeteci çıktı ve bana birkaç soru yöneltti. İki gün sonraki "Cumhuriyet" gazetesiyle aynı gazetenin Fransızca nüshası olan "La République" de şunları okumak mümkündü:

> *"Les nouveaux professeurs de l'Université*
> Les professeurs invités d'Europe pour enseigner à l'Université commencent à arriver à Istanbul. Le Professeur Hirsch qui enseignera le commerce maritime à la faculté de droit est arrivé avant-hier à l'Université, où il a eu des entretiens avec le doyen et ses autres collègues. Il a déclaré qu'il habiterait dans un milieu turc afin d'affrendre notre langue dans un délai de 3 ans, et qu'il considérerait la Turquie comme sa propre patrie.
> Tous les professeurs étrangers seront à leur poste jusqu'au 25 octobre."*

Üniversite bahçesinin anıtsal kapısından çıkarak Beyazıt Meydanına doğru yürüdüğümde, gözüme caminin önündeki ağaçların altında dolaşan garsonlar ve küçük masalara kurulmuş müşteriler ilişti. Güneşli ve sıcak bir sonbahar günüydü. Öğle yemeğini *Emin Efendi*'de yemeye karar verdim. İleridekı yıllarda da meslekdaşlarımla birlikte haftada en az iki kez yemek yiyeceğim lokantaydı burası. Bir masa bulup henüz oturmuştum ki, bir garson önüme beyaz bir peçete serdi, bir şişe taze suyla üzerinde bir parça taptaze beyaz ekmek duran bir tabak koydu, elime de yemek listesi-

---

* "Üniversitenin yeni profesörleri;
Üniversitede ders vermek üzere Avrupa'dan davet edilen profesörler İstanbul'a gelmeye başladılar. Hukuk Fakültesinde deniz ticareti okutacak Prof. Hirsch dün Üniversiteye geldi ve dekan ile diğer hocalarla görüştü, üç yıllık süre içinde dilimizi öğrenebilmek için Türkler arasında oturacağını ve Türkiye'yi özvatanı olarak sayacağını söyledi.
Bütün yabancı profesörler 25 Ekime kadar görevlerinde olacaklar." - (ç.n.).

ni tutuşturdu. Türkçe'de bu beyaz ekmeğe -Fransızların "baguette" dedikleri uzun beyaz ekmeğe benzediği için- "francala" adı verilmişti. İstanbul'a geldiğim ilk 24 saat içinde fırsat bulup da Türkçe yemek ve içecek isimlerini öğrenememiştim. Elimdeki yemek listesine bakarak, bir şeyler çıkarmaya çalıştım. "Makarna" olsa olsa "Makkaroni" olabilirdi, "pilav" da haşlanmış pirinç. "Bonfile" zâhir "bon filet", yani filetoydu; "domates salatası", "Tomatensalat" ve "komposto" da "Kompott" olacaktı. Seçtiğim yemeklerin doğruluğuna güvenerek siparişimi verdim ve tadı damağımda kalan lezzette bir öğle yemeği yedim.

IV.

"Ü" Apartmanı

Ertesi günlerden birinde *Hans Kitzinger*, beni, *Katz* çiftiyle tanıştırdı. Katz'larla Park Otel'in terasında bir akşam yemeğinde buluştuk. Taksim meydanının biraz alt tarafında, eski Alman Sefaretinin(o günlerde ve halen Alman Başkonsolosluğunun) hemen yanında bulunan bu otelin terasının hârikulâde güzel bir manzarası vardır. Boğaz, Marmara'nın Asya kıyıları, Adalar ayaklarınızın altındadır. Hele akşamları, gemilerin ışıl ışıl dört bir yanı tarayan ışıldaklarıyla, iskele-sancak lâmbalarıyla, liman trafiğinin seyrine doyulmaz.

Aşağı yukarı benim yaşımda ve yapımda olan Bay *Katz*'ın gayet ciddî ve zayıf bir yüzü vardı; iliştirdiği monoklun, yüzünü daha da ilginç kıldığına inanıyordu. Bay *Katz*, Belçikalı bir anonim şirket tarafından işletilen İstanbul Tramvay İşletmesi'nde mühendis olarak iyi bir iş bulmuştu. Kendinden bir karış kadar daha kısa boylu, hafifçe tombul karısı Ren ağzıyla konuşuyordu, çok canlıydı ve hep güleryüzlüydü. *Katz* çifti, ancak altı aydır İstanbul'da yaşadıkları halde, bir yığın insanla tanışmışlardı. Özellikle de "Teutonia" adlı Alman kulübü çevresindeki Alman kolonisinden pek çok tanıdıkları vardı. İstanbul'daki hayat şartları ve imkânlar hakkında geniş bilgiye sahiptiler. Üniversitenin yanında, ya da hiç olmazsa hemen civarında, eski İstanbul semtinde oturmak istediğimi, böylelikle hızla Türkçe öğrenmeyi amaçladığımı özellikle vurguladığım halde, *Katz*'lar bunun tamamiyle imkânsız olduğunu söylediler. İstanbul'da sırf Müslüman halk yaşamaktaydı. *Mustafa Kemal Paşa*'nın (Atatürk adını çok sonra almıştır) İslâm dinini devlet işlerinin dışında tutma yönündeki tüm çabalarına rağmen, din gerçekte, sosyal hayatta eskiden olduğu gibi şimdi de büyük bir rol oynamaktaydı. Azınlıklar, yani Ermeniler, Rumlar, Yahudiler, Türk uyruğu olsalar bile, kendi içlerine kapalı cemaat tarzında yaşamaktaydılar. Gerçek Türkler, bu cemaatlerle kendi aralarına, tıpkı Almanya'da, daha Hitler'den önceleri, Yahudilere karşı yapıldığı gibi, mesafe koymaktaydılar. Bir Avrupalı, ancak ve ancak başka Avrupalıların da yerleştikleri bir çevrede oturabilirdi; buraları da, genellikle kozmopolit zihniyetli Türk üst tabaka mensuplarıyla azınlıkların oturdukları yerlerdi. Dolayısıyla, özellikle Taksim Meydanının çevresindeki semtler söz konusuydu. Buralarda esasen yabancı konsolosluklar ve hastaneler de yer almaktaydı. Bu semtlerde hemen hemen herkes Fransızca anlardı, demek ki, iletişim sorunu ortadan kalkıyordu. Ayrıca iki benzer semt daha söz konusuydu. Bunlardan biri, Boğaz'ın Avrupa yakasındaki Bebek semti, diğeri ise büyük bir semt olan Kadıköy'e bağlı sayfiye yeri Moda idi. Bebek'le Moda'yı tercih edenler, genellikle İngilizler ve Levantenlerdi (çoğunlukla İngiliz uyruklu-british subjects). Bir boğaz gezintisi sırasında Bebek'te ev bakılabilirdi, ya da bir gün vapura atlayıp Kadıköy'e gidebilirdik. Bayan Katz, Cicerone rolünü üstlenmeye hazırdı. Bu öneriyi seve seve kabul ettim. Ertesi günlerden birinde "Köprü"de buluşmayı kararlaştırdık. Köprü'de, Kadıköy'e kalkan vapurların iskelesi bulunuyordu. Bu arada, ben de yukarıda sözünü ettiğim ilk semtte uygun bir yer arayacaktım.

Nitekim aradım da. Ev çoktu, ama kiralar evin iç donanımına bağlı olarak, balkondan görülen Boğaz parçasının büyüklüğüne göre yükselip alçalıyordu. Ama beni en çok rahatsız eden şey, sokağın gürültüsüydü. En üst katlara kaçarak bu gürültüden kurtulmak kabildi, ayrıca asansör yardımıyla bu katlara zahmetsizce ulaşmak da işten değildi, gelgelelim buraların da kirası çok yüksekti. Sonuç açıkça ortadaydı: Taksim Meydanının civarında gezdiğim evlerin hepsi de, ya benim maaşıma oranla fazla pahalıydılar ya da benim ev kültürü anlayışıma ters düşüyorlardı. Belki, bilinçaltında, tıpkı Avrupa'nın büyük kentlerinde görüldüğü gibi beton yığınlarından oluşan bir evler denizinin orta yerinde oturmak fikrine duyduğum tepki de bunu etkilemiştir.

Bayan *Katz* ve *Hans Kitzinger*'le, kararlaştırdığımız saatte Kadıköy vapur iskelesinde buluştuk; bacasından dumanlar savrulan geminin lüks mevki kamarasına kurulduk; birer çay söyledik ve Avrupa'dan Asya'ya - ben, ilk kez olmak üzere- geçtik. Kadıköy'e vardığımızda, zarif faytonları, gıcırtılı tramvaylarıyla trafiği kalabalık ana caddeyi takip edecek yerde, o tarihlerde dalgakıran duvarlarının berisinde henüz bomboş uzanan büyük alanı geçerek Moda'ya doğru uzandık. Kıyı boyunca yürürken, gözümüze sırf çelik iskelet ve camdan ibaretmiş gibi duran yeni bir yapı ilişti. Yapı, dört katlıydı, bizim durduğumuz yerden bakınca solunda yayvan tepeli bir fıstık çamı, sağında da basit iki katlı bir ev vardı. Yola çıktığımızda, yeni yapılmış bir ön bahçe berisinde yükselen camlı yapının giriş kapısının üzerinde "kiralıktır" yazılı bir levha asılı olduğunu gördük. Tam kapının üstünde ise, büyük harfle "Ü" yazılıydı. Bu "Ü" harfi bana, kaderin bir işareti gibi gözüktü. Bayan *Katz*, kapıcıya hangi katın kiralık olduğunu sordu. En alt katla en üst kat kiralıktı, ikinci ve üçüncü katlarda oturuluyordu. Odaları gezdik, önce alt kattaki daireye baktık; sonra da döne döne yükselen merdivenle üst kata çıktık (evin tüm modernliğine rağmen, asansörü yoktu). Üst katta gözlerimizin önüne serilen manzara nefesimizi kesti. Camlı cephenin arkasında, aşağı yukarı bir metre kadar uzaklıktan bir cam duvar daha çekilmişti, böylece yemek odası olarak düşünülmüş olan küçük odayla salonun üçte birinin önünde camdan bir veranda oluşmuştu. Veranda, fıstık çamına doğru açılan bir pencereyle son buluyordu; öteki uçta ise, daha kısa tutulan içteki cam duvar, dıştakiyle eğik olarak bitişmekteydi. Manzara hârikulâdeydi.

Eski Bizans'ın yeraldığı alanı kaplayan "İstanbul", bir Merian gravürü gibi asılıydı sanki karşımızda. Sarayburnundan, eski surların Marmara denizinde son bulan ucuna, Sarayburnu'nun arkasında Galata kulesine kadar görüyorduk. Tam cepheden karşımızda Ayasofya ile Sultan Ahmet Camii, bu ikisinin önünde deniz kıyısında Gülhane (büyük askeri hastane), camilerin ardında adalet sarayı ve tepede üniversite binasının cephesiyle Beyazıt kulesi yükselmekteydi. Hepsinin çevresinde ise karmakarışık kubbelerle minareler yığınını oluşturan sayısız cami. Cephe pencerelerinden birini açtık: Altımızda kıyı yolu, Mühürdar Caddesi uzanıyordu. Yolun karşı kaldırımından aşağı, Marmara Denizine inen bir yamaç ve mavnalara mahsus iki taş rıhtımı vardı.

İçime öyle doğdu ki, sanki bu ev doğrudan doğruya "Dersaadet"le karşı karşıyaydı. Taksim meydanı civarı gibi herhangi bir yerde değildi. Arka odaları da beğendiğimden, Bayan Katz'dan kapıcıya ev sahibini sormasını istedim. Meğerse ev sahibi bir alt katta oturuyormuş, o gün de evdeymiş. Gerçi Bayan *Katz*, önce gidip Moda'da başka evler de görelim diye tutturdu, ama, ben bu evi tutmak istediğimi, kirası benim malî olanaklarıma uygun düşerse, tutacağımı bildirdim.

Ev sahibi, *Sırrı Bey* adında (soyadı aklımdan çıkmış) bir Türk mimardı. Evi kendi yapmıştı. Bizi Fransızca selâmladı, kahve ikram etti ve benim Üniversitede görevlendirilen profesörlerden biri olduğumu öğrendiğinde de, Tıp Fakültesinde fizyoloji hocası ve bir Enstitünün de direktörü olan Türk Profesör Dr. *Kemal Cenap Berksoy*'un da ikinci katta oturduğunu söyledi.

Gerçi kira uygundu, ama Bayan Katz, pazarlık yapıp biraz daha indirdi. Böylece "Ü" apartmanının en üst kat kiracısı oldum. Ev sahibimin, gülümseyerek yaptığı açıklamaya göre, "Ü" harfi, kızının isminin ilk harfiymiş, yani "Ümit" sözcüğünün ilk harfi. "Ümit" sözcüğü, daha gelirken yataklı vagondaki yol arkadaşımdan öğrendiğim ilk Türkçe sözcüklerden biriydi. Gerçekten de, ümit dolu olmam için bir sebep vardı; hele ev sahibimin evin cephesinde çift cam kullanıldığını, dolayısıyla evin güneşe ve Karadeniz'den esen şiddetli poyraza karşı adamakıllı korunaklı olduğunu açıklamasından sonra. Nitekim, dediği de çıktı.

Vapura dönerken, Mühürdar caddesinden yürüdük, limana giden İskele caddesiyle kesiştiği noktaya kadar, yol boyunca, sırf Türklerin yaşadığı bir Türk evinde kendime bir yer bulmakla kalmadığımı, küçük dükkânlarıyla, günlük ihtiyacı karşılayan öteberi satılan yerleriyle tam anlamıyla bir Türk mahallesinde, Türklerin ortasında yaşayacağımı anladım. Zaten benim istediğim de buydu.

Şimdi bir evim vardı var olmasına, ama eşyam yoktu. Öğrendiğim kadarıyla, eşyam Amsterdam'dan deniz yoluyla İstanbul'a doğru yola çıkmıştı; önümüzdeki günlerde gelmesi bekleniyordu. Kuyruklu piyano, yazı masası, uygun sandalyeler ve kitap raflarıyla, ön taraftaki büyük odayı "çalışma odası" olarak güzelce döşeyebilirdim. Yatak odası olarak düşünülmüş olan arka odalardan birine de sedir yerleştirdim. Ve böylece, kitaplarla notaları bir yana bırakacak olursak, tek bir oda için tasarlanmış olan eşyam bitiyordu. Demek ki, daha başka mobilya ve ev eşyası almak gerekliydi. Ev ararken ve kira kontratını imzalarken işin bu yanı hiç aklıma gelmemişti, doğrusu. Akılsız başın cezasını ayaklar çekermiş.

Bayan *Katz*, bu işte de tam işinin ehli bir yardımcı olduğunu gösterdi. Avusturya Başkonsolosluğunda görevli bir memurun evini kapattığını duymuş. Canlı ve cansız demirbaşıyla birlikte -yani Doğu Tirol'lerdeki Lienz kasabasından gelen aşçı kadın *Miezi* de dahil olmak üzere- koca bir mutfağı olduğu gibi devralmam mümkündü. Belki, bu fırsatla daha birkaç ufak tefek eşya da alınabilirdi. Ne kadar çabuk karar verirsem, sıkıntım o kadar az olacaktı. Talih kuşu gibi başıma konan bu fırsatı, doğrusu, kaçırmadım. Bayan *Miezi* ile tanıştık, sarışın, otuz yaşlarında, koyu Tirol ağzıyla konuşuyordu. Her işe koşacağına, hem bana hem de eve bakacağına söz verdi ve sözünü de, hakkıyla, tuttu -fakat 1939'da- "Führer" onu vatana dönmeye çağırıncaya kadar!

Tencere, tava, tabak çanak, bardak, çatal kaşıkla birlikte tekmil mutfak mobilyası, şiltesiyle bir karyola, Bayan *Miezi*'nin odası için gerekli mobilya, lâmbaları, sehpa ve sandıklardan ibaret eşyayı gayet ehven bir meblâğ karşılığında satın aldım. Amsterdam'dan gelecek olan eşyamı gemiden "Ü" apartmanına taşıyınca gidip onları da getirecektim.

Hâlâ eksik kalan öteberiyi de, gene Bayan *Katz*'ın yardımıyla, Kapalıçarşıdan satın aldım. Bu vesileyle de Kapalıçarşının masal âlemiyle ilk kez tanışmış oldum. Bedestenden (bit pazarı), mobilyaydı, şilteydi, örtüydü vs. satın almak, her ne kadar ucuz idiyse de, mutlaka eşyanın yanısıra verilen minik hayvancıklardan ötürü, pek akıl kârı değildi. Kapalıçarşıda her ticaret dalı, kendine mahsus ayrı bir sokakta yer aldığından, bol bol sunulan malları görebilmek için, evvelâ doğru sokağı bulmak gerekliydi. Gerekli gördüğümüz öteberiyi, sıkı pazarlıktan sonra, satın alıp, sarıp sarmalayıp, bir hamala yükleyene kadar, tam iki saat uğraştık. Hamal, sırtına yüklediği eşyayı Kapalıçarşıdan vapura taşıyacak, vapurla karşıya geçecek ve "Ü" Apartmanının en üst katına çıkaracaktı. O tarihlerde, bir sırt hamalına yüklenecek malın azamî hacmi ve ağırlığı, henüz resmen belirlenmemişti. Ve bu hamalların yüklendikleri inanılmaz ağırlıkları, benim gibi bir yabancının havsalası bir türlü almıyordu.

Bu arada, Ekimin 25'i olmuştu. Geçen zaman içinde dekana, daha doğrusu kendisi rahatsız olduğu için, yerine vekâlet eden maliye Profesörü *Fazıl Pelin*'e resmî ziyaretimi yapmıştım. Profesör Pelin Paris'te yetişmiş, nisbeten yaşlıca ve görünüşe bakılırsa, fevkalâde iyiniyetli bir meslekdaştı. Rektörü ziyaret çabalarım, ne yazık ki, hep boşa çıktı; çünkü rektör olan Profesör *Neşet Ömer İrdelp*, iç hastalıkları hocası olarak, çoğunlukla hastanede bulunuyor ve rektörlüğe, pek ender geliyordu.

Fakültedeki Türk meslekdaşlarımı, zamanla birer birer tanımıştım. Hattâ, benden sonra İstanbul'a gelmiş olan bazı Alman meslektaşlarla da şehirde karşılaşmıştım. Park Otelde ya da bir Almanın işlettiği Ehrenstein pansiyonunda kalıyorlar, bir yandan da harıl harıl ev arıyorlardı. Kadıköy'deki yeni adresimi, 1 Kasım'dan itibaren geçerli sayılmak kaydıyla, dekanlık sekreterine bildirdiğimde, kendisi de bana, Türkçe ve Fransızca hazırlanmış bir davetiye takdim etti. Davetiye, Cumhuriyetin kuruluşunun onuncu yılını kutlamak amacıyla 28 Ekim akşamı Dolmabahçe Sarayında verilecek olan resmî bir davet içindi. Hem çok şaşırmış, hem de çok heyecanlanmıştım. Gerçi, daha önce şehirde her tarafta yapılan hazırlıklar gözüme çarpmıştı, bunların Cumhuriyet Bayramı için yapıldığını biliyordum. Özellikle de "köprü"nün, bütün meydanların üzerinde, camilerde minareden minareye ve kubbelerde bir taç gibi rengârenk elektrik ampullerinin asıldığı sayısız elektrik hattının çekildiği ilişmişti gözüme. Caddelerde adım başı bez pankartlar geriliydi, pankartlarda devlet başkanının ünlü sözleri yazılıydı. Resmî binalar, bankalar, özel ticarethaneler, hatta evler bile renkli ampullerden oluşan çelenk biçimli süslerle bezenmişti, bütün bunlardan, önümüzde nasıl büyük bir bayram bulunduğunu anlamıştım.

Ve şu başıma gelene bakın ki, davet edildiğim törende giyecek doğru düzgün bir giysim bile yoktu; çünkü esas kostüm bavulum öteki eşyalarımla birlikte, bir türlü gelmek bilmeyen geminin içindeydi. 26 Ekim'de, geminin nihayet geldiğini ve eşyanın 27 Ekim'de bir mavnaya yüklenerek, Kadıköy'deki kıyı caddesi rıhtımına yanaştırılacağını ve hamallarca evime taşınacağını öğrendim. Derhal Bayan *Katz*'la bayan *Miezi*'ye haber saldım. Bayan Katz, harekete geçerek işsiz bir alman işçi buldu. Adamın elinden tesisat işleri de geliyordu. Avusturya Konsolosluk görevlisinin evinden alınan mutfak eşyasıyla öteki mobilyanın toparlanması ve benim evime nakledilmesi gerektiği konusunda ve bu işin nasıl yapılacağına dair bayan Katz adama talimat verdi. Böylece, 27 Ekim 1933 tarihinde beklenen taşınma günü geldi. Keşke bir film makinem olsaydı da, aşağıdaki rıhtıma yanaşmış olan iki mavnadan hamalların, sırtlarında yükleri daracık rıhtım duvarı üzerinde yürüyerek kıyıya, oradan da yamacı tırmanarak caddeye ve caddeyi geçip ön bahçeyi aşarak eve, dengelerini zahmetle koruyarak nasıl vasıl olduklarını, yukarı kata çıktıklarında da çeşit çeşit mobilyayı, bavulu, sandık sepeti ve hatta hatta tek bir hamalın taşıyıp getirdiği koca kuyruklu piyanoyu nasıl binbir ihtimamla yere indirdiklerini tespit edebilseydim.

28 Ekim öğleden sonraya kadar nasıl becerip de bavulları, sandıkları boşalttığımızı, evi yetecek kadar yerleştirdiğimizi ve –en azından şimdilik kaydıyla- ortalığa çeki düzen verdiğimizi düşünüyorum da, aklım almıyor. Hiç değilse, karanlık bastığında, uzun süre bavulda kalmaktan ötürü buruşmuş olan frakımı alelacele sırtıma geçirecek ve köprüye geçmek üzere uygun vapura, son anda yetişecek kadar vakit bulabilmiştim. Denizin üstündeyken son derece etkileyici bir havaî fişek gösterisine tanık oldum. Şenlik, birgün sonraki Cumhuriyet Bayramını müjdeliyordu. Gemiler düdüklerini öttürüyor, kıyılarda davul sesleri yükseliyor, limanda demirli askerî filo top atışlarıyla şenliği selâmlıyordu. Altın Boynuzun ve Boğazın üzerinde binlerce havaî fişek, ses çıkartarak gökyüzüne dalıp patlıyor, camilerin, köprünün, tüm kentin caddeleriyle meydanlarının üzeri rengârenk ampullerle donatılmış bir ışık deryasını andırıyordu.

Karaköy meydanında bir taksiye atladım. Taksi, beni eski padişah sarayı Dolmabahçe Sarayının dış kapısına getirdi. Davetiyemi göstererek kapıdan içeri girdim ve iç saray girişi önünde arabadan indim.

Davet muazzam büyüklükteki taht salonundaydı. Salonun yüksek pencereleri, binayla Boğaz arasında yer alan 600 m uzunluğundaki rıhtıma bakıyordu. Mermer rıhtım, ışıl ışıl bezenmişti.

Ve işte ben, kendi Alman vatanında Yahudi olduğu için hor görülen, "aşağılık" ırka mensup olduğu için işgal ettiği mevkilerden kovulan, evini yurdunu terkedip, yabancı ülkelere kaçmak zorunda bırakılan ben, "mülteci" ben, "dünyanın bir ucundaki Türkiye'de", nice billûrlarla, mermerler, somaki taşı, su mermeri, paha biçilmez kakma işlerinin ihtişamıyla parıldayan, nice değerli mobilyayla, halıyla, resimle süslü, bir zamanların taht salonu olan bu mekânda, ülkenin ilk bin seçkininden sayılan, saygıdeğer bir alman profesör sıfatıyla hazır bulunmaktaydım!

Talihin yüzüme güldüğü bu olağanüstü ânı yaşamak, daha Türkiye'deki yıllarımın hemen başındayken nasip olmuştu bana.

2.
"İstanbul Üniversitesi"nin Doğum Sancıları

"İstanbul Üniversitesi", 18.11.1933 günü Beyazıt meydanındaki binanın üç katlı giriş avlusunda düzenlenen bir törenle açıldı. Avlu, öğrenciler, profesörler, politikacılar ve gazetecilerle ağzına kadar doluydu. Açılış konuşmasını *Hikmet Bayur* yaptı. Hikmet Bayur, Türk Bağımsızlık Savaşı tarihi profesörüydü (Türk İnkılâp Tarihi). Yeni Üniversitenin yolunu açan Dr. *Reşit Galip*, sağlık nedenlerinden ötürü Ağustos ayında görevinden ayrıldığında yerine Bayur, kısa süre önce Millî Eğitim Bakanlığına getirilmişti.

Konuşmasının sonunda *Bayur*, Türk ve yabancı tüm profesörleri, hazır bulunanlara tek tek takdim etti. Öğrenciler takdim edilen her profesörü alkışlarla selâmlıyorlardı. Kapatılan DARÜLFÜNUN'dan gelen sevilen bir Türk profesör tanıtıldığında, alkış tufanı kopuyordu sanki.

Batı örneğine göre tasarlanan ilk Türk Üniversitesi olan "İstanbul Üniversitesi"nin açılışının tarihî anlamını, ancak 1946 yılında Ankara Üniversitesinin kuruluşundan ve 13.6.1946 tarih ve 4936 sayılı Üniversiteler Kanunun yayınlanmasından sonra kavrayabildim. 1946'da zamanın Millî Eğitim Bakanı *Hasan Ali Yücel*, bana "Dünya Üniversiteleri ve Türkiye'de Üniversitenin Gelişmesi" konulu bir araştırma yapma görevini vermişti. Söz konusu eser, iki cilt halinde, 1950'de yayımlanmıştır. Ancak o tarihte, emrime sunulan Türk kaynaklarını da incelediğimde, İstanbul Üniversitesinin oluşum tarihçesini öğrenebildim. "Üniversite" sözcüğü, birden çok sayıda bilimsel uzmanlık alanını (fakülteler) kapsayan bir deyim olarak, Türk hukuk dilinde ilk kez 1933 yılına ait 2252 sayılı kanunda geçer. Söz konusu kanun, İstanbul Darülfünunu adlı kurumun kapatılmasını ve yerine Millî Eğitim Bakanlığınca yeni bir üniversitenin kurulmasını öngörmektedir. Darülfünun deyimi, bilimlerin kapısı anlamına gelmekteydi ve Kıta Avrupasında, özellikle de İtalya, Fransa ve Almanya'da, ortaçağdan bu yana yüksek okullar için kullanılagelen Lâtince "studium generale" ya da "universitas literarum" ve Fransız "université" deyimlerinin karşılığı olarak kullanılmakta idi.

Osmanlı İmparatorluğunda Darülfünun adı verilen ilk kurum, 1848'de kurulmuştu. Ne var ki bu kurum, çağının Avrupa Üniversitelerine uymuyordu. Daha çok bir tür okul niteliğindeydi.* Darülfünun'un dinî temellere dayanan medreselerden farkı, yeni yeni gelişen doğa bilimlerinde birkaç serbest ve genel ders verilmesi idi. Bu kurumun ömrü kısa oldu, medrese ulemasının çevirdiği dolaplar sonucu sultanın iradesiyle kapatıldı.

Bu tür ikinci kurumun adı Darülfünunu Osmanî idi. Sultan II. Abdülhamit'in idaresinin sonlarına doğru kurulmuştu ve gene ilâhiyat, edebiyat ve doğa bilimlerini içeren üç medreseden ibaret bir yüksek okul niteliğindeydi. 1908'de Meşrutiyetin ilânını izleyen ıslahattan sonra bağımsız uzmanlık dalları olarak tıp ve hukuk okulları da buna ilâve edildi. Birinci

---

* Medrese, İslâm ülkelerinde, özellikle İslâm hukuku okutulan ama İslâmın ruhuna uygun ve İslâm temelinde olmak kaydıyla, edebiyata, matematiğe ve öteki başka konulara da yer verilen okulların adıdır.

Dünya Savaşının son yıllarında, özellikle de mütareke sırasında, kurum ağır sarsıntılara mâruz kaldı. 1923 ve 1932 arasındaki 9 yıl içinde, Türkiye kamuoyunu hiçbir konu, Darülfünun Meselesi kadar meşgul etmemiştir. Darülfünunun düzelmesi ve ilerlemesi ümidi bir türlü gerçekleşmeyince, Türk Parlamentosu, kurumun 1932 bütçesini ancak bir reform ve yeniden organizasyon şartıyla onayladı. Reform ve yeniden organizasyon amacı ile Cenevre'den pedagoji profesörü *Albert Malche* çağrıldı. Malche, o günkü durum hakkındaki izlenimlerini ve reform önerilerini ayrıntılı bir raporda topladı. Profesör *Malche*, raporunun sonunda, Batı Avrupa'da geçerli olan üniversite kavramından hareketle, meselenin özünün, üniversite kavramı altında işi sadece bilgi dağıtmak olan kurumlar anlaşılmasının yanlışlığında yattığını, üniversite denince akla bilimsel düşünce metodunu öğreten bir kurumun gelmesi gerektiğini bildirdi. Üniversite adını hakkeden bir kurum, bilimsel bir tutum, bilimsel bir zihniyet ortaya koymalıydı. Bilimsel tutum olmaksızın kurtuluş da olamazdı. Eğer bir uygarlık, bilime gerek duymaksızın, hattâ bilime rağmen gelişip serpilebilirse, o zaman bu kurumu kapatmak en iyisiydi, hiç olmazsa gereksiz masraftan kurtulmuş olurdu ülke. Ama eğer bir uygarlık, ancak ve ancak bilimin geliştiği nispette gelişirse, o zaman meselenin su götürür hiçbir yanı kalmaz ve üniversiteyi, uygarlığın iyi bir aracı yapmak için her türlü imkânı seferber etmek zorunluluğu, gün gibi açık gözükürdü. Profesör *Malche*'ın bu raporunun etkisiyle 1933 Ağustosunda, Darülfünunun kapatılmasını ve İstanbul'da "İstanbul Üniversitesi" adında yeni bir kurumun kurulmasını öngören, yukarda sözünü ettiğim, kanun çıkarıldı.

Günün Millî Eğitim Bakanı Dr. *Reşit Galip*, kamuoyuna yaptığı resmî açıklamasında, yeni kurulan üniversitenin lâğvedilen Darülfünun ile hiçbir ilişkisi olmadığını, kendi geleneğini kendisiyle başlatan tamamiyle yeni bir kurum olduğunu vurguladı. Türk Dil Kurumu daha uygun öz Türkçe bir karşılık bulana kadar, kurumun adı "Üniversite" olacaktı. Bakan, Türk kanun diline Avrupa dillerinden aktarılan bu deyimin anlamını açıklarken, bir üniversitenin temel görevinin pratik davranış biçimleri aramak yerine saf bilimsel bir kültür yaratmak olduğuna dikkati çekti. Gerçi bazı fakülteler, örneğin tıp ve hukuk fakülteleri, bir çeşit meslek okuludurlar; fakat, bu fakültelerin hazırladığı meslekler, son derece kapsamlı bir bilim kültürünü zorunlu kılar. Üniversite, herşeyden önce spekülatif düşüncenin odak noktası ve kaynağıdır ki, bu da bilim adamlarının işidir. İşte, İstanbul Üniversitesinin kuruluşu sırasında bu görüşe özellikle önem verilmiştir. Nitekim hoca kadrosunun terkibi de bunu gösterir. Hoca kadrosu, üç gruptan oluşuyordu.

İlk grubu, lâğvedilen Darülfünun'dan devralınan ve gerçek bir bilim adamının özelliklerine sahip öğretim kadroları oluşturuyordu. İkinci grup,

Cumhuriyetin kurulmasından bu yana Avrupa'da en iyi şartlar altında yetiştirilmiş ve hocalarının takdirini kazanmış olan genç kadrolardı. Bu profesör adaylarının, bir-iki yıl içinde üniversite doçenti ünvanını kazanmaları bekleniyordu. Nihayet üçüncü grup da, yabancı profesörlerden meydana gelmekteydi. Bakan, bu konuda, kelimesi kelimesine şunları söyledi: "Yabancı profesörlerin seçiminde temel şartımız, kendilerinin kendi ülkelerindeki üniversitelerde de profesör konumuna erişmiş ve isimlerini ülkelerinin sınırları dışında da duyurmuş olmalarıdır. Yeni eğitim kurumumuzu, dünyadaki benzerlerinin en iyilerinden de üstün bir seviyeye mümkün olan en kısa zamanda yükseltebilmek için, bu müessesenin kuruluş, gelişme ve yükselme aşamalarını asgarî süreye indirebilmek için, genç Türk bilginlerini ehliyetli önderlerin yanında hızla yetiştirebilmek ve nihayet laboratuvarları, seminerleri ve en genel anlamıyla öğretimi bilimsel bir tarzda örgütleyebilmek için, vakit kaybetmeksizin bütün fakültelerde orjinal araştırmalara yeni bir yol açmak ve gerçek bir üniversite ruhunun ve anlayışının, kök salmasını sağlayabilmek için, en uygun ve radikal çözümü, yabancı profesörlerin sayısını mümkün mertebe yüksek tutmakta gördük."

Başka bir deyişle 1933 yılında hâkim olan ilke, meslek yüksek okulu değil, Türkiye'de Batı Avrupa Üniversitelerinin ayarında, gerçeği araştıran ve derinleştiren, bilgiyi toplayan, düzenleyen, çoğaltan ve yayan bir bilim yuvası niteliğinde bir bilim kurumu kurmaktı. Üniversitenin gövdesi bilim ise, öğretim ve öğrenim de bu gövdeden fışkıran filizler ve dallardı. İşte, Atatürk'ün Ankara'da yeni kurulan Dil, Tarih ve Coğrafya Fakültesi binasının üzerine "Hayatta en hakikî mürşit ilimdir" cümlesini yazdırmasını da en çok bu temel görüşün ışığında anlamak mümkündür.

Şayet yabancı profesörlere, daha çalışmalarının başlangıcında bilgi verilse ve Darülfünun konusunun on yıldan beri, yani Türkiye Cumhuriyeti'nin ilânından, halifeliğin kaldırılmasından ve Devletin lâikleştirilmesi olayından bu yana, İslamî tesirlerin ve bu görüşte olanların, özellikle Darülfünun'da öğretim kadrosunda etkili olanların safdışı edilmesi ya da geriletilmesi konusunun ne denli çetrefil bir konu olduğuna, bir an olsun ışık tutulsaydı, nice yanlış anlama, gerginlik, bunalım ve çekişmeden kaçınılmış olurdu. Çalışmaya başlamamızın üzerinden çok geçmeksizin, gerçi Türk meslekdaşlarla yaptığımız konuşmalardan, eski kurumun öğretim kadrosundan ancak küçük bir bölümünün yeni Üniversiteye alındığını öğrenmiştik, ama yalnızca bir reformla yetinmeyerek eski kurumu radikal bir şekilde kapatmaya ve yepyeni bir üniversite kurmaya yol açan nedenleri, işin özünü bilmiyorduk.

Profesör *Malche*'ın yukarıda sözünü ettiğimiz raporunda sergilenen nesnel ve kültürel eksiklikler ve zaaflar bir yana, esas sorun, daha önce de değindiğimiz gerginlikti. Bu gerginlik, akademik kadronun İslâm düşüncesine bağlı üyeleri ile, Atatürk'ün çevresindeki politik yönetim arasındaydı. Atatürk'ün çevresindekiler, Türkiye Cumhuriyetinin lâik karakterini vurgulamaktaydılar, yani dinî çevre ve güçlerin devlet hayatı üzerindeki etkisini yok etmeye çalışıyorlardı. Çıkardıkları reform yasalarıyla, Türk toplumunu Batının çağdaş uygarlık düzeyine çıkarmayı amaçlamaktaydılar. Bu ifadeye 1961 Anayasasının 153'üncü maddesinde yeniden rastlıyoruz. Darülfünun adlı kurumun kapatılması sonucunda geçim kaynaklarını olmasa bile mevkilerini ve siyasî nüfuzlarını yitiren kişilerin gözünde, ayrıca bu kişilerin yandaşları ve parlamentodaki olsun, kamuoyundaki olsun sempatizanlarının nezdinde, 18 Kasım 1933 tarihinde üniversite binasının büyük avlusunda törenle selâmlanan ve teker teker kamuya tanıtılan otuz kadar yabancı, çoğunluğu da Alman olan profesörler "status quo ante"ye geri dönebilmek için bütün imkânlarla mücadele edilmesi ve zararsız kılınması gereken bir sosyal grubun çekirdeğini oluşturmaktaydı. Öte yandan ise hükümet hedefine bu yabancı profesörler olmaksızın erişemeyeceğini biliyordu. Batı örneğine uygun biçimde yeni kürsüler kurmanın yeterli olmadığını, esas olanın, yeni bir ruh yaratacak profesörler bulmak olduğunu her fırsatta vurgulayan Profesör *Malche*'ın bu görüşünün doğruluğundan herkes eminlerdi. Ve, tarihin bir cilvesi sonucu, yeni kurulan kürsülere profesörler de bulunmuştu işte. Ne var ki, bu profesörlere karşı, kamuoyunda, özellikle de basında sürdürülen, ayrıca üniversite içinde de, üniversiteye Darülfünundan devredilen bazı Türk profesörleri tarafından kışkırtılan bir savaş açılmıştı. Bunun sonucunda, ilk sömestre sonunda tüm girişim neredeyse başarısızlıkla sonuçlanacaktı. Bizler, basında çıkan hücumlardan kişisel olarak alınıyorduk, oysa biz aslında, sadece eşeğin sırtındaki çuvallardık, esas hedef, dövülen eşekti, yani hükümet. Gerçekte söz konusu olan, yetersiz, hattâ nâ-mevcut bir temel üzerinde modern bir üniversite kurmaya çalışıldığında ortaya çıkması kaçınılmaz olan büyüme sancılarıydı. Profesör *Malche*, 1932'de hazırladığı etraflı raporda bu durumun son derece derinlemesine üzerinde durmuş ve duruma uygun öneriler getirmişti. Gerekli olan, bu önerileri usulüne uygun biçimde birbirine bağlamak için bir takvim hazırlamak ve sabırla adım adım gerçekleştirmekti. Ancak, böyle bir zihniyet, Türk düşünce tarzına o gün uymadığı gibi bugün de uymaz. Bir Türk atasözü "İşe Türk gibi başla, Alman gibi sürdür, İngiliz gibi sebat et" der. Türkiye'de herşeye coşkuyla başlanır, ama çok geçmeden gevşer ve işler baştan tahayyül edildiği gibi gitmedi diye de, dehşetli düş kırıklığına uğranır. Bu nedenle, psikolojik açıdan bakıldığında, yabancı profesörlerin davranışlarına yönelen eleştirilerin yıllarca dinmek bilmemesine ve hepsinin kollektif olarak, sözleşme şartlarına uymamak, özellikle de genç Türk bilim adamlarını eğitip geliştirmemekle, ders kitabı ya da başka bilimsel yazılar yayımlamamak, Türkçeyi öğrenmemek ve derslerini hâlâ çevirmenler aracılığıyla vermekle suçlanmalarına, hayret etmemek gerekir. Bütün bu hücumlarda, özellikle de tıp mensuplarına yönelenlerde çekememezlik ve (Futterneid) kıskançlığın esas rolü oynamasına da şaşmamak gerek, çünkü yabancı profesörler, öğretim kadrosunun Türk üyelerinin maaşlarına (gelirlerine değil) oranla çok yüksek bir maaş almaktaydılar; buna karşılık, onlardan farklı olarak, akademik faaliyetlerinin dışında hiçbir iş yapamıyorlardı. Bu akademik faaliyet içinde, gerçi başka bir hekim tarafından bir teşhis için konsültasyona çağırılmak da vardı, ne var ki, özellikle Türkler, bazı alman tıp profesörlerini su katılmamış sihirbaz olarak görüyorlar ve hastalar kendi Türk hekimlerini, şu da bu Alman tıp profesörünü konsültasyona çağırmaya adeta zorluyorlardı. Öte yandan da milletvekilleri, bakanlar ve öteki yüksek şahsiyetler, ciddî durumlarda artık Viyana'ya, Zürih'e ya da Münih'e gitmek zorunda kalmadıkları, oldukları yerde, hemen ellerinin altında bir yabancı uzman bulup kendilerini tedavi ettirebildikleri için memnundular.

Bunun sonucunda bazı profesörler, isteyerek ya da istemeyerek, tüm grubun eleştirilmesine sebep olmaktaydılar. Oysa gerçekte homojen olmayan grupta birlik de yoktu. Zaten, içimizden herbiri kendi burnunun doğrultusuna gitmese, kendi çalışma alanını ve kişisel çıkarlarını kıskançlıkla kollamasa ve Alman meslekdaşlarına karşı "meslekdaş hoşlanmadığınız kimselere verilen addır" duygusunu beslemese idi, bize sahiden Alman profesör denebilir miydi?

Herkes birer bulunmaz Hint kumaşıydı, bireyselliği ve özgünlüğünde eşi emsali yoktu. Yabancı diyarların geleneklerini, göreneklerini hor görerek homurdanmak, "bizim orada" âdet olan neyse ona sıkı sıkıya sarılmak şeklinde tezahür eden, daha önce de değindiğim göçmen zihniyeti şu şekillerde kendini gösteriyordu: Kimi meslekdaşlar, ülkenin kendilerince bilinmeyen ürünlerini ve meyvalarını tatmamakta direniyorlar ve kendi alışmış oldukları yemek listesinden şaşmıyorlar, "ben akşamları soğuk kahvaltı yapmağa alışığım ve bunu değiştiremem" diyorlar, dolayısıyla ev masraflarını büyük ölçüde yükseltiyorlardı. Başka olaylar da vardı. Dinî icaplara bağlı bir protestan meslekdaş, bir keresinde, pazar günü ders vermemeye kalkışmıştı. 1933/34 yılında henüz resmî tatil günü pazar değil, cumaydı. Kendisini bu çılgınlıktan, ancak şu soruyu cevaplamasını isteyerek, alakoyabildim: Peki diye sordum, acaba Almanya'da adventist inançlı profesörlerle öğrencilere cumartesi tatil midir? Dinî vicdanı kendisinin pazar günü ders vermesine müsaade etmiyorsa, bir Türk meslekdaşla gün ve saat değiştirmeyi deneyebilirdi. Eninde sonunda, alman profesörlerden herbirinin kendine özgü tuhaflıkları, deyim yerindeyse sivri akıllı bir tarafı olduğu söylentisi yayıldı. Bir akşam yemeği davetinde, Türk davet sahibi, karşısında oturan hanıma (hanım, bir Alman profesörün eşiydi) dönerek, "Tous les professeurs allemands sont un peu drôle" (bütün Alman profesörleri biraz tuhafdır) dedi. Hanım, bu iddiayı şiddetle reddetmek istedi. Bunun üzerine davet sahibi bey, saymaya başladı: "Le professeur A. iln'est pas drôle?" (Profesör A. tuhaf değil midir?) deyince hanım "Mais oui, un peu" (ah, biraz öyledir) diye teslim etmek zorunda kaldı. "Le professeur B. il n'est pas drôle?" (profesör B de tuhaf değil mi?) deyince, "Vous avez raison..." (Haklısınız...) dedi. Ve böylece sürüp gitti çekiştirmeler. Profesörlerin herbiri sıradan geçti -tabii ki, hanımın sayın eşi dışında, oysa o da gayet "drôle" (tuhaf) bir zattı-. Her bir profesör hakkında tipik anekdotlar anlatıldı; bugün dahi bu anekdotlar, o günkü asistanların ve öğrencilerin dilinden düşmez.

Profesörlerin bu kendine mahsus havası, kendi aralarında yakın dostluk ve gerçek bir meslekdaşlık bağı kurmalarını engellediği gibi, sıkı bir toplumsal ilişkiyi de -ki çoğunlukla son derece yüzeysel bir ilişki olmuşturolanaksız kılmıştır. Ama bunun yanısıra bir yararı dokunmuştur da: En azından hem tüm üniversite içinde, hem de tek tek fakültelerde Türk meslekdaşlara karşı bir blok oluşturulmasını engellemiştir. Bunun da pratik çalışma açısından yararı küçümsenemez. Herşeye rağmen "yabancı profesörler", "yabancı" ve başlangıçta entegre olmayan ve arada geçen zamanla da anlaşıldığı gibi entegre olması mümkün olmayan küçük bir azınlık oluşturdular. Bu küçük azınlık, bir yandan etnik ve dinsel bakımlardan halk kitlesinden ayrıldığı gibi, iş sözleşmeleri bakımından da Türk meslekdaşlarından ayrılıyor, ayrıca dilini, âdet ve göreneklerini koruyarak, topluma uymayı hem reddediyor, hem de bunu istese bile başaramıyordu. Bütün bu nedenlerden ötürü de Türk kamuoyuna itici geliyordu. Bizler "yabancı profesörler" dik ve halkın çoğunluğu için, içimizden bazılarına -bu arada bana da- on yıllık faaliyet süresinden sonra Türk vatandaşlığı verildiği halde, gene "yabancı profesör" olarak kaldık. Türk meslekdaşlarla ve özellikle de kişisel çalışma arkadaşları ve öğrencilerle ilişkide herşey kişiye bağlıydı. O kişinin kendi tutumuna bağlı olarak değerlendiriliyordu; dışarı karşı o tek kişi, küçük bir azınlık olmakla birlikte, önemli bir işin başında bulunan bir azınlığın üyesiydi. Ve eğer bu azınlık, tüm hücumlara ve zorluklara rağmen ayakta kalabiliyor ve kendini kabul ettirebiliyorsa, bunu hükümet ve hükümetin arkasındaki siyasî hareket tarafından desteklenmesine borçluydu. 1934 ve 1935 yıllarında yeniden yabancı profesörlerin İstanbul Üniversitesine, Ankara'da yeni kurulan Dil, Tarih ve Coğrafya Fakültesine, Numune Hastanesine, Hıfzısıhha Enstitüsüne ve Ziraat Yüksek Okuluna çağrılmış olmaları, öte yandan da yabancı hocaların ölümü, ya da ayrılması nedeniyle boşalan kürsülere, büyük ölçüde gene yabancı (Alman) profesörlerin atanması, yabancı hocaların çalışmalarını güçlendirmiş ve güvence altına almıştı. İnşa dönemi olarak öngörülen süreyi 1950'lerin başında başarıyla sona ermiş kabul etmek mümkün olmuştur. Öyle ki, bir anekdota göre, *Atatürk*, Türkiye'de yeterli sayıda profesör bulunduğunu, ülkenin asıl binlerce öğretmene ihtiyacı olduğunu söyleyen bir milletvekiline şöyle cevap vermiş: "Yabancı profesörler, genç Türk profesörlerin kurmay sınıfını yetiştirecekler, bu kurmaylar da gene yeterli sayıda Türk profesörü yetiştirecekler; öyle ki, yetiştirilen Türk profesörleri, ülkenin ihtiyaç duyduğu sayıda öğretmeni, hekimi, hukukçuyu ve başkalarını eğitecek durumda olacak."

Nitekim bugün Türk üniversitelerinde görev yapan profesörlerin, doçentlerin ve asistanların formasyonunu soracak olursanız, birkaç istisna dışında çoğunun 1933 ile 1953 yılları arasındaki 20 yıl içinde Türkiye'de çalışmış olan yabancı hocaların öğrencisi -ya da bu öğrencilerin öğrencisi-olduğunu görürsünüz. Bu, özellikle benim İstanbul'daki eski kürsüm (1933 ile 1943 yılları arasında) ile Ankara'daki eski kürsüm (1943 ile 1952 arasında) için özellikle geçerlidir. Hemen yeri gelmişken altını çizmem gereken bir husus, o zamanki öğrencim, asistanım ve doçentim *Dr. Halil Arslanlı*'nın, İstanbul'da benim eski Ticaret Hukuku Kürsümün başına geçtikten sonra, kendi asistanlarını iki yıllığına benim yanıma -Berlin Freie Universität'e- göndermeye önem vermiş olmasıdır. Böylece, kendisinin zamanında benim yanımda öğrenmiş olduğu şeyleri onların da öğrenmesini sağlamak istemiştir. Bu gelenek bugüne kadar sürüp gitti. İstanbul Hukuk Fakültesi tarafından 75'nci yaş günüm dolayısıyla bana ithaf edilen anı kitabı (Festschrift) -ki bu kitaba eski öğrencilerimin çoğu olduğu gibi bu öğrencilerin de öğrencileri bilimsel yazılarıyla katkıda bulunmuşlardır- ayrıca 1978 yılında Hukuk Fakültesi Profesörler Kurulunun ve İstanbul Üniversitesi Senatosunun oybirliğiyle alınan kararları sonucunda bana fahrî doktorluk ünvanının "fakültemize, üniversite düşüncesine, Türk hukukuna ve Türk kültürü ile eğitimine büyük hizmetlerinizden dolayı" gerekçesiyle verilmesi, Batı anlamında gerçek bir üniversitenin güçlükle inşa edilmesi çabalarını bu kuruluş dönemi boyunca karalayarak büsbütün güçleştiren aşağılayıcı eleştirilerin içerdikleri genellemenin ne denli haksız olduğunu en açık bir şekilde göstermektedir, sanırım.

3.
Dil Maddesi

İş sözleşmemin 2. maddesinin 3 numaralı hükmü, aynen şöyleydi:

"Profesör, üçüncü yıldan sonra derslerini Türkçe olarak vermek için elinden geleni yapmakla yükümlüdür".

Yabancı uzmanlarla yapılan iş anlaşmaları açısından böyle bir hüküm tamamiyle yeni bir şeydi. Osmanlı İmparatorluğu zamanında da uzman olarak sayısız yabancı çalıştırılmıştı, ama onlardan hiçbir zaman Türkçeyi öğrenmeleri ve kullanmaları istenmemişti. Birinci Dünya Savaşında 1915 ve 1918 yılları arasında Darülfünunda ders veren 17 Alman bilim adamından da Türkçe öğrenmeleri beklenmemişti; hele sözleşme şartı olarak akla bile gelmemişti. Aynı şekilde, 1933'ten birkaç yıl önce görevlendirilen üç Fransız profesörle bir İsviçreli'den de böyle birşey istenmiş değildi. Ancak, yurtdışındaki Alman bilim adamlarının oluşturduğu Notgemeinschaft (Kendi Kendine Yardım Kuruluşu) aracılığıyla Alman mülteci hocalarla yapılan anlaşmalarda yukarıda tekrarladığımız dil maddesi vardır.

"İnsan bu şartı duyduğunda, pekalâ akla yatkın buluyor", özellikle de söz konusu sözleşmelerin, ancak her beş yıl sonunda her iki taraf içinde sona erdirilebilir; eğer sona erdirme hakkı kullanılmamışsa kendiliğinden belirsiz süre uzayan nitelikte sözleşmeler olduğu hesaba katılırsa. Üstelik, öğretmen-öğrenci ilişkisinde dil doğal anlaşma aracıdır ve dil olmaksızın öğretmek de öğrenmek de neredeyse mümkün değildir. Millî devletlerde, kural, aynı dili konuşmakdır. Bir okul ya da üniversitede, bu kuralın dışına çıkıp da öğrencilerin konuştuğu dili bilmeyen hocalara ders verdirmek isteniyorsa, o zaman, bu öğrencilerin çoğunun hocanın dilini daha lisedeyken yabancı dil olarak öğrenmiş olmasına güvenmek gerekir. Ne var ki, bu Türkiye'de ancak yabancı bir liseyi, yada öğretim dilinin Fransızca olduğu -ünlü Galatasaray gibi- Türk okullarını bitirmiş olan öğrenciler için geçerliydi. Ama daha lisedeyken yabancı bir dili yeterli derecede öğrenmiş öğrenci sayısı, toplam öğrenci sayısına oranla hiç yok denecek kadar azdı. Anadolu'dan gelen öğrenci kitlesi, o yıllarda (1933) ne Almanca anlıyordu, ne Fransızca, ne de İngilizce. Türkçeye hâkim yabancı profesör çağırmak ise, ancak Türkologlar için geçerli olabilirdi. Geriye kala kala, yabancı profesörün yanına hem dil, hem de konuyu bilen bir çevirmen katmak kalıyordu. Nitekim o güne kadar uygulanan yöntem de bu olmuştu. Ama uygun bir çevirmen bulmak olağanüstü zor bir iştir. Araya bir çevirmen koymak, ancak bu çevirmenin, her iki dili iyi bilmekten de öte, konunun gerektirdiği terminolojiye de hâkim olması halinde anlamlıdır. Fakat, bu ön koşul o zamanlar yabancı profesörlere çevirmen olarak verilen Türk doçent, asistan ve öğrencilerin ancak pek azında vardı. Bu durumu, *Cemal Nadir* bir karikatüründe pek isabetle şöyle sergilemiştir: Bir grup işçi, "made in Germany" damgalı pırıl pırıl bir takım para kasalarını kan-ter içinde açmaya çabalarlar. İşçilerin biri öfkeyle ustaya dönerek bağırır: "Yahu, ne diye Almanya'dan bunların anahtarını da birlikte göndermezler!" Tabii, neyin ve kimin kastedildiğini herkes anlamıştı.

Uzun vadeli sözleşmeleri imzalarken her iki taraf da, profesörlerle öğrenciler arasında iletişimi çevirmenler aracılığıyla sağlamanın sadece geçici bir zorunlu çözüm olduğunu ve böyle de olması gerektiğini açıkça görmekteydi. Bu geçici çözüm süresini üç yılla sınırlamanın mümkün olduğu düşünüldü. Bir yandan profesörler, üç yıl içinde yeterince Türkçe öğrenmeye çalışacaklardı. Öte yandan da, gene Profesör *Malche*'ın önerisi üzerine, öğrenciler için özel bir yabancı diller okulu kurulacaktı. Her öğrenci, sunulan Fransızca, Almanca İngilizce, İtalyanca ya da Rusça yabancı dil kurslarına katılmak ve bunu belgelemekle yükümlü sayılacaktı. Bu karşılıklı önlemlerle, profesörlerle öğrenciler arasındaki dil engellerini birkaç yıl içerisinde aşmak, ya da en azından azaltmak ümit edilmekteydi.

Gerçi bu karar alınırken tüm tarafların iyi niyetli olduğu varsayımı ile hareket edilmişti, ama dikkatten kaçan bir husus vardı: 1 Kasım 1932 tarihinde, yani Türk Maarif Vekili ile yurtdışındaki Alman bilim adamlarının Kendi Kendine Yardım Kuruluşu temsilcisi olarak Profesör *Philipp Schwarz* arasında nihaî görüşmelerin yapılmasından henüz birkaç ay önce ülkede Türk Dili Seferberliği ilân edilmişti. Bu seferberliğin radikal bir dil reformunu başlatması öngörülüyordu, nitekim başlattı da.* Dilin kendiliğinden harekete geçebileceğini o zamanlar kimse farketmedi. Anlaşılan Türk tarafı olarak, hatta Millî Eğitim Bakanlığında bile, Türk dilinin, 1933 tarihinde aydınlarca ve memurlarca konuşulduğu ve yazıldığı, gazetelerde, dergilerde, edebiyatla ve bilimsel eserlerde kullanıldığı biçimiyle, tıpkı örneğin normal Fransızca ya da Almanca gibi nispeten istikrarlı bir dil olduğu, dolayısıyla da, iyi niyet gösteren herkes tarafından öğrenilebileceği sanılmaktaydı. Üstelik, daha 1928'de, yani bizlerin Türkiye'de çalışmaya başlamamızdan tam beş yıl önce Arap rakamlarının kanunla kaldırılıp uluslararası geçerli rakamların getirildiği ve ülke çapında uygulandığı da hesaba katılacak olursa. Bunun da ötesinde, gene 1928 yılında bin yıldır kullanılagelmiş olan Arap harfleri, "Türk alfabesinin", yani Türk fone-

---

* Bu seferberlik, âdeta bir devrime dönüşmüştür ve ilk başlatıldığı tarih üzerinden yarım yüzyıl geçtiği halde, etkisini sürdürmektedir. 21.2.1979 tarihli Milliyet Gazetesinde, Türkiye'nin tanınmış ve değerli yazarlarından *Burhan Felek*, bir makalesinde, bir tür S.O.S. çağrısı yapıyor. Birçok şeyin yanısıra, Burhan Felek, şunları yazmaktadır: Osmanlılığı kovduk ve babalarımızın eserleri, sanatı, dili ve inancı ile aramızdaki bağları hemen hemen tamamiyle koparıdık. Şimdi de, bilerek ya da bilmeyerek, bugün yaşayan gruplarla nesiller arasındaki dil bağını koparıyoruz. Bu acı gerçeği dile getirirken özellikle aydınlarımıza sesleniyorum. Yapım ve mantığım, beni sizi uyarmaya zorluyor. Küçük, büyük hepinize sesleniyorum. Türkçeyi düzelteceğinizi söylediniz, bakın nasıl berbat ettiniz; her dilin kendine mahsus olan ahengini mahvettiğiniz gibi, Türkçeyi anlaşılmaz bir hale soktuğunuz gibi, üstelik anlatım gücünü de azalttınız. Dar anlamlı yeni icat edilen kelimelerle hem 20. yüzyılın sonundaki karışık fikirleri ifade imkânını yokettiniz, hem de hem kendinizi hem de sizden sonra gelecekleri, köylülerin ifadesindeki özellikleri gerçekleştirmeden mahrum bıraktınız. Gidişat iyi değildir. Biraz kendinize gelin ve anadilinizi konuşmaya, onu kullanmaya ve onu kendi yapısı içinde olgunlaştırmaya çalışın. Öğretmenler, yazarlar: Üstünüze aldığınız sorumluluğun farkında mısınız? Güya herkes daha iyi anlaşsın diye basitleştirdiğinizi iddia ettiğiniz kendi Türkçenizi anlayan kaç kişi var? Halktan kaç kişi o Türkçeyi konuşuyor?

tiğine uygun bazı değişikliklerle Lâtin harflerinin kabul edilmesi ve uygulanmasına ilişkin kanunla kaldırılmıştı. Bu alfabe, 1929'dan itibaren hem okullarda öğretilmeye başlanmış hem de kamu hayatında, gazete ve kitap baskılarında, ticarî defter tutma ve muhaberatta kullanılır olmuştu. Böylece, yabancılar açısından Türkçe öğrenmedeki çok önemli bir engel kalkıyordu. Ama, ne var ki, öğrenilmek istenen dilin tam da bu nedenle parçalandığı ve Arap alfabesinin yerine Lâtin alfabesinin konmasının o güne kadar alışılmış imlâda, Arapça ve Farsça kurallarla dolu dilbilgisinde temelli değişikliklere yol açmakla kalmayacağını, ister istemez kelime hazinesinde ve konuşma üslubunda da bir değişimi beraberinde getireceğini, o günlerde, yalnızca çok az kişi görmekteydi. Bugünkü gözle bakacak olursak alfabenin değiştirilmesi ve Arap yazısının kamuda kullanılmasının yasaklanması -ki, ancak pek az istisna bu yasağa uymamıştır- Türk kültürünün en büyük dönüm noktalarından biri olmuştur. Bu kültürün tüm düşün ürünleri ve eserlerini, gelecek kuşaklar, ancak ve ancak yeni Lâtin yazısına aktarıldıkları oranda tanıyabilecektir.

Demek ki, Alman profesörler, sonuçta bu dil maddesine imza atarken, haberleri bile olmaksızın, bir açık çeke imza atmış oluyorlardı. Bu çekin ödenmesi ise, sadece kendilerinin göstereceği iyi niyete ve çabaya bağlı değildi. Bunların dışında, tamamiyle irrasyonel ve önceden hesap edilmesi mümkün olmayan bir faktör daha vardı ki, bu da dilde söz konusu "seferberlik" sonucunda harekete geçirilmiş olan gelişmeydi. Doğa bilimcileri, kendi öğrenim alanlarında o güne kadar kullanılmış olan tekmil teknik terimlerin tamamiyle yapay, Arapça kurallara göre konmuş bilimsel deyimler olduklarından; hukukçularla sosyal bilimciler ise, öğrenmeye karar verdikleri meslek terimlerinin hemen hemen hepsinin 1926'dan bu yana yürürlükten kaldırılmış olan İslâm Hukukundan (Şeriat) ve Bab-ı Alinin özellikle Arapça'dan, Farsça'dan ödünç alınmış sözcüklerle dolu yaldızlı resmî dilden kaynaklandığını bilmiyorlardı bile. Alman profesörler 1933 ile 1936 yılları arasında Türk dili diye ezberledikleri ne varsa, bunun büyük bölümünün ölüme mahkûm olduğunu, yerine tamamiyle yeni sözcük oluşumlarının geçeceğini ve bu yeni sözcükleri her seferinde sılbaştan yeniden öğrenmek gerekeceğini nereden bilebilirlerdi?

Bir önceki bölümde değindiğimiz İstanbul Üniversitesinin doğum sancılarına işte böylece bu dil sorunu da dahildi. Profesörle öğrencinin arasındaki anlaşma sorunu, tüm reformu tehlikeye düşürebilecek can alıcı bir sorundu. Bunun böyle olduğu, özellikle matematikçilerin karatahtaya sayılar, formüller ve geometrik şekiller çizerek iletişimi sağlama yoluyla bu sorunu nisbeten daha bir kolayca çözmeleriyle iyice belirginleşmişti. Zira toplumsal bilimlerde her dalın kendi uzmanlık dili son derece kapsamlı idi; insanın kendi ana dilinde bile bu konuların ifadesi öylesine zordu ki, bir dilde kavranmış olan düşünce içeriklerinin başka dile aktarılması, sadece çok zengin bir kelime ve kavram dağarcığını gerektirmekle kalmıyor, aynı zamanda, bunun da ötesinde son derece karmaşık bir düşünce sürecini zorunlu kılıyordu. Sonuç olarak, sözleşmede yer alan dil maddesi, her ne kadar ilk bakışta gayet akla yakın ve yerinde gibi gözüküyorsa da, daha baştan beri gerçeğin yeterince dikkate alınmadığı bir temele dayanmaktaydı. Başlatılan radikal dil reformu ile, Türkçe'nin sözcük dağarcığının ve dil yapısının sarsılması tehdidi belirmişti. Üstelik, insanın yaşı ilerledikçe yabancı bir dili öğrenmenin, gittikçe zorlaştığı olgusu da hiç göz önüne alınmamıştı. İşte, bütün bunlardan dolayı, nisbeten yaşlı hocaların başarısızlığa uğramış olmalarına, gençlerinde -ki, aralarında yaş bakımından en genç olan bendim- kendilerini aşılması imkânsız gibi görülen güçlüklerle karşı karşıya kalmış hissetmelerine hiç şaşmamak gerekir. İktisatçı meslekdaşımız *Röpke* (doğum tarihi 1900), 1936 yılında (demek ki, sözleşmenin yürürlüğe girmesinden üç yıl sonra) Rektör *Cemil Bilsel* tarafından, Fransızca olarak, kendisine yöneltilen, niçin hâlâ derslerini Türkçe vermek için çaba göstermediği sorusuna, şöyle cevap vermişti: "Ne söylemek istiyorsam, onu anadilimde söyleyebilirim. Ama Türkçe olarak, sadece Türkçe'de söylemeyi öğrendiklerimi söyleyebilirim. Ve bu da, ne kadar büyük çaba gösterirsem göstereyim, bilimsel bir ders için yeterli değildir."

Kendi hesabıma ben, çok büyük çaba gösterdim, çok zaman ve enerji harcadım ve sonuç olarak, üç yılın sonunda dili su gibi öğrenmiştim, artık. Şimdi bile, Türkiye'den ayrılışımın üstünden 28 yıldan fazla süre geçmiş olduğu halde, Türk dostlarım bana konuk geldiklerinde onlarla Türkçe konuşurum.

Horst Widmann (y.a.g.e. s. 118), tüm yabancı hocalar arasında, benim Türkçeyi en iyi bilen sayıldığımı yazıyor. En azından, birkaç yıl sonra, Osmanlıca'dan kaynaklanan hukuk dilini hem derslerimi doğrudan doğruya (yani serbestçe) verebilecek, hem de öğrencilerimle Türkçe tartışabilecek kadar öğrenmiştim. Bunun da ötesinde, bana uzmanlık terimlerine hâkimiyeti gerektiren dille ilgili görevler verilmeye başlanmıştı: Örneğin, son derece kapsamlı Türkçe kanun metinlerinin hazırlanması ve Türkçe hukuk sözlüğünün nihaî redaksiyonu gibi. Bu konulara ilerde başka bir vesile ile yeniden döneceğim. Burada belirtmek istediğim husus, Türkçeyi nispeten kısa süre içinde, öğrencilerimle -tabiî tek tük yanlış anlama ve hataları bir yana bırakacak olursak- anlaşabilecek düzeyde öğrenmiş olmamdı.

Başlangıçtan beri beni özellikle dostça karşılayan Türk meslekdaşlar arasında Dr. *Muhlis Ete*, inanılmaz ölçüde yardımcı oluyordu. Kendisi, iktisat, özel olarak da işletme iktisadı doçentiydi. Almanya'da yüksek öğrenim görmüştü ve fevkalâde iyi Almanca konuşuyordu. İlk oğlu Üstün'ün doğumundan hemen birkaç gün sonra, Dr. Ete, beni Florya ile Yeşilköy yakınlarında, Bakırköy'de bulunan evine götürmüş ve eşi *Fazilet* hanıma takdim etmişti. Fazilet hanım, Almanya'da yetişmiş, son derece kültürlü bir hanımdı; Almanca, Fransızca, İngilizce ve İtalyanca'yı ana dili gibi biliyordu. Oğulları Üstün, aradan 25 yıl geçtikten sonra, Berlin'de öğrencim olmuş, kısa bir süre için de, evimizde kalmıştır.

İlk derslerimden sonra, daha doğrusu, öğrenciler tarafından anlaşılmak ve onları anlama yolundaki ilk çabalarımdan sonra, profesörler odasında *Muhlis beye* yana yakıla dert yandığımda, kendisi *Halil Arslanlı* adında bir öğrencinin adını verdi. Bu çocuk, hukuk fakültesinin ikinci sınıfındaydı, Almanya'da birkaç yıl ortaokula ve yüksek okula gitmişti ve bir Alman gibi Almanca konuşuyordu.

Bir sonraki ders arasında, profesörler odasından içeri ince, uzun boylu, sarışın bir genç girdi, bana doğru gelerek, insanın kulağına hoş gelen iyi bir Almancayla "Halil benim, Herr Professor" dedi.

O da, benim gibi Kadıköy'de oturduğundan, dersten sonra üniversiteden birlikte çıkıp, vapura kadar birlikte yürüdük ve vapurda tanışma kahvemizi içtik. O anda ikimizin arasında başlayan yakın dostluk, kendisinin 1964 yılında, henüz 60 yaşına bile varmadan, bir şeker hastalığı nedeniyle, erken ölümüne kadar sürdü.*

Derslerimi Türkçeye çeviren *Şevket bey*, gayet iyi Almanca konuşmakla birlikte, hukukçu değildi. Benim hukuk asistanım yoktu. Bu nedenle Halil, bir yandan bana dil öğretmenliği yaparken, bir yandan da, zaman zaman fahrî asistanlık yapmak zorunda kalıyordu. Örneğin, ders için ticarî ünvan konusunu hazırlarken, tescilli markalarla ilgili Türk mevzuatına da ihtiyacım oldu. Kanun metnini bulmasını Halil'den rica ettim. Ertesi gün Halil bana tescilli marka mevzuatını içeren Türkçe metni getirdi ve şunları söyledi: "Türkiye'de bu konuda da kanun hükümleri olduğunu nereden bildiniz?" "İşte, profesörle öğrenci arasındaki fark da buradadır" şeklindeki cevabıma karşılık olarak Halil: "Yani sizin görüşünüze göre öğretmenle öğrenci arasındaki fark, öğretmenin tecrübe ve bilgisinin öğrenciye oranla daha büyük olmasından mı ibarettir?" diye sordu. Bu sorusundan, sözlerimin anlamını hemen kavramış olduğunu anladım ve kendisine şunları söyledim: "Evet. Bu nedenle sizden bir ricada daha bulunacağım. Bana getirmiş olduğunuz bu metnin en önemli hükümlerini, acaba, benim için Almancaya çevirir miydiniz?" Halil, bir an için şaşkınlık içinde kalakaldı. Sonra şöyle dedi: "Herr Professor, size hayır diyemem, çünkü Türk gelene-

---

* İstanbul Hukuk Fakültesi tarafından onun anısına armağan edilen eserde (Ord. Prof. Dr. Halil Arslanlı'nın Anısına Armağan, 1978) ben de on sahifelik bir katkıda bulunarak kendisini şükranla andım. Dürüst karakteri, bilimsel verimliliği, bilimsel ciddiyeti, son derece namuslu tutumu ve sevecen kişiliği özellikleriyle, onu Türkiye Cumhuriyetinin bir Türk profesörü olarak Türkiye'nin akademik gençliğine örnek olarak gösterdim.

ğine göre insanın kendi üstünde olan bir kimsenin ricası emir sayılır. Ama, izninizle, size bir öneride bulunmak istiyorum: Türk kanunlarının hepsini öğrenmek ve yakından tanımak sizin için bir zorunluluk. Orijinal metin, her zaman için, en iyi çeviriden bile daha güvenilir bir kaynaktır. Sıkıştıkça bir-iki metin çevirtmek yerine, en kısa zamanda bu hukuk normlarını doğrudan doğruya anlayabilecek yeteneği kazanmanız, kendi amacınız açısından çok daha yerinde olur. Benim önerim şöyle: Size haftada iki saat yerine, haftada üç gün ikişer saat Türkçe dersi vereyim. Her ders için, size dikte edeceğim kelimeleri ve dilbilgisi kurallarını ezberleyeceksiniz. Asgarî bir kelime bilgisi kazanmanızdan sonra, sizinle Türkçe konuşacağız. Türkçe'de harflerin telaffuzu ve cümlelerin mantığı, Almancadan çok farklıdır. Bu bakımdan buna çok dikkat etmeniz gerekecek. Demin işaret ettiğiniz gibi, öğretmenle öğrenci arasındaki tek fark, öğretmenin tecrübe ve bilgi dağarcığının öğrencisine oranla daha geniş olmasıdır. Eğer beni Türkçe öğretmeni olarak tutarsanız ve benim talimatıma uygun olarak günde dört saat sıkı çalışırsanız, üç-dört ay sonra bütün Türk kanunlarını doğrudan doğruya okuyup anlayabilirsiniz. Bundan kesinlikle eminim". Bu sözler üzerine şaşkınlıktan ağzı açık kalakalmak sırası bana gelmişti. Ama, Halil'in önerisinin, asıl erişmek istediğim amaca tamamen uyduğunu gördüm. Ve böylece hukuk ordinaryüs profesörü, fakültenin ikinci sınıfında okuyan bir öğrenciden dil dersleri almaya başladı. Halil, çok iyi bir hukuk öğrencisi idi, ben de Türkçe'de çok iyi bir öğrenci olmak istiyordum. Ama bir şeyi istemek yetmiyor, yapmak da lâzım! Bazen Halil, öğrencisinin enerjisinden ve çalışmasından hiç mi hiç hoşnut kalmaz ve azıcık sert sözler sarfederdi. "Sert ama isabetli!" bulurdum sözlerini. Ama hiçbir zaman sabrını yitirmedi ve iyi bir öğretmen gibi, dil dersini "sabrın sonu selâmettir" sözleriyle sürdürdü.

Bu ortak çabalarımızın sonucunda 6 ay sonra, başkasından yardım istemeksizin Türkçe gazete ve kanun metinlerini kendi başıma okuyup anlamaya başladım. Gerçi henüz sık sık sözlüğe başvuruyordum, ama olsun. Dil ders saatlerinin dışında da, Kadıköy'den Köprü'ye gidip gelirken Halil, kendisiyle Türkçe konuşmam için beni zorlardı. Çarşıda bile, taze balık ya da meyva almak istesem, "Türkçe konuşun, Hocam!" komutuyla beni halkın diline alıştırmaya çalışırdı. Bir gün satıcının biri benim yabancı olduğumu anlayıp Fransızca cevap verince, Halil, adamı öfkeyle paylamıştı: "Niye, hocam seninle Türkçe konuştuğunda ona Türkçe vevap vermiyorsun?!"

Gerçi artık kendi ayaklarımın üzerinde durabiliyordum, ama yürümem hâlâ aksıyordu. Yoğun çabalarıma rağmen, derslerde tutarlı ve rahat konuşabilmeyi ise, ancak Türkçe düşünmenin ritmi ve mantığı, geceleri Almanca değil de Türkçe rüya görmeye başlayacak kadar içime sindiğinde, başardım. Ama, gene de iş sözleşmemin dil maddesi hükmünü yerine getirmiş ve 1 Kasım 1936'da dördüncü ders yılının başlangıcından itibaren tüm derslerimi ve seminerlerimi çevirmensiz olarak Türkçe vermeyi başarmıştım. Türklerin ifade ettikleri tüm takdirkâr sözlerde, özellikle Ankara ve İstanbul Hukuk Fakültelerinin 1964 ve 1977 yıllarında bana ithafen yayınladıkları armağan kitaplarında bu husus, büyük bir başarı olarak, özellikle vurgulanır. Zira başarım yabancı hocaların Türkçe'de kaydettikleri "ilerlemeler" açısından bir istisna niteliğinde idi; ayrıca varolma savaşı verdiğim bir sırada beni konuk olarak kabul etmiş ve bana çalışma imkânı sağlamış olan ülkeye karşı beslediğim bağlılık duygusunun kanıtı sayılmıştır. Nitekim, bana öğrencilerin sevgisini kazandıran ve böylece "dünyevî ölümsüzlüğe" kavuşturan şey de, Türkçe öğrenmek için sarfettiğim çabalar ve sonunda bu dili öğrenmem olmuştur.*

Başka bir yerde (liber amicorum, s. 46-49) 1936 Şubat ayında verdiğim ilk Türkçe dersi anlatmıştım. Ne var ki, tarih bakımından yanılmışım ve olayı altı ay öncesine tarihlemişim. Kısaca özetliyorum.

Kadıköy'de iki yılı aşkın bir süre, hemen Marmara kıyısındaki "Ü" apartmanında (bkz. Bölüm I/IV) oturduğumdan her an limana giren ve çıkan gemileri seyredebiliyordum. Bu arada dikkatimi, sabahları ancak saat ona doğru dağılan sabah sisinin gemilerin Haliçe girmesini engellemediği, ama dışarı çıkmalarını engellediği çekmişti. Bu yüzden, sabahın erken saatlerinde limana girmiş olan gemiler, sis sırasında dışarı çıkamıyorlar ve bu süre boyunca Kadıköy'le köprü arasındaki vapur seferleri duruyordu. Sadece adalardan gelen, Marmara Denizinin Anadolu kıyısı boyunca seyrederek, Kadıköy iskelesine değil de, Moda iskelesine yanaşan ada vapurları, durmaksızın düdük ve kampana çalarak, ağır ağır da olsa, Köprüye yanaşabiliyorlardı. Günlerden bir gün, gene kopkoyu bir sis Kadıköy'le İstanbul arasındaki ulaşımı felce uğrattığında, bu gözlemimden yararlandım ve adalardan gelip Moda'ya yanaşan yandan çarklı vapura binerek, tam ders saatinde üniversite binasına yetiştim: Derse yetişemeyenler, doçentim *Galip Göltekin* ile asistanım *Halil Arslanlı* idi. Her ikisi de Kadıköy yakasında oturuyorlardı ve tahminen şu sırada Kadıköy vapur iskelesinde sisin açılmasını beklemekteydiler. Öğrenciler sınıfta sabırsızlanmaya başladıklarından, bütün cesaretimi topladım ve tek başıma kürsüye çıktım. Bu hareketim bile öğrencileri heyecanlandırmaya yetti. Derken Türkçe konuşmaya başladım: "Arkadaşlar! Ben Kadıköy'de oturuyorum. Başkaları

---

* Deyim, eski öğrencim, şimdi ise İstanbul'da profesör olan *Postacıoğlu*'na aittir. Kendisi, İstanbul Hukuk Fakültesinin yukarıda andığım armağan kitabında, s. 748'de, bu deyimi kullanıyor. Ayrıca, gene yukarıda adı geçen köşe yazarı *Burhan Felek*'de, 14.3.1976 tarihli "Milliyet" gazetesinde şöyle yazmaktadır: "Profesör Hirsch, Hitler Almanyasından kaçtıktan sonra, tüm sevgilerini samimiyetle Türk eğitimine hasreden ve iyi Türkçe konuşan, bir Türk kadar iyi derecede Türkçe öğrenen beş-on fevkalâde değerli bilginden biridir."

da Kadıköy'de oturuyorlar. Onlar vapur iskelesinde, sisin dağılmasını bekleye dursunlar, ben, sadece ticaret hukuku değil, aynı zamanda deniz ticareti hukuku profesörü de olduğumdan, sise rağmen yolu bulup Marmara Denizini aştım ve yanınıza vardım. Lütfen, size dersimi yetersiz Türkçemle vermeme izin veriniz!" Bu sözlerden sonra, ceketimin cebinden, asistanım Halil'in Almancadan Türkçeye çevirmiş olduğu kambiyo hukuku konulu bir makalenin müsveddelerini çıkardım ve öğrencilerin coşkulu alkışları arasında ders niyetine işte bu baskı için hazırlanmış Türkçe çeviri metni okumaya başladım.

Bu dersten sonra Köprü'ye indiğimde Kadıköy'den kalkan ilk vapur henüz iskeleye yanaşıyordu. Yolcular itiş-kakış merdivenlerden çıkmaktaydılar. Aralarında benim iki yardımcımla meslekdaşım *Sıddık Sami Onar* da vardı. Sıddık Sami, Türkçe olarak bana "nereden böyle?" diye sordu. "Dersten geliyorum" dedim. "Gece şehirde mi yattınız?". "Hayır, Moda'dan 8 vapuruyla geçtim". Cevabı "Şeytan!" oldu. Bana gelince, yeniden Kadıköy'e hareket eden geminin lüks mevki salonuna kurulup, artık vâcip olan bir bardak çayı bambaşka bir zevkle yudumladım.

Halil'den aldığım dil dersleriyle Türkçe öğrenme işim bitmemişti. Gerçi sağlam bir temel atılmıştı, ama sözcük dağarcığı olarak halkın konuştuğu dilden çok resmî ve hukukî yazı dilini öğrenmiştim. Bu yazı dili, aslında Osmanlı İmparatorluğu döneminde altın çağını yaşamıştı, ama Cumhuriyetin ilânından sonra da, 1924 Anayasasında ve bu anayasayı izleyen on yıl boyunca çıkarılan yasalarda, mahkemelerde ve eğitim görmüş çevrelerde kullanılmaya devam etmişti. Bu Osmanlıca baştan sona Arapça ve Farsça sözcüklerle öylesine doluydu ki, halkın büyük kesimi için anlaşılması imkânsızdı. Bu nedenle, yukarıda da değindiğim gibi, bir dil reformu başlatıldı. Bu dil reformunun temellerini atma ve reformu uygulama görevi, Türk Dil Kurumuna verildi. Türk Dil Kurumunun 1932, 1934 ve 1936 kongrelerinde alınan kararlar doğrultusunda, önce basın dili Arapça ve Farsça sözcüklerden adım adım arındırılarak, bunların yerine Öz Türkçe sözcükler kullanılmaya başlandı. Bunlar ya günlük konuşma dilinde, özellikle de kırsal kesimde, gerçekten kullanılan sözcüklerdi, ya da Türkçe köklerden yapay olarak türetilmişlerdi. Ardından alfabetik düzenlenmiş cep sözlükleri yayınlanmaya başlandı; bu sözlüklerde eski karşılığı ile yeni sözcükler ve yeni karşılığı ile eski sözcükler yer alıyordu. Gazetelerin bu Türkçe sözlükleri, tıpkı bir roman tefrika eder gibi her gün birer parça basmaları istendi. Bundan amaç, Öz Türkçe konuşmak isteyen halkı, meramını nasıl ifade edeceği konusunda aydınlatmaktı. Başlangıçta halk da, basın da bu "icada" aldırış etmediler -tâ ki basına o güne kadar alışılmış deyimleri bırakarak bunların sözlükteki Öz Türkçe karşılıklarını kullanması resmen buyurulana kadar. Bu önlem, gazetelerin dehşetli tiraj kaybetmesinden başka bir sonuç vermedi, çünkü halk gazetede yazılanı anlamaz olmuştu. Buna bir de, entellektüel çevrelerde her zaman ve her yerde görüldüğü gibi, bazı Öz Türkçeci özel kişilerin, yazdıkları yazılarda Dil Kurumunun resmî listelerinde ve sözlüklerinde yer alan sözcüklerden başka bir de kendi uydurdukları sözcükleri kullanma hakkını kendilerinde görmeleri eklendi. Bu moda öylesine aldı yürüdü ki, yasalar önünde de durmadı. 1935 yılında Parlamentoda tarım kredi kooperatifleri ve tarım satış kooperatifleri ile kooperatif birlikleri üzerine çıkarılan iki yeni yasa, baştan sona Öz Türkçe kaleme alınmıştı ve öteki yasalardaki hukuk kavramlarından tamamiyle ayrılan bir terminoloji içeriyordu.

Ticaret Hukuku Kürsüsü Başkanı olarak ben de, kooperatif hukuku söz konusu olduğunda, eski hukuk ve yasa dilinin yanısıra bir de bu yeni Öz Türkçe terminolojiyi öğrenmek zorunda kalmıştım. Bunun sonucu şu oldu: Yukarıda sözünü ettiğim kooperatifçilik yasalarını Almancaya çevirdim ve bunları orijinal metinle birlikte, "Istituto di Studi Legislativi" tarafından Roma'da yayımlanan "Legislazione Internazionale"nin 4'üncü cildinde (1937) yayınladım. Bir Türk meslekdaşım da, kooperatifler konusunda 1938, ya da 1939'da yayınladığı eserinin önsözünde, bu Türkçe yasaların içeriğini ancak Alman meslekdaşının gerçekleştirdiği Almanca çeviri sayesinde anlayabildiğini itiraf etti.

Gelişmeleri akla uygun bir yola dökmek için 1936'da toplanan 3'üncü Dil Kurultayı, önce ilk ve ortaokul kitaplarında dili yenileştirme kararını aldı. Bu amaçla, matematik, fizik, kimya, biyoloji, zooloji, botanik ve jeoloji için yeni türetilen terimler, o güne kadar kullanılmış olan eski terimlerle birlikte, yanlarına Fransızca karşılıklarını da yazarak ayrı ayrı kitapçıklarda toplandı ve hem o dalların öğretmenlerine, hem de okul kitabı yazarlarına, düşüncelerini belirtmeleri istenerek, yollandı. Bu kişilerin düşünceleri alındıktan ve incelendikten sonra, Millî Eğitim Bakanlığınca nihaî terimler saptandı. Bunlar, 1941 yılında Türkçe uzmanlık terimleri olarak cep kitabı biçiminde yayınlandı ve ilk ve orta dereceli okullarda hem derste, hem de okul kitaplarında kullanılmaları zorunlu kılındı. Hareket artık üniversitelerle yüksek okullara da sıçramıştı. Üniversiteler, tüm bu uzmanlık alanları için o güne kadar kullanılmış olan terimlerin yerine ya Öz Türkçe, ya da Türkçeleştirilmiş uluslararası terimler bulmak ve listeler halinde bunları önermek zorundaydılar. Hukukçuların çoğu, zaten uzmanlık alanlarının nesnel koşulları gereği tutucu, hatta tutucudan da öte, çoğu kez gerici oldukları için, ilk söz yasa koyucunundur gerekçesiyle bu işten uzak durdukları halde, yaşları benimkine yakın olan daha genç doçentler kuşağı içinde, Öz Türkçe bir hukuk terminolojisi türetme konusunda çaba gösterenler vardı. Böylece benim Türkçe öğrenmem bir türlü bitmek bilmedi; hâlâ daha yeni yayınlanan Türkçe eserleri, ya da hatta bugünkü

(1981) günlük gazeteleri anlayabilmek için yeni yeni Türkçe sözcükler öğrenmek zorunda kalıyorum. Bir hukuk profesörü olarak insanın ne denli güçlüklerle karşılaştığını anlatmak için, şu örnek yeter sanırım: Parlamento, 1945 yılında 1924 Türk Anayasasını, içeriğini değiştirmeksizin Öz Türkçeye aktarmış, sonra da 1952'de gene eski dildeki orijinal metne dönmüştür! 1926'ya ait yasalara, özellikle de Medenî Kanuna, Borçlar Kanununa ve Ticaret Kanununa ise hiç dokunulmamıştır. Bunun sonucu olarak da, örneğin 1950'de liseyi bitirip de üniversiteye giren öğrenciler, bu yasaların dilini hiç mi hiç anlamaz duruma düşmüşler, dolayısıyla da üniversite hocası, derslerinde bu eski yasa metinlerini önce Öz Türkçeye çevirip, ancak bundan sonra bilimsel açıklamalara geçmek zorunda kalmıştır. Daha doğrusu, bu, bir Türk profesörünün görevleri hakkında benim kendi fikrimdi. Meslekdaşlarımın çoğunun düşüncesi ise, eskiden olduğu gibi o gün de, yasa koyucu yasaları değiştirmediği sürece, hocanın, dili yenileştirmek gibi bir yükümlülüğünün olmadığı yönündeydi. Fakat bu görüş 1961 Anayasasından sonra artık geçerli olamaz; çünkü hem zaten 1961 Anayasası yazılırken dil reformunun gerekleri göz önünde tutulmuştur, hem de bugünkü hukuk profesörleri kuşağı, dilde yenileşmeyle birlikte büyümüş, yetişmişlerdir.

4.
1933/34 Öğretim Yılında İstanbul Hukuk Fakültesi

İslâm hukukunda "medrese" (bazen iki 's' ile de yazılmaktadır) dendiğinde, bir caminin bünyesi içindeki hukuk - ilâhiyat yüksek okulu anlaşılır. Türkiye'de bu kavram, başka meslek yüksek okullarına da teşmil edilmiştir. 1933 yılında kapatılan İstanbul Darülfünunu çerçevesi içinde 5 medrese bulunmaktaydı. Bir tıp, bir hukuk, bir edebiyat, bir ilâhiyat ve bir de fen bilimleri medreseleri. 1924'den bu yana, yani 1923 Ekim'inde Türkiye Cumhuriyetinin kurulmasından sonra, tüm eğitimin lâikleştirilmesinin bir sonucu olarak medreseler gerçi "fakülte" adını almışlardı, ama barındırdıkları ruh zerrece değişmemişti. İstanbul Üniversitesinin 1933 yılında yeniden kurulmasındaki amaç, İslâmdan kaynaklanan bu medrese ruhunu kökünden silip atmak ve yerine Batı Avrupa geleneğinde bir üniversitenin merkezini oluşturacağı bilim özgürlüğünü getirmekti.

Hukuk Fakültesinde, buna ilişkin güçlükler, özellikle kendini hissetirmekteydi; aslında sorun, İslâmın damgasını vurduğu bir hukuk medresesinin yerine lâik bir hukuk bilimleri fakültesi koymaktı. Bu güçlükleri kavrayabilmek için ise, bazı ön bilgilere sahip olmak gerekiyordu. Ben de 1933 sonbaharı sonuna doğru İstanbul'da çalışmalarıma başladığımda bu bilgilere sahip değildim, oysa bunları bilmek pek çok şeyi benim için daha anlaşılır ve daha kolay kılacaktı.

İslâm Hukuku (şeriat), İslâmın ayrılmaz bir parçasıdır. İslâm ise, insanlararası ilişkide dinî-kutsal ve dinî olmayan - lâik alan ayrımı tanımaz. Bunun sonucu olarak, Medresede öğretilen hukuk, insanlararası ilişkileri ve gündelik hayatın işlerini kurallara bağlama ve düzenleme konularında da, özünde İslâmın öğretilerince belirlenmişti. Bunlar, yüzyıllar boyunca Müslüman hukuk hocaları tarafından bir sonraki kuşaklara aktarılmış ve geliştirilmiş olup, hatta devlet yasası halinde kodifiye edilmişlerdir. Nitekim, kapitülasyonlar denen anlaşmalar sonucunda, Osmanlı İmparatorluğuyla pek çok Hıristiyan devlet arasında anlaşmaya bağlanan konsoloslukların yargılama yetkisi, yabancıları, İslâm öğretisinden kaynaklanan dinî yargılamanın dışında tutmayı amaçlar. Bu düzenleme, daha Osmanlı İmparatorluğu sırasında bile bir diskriminasyon olarak görülmüş ve nihayet 1923 Lozan Barış Antlaşmasıyla tamamiyle ortadan kaldırılmıştır. Ancak bu, Türkiye'nin zaman geçirmeksizin bu dinî yargının yerine İslâmın etkilerinden bağımsız bir dünyevî yargı örgütlemesi ve maddî hukuku da buna uygun olarak değiştirmesi ön koşuluna bağlanmıştır.* Esasında islâmî esaslara dayanmayan yabancı yasaların çevirileri olan, kapsamlı Türk kanunları çıkarılarak, o güne kadar İslâmın damgasını taşıyan gelenek ve kanun hukukunun saf dünyevî kanunlarla bağdaşmayan tüm hükümleri, kesinlikle kaldırılmış ve örneğin İsviçre'den alınan Medenî Kanun ve Borçlar Kanunu, İcra ve İflâs Kanunu, Hukuk Usulü Muhakemeleri Kanunu gibi, Almanya'dan Deniz Ticareti Kanunu ve Ceza Usul Kanunu, İtalya'dan Ceza Kanunu alınmıştı. Fakat, kanun koyucunun *eski* hukukun yokedilerek yeni kanunların yürürlüğe girmesi yönündeki buyruğu, başlangıçta etkisiz kaldı: Yürürlükten kaldırılan hukuk de facto olarak varlığını sürdürdü; çünkü yürürlüğe konan yeni kanunlar de facto olarak uygulanmıyordu ki! Bu kanunlar, ilk başta, *ideal* düzeni ifade eden sözsel eserlerdi; gelecekte insanlararasındaki ilişkiler ve koşulların *gerçek düzeni*, işte bu ideal düzen doğrultusunda değişecek ve gelişecekti. Bu ise, ancak bunların uygulanması ile, yani halkın ve hukukçuların bu kanunları kullanmaları ile mümkündü. Türk nüfusunun büyük çoğunluğu, 1920'lerin ortalarında okuma yazma bile bilmiyordu. Bu olgu bir yana, kanunların sadece Resmî Gazetede yayınlanma yoluyla ilânı, uygarlık bakımından en ileri gitmiş devletlerde bile halkın "çekirdeğine" ulaşmazdı. Bu nedenle, hukuk öğretimi ve yargı aracılığıyla bu yeni kanunlara hayatiyet kazandırmak büsbütün önemli olmuştu. Oysa, yeni kanunları kabul ettirme açısından özellikle hukuk öğretiminin ve hukuk öğretisinin taşıdığı merkezî önem ya hiç kavranmamış ya da yeterince ciddiye alınmamıştı.

---

* Bununla ilgili olarak, bkz. "İsviçre Kanunundan Türk Hukukuna" başlıklı Almanca makalem ZSR 95 (1976), I. Halb bd., 223-248.

İstanbul Hukuk Fakültesinin 1933'de yeniden oluşturulmasında, esas meselenin ne olduğunu daha iyi anlatabilmek için, yukarıda sözünü ettiğim makalemden birkaç paragrafı aşağıya alıyorum:

İsviçre Medenî Kanununun Türkçeye çevirisinin hazırlanması sırasında Türk Parlamentosu bir yandan da Adalet Bakanlığının Ankara'da bir hukuk okulu kurma yolundaki başvurusunu incelemekteydi. Tartışmalar sırasında, ülkedeki ciddî hâkim açığına dikkat çekildi. O yıllarda Türkiye'nin yegâne hukuk fakültesini oluşturan İstanbul Hukuk Fakültesinden her yıl lisans diplomasıyla mezun olan öğrenci sayısının olağanüstü düşük olduğu (1925 yılında 20 ile 30 arasında), üstelik bu kişilerin istedikleri mesleği seçmekte özgür oldukları belirtildi. Bunlar, isterlerse hâkimlik mesleğini seçer, isterlerse serbest çalışırlardı, ama hâkimliği seçseler bile, bu kimseler *"bizim istediğimiz hukukun gelişmesi açısından değersiz"*diler (çünkü, geleneksel İslâm hukuku düşünüşüne göre eğitilmişlerdi!). Adalet Bakanı, Türkiye'nin yeni başkentinde "yeni hukukun öğretilmesi gerektiğini" vurguladı. Bir milletvekili, yeni kurulacak olan hukuk okulunda da İstanbul Hukuk Fakültesindeki müfredat programının benimsenmesi ve aynı derslerin okutulması gerektiğini söylediğinde ise, resmî oturum tutanağına şöyle bir ünlemin geçtiğini görüyoruz: "Yalnızca Ankara ruhuyla!". Başlangıçta Ankara *Adliye Mektebi* denen bu meslek yüksek okulunun 5.11.1925 tarihli açılış konuşmasında *Atatürk*, bugünkü Ankara Üniversitesine Hukuk Fakültesi binasının girişinde mermere yazılı olan şu sözleri söylemiştir:

"Cumhuriyetin müeyyidesi olacak bu büyük müessesenin küşadında hissettiğim saadeti hiçbir teşebbüste duymadım."

Bu sözler, ancak ve ancak Avrupa hukuk düşüncesi doğrultusunda eğitilmiş bir hukukçular ordusunun yetiştirilmesi sayesinde ve bunların yetişmesinden sonra reformların oluşturduğu muazzam eserin ebediyyen güvence altına alınabileceğine, yani laîk bir Cumhuriyet çerçevesi içinde, devlet ve hukuk hayatının dinin vesayetinden kurtarılması, dinî mahkemelerden, İslâm düşüncesine göre eğitilmiş hâkimlerden, kısaca, yüzyıllar boyunca Osmanlı İmparatorluğunun hâkimlerinin eğitildiği yerler olan ve henüz bir yıl önce kapıları kapatılan İslâm ilâhiyat, hukuk ve edebiyat yüksek okullarına hâkim olan ruhtan arındırılmasının ancak bu yolla mümkün olduğuna beslenen inancın bir ifadesidir.

İkinci Bölümde birkaç kez değindiğim Profesör *Malche*'ın raporunda, 1932/33 ders yılında İstanbul'daki hukuk öğrencilerinin sayısı 1.048 olarak verilmiştir. Bunların ise sadece 129'u lisans sınavından hemen önceki son sınıfa gelmişlerdi. *Malche*, eski ve modası geçmiş öğretim ve öğrenme yöntemlerini eliştirir: Üniversite hocası, önceden hazırlanmış bir metni okur, öğrenci ise, bu metni ezberlemek zorundadır. Türkçe'den başka dil bilmeyen öğrenciler, dersler dışında, herhangi bir başka kaynaktan yararlanma ya da bilgi edinme imkânına sahip değildirler, ya da pek ender durumlarda bunu başarabilirler. Aslında periyodik olarak yayınlanan meslek dergilerini bile içermeyen kitaplıklardan kitap ödünç alma diye bir eylemin varlığı dahi bilinmez.

İstanbul'daki eski hukuk fakültesinin pek çok öğretim üyesinin yeni kanunlara karşı, zaten Ankara'da yeni bir hukuk okulu açma konusundaki tartışmalarda da kendini belli eden tutumu, o günkü Eğitim Bakanı *Dr. Reşit Galip*'in 1.8.1933'de yapmış olduğu, yukarıda da değindiğimiz, resmî açıklamada da sergilenmektedir. Bakan, Türkiye'de büyük politik ve sosyal devrimler gerçekleşirken İstanbul Darülfünununun bunlara tarafsız bir gözle seyirci kaldığını da söylemişti. Hukukta radikal değişiklikler olurken, İstanbul Hukuk Fakültesi, sadece yeni kanunları müfredat programına almakla yetinmişti.

Ders cetvelinde İslâm Hukuku ağır basıyordu. Zaten hocaların hepsi, genel devletler hukuku okutan bir Fransız profesör dışında, eski Türk yani islâmî hukuk yapıları ve düşünce süreçleri içinde yetişmişlerdi ve bu nedenle de derslerini bu ruhta veriyorlardı. On yılı aşkın bir süredir ya da daha uzun bir zamandan beri şeriat hukuku okutmuş olan bir profesörün, medenî hukukta ve usul hukukunda İsviçre kanunları yürürlüğe konduktan sonra bile bu islâmî düşünce dünyasında çakılıp kalması kaçınılmazdı. Lâikleştirmeyi uygulamak için en büyük ölçüde islâmî zihniyetin etkisinde kalmış ve bu zihniyet tarafından belirlenmiş olan hukuk alanlarının, bu zihinsel bağın dışında olan hocalar tarafından, yani ithal edilen yabancı kanun metinlerinde dile gelen zihinsel ve örfsel kavramlarla yaşayan yabancı profesörler tarafından öğrencilere öğretilmesi zorunluydu.

Demek ki, özellikle bu hukuk alanları için yabancı profesörleri görevlendirmek anlamlı ve amaca uygundu. Çünkü bu alanlardaki geleneğin kırılması gerekiyordu. Öteki alanlar için ise, kapatılan eski fakülteden uygun profesörleri yeni kurulan fakülteye almak mümkündü. Profesör *Malche*'ın raporunda bu yeni kurulacak hukuk fakültesi için oniki esas kürsü öngörülmüştü.

Eğitim Bakanının görüşüne göre, bu kürsülerin yarısı, yabancı profesörlere verilmeliydi. Ama Üniversitenin açılışı sırasında, ancak üç hukuk kürsüsünün yanısıra dört iktisat ve sosyal bilim kürsüsüne yabancı profesörlerin getirilebildiği, yabancı, hatta mümkünse bir İsviçreli profesör için öngörülmüş olan Roma hukuku ve Türk medenî hukuku kürsüsünün henüz boş olduğu görüldü. Derslerin dağıtılması ve ders programının yapılması sırasında ise, özellikle normal bir hukuk fakültesinin hem hukuk, hem iktisat, hem de sosyal bilimler fakültesine dönüştürülmesinden kaynaklanan bazı güçlükler çıktı. Fakülte bünyesindeki hukukçu olmayan bilim adamlarını özel bir İktisat ve Sosyal Bilimler Enstitüsünde toparlamak ve böylece kendi alanlarında seminerler ve derinleştirici dersler vermelerini sağlamak akla gelen bir çözümdü. Başka bir çözüm önerisi ise, bu derslere de hukuk eğitimi müfredatı içinde yer vermek; gene başka bir öneri de, bağımsız bir iktisat ve sosyal bilimleri fakültesi kurulana kadar her iki seçeneği de uygulamaktı. Sonunda, hukukçu olmayan profesörleri, Hukuk Fakültesi çerçevesi içinde oluşturulacak bir İktisat ve Sosyoloji Enstitüsü bünyesinde toplamaya ve bu Enstitü, bir fakülte mertebesine yükseltilene kadar, bu hocaların derslerini hukuk müfredatına katmaya karar verildi. Nitekim söz konusu Enstitü, 1937 yılında fakülte olmuştur. Böylece, Profesör *Malche*'ın plânında öngörülmüş olan *tek bir* kürsü, tam yedi kürsüye bölünmüş oldu. Alman meslekdaşlardan *Röpke* ve *Neumark* genel ve özel iktisat bilimi, *Kessler* sosyoloji ve *Rüstow* da iktisadî coğrafya kürsülerinin başına geçtiler.

Görevlendirilen Alman hukukçuların saydığımız kürsülere dağıtılması konusunda ise şu düzenleme gerçekleşti: *Karl Strupp*, devletler umumî hukuku kürsüsünü aldı, ben de ticaret hukuku kürsüsünü aldım. *Richard Honig*'in ise hangi dalı okutacağı, başlangıçta tartışma konusu oldu. Sözleşmesine göre *Honig*, yeni kurulan hukuk felsefesi ve genel hukuk tarihi kürsüsüne çağrılmıştı. Ne var ki, aynı kürsüye, Alman bir hanımla evli olan Türk bilim adamı *Dr. Ferid Ayiter* de talipti. *Ayiter*, Göttingen'de *Julius Binder*'in yanında hukuk felsefesi dalında bir tezle doktor ünvanını kazanmıştı ve Ankara'da Bakanlık tarafından kendisine verilen söze güveniyordu. *Honig*, sözleşmesinin uygulanmasında direndi ve hukuk felsefesi dersleriyle hukuk bilimine giriş derslerini okutmaya başladı. *Dr. Ayiter* ise, fevkalâde kırgın olarak Ankara'ya gitti ve Ticaret ve (ya da) İktisat Bakanlığı'nda şef hukukçu görevine başladı.

Ticaret hukukunda benim okuttuğum derslerin içinde, başlangıçta deniz hukuku yer almıyordu. Deniz hukuku dersini kapatılan eski fakülteden devralınan Türk meslekdaşım *Ali Kemal* vermekteydi. Ancak, Ali Kemal, bir yıl sonra emekliye sevkedildi. Onun emekliye ayrılmasına ben vargücümle karşı çıktım; çünkü Ali Kemal hem son derece geçimli iyi bir meslekdaşdı, hem de konusunu iyi bilen bir kişi ve uzmandı. Yeni rektör seçilen *Cemil Bilsel* ise, yeni kurulan ve bana verilen ticaret hukuku kürsüsünün sadece kara ticaret hukukunu değil, tıpkı Almanya'da olduğu gibi tüm yan dallarıyla, özellikle de kıymetli evrak hukuku, deniz ticaret hukuku ve özel sigorta hukuku alanlarıyla ticaret hukukunun bütününü kapsadığını belirtti. Özellikle de Türk Ticaret Kanununun Deniz Ticaret Hukuku konulu ikinci cildi, Alman Ticaret Kanunu hükümlerinin bir çevirisinden başka bir şey olmadığından ve deniz hukuku uzmanı meslekdaşım da tek kelime Almanca bilmediğinden, bu alanda benim daha ehliyetli olduğumun tartışmasızlığına dikkati çekti. Bu tartışma benim için, gene de, yetkili merciler tarafından ehliyetimin kabul edildiğini ve kişisel olarak da sevildiğimi göstermesi bakımından olumlu olmuştur.

Yabancı bir profesör için öngörülmüş olan Roma hukuku ve medenî hukuk kürsüsü Üniversitenin açılışı sırasında henüz doldurulamamış olduğundan, bu kürsü geçici olarak Roma hukuku profesörü *Mişon Ventura*'ya verildi. *Ventura*, Freiburg (Br.) Üniversitesinden olan ve 1926 ile 1930 yılları arasında Zürih'te medenî hukuk okutmuş olan *Andreas B. Schwarz*'ın gelmesi üzerine görevinden ayrıldı. *Schwarz*, Roma hukuku kürsüsünün yanısıra, medenî hukuk kürsülerinden birini de üstlendi. Böylece iki kürsü bir kişinin şahsında birleşmiş oluyordu. Öteki medenî hukuk kürsülerini ise *Ebülûla Mardin* ve *Samim Gönensay* yönetmekteydiler. Her ikisi de, lağvedilen fakültede aynı mevkide hocalık yapmışlardı. Üçüncü medenî hukuk hocası ise, *Kemalettin Birsen*'di.

Profesör *Malche* tarafından öngörülen örgütsel-bilimsel reformun başarıya ulaşıp ulaşmayacağı ve Fakültenin zihniyetinde hükümetin beklediği doğrultuda bir değişiklik olup olmayacağı, sadece kürsülerin kimler tarafından yöneltileceğine bağlı değildi. Bu, aynı zamanda söz konusu üç Alman profesörü, kıt Türkçe bilgilerine rağmen, hem üniversite yönetimi çerçevesinde hem de üniversite dersleri konsunda, daha başından bütünün bir parçası kılmanın hangi derecede mümkün olacağına bağlıydı. Yönetim konusunda pek güçlük yoktu, çünkü iletişim ve tartışma dili olarak Fransızca derhal "doğal" bir araç olarak kabul edilivermişti. Ancak, yabancı profesörlerin hukuk öğretimi konusunda bütünle birleştirilmeleri konusunda, durum değişiyordu.

Profesör *Malche*'ın başlangıçta sunduğu öneri gayet iyi düşünülmüştü. Her yabancı kürsü sahibine Avrupa'da eğitim görmüş, doktorasını yapmış genç bir doçent verilecek; bu doçent, profesörünün sözlü ve yazılı ürünlerini Türkçeye çevirecek ve bu suretle de ister istemez meselelerle bizzat ilgilenmeye, şefiyle sürekli düşünce değiş-tokuşunda bulunmaya zorlanacaktı. Çünkü, ancak bu yolla, sadece geçici bir süre için göreve çağrılmış olan yabancı profesörlerin yerini alabilecek olan ve alması gereken Türk profesörleri kuşağını, kısa zamanda yetiştirmek mümkündü.

Richard Honig; kendine hemen hukuk felsefesi ve hukuk tarihi için, malzemeyi iyi tanıyan iki doçent buluverdi. Bunlardan biri, Heidelberg'de doktorasını yapmış olan ve fevkalâde iyi Almanca konuşan *Dr. Yavuz Abadan*'dı. Öteki ise, Roma Üniversitesi mezunu olan Şemseddin Talip'di. Bana gelince, ilk başta yedek kuvvetlerle idare etmek zorunda kaldım. Yardımcılarımdan biri hukukçu değildi, ötekinin ise gerçi hanımı Almandı, ama kendisi Almancayı yeterince anlamadığı gibi, üstelik bir de Amerikan Hukuku okumuştu. İlk ders yılı, ancak arada sırada *Yavuz Abadan*'ın ve yukarıda kendisinden etraflıca söz ettiğim *Halil Arslanlı*'nın yardıma koşmaları ve benim de el-kol hareketlerimle ve tahtaya geometrik şekiller çizerek derdimi anlatmaya çabalamamla, zar-zor geçti. Bundan sonra Freiburg'da (İsviçre) eski Türk (İslâm!) miras hukuku konusunda doktora yapmış olan *Galip Gültekin*'in şahsında -gerçi önce benden ticaret hukuku öğrenmek zorunda olmasına rağmen- derslerimi, makale ve kitap müsveddelerini iyi-kötü Türkçeye çevirecek kadar Almanca bilen bir doçente kavuştum. Fakat onu profesör olarak yetiştirmek kısmet olmadı, çünkü 1937 yılında milletvekili seçilerek parlamentoya girdi ve üniversitedeki görevinden ayrıldı.

İstanbul'daki on yıllık çalışmam boyunca öğrenci kitlesi arasından sıyrılan kimi gençler, ya yurtdışında, özellikle de Almanya ve İsviçre'de doktor ünvanını kazanmış, ya da İstanbul'da üst düzeydeki öğrenimlerini bitirerek doktora yapmış, bunun ardından asistanlığa tayin edilmiş ve asistanlık süresini doldurduktan sonra doçentlik sınavını vererek, Profesör *Malche*'ın düşüncesinin doğruluğunu kanıtlamışlardır. İstanbul'da hocalık yaptığım ilk üç yıl içinde son sınıfa gelip lisans sınavlarını başarıyla vermiş olan öğrencilerin en az iki düzinesi, aradan birkaç yıl geçtikten sonra akademik kariyerin ilk basamaklarını tırmanmaya başlayarak beni sonsuz mutlu ettiler. Aralarından üçü, ticaret hukukunda uzmanlaştı. Şayet bana daha çok sayıda asistan kadrosu tahsis edilmiş olsaydı, doçentlik ve profesörlük adaylarının sayısı da ona göre daha çok olurdu, kuşkusuz. 1943 yılında Ankara'ya çağrılarak İstanbul'dan ayrıldığımda, kendimi övmeksizin, bu halde Hukuk Fakültesinde Müslüman medrese zihniyetinin yerini Batı Avrupa tarzında bir üniversitenin özgür bilimsel havasına terketmiş olduğunu tespit edebiliyordum. Bu değişme ve başkalaşmada benim payıma hangi ölçüde ne düştüğünü, önümüzdeki bölümlerde anlatmak istiyorum.

5.
Fakültedeki Görevlerim

I.
Fakülte Öğretim Üyesi Olarak

Bir profesörün fakülte içindeki ve meslekdaş çevresindeki yeri, sadece başında bulunduğu kürsünün önemine değil, aynı zamanda fakültedeki bilimsel ve yönetsel görevlere katılma oranına da bağlıdır.

Tek tek fakülte üyelerinin *yönetim* açısından hizmetleri profesörler kurulu toplantılarına katılmaktan ve bu kurulun sürekli ya da geçici (ad hoc) komisyonlarında çalışmaktan ibaretti. Bu toplantılara katılmak, sadece bir hak değil, fakat üniversite yönetmeliğine göre, temel bir görevdi ve bu görevi yerine getirmek, bazen oldukça zahmetli çabalara ve büyük zaman harcamaya yol açıyordu. Türk olmayan meslekdaşlar da göz önüne alınarak çoğunlukla Fransızca olarak yürütülen profesörler kurulu toplantıları, çok sık yapılmamakla birlikte, genellikle gündem maddelerinin büyük bir titizlikle hazırlanmasını gerektirmekteydiler. Bu gündem maddeleri, komisyonlarda etraflı bir biçimde tartışılır ve karar önerisi olarak formüle edilirdi. Özellikle ilk yıllarda, derslerin düzenlenmesi ve sınav sistemine ilişkin çeşitli fakülte yönetmelikleri sık sık değiştirilerek yeniden yapılıyor ve Maarif Vekâletinin onayına sunuluyordu. Bu arada sayısız görüş ayrılıkları çıkıyordu; çünkü pek çok öğretim üyesi, Fransa'daki yüksek öğrenimleri sırasında, ya da medresede hocalık yaptıkları sırada edinmiş oldukları tecrübelerle yoğrulmuşlardı, oysa ben Alman sistemine göre programlanmıştım. Profesör *Malche*'ın raporunda derslerde yapılacak reformlar konusunda yazdıkları da, alman sistemine uygundu. Bunlara ilâveten, bir de üçüncü görüş olarak geleneksel olanı mümkün mertebe az değiştirmekten yana olan ebedî "eski özlemciler" grubunun görüşleri vardı. Profesörler kurulunun toplantılarında yalnızca ara maddeleri tartışmak mümkün oluyordu, asıl ayrıntıları komisyonlarda halletmek gerekiyordu. Bu komisyonların bileşimi ise, yukarıda anlattığım görüş ayrılıklarından ötürü, fevkalâde önemliydi. Dört sürekli komisyon (danışma komitesi) kurmak zorundaydık. Bu komisyonlar, dekandan ve rektörün gene dekan tarafından kendisine sunulan bir listeden seçeceği iki profesörden oluşmaktaydı. Komisyonlar, yönetim ve malî işler konularında, derslere ilişkin sorunlar, yayın ve öğrenci işleri konularında yetkiliydiler. Bunların yanısıra, profesörler kurulu tarafından seçilen bir hayli ad hoc (geçici) komisyon da vardı. Bunlara, genellikle Bay *Onar* ve ben üye seçilirdik. Ben, hem fakültenin yaşça en genç üyesiydim, hem de Fransız ve Alman karma görüşünü temsil ediyordum. Bizler, ille de prensipler diye tutturan kişiler olmadığımızdan ve Türkiye'nin kültürel ve sosyal özelliklerini de görmezlikten gelemeyeceğimizden, ortaya sürekli olarak uzlaşmacı öneriler getiriyorduk; bu uzlaşmacı önerilere ise, örneğin *Ali Fuat Başgil*'in de dahil olduğu Fransız sisteminin şiddetli savunucuları ya da Profesör *Mardin*'in etkisi altındaki tutucu unsurlar, başka başka açılardan olmakla birlikte, mutlaka karşı çıkıyorlardı; öyle ki, Profesör *Onar* ve benim bulduğum bu uzlaşmacı formülleri, ikimiz bir ağızdan, bütün gücümüzle savunmak zorunda kalıyorduk. Gene de, Profesör *Malche*'ın raporunda yer alan tavsiyelere de dayanarak, teorik derslerde, uygulamalı çalışmalarda (bunlara pratik kurlar da deniyordu) ve seminerlerde, kendimce en önemli gördüğüm değişiklik ve yeniden düzenlemeleri yapabilmiştim. Fakat, bunların istediğim gibi uygulanmasını sağlamak elimde değildi. Seminer yapmak ya da yapmamak ya da pratik çalışmayı dilediği biçimde gerçekleştirmek, hocaya kalmış bir işti. Seminer yapmaya zaten alışkın olan üç Alman profesörün dışında, hiç olmazsa bir-iki tane olsun Türk meslekdaşın da seminer yapmasıyla ve pratiklerde, yazılı sınav için söz konusu konularda kompozisyon ödevi vermeleriyle yetinmek zorundaydım.

Özellikle zor bir sorun, sınav sisteminin düzenlenmesiydi. Eskiden beri uygulana gelen ve tüm yüksek öğrenimin, dört yıla (sınıflara) bölünmesine ve bu sınıfların her birinin de sabit bir ders plânına sahip olmasına dayanan Fransız sınav sisteminin, Türkiye'deki eğitim uygulamasının bütünselliği açısından, temelinde değiştirilemeyeceği konusunda ikna olmuştum. Evvelâ bu sistemi, bir okul havasını vermesine rağmen Alman sisteminden daha iyi buluyordum. Çünkü sistem, bu haliyle öğrencilerin hem kafa yapısına, hem de öğrenim gücüne uygundu ve söz konusu sistemi, eşyanın tabiatından hareketle savunmak mümkündü. Pekalâ, bir hukuk fakültesinin görevinin, bilimsel bir sistem içine sokulmuş olan hukuk malzemesi yığınını, bu sistemin ölçüleri uyarınca öğrencilere iletmek ve onlar tarafından kavranılmasını sağlamak olduğu ileri sürülebilirdi. Dört yıllık bir yüksek öğrenim süresi temel alındığında, hukuk malzemesi, böylece dört yıla bölüştürülmek zorundaydı ve her bir sonraki yılın malzemesini anlamak için bir önceki yılın malzemesini bilmek ve anlamış olmak gerekliydi. Alman sistemine oranla bu sistemin öğrenci açısından yararı, her seferinde toplam malzemenin sadece dörtte birini akılda tutmayı gerektirmesiydi. Bir yıl içinde işlenmiş olup ders yılı sonunda başarıyla sınavı verilen malzemenin ise öğrencinin belleğine yerleşmiş ve sinmiş olduğu, sessizce varsayılırdı. Tabiî, ancak kısmen doğru bir varsayım. Önceleri, öğrencilerin bana yönelttikleri, bazı soruları anlamamıştım: Benim ticaret hukuku sınavından neden dördüncü sınıfın sonunda "sorumlu" oluyorlardı? Medenî hukukun ilk üç yıl içinde okutulan ve yıl sonu sınavlarında başarılı oldukları bölümlerini de bilmek zorunda mıydılar?.

Acaba, daha önceki 3 yıllık sınavda gerçekten de başarıyla vermiş oldukları medenî hukuk konularını da soracak mıydım? Öğrenciler, ticaret hukukunun özel kurallarını anlayabilmek için medenî hukukun genel öğretisini bilmenin ve anlamış olmanın gerektiğini ve bu nedenlede benim, gayet tabii ki, mülkiyet ve aynî haklar, hukukî ehliyet, işlem ehliyeti, tüzel kişiler, haksız fiil gibi konularda genel bilgi sahibi olmayı şart koşacağımı ve şart koşmak zorunda olduğumu, ancak bunları ticaret hukuku sınavı konusu yapmıyacağımı bir türlü kavrayamıyorlardı, kavramak da istemiyorlardı. Alman Referandar sınavı, adayın mahkeme stajı sırasında kendisi için gerekli olan bilgilere sahip olup olmadığını ölçen bir adalet mesleğine kabul sınavıdır. Oysa dördüncü yılın sonundaki sınavları başarıyla veren her Türk öğrenci, herhangi bir başka sınava tâbi tutulmaksızın bir mahkeme ya da avukat yanında staja başlayabilir. Hukuk öğrencisine öğrenimini bitirirken verilen bitirme notu, o güne kadar öğrencinin her ders yılı sonunda vermiş olduğu toplam dört ders yılı sonu sınavlarının not ortalamasıyla elde edilir.

Öğrencinin yurtdışında yaptığı yüksek öğrenim ve karşılığında aldığı belge gerçi geçerli sayılırdı, ancak bu in toto (tümüyle) bir geçerlilik değildi ve belge yurtdışı öğrenimi, Türk müfredatına göre zorunlu sayılan dersleri içerdiği ölçüde geçerli olurdu. Yurtdışında sınavı verilmemiş zorunlu dersler için ise fark sınavı vermek gerekirdi. Örneğin, ben kendim de, Türk uyruğuna geçtikten sonra ve üniversiteyle sözleşmem sona erdiğinden dolayı baroya avukat olarak kaydolma gereğini duyduğumda, ilkin sosyoloji ve adlî tıp sınavlarını vermek zorunda kalmıştım. Bunun dışında, öğrenim belgelerinde yer alan derslerle ilgili olarak Almanya'da "Referandar" sınavında almış olduğum notlar geçerli sayıldı.

İşte, Fransız sistemine bakarak hazırlanmış olan Türk sınav sisteminin bu ve buna benzer başka özelliklerini önce iyice kavramalıydım ki, hukuk fakültesinin sınav düzeni üzerindeki tartışmalara katılabileyim. Asıl açıklığa kavuşturulması gereken soru, not skalasıydı. Bundan başka, her ders için bir asgarî not ve yıl sonu sınavı için de asgarî not ortalaması tespit etmek, ayrıca hangi dersin sınavının yazılı ya da sözlü veya hem yazılı hem sözlü yapılması gerektiği ve öğrenci eğer ana sınavda derslerden birinde asgarî notu ya da ek sınav sonuçları dikkate alındığında da, yıl sonu sınavını geçmek için zorunlu ortalama notunu tuttaramamışsa, kaç kez daha ek sınav hakkı tanınmasının mümkün olduğu gibi sorunlar çözüm bekliyordu. Zayıf ve en zayıf öğrenciler, yani geniş kitle için önemli olan tüm bu hususlar, zaman zaman özellikle de sınavda başarısız öğrenci oranı yükseldiğinde ve öğrenciler, basının da yardımıyla sınav düzeninin adil olmadığını ileri sürerek, bunu açıkça eleştirdikleri ya da sınav düzenine hücum edilmesini sağladıkları zamanlarda, sil baştan ele alınarak tartışılıyordu. Notların, sınav sonunda elde edilen başarıya uygun olması için mücadele ediyordum. Oysa kimi meslekdaşlar, sınavdaki başarıya bakmaksızın ne kadar öğrenci varsa hepsine de en yüksek notu veriyorlardı. Bunun sonucunda hem bütün olarak sınav sonucunun, hem de özellikle yıl sonu sınavının ortalamasıyla her dört yılın sınav sonuçlarının toplam ortalamasının tahrif edildiği olgusu, bu meslekdaşların umurunda değildi. Oysa, bu davranışlarıyla öğrencileri, kendi derslerinde okuttukları malzemeyle hiçbir şekilde ilgilenmemeye teşvik etmekteydiler. Bütün bunlar herkesin bildiği sırlardı. Ama, bir öğrencinin sınav başarısını değerlendirme hakkı, yalnızca ve yalnızca yetkili profesörün elinde olduğundan, bu hakkın kötüye kullanılmasına karşı çıkmanın da imkânı yoktu.

Bu sınav sistemi, yıl sonu sınavının ortalama notunda da görüldüğü gibi, temelde elmaları, armutları, muzları, kavunları birbirine karıştıran, bunları eşit olarak ele alan bir hesaplamaya dayanmaktaydı. Oysa, derslerin hacmi, haftada bir saatle altı saat arasında değiştiği gibi, derslerin verilme üslûbu, yöntemi de, tıpkı başka başka derslerin sınavında öğrenciden başka başka düzeyde başarı talep edilmesine paralel olarak, birbirinden çok farklıydı.

Bazı profesörler başarıda, sınavda öğrencinin verdiği cevabın, derste tutturdukları notlarla kelimesi kelimesine aynı olmasını kıstas olarak kabul ediyor, ders notlarının ezbere tekrarını istiyorlardı. Buna karşılık, bazı profesörler de, iyi-kötü ayırdetmeksizin herkese en yüksek notu dağıtıyorlardı. Bir kaç profesör ise, gerçekten sınavdaki başarıyı ölçüp değerlendirmeye çalışıyordu. Ve bu şartları bilen herkes için, bu sınav sistemi, acı bir güldürüydü, o kadar. Örneğin, çok sık rastlanan bir olayı, belirtmek isterim: Haftada altı saat okutulan kara ve deniz ticaret hukuku dersi sınavında ancak geçer not alacak kadar başarı gösterip 5 numara kazanmış bir öğrenci, haftada bir saatlik başka bir dersten de sınavda 10 numara kazanmışsa, artık sınıfta kalmaktan korkmazdı. Çünkü, bu iki notun toplamı 15, ortalaması da 7,5 puandı ve bu, yıl sonu sınavını başarmak için gerekli olan asgarî ortalamayı tutuyordu. Geçen 45 yıl içersinde yukarıda anlattığım bu durumun ne dereceye kadar değişmiş olduğunu değerlendiremem. Yalnız, bir kaç yıldan beridir, pek çok yabancı hukuk fakültesinin, İstanbul ya da Ankara'dan hukuk lisans diploması almış olan öğrencileri, eskiden olduğunun aksine, yeni bir dört yıllık hukuk öğrenimini yeni bir lisans sınavıyla başarıyla tamamladıktan sonra, ancak, doktora programına kabul etmeleri bana üstünde düşünmeye değer gibi geliyor. Bu ön şartı yerine getirmenin sebebi olarak, Türk öğrencilerin bir doktora tezi hazırlamaya başlamak ya da doktora sınıfına kabul edilmek için yeterli ön eğitime sahip olmadıkları gösterilmektedir. Türk sınav sonuçlarının eşdeğerli sayılmaması ise, uluslararası çapta genel bir sorun olarak karşımıza çıktığı durumda, Türkiye'de başarıyla başlanmış olan hukuk öğretimi reformunun, son yirmi yıl içinde çıkmaza saplandığı ve 1933 öncesinde Darülfünun'da hâkim olan şartların geri geldiği anlamını taşır.

Durum ne olursa olsun, öğretim ve sınav sisteminin hukukî düzenlenmesi, benim İstanbul Üniversitesi Hukuk Fakültesine bağlı olduğum yıllarda, ikide bir profesörler kurulu toplantılarının gündeminde boy gösteriyor ve geçici (ad hoc) komisyonların kurulmasına yol açıyordu. Ben de, bu komisyonlara üye seçilmek şeref ve zahmetine mazhar oluyordum.

Fakülteye özgü görevlerin yanısıra, fakültelerarası ya da üniversite içi diyebileceğimiz sayısız işin daha halledilmesi gerekiyordu.

Çok sayıda fakültenin biraraya gelmesinden oluşan bir organizasyon biçimi olarak üniversite, bir üniversite Yönetim Kuruluna sahipti. Bu kurul, rektörün başkanlığında, tüm fakülte dekanlarından oluşmaktaydı. Bunun yanısıra bir de, "Üniversite danışma komitesi" vardı. Bu komite ise, her fakültenin daha önce sözünü ettiğimiz daimî komisyonlarından oluşmaktaydı. İşin mahiyetine göre gerektikçe üyeleri değişebilen, bu fakültelerarası organ, danışmanlık fonksiyonunu yerine getiriyordu ve bütün olarak üniversiteyi ya da birden çok sayıda fakülteyi ilgilendiren her türlü soruna açıklık getirmekle yükümlüydü. Örneğin 1937 Şubatında İktisat ve Sosyal Bilimler Fakültesinin bağımsızlık kazanması üzerine, Hukuk Fakültesiyle arasındaki çalışma alanlarının sınırlandırılması sorunu, bunlardan biriydi. Aynı şekilde, fakültelerden birinin bir öğretim üyesi tarafından öteki fakültenin öğrencileri için verilecek derslerin ve yapılacak sınavların konu ve kapsamlarının tespiti de buna dahildi. Özellikle önemli sorunlardan biri de tüm bilim dallarında o güne kadar kullanılagelmiş olan Arapça terimlerin yerine konması öngörülen Öz Türkçe terimleri tartışmak ve tespit etmekti (Bkz. Bölüm 3). Bu terim tespiti, bütün fakülteleri ilgilendirmekteydi. Ben, Türkçe hukuk bilim dilini öğrendikten sonra, 1941 yazında bu terminoloji komisyonunda çalıştım. Ne var ki, Türk hukuk diline dokunmaya pek kimse yanaşmıyordu. Gösterdikleri sebep, kanun yapıcının kanunlarını hâlâ geleneksel terminolojiyle yazdığı sürece, bilim dilinde değişiklik yapmanın anlamı olmadığıydı. Aslında tam tersinin doğru olduğu, yani kanun yapıcının bilim alanından gelecek önerileri beklediği gerçeği ise, bir türlü görülmedi. Hattâ, kanun yapıcının bazı kanunlarda terminoloji konusunda da kendi kendine danışmanlık yaparak, içeriği ve kapsamı bunları kabul eden milletvekili kitlesince bile anlaşılamayan kanunlar çıkardığında da, bu gerçek görülmedi. Bunun karakteristik örneği, yukarıda başka bir vesile ile de belirtmiş olduğum gibi, 1924 Anayasasının, 1945 yılında Türk Dil Kurumu tarafından hazırlanmış olan ve önerilen, yeni hukuk terminolojisi uyarınca, içeriği nesnel olarak değiştirilmeksizin, yeni dilde yazılması ve 1952 yılında bu Anayasanın bir kanunla tekrar ilk orijinal metne dönüştürülmesidir. Çünkü, yeni metni, milletvekillerinin bile çoğunluğu anlamakta güçlük çekmişlerdi.

Bugün bile (1981) Türk hukuku, Türk hukuk uygulaması ve öğretimi, bu çözümsüz kalmış terminoloji sorunundan mustaripdir. Bindokuzyüzyirmili yıllardan kalan kanunların dili, 1961 Anayasasından sonra çıkarılan kanunların dilinden farklıdır. En yüksek mahkemelerin, 15 hukuk ve 9 ceza hukuku dairesi olan Yargıtay'ın hükümlerindeki dil, yalnızca çeşitli daireler arasında farklılıklar göstermekle kalmaz, aynı zamanda Danıştayın kararlarındaki dilden de, Anayasa Mahkemesinin kararlarındaki dilden de ayrılır. Anayasa Mahkemesi, gerçi dil açısından özellikle ilerici bir tutum içerisindedir, buna karşılık hukuk meselelerine gelince, tutucu, hatta, deyim yerindeyse, İslâm hukukunun ruhuna uygun biçimde gerici bir tutum alır. Ama hukukçular, sadece kendi terminolojileri ile değil, işleri gereği hayatın tüm alanlarıyla ilişkili olduklarından, diğer bilim dallarında dilde yeni bilimsel kavramların tespiti, benim için de ilginç ve önemliydi. Herşeyden önce,o günkü Türk profesörler kuşağının nasıl hâlâ Fransız etkisi altında olduğu çok belirgin bir biçimde görülüyordu. Fransızca, Almanca ve İngilizce'de aynı köke sahip olan terimlerin, Türkçe bilim diline aktarıldıklarında, hangi Türkçe telaffuz ve imlânın geçerli olacağı tartışmasında bu büsbütün belli olmaktaydı. Örneğin, Fransızcada ve Almanca'da son hecesi "gie" olan (örneğin"enerji") sözcükler, Türkçeye aktarılırken Fransızca mı, yoksa Almanca mı telaffuz edilecek ve buna uygun olarak da yazılacaktı. Rektör, komisyonun başkanı olarak, Türk dilinin Fransızca telffuza yatkın olduğunu ve Almanca telaffuza ters düştüğünü ısrarla savuna dursun, ben de, bu arada, onun dikkatini, Almanca telaffuz ve imlâya uyan sayısız özbeöz Türkçe sözcüğe çekmeye çabalıyordum. Ama benim iddiam tutmadı. Rektör, Türkiye'de insanların, yabancı sözcükler söz konusu olduğunda Fransız ifade tarzını kullanmaya alışkın olduklarına karar verdi. Ve böylece de, son hecesinde "logie" bulunan tekmil terimler, Türkçe'de "logi" diye değil de "loji" diye yazılır ve söylenir oldu. Burada dikkat edilmesi gereken nokta, "j" harfinin her zaman Fransızca'daki gibi telaffuz edildiğidir, yani "journal" de olduğu gibi. Oysa "g" harfi, Almanca'daki "gehen, geben" gibi telaffuz edilir. Yani Türkçe'de antropoloji, mineraloji, sosyoloji deniyor. Aynı şey, son hecesi "tion" olan sözcükler içinde geçerli, bunlar da Fransızca olarak "syon" ("y" burada Almanca "jedermann" sözcüğündeki "j" sesini verir) diye veriliyor. Almanca önek "in", Türkçe'de -Fransızca da olduğu gibi- "en" olarak okunuyor. Buna göre, Türkçe'de "enflasyon", "endüstri", "enstitü", "entegral" vb. gibi birçok sözcüğe rastlamak mümkün.

Fakültenin üyesi ve Profesörler Kurulu tarafından seçilen temsilci olarak, ülkenin tüm eğitim sistemini ve kültür hayatını konu alan kongrelere de katılmak fırsatı vardı. Örneğin, ben o günkü dekan Profesör *Ali Fuat Başgil* ile birlikte, İstanbul Hukuk Fakültesi temsilcisi olarak, ülkenin ilk eğitim ve öğretim kongresine (Maarif Şûrası) gönderilmiştim. İlk Maarif Şûrası, 1939 yılı Temmuz ayının ikinci yarısında Ankara'da toplanmış ve özellikle de okul ve yüksek okul eğitiminin düzeltilmesine ilişkin sorunları işlemişti. Türk yüksek okulları ve fakülteleri, çeşitli rapor, inceleme ve öneri yazısı hazırlamışlardı; açık tartışmalarda bunlar etraflıca ele alındı. Hukuk Fakültesi tarafından kurulmuş olan ad hoc (geçici) bir komisyonun sunduğu raporun hazırlanmasına ben de katılmıştım. Raporda, yılların tecrübesine dayanılarak, hukuk öğrenimine başlayan öğrencilerin çoğunun gerekli olgunluk ve ön eğitime sahip olmadıkları tesbit ediliyordu. Bunlar gerçi fakültedeki çeşitli derslere giriyor ve derslerini çalışıyorlardı, ancak bu öğrencilerin büyük bir kısmı, orta öğretimin aksaklıklarından ötürü dersleri izleyemiyor, sınavlarda da başarılı olamıyordu. Komisyonun görüşüne göre bu başarısızlığın nedenleri, genel olarak orta öğretim sistemindeki aksaklıklarda yatmaktaydı, özellikle anadilin yeterli öğretilmemesi, aynı şekilde tarih, felsefe, sosyoloji ve yabancı dil öğretimindeki yetersizlikler gibi.

Öteki fakültelerin raporlarında ve resmî oturumlardaki tartışmalarda da aynı ton hâkimdi. Nitelik sorununun yanısıra nicelik sorunu, özellikle üniversiteler ve yüksek okulların aşırı kalabalıklığı da tartışıldı. Bunların dışında tartışılan konular ise, yüksek okul alanında üniversitelerle meslek yüksek okulları arasındaki sınırın ne olması gerektiği sorunu, dil reformu, terimler ve yabancı diller, bilimsel araştırma ve yayınların teşviki, halk eğitimi ve beden eğitimi oldu. Ayrıca, özel komisyonlarda tek tek fakültelerin hem lisans hem doktora programı için öğretim ve sınav yönetmelikleri tartışılarak, üniversite ve yüksek okul öğretiminde az-çok bir birlik sağlanması yönünde çaba harcandı. Aynı şekilde, akademik kariyerde asistanlık, doçentlik, profesörlük ve ordinaryüslük için esas alınacak ön şartlarla yükselme şartları etraflı olarak tartışıldı; böylece varolan farklılıklar bertaraf edilerek ortak düzenlemelere gidilmek istendi. Özellikle tıp ve hukuk fakülteleri için önemli olan, Türk profesörlerle yabancı meslekdaşlarının tam gün (full-time) profesör olarak ne dereceye kadar çalışma güçlerinin tümünü üniversiteye adamak zorunda kaldıkları, kendilerine, bugüne kadar yapıldığı gibi, mesleklerinde hekim ya da avukat olarak serbest çalışma hakkının tanınıp tanınmayacağı sorunu, ele alınan konular arasında önemli bir yer tutmaktaydı.

İstanbul Hukuk Fakültesi delegesi sıfatıyla, yaz tatili ortasında Ankara'da tam 14 gün süreyle toplanan bu kongrenin genel kurul ve komisyonlarına katılmak, benim için gerçi son derece öğretici ve ilginç olmuştu; fakat bu çalışmalar insanın sadece kendisi için değil, Fakültenin bir üyesi olarak aynı zamanda o Fakülte adına, yani Fakülteye ait olan öğretim kadrosu adına da yapılmış bir gayret ve hizmetti. Öte yandan böyle bir görevin verilmesi, yabancı profesöre, onun konusuna hâkimiyetine, meslek ve dilbilgisine meslekdaşlarının beslediği güvenin de bir kanıtıydı. Her zaman için bu güveni haklı çıkarmaya çalışmışımdır. İstanbul Hukuk Fakültesindeki hocalığımın ilk yıllarında öğrencim olan Profesör *Dönmezer*, hakkımda yazdığı ve 75. yaş günüm şerefine İstanbul Hukuk Fakültesince 1977'de yayınlanan armağan kitabında yer alan övgüde, aynen şöyle der: "Her zaman için, Fakültemiz uğruna kendinden istenen her hizmeti yapmaya hazırdı." İşte, araştırma ve öğretim dışında bu hizmet ve görevlerin en önemlilerinden biri de, bu iş için gerekli olan bilimsel bir kitaplığın düzenlenmesi, bu kitaplığın kullanılmasını sağlayacak katalog ve bibliyografyaların hazırlanmasıydı. Bu alandaki çalışmalarımı, aşağıdaki bölümde ayrıca anlatmak istiyorum.

II.
Kütüphaneci Olmak

Kitaplığı olmayan bir üniversite, cephaneliği olmayan bir kışlaya benzer. Daha Fakülte odalarını ilk gezdiğimde, olağanüstü büyük bir mekânın gerçi kitaplık olarak adlandırılmış olduğunu, ancak içinde mobilyası olmayan bir çalışma ve okuma salonuna benzediğini farketmiştim. Duvarlardaki bazı kitap raflarında birkaç kitap bulunuyordu ama, bizim anladığımız biçimiyle bir kitaplıktan söz etmek mümkün değildi. Profesör *Malche*, raporunda, görkemli büyük bir salonda kurulmuş olan tıp kitaplığının insanı şaşırtıcı derecede cılız olduğunu, buna karşılık Hukuk Fakültesinde gerçekten zengin bir kitaplık gördüğünü yazarken, anlaşılan gözüne çarpan, o güzel ciltlenmiş, koca formalı kalın kitapları kastetmişti. Ne ki, kendisi hukukçu olmadığından, bütün bu dizi dizi ciltlerin, o günkü profesörlerle öğrenciler için hurda kâğıt değerinde olduğunu anlayamazdı. Bunlar hurdaydılar, çünkü münhasıran Osmanlı İmparatorluğunun eski hukukuna ilişkindiler, oysa on yıldan beridir bu imparatorluğun yerini, tüm yeni temel yasalarıyla birlikte, Türkiye Cumhuriyeti almıştı. Türk reform yasalarına ilişkin bilimsel yayınlar, yok denecek kadar azdı, İsviçre ve Alman eserleriyse, hiç yoktu. Tıp Fakültesi büyük anfisinin altında içi kitap dolu, açılmamış pek çok sandık ancak 1938 yılında bulundu. Bu kitapları, Alman tarafı, Birinci Dünya Savaşı sırasında Fakülteye armağan olarak göndermişti, fakat bunlar tam 20 yıl boyunca böyle gizli bir köşede kalmışlardı. Tuhaf olan şu idi: Kitaplık memuru yoktu, sadece bir hademe vardı. Bu hademe, gerçi eski Arapça matbaa harflerini okuyabiliyordu, ama topluma biraz değiştirilerek kabul ettirilmesinin üzerinden henüz beş yıl geçmiş olan Lâtin alfabesini okuyamıyordu ve tek işi, arada sırada toz almak ve girene çıkana dikkat etmekti.

Bu duruma dayanamıyordum. Gerçi kendi uzmanlık kitaplarımın hepsini Almanya'dan getirmiştim ve İsviçre'den aldığım bazı kitaplarla da kütüphanemi İsviçre hukuku konusunda takviye etmiştim. Kendi ihtiyacımı iyi-kötü giderecek durumdaydım. Ayrıca, Türk yasalarının, Rizzo yayınında çıkan Fransızca çevirilerini de getirtmiştim. Ama, öğrencilere hazırlanmak için başvuracakları bir kitaplıkta yer alan yayınların bir listesini vermeksizin, onlarla seminer yapmam mümkün müydü? Uzun sözün kısası: Burada bir boşluk vardı ve bu medreseye benzer hukuk okulunu gerçek anlamıyla bilimsel karakterli bir hukuk fakültesine dönüştürmek isteniyorsa, bu boşluğun mutlaka kapanması gerekiyordu. Aşağı yukarı on yıl içinde yürürlüğe konan kanunlar üzerine yazılmış Türkçe kitapların çoğalmasının, bu kitapları yazabilecek durumda olan kişilere, yani esas olarak Türk profesörlerle yardımcılarına bağlı olduğunu çok iyi biliyordum. Ama bunların gelecekte, bugüne kadar olduğundan daha çalışkan olup olmayacakları sorusu açıktı. İki-üç yabancı profesörden de mucize beklememek gerekirdi. Gerçi bu kişiler, ellerinden geldiğince ders kitabı olsun, bilimsel makale olsun yazıp duruyorlardı, ama bu kitap ve makalelerin çağdaş yabancı bilim öğretisi, özellikle Batı Avrupa'nın bilim öğretisi, kazaî içtihat ve yasaları düzeyinde olmaları gerekir ve isteniyorsa, bunların söz konusu yabancı malzemeyi yeterince ve düzenli olarak inceleyebilmiş kişiler tarafından yazılmaları lâzım geliyordu. Demek ki, yapılacak ilk iş, standart eserlerden (ders kitapları, şerhler ve monografilerden) ve Türk kanunlarının hazırlanmasında örnek alınmış Avrupa ülkelerinin hukukları ile ilgili kanun ve dergi koleksiyonlarından oluşacak bir kitaplık kurmaktı. Örneğin medenî hukuk için İsviçre yayınlarını, ceza hukuku için İtalyan, ceza usulü için Alman, idare hukuku için Fransız, deniz ticareti hukuku için gene Alman yayınlarını; ticaret hukukunun öteki alanları için de Almanya, Avusturya, Belçika, Fransa, İtalya ve İspanya'dan temel eserleri getirmek gerekiyordu. Herşeyden önce belli başlı İsviçre, Alman ve Fransız uzmanlık dergileriyle kanun metinlerini veren eserlere abone olmak lâzımdı. İlk başta Türk meslekdaşlara bu sorunun önemini, özellikle kapsamını da kavratmakta güçlük çektim. Türk meslekdaşlar, bilimsel bakımdan iyi-kötü doyurucu bir kitaplık kurmanın, bunu düzenli olarak yenileştirmenin ve sürdürmenin ne muazzam bir iş olduğunu zihinlerinde canlandıramıyorlardı.

Profesörler Kurulu, 1934'de beni kitaplık işleriyle görevlendirdiğinde, ilk iş olarak, tüm kürsü sahiplerinden kendi kürsülerinin ihtiyacı olan yayınların bir listesini, yaz sömestresinin sonuna kadar hazırlamalarını istedim. Tüm uyarılarıma rağmen bu listelerin bir türlü hazırlanmadığı durumlarda da, kendim, aklım erdiği kadar, uygun bir liste düzenledim. Bütün listeleri birbiriyle karşılaştırıp, çift istenmiş yayınlar bire indirildikten ve listelerarası uyum sağlandıktan sonra, bunların alımına ayrılabilecek malî ihtiyaçlar genel bütçeye dahil edilmişti. Bu arada da 1934, 1935, 1936 ve 1937 malî yılları için Millî Eğitim Bakanlığı emrine inşaat işleri, alet alımı, ders araç ve gereçleri için her kalem başına 200.000 TL.'lık olağanüstü bir tahsisat, üniversitenin inşa ve donanımı amacıyla kullanılmak üzere verilmişti. Dolayısıyla yeterli para vardı. O günlerde büyük çaplı kitap alımı için durum da çok elverişliydi. Zira Leipzig'de, eski eserler satan bazı ünlü kitapçılar, nasyonal-sosyalist ırkçı kanunlar yüzünden ya işlerini tasfiye etmek zorunda kalmışlardı, ya da en azından Alman Rayh'ı sınırları içinde satamadıkları kitapları, başka yerlere yok pahasına satmaya çalışıyorlardı. İşte hazırlanan kitap sipariş listelerini, 1934 ve 1935 ders yılları boyunca bu türden kitapçılara yolladık ve neticede, 1935 ilkbaharında içleri kitap dolu yığınla sandık Fakültemize ulaştı. Adına kitaplık denen geniş salonun zeminine üstüste istiflendi.

Peki, ama, bunları kim boşaltacaktı? Kim kitapları demirbaş defterine kaydedecek, katalog çıkaracaktı? Yazarlara göre bir katalog var mıydı? Konulara ya da belli sözcüklere göre bir katalog var mıydı? Raflar yetecek miydi? Peki, ya o odanın zemini, ağzına kadar kitapla dolu rafların ağırlığını taşıyabilecek meydi? Ya bir gün çöküverirse? Ama her şeyden önemli soru: Bütün bu işleri kimin örgütleyip düzenleyeceği idi, daha doğrusu bunu yapabilecek kim vardı? Bakanla ve Rektörle durumu konuştum. Söyledikleri şuydu: "Bütçemizde araç-gereç alımı için yeterince para var, ama personel için hiç paramız yok. Hem paramız olsa bile, Türkiye'de meslek eğitiminden geçmiş, birkaç yabancı dil bilen, ek olarak bir de hukuk biliminin çeşitli dalları hakkında bilgi sahibi bir kütüphaneci yoktur". Bunun üzerine, büyük yaz tatili sırasında kendimin kolları sıvayıp yeni ders yılı başlayana kadar, kitap sandıklarından oluşan dağı herkesin kullanabileceği bir kitaplığa dönüştürmeyi deneyebileceğimi söyledim. Tek şartım, ikibuçuk ay süren yaz tatilinde bütün asistanların dört hafta boyunca her gün öğleden öncelerini bana yardıma ayırmaları ve kitaplığı düzenlemek amacıyla emrime verilmeleriydi. Dekan da, devletler hukuku hocası olarak Fakültemizin bir mensubu olan Rektör de, bu önerim karşısında havalara uçtular ve iyi niyetim için bana teşekkür ettiler. Fakat, tatil sırasında da görev yapmakla yükümlü oldukları halde, sabahtan akşama kadar boş oturan asistanlar bu işten pek memnun kalmamışa benziyorlardı. Gene de Dekanın çağrısına asistanların üçte ikisi uydu. Gelenleri karşıma alıp, meselenin mahiyetini ve ne yapmaları gerektiğini anlattım, niçin kendime yardımcı olarak öğrencilerden bir grup değilde onları seçtiğimi, bu çalışmadan elde edecekleri manevî kazancı ve benzeri şeyleri açıklamaya çalıştım. Kendi asistanım *Halil Arslanlı*, grubun sözcülüğünü üstlenerek, bir kitaplığı düzenlemenin, katalog hazırlamanın, kitapları raflara yerleştirmenin kesinlikle bir ordinaryüs profesörden beklenmeyeceğini, bunun daha aşağı düzeyde bir hizmetlinin işi olduğunu, hatta asistanlar olarak kendilerinden de bunun istenemeyeceğini bildirdi. Zira yapılacak iş zihnî bir etkinlik değil, kol işçiliğiydi. Kuşkusuz, bağlı oldukları profesörün, bilimsel çalışmalarında yardımcı olmak onların göreviydi, ama, Fakültenin ortak çıkarı uğruna, böyle dendiği gibi dört hafta boyunca her gün öğleden önce, hem de yaz tatilinde, benim talimatlarımı yerine getirmek gibi bir görevleri yoktu. En azından fazla mesai ücreti almadan olmazdı. Aşağı yukarı ne kadar para verilecekti kendilerine? "Bana verilenin tam iki katı" dedim, kuru bir sesle. Yüzleri güldü. Siz ne kadar tazminat alıyorsunuz, diye sordular. Cevabım: "0,000" oldu. Ve böylece kendimi, itirazlarını cevaplamış kabul ettim. Bunun dışında bir istekleri varsa, Dekana ve Rektöre başvurmalarını bildirerek, kitapları konularına göre tasnif için düşünmüş olduğum şemayı kendilerine açıklamaya başladım. Kendimce bir şema hazırlamıştım, çünkü kitaplık için öngörülen kapsam ve amaç bakımından desimal sisteme göre bir kataloglamayı uygun görmüyordum. Her grup için öngördüğüm yer veya konu işaretlerini kendilerine tanıttım ve bu işaretle numarayı, envanter listesindeki sürekli numaradan ayrı tutmaları gerektiğini bellettim. Bir sandıktan çıkarılan her kitabın önce belli bir yerine "Hukuk Fakültesi" damgası basılıyordu. Bu damganın yanısıra sürekli bir numara da basıyorduk. Kitap işte bu numara ile üniversitenin malı olarak demirbaş listesine kaydediliyordu. Bu işi, elbette, okuması yazması olan ve azıcık da sorumluluk duygusu taşıyan her sıradan memur becerebilirdi. Asıl kütüphanecilik işi, yani bilimsel iş, bundan sonra başlıyordu. Ve ben de, bu işin bilimsel niteliğinden dolayı, öğrencileri değil de, uzman asistanları seferber etmiştim. Çünkü kitabın o andan itibaren hukuk açısından nitelendirilmesi ve sınıflandırılması gerekiyordu. Yani, önce, söz konusu kitabın hangi hukuk dalına girdiği araştırılmalıydı, örneğin ceza hukuku, idare hukuku, medenî hukuk ... gibi kitabın ait olduğu hukuk dalı tespit edildikten sonra, bu kez de, hangi alt gruba girdiğine bakmak lâzımdı; örneğin medenî hukuk dalında alt grup olarak şahıs hukuku, eşya hukuku, miras hukuku ... gibi alanlar vardı. Ancak bu alt grup tespit edildikten sonra, kitabın öngörülen harf ya da harflerden oluşan işaretleri ve sürekli numarasını belirlemek mümkündü. Bu da yapıldıktan sonra, kitabı özel bir fişe kaydetmeye sıra geliyordu. Fişe, kitabın tam başlığı, yazar ya da yazarların adı, yayınlandığı yer ve yıl, cilt ve sayfa sayısı, en-boyu ve kapak türü yazılır ve ancak bundan sonra, daha önce belirlenmiş olan işaret ve numara hem kitabın ilk sahifesine, hem de fişine geçirilirdi. Bu şekilde doldurulan fiş, kitabın arasına konulur, kitap da kontrol masasına bırakılırdı. Kontrol masasında şunlara bakılırdı:

1- Demirbaş damgası ve sayısı usulüne uygun olarak basılmış mı?
2- Fiş, kitabın ilk sayfasındaki bilgilere uygun olarak doldurulmuş mu?
3- Fişdeki işaret ve numara, kitaptaki işaret ve numaraya uyuyor mu?

Çünkü, burada yapılacak herhangi bir dikkatsizlik, kitabın bulunmasını imkânsız kılıp, kullanımını engelleyebilirdi. İşte, uzman bir kütüphaneci işitse, ya gülümseyeceği, ya da saçını başını yolacağı bu girişi dinledikten sonra, bizimkilerin azameti azıcık kaybolur gibi oldu. Zira, bir kitabın doğru olarak nitelenmesi ve sınıflandırılması sorusu bile, önemli ölçüde hukuk bilgisini şart koşmaktaydı; bu bir yana, bu işi yaparken, kendi özel disipliniz konusunda yazılmış ve o güne kadar varlığından bile haberdar olmadığınız nice esere rastlıyordunuz, dolayısıyla, sonuçta, neredeyse kendi hocanızdan bile daha çok şey bilmeniz işten değildi.

İlk sabah, işaretleri öğrenerek, konulara uygun bir niteleme ve sınıflandırma denemeleri yaparak geçti. Bunu izleyen günlerde ise, yardımcılarımın sayısı gitgide azalmaya başladı. İlk haftanın sonunda üç kişi kalmıştık. En sonunda ise asistanım Halil Arslanlı ile ikimiz başbaşa kalıverdik. Öteki asistanlar ise, belki de, deniz kıyısında güneşleniyor ve Dekanın talimatına uymakla yükümlü olmadıklarını düşünüyorlardı. Bu şartlar altında, yeni ders yılı başlayana kadar kitap sandıklarını işe yarar bir kitaplık haline dönüştürme vaadimi tutamadığımı belirtmeye bilmem gerek var mı? Ama zamanla, özellikle meslekdaşlarıma meseleyi açıp desteklerini istedikten sonra, bu işi başarabildim. Bir zamanlar derslerimi dinleyen öğrencim Profesör *Sulhi Dönmezer*'in İstanbul Hukuk Fakültesince çıkarılan armağan kitabında yazdığı şu satırlar, son derece karakteristiktir:

"1938 yılının Haziran ayında Asistan olarak Fakültemize atandığımızda Fakülte Dekanı Kütüphanemizi düzenlemekte bulunan Prof. *Hirsch*'e hemen yardım ile hizmete başlamamızı istedi; gidip hocaya mülâki olduk. Ceketini çıkarmış, kollarını sıvamış, kitaplar arasında çalışıyordu. Onun yanında, kütüphanenin etajerleri arasında altı ay süre ile bulunduk ve istediği şeyleri yaptık: Her kitabı elden geçirdik, kitapların numaralarını ellerimizle yazdık ve etiketlerini yapıştırdık. Bu arada 1914 yılında Almanlar'ın Fakültemize hediye ettiği ve fakat Tıp Fakültesi Anfisi altında unutulmuş kitap sandıklarını da açarak eserleri demirbaşa geçirip yerlerine koyduk. Yaptığımız işi basit sayarak bezginlik gösterdiğimiz zamanlar, işin özellikle bizim için, ne kadar yarar sağladığını ileride anlayacağımızı söylerdi. Gerçekten bu sayede kitaplarla senli benli olmayı, Kütüphanede yer alan her eseri gözü kapalı bulmayı öğrenmiş olduk ve ileri yıllarda hoca olunca, kürsümüze atanan her asistanı başlangıçta, bir yıl süre ile Kütüphane içinde oturtmayı âdet edindik. Böylece hocamızdan edindiğimiz tecrübeyi, aldığımız dersi gençlerin yetiştirilmesinde de, yararlı biçimde sürdürdüğümüzü sanıyoruz ve bu metodun büyük yararlarına hâlâ inanıyoruz."

Bu arada, başka bir Alman profesörün daha kendi fakültesi için aynı şekilde kolları sıvadığını anmak gerek. Kendisine büyük saygı beslediğim Profesör *Gerhard Kessler*, İktisat ve Sosyal Bilimler Fakültesi 1937 yılında Hukuk Fakültesinden ayrılıp bağımsız olduğunda, bu fakülte kitaplığının ve kataloğunun temelini, kartotek fişlerini bizzat elyazısıyla doldurarak, kitaplara kendi eliyle başlıkları koyarak atmıştır.

Geçtiğimiz yıllarda, İstanbul Hukuk Fakültesinin yepyeni modern salonlarda kurulmuş kitaplığını ziyaret ettiğimde, bana 30-40 yıl önce kendi elyazımla doldurulmuş kartotek fişlerini ve kitap sayısı en az on kat arttığı halde, o güne kadar değiştirilmeden korunan, konulara göre tasnif sistemini ve eski konu ve yer başlıklarını gösterdiler.

En az bir fakülte kitaplığının kurulması ve geliştirilmesi kadar âcil önem verdiğim başka bir iş de, hukuk eserlerinin bir bibliyografyasını çıkarmaktı. İlk başta, kendi ihtiyacım için, Türkiye'de 1934 ve 1935 yılları arasında hukuk alanında yayınlanmış olan kitap ve makalelerin bir fihristini çıkarmıştım. Bu fihrist, sonra Hukuk Fakültesinin dergisinde (Cilt 4, 1938, s. 376-393) yayınlandı. Öylesine büyük bir ilgi uyandırdı ki, fihristi 1940'da dahil olmak üzere tamamladım ve gene Fakülte dergisinde (Cilt 6, 1940, s. 860-992), 1934-1940 Türk Hukuk Literatürü Bibliyografyası olarak yayınladım. Genç doçentler için bu bir teşvik oldu ve bu alanda onlar da bir şeyler yapmaya heves ettiler; böylece bu görev benim üzerimden kalktı. Ama bu bibliyografya, o tarihlerde basında yeniden alevlenen ve güya ülke için parmaklarını bile kıpırdatmayıp görevlerini yapmayan yabancı profesörleri hedef alan bir hücuma gereken cevabı verme konusunda işime yaradı. Bibliyografyanın bir ayrı basımını, günlük çıkan "Akşam" gazetesine bu amaçla yolladım. Ve gazetede 6 Mart 1941 tarihli sayısında "Ali ile Veli" (Almancada Schulze ve Müller misali) sütununda, "yabancı uzmanlar ve Türkçe" başlığı altında, şöyle bir hayalî konuşmaya yer verildi.

"Ali - Sana bana bir kitap hediye etmişler, Veli.

Veli - Kim hediye etmiş?

Ali - Profesör Dr. Jur. Ernst E. Hirsch, İstanbul Üniversitesi kara ve deniz ticareti hukuku ordinaryüs profesörü. Kitabın adı: "1934 ile 1940 arasında Türk Hukuk Bibliyografyası". Bu yazar, en azından çok iyi Türkçe öğrenmiş, çünkü bizim dilimizde yazdığı ithaf cümlesini öyle doğru ifade etmiş ki, okumuş bir Türk bile parmağını ısırır... Üstelik sayın Profesör, bizim geçenlerde bu sütunda yaptığımız bir siteme de azıcık dokunduruyor, yani, basın bazı yabancı uzmanların yakasını bırakmıyor demeye getiriyor... Biz ne demiştik: "Bizim onlar hakkında uzun uzadıya yazdıklarımızı ruhları bile duymuyor"... demiştik, işte bu sözlerimizi ima ediyor...

Veli - İşte, buna sevinmemiz gerekir... ve hâlâ Türkçe öğrenmemiş olan yabancı uzmanlara "Bay Hirsch gibi Türkçe öğrenin. Ülkemize duyduğunuz ilginin derecesini ancak böyle gösterebilirsiniz" dememiz gerekir.".

Bu tür bibliyografyalar çıkarmanın yanısıra, Roma'daki "Istituto di Studi Legislativi" için, Enstitü Müdürü Profesör Galgano'nun isteği üzerine hazırlamayı kabul ettiğim yıllık Türk mevzuatı raporları, büyük ölçüde zamanımı ve enerjimi almaktaydı. Çünkü bu raporlarda bir takvim yılı boyunca çıkarılmış olan Türk kanunlarını sadece saymakla yetinmiyor, bu kanunların içeriklerini de özetliyor, hatta Türkiye'nin hukukî gelişmesi açısından karakteristik nitelikte ve önemli gördüklerimin bir de Almanca çevirisini veriyordum. 1935 ve 1936 yıllarında, Türkçe bilgim henüz kıtken, hele bu çevirileri yaparken çok zahmet çekiyordum. Umarım, çok fazla sayıda ve özellikle de anlamı iyiden iyiye değiştirecek nitelikte çeviri hataları yapmamışımdır.

Söz konusu raporlar, 1935, 1936, 1937 ve 1938 yıllarını kapsar ve yukarıda adını andığım Enstitü tarafından çıkarılan "Legislazione internazionale" dergisinde, Cilt IV (1937), s. 943., Cilt VI (1938), s. 863 vd. ve Cilt VII (1939), s. 457 vd.'da yayınlanmıştır. Bu yolla, Alman Rayh sınırları içinde yayın yapmamı engelleyen nasyonal sosyalist önlemlere rağmen, mukayeseli hukukla uğraşan bütün dünyadaki meslekdaş çevresiyle, Alman dilinde, bağlarımı sürdürebildim. Türkiye'de sadece özel hukuk mevzuatı ile ilgili raporlarımı 1939'dan 1956'ya kadar "Zeitschrift für ausländisches und internationales Privatrecht (Rabels Z.)" de sürdürdüm [Cilt 23 (1958), s. 81-110], daha sonraları ise bu işi daha genç bilim adamlarına bıraktım.

III.

Üniversite Hocası Olarak

Seneca'nın gençlik yıllarında "Homines dum docent discunt" (İnsanlar öğretirken öğrenirler) dediği söylenir. Bu fikir, atasözü olarak "docendo discimus" kelimeleri ile ifade edilir. Bu eski gerçeğe ben, öğretmek durumunda olduğum şeyleri evvelâ kendim öğrenmek zorunda kalarak, katkıda bulunmuş oldum. Çünkü bir hukuk profesörü olarak insan kendi millî hukukuna, daha doğrusu: Kendi ülkesinde yürürlükte olan hukuk düzeninin özel bir dalına saplanmıştır, zaman ve mekân içinde belirlenebilen başka hukuk düzenleri ise zamana ve mekâna göre hukuk mukayesesi biçiminde, sadece birer marjinal görüntü rolü oynarlar. Alman hukuk düzeni çerçevesinde yetişmiş bir hukukçu, dilini bilmediği, kanun metinlerini tanımadığı, ülkedeki gerçek yaşam koşullarından habersiz olduğu bir ülkede, nasıl olurdu da, bugünden yarına, Türk hukuk öğrencilerine Türk hukuku konusunda, özellikle de Türk hukuk düzeninin son derece kapsamlı ticaret hukuku bölümü konusunda ders vermeye başlayabilirdi? Ticaret hukuku konusunda Türkçe olarak yazılmış bir ders kitabı da yoktu. Kanun metinlerinin Almanca çevirisi deseniz, o da hak getire. Çaresiz, Türk Ticaret Kanununun 1926'da çıkarılan ilk kitabı ile 1929'da çıkarılan ikinci kitabının, ayrıca bazı yan kanunların gayrıresmî Fransızca çevirisine başvurmak zorunda kalmıştım. Bu arada, Ticaret Kanununun ilk kısmının *E. Manasse* tarafından yapılmış ikinci bir çevirisini daha keşfettim. Daha sonraları,

Türk hukuk dilini öğrendikten sonra tespit ettiğime göre, bu çeviri, Rizzo yayınevinden çıkana oranla daha çok titiz ve dikkatli bir çeviriydi. Özellikle de bu çeviride her hükmün "genealojisi"nin yani Ticaret Kanununu hazırlamakla görevli komisyon üyelerinin yararlandıkları yabancı kaynakların, sayısız dipnotu aracılığıyla gösterilmesi ona üstünlük sağlıyordu. Ticaret Kanununun deniz hukukuna ayrılmış olan ikinci kitabı Alman Ticaret Kanununun dördüncü kitabının Fransızca çevirisinin Türkçeye çevrilmesinden ibaret olduğundan, kaynaklara dönebilirdim tabiî; fakat Türkçe kanun metninin yabancı kaynağın tıpatıp tekrarı olması şartıyla. Ne var ki bu, her zaman böyle olmuyordu. Buna ek olarak, bir de, kara ticareti hukukunun münferit bazı müesseselerinin, deniz ticaret hukukunda olduğu gibi, tek bir millî hukuk düzeninden alınmış olmayıp, en az 12 değişik millî hukuktan derlendiğini belirtmek gerek. Ayrıca içerikte ve terminolojide bir birlikten söz etmek mümkün değildi, çünkü anlaşılan komisyonun her üyesi, kendi bildiği dille yazılmış olan kaynağı kullanmış ve bunu gene kendi kelime dağarcığına göre Türkçeye çevirmişti. Tam bir yamalı bohça, Türk meslekdaşlarımın dediği gibi, mayonezi eksik bir "Rus salatası"ydı.

Dolayısı ile ilk işim pozitif Türk hukuk düzenine dayanan bilimsel bir ticaret hukuku sistemi tasarlamak oldu. Bu sistemin sayesinde sayısız hukukî hüküm, tek bir bakış açısından değerlendirilerek, kendi içinde bütünleşmiş bir öğretim konusu halinde özetlenebilecekti. Bunun gerçekleştirilmesi, sadece bilimsel nedenlerden ötürü değil, pratik nedenlerle de son derece büyük önem taşıyordu: Ticaret Kanunu ile aynı zamanda, 4 Ekim 1926'da Türk Medenî Kanunu ve Türk Borçlar Kanunu yürürlüğe girmişti. Bunların her ikisi de esas olarak, ilgili İsviçre kanunlarının Fransızca metninin Türkçeye aktarılmasından ibaretti. Kanunlar ne dil, ne de içerik bakımından birbirine göre ayarlanmıştı ve bu da, uygulanmaları sırasında büyük güçlüklere yol açıyordu. Hâkim, kararını verirken, hangi kıstaslara göre seçim yapacaktı? Çünkü bir hukukî meselenin çözümü için gerekli hükümleri hem Medenî Kanunda, hem de Ticaret Kanununda bulmak mümkündü ve bunlar şu, ya da bu ölçüde birbirlerinden farklıydılar. Bir davanın karara bağlanması için hukuk mahkemesinin mi, yoksa ticaret mahkemesinin mi yetkili olduğu sorusu ortaya çıktığında, ticaret hukuku uzmanlık alanı ile medenî hukuk uzmanlık alanı arasındaki sınır hangi kıstaslara göre çizilecekti? Kanun hükümleriyle uzmanlık alanları arasında bir hiyerarşi var mıydı? Ticaret hukuku uzmanlık alanı içinde genel hükümleri özellerden ayırmak, kural olanla istisna olanı ayırdetmek, tek tek hukuk kurumlarını kavram olarak birbirinden ayırmak için hangi kıstaslar esas alınmalıydı? İşte, derste ağzımı açıp ilk cümleyi söylemeden önce, üzerinde düşünmem, pozitif Türk hukukuna dayanarak çözüm aramam gereken sorunlar bunlardı.

Tüm bu mülâhazalar esnasında, aşağı yukarı 2 yıl kadar önce,*Schlegelberger'*in editörlüğünü yaptığı "Handwörterbuch für das Zivil- und Handelsrecht des In- und Auslandes" adlı eserde "Ticaret Hukuku" bahsini yazmış olmam pek işime yaradı. Ticaret hukuku bakımından millî hukuk düzenleri arasında farklar olduğu tespit ediliyordu ve bu farklar bazen oldukça önemli idi. Bu farklar karşısında yeryüzündeki bütün ülkelerin ticaret hukuku ile ilgili müesseseleri hangi sistematik bakış açısından derli toplu olarak tasnif edilmeli idi? Adı geçen eserin IV. cildinde 1933'de çıkmış olan bu makaleyi hazırlarken, bu gibi soruların çözümüyle uğraşmıştım. Kısa olmakla birlikte Türk Ticaret Kanununu da dikkate almış olduğum bu kapsamlı mukayeseli hukuk yazısından hareket ederek, öğrencilere, daha işin başından, "Ticaret Hukuku" deyiminin çift anlam taşıdığını, yani hem ulusal hukuk düzeninin bir bölümü, hem de dünya çapındaki uluslararası bilimsel hukuk sisteminin bir alt bölümü anlamına geldiğini anlatmaya çalıştım. Bu farkı ön plâna çıkarmak, dersteki reform açısından bakıldığında da önem kazanıyordu. Bir hukuk fakültesi, tıpkı o güne kadar, Darülfünunda yapıldığı gibi atalardan gelme hukukî bilgileri tekrar etmekle yetinmemeli, yeni kurulan İstanbul Üniversitesinin görevine uygun olarak sadece alıcı olan "talebe" den tefekkür sahibi bir "üniversite öğrencisi" yapmalıydı.*

Meseleyi açıklığa kavuşturmak için, derslerimin anahatlarını içeren notlarımın 27 Kasım 1933 tarihli önsözünü** aşağıya alıyorum:

"Çağdaş hukuk eğitimi, sadece hukuk bilgisini aktarmakla yetinmez; tam tersine her şeyden önce hukukî düşünceyi geliştirme ve uygulama hedefini güder: Öğrencileri hukukî düşünceye alıştırabilmek için, profesörün öğretme biçimi hiçbir zaman sözlü ders vermeden ibaret kalmamalı, daha ziyade karşılıklı sohbet biçimine ağırlık vermelidir ki, öğrenciler de buna katılabilsin. Bunun sonucunda doğan zaman kaybını, dersi yoğunlaştırarak telâfi etmek mümkündür. Bu usulü uygulayabilmek için, sözlü verilen ders, pedagojik ve pratik açıdan en önemli ve can alıcı konulara münhasır kalmalı, böylece öğrenci, son derece sıkıcı ve özellikle de beyni tembelliğe mahkûm eden kelime kelimesine not tutma eziyetinden kurtarılmalıdır.

Ders sırasında öğrenci, elini hızlı not tutmaya alıştıracak yerde kafasını hızlı düşünmeye alıştırsa, daha iyi olur. Bu güne kadar alışılagelmiş ders notlarının yerine anahat plânları konarak, bunlar o dersin özetini verebilmeli, hiç bir zaman gereğinden kısa tu-

---

* S. 453-454'e bakınız.

** Türkçe metnin aslı bulunamadığından, Almanca çeviriden Türkçeye aktarılmıştır (ç.n.).

tulmamakla birlikte, öğrencinin kendi kafasını kullanmasını, bizzat düşünmesini gereksiz kılacak kadar da ayrıntılı olmamalıdır.

İşte yukarıda saydığımız bu ilkeler temelinde, sözlü derslerde pedagojik nedenlerden ötürü çok geniş olarak işlemiş olduğumuz bazı meseleler, elimizdeki anahat plânında gayet kısa ve özlü olarak ele alınmış, buna karşılık derslerde hemen hemen hiç değinilmeyen ya da şöylece sözü edilip geçilen başka meseleler ise, bu plânda daha ayrıntılı bir biçimde incelenmiştir.

Dersin anahatlarını içeren bu plândan gerçekten yararlanmak istiyorsanız, her an kanun metinlerini açıp bakmalısınız. Öğrencinin, kendi başına kanunu kullanmayı öğrenebilmesi için, kanun maddeleri kelimesi kelimesine değil, sadece sayıları ile belirtilmiştir..."

Buna ek olarak bir nokta daha vardı: Temel teorik yön, mukayeseli hukuk olduğu halde, ders reformunun canalıcı özelliklerinden biri de, pratikle bağın kurulmasıydı. Bu, iki anlama geliyordu: Bir yandan, derste işlenecek konu seçilirken, pratik açıdan ikinci derecede önem taşıyan hukuk alanlarını, hukukî açıdan fevkalâde ilginç tartışmalı konuları içerseler bile, geri plâna itmek zorundaydınız. Öte yandan, en azından teorik açıklamalarımı öğrencilere anlatabilmek içinde pratikten örnekler vermek, dolayısıyla Türk iktisat hayatının realitelerini öğrenmek zorundaydım. Çalışmalarımın başında, henüz Türkçe yayınlanan günlük gazeteleri ve ekonomi dergilerini okuyup anlayacak durumda değilken, Fransızca çıkan iki günlük gazete "La République" ve "Le Journal d'Orient", benim için önemli bir kaynak oldu. Özellikle de, İstanbul Sanayi ve Ticaret Odalarıyla, en kısa sürede kişisel ilişkiler kurmaya, bu yolla derslerim için önemli bilgileri bizzat kaynağından sağlamaya önem verdim. Bunun karşılığında, Odanın ayda bir yayınlanan dergisine fırsat buldukça makaleler yazıyordum.

Yeni kurulan Üniversitenin 1933/34'deki ilk ders yılında, Hukuk Fakültesinde pozitif Türk hukukunun bir kısmını okutan* yegâne Alman profesör olduğum için, benim derslerimin başarılı, ya da başarısız olması, Profesör *Malche*'in kapsamlı raporunda, ders yönteminin değiştirilmesine ilişkin olarak yaptığı önerilerin isabetli mi, yoksa isabetsiz mi olduğunu anlamak için mihenk taşı sayıldı.

Yukarıda açıkladığım iki noktayı uygulamada göz önünde bulundurmayı, daha Frankfurt ve Göttingen'deyken, -kimi son derece tutucu, ya da geri Alman meslekdaşlarımın yüreğine indirmek pahasına- başarıyla denemiştim. İstanbul'da aynı şeyi yapmaya kalkışmam, hem öğrenciler üzerinde, hem de hele ya Fransız yöntemine göre, ya da medrese tarzında ders

---

* Andreas B. Schwarz: Türk Medenî Hukuku konusundaki derslerine, ancak 1934-35 ders yılında başlamıştır. Buna karşılık Hukuk Fakültesindeki yabancı profesörlerin geri kalan hepsi, hukuk tarihi, hukuk felsefesi, ya da iktisadî ve sosyal bilimlere ilişkin dallarda ders vermekteydiler.

vermeyi sürdüren profesörler üzerinde, her bakımdan sarsıcı, adeta devrimci etki yaptı. Daha Üniversitenin törenle açılışından önce, teorik derslerimin üslûbu ve yöntemi üzerine önceki dekan ile gayet ciddî tartışmıştım. Dekanlığa yaptığım bir ziyaret sırasında kendisi açmıştı bu konuyu. Frankfurt am Main'da nasıl ders verdiğimi, kürsüde ayakta durduğumu, serbest konuştuğumu, öğrencilere sürekli soru sorduğumu anlattım kendisine. Burada da aynı şeyi yapmayı denemek istiyordum, öyle ki, çevirmen söylediklerimi cümle cümle çevirecek ve sınıfa yönelttiğim sorulara öğrencilerin verdikleri cevapları tekrar bana çevirecekti. Önceki dekan, kesin bir tavırla bunu reddetti. Böyle bir yöntemin burada, İstanbul'da mutad olmadığını, hele üstelik çeviri güçlükleri yüzünden uygulanmasının imkânsız olduğunu söyledi. Buradaki derslerin veriliş tarzı, Paris örneğine uygundu: Profesör, kürsüde oturur ve evde itinayla hazırlamış olduğu ders metnini okurdu. Öğrencilere soru sormak, ya da öğrencilerin soru sorması caiz değildi. Profesörün okuduklarını öğrenciler yazarak not tutarlardı, bu notları ezberlemek ve sene sonu imtihanında bilmek zorundaydılar. Dolayısıyla benim vazifem (l'obligation), derslerimi yazılı olarak hazırlamak ve çevirmene her seferinde zamanında vermekti ki, çevirmen Türkçe metni hazırlayabilsin ve derste okusun. Nitekim, kamu hukukçusu Fransız meslekdaşımız Profesör *Charles Crozat* da, yıllardır derslerini böyle vermiyor muydu? Cevap olarak bu yöntemi bir türlü benimseyemediğimi söyledim. Çünkü, bu durumda hiç ağzımı açmama gerek kalmayacaktı. Dolayısıyla öğrencilerle hiçbir kişisel bağ kuramıyacaktım, asıl önemlisi de, okunan dersin gerçekten doğru anlaşılıp kavrandığını kontrol edemeyecektim. Gayet tabii, çevirmenimle önceden bir araya gelip, elimdeki notlara veya plâna göre konuyu esaslı şekilde müzakere edecek, böylece onun özellikle hukuk kavramlarını doğru kullanmasını sağlayacaktım. Ama, kesin metin, ancak bir ders kitabında bulunabilirdi ve elbette ben de en kısa zamanda bir ders kitabı yazmak için elimden geleni yapacaktım. *Fazıl Pelin*, dehşetli telâşlandı. Tekrar tekrar bunun âdetten olmadığını, caiz olmadığını, üstelik gerçekleştirilmesinin de mümkün olmadığını söyledi, durdu. Üstelik, şayet plânımda ısrar edecek olursam, Profesörler Kurulunun bu konuda zorunlu olarak bir prensip kararı almak durumunda kalacağımı, ama tabii bu konunun ancak Hukuk Fakültesi için çağrılmış olan öteki yabancı meslekdaşlar da geldikten sonra ele alınabileceğini bildirdi. Buna karşılık ben de, derslerin başlamasından önce bir kere de Profesör *Malche* ile konuşmayı önerdim. Önerimi önceki dekan istemeye istemeye, ama tatlılıkla kabul etti.

Birkaç gün sonra bu görüşmeyi gerçekleştirdik. Daha birkaç hafta önce, Bern'deki Türk Büyükelçisinin yanında iş sözleşmemi hazırlamak ve takdim etmek için bulunduğum sırada tanışmış olduğum Profesör Malche, beni eski bir dostu gibi karşıladı, öteki Alman meslekdaşların tahminen ne zaman geleceklerini sordu ve önceki dekan'dan meseleyi anlatmasını istedi. Verdiği cevap, mealen şöyleydi: Üniversitede reform yapılmalıdır, dolayısıyla bugüne kadar âdet olan şeyler, norm olarak alınamaz. Yabancı meslekdaşlar, sadece bilgilerini öğrencilere aktarmakla kalmamalı, yeni yöntemlerle dersleri ve araştırmaları canlandırmalı, böylece de Türk meslekdaşlarına örnek olmalıdırlar. Fakültenin Profesörler Kurulu, gerçi ders programını kararlaştırarak ticaret hukuk gibi geniş alanın içinden hangi konuların mutlaka derste işlenmesi gerektiğini saptayabilir, ama, profesörlerin hangi yöntemi izlemeleri gerektiğini saptamaya yetkisi yoktur. Profesörler, araştırma ve öğretim konularında bağımsız olup herhangi bir talimata tâbi değildirler.

Bu cevapla istediğimi elde etmiştim, oysa önceki dekan gayet mutsuz ve endişeli görünüyordu. Gönlünü almak için, ilk derste evvelâ bu yöntemimi deneyeceğimi söyledim. Denemenin sonucunu kendisi de kolayca saptayabilirdi. Eğer, bu deneme başarısızlıkla sonuçlanırsa, o zaman onun önerilerine uyacaktım. Bunun üzerine rahat bir nefes aldı ve önerimi kabul etti.

Ancak yıllar sonra, Profesör *Malche*'ın 1932'de yazdığı raporu gördüğümde, tam da benim uyguladığım yöntemi, Darülfünunun hastalıklarından kurtarılması için ve her türlü reformun başarısı için "conditio sine qua non" (vazgeçilemez şart) olarak, açık ve seçik bir dille, önerdiğini tespit ettim. Kimbilir Bay Malche, benim şahsımda, yani kendisinin aracılık yapmış olduğu Alman Profesörler Grubunun en genç üyesinde, kendi tasavvurlarını, enerji ve gençliğin sıcaklığıyla gerçekleştirmeye çalışan bir adam bulduğu için, ne kadar sevinmiştir.

İlk ders saatim gelip çattığında, önce dekanlığa uğrayıp, dekan vekilinden beni öğrencilere takdim etmek üzere derse gelmesini rica ettim. O yine beni görüşümden vazgeçirmek için uğraşdıysa da ben, yöntemimi denemeye karar verdim.

Ticaret hukuku dersi, üçüncü sınıfta, yani o günkü son sınıfta veriliyordu. Bu dersi alan öğrenciler, ikinci ve üçüncü sınıfları başarılı birer sınavla geçmiş kişilerdi, yani acemi değildiler, belli temel bilgileri edinmiş olmaları gerekiyordu. Almanya'dan alışık olduğum gibi sıraların üzerine vurularak çıkarılan gürültüyle değil de, alkışlarla karşılandım. Dekan vekili beni takdim ettikten sonra, geçti ilk sıraya oturdu. Almanca olarak söze başladım; binbir zorlukla ve sırf denemek için bir yerlerden bulunmuş olan çevirmen de, dediklerimi cümle cümle Türkçeye çevirmekle yükümlüydü.

"Hanımlar, beyler! Bu derse, 'ticaret hukuku' konusunu dinlemek için geldiniz. Bu terimden ne anlıyorsunuz?"

Ve, tam sağımda oturmakta olan öğrenciye döndüm yüzümü. Sorum Türkçeye çevrildikten sonra, öğrenci ilkin neye uğradığını şaşırdı, ama sonra kendini toplayıp, Türkçe bir cevap verdi. Çevirmen, cevabı benim için Almancaya çevirdi. "Peki, ya siz?" diye sordum bir başkasına. Bu da çevrildi. "Siz? Peki, siz?" diye sürdürdüm sorumu. Ve çok geçmeden cevaplar çok daha serbest bir havada verilmeye başlandı, öğrencilerin doğrudan doğruya hitap edilmekten hoşlandıklarını hissetmiştim. O arada dekan vekili sınıftan çıktı. Bu ilk ders bittiğinde, öğrencileri hem kendim, hem de yöntemim için kazanmıştım.

Derste izlediğim bu yöntem, yani serbest konuşma, bunun yanısıra konuşmayı vurgulayan jestler ve tahtaya çizilen geometrik şekiller, öğrencileri düşüncelerini söylemeye teşvik, öğrencilerden gelen soruları can kulağı ile dinleme, soyut teorik malzemeyi pratikten çıkardığım sayısız örnekle canlandırma yöntemi, o güne kadar Darülfünun'da okul tarzında bir medrese eğitimine alışkın olan öğrencilerin kafasını altüst etmişti. Bana sunulan çeşitli armağanlarda bu noktaya özellikle işaret edilmiştir. Bu nedenle aşağıya birkaç cümleyi aktarmak istiyorum:

"Derslerini canlı kılmak için hiç bir emekten kaçınmazdı. Biz öğrencileri derslerinden, unutulmaz misâllerinden, güncel hayattan seçilmiş olaylarından âdeta büyülenir, dersin bittiğinin farkında bile olmazdık. Gür, kalın ve erkek sesi "variation"larla dolu olup etkisinden hiç bir şey kaybetmezdi. Abartmaya kaçmadan, az ve öz ifade etmek gerekirse rahatça diyebiliriz ki, O'nun her dersi, belki hayat boyu unutulmayacak bir hakikî olaydı. Dinleyicileri hazla doldururdu ve onun verdiği zevk, 30 yıl sonra bugün bile hâlâ unutulmamıştır (Çernis, Liber amicorum, s. 41)".

"Hukukçuluk, Hocanın sadece bir yönü idi. Hukuk ile hayat arasında gerilen o korkunç gaflet perdesinin, gölgesine bile, Hirsch'de rastlamazdınız. Dogmatik hukuk dallarındaki derslerini dahi, maddeleri hayat münasebetlerinin en dinamik bölgelerine yerleştirmeden takrir etmezdi. Hukuku, bütün mücerret karakterine rağmen, sosyal gerçekliğin zengin ve renkli muhtevası ile canlandırmasını pek iyi bilirdi. Gerek takrirlerinde, gerek eserlerinde rastladığımız Hukuk, adeta üç boyutlu bir realite parçası gibi elimizin altına geliverirdi. Sanki karşımızda, Kanunnamelerin o muğlâk ve mücerret hükümleri silinip gider, her şey gün ışığında parıldayan bir kaynak suyu gibi berraklaşıverirdi (*H. Topçuoğlu*, Liber amicorum, s. 33)".

Derslerimin dolaysız görgü tanıkları olan öğrencilerin bu ifadeleri, benim çevirmensiz olarak doğrudan doğruya Türkçe ders verdiğim günlere aittir.* Buna rağmen bu ifadeleri, mutatis mutandis, üniversitedeki ilk üç yıl için de geçerli sayabiliriz; bu yıllarda en büyük güçlük, Almanca olarak okuttuğum -daha doğrusu Almanca olarak serbestçe anlattığım- sorulu, karşı sorulu ve tartışmalı dersi Türkçeye çevirmede yatıyordu.

Benim ders verme üslubumun Türk öğrenciler üzerinde uyandırdığı etki, elbette Türk profesörlerin gözünden kaçmadı. Ama, benim üslûbumun ve yöntemimin bir ekol oluşturması için, evvelâ benim gösterdiğim yolu kendilerine örnek alan bir genç Türk meslekdaş kuşağının yetişmesi gerekliydi. Benim yöntemimin olumsuz yanları da yok değildi, bu olumsuzluklar yıl sonu sınavlarında ve bu sınavlara hazırlık sırasında kendilerini gösterdi: Her ders yılının sonunda, yukarıda da anlattığım gibi, müfredat plânına göre o yıl o sınıf öğrencileri tarafından alınması gereken bütün derslerden sınava girme zorunluğu vardı. Sâbit olan müfredat plânını, gerçi gönüllü olarak alınan şu ya da bu yan dersle azıcık esnetmek mümkündü, ama, yıl sonunda bu derslerden de sınava girmek gerekiyordu. Girilemediği takdirde, bir üst sınıfın derslerini izlemek hakkı kazanılamıyordu. Tam Fransız örneğine uygun bir sınıf sistemi hâkimdi. Her profesör, kendi okutmuş olduğu ders malzemesinin sınavını bizzat yapardı. Bunun sonucunda, öğrenciler, karşılarında okunan dersi, ellerinden geldiğince not alarak tutmaya ve tuttukları notları da ezberlemeye alışmıştılar. Hızlı yazı yazabilen, hâfızası da kuvvetli olan herkes, sınavlarda kural olarak çok başarılı oluyordu. Zira bazı profesörler, derste anlatmış olduğu malzemeyi hatta mümkünse kendi kullanmış olduğu kelimelerle aynen tekrarından başka birşey istemiyordu. Benim ders verme üslûbumda ise ezber mümkün değildi. Çünkü öğrenciler, önceden imal edilmiş, hazırlop bir metinle karşı karşıya değildiler. Kendileriyle tartıştığım problemleri, ancak ana hatlarıyla not edebiliyorlardı. Ellerinde kanun metni dışında, -ders kitabı şöyle dursun- bir özet bile bulunmadığına göre, sınava nasıl hazırlanacaklardı? Öğrencilerin bu yöndeki ihtiyaçlarını daha başından beri tatmin için çaba harcamış olduğuma en iyi kanıt, fasikül fasikül çıkması tasarlanan ilk ders metni için yazdığım önsözün 27 Kasım 1933 tarihini, yani Üniversitenin törenle açılmasından sadece 10 gün sonrasının tarihini taşımasıdır. Burada da esas güçlük iyi ve doğru bir çeviri sağlamaktı. Bu yüzden, ilk ders yılı içinde, yıl sonu sınavları başlayana kadar yalnızca beş fasikül çıkarabildim, bunlarda da çeviri hataları vardı. İşte, öğrencilerim öğrenimlerinin sonunda çıkardıkları Guguk (1934) adlı mizah dergisinde, ba-

---

* "Profesör Hirsch'in bilimsel kişiliğini gözümüzde özellikle önemli kılan sebeplerden biri de, dilimizi, bu dilde hukuk dersi verebilecek kadar fevkalâde derecede öğrenmiş olmasıdır. Böylece, kendi Batılı hukuk metodunu doğrudan doğruya Türk hukuk mevzuatına uygulayabilmiş, bunun sonucunda da anlattığı bilgiler soyut kalmaktan kurtularak, somut uygulama alanı bulmuş, daha da canlılık ve kalıcılık kazanmışlardır" (Bkz. İstanbul Hukuk Fakültesi Armağan Kitabı, 1977, s. 748).

na "fasiküller şeklinde yayınlanan ders notlarım için Türkçe bilen çevirmen" dilemişlerdi. İkinci ders yılı içinde (1934/35) Ticaret Hukuku ders kitabımın ilk cildi, üçüncü ders yılı içinde de (1935/36) ikinci cildi yayınlandı. Eseri *Galip Gültekin* Türkçeye çevirmişti, bu sayede öğrencilerin eline hiç olmazsa sınava hazırlanmak için birşey geçmiş oldu. Dördüncü ders yılının (1936/1937) başından itibaren bütün ders ve seminerlerimi, çevirmensiz olarak, doğrudan doğruya Türkçe vermeye başladıktan sonradır ki, yukarıda aradığım yayınların ne çok hata ve yanlış anlamayla dolu olduğunu farkettim. Sonuç olarak, o günkü asistanım Halil Arslanlı'nın desteğiyle 1939/40'da "Ticaret Hukuku Dersleri" başlığı altında üç ciltlik bir yayınım çıktı. Bu üç cildi, 1946'daki ikinci baskısında tek bir ciltte biraraya getirdim, bunun en son 1948'de üçüncü baskısı yapıldı. Deniz ticareti hukuku ve sigorta hukuku için ise, ancak 1942'de, öğrenciler tarafından teksir edilmiş ders notları çıktı (öteki yayınlarıma, başka yerde gene değineceğim).

Öğrencilerin elinde bilgi edinecekleri ve sınava hazırlanabilecekleri bir başka kaynak daha yoktu. Tek seçenekleri, derste bir çeşit steno sayılabilecek eski Arap harfleriyle hızla not tutmak ve bu notları çoğaltarak satmaktı. Notları çoğaltmalarına ben gerçi izin vermiyordum, ama sık sık yaptılar bunu. Bu konuyu rektöre şikâyet ettiğimde de, derdimi bir türlü anlatamadım. Rektör, ders notlarının çoğaltılması için benden izin istenmesini, daha fazla para kazanmak amacıyla talep ettiğimi sanmıştı. Dilim döndüğünce, meselenin para olmadığını, notların doğruluğu konusunda kaygılandığımı anlatmaya çalıştım. İnsanın nasıl olup da kendini değil de, öğrencileri düşünebileceğini, bu uğurda üzerine daha çok yük alabileceğini hiç mi hiç anlayamıyordu. Benzer bir durum, daha sonraları, eski öğrencilerimden birinin çıkardığı Türk İktisat Dergisinde ara-sıra makalelerimin yayınlanmasıyla ilgili olarak ortaya çıktı. Rektör, dergiyi çıkaran kişiye makalelerim karşılığında kaç para aldığımı sormuş. Dergiyi çıkaran da, "Hocaya, ne kadar para istediğini sorduğumda, bir Türk profesörü olarak maaş aldığımı ve bu maaşın ticaret hukuku alanında yayınlayacağı her şeyin karşılığını da içerdiğini söyledi" demiş. Daha geçtiğimiz yıl Karaormanlarda ziyaretime gelen bir Türk hukukçu, hakkımda bugün hâlâ dillerde dolaşan bu hikâyenin doğru olup olmadığını öğrenmek istedi; ben de doğru olduğunu söyledim.

Bunları söylemekle, Türkiye'deki faaliyetim için çok önemli olan bir noktaya değinmiş oluyorum. Çünkü ben, örneğin tıp doktoru meslekdaşlarımın durumunda olduğu gibi, aslında yasak olduğu halde özel hastaları tedavi ederek sağlanan maddî çıkarların yol açtığı kıskançlık ve haset duygularından kaynaklanabilecek hiç bir hücuma fırsat vermedim. Bir ticaret hukuku profesörünün bu denli maddî çıkar fikrinden uzak olması karşısında, herkes gülümseyip başını iki yana sallıyordu. 1977 yılında aniden ölen avukat *Çernis*, bana armağan edilen liber amicorum'da yer alan yazısında, s. 43'de şöyle diyor: "Ülkedeki şartları da tanımaya fırsat bulan, parlak bir hukukçu olarak, onun için bir yandan kürsüsünün gereklerini fevkalâde başarıyla ve en iyi şekilde yerine getirirken, öte yandan da aynı zamanda avukatlık yapıp, hiç değilse varlıklı bir adam olmak çocuk oyuncağı kadar kolay bir işti. Ama o, bu düşünceye her zaman için yabancı kalmıştır, çünkü maddiyat -ister inanın ister inanmayın- onu hiçbir zaman ilgilendirmemiştir..."

Öğrencilerin sınav korkusuna dönelim. Bu korkuyu gidermek için şöyle yaptım. Öğrencilere, sınavda onlardan belli bir konuyu anlatmalarını istemeyeceğime, bütün konuları derste işlemiş olduğum hukuk alanından çıkardığım küçük ve basit bir hukuk meselesi ya da gene derste etraflıca irdelemiş olduğum bir kanun hükmünün metnini öğrenciye vereceğime ve öğrencinin hem kanunun, hem de derste işitmiş olduğu açıklamaların yardımıyla bir hukukçu gibi nesnel düşünmesini öğrenmiş olup olmadığını ölçeceğime söz verdim (ve sözümü de tuttum). Gene de, bu alışılmamış yöntem karşısında öğrencilerin duyduğu tamamiyle anlaşılır korkuyu, yeryüzünden silip atamamıştım, tabii. Bir keresinde, ders yılı sınavında benim dersimden kalan bir hanım öğrenci sonbahardaki ikmal sınavına hazırlanmak üzere benimle yazlık evimde görüşmeye geldiğinde, beni bulamamış ve içini eşime dökmüş. Eşim de, öğrenciyi sakinleştirmek için, ama bakın onun tek istediği şey, sizin hukukçu gibi düşündüğünüzü görmek demiş ona. Öğrencinin cevabı şöyle: "İşin kötü tarafı bu ya zaten".

Bu nedenle, sınavda benden korkarlardı; oysa her zaman için, sınava giren her öğrenciyi öyle yönlendirmeye çaba göstermişimdir ki, konu hakkında asgarî bir bilgi ve asgarî muhakeme yeteneğiyle sınavı başarsın, geçer not alsın. Tabiî ki, başka derslerden alışkın oldukları biçimde, ezberlediklerini sınavda papağan gibi okuyan yığınla öğrenci vardı. Ama ben bu ezber yığınını kabul etmiyordum. Onlardan, ağızlarından çıkan şu ya da bu cümleyle ne kastettiklerini, kendi kelimeleriyle ifade etmelerini istiyordum. Yıllar geçtikçe öğrenciler, benim sınav yöntemimi kabul ettiler. Ama kesinlikle alışamadılar. Ne var ki, benden iyi not aldıklarında, buna büyük değer veriyorlardı.

Her sınıf için ders programında tespit edilmiş olan derslerin dışında, o güne kadar, hiçbir başka öğretim faaliyeti yapılmamış. Profesör *Malche*'ın raporunda reformun başarısı için vazgeçilemez olarak nitelediği pratik alıştırma ve seminerleri bağlayıcı bir biçimde başlatabilmek için, Profesörler Kurulunun ders yönetmeliğinde bir değişiklik yapması, daha doğrusu bu yönetmeliği baştan hazırlaması, Millî Eğitim Bakanlığının da bunu onaylaması gerekiyordu. Ama ben derslerimi verme biçimini kendim seçmede özgür olduğuma göre, hafta içindeki ticaret hukuku ders saatlerimin birini pratik alıştırmalara ayırmama, bunun dışında da dil bilen ve ilgili öğrencilerle bir seminer yapmama kimse engel olamazdı. Daha sonraları bu pratik ve seminerler, genel olarak zorunlu kılınıp ders programına alındığında, Türk meslekdaşlarıma evvelâ pratik alıştırmayla seminer arasındaki farkı anlatmak zorunda kaldım. Daha önceki tecrübelerime dayanarak kolayca üstesinden geldim bu işin. Her iki öğretim biçimine de, yani hem pratik alıştırmalar, hem de seminerlere geçen yıllar içinde öğrenciler fevkalâde canlı bir ilgi gösterdiler; ama Türk meslekdaşların ancak pek azı öğretim ve bilimsel konuları sunma yolu olarak bu biçimleri uygulama cesaretini göstermiştir. İstisnalardan biri, benden hemen birkaç yaş daha büyük olan, idare hukukçusu meslekdaşım *Sıddık Sami Onar*'dı. Kendisi gerçi Paris'te öğrenim görmüştü, ama bu öğretim biçimlerinin değerini çok çabuk kavradı. Öğrencilerin, asistanların ve profesörlerin hayretli bakışları arasında, benimle birlikte devlet iktisadî kuruluşlarının hukukî sorunları konulu bir seminer yaptı. Oysa herkes, bu meselede, idare hukukçusuyla ticaret hukukçusunun görüşlerinin nasıl taban tabana zıt olduğunu biliyordu. Böylece, hukuk meselelerini değerlendirmede ne kadar ters düşülürse düşülsün, meslekdaşlar arasında iyi bir meslekî anlaşma ve dostluk olabileceğini göstermek istemiştik.

Pratik alıştırmaları öğrenci çok tutmuştu; buna karşılık, yazılı ev ödevleriyle sınıfta hazırlanan yazılı ödevleri pek sevmiyorlardı. Zaten bu yazılı ödevleri, başlangıçta, sadece deneme mahiyetinde veriyordum. Öğrenciler, bu yazılı ödevleri hazırlarken, yöntem olarak çok şeyler öğrenebileceklerini farkettiklerinde, bu yazılı ödev işine daha bir şevkle sarıldılar. Profesör *Sulhi Dönmezer,* İstanbul Hukuk Fakültesi tarafından bana ithaf edilen armağan kitabının önsözünde (1977, s. XXI), kendisinin 1937 yılında derslerimi dinleyen bir öğrenci olduğunu, aynı zamanda ticaret hukuku seminerine de katıldığını yazıyor:

> "Aradan geçen 40 yıla rağmen pratik kurlarda, ticaret hukuku meselelerine öğrencinin dikkatini çekmekte hocamızın gösterdiği üstün öğretici mahareti karşısında duyduğumuz hayranlığı olduğu gibi muhafaza ediyoruz."

Bu ticaret hukuku pratik çalışmaları semeresini iki kitapta verdi: Kara ve Deniz Ticareti Hukuku Meseleleri (İstanbul 1944, XII, 222 s.) ve Pratik Hukukta Metod (İstanbul 1944, 151 s.). Her iki yayını da o zaman artık Ticaret Hukuku doçentliğine yükselmiş olan eski öğrencim Halil Arslanlı ile birlikte hazırladım. Son andığım kitap, Ankara 1948'de ikinci baskısını, gene Ankara 1978'de, Avukat *Çernis* tarafından gözden geçirilmiş üçüncü baskısını yaptı. Ayrıca, seçmeli ders olarak hukuk metodu dersleri verdiğim öğrencilerin, bana "professeur méthode" diye ad takmalarına da yol açtı. Üçüncü baskının gözden geçirilerek hazırlanmasına katkıda bulunmak, benim için özellikle doyurucu bir zevk oldu, ama kitabı gözden geçiren yakın dostumun ani ölümü beni fevkalâde üzmüştü. Kendisi, daha 1941'de öğrenciliği sırasında benim "Hukuk Bakımından Fikrî Say" konulu doktora kurlarımın kitap halinde çıkması için hazırlanmasında ve Türkçe olarak yazılmasında, ayrıca yeni bir Türk Fikri Haklar Kanunu'na ilişkin ön taslağın kaleme alınışında olağanüstü değerli yardımlarda bulunmuş, daha sonra da, Şubat 1977'deki ani ölümüne kadar her zaman için sadık, güvenilir, iyi bir dost ve yardımcı olarak kalmıştı. Ölümü sonucunda ben henüz tamamlanmamış olan müsvedeyi tamamlamak, bir önsöz yazmak ve deyim yerindeyse, eserimi işleyen yazarın bir tür vasiyeti tenfiz memuru gibi, Banka ve Ticaret Hukuku Dergisinin Haziran sayısında (Cilt X, Sayı 1, s. 1-7) benim 75. yaş günüm dolayısıyla basılan bir makalesinde çıkacağını resmen ilân etmiş olduğu yeni baskıyı gerçekleştirmek durumunda kaldım.

Seminerlere ise, yalnızca bir yabancı dil bilen ve seminer ödevi hazırlamayı kabul eden öğrencileri alıyordum. Bu seminerler hakkında, Bayan *Topçuoğlu*, Liber Amicorum'da (s. 34 vd.) bakın, neler yazıyor:

"... doktora seminerlerine katılan hukukçularda da ilk önceleri haklı bir çekingenlik hüküm sürüyordu. Hepimiz, daha ziyade Hocayı dinlemek istiyorduk. Kendi fikirlerimize pek güvenemiyor, açığa vurmaya da pek cesaret edemiyorduk. Fakat ilk toplantılardaki bu ürkeklik çabuk geçti. Hocanın, ilmî otoritesine karşı hissettiğimiz saygı ve bunun sonucu olan çekingenliğimiz, onun, her düşünceye hürmetkâr, her tartışmaya mütehammil, kibirsiz, merâsimsiz, kısaca o "insan" şahsiyeti sayesinde çabucak izâle olmuştu. Artık hepimiz birşeyler söylüyor, kendimize göre itirazlarda bulunuyor, tezler ortaya atıyor, üstelik bunların cevaplandırılması, değerlendirilmesi şansına da nâil oluyorduk! Bu ciddî bir şanstı, zira, felsefî düşünce'nin çok defa kendi uzmanlarına aşıladığı o meslekî deformasyondan Hoca'da eser yoktu: O, bu sahanın acemisi olan muhataplarına küçümseyici bir acıma ile bakmaz, kavranamıyacak yüksekliktekî fikirleri nâehline izaha çalıştığı için de hiç teessüf etmezdi!

Böyle bir tutum, gelenek olarak Hoca - Talebe mesafesini uzunca tutmaya alışkın eski öğretim çevremiz için oldukça inkılâpçı idi: Doğrusunu söylemek lâzım gelirse, akademik çalışmanın hiyerarşik bir çalışma şekli olmadığını biz, gerçek tatbikatı ile, o zaman anlamıştık. Geleneksel alışkanlıklarımız, bize karşı en fazla yakınlık gösteren hocalarımıza dahi yaklaşmamıza mâni olurdu. Müşküllerimizi mümkün olduğu kadar kendi kendimize halle çalışır ve hocalarımızı kendi işlerimizle rahatsız etmiş olmaktan son derece çekinirdik. Bizim bu halimizle uğraşmayı kendine iş edinen aziz Hocam, nihayet muvaffak oldu: Bizim o pek fazla ihtiyatlı, pek fazla endişeli davranışımızı kırmayı, düşüncelerimizin yanlış veya sakat telâkki edilmesi ihtimaline karşı gösterdiğimiz o aşırı hassasiyeti yontmayı başardı. Artık, hepimiz konuşuyorduk. Ne kadar paradoksal olursa olsun, her aklımıza geleni açığa vuruyor, gönül rahatlığı ile tartışıyorduk.

Hirsch'in her sahadaki o meşhur metodik çalışmaları bizim seminerlere de şâmildi: Toplantılarda bütün konuşmaların zabıtları tutuluyordu, bir arkadaş kâtiplik ediyor, sonra bunları teksir edip hocanın tashihinden geçirtiyor ve her birimize dağıtıyordu."

Her ders yılının bitiminde son seminer toplantısı, genellikle benim evimde yapılırdı. Bu toplantı, yenilip içilen şeylerin sırf çay, kahve, pastalar, tartlardan ibaret olmadığı küçük bir seminer şölenine dönüşürdü. Bana da kemanımı elime almak ya da piyanoda elimden geldiğince birşeyler çalmak düşerdi. Seminere katılanlardan herhangi biri de, eğlenceye Türkçe bir şarkıyla ya da küçük bir skeçle renk katardı. Hatta hatta, benimle çevirmenim arasında geçen sahneleri kabare havasında tekrarlayanlar bile çıkardı. Öğrencilerin bana insan olarak besledikleri güven, kısa zaman içinde öylesine büyümüş ve kökleşmişti ki, bu bağ, 1952'de ben Almanya'ya döndüğüm halde, bugüne kadar, yani tam kırk yıl ve kırk yıldan da daha uzun bir süre boyunca kopmamış ve her yıl yılbaşında gönderilen karşılıklı selâm ve iyi dileklerde ifadesini bulmuştur.

Türkiye'de bir yüksek okul hocası olarak faaliyetimi özetleyerek değerlendirecek olursam, hukuk öğretimi metodunda Profesör *Malche*'ın raporunda yer alan görüş ve öneriler doğrultusunda gerçekleştirdiğim devrimi, bir numaralı hizmetim olarak en başa yazarım. Çünkü, ilk başlarda sadece İstanbul Hukuk Fakültesine münhasır olan ve *Andreas B. Schwarz* tarafından da desteklenen bu reform, benim 1943 yılında Ankara'ya çağrılmam üzerine, Ankara'da da hukuk öğretiminin benzer bir biçim kazanmasını sağlamış ve öğrencilerim tarafından sürdürülerek uygulana gelmiştir. Bugün, (1980) durumun ne olduğunu, bilemiyorum; ne var ki İlhan Arsel'in 1979'da yayınlanan "Biz Profesörler" adlı kitabına inanacak olursak, pek parlak olmasa gerek. İlhan Arsel, 1947'de ve bunu izleyen yıllarda, yani 30 yıl önce, kendisi Ankara Hukuk Fakültesinde doçentken, benim hakkımda edinmiş olduğu izlenimlere dayanarak kişiliğimi tasvir ettikten sonra, sözlerini şu patetik cümleyle bitirmektedir:

> "Şayet Üniversitelerimizde Hirsch gibi bir düzine hocamız olsaydı, Türkiye, yepyeni bir zihniyet taşıyan ve yepyeni tutumlara sahip bir profesörler kadrosu yetiştirmekte zerrece güçlük çekmezdi."

IV.

Araştırmacı Olarak

Öğretmek durumunda olduğu malzemeyle sıkı-fıkı bir tanışıklık kurmak, bir öğretmenin esas görevidir. Bunu yaparken, başkalarının hazırlamış olduğu, örneğin okuma ve ders kitabı biçiminde malzeme derlemelerine ihtiyaç duyar. Onun görevi, bu "kap"ların (kelimenin tam anlamıyla) içerisinden öğretim malzemesini plâna uygun olarak seçip çıkarmak ve bu malzemeyi, didaktik açıdan da maharetle, öğrencilere öğretmek, en azından onlara tanıştırmaktır. İşte, böyle başkaları tarafından hazırlanmış, imal edilmiş öğretim araçlarını sağlayamayan ya da bunları kullanmak istemeyen bir öğretmen, oturup bizzat yazarlık yapmak ve hem kendisi için, hem de öğrencileri için münasip derlemeler ve mahfazalar imal etmek zorundadır. Bazı Türk meslekdaşlar, işi kolay tarafından halletmeye bakıyorlar ve kendi okuttukları dersin malzemesini içeren yabancı dilde yazılmış ders kitaplarını Türkçe'ye çevirmekle yetiniyorlardı. Kitabın Türkçe baskısında kendilerini eser sahibi olarak gösterdikleri de olmuyor değildi. Bu özellikle, hukuk felsefesi, hukuk teorisi, genel hukuk tarihi gibi yürürlükteki Türk hukukuyla hiçbir şekilde ilgi kurmak zorunluğu bulunmayan dallarda ya da kanun biçiminde yurtdışından ithal edilen hukuk malzemesinin anlatılmasında mümkündü. Ben bu kolay yola sapamazdım: İlkin Türkçe bilmiyordum, ayrıca da Türk Ticaret Kanunu, bir komisyon tarafından uzun yıllar boyunca hazırlanmış olan bir kanundu. Bu kanunun tek tek hükümleri -yukarıda sözünü ettiğimiz gibi- değişik hukuk düzenlerinden alınmıştı. Burada yapılması zorunlu olan, basit bir malzeme derlemesi ve seçimini aşan bir işti. Gerçi Türk Ticaret Kanununun, yan kanunlarla birlikte, Türkçe metni ve Fransızca çevirisi mevcuttu, dolayısıyla bu yasama eserinin içeriğini öğrencilere kısım kısım ve uygun bir çerçeve içinde aktarmak pekalâ mümkündü. Ne var ki, böyle hareket etmek, Darülfünun'un kapatılmasından ve Batı Avrupa örneğine uygun gerçek bir Üniversitenin kurulmasından sonra, kesinlikle silinip atılması istenen bir öğretim metoduna geri dönüş anlamına gelecekti. Öğrencileri pasif dinleyici ve not-tutucu rolünden kurtararak, onları öğretmenlerinin çalışmasına aktif olarak katılan, konuşmalarda taraf olabilen kişilere dönüştürebilmek için, kanun eserinin içinde tıpkı bir "mahfaza" içine yerleştirilmişçesine duran hukuk malzemesini problemlerle canlandırmak gerekiyordu. Durum bildiren cümlelerin, örneğin "bu, kanunla böyle düzenlenmiştir ve bunu böylece ezberlemek zorundasınız" gibi cümlelerin yerini soru soran cümlelerin alması gerekiyordu; örneğin "kanunda, hangi nedenlerden dolayı ve hangi amaçla başkasına değil de bu düzenlemeye yer verildiğini kavrıyor musunuz?" gibi.

Bu tür bir soruyu sorabilmek için bile, belirli kıstaslara göre düzenlenmiş olan eski geleneksel İslâm hukuk sisteminin karşısına yeni dünyevî hukukun aynı şekilde ortak bir temel üzerinde düzenlenmiş sistemini koymak gerekliydi. Bu başlı başına güç bilimsel görevi daha da güç kılan husus, kanun koyucunun yabancı kanunları devralma ve Türkçeye çevirme işinde keyfî davranmış olması ve tek tek kanunların birbirine uyum sağlamasına önem vermemesi ve bunları mevcut devlet ve iktisat düzeni ile ahenkli bir hale getirmeye hiç çaba göstermemesiydi.

Dolayısıyla, yeni kurulan üniversitenin hukuk fakültesi profesörlerinin başlıca görevlerinden biri de, yeni bir teorik hukuk sistemi inşa etmekti. Bu sistemin yardımıyla, devletin koyduğu hukuk düzeninde pek çok rastlanan ve keyfî olarak yanyana dizilmiş, kısmen de birbirleriyle çelişkili münferit hukuk hükümleri fikren bir düzene kavuşturulabilecek, böyle bir düzen sayesinde de fikren kavranabilecekti. 1933'te gerçi içerik olarak sayısız kanun tarafından belirlenen bir devlet hukuk düzeni vardı, fakat çağdaş Türk hukukunun bilimsel olarak geliştirilmiş bir sistemi henüz yoktu.

Bu açıdan bakıldığında, gerçek anlamıyla bilimsel araştırma çalışmaları, bilimsel öğretim faaliyeti için bir ön şarttı. Üniversiteye bağlı bir hukuk fakültesinin bir meslek yüksek okulu olmadığını, öğretmenlerinin mevcut hukuk malzemesini aktarmak ve belletmekle yetinemiyeceklerini, bu fakülte hocalarının, herşeyden önce hukuk malzemesini bilimsel kıstaslara göre düzenleme, bölümlere ayırma ve sınıflandırma yollarını bilimsel olarak araştırmak, açıklığa kavuşturmak ve anlamak zorunda olduklarını ve hukuk olarak kabul edilen herşeyi doğru kavrayıp doğru uygulamakla yükümlü bulunduklarını, Türk kamuoyunun geniş çevrelerine anlatabilmek için boşuna çaba harcandı durdu. Türkiye Anayasa Mahkemesi hâkimlerinin çoğunluğu bile, aldıkları birçok kararda, meslek yüksek okullarının da 1961 Anayasasının 120. maddesine göre üniversite kavramına girdiklerini, çünkü bir meslek yüksek okulunun toplumdaki işlevinin, bir üniversitenin işlevinden farklı olmadığını, yani her ikisinin de bilgi aktardıklarını, sınav yaptıklarını, sınav başarısını değerlendirdiklerini ve diploma verdiklerini belirtmiştir (bkz. Türk Anayasa Mahkemesi Kararları, Cilt 4, 39; 7, 84; 10, 517). Diğer bir deyişle, Anayasa Mahkemesi üyeleri, eski Darülfünunun kapatılması ve bir üniversitenin yeni baştan kurulmasıyla nasıl bir devrim amaçlandığını ya tamamen unutmuş, ya da bunu hiçbir zaman kavrayamamışlardır*.

Ama ben, kendimi yeni kurulan üniversitenin Batı Avrupa'da gelenek olan ilkeler temelinde inşasında, bir üniversite hocası olarak kendi payıma düşeni öğretimde olsun, araştırmada olsun yerine getirmekle yükümlü hissediyordum. Benim için, gerçi, tüm yeni Türk özel hukukunun sistemini çıkarmak imkânsızdı, ama hiç olmazsa, yeni Türk ticaret hukukunun sisteminin teorik inşasına başlayabilirdim ve başlamak zorundaydım da.

Türkçe yazdığım ders kitaplarım ve ticaret hukuku konusundaki öteki yayınlarım, işte bu bilimsel araştırmaların meyvasıdır. Almanca olarak ise, bu çalışmalarım, "Der Zentralbegriff des Handelsrechts" başlığı altında "Annuario di diritto comparato e di studi legislativi" de çıkmıştır [XIII 1 (1938), s. 369-420]. Schlegelberger'in 1931/32'de çıkardığı "Rechtsvergleichendes Handwörterbuch des Zivil- und Handelsrechts des In- und Auslandes" de yayınlanan "Ticaret Hukuku" adlı yazımda da yer alan görüşlere esas itibariyle tekabül eden bu sistem ticaret hukukunu tamamen dışsal özelliklere dayanarak sistemleştirmeye çalışan eski denemelerin yerini, Alman ticaret hukukuna uygulanmaları açısından da, alabilmiştir. Geliştirdiğim bu sistemi, Berlin Freie Universität'teki derslerimde 1950'den emekliye ayrıldığım 1967 yılına kadar düzenli olarak Alman öğrencilerime anlattım ve bir ders kitabı (Leitfaden) halinde (5. baskı 1970) onlara sundum.

Genel olarak ticaret hukukunda, özel olarak da Türk ticaret hukukunda mantıkça sağlam, çelişkisiz bir sistem geliştirme çabalarımın sonucunda, incelediğim Türk kanunlarında sayısız hataya ve uyumsuzluklara rastladım. Bir "Coincidentia oppositorum" gerçekleştirme denemesi beni sadece bazen oldukça cüretli boyutlara ulaşan hukukî konstrüksiyonlara götürmekle kalmadı, aynı zamanda ve daha da önemli olarak, Türk ticaret hukukundaki bu kanun hükümlerini bu hatalardan, uyumsuzluk ve çelişkilerden arındırmanın gerekli olup olmadığı ve eğer gerekliyse bunun nasıl yapılacağı, yani tüm ticaret hukuku alanında nasıl reform yapılabileceği konularında düşünmeme, kafa yormama yol açtı. Tüm bu çabalarım, İstanbul'da geçirdiğim on yıl zarfında (1934-1943) Türkçe olarak yayınlanan pek

---
* Bununla ilgili olarak bkz. Bölüm 2, "İstanbul Üniversitesinin Doğum Sancıları" ve İstanbul Üniversitesi Hukuk Fakültesinin bana fahrî doktor ünvanı vermesi vesilesiyle Türkçe olarak yaptığım "Üniversite Kavramı ve Türkiye'deki Gelişmesi" başlıklı konuşmam.

çok makale ve yazıda yansımıştır**. Hukuk normlarının işin mahiyetine uygun bir şekilde gözden geçirilmesi yolunda sarfettiğim bu çabalar, başlangıçta, kanun yapılması açısından bir başarıya götürmemiş olsa bile olgu olarak gerçek durumun açıklık kazanmasını sağlamış ve hukuk uygulamasında da mevzuattaki bu zayıf noktalardan kaçınılması için yollar aranmasını teşvik etmiştir. Açığa çıkan çeviri hataları, mahkemeler tarafından hata olarak kabul edilmiş ve Medeni Kanunun 1. maddesine uygun bir yorumla orijinal metindeki anlamları tespit edilmiş ve uygulanmıştır. Gene benim açığa çıkardığım çelişkiler, en azından çelişki olarak görülmüş ve genellikle benim önerilerim doğrultusunda olmasa bile, şu ya da bu yolla düzeltilmeye çalışılmıştır. Ama en önemlisi, İsviçre'den alınan özel hukuk yasaları ile aynı zamanda, 4.10.1926'da, yürürlüğe giren Ticaret Kanununun hem hazırlanışı hem de yürürlüğe konması sırasında ağır teknik hatalar yapılmış olduğunun kavranmasıdır. Örneğin, taslak hazırlanırken, değişik yazarlar tarafından kaleme alınan bölümlerin hem dil, hem de terminoloji açısından ortak bir paydaya oturtulmasına özen gösterilmemiş, dolayısıyla da ortaya, aslında pekâlâ kaçınılabilecek olan sayısız yanlış anlama ve anlaşılması güç ifadeler çıkmıştır. İşte bu aksaklıkların açığa çıkarılması ve nasıl ortadan kaldırılacaklarına dair öneriler, gündelik ders hazırlıklarının yanısıra sürdürdüğüm, çok yoğun araştırma çalışmalarının ürünüydüler.

Dikkatimi çeken ve beni bazı temel bilimsel düşünceler üretmeye ve yayınlar yapmaya sevkeden ikinci bir mesele de, Türkiyenin iktisadî düzeniydi.

Ticaret Kanunu da, tıpkı Medenî Kanun gibi, örneğin İsviçre'de, Avusturya'da ve Almanya'da görülen türden bir iktisadî hayatın özel hukuk düzenine uygundu. Oysa Türkiye'de iktisadî hayatı belirleyen özellik, devletin yönlendirici rolüydü; dolayısıyla ortaya devlet iktisadı ile özel iktisat arasında, merkantilist düşünce ile medenî hukuk düşüncesi, özellikle de ticaret hukuku düşüncesi arasında idare hukuku ile ticaret hukuku arasında bir antagonizma çıkıyordu. Bu antagonizma bugün de (1981), hâlen, aşılabilmiş değildir ve iktisat alanındaki pek çok olumsuz gelişmenin de sebebidir ve bu gerçeği 1961 Anayasasının 129'uncu maddesi ile kurulan Devlet Plânlama Teşkilâtı ve bu teşkilâtın plânlarıyla önlemleri de pek değiştirebilmiş değildir. Kapitülasyonların kaldırılmasına kadar, belli başlı ticaret, sanayi, enerji ve taşımacılık işletmelerinin hemen hemen hepsi, yabancı şirketlerin elindeydi. Osmanlı Ticaret Kanununa göre kurulmuş olan ve

** Şu başlıkları anmak isterim: Poliçe ve çek hukukunun birleştirilmesine dair Cenevre Uyuşması - Ticaret hukukunda birlik; ticaret hukuku ilmi - Ticaret Kanununun ıslahı hakkında fikirlerim - Türk deniz hukukunun ıslahı - Ticaret mahkemelerimiz ve noksanları - Ticarî muamele mefhumu - Ticaret Kanununun ıslahı hakkında fikirlerim (esbabı mucibeli kanun projesi) - İsviçre Borçlar Kanununun senedatı ticariye ve şirketlere müteallik üçüncü ve beşinci kısmının iktibası tavsiye edilebilir mi? - Türk mevzuatına göre çek hâmilinin muhatap aleyhine bir dava hakkı var mıdır? - Türkiye'de faiz ile ilgili mevzuat ve içtihatlar - Ticaret Kanununun değişmesi arifesinde ticarî ehliyet - Ticarî defter tutma mecburiyeti meselesi.

yaşamlarını sürdüren anonim şirketlerin sayısı ve bunlara yatırılmış olan Türk sermayesinin miktarı ise yok denecek kadar azdı. Osmanlı İmparatorluğunun çökmesinden ve Lozan Barış Antlaşmasından (1923) sonra Atatürk ile arkadaşları ve danışmanları, Türkiye'yi Batı tarzında modern bir devlet yapmak üzere çalışmaya başladıklarında, son derece geri kalmış, gırtlağına kadar borca batmış ve yoksullaşmış bir tarımın yanısıra, millî bir sanayinin, taşımacılık ve enerji ekonomisinin başlangıç halinde bile mevcut olmadığını tespit ettiler. Ekonomik yatırımlar için gerekli olan özel sermaye de yoktu. Öte yandan kapitülasyonlar çağının kötü anıları, özellikle de siyasî bakımdan dışlayıcı niteliği yüzünden ülkeye yeniden yabancı sermaye sokmak henüz istenen bir çözüm değildi. Dolayısıyla geriye izlenebilecek tek bir ekonomi politikası kalıyordu ki, buna "merkezî yönetim ekonomisi", "komuta ekonomisi" ya da "plân ekonomisi" adı verilebilir. Buna Türkiye'de verilen ad "Devletçilik"ti. Devletçilik ile Ticaret Hukuku arasındaki ilişkiyi bilimsel açıdan incelemenin sonuçlarını, 1936 yılında Ankara'da Hukuk İlmini Yayma Kurumu'nun düzenlediği bir dizi konferans çerçevesinde ilk konferans olarak sundum. Söz konusu kurumun adı, 1941'den sonra Türk Hukuk Kurumu olarak değişmiştir. Bu konferans, Türkiye'de siyasî bakımdan etkili çevrelerdeki itibarımın ve bana beslenin güvenin temelini oluşturmuştur. Nitekim bu itibar ve güven sonuçta İstanbul'dan Ankara'ya çağrılmamı da sağlamıştır. Ama henüz o günün gelmesine bir hayli zaman vardı ve bu zaman zarfında ben, yukarıda sözünü ettiğim konferans dizisi çerçevesinde daha başka konferanslar da verdim. Bunların içinde en önemlisi, gene devletçiliğin yarattığı bir ürün olan "İktisadî Devlet Teşekküllerinde Umumî Heyet" konusunda bir konferans daha hazırlamama yol açmıştır. Bu konuyu, 1943'te, bu kez Türk İktisat Kurumunun bir konferans dizisi çerçevesinde işledim. Meseleye, esasen 1958'de yayınlanan "Das türkische Aktienrecht" (Türk Anonim Ortaklıklar Hukuku) başlıklı kitabımda değinmiş olduğumdan, burada sadece oraya atıfta bulunmakla yetineceğim. Türkiye'deki iktisadî devlet teşekküllerinin hukukî mahiyeti hakkında, Türkçe olarak verdiğim o ilk konferanstan aşağı yukarı 40 yıl sonra bir Alman Mahkemesi önünde etraflı bir bilirkişi raporu sunmak suretiyle yeniden görüş ileri sürmem, bu meseleye daha başından beri vermiş olduğum önemi bir kere daha vurgular.

İstanbul'daki faaliyetimin son yıllarında beni son derece yakından ilgilendiren üçüncü bir büyük araştırma görevi de, fikir ve sanat eserleri hukuku ile ilgiliydi. 1938 yılında Ankara'da ilk kez olarak Türk Neşriyat Kongresi toplanmıştı ve bu kongrede yapılan görüşmeler, bazı reform dilekleri ile, özellikle kanunlarda reform önerileri ile sonuçlanmıştı.

İşte, bu tür reform dileklerinden birini gerçekleştirmek amacıyla, Türk Millî Eğitim Bakanlığı, 1939 Mayıs ayında İstanbul Hukuk Fakültesine başvurarak, öğretim kadrosunun yetkili üyelerince gerekçesiyle birlikte yepyeni bir Fikir ve Sanat Eserleri Kanun taslağı hazırlanmasını istedi. Bakanlığın talimatına göre, bu taslak eser sahibinin haklarını, esere saygıyı ve eser sahibinin onurunu koruduğu ölçüde, kamunun çıkarlarını da göz önünde bulundurmalıydı, ayrıca kanunun ve müeyyidelerin kolay uygulanabilir nitelikte olmaları gerekiyordu. Nihayet, tercüme hakları konusundaki hükümler hariç, Türkiye'nin Uluslararası Bern Konvansiyonuna iltihak edeceği de hesaba katılmalıydı. Fakültede telif hakları ve sınaî mülkiyet konuları için özel bir kürsü yoktu. Aslında sınaî mülkiyet konusuna giren ünvan, marka, haksız rekabete dair malzeme, genel ticaret hukuku dersleri içinde işlenmekteydi. Ben de, tam o sırada *Cemil Bilsel*'in 30'uncu öğretim yılı için yayınlanmış olan armağan kitabına katkı olarak verdiğim yazıda sınaî mülkiyet haklarına dair Paris Konvansiyonu konusunun Türk hukukuna etkisini incelemiş bulunuyordum. Uluslararası sözleşmelerde telif haklarının her zaman için ticaret anlaşmaları içinde yer aldığına ve pozitif Türk hukukunda da yayın hakkının ticaret hukukuna dahil olduğuna işaret etmiştim. İşte bütün bunlar bir araya gelince, telif ve yayın hakkı konusu ile sınaî mülkiyet hukuku konusunu ticaret hukukuna sokmak ve böylece ticaret hukuku kürsüsünün sahibine devretmek mümkün olmuştu. Nitekim Fakültenin Profesörler Kurulu, Bakanlığın talimatına uygun gerekçeli bir ön taslak hazırlama görevini bana verdi.

Tesadüfe bakın ki, bu yeni ders yılı başında üniversite açılırken yapılması âdet olan ve sırayla her fakülteye verilip hangi fakültenin sırası gelmişse, o fakültenin bir mensubu tarafından yapılan açılış konuşması için o yıl (1939/40) yani Üniversitenin yedinci yılında, sıra Hukuk Fakültesindeydi. Rektör de bizim Fakültedendi ve Rektörün teşvikiyle o yıl, 31 Ekim 1939'da yapılacak olan açılış konuşması için ben görevlendirildim. Bana verilen bu şerefli görev, bütün dünyaya, kamu oyunda iki de bir düşüncesizce bir genellemeyle yabancı profesörlere karşı yükseltilen seslerin, onların ehliyetsiz ve sorumsuz oldukları, Türkiye'nin şartlarıyla ilgilenmedikleri ve hâlâ daha Türkçe öğrenmedikleri yollu hücumların ne kadar haksız olduğunu kanıtlamaktı. İşlemek istediğim konunun seçimini bana bıraktılar. Profesörler Kurulu, o sırada bana, yani Ticaret Hukuku Kürsüsü sahibine, yeni bir Fikir ve Sanat Eserleri Kanununun öntasarısını hazırlama görevini de vermiş bulunduğundan konuşma konusu olarak "Türkiye'de Tercüme hukukunun vech-i tekâmülü" konusunu seçtim. Çünkü bu yeni kanun ön tasarısını hazırlamak için yaptığım ön araştırmalarda, Osmanlı İmparatorluğunun, dolayısıyla Türkiye'nin edebiyat ve müzik alanlarında yabancı müelliflerin eserlerinin korunması, özellikle de tercüme hukuku meselesi konulu Bern Konvansiyonuna katılması ile ilgili pek çok tarihî malzeme ile karşılaşmıştım. Daha 1908 yılındaki kanun tasarısının Parlamentoda tartışılması sırasında yabancı müelliflerin korunması önemli bir rol oynamıştı. Bu mesele, Lozan barış görüşmeleri sırasında yeniden ortaya atılmış ve Barış Antlaşmasına ek olarak hazırlanan Ticaret Antlaşmasında, Türkiye'nin tercüme hakkı saklı tutularak Bern Konvansiyonuna katılmayı üstlendiği, ama üye devletlerden herhangi biri bu şartlı katılmayı kabul etmediği takdirde, yükümlü sayılamayacağı şeklinde çözüme bağlanmıştı.

Tam da bu meselede böylesine katı bir tavır alınmasının nedeni, Türk delegelerinin açıklamalarına göre, Türk halkına Batı tekniğinin ve Batı düşünce hayatının kazanımlarını en geniş bir çapta sunabilmek isteğiydi. Bundan dolayı da, yabancı müelliflerin eserlerini basmak isteyen Türk yayımcılarını, müellife telif ücreti ödeme yükümlülüğünden kurtarmak istiyorlardı. Söz konusu Ticaret Anlaşmasında kabul edilen yükümlülük uyarınca Türk Hükümeti, 1931 yılında, yukarda anlattığımız ihtirazî kayıtla Bern Konvansiyonuna katılma girişiminde bulundu. Fakat, on üye devlet itiraz ettikleri için, bu katılma gerçekleşemedi.

Öte yandan Türkiye, 1929 ve 1930 yıllarında Fransa ile ve Alman Rayh'ı ile yapmış olduğu ticaret anlaşmalarında, bu devletlerle olan karşılıklı ilişkilerde Bern Konvansiyonunun kayıtsız uygulanmasını, dolayısıyla tercüme hukuku hükümlerine uymayı kabul etmişti. Bu iki devlet, sadece, nihaî protokolda, söz konusu tercüme hukuku hükümlerinin uygulanmasını protokolu izleyen iki yıl zarfında talep etmeyeceklerini taahhüt etmişlerdi. Gerçi Alman hükümeti, Almanya'da yayınlanan eserlerin, eğer en azından müellifin onayı alınmışsa, telif ücreti istenmeksizin tercüme edilebileceğini açıkladığı halde, Fransız hükümeti aynı cömert tutumu göstermemiş, ama gene de, söz konusu hükmün ille de uygulanmasında ısrar etmemiştir. Bütün bunlar bir yana, ticaret anlaşmalarının andığımız hükümleri zaten hiç bir rol oynamıyordu, çünkü Türkiye'de hâkim olan kanaate göre, Bern Konvansiyonunun metni Türkçeye tercüme edilip de, usulüne uygun biçimde Türk hukuk düzeninin bir parçası kılınmadığı sürece, Türk devleti, sadece ve sadece uluslararası bazı yükümlülükler taşıyabilirdi, ama bunlardan hiçbir şekilde yabancı müelliflerin 'dolaysız' sübjektif hakları doğmazdı.

Bu zihniyete karşı Türk basınında yavaş yavaş ağır eleştiriler çıkmaya başladı. Bu eleştirilere göre, "tercüme hastalığı", Türk gençliğinin manevî gelişmesini engelleyecek, ayrıca orijinal Türkçe eserlerin yaratılmasını da kösteklyecekti.

İşte, bu somut durum karşısında esas olarak kamuoyunu aydınlatma gereğini duyuyordum. Kamuoyunda açıklığa kavuşturmak istediğim husus, yabancı müelliflerin telif hakkının tercümede kabul edilmemesi kaydıyla Bern Konvansiyonuna katılma girişiminin, gene üye devletlerce reddolunacağı olgusu, öte yandan da, Batı düşüncesini mümkün olan en ucuz yoldan "ithal" etmek zorunda olan Türkiye'nın de çıkarlarını kollamayı elden bırakmaksızın, kayıtsız bir katılma yolunun varlığıydı. Nitekim Bern Konvansiyonunun metninde yer alan bir hükme göre, şayet bir eserin orijinal dilinde yayınlanmasının üzerinden on yıl geçmiş ve bu süre zarfında da bizzat müellif tarafından verilen yetkiye dayanan tercüme o ülkenin dilinde -yani bu örnekte Türkçe'de- yayınlanmamış ise, yeni katılan devletler, yabancı müellifin aslında hakkı olan telif ücretini ödememe kaydını koyabilirlerdi. İşte, İstanbul Üniversitesinin 7'nci yılının açılış gününde yaptığım konuşmanın çekirdek konusu buydu. Konuşmamda, Türkiye ile benzer bir ekonomik ve kültürel konumda bulunan başka devletlerin, örneğin Japonya, Yugoslavya ve Yunanistan'ın da, bu Konvansiyonda öngörülen ve benim de tavsiye ettiğim katılma yolunu seçmiş olduklarına özellikle işaret ettim. Konuşmamı şu cümlelerle bitirdim:

> "Herhangi bir eserin bilimsel ya da edebî değeri, ancak zaman içerisinde ortaya çıkar, demek ki on yıllık bir ödemesiz sürenin geçmesini beklemek, hiç bir şekilde zarar getirmez. Dergi makalelerini orijinal dillerinde okumanın mümkün olduğunu ayrıca belirtmeme gerek yok sanırım. On yıl içinde yayınlanmış olan bilimsel eserlere gelince, sizi temin ederim ki, özel bir kâr amacı söz konusu olmadığı sürece istisnasız her yabancı bilim adamı, hiçbir karşılık talep etmeksizin, eserinin tercümesine onayını verecektir.
> O sırada moda olan edebiyat akımlarını tercüme ederek para kazanmak isteyenlerse, kanımca, kazançlarının bir parçacığını müelliflere rahatlıkla verebilirler. Kaz gelecek yerden, tavuk esirgenmemelidir."

Böylece son derece berrak bir tutum almıştım: Şayet Hükümet Bern Konvarsiyonuna katılmayı istemekle birlikte, bu Konvansiyona hem uygun düşecek, hem de tercüme hakkını gözardı edecek bir kanun tasarısı hazırlamasını bir Hukuk Fakültesinden bekliyor idiyse, bu tür şarta bağlı bir ön taslak, daha başından anlamsızdı. Mesele bir seçim yapma meselesiydi. Ya bugünkü hukukî durum muhafaza edilecekti -ki o zaman da Türkiye'nin çağdaş medenî devletlerin seviyesine erişmek çabasında olduğunu iddia etmek mümkün olmazdı-, ya da modaya göre dergiler çıkaran kimselerin bezirgânca küçük çıkarları feda edilecekti. Ancak o zaman, doğru yolda olunduğu konusunda dünyayı inandırmak mümkün olurdu.

Ama o gün savunduğum ve o günden sonra da söz konusu kanun çıkana kadar geçen 12 yıl boyunca sözcülüğünü yaptığım ve nihayet kanun koyucunun da benimsediği bu görüşün bir eksiği vardı. Bu görüş çerçevesinde, yabancı müelliflerin eserlerini tercüme edip, bunları sanki kendileri yazmışlar gibi yayınlayarak, bu yoldan bilim adamı ve bilgin olarak ün kazanmak isteyen ve bu âdetlerini sürdürmede kararlı kişilerin gayrımaddî çıkarları hesaba katılmış olmuyordu. Ve nitekim bu kişiler nezdinde, özelliklede üniversite çevresinde bu konuşmam ve konuşmamda vardığım sonuç, hiç mi hiç beklemediğim bir tepkiye yol açtı. Bu tepki aslında bana o güne kadar çok yakınlık besleyen Rektörün bana karşı tutumunda ifadesini buldu.

Rektörün bana karşı öfkesi o kadar büyüktü ki, tam bir yıl boyunca yüzüme bile bakmadı. Bırakın bana selâm vermeyi ya da benimle konuşmayı, benim selâmlarıma bile karşılık vermedi. Anlaşılan, Türkiye'deki "tercüme hastalığından" söz etmekle, bam teline basmıştım. Türkiye'deki bu "tercüme hastalığını", ülkenin toprağında yetişecek Türkçe eserlerin ortaya konabilmesi için, telif haklarıyla ilgili Bern Konvansiyonuna katılmak suretiyle gemlemek gerektiğini söylerken ve bunun Türk menfaatlerini fazla zedelemeksizin gemlenebileceğini belirtirken, anlaşılan zülf–u yâre dokunmuştum.

Lozan Barış Antlaşması ile ilgili görüşmeler sırasında, Türkiye'nin Bern Konvansiyonuna katılmasını, ancak tercüme özgürlüğü kaydıyla kabul ettiren kişinin, tam da bizim Rektör olduğunu, önceden bilmiyordum ki! Bu tercüme özgürlüğünden bizzat kendisi de yayınlarında bol bol yararlanmıştı, tabiî kaynak filân da göstermemişti.

Hiç bir şeyin farkında değilmişim gibi davrandım ve bir ön taslak hazırladım. Bu ön taslak, Millî Eğitim Bakanlığının ısrarlı talepleri karşısında 1941 yılında yetkililere teslim edildi ve genel gerekçesi ile birlikte İstanbul Üniversitesi Hukuk Fakültesi Dergisinde, 1942 yılında yayınlandı. Bu ön taslak, evvelâ Millî Eğitim Bakanlığının çekmecelerinde öylece kalakaldı. Ama benim doktora sınıfında verdiğim derslerde, etraflı tartışmalara ve yürürlükteki Türk ve yabancı telif hukukları ile karşılaştırmalara malzeme teşkil etti. Bu tartışma ve karşılaştırmaları, o tarihte Yargıtay İkinci Başkanı olan *Fuat Hulûsi Demirelli*'nin, 1942'de Türk Hukuk Kurumunda verdiği bir konferansta kamuoyuna sunduğu başka bir ön taslak üzerinde de yaptık. Bu bilimsel çabalarım, 1943 yılında Türkçe olarak çıkan "Hukukî Bakımdan Fikrî Say" başlıklı eserimin ikinci cildinde semeresini vermiştir. 1910 tarihli kanunu esas alarak Türk telif hukukunu açıklayan sözlük biçimindeki incelemem, İngilizce "World Copyright"ta yer almış ve bunun tercümesi ise, daha 1940'da İstanbul Hukuk Fakültesi Mecmuasında yayınlanmıştı. Yeni bir fikir ve sanat eserleri Kanunu için hazırladığım ön tasarıya temel oluşturan teorik ilkeyi ise, UFITA 36 (1962), s. 19-54'te çıkan "Die Werkherrschaft" (eser sahipliği) başlıklı makalemde ayrıntılı olarak ortaya koymuştum.

6.
Özel Hayatım

Buraya kadar, İstanbul Üniversitesi Hukuk Fakültesinde profesör olarak geçirdiğim on yılın durum ve şartlarından, meslek hayatımın getirdiği görev ve yükümlülüklerden söz ettim. Bu, bir rastlantı değildir: Tek başıma kaldırmak zorunda kaldığım iş yükü ve 5. bahiste anlatmaya çalıştığım gibi üzerimdeki görevlerin çeşitliliği, Türkçeyi alfabeden başlayarak öğrenmek ve yepyeni malzemeyi tanımak zorunda kaldığım için, büsbütün ağırlaşmıştı. Alman olsun, Türk olsun, öteki meslekdaşlarımın hiçbiri bana reva görülen boyutta ders yükü taşımıyorlardı: Haftada 6 saat anfi dersi, haftada 2 saat pratik alıştırma ve haftada 2 saat seminer, bunlar tüm ticaret hukukunu kapsayan derslerdi. Bir de, ayrıca, haftada bir saat, öğrenciler için seçmeli ders niteliğinde metodoloji ya da fikrî haklar derslerini ve doktora sınıflarının açılmasından sonra da, doktora adayları için özel kurlar veriyordum. Meslekdaşlarımın hiçbiri, benim gibi, boğazına kadar munzam görevlere boğulmuş değildi. Toplumun çıkarları açısından ek işleri, karşılık beklemeksizin, üstlenmeye her zaman hazır olmam, adeta efsaneleşmişti*.

Bunun sonucunda özel hayatım, ister istemez, arka plâna itildi. Özel hayatım hakkında vereceğim bilgiler biraz bölük-pörçük olacaktır.

I.
Ev-Bark Kurmam

Ne Alman Başkansolosuna, ne de Alman kolonisinin öteki mensuplarına nezaket ziyaretinde bulunmuştum. Buna rağmen, Alman uyruğunda olduğum ve Türk makamları tarafından Alman olarak, yani yabancı olarak görülüp, buna göre işlem yapıldığı sürece, Alman resmî makamlarıyla irtibat kurmak ve sürdürmek zorunda idim.

Alman Başkonsolosluğuyla ilk bağlantı kurma vesilesi, ilk evliliğimin 1933 sonbaharında boşanmayla sonuçlanmasından sonra, ikinci bir evlilik yapmaya niyetlenmem oldu. İkinci eşim, hukuk öğrencisi Bayan Holde Hiller olacaktı. Kendisi, Frankfurt'lu Mimar Ernst Miller ile, o tarihte ölmüş olan eşi Rosi'nin (doğumu Sachs-Fuld) kızıydı.

Kapitülasyon denen ilişkilerin kaldırılmış olmasına rağmen, Almanya ile Türkiye arasındaki konsolosluk anlaşmasına göre Alman konsolosu tarafından iki Alman uyruklu arasında hukuken geçerli nikâh kıyılması mümkündü; bundan dolayı 1934 Ocak ayı başında İstanbul'daki Alman

---

* Bu konuyla ilişkili olarak, İstanbul Üniversitesi Hukuk Fakültesinin bana 75. yaş günüm dolayısıyla armağan ettiği eserde yer alan *Dönmezer*'in yazısına (s. XXII) ve aynı şekilde *Hâmide Topçuoğlu*'nun, liber amicorum s. 30 vd.'daki benzer düşüncelerine işaret etmek isterim.

Başkonsolosluğuna resmî nikâh ilânının asılması için başvurdum. Fazla aleniyet istemediğimiz için ilân, konsolosluk binasının nisbeten gözlerden uzak bir köşesine kısa süre için asıldı. Nikâhımızı, Başkonsolos adına, Viskonsolos Bay *von Graevenitz* kıydı; von Graevenitz, şefinin aksine Nazi rejiminin dostu olmaktan çok uzak bir insandı. Nitekim, birkaç ay sonra İstanbul'daki görevinden alındı. Kendisini, daha sonra, 1950'lerde Berlin'de gördüm. İki oğlunu, yüksek öğrenim için Berlin Freie Universität'e getirmiş, bu vesileyle beni de ziyarete gelmişti. Nikâh memuru sıfatıyla, iki Yahudi Alman yurttaşını -her ikisi de İstanbul Alman Lisesinde öğretmendiler- nikâh şahidi olarak davet etmek inceliğini göstermişti. Böylece, 23 Ocak 1934'de, hiçbir davetli hazır bulunmaksızın evlendim.

1935/36 kışında şiddetli siyatik ağrıları çekmeye başladım. Alışılmış ilâçlar pek yarar vermedi, ağrıların sebebi araştırıldığında, Ü apartmanın beton binasının, benim oraya taşındığım 1933 Kasımında henüz tam olarak kurumamış olduğu, muhtemelen de hâlâ rutubet içinde bulunduğu ileri sürüldü. Nitekim büyük çalışma odasının tavanındaki rutubet lekesi de, bu görüşü doğrular mahiyetteydi. Ahşap bir eve taşınmam salık verildi. Aslında şehrin tamamiyle Türk olan mahallelerinde ahşap evler doluydu, ama bunlar genellikle oldukça harap durumda ve hiçbir modern hijyenik konforu bulunmayan evlerdi. Tesadüfen ya da bir ilânın yardımıyla, iyi inşa edilmiş ve çok iyi durumda olan ahşap bir evin ilk katına dikkatimiz çekildi. Ev, Moda koyunun en doğu ucunda, tam Fenerbahçe fenerinin yanındaydı. Evin sahibi, İngiliz Başkonsolosluğundan emekli bir memurdu; karısı, hâlen İngiliz konsolosluğunda çalışan oğlu, gelini ve bebek torunu ile birlikte bu villayı andıran evin zemin katında oturuyordu ve günlerini harikulâde güzel bahçenin bakımıyla geçiriyordu.

Evin olağanüstü güzel konumunu anlatmak için, şunu belirtmek yeter sanırım: Bugün fenerin bulunduğu bu yerde, Jüstinyen, Teodora için bir saray yaptırmış; bundan 1000 yıl kadar sonra da 16'ncı asırda Muhteşem Süleyman, aynı yerde, saray halkının dinlenmesi ve eğlenmesi için büyük bir bina kurdurtmuş.

Evin, dört tarafı denizle kaplı bir yarımadanın burnunda yer aldığını, dolayısıyla havadaki rutubetin büsbütün etkisine açık olduğunu aklıma bile getirmeksizin, buraya taşınmaya karar verdim. Taşınma işini koca bir mavna ile gerçekleştirdik. Ü - Apartmanının altına rastlayan küçük yük iskelesine yanaşan mavnaya tekmil ev eşyasını, büyük kısmı ambalaj bile edilmeden, yükledik ve mavna Moda koyunu boydan boya aşarak bunları Fenere taşıdı. Kendimizi yeni evimizde çok rahat hissediyorduk, neredeyse bir aile gibiydik. Genç gelin Nancy, karımla canciğer dost olmuştu. O günlere ait hiç unutamadığım bir olay, bu İngiliz ailesiyle birlikte, 11 Aralık 1936'da İngiliz Kralı Sekizinci Edward'ın tahttan feragat konuşmasını radyodan dinlememizdir. Kral Edward, Commonwealth halklarına hitaben yaptığı konuşmasında, kalbinin sesini dinlemeye ve tahttan ayrılmaya karar verdiğini açıklıyor; bundan böyle yurdundan sürülmüş biri gibi, uzaklarda sıradan bir yurttaş olarak, Windsor Dükü adıyla yaşayacağını söylüyordu. Edward o günden sonra bir kez dahi İngiliz topraklarına ayak basmamış ve 40 yıl sonra Paris'te ölmüştür.

Fenerbahçe, Marmara Denizinin Asya kıyısında yeralan Kalamış mahallesinin bir parçasıdır. Kadıköy vapur iskelesiyle arasında tramvay bağlantısı, ayrıca bir de kendi vapur iskelesi vardı. Ne var ki bu iskeleye ancak, mesaiden önce trafiğin yoğun olduğu saatlerde, yani sabah ve akşamları semt sakinlerini şehre götürüp getiren vapur yanaşırdı. Bu hizmeti yerine getiren vapur, gün görmüş yandan çarklı bir gemiydi; köprüden kalkar ve Marmaranın Asya kıyısındaki iskeleleri dolaşırdı. Yaz aylarında, ayrıca denize gidenleri taşımak için gündüz gün boyunca ek seferler de yapardı. Vapur iskelesi, bizim evin burnunun dibindeydi, dolayısıyla köprüye gidip gelmek çok kolay oluyordu -tabiî vapur saatlerinin benim çalışma saatlerimle uyuşması halinde-. Saatlerin uyuşmadığı durumlarda ise, tramvayla Kadıköy vapur iskelesine inmek zorunda kalıyordum. Bu yol, çok vakit kaybına yol açıyordu. Meslekdaşlarımızın çevresinde "Asyalı Kadıköylüler" olarak zaten azıcık ırak ve güç erişilir diye nam salmıştık, bu eve taşınalı beri iyiden iyiye erişilmez olduk. Örneğin *Theodor Fuchs*, piyano dersine geldiğinde, dersin sonunda benimle oda müziği yaptığında geceyi bizim evde geçirir, ertesi sabah 8'de yandan çarklı vapurla geri dönmeyi tercih ederdi.

Ahşap bir eve taşınmak suretiyle siyatik sinirlerimin ağrılarını dindirme ümidimiz, ne yazık ki, boşa çıktı. Tüm Fenerbahçe mahallesi denizle çevrili, dolayısıyla da aşırı rutubetliydi. Bir gün, dişçimiz ve dostumuz Dr. *Sami Günzberg* –ki kendisinden ileride daha etraflı olarak söz edeceğim– bir vesileyle bana, *Atatürk*'ün yakını olan bir milletvekilinin, Cumhuriyet Halk Partisi Genel Sekreteri *Recep Peker*'in, Ankara yakınlarında Keçiören'deki çiftlikten başka İstanbul'da da, Sultanahmet Camiinin hemen yanında, Hipodrom Meydanının kenarında bir köşkün, yani bahçe içinde villa tipi küçük bir evin sahibi olduğunu söyledi. Kendisi, ailesiyle birlikte, yılın büyük kısmını Ankara'da geçirdiği ve yazın birkaç haftalık tatil dışında İstanbul'daki evinde hemen hemen hiç kalmadığı için, evin alt katını kiraya vermek istiyormuş. En çok da kiracının bir Alman profesörü olmasını istermiş, çünkü Almanlar, kiraladıkları evden çıkarken, orasını taşındıklarında olduğundan daha iyi bir durumda bırakmakla ünlülermiş. Dr. *Sami Günzberg*, evi bir kere görmemi, yerine, çevresine bir göz atmamı, eğer beğenirsem, kendisine haber vermemi söyledi. Gerekirse, Recep Peker ile bağlantıyı o kuracaktı.

Demek ki, eski İstanbul'un göbeğinde oturma isteği, eninde sonunda gerçekleşebilecekti. Hele, Hipodrom Meydanı gibi, Doğu Romadan, Bizanstan, Osmanlılardan bu yana tarihle bu denli dolu bir yerde! Sultanahmet Camiini sık sık gezmiştik, çevresindeki yapılardan sadece, bahçeler arasında dikkati üzerlerine çeken anıtları farketmiştik: Örneğin cami avlusuna girişin tam karşısında Theodosius - Obeliski vardı. Bu sütun, yekpare somaki taştan olup 20 m yüksekliğindeydi ve üzerinde harikulâde güzel hiyeroglif yazı kazılıydı. Sütun, aslında Tutmosis III (M.Ö. 1504-1450) döneminde Karnak tapınağının önünde dururmuş ve Theodosius I tarafından M.S. 390'da hipodromun ortasına diktirilmiş. Bu sütunun birkaç adım berisinde, Yılanlı Sütun vardır. Bu da, aslında Delfi'deki Apollo tapınağının önünde Yunanlıların Salamis ve Plate savaşlarında (M.Ö. 480 ve 479) Perslere karşı kazandıkları zaferleri anmak için dikilen bir anıtın kalıntısıdır. Ve nihayet, gene az ilerde, meydanın sonuna doğru, M.S. 10'uncu yüzyıl ortalarından günümüze kalmış olan duvar gibi örülü sütun gelir; bu da kaba işlenmiş taş blokların üstüste yerleştirilmesiyle yükselen bir anıttır. Oralarda aranırken, tam da bu sütunun karşısında, caminin parmaklıklı pencerelerle bölünen çevre duvarı hizasında, duvarın bittiği yerde, ulu bir ağacın arkasında gizli bir ev keşfettik. Ev tam köşedeydi; yan cephesi Marmara Denizi kapısındaki surlardan yukarı doğru uzanan küçük bir sokağa bakıyordu; ön cephesi ise meydana açılmaktaydı. Eve, sokak zemininden birkaç basamakla yükseltilmiş, gösterişsiz bir kapıdan giriliyordu. Parke döşenmiş sofadan ilk katın odasına geçilirdi. Bahçeye bakan büyük çalışma odasından yukarıda anlattığım anıtlar tam karşımızda görülüyordu, verandadan da muazzam Sultanahmet Camii. Evin konumunu, nesnel ve pratik kıstaslarla değerlendirecek olursanız, daha önce oturulan evlere oranla fevkalâde büyük avantajlar sağladığı görülebilirdi: Artık, şehrin periferisinde Marmara Denizinin Asya kıyısında değil, Marmaranın Avrupa yakasında, eski İstanbul'un tam merkezinde oturacaktım. Evden 5 dakikalık mesafede, Ayasofya'nın hemen dibinde, tramvay durağı vardı. Tramvayla bir yandan Sirkeci ve Köprü üzerinden Galata ile Beyoğlu'nun tüm semtlerine, öte yandan da Beyazıt Meydanı üzerinden Eski İstanbul'un batıda kalan tüm semtlerine, barındırdıkları ilginç ve görülmeye değer herşeye, kolayca erişebilirdiniz. Ayrıca da, bu tramvay durağının çevresinde, Divanyolu denen geniş caddenin üzerinde olsun, buraya açılan minik minik sokaklarda olsun, bir ev kadını, evin günlük ihtiyacı için gerekli olan herşeyi bulabilirdi.

Bana gelince, ben de yaya olarak ve hemen hiç yokuş tırmanmaksızın, vapurlara, tramvaylara bağımlı olmaksızın, tam 20 dakika içinde Üniversiteye ulaşabilirdim. Üniversitede hem öğleden önce, hem de öğleden sonra işim olduğu günlerde, öğle yemeği için eve gidebilirdim. Evin, hipodrom meydanının kuzey kenarındaki giriş kapısının tam karşısından geçen bir sokak, hafif bir kavis çizerek, Konstantin sütununun (Yanık Sütun denir) karşısında, yukarıda sözünü ettiğim Divanyolu caddesine açılıyordu. Gene tarih dolu bir yerde bulunuyordum: Bu sütun, eski forum meydanının ortasına, I. Konstantin tarafından, Doğu Romanın doğuşu şerefine, M.S. 330 yılında diktirilmişti. Aslında on adet olup, bugün altı tanesi kalmış olan somaki silindirlerden oluşan ve çevresi duvarla örülmüş mermer bloklardan bir kaide üzerinde yükselen anıt, geçen zaman zarfında, özellikle de doğal afetler sonucu harap olmuştur, bugün ancak bu silindirlerin bitiştiği yerleri kavrayan demir çemberlerle ayakta durur, bu nedenle de Türkçe'de adı Çemberlitaş'tır. Divan Yolunun devamı olan Yeniçeriler Caddesi boyunca 10 dakika yürüdükten sonra, Beyazıt Meydanında Üniversitenin kapısının önüne varıyordum. Tüm imkânlarıyla koca Kapalıçarşı, Üniversiteden bile yakındı. Dolayısıyla, Hipodrom Meydanındaki evin yeri, bizim için biçilmiş kaftandı. *Dr. Sami Günzberg'*in aracılığıyla *Recep Peker'*le irtibat kurmaya ve kira bedeliyle başka ayrıntıları görüşmeye karar verdik. Zemin katındaki odaları ve üst katta yer alan banyoyu -gereğinde ev sahipleriyle ortak olarak- kullanmak karşılığında istenen kira, daha önce ödediğimiz kiralara oranla, yüksek değildi. Anlaşmaya göre kalorifer işiyle ben uğraşacaktım, yani birini bulup –Bayan *Miezi'*nin aracılığıyla– bu işi yaptıracak ve odun kömür masrafını üstlenecektim; buna karşılık bahçenin bakım masrafları, bahçıvan ücreti de dahil olmak üzere, ev sahibine aitti. Böylece gayet Alman dostu olan, ama kesinlikle Hitler dostu olmayan *Recep Peker*, Alman profesörüne, Alman profesör de, başından beri düşlediği eski İstanbul evine kavuşmuş oldular.

1937 sonbaharında, İngiliz'lerimizle büyük dostluk içinde vedalaştık, bütün ev eşyasını -gene büyük kısmı ambalajsız olmak üzere- bir mavnaya yükledik. Mavna, Asya kıyısındaki Fenerbahçe fenerinden kalktı, Marmara Denizini aştı ve öteberimizi Avrupa kıyısında hemen Sultanahmet Camiinin altındaki modern deniz fenerinin yakınındaki iskeleye yanaştırdı. Buradan da hamallar, eşyayı, yeni eve taşıdılar.

Çalışma odasında yazı masamı, verandanın camlı kapısının arkasında öyle bir şekilde yerleştirdim ki, masadan başımı kaldırdığımda, Theodosius Obeliski'nin hiyeroglif yazıtlı güneybatı yüzünü tam karşımda görebiliyordum. Piyanoyu da öyle yerleştirmiştik ki, piyanist, notalardan gözünü kaldırdığında, bahçe duvarının üzerinden cami cephesinin bir kısmını görebilecekti. Caminin kendisi ise, yapısının olanca büyüklüğü, güçlülüğü, ihtişamı ve ahengiyle, verandadan bakıldığında adeta bahçe duvarının üzerinde boşlukta yüzermişçesine, karşımızda salınıyordu. Nisbeten güzel havalı hiç bir akşamüstü olmuyordu ki, hayranlık içinde suskun, verandada oturmayalım ve ay ışığının binbir kubbe ve yarım kubbeyi yalayıp, altın yaldızlı hilâlle taçlanmış muhteşem büyük kubbesinin üzerinden akıp geçmesini, içimiz hazla ürpererek seyre dalmayalım. Doğunun büyüsü. İşte, burada, altı minarenin şerefelerinden birinden müezzinin müminleri ibadete çağırdığında, bu büyüyü yaşayabiliyorduk. Bayramlarda, minareden minareye, minarelerden de kubbenin tepesine, tıpkı çiçek hevenkleri asılmış gibi çekilen rengârenk ampul ışıl ışıl yanıyor, bütün o alan yıldız serpintisiyle kırpışan bir çardağın altındaymış gibi oluyordu. Ama evin böylesine büyüleyici kısmı, sadece bahçeye bakan yüzüydü. Evin Hipodrom meydanına bakan giriş kapısıyla cephesi, genellikle yol kenarındaki ağaçların gölgesinde kalıyor, kışın da bir sokak lâmbasının solgun ışığıyla aydınlanıyordu. Evin yan sokağa bakan yüzünde, hatırladığım kadarıyla, hiç pencere yoktu; evin arka yüzü ise, sefalet, yıkıntı, kir-pas içindeki komşu evlerle avlulara açılmaktaydı. İşte, Dersaadet'in pırıltısının kelimenin tam anlamıyla arka yüzüydü bu; bugün de öyledir. Bir yabancı için, önyüzün pırıltısını ve büyüsünü kulisin gerisindeki gerçeklikle karıştırmamak çok zordur, ama daha da zor olan, bu gerçek arka yüze alışabilmektir. İstanbul'a ilk geldiğimde, *Katz* çiftinin, niçin beni bir yabancı olarak eski İstanbul mahallelerinde oturmaktan vazgeçirmeye çalıştıklarını, şimdi anlıyordum. Aradan geçen dört yıl zarfında, Üniversiteye hergün gidip gelirken, yollarda, bu arka yüzle, artık onu doğal karşılayacak kadar, yakından tanışmış olmasaydım, evin büyüleyici konumuna ve içinin onca zerafet ve bakımlılığına rağmen, bu "arka avlu"su yüzünden kira kontratını kesinlikle imzalamazdım. Hergün Hipodrom meydanını dolduran turistler bir yana, Sultanahmet Camii mıntıkasında yaşayan yegâne yabancı bendim, üstelik de kâfirdim, yani dinsizin, imansızın teki. Bundan dolayı, caminin yan ve arka sokaklarında üstüste yığılmış gibi duran ahşap evlerde oturanlarla komşuluk ilişkisi kurmam olanaksızdı. Şayet mahalle halkının ev sahibimiz *Recep Peker*'e beslediği saygı, onun "misafirlerine" karşı her türlü olumsuz tutumu baştan önlemeseydi, türkçeyi anlamam ve konuşmam bile, bizi birtakım huzur kaçırıcı bayağıca sataşmalardan koruyamazdı.

Uzun boylu, yapılı bir adam olan *Recep Peker*, Kurtuluş Savaşına katılmış ve Cumhuriyet Halk Partisinin Başkanı *Atatürk*'ün güvenini kazanmıştı. *Recep Peker*, o tarihlerde izin verilen yegâne parti olan bu siyasî partinin birkaç kez –en sonuncusu 1931-1936 yılları arasında olmak üzere- genel sekreterliğini yapmış, daha sonra da birçok kereler çeşitli bakanlıklarda bulunduktan sonra, 1946/47 yıllarında Başbakan olarak siyasî kariyerini sonuçlandırmıştır. Parti içinde güçlü bir konumu vardı ve tavizsiz bir Kemalizmin (bununla ilgili bkz. Bölüm 7/II) temsilcisi olarak tanınıyordu. Kendisi, Kemalizmi bir kültür ve inanç birliği olarak nitelemekteydi. Halk arasında ise dürüstlüğü, babacan tavırları ve halka yakınlığından dolayı sevilen bir kişiydi. Almanca ve Fransızcayı iyi biliyordu. Tutkusu ise bahçeydi. Almanya'dan fidanlar, tohumlar, soğanlar getirtiyor ve bunlar Sultanahmet Camiinin bitişiğindeki bahçede serpilip geliştikçe sevinçten uçuyordu. Yaz aylarında bahçe duvarı, güllerin arasında gözden yitip gider; çiçek göbekleri gökkuşağının tüm renklerinde coşardı. Çevresi yüksek duvarlarla korunmuş, ehliyetli ellerin bakımı altındaki bu minik bahçede, nefis meyva veren bir dut ağacı bile vardı. Yaz tatilinde *Recep Peker*, hanımı ve çocuklarıyla eve geldiklerinde, üst kata yerleşirler ve bizimle üst kattaki banyonun kullanımı ile zemin kattaki mutfağın nasıl bölüneceği konularını karara bağlardık. Hipodrom meydanındaki evde oturduğumuz dört yıl boyunca, aramızda anlaşmazlık, kavga şöyle dursun, tek bir kırıcı söz bile sarfedilmemiştir. Herkes birbirine karşı saygılı davranıyordu, evde ve bahçede ortak olarak yaşamayı doğal kabul edip, olumlu taraflarından yararlanmaya çalışıyordu. Hanımlar üst-baş ve ev işleri konusunda sohbet ederken, *Recep Peker*'le ben de siyasî meseleleri konuşurduk.

Şayet İkinci Dünya Savaşı, savaşa katılmadığı halde, Türkiye içinde olumsuz iktisadî sonuçlar doğurmasaydı, bu, yıllarca böyle sürüp giderdi kuşkusuz. Daha 1940'larda günlük ihtiyaç maddelerinde kıtlık ve pahalılık başgösterdi; oysa maaşlar, buna paralel olarak yükseltilmiyordu. 1940/41 kışında kalorifer için gerekli kok kömürünü bulmak çok güçleşmişti ve kömür, dehşetli pahalılanmıştı. Fiyatların, altından kalkamayacağım oranda yükselmesini hesaba katmak zorundaydım. Durumu *Recep Peker*'le görüştüm. Tek çözüm, kaloriferi iptal etmek ve bunun yerine, iki ya da üç odasında daha küçük, hafif ve kolay ısıtılabilen sobalar kurmak gibi gözüküyordu. Ama bu çözüm, birtakım inşaat işi gerektirecek, ayrıca da cânım evin ise, kuruma bulanmasına yol açacaktı. *Recep Peker*, benim kaloriferin gerektirdiği yüksek malî külfeti kaldıramıyacağımı kabul ettiğinden, yeniden ev aramaya başlamak zorunda hissettim kendimi. Bu arada hanemiz halkına iki kişi daha eklenmişti:

1936'da babamı bir ameliyattan sonra kaybetmiştik. Annem, tüm ricalarıma rağmen, Almanya'yı terketmeyi reddetmişti. Ancak 1938'de mâhut "Kristal gecesi"nin hem tanığı, hem de kurbanı olduktan sonradır ki, Türkiye'ye benim yanıma gelmeye karar verdi. Annem için, Türkiye'ye giriş vizesi ve ikamet izni almaya çalışırken çeşitli güçlüklerle karşılaştım, ama *Recep Peker*'in müdahalesiyle bu güçlükler bertaraf edilebildi. Böylece 67 yaşındaki anneciğim, 1939 ilkbaharında, elinde minicik bir valiz, yanımıza gelebildi. Resmî makamların yurtdışına çıkmasına müsaade ettiği tüm eşyasına ise, yola çıkmadan az önce Gestapo tarafından el konmuştu. Bunların âkıbetini hiçbir zaman öğrenemedik. Annemle büyüyen ailemiz, Bayan *Miezi*'nin ayrılmasıyla sayıca artış göstermedi; Bayan Miezi, 1939 ilkbaharında oğlunu almış ve "Führer'in arzusu uyarınca", memleketi olan Doğu Tirollere, yani Rayh'a geri dönmüştü.

1940 yazı sonunda dostumuz *Hans Rosenberg*'in, ileride değineceğim ani ölümü üzerine, İstanbul'da yapayalnız kalan dul eşini, *Recep Peker*'in de onayıyla, yanımıza almıştık. *Recep Peker*, evinin üst katında dul Bayan Rosenberg için bir oda ayırmıştı.

Uzun sözün kısası, 1941 sonbaharında tam dört kişiydik ve kendimize uygun bir yer arayıp bulmak zorundaydık: Hirsch çifti, annem ve başlangıçta tek başına yaşamaya niyetlenen, ama sonra bundan kaçınan Bayan *Rosenberg*. Taksim meydanı civarındaki apartman katları, yüksek kirasından ötürü, söz konusu olamazdı. Böylece gene bir ev aradık ve yolumuz gene Marmara Denizinin Asya kıyısına, bu sefer Moda'ya düştü. Moda Mektep Sokağında, koyun hemen üstündeki Bomonti Bira Bahçesinin karşısında, gerçi kaloriferi olmayan, ama odalarının çoğu sobalı bir ev bulduk. Tepesinde pencereler bulunan giriş kapısından, salonu andıran geniş bir mekâna giriliyordu, kapının tam karşısında ise birinci kata çıkan merdiven vardı. Bu geniş mekânın tavanı ikinci katın yüksekliğindeydi. Çıplak iki yan duvar, renk renk kilimlerle kaplanınca mekân hiç ısıtılmadığı halde sımsıcak bir hava doğuverdi. İnsan, kapıdan içeri eve girdiğinde, hazırlıkları tamamlanmış bir sahneye çıkmış gibi oluyordu. Bu giriş mekânının bitişiğinde, dikdörtgen biçimli yemek odası vardı. Bu odanın nispeten yüksekte kalan küçük pencereleri sokağa bakıyordu. Oda, mutfağa açılmaktaydı, mutfak ise avlumsu küçük bir bahçeye. İlk katta üç oda vardı, bunların ikisi bahçeye, biri de sokağa bakıyordu. İkinci katta da, gene bunlara tekabül eden üç odaya ek olarak, girişteki büyük holün boyutlarında çok geniş bir mekân yer alıyordu. Bu mekân, yüksek kanatlı bir kapıyla balkona açılmaktaydı. Bu balkondan görünen panorama genellikle misafirlerimize Napoli körfezini hatırlatacak ihtişamdaydı: Marmara Denizi iyi hava şartlarında 200 km uzaklıkta görünen Marmara adasına kadar pırıl pırıl gözümüzün önünde uzanıyor, solda deniz feneri ile Fenerbahçe, bunun arkasında adalar ve en arkada da tepeler üzerinde yükselen Uludağ görünüyordu. Sağda ise İstanbul'un batı banliyöleri ile Avrupa kıyısı vardı. Önümüzden geçen yolun karşı kenarında yaşlı ağaçları ve yıllar önce yanan küçük yapının yıkıntıları ile bira bahçesi, bira bahçesinin de altında Moda koyunun dik yamaçlı kıyısı ayaklar altındaydı. Moda koyunun orta yerinde vapur iskelesi binasını ve solda da ahşap deniz hamamını görebilirdiniz.

Bu ev değiştirmeler arasında bir de 1936 ve 37 yıllarında Heybeliada'da geçirdiğimiz yazları anmam gerek. Heybeliada'da hem zaman bakımından daha kısa süre kalıyorduk, hem de daha az eşya taşıyorduk. 1935 yılında *Walter Ruben* Hindoloji Profesörü olarak Ankara DTCF'ne çağrılmıştı. İkimiz de Frankfurt'ta doçentken birbirimizi yakından tanıma fırsatını bulmuştuk. Naziler iktidara geçtikten sonra, birinci dereceden melez (babası

Yahudi idi) olduğu için doğrudan doğruya tehdit altında idi ve Eschersheim'daki evime gelmiş, bana akıl danışmış, yardım istemişti. Frankfurt'tan Ankara'ya gelirken, onun deyimi ile bu "kıta değiştirme" sırasında ben elimden geldiğince ona yardımcı oldum: Walter Ruben'i, karısını, iki oğlunu Sirkeci İstasyonunda karşıladım. Eşyalarını vapurla Haydarpaşa'ya götürdüm. Oradan kayığa bindirip Ü apartmanına Kadıköy'e getirdim ve akşam üstü de Walter Ruben'i trenle Ankara'ya yolcu ettim. Bu görüşmeden sonra aramızda düzenli bir mektuplaşma başladı. 1936 başlarında bir konferans vermek için Ankara'ya gittiğimde kendisini ziyaret ettim. Bu ziyaret sırasında Walter Ruben bizim, yani iki ailenin 1936 yazını adalardan birinde geçirmemizi önerdi. Uygun bir ev bulmamı istedi benden. Gerçekten de Heybeliada'da eczacının evinde alt katı bütün sezon için uygun fiyatla kiralamayı başardım. Bu ev tam Deniz Harp Okulu'nun üst tarafındaki tepenin en güzel villalarından biriydi. Kiraladığımız alt katta üstü açık, geniş bir terası olan büyük bir salon, mutfak ve dört küçük oda vardı. Manzara harikaydı. Hemen yanımızdaki ormanda gezinti yapmak mümkündü, gerçi deniz kenarına ve vapur iskelesine giden yollar azıcık dik ve yokuşluydu ama çok zorlanırsak yokuş yukarı çıkarken bir eşeğe binmek mümkündü. Yiyecek içecek olsun, başka günlük ihtiyaç maddeleri olsun temin etmek kolaydı. Çünkü, sokak satıcıları düzenli olarak taze taze ekmek, çörekten tutun da meyvaya, süte, hatta içme suyuna kadar herşeyi düzenli biçimde getiriyorlardı. Zor olan evi dayayıp döşemek oldu. Eczacının aynı zamanda adada öğretmenlik yapan Almanca bilen oğlu herşeyi biz hallederiz dedi. Kuşkusuz halledilebilecek gibi birşey olsa bunun üstesinden ustalıkla gelecekti. Ama yedi-sekiz kişi için yataktı, yorgandı, şilteydi, çarşaftı, koltuktu, sandalyeydi, masa örtüsüydü, kap kacaktı, çatal bıçaktı, bunca ihtiyacı nereden nasıl bulacaktı acaba?

Komşulardan toplanabilecek gibi olan sandalye, somya, şilte ve benzeri şeyler halledildi. Çatal kaşık, yatak yüzleri ve yorganlar Ankara'dan geldi. Ama bunun dışında kalan herşey, piyano dahil –*Walter Ruben* viyolonsel çalıyordu ve ille de beraber oda müziği yapmalıydık– Kadıköy'de Ü apartmanının altındaki küçük iskeleden, ertesi yıl da yani 1937'de Fenerbahçe feneri kıyısından motorlu bir mavnaya doldurulmuş, Heybeliada'nın yük iskelesinde hammalların sırtlarına yüklenmiş ve o tepenin dimdik yokuşunu bu şekilde tırmanıp eve taşınmıştı. Sonra koca piyanonun tek bir adamın sırtında âdeta iki bacaklı bir canavarmış gibi ağır ağır o yokuşu çıkması insanın içine ürperti veriyordu. Pekçok ihtiyaç ancak kıtıkıtına yetecek kadar karşılandığı halde, oturma ve uyuma şartları gayet ilkel, yemekler de mütevazi olduğu halde, aynı şeyi 1937'de tekrarladık.

Büyükada'nın aksine Heybeliada, tatil günlerinde o kadar kalabalık olmuyordu ve genellikle, fazla şey istemeyen sade insanlar tarafından, tatil yeri olarak tercih ediliyordu. Ada'da büyük oteller yoktu. Sadece küçük pansiyonlar ve kiraya verilen küçük yazlıklar ve möbleli tek odalar vardı. Atatürk'ün en yakın arkadaşı ve o yıllarda başbakan olan *İsmet İnönü*'nün, ana cadde üzerinde, arkasında bahçesi olan küçük, çok mütevazi bir evi vardı. Tıpkı Büyükada'da olduğu gibi, burada da çift koşulu faytonlar vardı. Bunlara binip adayı gezebilirdiniz. Ama en önemli ulaşım aracı eşeklerdi. Özellikle dik merdivenli sokaklarla, sarp yollarda eşekten yararlanılıyordu. Ormanın hemen eteğinde, en tepede oturan bizler, ancak deniz kenarından öğle yemeği için kızgın güneş altında eve dönerken eşeğe binerdik. Evimiz her zaman, serin olurdu. Şehre inmem gerektiğinde, özellikle Haziranda ya da Eylülün ikinci yarısında sınavlara ya da toplantılara gittiğimde, sabah serinliğinde bir koşu aşağıdaki vapur iskelesine iner, dönüşte de, öğlen olsun akşam olsun, iskeleden yukarı, sıkı dağcı adımıyla tırmanırdım.

Ama, özellikle çamlıklarda yaptığımız gezintiler çok hoştu. Üç tepeli adanın yarısı çam ormanlarıyla kaplıydı. Akşama doğru Çam Limanına inerdik. Burada, bir barakada tek başına bir balıkçı yaşar, kırk yılda bir oraya düşecek konuklar otursun diye kıyıya attığı kırık dökük masa ve sandalyelerde içki, taze ekmek, peynir ve odun kömüründe pişirdiği balıklarla gelenleri çok ucuza ağırlardı. Nice akşam yemeğini bu şiir dolu şirin koyda yemiş, sonra da ay ışığıyla aydınlanmış çam ormanından geçerek evimize dönmüşüzdür.

Adanın bize verdiği şey, temiz havada, koşuşmadan uzak, sade bir hayattı. Ortak ev idaresi, dostluk bağlarını güçlendirmiş, insanca bir sıcaklık ve bağlılık havası yaratmıştı. Büyük salonda, sonuna kadar açık teras camları ardında yaptığımız oda müziği, küçük bir orkestra gücüne erişse bile, kimseyi rahatsız etmiyordu, piyanoyu o esnada çalan her kimse, tuşlara fortissimo bassa bile! Müzik yaptığımızda, eczacı - öğretmen ve erkek kardeşi hemen dinleyici olarak gelir oldular; onlara İstanbul'lu bir Türk fabrikatörle karısı ve oğlu da katılmaya başladı. Oğulları benim öğrencimdi ve bizi o tanıştırmıştı. Yazlıkları, bizim villayla aynı yükseklikte, aşağı yukarı 100 m kadar ilerideydi. Buna karşılık eczacı öğretmenin karısı, bize çok seyrek gelirdi; geldiğinde de, birbirlerine tıpkı isimleri gibi, iki su damlası kadar benzeyen altı yaşındaki ikizleri Ümer'le Gümer'de de yanında getirirdi. İkizler, benim aynı yaştaki kızım Hannelore'yle oynarlardı.

Annesiyle birlikte Roma'da yaşayan kızımı, Almanya'dan ayrıldığından bu yana görmemiştim. Şimdi, annesinin de onayıyla, tatilde birkaç haftalığına yanıma almak istiyordum. Gidip onu Roma'dan aldım ve Heybeliada'ya getirdim. Adaya çarçabuk ısındı, Ruben'lerin kendinden birkaç yaş büyük olan oğullarıyla, azıcık hoyrat olmakla birlikte sadık oyun arkadaşları buldu. Her sabah karımla birlikte deniz kenarına iner, öğle yemeği için de eşek sırtında dönerlerdi. Hannelore "İşte, bu bir asino"* derdi. "okulda birşey öğrenmediği için, beni taşımak zorunda. Ama ben asino olmak istemiyorum, onun için birşeyler öğreneceğim". Su gibi İtalyanca konuşuyordu, ama Almancası tutuktu. Şimdi bir de eşekçilerden kibar salon Türkçesi denemeyecek türden Türkçe deyimler, ev işlerine yardım eden kadından da Rumca birkaç söz öğrendiğinden, tam dört dil bildiğini söylemeye başlamıştı. Çocuğu Roma'ya geri götürdükten sonra, o sırada üyesi bulunduğum International Law Association'un bir toplantısına katılmak üzere Paris'e gittim, oradan da Basel'e geçerek annemle ve karımın erkek kardeşiyle buluşarak, onlarla bir gün geçirdim. Babam, birkaç hafta önce ölmüştü. Daha sonra da Venedik üzerinden gemiyle İstanbul'a döndüm.

Ertesi yıl, yani 1937'de, Hannelore'yi Brindisi'den aldım. Oraya kadar üvey babası getirmişti. Dönüşte de, Adriatica gemisinin artık iyice tanışıklık kurduğumuz kaptanına teslim ettim. Bu yolla bizi 1938'de de ziyaret etti. O tarihte artık adada değildik, Hipodrom meydanında oturuyorduk. Hannelore, *Recep Peker*'in kendisiyle yaşıt olan oğlu *Yalçın*'la bahçede oynayıp durdu. Daha sonraki yıllarda, İkinci Dünya Savaşı sırasında, bu tür tatil gezilerini akıldan çıkarmak gerekti. Ancak 1946, ya da 1947'de, havayoluyla, yeniden böyle gezilere başladık.

II.
Geziler
a) Kaplıcalar

Siyatik sinirim, bazen daha az bazen daha çok, ama hiç aralıksız çektiriyordu bana. Derslerimi hastalık nedeniyle aksatmak istemiyordum, hem de aksatamazdım. Oysa gün oluyordu, öğrencilerin karşısında nasıl ayakta duracağımı düşünüyordum. Bir gün gene sancılar içinde kıvranarak, kaidemin bir sağ cenahını bir sol cenahını kürsüye yaslayıp dururken, çevirmenime eğildim ve *"Nasreddin Hoca'*nın hakkı varmış; ayakta duramıyorum, yürüyemiyorum, oturamıyorum, yatamıyorum, ne yapayım diye sorana, 'git kendini as be adam' demiş" diye kulağına fısıldadım. Çevirmen kahkahayı bastı. Öğrenciler, ille de ne dediğimi öğrenmek istediler. Çevirmenim "Hocamızın çok sancısı var (öğrencilerden mırıltılar: Vah vah, geçmiş olsun) ne yürüyebiliyor, ne ayakta durabiliyor, yatamıyor, oturamıyor. Bu sebeple, *Nasreddin Hoca*'nın öğüdünü tutup kendini asmaya karar vermiş" dedi (öğrencilerden: Allah göstermesin sesleri). Yani, kesinlikle bir önlem almam gerekiyordu. Bursa'da kaplıca tedavisi görmemi salık verdiler. Yalova'ya kadar ekspres vapurla, oradan da otobüsle Bursa'ya vardım.

Kaplıca tedavisinin etkisi pek uzun sürmedi. Çekirge'de, belki de yüzlerce yıllık eski ve harikulâde güzel bir hamamın yakınında bir otelde kal-

* Asino, İtalyanca eşek demektir.

dığımı hatırlıyorum. Sıcak kaplıca suyu iyi gelmesine çok iyi gelmişti, ama, daha yaşlıca bir Türk dert yoldaşımla her akşam keyfini çıkadığımız rakılı mezeli akşamcı sofrası, anlaşılan bu iyi etkiye karşı - etki yapmıştı. En azından bu kaplıca sefası, daha önce sadece hafta sonu gezilerinde yüzeysel olarak görmüş olduğum Bursa'nın tüm görülecek değerlerini inceleme ve hayran kalma fırsatı vermişti bana.

Kaplıcalarda şifa bulma yolunda ikinci denemem, beni Yalova kaplıcalarına götürdü. Yalova kaplıcaları, yukarıda adını andığım limana oldukça yakındır. Bu sefer, tedavimi Bursa'da yaptığım gibi rakı içerek tehlikeye düşürmedim, tam tersine masajla destekledim. Masajı, *Atatürk*'ün de masajcısı olan Nubyalı bir zenci hanım yapıyordu. *Atatürk*'ün sık sık ziyaret ettiği otelin diğer müşterilerine de masaj yapmaktaydı. Masaj sırasında, tam deyimiyle, gözlerimin önünde yıldızlar uçuşuyordu. Ama, iyi gelecekti -tıpkı, Fritz Reuter'in "Ut Mine Stroutid"indeki Bräsig Amcanın, Hawermann'a su sanatını açıklarken dediği gibi. Daha ikinci masajdan sonra dik yürümeye başladım, şayet dans etmesini bilseydim, dans bile edecektim, ama -Japonlar misali- dansı başkalarına bırakıp kendim seyre koyuldum. Bu davranışıma, fevkalâde kibar tavırlı, yaşlıca bir Türk hanımefendi pek şaştı: Benim gibi genç biri acaba, niçin dansetmiyordu? Sigara içmekten de, dansetmekten de hiç tad almadığımı söyledim. -Evli miydim, acaba?- Evet, evliydim. -Peki, hanımımı niçin yanımda getirmemiştim?- Çünkü, hanımım hasta değildi, kaplıca tedavisine de masaja da ihtiyacı yoktu, hem Yalovalara kadar gelip, can sıkıntısından patlayacağına, güzelim evinde kalmayı tercih etmişti.- Amma da garip bir düşünce tarzı! İşte, ne de olsa, yabancı! Bir kadının yeri kocasının yanı olmalıydı. Kocası nereye giderse gitsin, kadın da onunla gitmeliydi. Örneğin kendisi, ilk evlendiği geceden bugüne kadar –ki evleneli onlarca yıl olmuştu– kocasını tek bir gece bile yalnız bırakmamıştı –Ne evde ne de gezide!– Ve böylece, ülkenin en üst tabakasına mensup bir hanımefendinin bu manevî azarı, doğrusu sertlik bakımından, masajcı zenci hanımın masajından hiç de geri kalmıyordu.

b) Türkiye İçinde Geziler

Paris, Fransa değildir ve İstanbul da, 1933'de ben oraya vardığımda, artık Türkiye değildi. Türkiye'yi tanımak için önümdeki yegâne fırsat, yarıyıl tatiliydi, yani ocak ayının ikinci yarısından ve şubatın da ilk yarısından toplam üç hafta. Yaz tatili söz konusu olamazdı, çünkü Roma'da oturan küçük kızım Hannelore'yi ancak yazın yanıma alabiliyordum. Ocak/şubat ayları, İç Anadolu için olsun, Türkiye kıyıları için olsun, kuşkusuz en iyi gezi mevsimi sayılmaz. Üstelik yollar da çok sınırlıydı. Bugün özel arabasına kurulup ya da yeterli donatıma sahip otobüslerle Türkiye'nin fevkalâde karayollarında yolculuk yapan insanlar, bu tür yolculuğun bundan 40 yıl öncesinde imkânsız olduğunu anlayamazlar. Başka sebepler bir yana, sırf stratejik, yani askerî-politik sebeplerden dolayı, Anadolu'nun Batı ve Güney kıyılarından İç Anadolu'ya iyi inşa edilmiş geçit yolları yapılmamıştı. İtalyanların 1935/36'da Etiyopya'yı (o zamanlar Habeşistan denirdi) almaları, ayrıca gene İtalyanların o tarihlerde Türkiye'nin Güney Batı kıyısının burnunun dibindeki Rodos ile Oniki Adayı ellerinde bulundurmaları ve *Mussolini*'nin Türkiye'yi hedef alan kâh açık, kâh üstü kapalı tehditleri, modern bir karayolları ağının kurulmasını engellemişti. Ancak Türkiye'nin Nato'ya girmesi (1952) ve bunun sonucunda stratejik ve askerî-politik durumun tamamiyle değişmesi iledir ki, Amerika Birleşik Devletlerinin de çabalarıyla, bugünkü turist trafiğini mümkün kılan, o fevkalâde karayolu ağı örülebilmiştir. 1930'lu ve 40'lı yıllarda, turist olarak, Cumhuriyetin ilk on yılında büyük ölçüde takviye edilmiş olan devlet demiryollarına bağlıydınız ve ancak bunların istasyonlarından hareketle, en yakın çevreyi -o da, hava şartları ve yolların durumu elverdiği ölçüde- gezip görebilirdiniz. İşte, Türkiye'de geçirdiğim yirmi yıl zarfında, niçin Türkiye'yi yani Anadolu'yu pek az gezip tanıdığım, sanırım, böyle açıklanmış oluyor. Ancak neden sonra, daha sonraki gezilerimde, birkaç eksiği telâfi edebildim.

Demiryoluyla ilk büyük geziyi, Ankara üzerinden Kayseri'ye yaptım. Kayseri'de bir gün kaldık. Bu geziden aklımda kalan hiç unutmadığım görüntü, hareket halindeki trenin penceresinden, daha çok uzaklardaki Erciyes Dağının karla kaplı zirvesinin, yayla düzlüğünde bir görünüp bir kaybolması ve nihayet, Kayseri şehrine görkemli bir fon oluşturmasıdır. Aklımda kalan başka bir şey de, şehrin başlıca görülecek yerlerini, özellikle de sayısız medreseyle camii gezmemiz, Bedesten'e de bir göz atmamız, ama şehrin kendisini, Bursa'ya kıyasla çok daha kötü korunmuş ve bakımsız bulmamızdır. Ürgüp'le Göreme yöresine ayrıca bir gezinti yapmak kış hava şartları yüzünden imkânsızdı. Buna karşılık, Kilikya geçidini aştıktan sonra, Adana ovasından uçup bize karşı gelen ilkbaharın keyfine o nisbette vardık. Mersin'de eli yüzü düzgün bir otelde birkaç gün kaldık ve buradan hareketle Tarsus'a, kıyı boyunca Silifke'ye ve oradaki kara ve deniz kalesi Korigos'a geziler yaptık. Mersin'den İstanbul'a dönüş yolculuğumu pek hatırlamıyorum, sadece her istasyonda tren boyunca, ellerinde 5 katı yumurta, bir de minicik bir kâğıda sarılmış tuzla koşuşan, bir yandan da "on kuruş" "on kuruş" diye bağıran çocuklar gözümün önünde, sesleri de kulaklarımda. Satışlarında başarılıydılar, çünkü trenin lokantası yoktu. Acaba bugün hâlâ var mıdır, bunlar?

İkinci büyük gezide ise, deniz yoluyla İstanbul'dan Ege'ye ve eski adı Alexandrette olan İskenderun'a gidip döndük. Geziyi özellikle hatırlamamın nedeni, Birinci Dünya Savaşından sonra 1918'de tüm hinterlandıyla birlikte Türklerin Hatay dediği Sancak'ın özerk bir bölge olarak, Suriye'nin egemenliğine geçmiş ve ancak 1938'de Türkiye ile "Manda"ya sahip Fransa arasında imzalanan antlaşma gereğince ve Türk birliklerinin İskenderun'a girmesiyle birlikte anavatan Türkiye'ye dönmüş olmasıdır.

Geziyi yaptığımız ve Devlet Denizyollarına ait "Etrüsk" gemisi, Almanya'da yapılmış ve 1938 yılı içinde Türkiye'ye teslim edilmişti. Gemi, Türkiye'de hazin bir şöhret kazandı, çünkü sahiden ciddî aksaklıkları vardı ve bu aksaklıklar, Almanya'da, Polonya'ya saldırıdan (yani İkinci Dünya Savaşından) bir yıl önce bile yurtdışına gönderilecek siparişler için savaş sanayiinde önem taşıyan yüksek kaliteli malzemenin artık kullanılmaz olmasına, bunun yerine "kalitesiz malzeme" ile yetinilmesine tipik örnek olarak kabul ediliyordu.

1939 Ocak ayının ikinci yarısında, soğuk ve yağmurlu bir günde gemiye bindiğimizde, lâyık olduğumuz biçimde karşılandık: Bu kış kıyamette, fırtınalı denizlerde İskenderun'a tenezzüh gezisi yapmak da nereden gelmişti aklımıza? Derhal şu benim eski lâtifemle karşılık verdim: Bir deniz hukuku profesörü olarak denizden, dalgadan fîlân korktuğum yoktu. "Demek şu Alman deniz hukuku profesörü sizsiniz?" -"Evet, benim",- "Desenize, bizim şu berbat geminin ve berbat kanununun suçlularından biri duruyor karşımızda". -"Bakın, gemi tezgâha girdiğinde, ben Almanya'yı çoktan terketmiş bulunuyordum; ayrıca Alman Deniz Ticaret Kanununun kötü bir Fransızca tercümesinden doğan hatalardan, herhalde bir Alman sorumlu tutulamaz".- "Bunu demesi kolay, açıklamanız lâzım. Zamanımız var, nasıl olsa. İzmir'e kadar tüm kamaralar dolu, İzmir'den sonra sizden başka yolcu yok".

Buna bir diyeceğimiz yoktu. Hava açmıştı ve ertesi gün İzmir'e vardığımızda, geminin limanda kalış süresi içinde bir taksiyle Kadifekale'ye çıktık, pırıl pırıl bir güneş altında uzanan İzmir'i ve körfezi tepeden hayranlıkla seyrettik. Küçücük saat kulesinin bulunduğu Konak meydanını aşarak gemiye döndük ve güneye giden 1. mevki yolcusu olarak sahiden tek başımıza kaldık. Böylece geminin süvarisi ve kaptanlarıyla uzun uzadıya sohbet etmek, özellikle de deniz ticaret hukukundaki kanun hükümlerinin mutlaka düzeltilme zorunluluğu hakkında tartışmak fırsatı doğdu. Bu konu hakkında daha 1938'de İzmir'de bir konferans vermiş ve İzmir Barosu Dergisinde yayınlamıştım. Kaptanlardan biri, Üniversitenin dışında, Denizcilik Yüksek Okulunda da ders verip vermediğimi sordu. Ticaret filosunun kaptan adayları bu okulda yetiştiriliyordu. Bu yolculuk sırasında, gemide eğitim için 10 öğrenci vardı. Bu çocuklar, hocaları olarak benimle tanışmak istiyorlardı. Sonradan anlaşıldığına göre, okulda deniz ticaret hukuku okutan hoca derslerinde benim ders kitabımı kullanırmış, dolayısıyla öğrenciler de, bana kendi hocaları olarak saygı gösteriyorlardı. Bundan sonra yolculuğumuz iyice şenlendi, canlandı. Çünkü gençler, büyük bir güven duygusu ve ilgiyle beni soru yağmuruna tutmuşlardı. Böyle böyle başka hukuk konuları üzerine de sohbet ettik. Gemi Bodrum, Marmaris, Fethiye, Antalya, Alanya, Anamur, Mersin ve İskenderun'a yanaştı. Nisbeten uzun kalınan yerlerde gemiden inip küçük gezintiler yapıyorduk. Mersin'de İstanbul'daki öğrencilerimden birine rastladık. İlle de beni babasıyla tanıştırmak için ısrar etti. Benden babasına çok söz etmiş. Babası tam o sırada portakal bahçesindeymiş, bize portakal bahçesini de göstermek istiyordu. Vardığımızda, bahçenin sahibi baba, bize hoş geldin demek üzere bir portakal ağacının dalından kopardığı meyvayı bana sundu. Portakalı soymak için cebimden çakımı çıkardığımda da, kesin bir tavırla engelledi beni. "Şimdi de, izninizle ben sizin hocanız olayım ve Türkiye'de çakı kullanmadan, elinizi de bulaştırmadan portakal nasıl soyulurmuş, size öğreteyim" dedi. O günkü dersten sonra portakalları bir kez bile başka türlü soymadım. Yolunu öğrenmek isteyen, gelip nasıl yaptığıma bakıp görsün.

Gemiye döndüğümüzde, ağzına kadar portakal sandığı yüklendiğini gördük. Tam portakal yükleme zamanı olduğunu öğrendik. Geceleri, bazı sandıklar ıslanıyor ve portakallar, bir daha sandıklarına dönmemek üzere, güverteden yuvarlanıp gidiyordu.

Antalya'da hava öylesine güzeldi ki, küçük ve pittoresk balıkçı limanını görmekle yetinmedik ve şehir parkına giderek, oradan Antalya limanının ve limanın batısında kalan kıyının unutulmaz güzellikteki görünümünü seyre daldık. Biz, bu harikulâde güzel kıyıyı, denizden görmüştük. Bugün ise burası yeni karayolları ağı sayesinde, Türkiye'nin en önemli turizm alanlarından biri olmuştur. O günlerde yer yer ulaşılması imkânsızdı*. "Entrüsk" gemisi, bir kez daha İzmir'e uğradı ve bundan sonra, Almanya'dan yeni alınan gemideki bazı arızalar sebebiyle bir miktar gecikmiş olarak, ama ruhumuzda binbir izlenimle, geminin kaptanları ve genç kaptan adaylarıyla yaptığımız sohbetlerle zenginleşmiş olarak sağ salim İstanbul'a vardık. Deniz, deniz hukuku profesörünün yüzüne gülmüştü.

III.

Toplum Hayatımız

İstanbul'da gerçi bir şehir tiyatrosu vardı, ama biz hiç gitmedik. Avrupalı sanatçıların geldiği konserler de veriliyordu. Biz, hiçbirine gitmedik. Karım, ara sıra sinemaya gidiyordu, başka eğlence yerleri bizim için söz konusu değildi. Arada sırada şehirde ya da Boğazda, kâh ikimiz yalnız, kâh eş - dostla birlikte, iyi yemeğiyle ün salmış lokantalarda kendimize bir öğle yemeği, ya da akşam yemeği ziyafeti çekiyorduk. Uzun yıllar boyunca

---

* İzmir'le İskenderun arasındaki bu yolculuğu daha sonraları sık sık tekrarladım. Son olarak 1972'de bu yolculuğu yaptım.

şehrin hem oturma, hem de eğlence merkezine uzakta oturmamız, bu gibi eğlendirici ve oyalayıcı yerlere gitmemize, katılmamıza zaten engeldi. Üstelik, ben toplum hayatının bu kesimine zerrece ilgi duymuyordum, kendi evimde oturup oda müziği yapmak bence en zevkli işti. Ayrıca, zaten çeşitli görevlerim yüzünden başımı kaşıyacak halim kalmadığından büyük şehirde yaşayan birinin mutad eğlence programlarına ayıracak bir dakikam bile yoktu.

Daha dar bir çerçevede toplumsal hayat ise, pekâlâ, mümkündü. Hikâyemi anlatırken pek çok kişiden söz ettim ve isimlerini andım, ama her durumda kişisel ilişkileri belirtmeye ya da insanların karakterlerini tasvir denemesine girişmedim. Zâten, bu anıların anlamı ya da görevi, İstanbul'daki 10 yıllık faaliyetim sırasında şöyle, ya da böyle ilişki kurmuş olduğum herkesin bir listesini vermek, tasvirini yapmak değildir elbette. Pek çok kişiyi tanıyordum; her fakülteden sayısız Türk ve Alman meslekdaşım, aşağı yukarı bir düzine kadar nisbeten bana yakın olan hukukçu meslekdaşım ve pek az da dostum vardı.

Toplumsal hayata katılma dereceniz, mensubu olduğunuz gruba bağlıydı. Bu grup içinde de, evinizin bulunduğu semte. Günümüzde nasıl yabancı konuk işçiler, mensubu oldukları milletlere göre ayrılıp kendi içlerine kapanıyor ve ev sahibi ülkenin halkıyla ne aktif ne de pasif olarak bir türlü bütünleşemiyorlarsa, aynı şeyi yabancı profesörler grubunda da, konukla ev sahibi arasındaki ilişki açısından gözlemek mümkündü. Üniversitenin çeşitli enstitü ve kurullarında ortak çalışmanın getirdiği bütün açıkyürekliliğe, dostluğa, hatta candan yakınlaşmaya rağmen, benim bildiğim kadarıyla bir Alman aileyle Türk aile arasında –tek tük, pek resmî ve katı havalı çay davetleri dışında– sürekli ve yoğun bir toplumsal ilişki yoktu. Ortak gezintiler düzenlemek, kendi arasında toplanıp eğlenmek, karşılıklı olarak ailece birbirini davet etmek, sadece Alman ailelerin kendi aralarında olan şeylerdi. Alman ailelerle Türk aileler arasında yoktu bu görüşme. Almanlarla Türk aileler arasında gözle görünmeyen, ama herkesin fevkalâde bilincinde olduğu sınırlar vardı ve bu sınırlar, bir Türk aileyle Alman aile ayrısız gayrısız tek bir çatı altında yaşasalar ve birbirleriyle canciğer anlaşsalar bile –ki, *Recep Peker* ve ailesiyle bizim durumumuz da böyleydi– aşılmazdı. Tabiî istisnalar olmamış değildir, ama bunlar pek, pek azdı.

Yabancı profesörlerin grubunda ya da Alman kolonisinin kendi içindeki toplumsal ilişkilere gelince, bunlar, yukarıda vurguladığım gibi, koca şehrin muhtelif semtlerine serpiştirilmiş evlerin konumuna bağlıydı. Diyelim ki, Bebek'te 6 daireli k bir apartmanda 5 profesör ailesi oturuyorsa, bunların kendi aralarındaki toplumsal ilişkinin ön şartları, başka yerde oturanlarla, örneğin Taksim Meydanının civarı, İstanbul tarafı, ya da dünyanın öbür ucu sayılan Kadıköy'de, Moda'da, Fenerbahçe'de oturanlarla ister istemez farklı olurdu. Tabiî ki, meslekî ilişkiler, örneğin uzmanlık dallarının birbirine yakınlığı, aynı fakülteye mensup olma ve benzeri faktörler de, önemli rol oynardı. Tıp doktoru *Lipschitz*, iktisatçı *Neumark* keman, hukukçu *Hirsch* viyola, astronom *Finler - Freundlich* viyolonsel ve adını şimdi unuttuğum bir tıp doktoru piyano olmak üzere, fakültelerarası sürekli bir oda müziği topluluğu kurmak istedik. Bu girişim, çok geçmeden başarısızlıkla sonuçlandı; tek sebep de mesafelerin uzaklığı ve çalgıcıların bir kısmının oturduğu Kadıköy ile ötekilerin oturduğu Bebek arasındaki iletişim güçlüğüydü. Aynı şekilde, Alman profesörlerin kendi aralarında bir çeşit özel, disiplinlerarası akademi oluşturmak ve düzenli olarak çeşitli bilim dallarında konferans verme çabaları da suya düştü, çünkü katılan pek olmadı. Toplantı yerleri, münavebeyle katılanların evleri olacaktı.

Dolayısıyla, daha yakın bir sosyal ilişki ancak, deyim yerindeyse, sınırlı bir yerel çerçeve içinde mümkündü. Ancak bu, arasıra daha geniş sosyal ilişkilerin kurulması büsbütün imkânsızdı anlamına alınmamalı. Nerede oturursak oturalım, arada meslekdaşların biri, ya da öteki tarafından çaya olsun, akşam yemeğine olsun davet edilirdik ve bu davetlere de karşılık verirdik, yani gevşek bile olsa arada bir bağ her zaman vardı. Şehrin başka semtlerinde oturan meslekdaşlarla da aramızda rahat bir ilişki sürmekteydi, örneğin Bebek'de oturan Fakülteden meslekdaşlarım *Honig* ve *Andreas B. Schwarz* ile, Taksim meydanına yakın oturan Tıp Fakültesinden *Frank* ve *Oberndorfer* ile olduğu gibi. Meslekdaş çevresi dışında dostluk kurup görüştüğümüz aileler arasında, daha önce de adını birkaç kez andığım *Katz* çiftini ve *Dr. Hadi Gediz* (Türk - Alman çifti!) ailesini sayabiliriz. Buna karşılık Deutsche Bank'ın Müdürü Goldenberg ve Alman Hastanesi Başhekimi *Dr. Quincke* ile ilişkimiz pek yüzeyseldi. Sosyal anlamda bir görüşme olmaksızın fevkalâde dostça bir bağ, yukarıda adını andığım dişhekimi *Dr. Sami Günsberg* ile aramızda oluşmuştu. Nitekim, Hipodrom meydanındaki güzel evi *Dr. Günsberg*'in aracılığı sayesinde bulmuştum. Kendine yakın olan kişiler tarafından "doktor" diye çağrılan *Dr. Günsberg*'in daha Padişahlık zamanında sarayla yakın ilişkisi varmış. Padişah tahttan indikten sonra da bir çeşit "saray yahudisi" (Hofjude) olarak eski imparatorluk ailesine ait malî işlerin yönetimini üstlenmişti. Bu sıfatla Cumhuriyet yönetimi bakımından da hatırı sayılır nüfuza sahipti ve her siyasî görüşten politikacının büyük saygısına mazhardı. Büyük Pera caddesine açılan yan sokaklardan birindeki evini aynı zamanda muayenehane olarak kullanıyordu. Muayenehanesindeki bekleme odasında duran piyanonun üzeri, çeşitli makam sahipleri ve devlet adamlarının kendisine ithaf ve imza edilmiş fotoğraflarıyla doluydu. Son derece iyi yürekli bir insandı Bay Günsberg. Büyük nüfuzunu hep insanların iyiliği için kullanırdı; yönetim tarafından mağdur edilmiş kimselere yardım ederdi. Aynı şekilde yabancı profesörlerle devlet ya da üniversite yönetimi arasında arada sırada patlak veren nisbeten ciddî anlaşmazlıklarda da, derhal yardıma koşar, ne yapar eder, bir yolunu bulur, havayı yumuşatırdı. Beni ise hem hukukçu niteliğimle, hem de Alman profesörleri eleştirenleri haksız çıkartacak bir çeşit örnek çocuk olarak pek beğenir, tutardı.

Mühürdar caddesinde, Ü - Apartmanının bir - iki adım ötesinde, *Bauer* isimli bir aile oturuyordu. Ü - Apartmanına taşınmadan hemen sonra bu ailenin fertleriyle tanışmıştım. Bauer ailesi, Zagreb'liydi ve Yugoslavya vatandaşı idi. Uzun yıllardır İstanbul'da yaşamaktaydılar. Hayat dolu, canlı bir kadın olan Bayan *Bauer*, kalabalık ailenin merkezini oluşturuyordu. Ailede baba, dört kız evlât, bir oğul, bir de Bayan *Bauer*'in bir kızkardeşi vardı. Kızların ikisi henüz öğrenciydi, ikisi de Zagreb'de evli. Kızlardan biri bu arada kocasından ayrılmış ve yaşı henüz geçmemiş ve henüz evlenmemiş Alman mülteciler arasından yeni bir koca bulması amacıyla İstanbul'a, baba ocağına dönmesi buyrulmuştu kendine (nitekim buldu da). Çok geçmeden ailenin içli-dışlı dostu oldum ve bu son derece cömert konukseverliğin karşılığını, yıllar geçtikçe, ailenin sahip olduğu büyük kereste ihracatı firmasının çeşitli işlerinde hukuk danışmanı olarak yardım ederek ödemeye çalıştım. *Bauer*'lerin evinde çok geçmeden genç bir müzisyenle tanıştım. Adı *Theodor Fuchs*'du, ufak tefek, ince yapısı yüzünden "Füchslein" (Tilkicik) derdik ona. Fuchs, Almanya'da küçük bir sahnede korrepetitörlük görevinde çalışırken, mülteci olarak Almanya'yı terketmişti. Şimdi de İstanbul'da piyano dersleri vererek zar-zor geçinip gidiyordu, daha doğrusu pek geçinemiyordu. Çabucak dost olduk, kendisinden piyano dersi almaya başladım. Piyano dersleri dışında, haftada en az bir kez, son vapur saatine kadar, birlikte oda müziği yapıyorduk. Çok zengin bir nota koleksiyonum vardı yanımda. "Tilkicik", tıp fakültesinden bir meslekdaşın kızıyla evlendi ve birkaç yıl sonra Türkiye'den ayrılarak, Arjantin'de Cordoba şehrinde orkestra şefi oldu. Son kez Berlin'de 1950'lerde rastladım ona.

Aramızdaki yaş farkına bakılacak olursa, annem-babam sayılacak iki çiftle, aramızda gerçek bir dostluk doğmuştu.

1923-24 yıllarında Giessen Üniversitesi'nde son iki sömestremi okurken, *Ernst von Aster*'in felsefe derslerine de girmiş ve çok şey öğrenmiştim. Sosyal Demokrat Partinin üyesi olduğu için 1933'de profesörlüğü elinden alınan Ernst von Aster önce İsveç'e gitmiş, sonra da 1936'da İstanbul Üniversitesinde felsefe profesörü olarak görevlendirilmişti. Ölümüne (1948) kadar da bu görevde kaldı*. *Ernst von Aster*, zayıf nahif, ince yapılı, narin bir adamdı, hatta "adamcık"tı denebilir. Fakat, yüz hatları son derece zengin bir ifade taşıyordu. Emperyal bıyığı, uzun dalgalı saçları vardı, tepesin-

---

* Von Aster'in kişiliği ve faaliyetleri hakkında, Felsefe Arşivi'nin ona ithaf edilmiş olan 1949 tarihli nüshasındaki bir yazıda gerekli bilgileri bulmak mümkündür (İstanbul, C. 2, sa. 3).

de de kocaman yuvarlak bir siyah papaz şapkası. Genellikle elinde, pek de zarif katlanmamış şemsiyeyle gezerdi, yağmurlu havalarda da sırtına siyah bir pelerin alırdı. Dış görünümü ütüsüzlükten borulaşmış pantalonla tamamlanırdı. Öyle ki, rektörlüğe ilk ziyareti sırasında rektör, "Nihayet bir Alman Profesör geldi" diyebilirdi (yani, karikatürde çizilen, ama rektörün o güne kadar canlısına rastlamadığı türden bir Alman Profesör). *Ernst von Aster* önemli bir bilgin, iyi bir Üniversite hocası ve son derece yüksek düzeyde bir kafası, müzik yeteneği ve sevgisi olan bir insandı. Dürüst, eğilip bükülme tanımayan karakteri sayesinde, hem meslekdaşlarının, hem de öğrencilerinin büyük saygısını kazanmıştı. Karısı, yazar ve şair *Hildur Dixelius*'tu, uzun boylu, sarışın bir İsveçli hanım. Sevgili "Sokrates"inin üstüne titrerdi. Karı koca, eski İstanbul tarafında, Aksaray'da, Üniversiteye yakın, yeni açılan caddelerden birinde oturuyorlardı. Ben de evimi İstanbul tarafına nakledip Hipodrom meydanındaki yukarıda sözünü ettiğim eve taşındığımda, birbirimize daha da yakınlaştık ve daha candan dost olduk. Böylece Alman profesörlerinin oturdukları semte göre tasnifinde Bebekliler, Kadıköylüler ve Peralıların yanısıra bir de gerçek İstanbullular grubu çıkmıştı, Aksaray'da oturan fizikçi *Dember* de bu küçük gruba dahildi*.

Bizim evin Hipodrom meydanıyla Sultanahmet Camiine bakan bahçesiyle verandasının, *Aster*'le *Dember*'in oturdukları apartman katlarına oranla çok daha çekici bir buluşma yeri olması doğaldı. Üstelik aradaki tramvay bağlantısı sayesinde uzun uzun yol tepmek de gerekmiyordu. Haliyle biz de, arada sırada Aksaray'a gidiyorduk. Et yemeyen *Aster*'ler, her seferinde bizi inanılmaz nefislikte özel yiyeceklerle şaşırtırlardı. Bir akşam Bayan *von Aster*, bizi kendisine "sen" diye hitap etmeye çağırdı. Dediğine göre, aramızda öyle güzel bir uyum vardı ki, "siz" hitabı çok katı kaçıyor ve uygun düşmüyordu. "Siz, bize küçük adımızla ve 'sen' diye hitap edin" dedim. "Ama ben, benden bunca yaş büyük olan ve bunca saygı duyduğum hocama, bugüne kadar hitabettiğim tarzın dışında hitap edemem". Bu sözlerle bir çam devirmekle kalmamış, bu olağanüstü kadının dostluğunu da yitirmiştim. Hem İsveçli, hem de sanatçı özelliğiyle, benim kendisine 'sen' demeyi ve küçük ismiyle hitabı reddetmemi, doğrudan doğruya kişiliğine yönelen bir hakaret olarak almış, beni kişiliğini reddetmiş saymıştı. Bu

** *Dember*, son derece sessiz bir insandı, fakat o nispette de derindi. Cumartesi öğleden sonralarını, kapalıçarşıda eski para alıp satanların dükkânlarında geçirir, sayısız fincan kahve içer ve daha en başından gözüne kestirmiş olduğu antik sikkeyi, esas değeri olan fiyata indirene kadar pazarlığı bitirmeden yerinden kalkmazdı. 1941'de Türkiye'den ayrıldığında, antik eşyayı ülke dışına çıkarmak yasak olduğundan sikke hazinesini satmak zorunda kaldı ve Kapalıçarşıdaki sikke tüccarları kendisine, vaktiyle o sikkeler için ödemiş olduğu fiyatların tıpatıp aynını ödediler. Tıp öğrencisi için fizik derslerini Üniversitenin en büyük dersanesinde verirdi. Öğrencilerin karşısında yaptığı fizik deneyleri arasında, dersanenin en yüksek noktasına kadar çekilip oradan yere bırakıldığında, kazasız belâsız dört ayağının üzerine düşen kedi deneyi de vardı. Bu kedi, sınavlarda soyut fizik meselelerinin somut konusunu oluştururdu.

olaydan sonra Bayan *von Aster*'le ilişkimiz rahatsız bir havaya girdiyse de, Profesör von Aster'le sıcak kişisel dostluğumuz bozulmadı. Bu dostluk, Fakülteden meslekdaşım *Richard Honig*'in 1939'da İstanbul'dan ayrılarak Birleşik Amerika'ya gitmesi sonucu hukuk felsefesi kürsüsünün öksüz kalmasıyla daha da pekişti. Çünkü Fakültenin de önerimi sevinçle kabul etmesi üzerine *Ernst von Aster*'i gerçi bu kürsüyü kabul etmeye ikna edememiştim, ama, en azından hukuk felsefesi derslerini vermesini sağlamıştım. Hukuk öğrencisi için önem taşıyan felsefe bahislerini ve tarihçelerini bulup çıkarma işinde kendisine yardımcı olmaya çalışıyordum. Daha sonraları kürsüde hocasının yerini alan ve bugün hâlâ bana dostlukla bağlı olan Türk yardımcısı *Macit Gökberk* ile az mı oturup felsefe derslerinin Almanca metninin çevirisinde hukuk öğrencisi için anlaşılır terminolojiyi seçmeye uğraşmışızdır! Öğrencilerin bu işe çok şaşmasına rağmen, derslerin hepsine girdim ve pekçok şey öğrendim. Bu öğrendiklerimden daha sonra Ankara ve Berlin'de verdiğim hukuk felsefesi derslerinde yararlanmışımdır.

Öte yandan astronom *Hans Rosenberg* ve eşiyle aramızdaki dostluğun türü ve özü bambaşkaydı. Bir kere, sırf dış görünüş itibariyle, incecik, dokunsanız kırılacak gibi duran *Ernst von Aster* ile geniş omuzlu, dev cüsseli *Hans Rosenberg* arasında muazzam bir tezat vardı. *Hans Rosenberg*, yuvarlak, toplu yüzünde çerçevesiz gözlüğü, ufak bir kısmı hariç saçsız kafası, insancıllığı, hiçbir şeyin sarsamadığı iyimser geniş yürekliliğiyle, her zaman için sükûnet anıtı gibiydi. Siyasî bakımdan tutucuydu, ama hiçbir şekilde gerici değildi; "nasyonal" ama, örneğin bacanağı şair *Rudolf Borchardtz* gibi "nasyonalist" değildi. Birinci Dünya Savaşı sırasında onbaşılıktan yedek yüzbaşılığa ve batarya komutanlığına yükselmiş, akademik kariyerinde de Göttingen, Tübingen ve son olarak da Kiel'de sadece konusunun ehli bir bilgin niteliğiyle değil, dürüst ve güvenilir bir meslekdaş kimliğiyle de saygı ve sevgi kazanmıştı. Tübingen'e devlet memuru ve ordinaryüs olmayan profesör sıfatıyla tayin edildiğinde, Berlin'deki ünlü ticaret şirketinin üç sınırsız sorumlu ortağından biri olan babası, tutmuş parasını kendi cebinden ödeyerek, oğluna Österberg'de bir rasathane kurdurmuştu. Hans Rosenberg, 1920'lerin ortasında Ordinaryüs Profesör sıfatıyla ve Rasathane Müdürü olarak Kiel'e çağrıldığında, Tübingen'lilerin kendisini orada tutmak için çaba göstermemeleri ve özel rasathanesini Tübingen'de bırakıp, kendisinin de Kiel'e gitmesini bekler gibi bir havaya girmeleri karşısında Rosenberg, rasathanesini usulüne uygun olarak bir bir söktürmüş, parçaları trene yüklemiş ve Kiel'de yeniden kurdurmuş. Kiel Üniversitesinin son derece saygı beslenen bir üyesiydi, aynı zamanda da eskiden İmparatorluk Yat Kulübü olan yat kulübünün, önde gelen yelkencileri arasındaydı. Anne ve babası Arî ırktan olmadığı için Rosenberg 1933'de Rasathane Müdürlüğünden ve Üniversite'deki hocalık görevinden zorunlu izinli sayılarak alınmış, fakat kişisel bir takibata uğramamıştı. Buna rağmen Amerika Birleşik Devletlerinde konuk profesörlük yapmayı tercih ederek 1934'de Amerika'ya gitmişti. Zaten en büyük kızıyla üç oğlunun ortancası, büyük tehlike altına girmiş ve temerküz kamplarından ancak güçlükle kurtarılarak, yurt dışında güvenliğe kavuşturulmuşlardı.

Finley-Freundlich, 1937'de İstanbul'dan Prag'a, oradan da İskoçya'ya gittiğinde İstanbul Üniversitesinin bahçesinde onun için kurulan rasathane bitmek üzeriydi, *Hans Rosenberg* 1938'de Astrofizik Kürsüsüne çağrıldı ve Amerika'dan gelirken, kendisine şahsen ait olan tekmil astronomi araçgerecini de birlikte getirdi. 1934'de Almanya'dan Amerika'ya giderken bunları yanında götürmesine izin verilmişti. Rosenberg'in yanında getirdikleri, İstanbul'daki pek cılız donatıma sahip rasathaneyi önemli ölçüde zenginleştirmişti.

Astrofizikçimiz, düzenli olarak gözlemlerini sürdürebilmek için bu rasathaneyi kullanmak istiyordu ve kullanmak zorundaydı. Bu nedenle hemen Üniversite bahçesinin dibinde bir ev arıyordu. O civarı en iyi bilen Alman meslekdaş sayıldığım için bana yollamışlar. Çünkü ben 1937 sonbaharından beri Hipodrom meydanında oturuyordum ve her gün üniversiteye yayan gidip geldiğimden, Dikilitaş dolaylarındaki her yeni binayı ezbere bildiğim varsayılıyordu. Gerçekten de, çabucak, Piyer - Loti Caddesinde henüz yapımı bitmiş bir apartmanda bir daire bulabildik. Ev sahibi, büyük ve çok yaygın bir Türk ticarethanesinin sahibi, daha da önemlisi en iyi öğrencilerimden ve seminerlerime katılanlardan birinin de babasıydı. Üstelik Almanca bile konuşuyordu, kendisi de aynı binada bir daireye taşınmak niyetindeydi. Bu evle Üniversite bahçesindeki yeni yapılan rasathanenin arası 10 dakika bile tutmazdı. Üstelik geceleri de çok iyi aydınlatılmış olan geniş Yeniçeriler Caddesinden tramvay da geçiyordu. Sonuç olarak rasathaneye rahatça ulaşmanın bütün önşartları yerine getirilmiş oluyordu.

Rosenberg çifti, böylece, bize kapı komşu oldular. Karşılıklı doğan sempati, hızla yakın bir kişisel dostluğa dönüştü. *Hans Rosenberg*, o tarihlerde 60 yaşında vardı, ben ise 36 yaşımdaydım. Bayan Rosenberg ile karımın arasındaki yaş farkı da buna uygundu. Hitapta hiçbir zaman alışılmış "siz"den başkasını kullanmadık. Biz gençler, evin donatımı ve döşenmesi sırasında, öteberi satın alınırken tecrübemizi ve piyasa bilgimizi, doğal olarak, Rosenberg'lerin hizmetine sunduk, dolayısıyla ilk yabancılığın atılması için onca önem taşıyan başlangıç aşaması çok çabuk atlatıldı. *Hans Rosenberg*'in dünyada gezip görmediği yer kalmamış gibiydi, güneş tutulmalarını gözlemek için Siam'a giden bilimsel heyetlerin yöneticiliğini* yapmıştı, tam anlamıyla ağzının tadını ve yaşamasını bilen bir keyif ehliy-

---
* Siyahlı bir abonoz fil biblo, ne yazık ki dişleri kaybolmuş olarak, yazı masamın üzerinde maskot olarak durmaktadır.

di. Meselâ, en iyi çayın nerede satıldığını mutlaka bilmek isterdi. 1938 yılında, daha İkinci Dünya Savaşı çıkmadan önce, İstanbul'da çay ve kahvenin aynı dükkân içinde satılması mümkün değildi. Çay tüccarları mallarını çuvallarda saklarlar ve iyi bir çayın doğru harmana bağlı olduğu kadar kullanılan suyun cinsine de bağlı olduğunu gayet iyi bilirlerdi. Kısmen Romalılardan kalmış olan suyolu kanalıyla gelen suyu, içme suyu olarak kullanmak imkânsızdı. İstanbul'un çevresinde, hem Boğaziçi'nin Avrupa kıyısındaki Belgrad Ormanında, hem de Asya kıyısında Kadıköy'le Üsküdar'ın hinterlandında fevkalâde güzel tatlı su kaynakları vardı; bu memba suları ağzı kapalı ve lehimli bir litrelik şişelerde ya da sepet içine yerleştirilmiş koca damacanalarda satılırdı. İstanbul'luların pekçoğu sudan iyi anlardı ve tıpkı şaraptan iyi anlayan Almanlar gibi dilleriyle dokundukları suyun hangi membadan geldiğini biliverirlerdi. İyi çay peşine düşüp dükkân dükkân gezdiğimizde, ilk karşılaştığımız soru, "Ne suyu içiyorsunuz?" oldu. Her zaman içtiğimiz, seyyar sucuların düzenli olarak damacanayla eve getirdikleri suyun adını söyledim. Ancak suyun cinsi tespit edildikten sonradır ki, o tarihlerde piyasada bulunabilen binbir çeşit Doğu Asya çay türü üzerine istişare başlardı. *Hans Rosenberg*, çay tüccarlarından katiyen geri kalmaz, en az onlar kadar vukufla tartışmayı sürdürürdü. Tüccarlar da, maldan bu kadar iyi anlayan iyi bir müşteri buldukları için keyiflenirlerdi, tabiî. Tartışmadan sonra çeşitli harmanlardan nümune paketçikleri hazırlanır, kesin tercih ise, ancak bu nümuneler evde bir bir denendikten sonra yapılırdı. *Hans Rosenberg*, hoşlandığı şarap çeşidini ise bizim evde arayabilirdi. Rasathanede gözlem yapmanın mümkün olmadığı akşamlarda bize, terasa gelir, arada bir şarabını yudumlayarak, caminin kubbelerine dalıp giderdi. O tarihlerde pek şarap çeşidi yoktu. Ankara dolaylarındaki tepelerde yetişen üzümden yapılan ve piyasaya Ankara Kımızı adıyla sürülen beyaz şarabın dışında, Tekel İdaresinin Marmara'nın kuzey kıyısıyla Ege kıyısı üzümlerinden yapıp sattığı ağır bir kırmızı şarap vardı. *Rosenberg*'in en hoşuna giden ise, "kanyak"tı. Kanyak, pek iyi dinlenmiş olmamakla birlikte çok iyi bir tür konyaktı. Lozan Antlaşması gereğince, konyaklarına "Cognac" diyemiyordu Türkler. Fransızlar, "kanyak" adına takılıp, antlaşma hükümleri çiğneniyor ya da kötüye kullanılıyor diye protestoya kalkıştıklarında, Türk tarafı, gayet sakin, "kanyak" sözcüğünün içinin orijini ile yakından uzaktan ilişkisi bulunmadığını, bunun Türkçedeki "kan" ve "yakmak" sözcüklerinden gelen, "kanyakıcı" anlamına bir müseccel marka olduğunu belirtmişti. Hans Rosenberg, bu kanyaktan 100 şişe almamızı, en az 5 ilâ 10 yıl dinlenmeye bırakmamızı öneriyordu. O zaman elde edeceğimiz içkinin yanında en eski ve en iyi Fransız Cognac'ına haltetmek düşecekti. Her ne hal ise, şişeleri bir türlü dinlenmeye terkedemedik; seve seve içip bitirdik.

Karısı, *Hans Rosenberg*'ten bambaşka bir yaradılışdaydı. Çok zengin ve yüzyıl başlarında Almanya-Rusya arasında ticaretle ün yapmış Königsberg'li bir ailenin kızıydı. Ailesi, sonradan Berlin'e yerleşmişti. Orta boylu, güzel vücutluydu, davetlerde aranan mükemmel bir arkadaş ve çok iyi de ev kadınıydı. Cıvıl cıvıl kişiliğiyle kocasının tam karşıtı sayılırdı. Siyasî bakımdan, bir hayli solda olan çocuklarına yakındı ve kocası, bu nedenle ona tatlı-şaka yollu "Rusya Anacık" adını takmıştı. Ruslara, özellikle de Stalin'e karşı izlediği siyaseti beğendiği için ABD Başkanı *Roosevelt*'i çok tutuyordu, *Churchill*'den ise hiç mi hiç hoşlanmazdı. En sevdiği sözcük "sosyal"di; ve bir şeyin onun gözüne girebilmesi için, mutlaka "sosyal" olması gerekliydi. Bir keresinde, daha geniş bir topluluk içinde siyasî bir tartışma sırasında kendimi tutamadım ve "kuzum, siz bu 'sosyal'den ne anlıyorsunuz?" diye sordum. Ertesi gün, birlikte üniversiteye yürürken *Hans Rosenberg*'in bana çok açık bir dille bildirdiği gibi, bu sorum tam bir münasebetsizlik örneği olmuş. Zira, karısının bu sözcüğü tanımlayamayacağını, hatta kabataslak ne kastettiğini bile anlatamıyacağını benim bilmem gerekirmiş. Bu münasebetsizliğim büyük yüreklilikle affedildi, ama "sosyal" sözcüğü de, o günden sonra, benim yanımda pek kullanılmaz oldu.

Bayan *Rosenberg*, son derece müzisyen yaratılıştaydı. Gençliğinde şan dersi almıştı ve o yaşında bile şarkı söylemeyi severdi. Neredeyse tekmil Lied literatürünün notalarını yanında getirmiş olduğundan, ben de piyanoda Lied'lere elimden geldiğince eşlik etmeye çalışırken, yavaş yavaş bunları öğrendim. Benim için yepyeni bir dünyaydı bu, çünkü o güne kadar sadece oda müziği çalışmıştım ve böyle Lied akşamlarına pek katılmamıştım. Siyasî bakımdan görüşlerimiz ayrılsa bile, –ister Schubert ya da Schumann, Beethoven ya da Brahms, Hugo Wolf ya da Loewe olsun– Lied söylerken ruhlarımız anlaşıyordu.

1940 yazında Hans Rosenberg, Marmara kıyısında, kızgın güneş altında saatlerce yattıktan sonra –sadece ara sıra başından aşağı soğuk su dökermiş– güneş çarpmasına uğradı. Bütün geceyi hasta yatağının başucunda geçirdim. Ertesi gün Rosenberg'in ölümünü ve ölüm nedenini rektöre bildirdiğimde, rektör, başını iki yana salladı ve "kuzum, bir astronomi fizik profesörü, bizim enlemlerimizde güneşin gücünün ne olduğunu bilmez mi?" dedi. İstanbul'da edinmiş olduğum en iyi dostumu kaybetmiştim. Ya Bayan Rosenberg ne olacaktı? Oğullarından biri Güney Afrika'daydı, öteki ABD'de, biri de kaçtığı Danimarka'da çalışıyordu. İki kızı İsviçre'de evliydiler. Ama, savaş yüzünden, Bayan *Rosenberg*'in İsviçre'ye gönderilmesi son derece güçtü. Bunun üzerine, evvelâ İstanbul'da kalmaya karar verdi. Kendi evini tutmak istemiyordu canı. Böylece, birkaç parça eşyasını seçip, bize taşındı. Kiracı olarak değil, ailenin bir ferdi olarak gelmişti. Savaş bittikten sonra, 1947 ya da 1948'de İsviçre'deki en büyük kızının yanına gitti.

1941 sonbaharında Hipodrom meydanındaki evden ayrılıp Moda'ya taşındığımızda, bu kez de *Gottschalk* çiftiyle komşu düştük. *Gottschalk*'lar, Moda deniz hamamının hemen üstündeki yolda oturuyorlardı. *Walter Gottschalk*, Prusya Devlet Kütüphanesinin Oriyantalistik kısmında danışman iken, malûm sebeplerden ötürü 1935'de işini kaybetmiş, İstanbul Üniversitesinde kütüphanecilik dersleri vermesi için, uzman kütüphaneci olarak çağrılmış ve henüz İstanbul'a gelmişti. Benden on yaş kadar büyüktü. Her sabah, Moda iskelesinden 08.00'de kalkıp doğru Köprü'ye yollanan vapurda buluşurduk. Birbirimizden hoşlandık ve dost olduk. Dostluğumuz, 1952'den sonrası esas olarak mektuplar aracılığıyla olmak üzere onun 1960'lı yılların başındaki ölümüne kadar sürdü. Karısı da, kendisiyle aynı yaştaydı ve gene onun gibi Rheinland'lıydı. Arapça, Farsça ve Eski Türkçe belgeler ve yazılar dışında gözü bir şey görmeyen, güncel siyasetle zerrece ilgilenmeyen kocasının tersine, Bayan *Gottschalk*, ateşli bir siyonistti. Ölümünden sonra bıraktığı mallar incelenirken, ev bütçesinden kısıp biriktirdiği parayı, muntazam İsrail'e göndermiş olduğu anlaşıldı. Karımla birbirlerine bir türlü ısınamadılar, buna karşılık annemi, kendi annesi gibi bağrına bastı. Ve böylece anneciğim de, nihayet aile dışından görüşüp konuşabileceği birini bulmuş oldu.

7.
La Turquie Kemaliste
I.
Kemalist Türkiye'nin Benim Tanık Olmadığım İlk On Yılı

Türkiye Cumhuriyeti'nde geçirmiş olduğum yıllara ait anılarımı, "Atatürk'ün Ülkesinde" başlığı altında topladım. Bu sözlerle, Türkiye'de herhangi bir zaman diliminde değil de, Türk tarihinin özel bir döneminde, bu yüzyılın 1920'li yılları başlarında Osmanlı İmparatorluğu'nun yıkılması ve 29 Ekim 1923'de Türkiye Cumhuriyeti'nin ilânı ile birlikte başlayan ve 1950'lere kadar süren döneminde yaşadığımı belirtmek istiyorum. Bu dönemin siyasî yönü, Türkçe'de "Kemalizm" deyimi ile nitelenir. "Kemalizm" deyimi, 1934 yılının sonunda, özel kanunla *Atatürk* soyadını alan, bir önceki on yıl içinde de *Gazi Mustafa Kemal Paşa* adıyla, Türk inkılâbının itici ve biçimlendirici gücü olarak tarihe adını yazdırmış olan o insanın adından türetilmiştir. "Kemalizm", başlangıçta belli bir rejimi ifade etmekten çok bir siyasî hareketi ifade için kullanılıyordu. 1930'ların başında, İstanbul'daki ilk hocalık yıllarımda henüz bir ideoloji söz konusu değildi. Herşey henüz bir akış ve hareket halindeydi, önceden hazırlanmış fikir ya da teori ve bunlara göre bir uygulama henüz yoktu. Fakat hedefi Kemal Paşa büyük bir açıklıkla göstermişti. *Türk toplumunu* Batı Avrupa'nın muasır medeniyetlerinin seviyesine yükseltmek ve Türk devletini İslâm dininin zincirlerinden ve bağlarından kurtarmak. Bu hedefe ulaşmak için yurtdışından, amaca uygun görülen biçimler, kurum ve kanunlar alınıyor; bu medeniyeti ve bu devlet biçimini hangi kategoriye sokmak gerektiği sorusuna da "Biz bize benzeriz" sloganıyla cevap veriliyordu. Cumhuriyetin Onuncu yılını kutlama töreninde bu sloganın yazılı olduğu bez afişler gördüm. Aynı eklektisizmi; Basın Yayın Genel Müdürlüğü tarafından, yıl belirtilmeden basılmış, ama muhtemelen 1937 tarihli "Resimlerle Türkiye" başlıklı eserin önsözünden aşağıya aktardığım şu cümlelerde de açıkça görmek mümkündür: "Kemalizm" Türkiye Cumhuriyeti'nin ideolojik inancıdır. Bu inancın dünyevî işleri kavrayışı Avrupalıdır, ama temeli Türk'tür. Kemalizm, bir yandan Türk milletinin tarihinde bir yeniden doğuş, öte yandan da kültür tarihinin çağımız ve zamanımızın şartları açısından bir eleştirisidir. Kemalizm yeni doğmuş bir ülkenin taptaze bir inancı ve taze bir hayatî görev olduğundan, Avrupa'nın hâlâ bir çözüme kavuşmamış olan tartışmalı sanayi sorunlarına bakarak, kendine göre bir tercih yapmış ve onu derhal gerçekleştirmeye geçmiştir".

Devlet Basın Yayın Genel Müdürlüğü tarafından iki ayda bir Fransızca ve bazen de İngilizce olarak yayınlanan, harikulâde güzel basımlı, amacı özellikle yurtdışında Türkiye Cumhuriyeti gerçeğini yazı ve resimlerle tanıtmak olan bu dergi, gayet mantıkî olarak, "La Turquie Kemaliste" adını taşıyordu. Derginin 1934 ile 1948 yılları arasında yayınlanmış olan 50 nüshası, hemen hemen eksiksiz olarak, elimde mevcut. Bu nüshalar, genel siyasî başyazıların yanısıra Kemalist Türkiye'de kültür hakkında, sosyal ve ekonomik olaylar ve gelişmeler hakkında bilgi veren bol resimli makaleler, sanat tarihi ve kültür tarihi konularında yazılar içermektedir.

Bu dergi nüshaları, bir yandan Cumhuriyetin ilânından bu yana yukarıda ifade edilen hedef doğrultusunda kazanılan başarıları gözler önüne sererken, öte yandan da çağdaş Türkiye'nin üzerinde yer aldığı topraklarda insanlık tarihi boyunca yerleşmiş kültürlerle medeniyetlerin çeşitliliğini ve zenginliğini anlatmaktalar. Bu gelenek ışığında Kemalist Türkiye'ye gelecek için özel bir misyon yüklenmekte, *Burhan Belge*'nin derginin 1937 Ağustos tarihli 20'nci sayısında çıkan başyazısında belirtildiği gibi "bu misyon Anadolu'yu yeniden kültür ve medeniyet kalesi yapmaktan ibaretti" (Cette mission consiste à refaire de l'Anatolie le bastion de la culture et de la civilisation).

Kemalist Türkiye'nin yurtdışında propagandasını yapma yolunda ilk deneme, sanırım 1934/35 yılbaşında yayınlanan, "Dix ans de République" adlı eserdir. Bu eserde, Kemalist Hareketin temel dayanağı olan Cumhuriyet Halk Partisinin faaliyetleri ve çeşitli kamu yönetim alanları hakkında bilgiler yer almaktadır. Derginin 1935 Nisanında çıkan 6. sayısındaki baş yazısında ise, yabancı ülkelerin şu altı noktayı kavraması gerektiği vurgulanır:

1. Kemalist Türkiye, gözlerini ileriye, geleceğe çevirmiş, özgür bir ülkedir.

2. Atatürk, halkı tarafından en çok sevilen, savaş sonrası önderlerden biridir ve bu niteliğiyle, tarihî rolü en sağlam temellere dayanan bir önderdir.

3. Türkiye Cumhuriyeti'nin hedefi, teokratik bir devlet olmaktan çıkarak, bunun çok ilerisinde bir demokrasi olmaktır, dolayısıyla Türk devrimi, mevcut çağdaş tüm büyük hareketlerin içerisinde en ileri olanıdır.

4. Kurtuluş Savaşı dışında, Türk devrimi, acısız ve kan dökülmeksizin başlatılmıştır ve eserini, bugüne kadar, medeniyet çerçevesi dahilinde sürdürmüştür.

5. Türk devletçiliği (etatizm), hem sosyal açıdan hem de ekonomik açıdan aynı derecede orijinal bir harekettir. Doktrinlerden öğrenilmiş, ama doktriner davranışa saplanıp kalınmamıştır.

6. Türk devrimi sayesinde varılan lâiklik noktası ve kadınların emansipasyonu (kadın - erkek eşitliği) noktası, pek çok ileri toplumlar için bile hâlâ, şu ya da bu ölçüde, uzak hedeflerdir.

Bu sayılan noktalar, yurtdışında dikkate alınmış olsun olmasın, Türk öğrencilere Türk hukuk dersini bilimsel olarak okutmak ve öğretmekle yükümlü bir yabancı için, faaliyetinde yol gösterici nitelik taşıyorlardı. Çünkü, Üniversite reformuna uygun tutum, ancak bu olabilirdi. Yakından bakacak olursanız, üniversite reformu aslında bir reform da değildi. Daha çok, Kemalist Türkiye'nin kendisinden beklediği ve talep ettiği ödevleri yerine getirecek durumda olmayan bir yüksek okul kapatılmış ve yerine yeni baştan bir üniversite, İstanbul Üniversitesi kurulmuştu. Başka bir deyişle: İmzaladığım sözleşmenin temelinde -en azından benim görüşüme göre- bilimsel görüşlerimde tamamiyle özgür olmakla birlikte, Cumhuriyetin ilânının ilk on yılı içinde yapılanlara saygı duymam yatmaktaydı. Ama Türkiye'nin o tarihte aşağı yukarı 16 milyon kadar olan nüfusunun geleneksel hayat şartları, alışkanlıkları, âdet ve görenekleri, tasavvurları ve kurumları açısından bu dönüm noktasının ne kadar derin bir müdahale olduğunu biz yabancı profesörlerden hangimiz sezebiliyorduk acaba? O tarihte %80'i bulan okumasız-yazmasız nüfusun hangi oranda somut olarak bu olgularla, kanunlarla, postülalarla haşırneşir olduğunu; bunları hangi oranda benimsediğini hangimiz kestirebiliyorduk? Çünkü geleneksel sosyal yapıya yönelen müdahalenin derinliğini kavrayabilmek ve değerlendirebilmek için, evvel emirde bu yapıyı tanımak lâzım geliyordu. Birinci Dünya Savaşının düşman devletleriyle Lozan Barış Antlaşmasının yapılması ve 1923 sonbaharında Cumhuriyet'in ilânı, öyle olgulara yol açmıştı ki, bu olguların doğurduğu sonuçların kapsam ve ağırlığı bu siyasî olgularla dolaysız temas içinde bulunan politikacıların sezme gücünü bile aşmıştı. Tüm okul ve eğitim sisteminin 1924'de devletleştirilmesi, devletin bu önemli sektörünü o güne kadar egemenliği altında tutan İslâm din adamlarından kurtarmak için gerekli hazırlığı oluşturdu. Ancak sonucun alınması için halkın işbirliği gerekiyordu. 1925 yılında tekkelerin, zaviyelerin kapatılması, tarikatların yasaklanması devrimci bir önlemdi. Yüzyıllardır varlıklarını sürdüren ve halkın nezdinde dinle sıkı bağları olan bu kurumlar, birdenbire süpürülüp atılmış, yerlerinde doğan boşluk kapatılmamıştı. İçimizden hangimiz, halkın o güne kadar kullana geldiği bin yıldan da daha eski takvim hesabı yerine, 1.1.1926 tarihinde Hıristiyan takviminin ve uluslararası saat hesabının geçirilmesinin zorluklarını ve buna karşı tepkileri değerlendirecek durumdaydık? Biz yabancılardan hangimiz, Anadolu köylüsüyle eğitim görmüş Türk arasındaki derin uçurumun bilincindeydik ki? Hangimiz, bu eğitim görmüş kişilerin oluşturduğu tabakanın toplam nüfusa oranla ne denli ince kaldığını bilebilirdik? Hangimiz Türkiye Büyük Millet Meclisi denen parlamentonun terkibini ve gerçek gücünü yakından tanıyordu? 1926'larda ve bunu izleyen yıllarda yabancı kanunların Türkçeye tercümesi ve Türk kanunları olarak ilânı, Türk halkının -büyük ölçüde okuma - yazma bilmeyenlerden oluşmasına rağmen- günlük hayatında bundan böyle alışılmış İslâm hukukuna (şeriat) göre değil de, bu yepyeni, bambaşka kanun hükümlerine göre hareket edeceği beklentisini de beraberinde getiriyordu. Ben de bu beklenti ile hareket ettim. Oysa bu, ancak onlarca yıl sonra, o da tam anlamıyla değil, gerçekleşebildi. 1928 yılında, Türk devletinin dininin İslâm olduğu şeklindeki cümle 1924 Anayasasından çıkarılmıştı. Ama buna rağmen, İslâm bizim de tanık olduğumuz gibi, Türk halkının dini olarak kaldı. Şapka kanunu, erkeklerin kafalarına sarık, kalpak takmamalarını sağlamıştı sadece, bunların yerine gene de -şehirlerde bile- şapka değil de genellikle kasket giyilir olmuştu, namaz kılarken kasketin siperini enseye kaykıveriyorlardı.

Arap rakamları ve harfleri yerine uluslararası rakamların ve Lâtin alfabesi temelinde geliştirilmiş olan bir Türk alfabesinin konması yolunda 1928'de çıkarılan kanunların pratikte uygulanması, ancak zaman içinde aşamalı biçimde mümkün olmuştu ve 1933'e gelindiğinde de hâlâ tamamlanmış değildi. Çünkü milyonlarca insanın o güne kadar uygulaya geldikleri ve alışık oldukları hayat tarzı ile tasavvurları, bugünden yarına, sırf kanun çıkararak ortadan kaldırılamaz ve değiştirilemezdi. Bunun için, her ferdin bilincinde derinlemesine bir değişiklik olması gerektiği kadar, günlük hayatın doğurduğu talepleri karşılamak ve güçlüklerin üstesinden gelmek için de pratik bir yeniden eğitim zorunluydu. Okuma - yazma bilmeyenlerin oranı yüksek bile olsa, Arapça yazının yerine Türk alfabesinin geçirilmesi, bu yazıyı öğrenmek ve pratikte de kullanmak zorunluğu, Arapçayı bundan böyle toplum hayatında -örneğin kitap basımında, gazetelerde, resmî yazışmalarda, ticarî yazışmalarda, muhasebede- kullanmanın yasaklanması, dışarıdan gelen bir yabancının aklının alamıyacağı kadar büyük zorluklarla dolu bir değişiklik, yeniden uyum demekti. Saydığım bu devrimci olaylar ve önlemler, kendi başlarına olsun, politik, ekonomik ve kültürel anlamları, yönleri ve amaçları açısından olsun, Türk halkının sadece küçük bir bölümü için anlaşılır nitelikteydi ve bu, elit içinde de hatırı sayılır eleştirilerle ve şiddetli bir direnişle karşılaşıyordu. Halkın çoğunluğunun bunların bilincine varması için birkaç kuşağın geçmesi gerekiyordu.

Bu anlattıklarımla, sadece benim faaliyetimden önceki onyıl içinde Türkiye'nin toplum hayatının ne denli devrimci olaylarla sarsılmış olduğunu göstermek istedim. Benim (ve tabiî, benimle birlikte tüm Alman meslekdaşlarımın) hiçbir şekilde istikrarlı bir ortama gelmiş olmadığımızı; ama farkına bile varmaksızın, hızla giden bir trene binmiş olduğumuzu anlatmak istedim. 1933 yazında, piyasada o günkü Türkiye'yi, yani Kemalist Türkiye'yi tanıtan hiçbir Almanca kitap bulunmadığını daha önce belirtmiştim. Bu tür yayınlar, ancak 1935'de ve daha sonraları çıkmaya başladı*. Alman profesörler, Türkiye'deki faaliyetlerine başladıklarında, ülkeye ilk gelen her yabancı turist ya da gazeteci gibi, evvelâ kendilerine yabancı bir sosyal gerçeklikle karşı karşıya geldiler. Yabancı bir gerçeklikti, çünkü en azından o güne kadar görmeye ve işitmeye alışık oldukları herşeyden şu ya da bu oranda pek farklı şeyler görüyor ve işitiyorlardı, ama asıl yabancı olan, sosyal hayatı harekete geçiren maddî ve manevî faktörlerin gelişme tarihinin doğurmuş olduğu ve dolayısıyla bu kadere yoldaşlık edenlerden ancak dikkatli bakmasını bilenlerin gözüne görünen cinsten faktörler olmasıydı. Bizlere gelince, içinde yaşadığımız çağ hakkında hemen hiç bilgimiz yoktu ya da pek azdı. Bizler için, büyük bir büro binasının açık duran giriş kapısı önünde mangalda kahve pişiren, bir "tepsi"ye dizdiği fincanlarla kahveyi tek tek büro odalarına taşıyan bir "kahveci", ya da sırtındaki yükün altına iki büklüm yürüyen bir hamal ya da kapalıçarşı çevresindeki dar sokaklarda anıran bir eşek, Doğuya has tipik görüntülerdi ve bu nedenle de fotoğraflarını çekiyorduk. Oysa, Kemalist zihniyetli Türk aydınları, tüm bu görüntülerde, ülkelerinin sosyal geriliğinin ve ekonomik yosulluğunun yansımasını gördüklerini sanıyorlar ve bu nedenle,

---

* Örneğin 1935'de *Norbert von Bischof* ve *August Ritter von Gral*'ın kitapları; 1937'de *Herbert Mälzig*'in kitabı. 1918-1936 yılları izerine ilk bilimsel güvenilir kronoloji, 1936 yılında *Jäschke* ve *Pritch* tarafından yayınlamıştır.

Pera semtindeki ilişkileri nasıl tek taraflı olarak değerlendiriyorlarsa, eski İstanbul semtindeki şartları da gözden kaçırıyorlardı. İstanbul'da çalışması için çağrılmış bir yabancı için, Beyoğlu'nun "Türk olmayan" sosyal ortamından ve orada yaşayan "Türk olmayan" bir ırkın mensuplarıyla görüşmekten kaçınması bunun yerine "doğrudan doğruya Ankara'ya giderek, orada inkılâbın canlandırıcı gücünü ve sıcaklığını duyması ve yeni kuşaktan gerçek bir Türkle tanışması gerektiği"* yolunda bir öğüt ne anlam taşırdı ki? Somut şartlar, İstanbul'a yeni gelen yabancının, evvelâ Beyoğlu'nda başını sokacak bir yer bulmasını zorunlu kılıyordu; zira gerçek Türk semtlerinde o zamanlar Avrupa anlamında oteller yoktu. Bir Türk semtinde böyle bir otel bulmanın ne zorluklarla dolu olduğunu, yukarıda Bölüm I/IV'de anlatmıştım. Beyoğlu'nda oturan birinin, gayet kozmopolit, karma bir nüfusun ortasında ve buna uygun bir sosyal ortamda yaşaması, Osmanlı İmparatorluğu'nun ve bu İmparatorluğun izlediği nüfus siyasetinin zorunlu bir sonucuydu; yoksa "genç kuşağın gerçek Türklerinin" küçük görülmesi anlamına elbette gelemezdi.

Bu şartlar altında, sosyal gerçekliği doğru kavramanın önüne yanlış yargıların, ön yargıların, ekseriya salt duyguların ya da millî alınganlıkların çıkmış olmasını doğal karşılamak gerekmez mi? Herşeyden önce gözden kaçırılan husus, Kemalist Türkiye'nin henüz son şeklini almış bir toplum olmadığı, tam tersine gelişim halinde bir devletten ve buna uygun olarak da sürekli değişim içinde bulunan bir halktan oluştuğu, bu değişimin on yıldır yer yer devrimci müdahale ve dürtmelerle ilerletilmeye çalışılan bir evrim içinde oluştuğu ve Atatürk'ün koyduğu hedefe ulaşılmadıkça da bu değişimin süreceği gerçeğiydi.

II.
Kemalist Türkiye'nin Benim Tanığı Olduğum İkinci On Yılı

İstanbul Üniversitesinde profesörlük görevime 1933 yılının sonuna doğru başladığım günden itibaren, Kemalist Türkiye'nin yukarıda anlattığım yönde değişimini sürdüren sayısız olay ve reformun dolaysız görgü tanığı oldum. Bu gelişmeyi, kendim doğrudan doğruya ya da dolaylı olarak ilgili gözlemci durumunda bulunduğum ve söz konusu olaylarla süreçleri, daha önceki bölümlerde anahatlarıyla çizmeye çalıştığım tabloyu tamamlamaya elverişli oldukları nisbette anlatmaya çalışacağım.

Kişisel ilişkilerde başlangıçta, peşpeşe tanıştığım kişilerin isimleri ve hitap biçimleri bana çok zor geldi. İşin zorluğu, Türk tanıdıklarımdan çoğunun soyadının olmaması, sadece küçük adının olması ve isim sahibinin sosyal konumuna göre değişen hitabın da, bu küçük adın arkasından söy-

* Bkz. Vedat Nedim *Tör*: Les ânes et les photographes étrangers: La Turquie kémaliste No. 15 (1936) ve Ercüment Ekrem *Talu*, Oculos habent, sed.: La Turquie kemaliste No. 3 (1935).

lenmesindeydi. Bana "Monsieur Hirsch" ya da "Monsieur le Professeur" diye hitap edildiği halde, benim Türk meslekdaşlarımdan birine böyle hitap etmem, kibarca gülümsemelere yol açardı, olsa olsa. Teokratik sınıf devletinin kalıntılarıyla Avrupanın eşitlik doktrini arasında köprü kurmak mümkün değildi; eğer Türk toplumu çağdaş Batı Avrupa Medeniyetinin seviyesine çıkarılmak isteniyorsa, bu kalıntıların süpürülüp atılması gerekiyordu. Nitekim bu amaçla 2 Temmuz 1934'de Soyadı Kanunu ve 26 Kasım 1934'de de ünvanların kaldırılmasına ilişkin kanun çıkarılmıştır.

Soyadı Kanununa göre her Türk, küçük adının yanısıra bir de soyadı almak ve toplum ilişkilerinde bunu, küçük ad soyadının önünde gelecek biçimde kullanmakla yükümlü kılınmıştı. Kuşkusuz, bu kanun çıkmadan önce de, tek tük soyadları, daha doğrusu, özellikle Osmanlı İmparatorluğu tarihinde yüzlerce yıl özel bir siyasî rol oynamış ailelerin mensuplarının anıldığı aile adları yok değildi. Ama nüfusun büyük bölümü, küçük adıyla birbirini çağırıyordu; 19. yüzyıl içinde, özellikle şehir burjuvazisinde, bu küçük adın arkasına babanın küçük adı ya da başka bir lâkap eklenir olmuştu. Bütün nüfus kayıtları, vergi kayıtları, adres ve telefon fihristleri, kütüphane katalogları ve kişi ismi içeren başka listeler, alfabetik olarak küçük ada göre düzenlenmişti. Başta küçük ad anılır, bunun arkasından babanın küçük adı ya da varsa; lâkap, nam-ı müstear ya da aile adı gelirdi.

Bu eski sistemin yeni kanununun öngördüğü biçimde değiştirilmesinin güçlükleri ve halk buna alışıncaya kadar ne kadar çok zaman geçmesi gerektiğini, burada sadece zikredip geçeceğim. Ben bile, Türkiye'ye gelişimle Soyadı Kanununun çıkması arasında geçen kısacık süre içinde eski sisteme öylesine alışmıştım ki, bugün dahi, o dönemin kişilerinden söz edildiğinde, mutlaka küçük adlarını sorarım, çünkü sonradan aldıkları soyadı bana hiçbir şey söylemez. Kanun sadece genel olarak soyadı alınmasını değil, aynı zamanda hâlâ soyadı almamış kimselerin kendilerine bir soyadı seçmesini ve bunu belli bir süre içinde nüfus dairesine bildirmelerini öngörüyordu.

"Hitap" meselesini de 26 Kasım 1934 tarihli bir kanun düzenlemişti. Kanunun gerekçesinde, Türk demokrasisinin halkın çeşitli tabaka ve sınıfları arasında ayrım gözetilmesine izin vermediğini, bu ayrımın ne kanunda, ne pratik hayatta, ne de teşrifat, ünvan ve lâkaplarda mümkün olabileceği belirtiliyordu. Kanun yapıcı, Batı ülkelerinde âdet olan ve hem küçük adın, hem de soyadının önüne konan hitapları taklit ederek, gayri resmî ilişkilerde erkeklere "Bay", kadınlara da "Bayan" şeklinde hitap edilmesine izin vermişti. Buna gerekçe olarak, bu deyimlerin öz Türkçe olması ve hitap edilen kişiye herhangi bir imtiyazlı konum tanımaması gösteriliyordu. Bu kanuna, sadece belge ve hizmet içi evrak gibi resmî yazışmalarda uyulmuştur. Halkın günlük ilişkilerinde, ilk başta, hiçbir şey değişmemiştir. "Herr" karşılığında kullanılan ağa, efendi, bey (daima adın arkasından söylenir) gibi hitap biçimleri, o günden sonra da, ad sahibinin sosyal konumuna uygun olarak kullanılagelmiş; Bay hitabı ise, ancak birisiyle dalga geçmek için söylenmiştir. Bana ilk kez Türk vatandaşlığına kabul edilmemden sonra, 1943 yılında Bay Hirsch diye hitap ettiler. O tarihe kadar -ve o tarihten sonra da- benimle Türkçe bile konuşsalar hep Monsieur Hirsch diye hitap etmişlerdir.

Yukarıda da değindiğim gibi 1 Ocak 1926'da Hıristiyan takvimi ve uluslararası saatin kullanımı getirilmiş, ama tatil ve bayram günlerinin düzenine, halkın geniş kesiminin duygularını rencide etmemek için dokunulmamıştı. Ancak 1935'de yani aradan on yıl geçip basında ve kamu oyunda etraflı tartışmalar yer aldıktan sonradır ki, kanun koyucu Cuma gününü resmi tatil günü olmaktan çıkarıp, yerine resmî tatil günü olarak Pazarı koymaya cesaret etti. Oysa Cuma günü, 1924 tarihli Hafta Sonu Kanunu ile on binin üstünde nüfus yaşayan yerlerde kanunî hafta sonu tatili olarak ilân edilmişti. Resmî tatilin Pazara alınması, lâik bir devlette resmî dinlenme günlerinin dinle hiçbir ilişkisinin olamayacağı gerekçesiyle açıklandı. Bunun dışında, haftalık dinlenme günlerinin Müslümanlar için Cuma, Yahudiler için Cumartesi ve Hıristiyanlar içinde Pazar günü olması büyük güçlükler doğuruyordu ve ülke ekonomisi açısından sakıncalıydı. Özellikle yurtdışıyla sürdürülen resmî ilişkiler ve iş ilişkileri bakımından da o günkü durumun sürdürülmesini savunmak imkânsızdı. Çünkü yurtdışında, hemen hemen hiç istisnasız olarak Pazar günü genel resmî tatil günü sayılıyordu. Resmî tatil günlerine ilişkin bu kanunla, Müslümanların iki bayramı da (Kurban bayramı = 4 gün ve Şeker bayramı = 3 gün) devletin kabul ettiği bayram günleri olarak kabul edilmiş, bunların yanısıra 29 Ekim Cumhuriyet Bayramı gibi bazı tarihî anma günleri bu arada 1 Ocak yılbaşı gibi, 1 Mayıs Bahar Bayramı gibi günler de tatil günü sayılmıştı. Hafta sonu tatilinin Cumadan Pazara alınması, şehirlerde yaşayan nüfus için özellikle de memurlar, büroda çalışanlar, işçiler, esnaf ve tacirler için bir hayli zahmetli bir yeniden uyum anlamına gelmişti. Ama, neyse ki bu yeniden uyum hızla ve olumsuz gelişmeler ortaya çıkmadan gerçekleşmişti.

Hiçbir mümin Müslüman, o tarihten sonra da Cuma günü namaz saatinde çalışma, ya da makam odasının bir köşesine seccadesini serme ve dinî görevini yerine getirmede engellenmiyordu. Köylüler için, pek bir şey değişmedi, onlar için hafta sonu tatili diye bir kavram yoktur, ileride de olacağa benzemiyordu. Aynı şey, eskiden olduğu gibi, o günlerde hergün çıkan gazeteler için de geçerliydi. Türkiye'nin çağdaş medeniyetle ilişkisi bakımından ileriye doğru çok büyük bir adım atılmıştı, çünkü Hıristiyan takviminin ve uluslararası saatin kabulüne ek olarak, bir de hafta sonu tatili Batınınkiyle birleştirilmişti ve 1 Mayısın resmî tatil günü olarak kabul edilmesi düzenlemenin lâik özelliğini büsbütün vurgulamaktaydı. Tüm resmî daireler için Pazar gününün, Cumartesileri saat 13'te başlayıp Pazar saat 24'e kadar süren hafta sonu tatili sayılması, Batı medeniyetine uyma çabalarının bir devamından başka birşey değildi. Biz Alman profesörler için ise bu yeni düzenleme, özellikle Pazar gününü dinî açıdan önemli sayan meslekdaşlar bakımından önemli olmuştu.

18 Ekim 1935'te yapılan bir nüfus sayımı, özellikle hatırımda kalmış. Çünkü doğru bir sonuç alabilmek için düzenlenen ve uygulanan önlemler, özellikle pek etkili ve katıydı. Şehirlerde ve köylerde yaşanan tüm halk için sokağa çıkma yasağı konmuş ve insanlar, deyim yerindeyse, evlerine hapsedilmişti. Yasağın bitimi, top atışıyla haber verilecekti. Sayımı yapmakla görevli kişiler, polisler ve başka güvenlik görevlileriyle, özel izin kağıdı verilmiş bir kaç hekim dışında kimse evinden dışarı çıkamazdı. Tam bir sokağa çıkma yasağı konmuştu, buna bağlı olarak da sokaklarda âdeta hayalet şehir sessizliği hüküm sürüyordu. Çünkü yasağa uymayanlar için hiç de yabana atılmayacak ağırlıkta cezalar öngörülmüştü ve bu cezalar sahiden veriliyordu. Bebek'te hemen Boğaz kıyısında, Profesörler Evi denen yerde oturan bizim Fakülteden bir meslekdaş, her gün yaptığı gibi, nüfus sayımı gününde de, sırtında sırf mayosu, sabah erkenden evden çıkıp kendini Boğazın serin sularına bırakabileceğini sanmış. Gelgelelim polisler tarafından sudan çıkarılarak, üstünü giymesine fırsat verilmeden, hatta sırtına bir havlu bile alamadan, kimlik tespiti için karakola götürülmüş. Yabancı olduğunu ve Türkçeyi bilmediğini ileri sürerek kendini savunmaya çalışan meslekdaşın tam da bu gerekçesi, yani sanki hâlâ kapitülasyonlar yürürlükteymiş gibi, yabancı olmayı imtiyazlı bir koruma nedeni sayma çabası, gayet kötü karşılanmış. Yüklü bir ceza ödemek zorunda kalmış, konu komşuya rezil olması da cabası.

Her devrim, değerleri alt-üst eder ve geleneksel değer kavramlarına karşı, yerlerine yenilerini koymak üzere, savaş açar. Kemalist Devrim, o güne kadar Doğulu bir hayat ritmine ve İslâma bağlı olan Türkiye'yi Batı Avrupa Medeniyeti seviyesine yükseltmeyi ve İslâm dininin devlet hayatı üzerindeki etkisini bertaraf etmeyi kendine hedef edinmişti. Padişahlığın kaldırılması ve yerine görünüşte parlamenter bir Cumhuriyetin konması, halifeliğin kaldırılması, İslâm'ın Türkiye Cumhuriyeti'nin devlet dini olduğu yolundaki maddenin Anayasadan çıkarılması ve yukarda saydığımız kanunların hepsi de dinin kamu hayatı üzerindeki etkisini bertaraf etmek ve dini sadece tek tek bireylerin özel meselesi kılmak amacını gütmekteydi. İşte bu kararlar ve kanunlar, bir kısmı binlerce yıllık geleneklere dayanan değerleri ve değer kavramlarını yıkmıştı. Halkın manevî hayatında bir çeşit ruhsal ve manevî boşluk doğmuştu. Bu boşluğu doldurmak için Batı Avrupa medeniyetinin biçimlerine benzemeye çalışma çabaları yetmiyordu. Kollektif bir birim olarak her halkın, gururla ya da iç burkuntusuyla dönüp bakabileceği, bir geleneğe ihtiyacı vardır. Kemalist Devrim, İslâm geleneği ve Osmanlı tarihiyle olan bağları kesip koparmış ve bertaraf etmişti, hattâ eski geleneksel yazının kullanılmasını yasaklayarak Arap diline ve kültürüne kaynak olarak dönüşü de yasaklamış oluyordu. Bu fırlatılıp atılan kültür değerlerinin yerine konacak bir şey aramak gerekiyordu. İşte, *Atatürk* tarafından bizzat kurulmuş, fakat adlarında bazı değişiklikler yapılmış olan iki kurum, bu amaca hizmet etmiştir: Türk Tarih Kurumu ve Türk Dil Kurumu. Her iki kurum da, çağdaş Türk dilini ve tarihini, en eski ve en derin öz Türk kaynaklarına ve asıllarına dayandıracaktı. Türk Dil Kurumunun bilimsel çalışmaları, "Güneş Dil Teorisi"nde doruğuna erişti: Bu teori, Türkçenin insanlığın ilk dillerinden biri ve böylece bu çok eski zamanlarda varolan Türk halklarının bugünkü Türk halkının ataları olduğunu kanıtlama imkânını veriyordu. Kemalist Türkiye'nin gayriresmî yayın organı olan Ulus Gazetesinde, 1935 Kasımında, bu bilimsel tezleri ve tezlerin sonuçlarını kamuya yaymak amacıyla gayet kapsamlı bir ek yayınlandı. Kökü eskilere dayanan bir Öz Türkçe dilinin varlığını böyle bilimsel yolla kanıtlama çabası, aydınların konuşma dilini ve bürokrasi dilini Arapça ve Farsça kelimelerle terkiplerden arındırma yolundaki pratik çabalarını meşru kılmaya yönelikti. Başka bir yerde "Öz Türkçe" içerikli yeni bir sözlüğün 1935 ilkbaharında, ilk olarak yukarıda adı geçen yarı resmî organ Ulus Gazetesinde tefrika edildiğini belirtmiştim. Gazetenin, yeni Türkçe sözcükleri yaygınlaştırmak amacıyla tüm resmî makamlara dağıtılması emredilmişti. Bu da yetmeyerek, 1935 Ekim ayında tarım kooperatifleri konusunda çıkarılan üç kanun, o güne kadar alışılagelmiş olan bürokrasi ve kanun dilinde değil, tamamiyle yeni Türkçe üslubunda kaleme alınmıştı. Kooperatifçilik hukuku, benim araştırma ve öğretim yükümlülüğünü taşıdığım ders konuları arasına girdiğinden, bu kanunları kendim için Almancaya çevirmem gerekiyordu. Hem ana metnin, hem de Almanca çevirisinin, uluslararası çevreye açık olmaları için, bunları Roma'daki "Istituto di Studi Legislativi" tarafından çıkarılan "Legislazione Internazionale" dergisinde [Cild IV (1937)] yayınladım.

Daha 1931 yılında kurulmuş olan Türk Tarih Kurumunun ise, Temmuz 1932'deki ilk genel kongresi, Türk tarihinin Anadolu'ya Selçukluların gelmesinden çok önce,binlerce yıl önce başladığı tezinin sunulmasına ve tartışılmasına sahne olmuştu. Sümerlerin ve özellikle de milâttan önce ikinci binin ortalarında yaşayan Hitit'lerin Türk halkları olduğu söyleniyordu. Pek çok yabancı bilginin katıldığı ve İsviçreli Profesör *Pittard*'ın şeref başkanlığını yaptığı ikinci bir kongre ise, 1937 Eylülünde Dolmabahçe Sarayında toplandı. Bu kongre de, yukardaki tezi, son beş yıl içinde elde edilmiş olan sayısız araştırma sonucuna dayanarak kanıtlama ve bazı sonuçlarının sergilenmesi ile gözle görülür kılmak amacını güdüyordu. Bu kongrenin özel önemi şuydu: Yabancı tarihçilerin, prehistoryacıların, arkeolog ve eski çağ araştırmacıların kongreye katılmalarıyla, Türk kamuoyuna, Türk okullarında öğrencilere Türk halklarının ve özellikle de Kemalist Türkiye nüfusunun menşeine ve dünya tarihi açısından önem ve gelişmesine dair öğretilen yeni tarih imajının, uluslararası kabul gördüğü ve takdir edildiği mesajını iletmek. Oysa ne o gün bu genel olarak doğruydu, ne de bugün için doğrudur. Bu kongreden söz etmek gereğini duymam, *Atatürk*'ün, kendi kopardığı İslâm geleneği bağları yerine, millî gururun üzerinde yükselebileceği ve dinî öğretilerle hanedan geleneğinden arındırılmış, kökleri insanlık tarihine dayanan bir temel yaratmak için, bizzat nasıl çaba gösterdiğini kanıtlamak içindir. Başlangıçta devrimci bir hareket olarak ortaya çıkan Kemalizm böylece bir ideoloji yaratmaya çalışıyordu. Genç kuşağa daha ilkokul birinci sınıftan başlayarak telkin edilen bu ideoloji, en güzel ifadesini, *Atatürk*'ün Cumhuriyetin İlânının 11. yıldönümünde (29.10.1934) Ankara'da bizzat açtığı anıtın üzerindeki şu sözlerinde bulur: "Türk, Öğün, Çalış, Güven"*. Bu ideoloji, isterseniz Kemalizmin siyasî doktrini de diyebilirsiniz, altı ilkede ifadesini bulmaktaydı. Söz konusu ilkeler, önceleri yalnızca ülkenin tek siyasî partisi olarak kurulmasına izin verilen ve Gazi Mustafa Kemal Paşa'nın önderliğindeki Cumhuriyet Halk Partisinin programında dile getirilmişti. Bu ilkeler şunlardı: Cumhuriyetçilik, Milliyetçilik, Halkçılık, Devletçilik, Lâiklik ve İnkılâpçılık. Bu her bir ilkeden ne anlaşılması gerektiğini parti, aynı zamanda Cumhurbaşkanı olan Genel Başkanının direktifleri uyarınca belirlemekteydi. Cumhurbaşkanı, Başbakanı seçiyor; Başbakan da, Türkiye Büyük Millet Meclisi üyelerinin arasından kabinesini kuruyordu. Dolaylı seçim yoluyla işbaşına gelen bu parlamento, genellikle yalnızca Cumhuriyet Halk Partisi üyelerinden oluşmaktaydı. Arada sırada, adına "bağımsız" denen adaylar da çıkıyordu, ama bu, çok seyrek görülen bir şeydi. Örneğin, 1935 yılında, "azınlık" (Rumlar, Ortodokslar, Ermeniler, Yahudiler) gruplarının her biri bir bağımsız aday çıkarmış ve bunlar ortak seçim bildirilerinde kendilerinin azınlıkları değil, Türk halkının belli kesimlerini temsil edeceklerini açıklamışlardı. Türk halkı, sadece bu tek parti, bu parti de, politik bakımdan birlik içinde bir parlamento aracılığıyla temsil edildiği halde, gene de, yukarıda saydığım altı ilkenin birden çok anlama gelebilmesi yüzünden tek bir politik çizgi oluşamıyor ve varlığını sürdüremiyordu. Bunun yerine, hükümetlerin kurulmasında, Meclis Başkanı seçimlerinde, parlamento komisyonlarının oluşmasında ve kanunlar üzerine yapılan parlamento tar-

---

* Bu anıt benim üzerimde öylesine büyük bir etki yapmıştı ki, daha sonraları Ankara'da profesörlük yaptığım yıllarda, kendini ezik hisseden Türk hanım asistanımı alıp bu anıtın önüne götürdüm - ve başarılı oldu!

tışmalarında açıkça kendilerini belli eden, bazı akım ve yönler görülüyordu. Türkiye Büyük Millet Meclisi, üyeleri sadece tek bir parti mensubu oldukları halde, Hitler döneminin Alman Rayhstag'ı gibi, ya da Doğu Berlin'deki Volkskammer gibi, politik nüfuzu sıfır olan bir evet efendimciler topluluğu hiç değildi. Türkiye Büyük Millet Meclisi, pek çok değişik, evet hatta birbirine zıt akım ve menfaatlerin çarpıştığı, tek bir parti çerçevesi içinde enine boyuna tartışıldıktan sonra bunlar arasında bir denge ve uzlaşma sağlanan bir arenaydı. Bu niteliğiyle tek parti sistemi, Türkiye'deki işleyiş tarzıyla hiç bir şekilde peşinde maiyeti olan bir "Führer" devletine benzemiyordu. Bu sistem, devletin üst kademelerinden emir verilmeyen, yön verilen bir tür parlamenter demokrasi niteliğindeydi. Ama son karar mercii Parlamentoydu. Yasama erki de, sadece Parlamentodaydı. Parti programının yukarıda saydığım altı ilkesinin, önde gelen politikacılar ve hükümet üyeleri için bağlayıcı olduğunu ayrıca belirtmeye gerek yok. Peki, bunlar, devlet memurlarıyla yargıçlar için de, hattâ -bugün halk demokrasisi adı verilen yerlerde pek doğal kabul edildiği gibi- bütün halk için de davranışı yönlendiren bir etken olarak görülüyor muydu? Cumhuriyet Halk Partisinin Genel Sekreteri *Recep Peker*, Kemalizmi bir kültür ve inanç birliği olarak nitelemekteydi. Dolayısıyla 1935 Mayıs ayında *Recep Peker*'in bu altı ilkenin ülkenin tüm okullarında öğretilmesini istemesi, bu görüşünün mantıkî sonucuydu. 1936 yılı başında, Ankara'da Hukuk İlmini Yayma Kurumu'nda "Devletçilik ve Ticaret Hukuku" (bkz. Bölüm 6/IV) konulu ilk konferansımda, Yargıtayın iki Genel Kurul kararını eliştirmiştim. Çünkü, söz konusu kararlarda mahkeme, o tarihte yürürlükte olan 1926 tarihli Ticaret Kanununun ticarî işlerde faiz oranının miktarı ve fahiş cezaî şartın indirilmesi konusunda satış özgürlüğü ile ilgili iki hükmünü kelimesi kelimesine öyle yorumlamıştı ki, sanki özgürlük, sınırsızlık anlamına geliyordu ve sanki bu özgürlüğün kötüye kullanılması imkânsızdı. Aynen şu açıklamayı yaptım: "Her iki kararda da yazık ki devletçilik ruhunun eksik olduğunu görmekteyim; yani konferansımda sözünü ettiğim ve bu özgürlükleri de sınırlayan sınırlar dikkate alınmamıştır".

O günkü anlayışa göre, en yüksek mahkemenin kararlarının eleştirilmesi, mahkemenin otoritesini sarsabileceği gerekçesiyle, pek yakışık alır sayılmadığı halde; benim eleştirici cümlem, bazı milletvekillerinin nezdinde son derece olumlu yankı yaptı. Bana anlatıldığına göre, konferanstan sonra bu milletvekilleri Yargıtay üyesi bazı yargıçlarla konuşmuş ve benim gösterdiğim yolu niçin izlememiş olduklarını sormuşlar. Yargıçların cevabı ise şöyle olmuş: "Nasyonal Sosyalist Almanya'da tek iktidar partisine ait ilkelerin devlet organları üzerinde de bağlayıcı etkisi olabilir. Ama Türkiye'de tek parti sistemine rağmen, Anayasa'nın 54'üncü maddesinde yargıcın tüm davalarda ve kararlarda sadece kanunla bağlı olduğunu belirten hüküm yer almaktadır. Cumhuriyet Halk Partisinin altı ilkesi, kanun gücünde değildirler ve dolayısıyla yargıçları hiçbir şekilde bağlamazlar".

Benim konferansımdan ve bunun ertesinde yargıçlarla milletvekilleri arasında geçen tartışmadan birkaç hafta sonra, *Recep Peker*, Cumhuriyet Halk Partisi Genel Sekreteri sıfatıyla, Anayasa'da bir değişiklik yapılacağını ve altı ilkenin Anayasa metnine katılacağını açıkladı. Nitekim 3 Şubat 1937 tarihli ve 3115 sayılı kanunla bu gerçekleştirildi. Anayasanın 2. maddesi şu şekilde değiştirilmişti: "Türk devletinin resmî dili Türkçe'dir; başkenti Ankara'dır" cümlelerinin önüne şu cümle konmuştu: "Türkiye devleti, cumhuriyetçi, milliyetçi, halkçı, devletçi, lâik ve inkılâpçıdır". Böylece, iktidar partisinin altı ilkesi devlet hukukuna uygun biçimde Anayasa ilkesi haline gelmiş ve dolayısıyla herkes için bağlayıcı nitelik kazanmıştı. Böylece, farkına bile varmaksızın, Türk Anayasa hukukunun bir özelliğine katkıda bulunmuş oldum. Bu özellik 1961 Anayasasında da korunmuştur*. Yani, devlet hayatının yürütülmesinde yol gösterici ve bağlayıcı nitelik taşıyan belli ilkelerin konması, söz konusu altı ilkenin parti programından Anayasaya aktarılması ile, o güne kadar, bir çeşit slogan gibi kullanılan "Kemalist" deyimiyle nitelenen devlet, Anayasa hukukunca Kemalist Türkiye oldu ve çok partili sisteme geçilmesinden sonra da böyle kaldı. Oysa, 1950'de yapılan tarihî seçim sonucunda ezici bir çoğunlukla iktidara gelen Demokrat Parti, seçimi kaybetmiş olan partinin programından alınarak Anayasanın 2. maddesine konmuş olan Kemalist Türkiye'nin bu altı özelliğini, rahatlıkla Anayasadan çıkarabilirdi. Ama bu olmadı.

Demokrat partinin önde gelen politikacıları, kendilerinin de Kemalist ve *Atatürk*'ün eserine bağlı olduklarını, özellikle vurguladılar. Aşağıdaki olay bunu daha iyi açıklamaktadır:

> Yeni hükümet, işbaşına gelmesinin hemen ardından, *Atatürk*'e bağlılığını ve onun izinde olduğunu açıklayan ve Resmî Gazetede yayınlanan bir kararname çıkardı. Bu kararname, 1950 Aralık sonunda çıkarılan ikinci bir kararname ile vurgulanarak, daha da açıklık kazandı. Bakanlar Kurulu'nun bu kararlarında devlet dairelerinde ve makam odalarında bundan böyle, sadece "Büyük Atatürk"ün resminin asılabileceği ve o güne kadar olduğu gibi, başka şahsiyetlerin resimlerinin asılamıyacağı da yer almaktaydı.

Ama hükümetin bu talimatı, fanatik bir tarikatın (Ticanîye) üyelerini, ülke çapındaki Atatürk heykellerini ve anıtlarını kir-

---

* 1961 Anayasasının 2. maddesi şöyledir: Türkiye Cumhuriyeti, insan haklarına ve başlangıçta belirtilen temel ilkelere dayanan, millî, demokratik, lâik ve sosyal bir hukuk devletidir.

letmekten, kırmaktan ve parçalamaktan ve Atatürk'e açıkça sözle ve yazıyla hakaretten alıkoymadı.

Bu saldırılar karşısında halkın duyduğu ve özellikle günlük basında ifadesini bulan nefret ve öfke ve bu konudaki caydırıcı cezaların çok düşük olması, hükümetin yukarıda anlatılan türden eylemleri ve bunların kışkırtılmasını ağır cezalar ile tehdit eden bir kanun tasarısı hazırlamasına sebep oldu. Söz konusu kanun tasarısının başlığı: "Atatürk Aleyhinde İşlenen Suçlar Hakkında Kanun" idi ve genellikle "Atatürk Kanunu" adıyla anılmaktaydı.

Bu kanun tasarısına, özellikle iktidar partisinin saflarından çok sayıda milletvekili karşı çıkmıştır. Bu kimseler, Ticanîlere ve bunların saldırılarına besledikleri sempatiyi, birtakım anayasal endişelerin arkasında gizlemeye çalıştılar: O sırada yürürlükte olan 1924 Anayasasının 69. maddesi, tek tek kişilerin lehine çıkarılacak her türlü özel kanunu açık bir dille yasaklamaktaydı.

Fakat, hükümet kanunu mutlaka çıkarmak istiyordu, ama kendi saflarından gelen şiddetli muhalefet karşısında başarısızlığa uğramaktan korkuyordu. Söz konusu tasarı, 7 Mayıs 1951'de Genel Kurul'da yapılan fırtınalı görüşmeler sonucunda, 141'e karşı 146 oyla komisyona geri gönderilmişti. Hem kendi içeriği sayesinde, hem de kendisine meselenin danışıldığı ve fikri ileri süren şahsın otoritesi sayesinde, tasarıya karşı olan muhaliflerin -özünde politik olan, fakat hukukî kılıf giydirdikleri- itirazlarını bertaraf edebilecek bir hukukî gerekçe aranıyordu.

Hükümete yakınlığıyla tanınan bir milletvekili, yukarıdan aldığı emirle bana geldi ve bu "hukuk problemi" konusunda benim eksper olarak bilimsel görüşümü istedi. Aşağı yukarı şu cevabı verdim:

"Anayasa, başka şeylerin yanısıra, bir şahsa imtiyazların tanınmasına imkân sağlayacak yasaların çıkarılmasını yasaklamaktadır. Buradaki "şahıs" deyimi, "gerçek kişi" yani insan anlamına gelmektedir. ZGB. Madde 27'ye göre insanın şahsiyeti, doğumun tamamlanmasından itibaren hayatla başlar ve ölümle son bulur. Atatürk adında bir şahıs, hukukî anlamda, artık mevcut değildir. Dolayısıyla ona yasa yoluyla da bir imtiyaz sağlanması söz konusu olamaz. Söz konusu tasarıda ceza hukuku normlarıyla korunması öngörülen hukukî varlık ve şahıs olarak Atatürk değildir. Burada korunmak istenen Türkiye Cumhuriyeti'nin kurucusuna karşı Türk milletinde genel olarak yaygın bulunan hayranlık ve saygı duygusudur. İşte, ceza tehdidi altına konulmak istenen davranışlar, halkın içinde yaşamayı sürdüren bu saygı duygusunu, yani merhumun anısını zedelemeye müsait davranışlardır".

Benim bu açıklamam üzerine tasarı metnindeki ceza maddesi daha doğru bir şekilde ifade edildi. "Atatürk'ün hatırasına alenen hakaret eden veya söven kimse; Atatürk'ü temsil eden heykel, büst ve âbideleri veyahut Atatürk'ün kabrini tahrip eden, kıran, bozan veya kirleten kimse cezalandırılır". Bu ifade şekliyle yasa 25.7.1951 tarihinde, ancak kanunun adındaki yanlışlıklar değiştirilmeksizin, kabul edilmiş ve 31.7.1951 tarihli Resmî Gazetede yayınlanarak yürürlüğe girmiştir. Yasadan umulan caydırıcı etki de hemen kendini göstermiştir.

Böylece, bu olağanüstü şahsiyetin anısını koruma konusunda ben de karınca kararınca bir katkıda bulunabilmiştim.

Kemal Atatürk, bugüne kadar yaşadı. Çünkü, siyasî partilerin hepsi, onu Kemalist Türkiye'nin kurucusu olarak baştacı ettiler. 1937'de Anayasa hükmü olarak Türk devletinin nitelikleri arasında yer almış bulunan Cumhuriyet Halk Partisinin orijinal programındaki altı ilkeye 1961 Anayasasından bugüne kadar, şu ya da bu ölçüde ve derecede uymadıkları halde, siyasî partiler Kemalist Türkiye'ye bağlılıklarını dile getirmişlerdir.

Atatürk'ün 10 Kasım 1938'de, sabah 9'u 5 geçe, İstanbul'daki Dolmabahçe Sarayında bedenen ölmesi, bütün halkı, bütün tabaka ve çevreleri, sarstı. Sanki gerçekten de bütün Türklerin babası ölmüştü, Atatürk'ün nâşını içeren lâhdin önünden, son saygı görevini yerine getirmek amacıyla sessizce geçen insan kalabalığı öylesine muazzamdı. Dolmabahçe Sarayından çıkarak Galata semti ve köprüsü üzerinden Sarayburnuna uzanan cenaze alayına, protokol uyarınca, bakanlar, milletvekilleri ve diplomatik temsilcilerin arkasından gelmek üzere, üniversite hocaları da, frak ve silindir şapka giymiş olarak, katıldılar. Cenaze alayının geçtiği kilometrelerce uzunluktaki caddeler boyunca gözyaşları içinde hıçkıran insanlar duruyordu, bütün pencereler, bütün evler ağlayan insanlarla doluydu. Kortejde yürüyen bizler için, sanki bütün İstanbul bir sel gibi akmış gelmiş ve ağlayan bir duvar oluşturmuştu. 1938 yılının o Kasım günündeki gibi içten bir halk yasını ne daha önce yaşamıştım, ne de daha sonra bir daha böyle bir şeye tanık oldum.

Le roi est mort, vive le roi (Kral öldü, yaşasın kral).

Atatürk'ün yerine, Anayasa'ya uygun olarak, oy birliği ile seçilen İsmet İnönü Cumhurbaşkanı oldu. Bu değişiklik, devlet hayatını zerre kadar olsun sarsmamıştı: Seçim, Kemalist Türkiye'nin istikrarını kanıtlayan bir olaydı. Bu Kemalist Türkiye, bundan sonra da, Atatürk'ün çizmiş olduğu yolda, Türkiye'yi Batı Avrupa uygarlıkları seviyesine ulaştırma hedefine doğru -İkinci Dünya Savaşının patlak vermesinin Türkiye için de beraberinde getirdiği tekmil zorluk ve sorunlara rağmen, ilerlemeye devam edecekti. 1941 Nisanı ortalarında sanki Türkiye de doğrudan doğruya savaşa girecekmiş gibi bir hava esti. Alman birlikleri, Yunanistan da dahil olmak üzere, tüm Balkan yarımadasını işgal etmişlerdi ve Trakya'da Türk sınırına dayanmışlardı. İstanbul'u boşaltma plânları yapıldı, üniversite zamanından önce tatil edildi ve sınavlar normalden bir ay öncesine alındı. Ama tehlike geçti. Yaz geldiğinde ise, sanki başka önemli hiçbir şey yokmuşcasına, tüm bilim dalları için yeni bir Türkçe terminoloji oluşturmaya dalmıştı herkes. 1941 Kasımında, son iki sömestre öğrencilerine Türk devrimi tarihi dersleri zorunlu kılındı. Yönetici çevreler, Kemalist Türkiye'nin temel ilkelerini, nasyonal-sosyalist ve komünist fikirlerin sızmasına karşı korumak için, öğrencilerin siyasî bir eğitime tabi tutulmasını gerekli görmekteydiler. Bu dersleri Üniversite öğretim üyelerinin yanısıra bazı politikacılar da verdi ve sonra bunlar bir İnkılâp Enstitüsü bünyesinde birleştirildi. Bu derslerin büyük kısmı yayınlanmıştır ve bunlar Anayasanın 2. maddesi uyarınca Kemalist Cumhuriyet olarak Türk devletinin karakterini oluşturan özellikleri aydınlatmaktadır.

II. Kısım
Ankara'da Geçirdiğim On Yıla Yakın Zaman

1.
Türk Uyruğuna Geçişim

Hangi hukukî işlem sonucu ve hangi tarihte Alman devleti vatandaşlığını kaybettiğimi, tespit edemiyorum. Hatırladığım husus, sadece, 1938 ilkbaharında müddeti dolmuş olan Alman pasaportumu uzatmak için bir teşebbüste bulunmadığımdır. Çünkü, ya Alman Rayhı'nın resmî organında yayınlanan gerekçe ile zaten vatandaşlıktan çıkarılmış bulunuyordum; - bu, bana bir rivayet olarak iletilmişti-, ya da alacağım yeni pasaporta, beni damgalamak amacıyla bir "J" (=y) harfinin ve ilâve ad olarak "İsrael" sözcüğünün konacağını bildiğim için başvurmamıştım. Bunun dışında, bir grup Alman meslekdaşımla birlikte, 1938 sonbaharında sona eren beş yıllık sözleşme süresini uzatmak için başvurduğum sırada, Türk vatandaşlığına geçme dileğimi de bildirmiştim. Beni seven Türk meslekdaşlarımın ve milletvekillerinin, arasıra özel olarak kulağıma fısıldadıkları, İslâm dinini kabul etmem ve böylece Türklüğü benimsediğimi ispatlamam, yani derhal Türk vatandaşlığına kabul ile ödüllendirilecek bir önkoşulu yerine getirmem imalarını, Türkiye'ye bağlılığımı o güne kadar sürdüre geldiğim faaliyetimle yeterince ispatlamış olduğumu ileri sürerek reddetmiştim.

Pasaportumun olmayışı, Türk yabancılar polisinin yetkisinde bulunan oturma iznimi uzatma sırasında bazı güçlükler çıkmasına yol açıyordu. Böyle zamanlarda, hükümet tarafından sözleşmeyle uzman olarak görevlendirilmiş olduğum ve oturma iznimin uzatılmasının, devletin yararına olduğuna dair Millî Eğitim Bakanlığından, ya da Üniversite Rektörlüğünden bir belge almak zorunda kalıyordum. Devletin, yabancı profesörlerin faaliyetlerini sürdürmelerine verdiği önem ve bundan umduğu yararı şu olaydan da çıkarmak mümkündür: Polonya'yı koruyan devletler olma sıfatıyla Almanya'ya karşı savaşa giren İngiltere ve Fransa, Türkiye ile aralarındaki savunma ittifakına dayanarak, Türkiye'den devlet hizmetindeki tüm Alman uzmanları işten çıkarmasını istediklerinde, Türk hükümeti bu talebi kararlılıkla reddetmiş, sonunda da, sadece İktisat Bakanlığında çalışan Alman danışmanları bu görevden almayı kabul etmiştir. Bu danışmanlar arasında, örneğin *Ernst Reuter* de bulunuyordu. Reuter, çalışmasını Ankara Siyasî Bilimler Fakültesinde Şehircilik profesörü olarak sürdürmüş; Profesör *Fritz Baade* ve *Hans Wilbrandt* ise Türkiye'de özel sektörde çalışma olanağı bulmuş ve böylece savaş bitene kadar Türkiye'de kalabilmişlerdir.

Alman Rayh'ı Yurttaşlık Yasasıyla ilgili 25.11.1941 tarihli 11'inci tüzük gereği ben de tıpkı yurtdışında yaşayan bütün Yahudiler ve onlara eşit kişiler gibi- en geç 27.11.1941 tarihinden itibaren Alman vatandaşlığını, kanun gereği, kaybetmiştim. Daha doğrusu, eğer daha erken bir tarihte kaybetmiş değil idiysem, o tarihten itibaren kesinlikle kaybetmiştim. *Phillipp Schwartz*, Londra'da bulunan ve başında 1940'dan beri *Eduard Bennesch*'in olduğu Çek sürgün hükümetinden, biz vatandaşlıktan çıkarılanlar için Çek pasaportu almayı başarmıştı; fakat, Türk mercilerinin ve sürgün hükümetini tanımayan devletlerin bu pasaportu ne dereceye kadar geçerli sayacakları da zaten çok su götürür bir konuydu. Çok şükür, bu pasaportu kullanmak zorunda hiç kalmadım.

Bu arada 1943 yazı gelip çatmıştı. 1938'de 5 yıl daha uzatılmış olan iş sözleşmem Ekim ortasında bitiyordu. Hükümetin buyruğu üzerine rektör, sözleşmeyi eski şartlarıyla beş yıl daha uzatmayı önerdi. Maaşımın 1938'den bu yana kuvvetle yükselmiş olan fiyatların seviyesine uygun olarak yükseltilmesi şartıyla, teklifi kabul edeceğimi bildirdim. Ama getirilen karşı teklifler tamamiyle yetersiz olduğu için, sözleşmeyi uzatmayı reddettim ve hoşuma gidecek başka bir iş aramaya hazır olduğumu belirttim. Şimdi geriye dönüp baktığımda, bunun aslında çok tehlikeli bir oyun "Vabanquespiel" olduğunu tespit ediyorum. Çünkü sözleşmeyi uzatmadığım ve hükümetin hesabına çalışan bir yabancı uzman olma sıfatını kaybettiğim takdirde, yabancılar polisinin oturma iznimi -hele belli bir işim de yoksa- uzatıp uzatmıyacağı çok şüpheliydi. Yabancı uyruklu olduğum için avukatlık yapamıyordum. Olsa olsa yazarlık, ya da tüccarlık yapabilirdim.

Yurtdışına çıkmam ve başka bir ülkeye girebilmem ise elimdeki Çek pasaportunun tanınıp tanınmayacağına bağlıydı. Bütün bunlar bir yana, Türkiye'nin dört tarafını savaş sarmıştı, devletlerin hemen hemen hepsi, ya şu safta ya da öteki safta harbetmekteydi. Bildiğim tek şey, sözleşmeleri Türk Hükümeti tarafından uzatılmamış olan tek tük birkaç meslekdaşın 1943'ten sonra bile bir yolunu bulup Filistin'e, Kahire'ye, Tahran'a, hattâ Amerika Birleşik Devletleri'ne gidebildikleriydi. Bana yakınlık besleyen Türk meslekdaşlarım, müdahale ederek, beni kalmaya iknaya çalışıyorlardı. Yetkili mercilerle bizzat görüşerek maaşımın artırılmasını sağlamaya uğraştılar. Şöyleydi böyleydi derken, plânlar yapa-boza Temmuz, Ağustos tatil ayları geçip gitti. Sonbahar sınavları başlamıştı. Bir gün sınav nedeniyle Fakülteye gittiğimde, Fakülte Sekreteri, Vilâyet Baş Hukuk Danışmanı'nın telefon numaramı öğrenmek istediğini, bana önemli bir şey söyleyeceğini bildirdi. Telefon bağlantısı olmadığı kendisine söylenince, en kısa zamanda makamında beni beklediğini bana iletmelerini istemiş.

Bu alışılmışın dışındaki davet, daha doğrusu, hiç bir anlam veremediğim bir tür celp karşısında şaşırdım. Fakülte Sekreterine, şahsen tanıştığı bu Baş Hukuk Danışmanı'nı tarif ettirdim ve tariften, söz konusu zatın, bizim Fakültenin eski ve özellikle de iyi ve çalışkan bir öğrencisi olduğunu, bitirme sınavında benden de en yüksek notu aldığını çıkardım. İsmi "falanca"ydı, şu uzun boylu, bir ayağı sakat öğrenciyi mutlaka hatırlayacaktım. Endişe edecek bir şey yoktur, diyordu Fakülte Sekreteri. Gerçi durumun biraz esrarengiz olduğunu o da kabul etmekteydi, ama kötü bir şey olamazdı. Acaba telefon edip benim için bir gün alsa mıydı?

Sözleşilen gün ve saatte makam odasından içeri girdiğimde, eski öğrencimi derhal tanıdım. Öğrencim, eski devir Türk öğrencilerin âdeti olduğu üzere, ceketimin eteğini öpmek istedi, neyse sonunda sadece elimi öpmeye razı oldu. Pırıl pırıl gülümseyerek gözlerimin içine bakıyordu. Kendisinin bana gelmesi gerektiği halde, gelemeyip beni çağırdığı için, binbir özür diledi.Ama mesele, özünde, resmî bir işti tabiî. Başta kendisi olmak üzere, benim pekçok eski öğrencim bu işe şahsen fazlasıyla seviniyorlardı, ama iş gene de resmiydi. Ve, Türkiye Cumhuriyeti vatandaşlığına kabul edilmemi ilk kutlayan kişi olmak, kendisi için çok büyük bir şerefti. En kısa zamanda belgelerin gönderildiği ve kendi oturduğum semtin bağlı olduğu nüfus idaresine başvurup, resmî nüfus hüviyet cüzdanımı almalıydım. Hüviyet cüzdanım, aynı zamanda, Türk vatandaşlığına kabulümün de belgesiydi.

Şaşkın baka kalmışım. "Sevinmediniz mi, Hocam?" dedi... Böyle bir şeyi artık beklemez olduğumu, çünkü başvurumun üzerinden tam 5 yıl geçtiğini, hem de daha birkaç hafta önce rektörün benimle bir yabancı uzman olarak sözleşmemin uzatılması konusunu görüştüğünü, ancak kekeleyebildim. Sevinmek ne söz, çok mutluydum ve Atatürk'ün ünlü cümlesi "ne mutlu Türküm diyene" döküldü dudaklarımdan.

Böylece 21 Eylül 1943 tarihinde, nüfus kağıdımı aldım. İçinde adım, Türk imlâsına uygun olarak Ernest Hirş şeklinde yazılıydı. Bundan böyle, Türkiye Cumhuriyetinin vatandaşı olarak Kadıköy Nüfus Kütüğünde kayıtlıydım.* Birdenbire durumum beklenmedik bir yönde değişmişti. Türk vatandaşı olarak o sıralarda 41 yaşımdaydım, askerlik yükümlülüğüm vardı.

Askerlik şubesine başvurduğumda, görevli, bana Alman ordusunda hangi rütbeyle görev yapmış olduğumu sordu. Profesör olduğuma göre, herhalde yedek yüzbaşı olmalıydım. Kendisine, Alman Rayh'ında 1918 ve 1934 yılları arasında sadece muvazzaf ordu olup genel askerlik yükümlülüğünün bulunmadığını, bunun yeniden getirildiği tarihte ise benim Almanya'dan çıkmış ve Türkiye'ye gelmiş olduğumu anlatmak zorunda kaldım. Bunun üzerine acemi sıfatıyla** yedeğe yazıldım. Ve o günden itibaren 45. yaşımı doldurana kadar her yıl askerlik şubesine başvurmam gerekti, nitekim nüfus cüzdanımdaki kayıtlardan da bu anlaşılmaktadır.

Bu şartlar altında, hem hukukî, hem de özellikle ahlâkî nedenlerden ötürü, iş sözleşmemin bitiminde Türkiye'yi terketme plânımı gerçekleştirmem imkânsızlaşmıştı. Çünkü beni Türk vatandaşlığına almakla hükümet, bundan böyle bana ülkede geçici olarak bulunan yabancı bir uzman gözüyle bakmak ve ona göre muamelede bulunmak istemediğini, beni yerli bir Türk profesör olarak görmek istediğini belli etmişti.

Fakat bunun ağır sonuçları vardı. Bir kere, özel hukuka tâbi iş sözleşmemin bitiminde, bu artık uzatılamazdı ve şayet üniversitede çalışmaya devam etmek istiyorsam, bunun bir memuriyet ilişkisine dönüştürülmesi gerekmekteydi. O günün mevzuatına göre ise, maaşımın belirlenmesinde yurtdışında olsun Türkiye'de olsun daha önce asistan, doçent ve profesör olarak hizmet etmiş olduğum yıllar kıdeme sayılmıyordu; dolayısıyla maaşım, doktora yapmış ve iki dil bilen bir asistanın maaşına eşit olacaktı. Buna rağmen, hâlâ profesörlük yapmak istiyorsam, Üniversitedeki faaliyetimi büyük ölçüde kısıtlamak ve bunun yanısıra Türk avukat olarak geçimimi sağlamak zorundaydım. Bunu yapmayı ise canım hiç mi hiç istemiyordu, çünkü avukatlık mesleğine ne yaradılışım müsaitti, ne de içimde bu mesleğe karşı bir yakınlık vardı. Ama, Türk meslekdaşlarımın da söyledikleri gibi, başka bir yol da gözükmüyordu. Çaresiz, İstanbul Barosuna kaydolmak için işlemlere başladım. Fakat bunun için, Türk müfredatında yer

* Türk vatandaşlığını muhafaza etmiş olduğum için, bugün bile, yerel yetkili Türk konsolosluğunda kayıtlıyımdır.

** Türkçe "acemi" sözcüğü, anlamı itibariyle, bir profesörün hüviyetinde özellikle garip kaçıyordu.

alan, ama elimdeki öğrenci karneme göre Alman Üniversitelerinde benim okumamış olduğum dersler için, ki bunlar adlî tıp ve sosyoloji idi, fark sınavı vermem gerekmekteydi. Bu sınavları, meslekdaşlarım *Dilemre* ve *Kessler*'in yanında başarıyla verdim. Almanya'da verdiğim Referendar sınavı ise geçerli sayıldı. Avukatlık ehliyetnamemi ancak 2 Mart 1945 (!) de elime alabildim. Önce İstanbul Barosuna, sonra da Ankara Barosuna üye oldum. Avukatlık hakkı kazanmak için gerekli hazırlıklara gömülmüş olduğum sıralarda yani 1943 Ekim başlarında, gene aniden gökten inmecesine, Ankara Hukuk Fakültesinin dekanı olan Profesör *Esad Arsebük*'ten bir mektup aldım. Profesör Arsebük, mektubunda, Millî Eğitim Bakanlığından benim Türk vatandaşlığına alınmış olduğumu öğrendiğini, sonsuz sevindiğini yazıyordu. Bu vesileyle hem beni kutlamak istemişti, hem de kendini. Zira, yazdığına göre, kendi Fakültesinin bütçesinde yabancı uzmanlar için ayrılmış hiç bir tahsisat bulunmadığından, o güne kadar Ankara'da benden yararlanma imkânı olamamıştı. Ama şimdi bu imkân doğmuştu işte. Ankara'daki meslekdaşlarım, beni kendi aralarında görmekten çok mutluluk duyacaklardı. Bir Ticaret Hukuku Profesörü olarak benim için öngörülmüş olan maaş aynı kalmak suretiyle İstanbul'dan Ankara'ya nakletmem kolaylıkla mümkündü, fakat bu nakil maddî durumumda bir düzelme getirmeyecekti. Ama, bana buna ek olarak bir de Hukuk Felsefesi Kürsüsünü vermek ve bunun karşılığı olan 80 Türk liralık maaşın üçte ikisini ödemek mümkündü. Bakanlığa resmen başvurup gerekli adımları atmadan önce bu önerisi hakkında benim ne düşündüğümü öğrenmek istiyordu. Tam manasıyla "aptallaşmıştım". Oturup, Ankara Hukuk Fakültesi Dekanının mektubunu eleştirici bir gözle incelemeye ve tahlile koyuldum. Türk vatandaşlığına alınmamla, Profesör Arsebük'ün gayet ayrıntılı çağrısı arasında çok yakın bir ilişki olduğu apaçıktı. Ayrıca, ifade tarzından, mektubun o günkü Millî Eğitim Bakanı *Hasan Ali Yücel*'in talimatıyla yazıldığı anlaşılıyordu. *Hasan Ali Yücel*'in bana özellikle değer verdiğini biliyordum. Bunun dışında, önceleri Adalet Bakanlığına bağlı olan Ankara Hukuk Okulu'nun durumunun 1940 yılında bir kanunla değiştirildiğini ve Ankara Hukuk Fakültesi adı altında Millî Eğitim Bakanlığına bağlandığını biliyordum. Söz konusu kanunun gerekçesinde, İstanbul ve Ankara Hukuk Fakültelerinin amacının bir olduğu göz önüne alınarak her iki fakültenin hukukî ve idarî temellerini pratikte de birbirine uydurmanın mutlak surette zorunlu olduğu yazılıydı. Bu nedenle, her iki fakültenin de bilimsel seviyelerini birbirine eşitleme amacı güdülmeliydi. Ama, bu kanun çıkalı tam üç yıl olduğu halde, bu yönde henüz hiç bir adım atılmamıştı. İstanbul Hukuk Fakültesinde tercih edilen ders sistemini Ankara'ya aktarma işi, kararnamelerle halledilecek bir iş değildi ki- "men not measures!". Öte yandan, Ankara'da da Millî Eğitim Bakanlığına bağlı öteki fakülte ve yüksek okullarda yabancı profesörler çalışmaktalar diye düşünüyordum. Ve işte şimdi, aslında Alman ama artık Türk bir profesöre kavuşmuşlardı; bu adam 10 yıldan beridir İstanbul'da ehliyetini ispat etmiş bulunuyordu, bundan böylede Ankara'daki Hukuk Fakültesinde hem hocalar hem de öğrenciler için, İstanbul örneğine uygun yolu gösterecek ve tempoyu belirleyecek bir öncü görevi yerine getirebilirdi.

Düşünce ve tahminlerimin ne kadar isabetli olduğunu, birkaç gün sonra Ankara'da yetkili kişileri ziyaret ettiğimde anladım. Hukuk Fakültesinin Dekanı ile Millî Eğitim Bakanından başka, o günkü Başbakan *Şükrü Saraçoğlu*'nu da ziyaret etmiştim. Saraçoğlu beni tanıyordu; 1936 yılında Adalet Bakanıyken, Ankara'da verdiğim Ticaret Hukuku ve Devletçilik konulu bir konferans vesilesiyle ziyaretine gitmiştim. Evvelâ, Türk vatandaşlığına kabul edilme şerefinden dolayı teşekkür ettim kendisine. Başbakan beni çok candan karşıladı ve bundan sonrası için ne yapmayı plânladığımı sordu. Kendisine, Türkiye'de mebzul miktarda avukat olduğu halde, benim de kendimi bu kervana katılmak ve avukatlık yapmak zorunda hissettiğimi söyledim. Sebebini açıkladığımda ise, bana inanmadı. Derhal o günün Maliye Bakanı *Fuat Ağralı*'yı yanına çağırttı ve benden, hukukî sebepleri tekrarlamamı rica etti. Maliye Bakanı gülümseyerek sözlerimi doğruladı. "Ama biz, profesöre Türk vatandaşlığını böyle olsun diye vermedik ki" dedi. *Saraçoğlu* ve *Ağralı* kafa kafaya verip bana nasıl yardım edeceklerini benim yanımda düşünmeye başladılar. Ağralı, beni noter ya da vali yapabileceklerini söyledi. Bunun üzerine Başbakan sinirlendi ve: "Olmaz öyle şey. Bütün gücünü ve zamanını, eskiden olduğu gibi, gene Üniversiteye ayırması gerekir. Bir yol düşünün siz. Bir çıkar yol bulunana kadar ben profesöre, bugüne kadar almış olduğu miktarı, kendi emrimdeki özel ödenekten ödeyeceğim". Ve bana dönerek şunu ekledi sözlerine: "Profesör olarak bizim buraya, Ankara'ya geliyor musunuz, yakında?". Bu soruya ancak tek bir cevap verebilirdim: "Emrinizdeyim, beyefendi". Ankara Hukuk Fakültesi Dekanının sadece Millî Eğitim Bakanı ile değil, aynı zamanda bizzat Başbakan'a da önceden danışmış olduğunu şimdi anlıyordum. Bu durumda bana ancak Millî Eğitim Bakanı ve Fakülte Dekanı ile bu fakülte değiştirme işinin ayrıntılarını görüşmekten başka yapacak iş düşmüyordu. Tabiî, kesin anlaşmaya varmadan önce, "Acaba, Nasıl ve Ne Zaman" sorularını çözmek gerekliydi. Oysa, pek kolay değildi bu iş ve etraflı düşünmek istiyordu:

Başbakanın, kendi emrindeki özel ödenekten bana ödeme yaparak, benim uygun maaşla memuriyet ilişkisine kaydırılmamın bir yolu, ya da formülü bulunana kadar malî durumumu koruyacağına dair verdiği sözden hareket ediyordum. Bu sözün iş ilişkisi açısından dayandığı temel ise, benim İstanbul'dan Ankara Hukuk Fakültesine nakil işine razı olmamdı. Hareket noktası, bu "contrarius consensus" (karşı irade) idi. Fakat, bunun hukukî bakımdan bağlayıcı bir sözleşme değil, sadece bir modus vivendi olduğu ve o günkü Başbakanın görevde kaldığı sürece buna uyulacağını da akıldan çıkarmamak gerekti. Başbakanın görevde kalıp kalmayacağı ise, önceden tahmini mümkün olmayan politik şartlara bağlıydı. Bu askıdaki durumun şu anlamı vardı: 15 Ekim 1943 tarihinden itibaren sözleşmeli uzman veya memur olmadığım halde benden gene de araştırma ve öğretim faaliyetimi sürdürmem, hem de Ankara'da sürdürmem bekleniyordu. Türk devletine karşı bana hiçbir hukukî hak tanımayan bu durumun ne kadar süreceği ise, aynı şekilde, hiç belli değildi. Memur maaşlarını düzenleyen kanuna bir geçiş hükmü eklenme yoluna gidildiği takdirde, bu, ancak genel nitelikte olabilir ve uzman olarak devlet hizmetinde çalışan ve Türk vatandaşlığına geçtikten sonra da bu işlerini sürdürmek isteyen yabancıların hepsini ilgilendiren durumları düzenleyebilirdi. Bu yabancılar Türk memuru olarak, kendi malî durumlarını koruyacak bir başlangıç maaşı alabilirlerdi. Fakat böyle bir düzenleme, ancak kanunla mümkündü ve tek tek kişiler ya da küçük bir zümrenin lehine istisnalar getirmekten çok, söz konusu kişilerin malî durumlarının korunması için nesnel bir geçiş düzenlemesi niteliğini taşıdığını belli edecek bir ifadeyi gerektirmekteydi. Her ne kadar, böyle bir çözüm için uğraşan herkes, sırf benim adımın anılmasının bile milletvekillerini kazanmaya yeteceği görüşünde idiyse de, böyle bir kanunun öyle bir-iki haftada olgunlaşamayacağı, bunun için aylar geçmesi gerektiği ise, apaçıktı. Benim memur olarak tayinim ve maaşımın tespiti için hukukî durumun berraklığa kavuşması lâzımdı. Bu kanunun önümüzdeki 6 ay zarfında çıkarıldığını kabul etsek bile, Türk yönetim sistemindeki şekilcilik ve kırtasiyecilik yüzünden, herhalde gene haftaların ve ayların geçmesi gerekecekti. Nitekim bu düşüncelerimin hepsi de doğru çıktı: İşe tayinim, 15 Kasım 1944 tarihli yazı ile gerçekleşti, yani sallantılı durum, tastamam 13 ay sürmüştü.

İleride olguların da doğruladığı bu durum karşısında, Başbakan tarafından bana vaad edilen Ankara'da öğretim üyeliği işi, ancak geçici nitelik taşıyabilirdi. Oysa benim İstanbul Hukuk Fakültesinden ayrılmam, kesindi. Çünkü en azından yabancı bir profesör için öngörülmüş olan Ticaret Hukuku Kürsüsünü artık ben yönetemezdim. Nitekim, Ankara Hukuk Fakültesinde Ticaret Hukukçusu olarak görev yapan iki profesör, kara ticareti için Profesör *Bilgişin* ve deniz ticareti içinde Profesör *Göknil*, kendi kürsülerini İstanbul Üniversitesinin bütçesindeki kadrolara naklettirir etmez, benim kürsüm lağvedildi. Sonuçta, amaçlanan kanunun, herhangi bir nedenden ötürü çıkarılmaması halinde, bana bir Türk vatandaşı olarak avukatlık mesleğine dört elle sarılmaktan başka yapacak iş kalmıyordu. Kesin olmayan tek şey, formalitelerin ne zamana kadar halledileceği konusuydu. Başbakanın özel ödeneğinden yapılacak ödemelerin durması halinde de formaliteler tamamlanıncaya kadar -düşüncem buydu- ne yapıp edip, dişimi sıkıp geçinmeye bakmalıydım. Avukatlık yapma hakkını kazanmam da tam 17 ay sürdü! Uzun sözün kısası, benim Ankara'ya bu gidişim, gelecekte işe alınmak üzere bir çeşit konuk profesörlüğe benzemekteydi. Dolayısıyla, ailemle birlikte Ankara'ya taşınmam o sırada söz konusu olamazdı. Özellikle de Ankara'daki ev sıkıntısı ve ailem için, hele kış başında, uygun bir ev bulmanın güçlüğü de göz önüne alınırsa, benim bile, tek başıma olduğum halde, kalacak yer sorununu çözmem çok güçtü; çünkü otelde kalmak çok pahalıya gelecekti. Fakültenin de facto üyesi olarak kaldığım, fakat de juri üyesi olmadığım sürece Profesör Arsebük, ancak bir konuk sayılabileceğim ve konuk muamelesine tâbi tutulmam gerektiği görüşündeydi. Bana şunu önerdi: 400 öğrencinin kaldığı Fakülte yurdunda bana büyük bir odayı makam odası olarak tahsis edebilirlerdi. Bu odayı kitap raflarıyla bölüp, küçük bir kısmını yatak odası yapmak, yani içine bir açılır-kapanır yatak, bir küçük komodin ve sandalye yerleştirmek kabildi. Pek tabiî ki, öğrencilerin kullandığı tuvalet ve duşlardan yararlanabilirdim. Sabah kahvaltılarım odama gelecekti, öğle ve akşam yemeklerini ise, fakültenin memurlarıyla birlikte, parasız olarak Fakülte lokantasında yiyebilirdim. Çünkü, Fakülte bana, hukuk felsefesi kürsüsünü de devralmam karşılığında vaadetmiş olduğu gibi maaşın üçte birini veremiyordu ve Başbakanın ödemeyi vaadettiği miktar ise, sadece Ticaret Hukuku kürsüsü karşılığında idi; dolayısıyla bana borçlu durumundaydılar ve bir karşılık vermeleri gerekliydi. Derhal önerisini kabul ettim, bu kararımdan dolayı da hiç pişman olmadım. Bu durumda ev eşyamı nakletmek gerekmiyordu, yalnızca İstanbul'dan bilimsel kitaplığımı getirmem ve bana tahsis edilen odada kurmam yetecekti. Bu cümle dile kolay gelir. Gelin bir de bunun nasıl uygulandığını bana sorun. Eşyalarımın en önemli kısmı için para ayrılıp ayrılmadığını Bakana sorduğumda, sözlerimi yanlış anladı ve elbette karımın tren biletinin de karşılanacağını söyledi. Kendisini aydınlattığımda ise, artık birkaç parça paketin posta masrafını kendi cebimden ödeyecek durumda olduğumu sandığını, altı üstü kaç tane bilimsel kitabımın olabileceğini sordu. Olsa olsa, verdiğim her ders konusu başına on kitaptan, toplam 40 kitap etmez miydi. "Yanılıyorsunuz, Sayın Bakan" dedim, "40 sandık bile yetmeyecektir". Şaşkınlığı büyük oldu, fakat İstanbul'dan Ankara'ya eşya nakledecek vagon için gerekli parayı nereden bulacağı kaygısı daha da ağır basıyordu. Bakan, gerçi bana belli bir tarih veremeyeceğini, ama elinden geleni yapacağını söyledi. Sözünü de tuttu: İstanbul'dan Ankara'daki devlet kitaplığına (Millî Kütüphane) büyük çapta kitap nakli söz konusu olduğundan, Bakan, adamlarına emir verdi ve Moda'daki evimden bilimsel kitaplarımı ambalajlayıp, tıpkı o büyük kitap naklinin bir parçasıymış gibi yükleyip Ankara'ya götürdüler.

İstanbul'lu meslekdaşlarım, bu davranışımı katiyen anlıyamıyorlardı. Özellikle yakınım olan bazıları, bana hain gözüyle bakmaya başladılar ve bu şekilde davranmamı hiç bir zaman affetmediler. Oysa, Başbakanın bu âlicenap tutumu karşısında başka türlü davranmak yakışık alır mıydı, "saygılı bir insan olarak başka ne yapabilirdim?" soruma verecek cevapları yoktu. Hükümetin, beni Ankara'da görmek istediği gün gibi açıktı, sadece Hukuk Fakültesini güçlendirme ve ıslah amacıyla değil, aynı zamanda ve özellikle de kanunların hazırlanmasında benden yararlanmak istiyorlardı. Zaten meseleye bu açıdan bakıldığında, Başbakanın cömertliği nesnel bir anlam kazanıyor, meşrulaşıyordu. Bazı meslekdaşlar ise, bana karşı gayrı ciddî davranıldığı kanısındaydılar. Başbakana karşı ağzımdan çıkan söz beni bağlamamalıydı. Evvelâ Başbakan sözünü tutsundu bakalım. Hemde ben Ankara'ya gitmeyip İstanbul'da kalsam bile sözünü yerine getirsindi. Bu meslekdaşlar, bu söylediklerinin "contrarius consensus"a uymadığını ve anlaşma temeliyle çeliştiğini bir türlü görmek istemiyorlardı. En nihayet bazısı bana takılmaya başladı: "Bir profesörün Ankara'dan İstanbul'a nakledilmesi çok tabiîdir, ama bunun tersini ancak kaçık bir Alman profesör yapar. İstediği kadar Türk vatandaşlığına geçsin, kafası gene Alman kafası."

Karım ise "Peki, ya biz ne olacağız?" diye soruyordu. Ve bunu sorarken sadece kendisi değil, annemi ve bizimle birlikte yaşayan Bayan Rosenberg'i de kastetmekteydi. "Hiç bir şey" diye cevapladım. "Siz, kendi alıştığınız çevrenizde kalacak, eski hayatınızı sürdüreceksiniz". Ben, Ankara'ya başta sadece deneme mahiyetinde, bir yıllığına gidiyorum. Ancak bundan sonra kesin bir karar vermek mümkün olacak. Bay Reuter de, ailesi Ankara'da yaşamaya devam ettiği halde, İstanbul'da çalışmak zorunda, arada sırada Ankara'ya gidip geliyor. Milyonlarca kadının, şu anda savaş yüzünden kocalarından ayrı kaldığını, onların şartlarını, durumlarını düşün bir kere! Arada bir hafta sonunda ve tabiî ki tüm tatillerde sizin yanınızda olacağım". Karımla annem, hem nesnel, hem de hukukî durum gereği, şu sırada daha iyi bir çözüm imkânı olmadığını kavradılar, istemeye istemeye de olsa, kararıma boyun eğdiler.

Bana gelince, sarhoş gibiydim. Ankara'ya çağrıyı, sırf Türkiye'deki on yıllık çalışmalarımın ödüllendirilmesi olarak değil, aynı zamanda bir çeşit kurtuluş, hayatımda yeni bir döneme başlangıç imkânı olarak da görmekteydim. Bu yeni başlangıç iki anlamda söz konusuydu:

Meslekî bakımdan, İstanbul'da ne yapmaya söz vermişsem ve elimden gelen neyse, hepsini yapmıştım. İşin başlangıcındaki büyük güçlükler başarıyla aşılmıştı. İstanbul Hukuk Fakültesi, bilimsel bir yüksek okul havasını solumaktaydı ve eğitimlerine benimde emeğim geçmiş olan genç öğretim üyeleri sayesinde, Batı Avrupa'daki herhangi bir Hukuk Fakültesiyle boy ölçüşebilecek duruma gelmişti.

Dolayısıyla, bu anlamda, benim için İstanbul'da o güne kadarki görevlerimi, sırf inşa edilmiş ve erişilmiş olanı ayakta tutmak maksadıyla sürdürmem için hiç bir zorunluluk kalmamıştı.

Öte yandan Ankara, bunun tam tersine, yeni ve çok geniş kapsamlı bir çalışma alanı ve bilimsel görevler sunmaktaydı. Bunlar, genç ve hırslı bir insanı -ki, o tarihte sadece 41 yaşımdaydım- heyecanlandıracak şeylerdi. 1933 yılında, pek çok Alman meslekdaşımla birlikte, nasıl İstanbul "macerasına" atılmışsam, aynı şekilde, 10 yıl sonra, benzer bir macera beni kendine doğru çekiyordu ve bu maceranın üstesinden *tek başına* gelmek zorundaydım: Tek "yabancı" olarak, bir meslek yüksek okulunu bilimsel bir fakülte düzeyine yükseltmek, üstelik de hiç bir şekilde homojen yapıda olmayan bir öğretim üyesi topluluğu ve İstanbul'dakilerden çok farklı Anadolu öğrencisi karşısında. Bu büyük görev bir yana, yeni bir Telif Hakkı Kanunu ve Ticaret Kanununun köklü biçimde ıslahı konularında hayli ilerlemiş çalışmalarımı, Ankara'da yetkili bakanlıkların da yardımıyla mutlu sona ulaştırma imkânı vardı. Ayrıca, beni öteden beri çeşitli konferanslar vermeye davet etmiş olan ve bence bir tür bilimsel akademi niteliği taşıyan ve beni çok ilgilendiren Türkçe bilimsel hukuk sözlüğü çıkarılması için yıllardır uğraşan Türk Hukuk Kurumu da, Ankara'daydı.

2. Ankara

I.
1936'da İlk Ziyaretim

İstanbul'da yaşadığım yıllar boyunca, hem şehir hem de toplumsal çevre olarak Ankara, yabancım değildi. Çeşitli konferanslar ya da toplantılar vesilesiyle sık sık Ankara'da bulunmuş ve kişisel dostluklar kurmuştum. Orada ilk "sahneye çıkışım", daha önce de birkaç kez sözünü ettiğim şu "Devletçilik ve Ticaret Hukuku" konulu konferansım dolayısıyla, 1936 yılı Ocak ya da Şubat ayında oldu -yani, İstanbul'da göreve başlamamdan aşağı yukarı iki yıl kadar sonra. O tarihlerde iyi inşa edilmiş karayolu bağlantısı bulunmadığından demiryoluyla yolculuk yapmış ve Boğazın Asya kıyısında yer alan ve Anadolu demiryollarının son durağı olan Haydarpaşa istasyonundan yataklı vagona binerek başkente varmıştım.

Ankara'da gar binasını arayıp durdu gözlerim. Boşuna! Küçük bir kasabanın derme çatma istasyonu duruyor karşımda; büyük ihtimalle, demiryolunun buraya kadar tamamlanmış olduğu zamanlardan kalmaydı. Buna karşılık, şehrin üzerinde yükselen kale o nispette heybetli ve etkileyiciydi. Muazzam sur duvarları, kuleleriyle, kalenin çevresine kırlangıç yuvaları gibi yapışmış, üstüste yığılı gibi duran evleriyle, damları üzerinde yer yer yukarı doğru uzanan ap-ak minareleri, cami kubbeleriyle eski şehrin tepesinde yükseliyor. Sol tarafta, kalenin yer aldığı konik kaya tepesinden dev ve derin bir uçurumla ayrılan, üstü kerpiç ve teneke kulübelerle kaplı yuvarlak bir dağ tepesi daha görülmekte, tam bir çapa atılıp demirlenmiş çağrışımı uyandırıyor: *ancyra (çapa) - Ankara*, adı üstünde. Gene solda kuzey sınırını iki dağ sırtı oluşturmakta. Sağda, yumuşak bir eğimle yükselen tepe yamaçlarında son bulan, midyeye benzer bir düzlük var, düzlüğün kenarlarında beyaz beyaz ışıldayan yüksek dağ sırtları. Midyenin içinde bölük pörçük serpiştirilmiş ev kümeleri ve yarısı tamamlanmış konut blokları, çevrelerinden kopuk, öylece yalnız başına durup duran tek tek yapılar. Oluşma halinde bir yerleşme yeri, ama bir şehir değil. Beni asıl şaşırtan, o ıssız boşluk; o günlerde istasyon arazisiyle kalenin altındaki eski şehrin ilk evleri ve yeni şehrin bazısı tamamlanmış, bazısı inşaat halindeki modern yapılarının arasında uzanan o boşluk (bugün solda 19 Mayıs Stadı ve Hipodrom, sağda ise Opera'ya kadar Gençlik Parkı vardır).

Bir taksi, bir kaç dakika içinde beni, o günkü Meclis binasının karşısında yer alan Ankara Palas oteline götürüyor. Otelin geniş ve güzel döşenmiş giriş salonu, o tarihte de politikacıların buluşma yeriydi. Bir milletvekiliyle mi konuşmak istiyorsunuz, Ankara Palas'ın salonuna gitmeniz yeter, denirdi. Benim için ayrılmış olan oda henüz hazır olmadığından, bir takım nezaket ziyaretleri yapmak üzere yola koyuldum. Evvelâ, düzenledikleri konferans dizisi çerçevesi içinde konuşma yapacağım Hukuk İlmini Yayma Cemiyeti'nin bürosuna gittim. Büro, hemen otelin arkasına düşen, eski üslupta yeni bir yapının, Evkaf Hanın içindeydi. Büroda bir el ulağından başka kimse yoktu, bunun üzerine kartvizitimi bıraktım ve oradan çıkarak, bu kez, Adalet Bakanının makamına gitmek üzere yola düştüm. O tarihlerde hükümet binaları, Ulus Meydanı yakınında, Anafartalar Caddesiyle Çankırı Caddesi arasında yer alıyordu. Girift sokaklar arasında yolumu bulmaya çalışırken, karşıma önce bir Roma sütunu çıktı. Jülyen sütunu ve derken, birdenbire, kendimi Augustus Tapınağının muazzam kalıntılarında buluverdim. Burada Augustus'un vasiyetnamesinin hem Lâtince aslı, hem de Eski Yunanca çevirisi vardı. Bu vasiyetname, Roma imparatorunun, ölümünden kısa süre önce, M.S. 14 yılında yazdığı ve imparatorluğunun sayısız yöresinde taşlara kazıttığı bir tür rapor metnidir. İmparatorun Roma'da Mars alanındaki mozolesinin önünde iki bronz levhaya kazılı orijinal metin de, imparatorluğun çeşitli yerlerindeki Roma tapınaklarının duvarlarına kazılı kopyalar da kayıptır. Sadece Ankara'daki Augustus ve Roma tapınağının duvarları bu "rerum gestarum divi augusti" metnini, günümüze iletmektedir.

Şehrin bu mahallesine ne sebeple düşmüş olduğumu yeniden hatırlamam epeyi uzun sürdü. Sağa sola sora sora Adalet Bakanlığını bulabildim ve zamanın Adalet Bakanı *Şükrü Saraçoğlu*'na ziyaretçi olarak adımı ilettirdim. Kendisi beni son derece candan karşıladı ve şaka yaparak, İstanbul'daki yabancı profesörlerin işlerine bakan yetkili bakanlık Eğitim Bakanlığı olduğuna göre, sen yolunu şaşırıp yanlış yere düşmüşsün dedi. İdari hukuk açısından dediğiniz doğru olabilir, dedim, ama hukuk profesörü olarak kendimi Adalet Bakanlığına çok daha yakından bağlı hissediyorum. Zaten Adalet Bakanı eninde sonunda bizim öğrencilerimizle haşır neşir olmak zorundadır. Bunlar ister hâkim, ister savcı ya da avukat ve noter olsun, hukuk mesleğini hayat pratiğinde uygulayan kişiler olduklarına göre ve ben de, Hukuk Bilimini Yayma Cemiyetindeki konferansımı vesile bilip, mesleğimin bakanı ile tanışmak ve Türk adlî yetkililerinin İstanbul Hukuk Fakültesindeki üç Alman Hukuk Profesörünün çalışmasından hoşnut olup olmadıklarını, bu konuda ne düşündüklerini öğrenmek istemiştim. Gerçi hâlâ daha bazı dil güçlükleri yok değildi, ama biz, kendi açımızdan, hukuk eğitimini, üniversitenin kuruluşunu izleyen bu üçüncü ders yılında, gazeteler bizim hakkımızda ara sıra olumsuz şeyler yazsalar bile, sağlam bir temele oturmuş olarak görüyorduk. "Kuzum, gazetelerin dedikodusuna aldırış etmeyin" dedi Bakan. "Bunların arkasında kimin yattığını biz biliyoruz. Size saldırıyorlar, ama aslında hedefleri biziz, yani hükümet ve Meclis üyeleri. Sizin değerinizin bilincindeyiz. Batı Hukuk düşüncesi içinde eğitilmiş hukukçu kuşaklarının yetişmesi için sarfettiğiniz enerji ve ciddiyetiniz için size şükran borçluyuz. Sizden küçük bir ricada bulunmama izin verin, lütfen: Öğrencilerimize, her dersin başında ve sonunda şunları söyleyiniz: "Öğreniminizi tamamladığınızda Anadolu'ya gitmek millî görevinizdir, çünkü Anadolu'nun hâkimlere, savcılara, avukatlara ihtiyacı vardır". Bunun üzerine kendisine bu isteğinin haklı bir istek olduğunu, fakat Türk öğrencilere millî görevlerini hatırlatmanın yabancı bir profesöre düşmeyeceğini söyledim. Açık konuşmak gerekirse, İstanbul'daki bir öğrencinin hayat standardı ile Anadolu'nun herhangi bir kasabasındaki hâkim ya da savcının hayat standardı arasındaki farkın da buna ekleneceğini belirttim. Öğrenciler sadece şımarık yetiştirilmekle kalmıyor, aynı zamanda, normal olanın büyük şehirdeki hayat üslûbu ve hayat tarzı olduğu gibi yanlış bir görüşe sürükleniyorlardı. Oysa büyük şehirdeki hayat tarzı, bütün ülkeye oranla değerlendirildiğinde, hiç de normal değildi. Almanya'da da genç hukukçular, daha büyük şehirlerde, görev yapmaya lâyık görülene kadar evvelâ kasabalarda ve daha az gelişmiş yörelerde çalışmayı hesaba katmak zorundaydılar. Yalnız bu karşılaştırmayı yaparken, tabiî gözardı edilmemesi gereken bir husus, Almanya'nın kasabalarında bile, Türkiye'de taşrada bulunmayan bir hayat tarzının mümkün olmasıdır. İstanbul'da dört yıl süreyle şımartılmış bir öğrenci için Anadolu'daki yaşama şartlarının ve kültürel hayat standardının hiç de çekici olmadığını teslim etmek gerekir. Bakan, bu noktada pek çok eksik olduğunu kabul etti, ne var ki, Türkiye çok yoksul bir ülkeydi ve üniversite öğrenim imkânı sağladığı çocuklarından, düzeltilmesi ancak zaman içinde mümkün olacak şartlara katlanmalarını beklemeye hakkı vardı. Ankara'da devlet hesabına parasız yatılı olarak okuyan öğrenciler Anadolu'da görev yapmayı sineye çekmek zorunda oldukları halde, İstanbul'da kendi hesaplarına ya da, daha doğrusu, babalarının hesabına okuyan öğrenciler için böyle bir zorunluluğun olmamasının savunulacak yanı yoktu. İşte, bu nedenle bu öğrenci grubuna millî görevlerini göstermek gerekti. Ama, yabancı bir profesörün, psikolojik bakımdan bu işe uygun olmadığını da görüyordu. Beni dostça karşıladığı için Bakana teşekkür ettim ve dersler konusunda herhangi bir eleştiri ya da önerisi bulunup bulunmadığını sordum. Bakan da bana ziyaretim için teşekkür etti ve beni o akşamki konferansımdan sonra özellikle içten kutladı.

Öğle yemeği için otele döndüm. Resepsiyonda, üzerinde Manisa Milletvekili *Refik İnce* yazılı bir kartvizit verdiler elime; söz konusu zatın beni otelin yemek salonunda öğle yemeğine beklediğini söylediler. Bu arada yanı başımda geniş omuzlu, açık renk gözlü, sağlık fışkıran kırmızı yanaklı bir bey belirdi. Fransızca kendisini Hukuk İlmini Yayma Cemiyeti'nin Başkanı olarak takdim etti ve kendisinin konuğu olmamı istedi benden. Dışta toraman görünüş ile içte kibar bir karakterin tezat oluşturduğu bir kişilik tanıdım onda. Gerçi asıl mesleği avukatlıktı, ama zamanının tümünü milletvekili olarak yüklendiği görevlere veriyordu. Arka sıralarda uyuklayanlar ya da sırf güzel konuşmuş olmak için konuşanlar takımından değildi, Atatürk'e yağ çeken dalkavuklar arasında da değildi. Gereğinde düşüncesini açık ve seçik bir dille söylemeye cesaret ediyordu ve buna rağmen -ya da belki de tam da bu nedenle- parti yöneticileri tarafından olsun, parlamentoda olsun kendisine çok değer veriliyordu. Hobisi, Türkiye'de hukuk kültürünü tanıtıp yaymaktı. Bu amaçla da tutmuş, Hukuk İlmini Yayma Cemiyetini kurmuştu.

Bu derneğin sadece başkanı olarak işlerini yürütmekle kalmıyordu, aynı zamanda da derneğin tüm faaliyetlerinin arkasında o vardı, derneğin itici gücüydü, hukukun tüm alanlarından kendisiyle birlikte çalışacak adamları bulup çıkarmayı, bunları seferber etmeyi iyi beceriyordu. Yemekte, bana, bu dernek aracılığıyla bir Türk hukuk ansiklopedisi çıkarmak plânlarından söz etti. Bu ansiklopedi, o günlerde (1930'lu yılların ortaları) Türkiye'de geçerli olan hukukun Corpus Juris'i olarak tarihî temelleri göz önüne alacak; yürürlükteki hukuku, terminolojideki gelişmeyi ve ünlü Türk hukukçularına ait bibliyografyayı ihtiva edecekti. Böyle bir eser, ancak tüm aktif güçlerin harekete geçirilmesi ve katılımının sağlanmasıyla başarıya ulaşabileceği için, benim de kendisiyle birlikte çalışmamı bekliyor ve bunu benden rica ediyordu. Böyle bir eserin zorunluluğu tartışılmaz bile dedim kendisine, ama bu iş için zamanın uygun olup olmadığını, tam kestiremediğimi itiraf cesaretini gösterdim.

"Aman, canım" diye cevap verdi, şaka yollu, "böyle bir eserin hazırlanması ve düzenlenmesi için ihtiyacımız olan önümüzdeki on yıl içinde, konu zamanla olgunlaşır, yeter ki yabancı hukuk profesörlerimiz de bu esere katılsınlar". Bu hususta hiç kuşku duymamasını söyledim, ama bir yandan da, bu işin pratikte nasıl çözülebileceğini kafam pek almamıştı. Şimdi başlatılan bu konferans dizisi bundan sonraki yıllarda da sürmeliydi, çünkü sırf bununla bile hukuk kültürünün yaygınlaştırılması konusuna ilgi uyandırmak ve ansiklopediye malzeme kazanmak mümkündü. Bu akşam kendi gözlerimle halkın ilgisinin büyüklüğünü görecektim. Böyle diyerek bana veda etti ve öğleden sonrayı gönlümce geçirmem için beni serbest bıraktı. Ben de, *Ruben* çiftini (bkz. 1. Bölüm, 6. Altbölüm, II) ziyarete karar verdim. *Ruben*'ler, Yenişehir'de, Kızılay binasının yakınlarında bir ev bulmuşlardı. Yenişehir'i tanıyabilmek için otelden, yani Ulus Meydanından, Atatürk Bulvarı boyunca yürüdüm. Aşağı yukarı 10 dakika sonra, sürekli inşaat manzarası son buldu, caddenin sağ tarafında çukurda demiryolları, barakalar, depolar ve dış görünüşü çirkin bir sergi evi, sol tarafta ise hemen cadde üzerinde kurulan İsmet Paşa Kız Enstitüsü, caddenin üst kısmında bir tepe üzerinde, o akşam konferansımı vereceğim Halkevi, yanında Etnografya Müzesi, önünde de Atatürk'ün at üstünde heykeli vardı. Bir demiryolu üstgeçidinin altından geçtikten sonra, iki kenarında evler olan geniş cadde başlıyordu. Kızılay Meydanına kadar uzanan caddenin, hem sağ hem sol yanında yer yer inşaat boşlukları vardı. Kızılay Meydanı, yeni dikilen *Güven Anıtı* (bkz. Kısım I, Altbölüm 7) ile son bulmaktaydı. Bu anıtın arkasında, gelecekte hükümet binalarının yer alması plânlanan Bakanlıklar semtinde kısmen tamamlanmış, kısmen de hâlâ inşa halindeki binaları görüyordunuz. Hepsi hepsi, geleceğin büyük şehrinin şimdilik (1936) aşağı yukarı 125.000 nüfusla devasa inşaat alanından ibaretti burası. *Ruben*'ler, iki katlı bir yeni binanın birinci katını kiralamışlardı ve tasarlanan büyük fakülte binasının tamamlanmasına daha birkaç yıl olmasına rağmen, keyifleri yerindeydi.

Tam iki saat boyunca gevezelik ettik. Sonunda konferans zamanının geldiğini hatırladım ve Halkevine gittim.

Halkevinde *Refik İnce* ve derneğin diğer üyeleri tarafından karşılandım. Konferansım başlamadan önce, gayet kalabalık dinleyici kitlesine tanıttılar beni. 34 yaşındaydım ve hiç profesöre benzer bir görünüşüm yoktu, çevirmenim *Ali Hüseyin İşbay*'dan ayırdedilmem kolay değildi. *Ali Hüseyin İşbay*, İş Bankasında görevliydi ve *Profesör Röpke*'nin derslerini Türkçeye çevirmekteydi. Almancayı fevkalâde iyi anlıyor ve konuşuyordu. Konferansımı enine boyuna tartışmıştık. Cümle cümle çevirmek yerine, konu ve anlama göre önceden kararlaştırdığımız bölmelere dikkat ederek paragraf paragraf çeviriyordu. Çeviriyi öylesi bir kavrayış ve coşkuyla yaptı ki, dinleyiciler de kendilerini kaptırdılar ve sonunda uzun uzun alkışlandık. İşte, Ankara'daki kariyerimin temelini 1936 yılının bu Ocak/Şubat aylarında böylece atmış oldum. Ankara kariyerime, de facto olarak 1943 Kasımında başlayacaktım. Aradaki yıllarda ise çeşitli konferans ve toplantılar nedeniyle sık sık Ankara'ya gitmiş, bu vesilelerle inşa faaliyetinin ilerlemesine tanık olmuş, dost çevremi de genişletmiştim.

II.

1943 Sonbaharında

İlk izlenimlerimin üzerinden aşağı yukarı 7,5 yıl geçtikten sonra Ankara'nın nasıl bir görünüm aldığını, o günlerde İngilizce olarak yazılmış, bol fotoğraflı bir makaleden çıkarmak mümkündür. Söz konusu makale, yazar adı verilmeksizin, La Turquie Kemaliste dergisinin 1943 tarihli 47'nci sayısında çıkmıştır. Bu makale, sırf içinde neyin yazılı olduğu açısından değil, Kemalist zihniyetli, genç aydınlar kuşağının durumu nasıl tasvir ettiğini göstermesi bakımından da ilgi çekicidir. Ve bu nedenle de benim, aradan onlarca yıl geçtikten sonra, hafızama dayanarak anlatacağım her şeyden kat kat üstündür. Özellikle de, yabancı bir profesörün -ki, Türk vatandaşlığına kabul edilmiş olmama rağmen ben hâlâ yabancı bir profesördüm- öğrencileri üzerinde etkili olmak ve onları hayatlarında karşılaşacakları güç görevlere uygun biçimde hazırlayabilmek için ne gibi düşünce ve siyaset akımlarını hesaba katması gerektiğini göstermesi bakımından ilginçtir. Ankara, İstanbul değildi. Aşağıda kısaltılmış olarak Almanca çevirisini verdiğim makalenin içeriği şöyleydi:

> "Ankara, geleceğin şehridir. İstanbul ise, geçmişin. İstanbul'da ziyaretçinin düşüncesini Osmanlı hükümdarları, camiler, tarihî eserler belirler. Bir kaç gün içinde Aya Sofya'dan çıkıp kendini şehir surlarına atan, bir koşu eski Hipodromun çevresini dolanan sıradan ziyaretçi, ülkesine döndüğünde, çevresindekilere Türkiye'yi anlatır. Ama, o da bilgilerini oturduğu yerde Padişahlar hakkında kitaplar okuyarak edinen birinden daha fazla bilgi sahibi olmuş sayılmaz. Çünkü İstanbul'da büyük ihtimalle Rus yemekleri yemiş, hükümet hakkındaki görüşlerini Rum bir hamaldan edinmiş, Ermeni rehberler tarafından şehirde gezdirilmiş ve gözlerini daha iyi günlere çevirmiş olan ortalama bir Türk'ün bugün bilinçli bir biçimde unutmak istediği bir geçmişin kalıntıları üzerinde yoğunlaştırmıştır dikkatini.
>
> Bugünün ve yarının Türkiye'sini sahiden tanımak istiyorsak, yapacağımız ilk şey, Ankara'ya giden trene binmektir. Gündüz trenini tercih etmemiz iyi olur, çünkü böylece göreceklerimiz bi-

zi tamamen hazırlıksız yakalar. Gözlerimizin önündeki sahne kurak-çorak düzlükler, perişan kerpiç kulübeler, topraklarını ilkel sabanlarla süren, resim gibi, ama mütevazi köylülerdir... Ve sonra birden Ankara çıkar karşınıza... Otelinize giderken yolda gördüğümüz parke taşlı caddelerin genişliği şaşırtır sizi (İstanbul'un kargacık burgacık sokakları henüz hafızanızda tazedir)... Sabah uyandığınızda, kahvaltınızı getiren garson, "Onun" yeni başkentini nasıl bulduğunuzu sorar. Soruşunda öyle bir gurur gizlidir ki, şehrin inşasına bizzat kendi elleriyle katılmış olduğunu sezersiniz. Hem gerçekten katılmıştır da, çünkü Ankara, halkın hâlen yaşayan bir kuşağı tarafından, Atatürk'le onu izleyenler tarafından yoktan varedilmiş bir şehirdir. Onların eski'den kopuşu simgeleyen ve hem kendilerine, hem de ziyaretçilerine, o güne kadar geri bir ülke olan Türkiye'de nelerin başarılabileceğini kanıtlayacak yepyeni bir şehre ihtiyaçları vardı ve böyle yepyeni bir şehri seçtiler başkent olarak. Kahvaltıdan sonra geniş caddeler boyunca, o harikulâde güzel, modern, ışıl ışıl okulların, parkların, hükümet binalarının önünden geçtiğinizde, bunların her birinin modern mimarlığın yüz ağartıcı eserleri olduğunu farkedersiniz. Şaşkınlığınızı gizleyemezsiniz. "Ah, evet" der taksi şoförünüz özür dilercesine, "herşey yumurtadan yeni çıkmış gibi gıcır gıcır. Tam 15 yıl, şehri inşa etmekten başka şey yapmadık ki. Daha yapacak pek çok iş var önümüzde". Sesindeki gururu işitmemek mümkün değildir." Biliyorsunuz, önümüzde hiç bir örnek yoktu. Tepede Kalenin çevresinde gördüğünüz şu bir avuç kırık dökük evden başka, adam gibi, ne vardı ki". Kendisine, verdiği bilgiler için teşekkür ediyoruz. Öylesine içten bir ilgiyle bize o harika Kızılay merkezini, modern orduevini, ultra-modern İsmet Paşa Enstitüsünü, çeşitli bakanlıklardan oluşan görkemli bina kümesini ve nihayet Ulus Meydanında ana cadde üzerinde, Atatürk'ün gerçekten çok etkileyici at üstündeki heykelini gösteriyor ki, içimizde, sanki taksi şoförünün özel konuğuymuşuz gibi bir duygu oluşuyor. Burasının Atatürk'ün şehri olduğunu hissetmemize biraz da bu muazzam heykel sebep olmuyor mu? Ankara, yeni Türkiye'nin ruhunu somutlaştırmaktadır. Yeni Türkiye hakkında onca şey okumuştuk, ama İstanbul'da ondan hemen hemen hiç bir ize rastlamamıştık. Ankara, güzel sanatlara özen gösterilen, çocukların esenliğinin en ön plânda tutulduğu, çalışma şartlarının düzeltildiği, ticareti geliştirmek ve tarım metotlarını düzeltmek için her türlü çabanın harcandığı şehirdir. Aslında yolumuzun üstünde sağlı sollu yükselen o güzel binaların her biri son derece ilerici bir hükümetin şu ya da bu fonksiyonunu temsil etmekteler. Ankara, ülkenin göbeğidir. Buradan kaynaklanan bilgiler ve kanunlar, toplu güneş ışınları gibi, ülkenin en ücra köşesine kadar yayılır..."

3. Cebeci Güncesinden Yapraklar

Ön not: Cebeci, Ankara'da Hukuk Fakültesiyle Hukuk Fakültesi Öğrenci Yurdunun yer aldığı semtin adıdır. Bu Fakültede sadece hocalık yapmakla kalmadım, hukuken henüz konuk profesör statüsünde olduğum ilk yıl zarfında, Fakülte yurdunda tıpkı bir öğrenci gibi yaşadım. Karıma ve anneme buradan az çok düzenli bir biçimde yazdığım mektupları, annemin geride bıraktığı evrak arasında toplu olarak buldum. Bunların arasından seçtiklerimi, buraya tıpkı bir günceden koparılmış yapraklar gibi aktarıyorum. Çünkü bunlar gelişmem ve geleceğim açısından onca belirleyici önem taşıyan ilk Ankara yılımı, hafızamdan anlatacaklarıma oranla, çok daha canlı bir biçimde tasvir etmektedirler.

19.11.1943

Bugün keyfim, geçtiğimiz aylarda olduğundan çok daha iyi. Gece ekspresiyle harika bir yolculuk yaptım, çok iyi uyudum ve kahvaltı ettim. Tren, tam zamanında 8.55'de gara girdi, ben de 9.10'da ilk dersimi (ticaret hukuku), 10.00'da da ikinci dersimi (hukuk felsefesi) verebildim. Öğrenciler beni gerçekten çok iyi karşıladılar, havaları çok iyi, derslerim de, buna uygun olarak "in high spirits" geçti. Dersten sonra, benim için hazırlanan odama çıktım (7,5 m x 8 m). Tam 10 adet camlı kitap dolabının yardımıyla gayet ustalıklı biçimde bölünmüş, döşenmiş bu oda içinde gerekli olan herşey var. Çok rahat olacağa benzer. Birkaç meslekdaş ve Fakülte görevlisiyle birlikte kantinde nefis bir öğle yemeği yedim, yemekten sonra ufak bir şekerleme yaptım. Öğleden sonra, yarınki iki saatlik ders için hazırlık.

25.11.1943

Henüz elimde kalan gücümü ve sinirlerimi çok idareli kullanmam gerektiğini hissediyorum. Ben de buna uygun bir hayat sürüyorum: Toplum içine girmiyorum, erken yatıyorum, her öğle üstü düzenli olarak dinleniyorum ve çalışırken de, arada sırada dinlenmeye önem veriyorum.

Yiyip içtiklerim: Sabahları en iyisinden demli çay, kızarmış ekmek, şeker. Bunlara ben de marmelât, salam, peynir ve meyva katıyorum. Öğlenleri kantinde muhakkak bir kap etli yemek çıkıyor, yanında da değişik ilâveler (pilâv, makarna, fasulye ya da patates gibi) oluyor. Zeytinyağlı bir sebze yemeği ya da salata ve soğukluk olarak da bir tatlı ya da komposto.

Akşamları kantinde iki kap yemek veriyorlar, bunlardan biri etli. Öğle yemeklerini dekanla ve bazı profesörlerle birlikte yiyoruz, akşamları ise ben yalnız oluyorum. Sabah kahvaltısını 8.15'de odama getiriyorlar. Yemekler çok iyi hazırlanmış, özellikle en iyi cins zeytinyağ ve yağ kullanılıyor, son derece temiz.

Banyo odası ideal. Emrimde tastamam 10 duş ve iki banyo küveti var. Gerçi sadece Pazar günleri sıcak su akıyor ama, dolu banyo almak için bu kadarı yeterli.

Kalorifer iyi çalıştığından, odamda oturmak çok keyifli oluyor. Bugünden itibaren çalışma masamı gayet modern bir masa lambası süsler oldu; odama bir telefon bile bağlanacak. Dekan, beni rahat ettirmek için, çırpınıyor, ama telefonun beni rahat mı ettireceğini, yoksa rahatımı mı kaçıracağını pek kestiremiyorum doğrusu. Fakat, hayır demek istemiyorum, diyemem de. Bana bir de asistan verecekler. Kadrosu çıkmış bile, kitap işim de yavaş yavaş halloluyor.

Burada pek çok konser veriliyor, hem de tam benim burnumun dibinde. Komşum *Praetorius*'dan* bilet bulmam mümkün. Ama şimdiye kadar canım istemedi. Konferans deseniz, o da çok bol, yani arayıp da bulamıyacağınız kadar canlı bir ortam. Dil, Tarih ve Coğrafya Fakültesiyle ilişki kurdum ve dünden itibaren oradaki güzel enstitülerde çalışmaya başladım. Bugün öğleden sonra hukuk felsefesi semineri, benim makam odamda ilk toplantısını yapacak; yarın Adalet Bakanlığına uğramam gerekiyor. Yani değişiklikten yana sıkıntım yok. Cumartesi *Muhlis Bey* ve *Fazilet Hanım*'lara** öğle yemeğine davetliyim.

2.12.1943

Tam havama girmiş durumda ve formundayım. Öğrencilerime diyecek yok, üstelik bana hayranlar. Ömürlerinde böyle bir hoca görmemişler. Aralarında cin gibi akıllı ve hırslı gençler de var, sonuç olarak sorulan soruların haddi hesabı yok.

Hergün en az bir saat yürüyüş yapıyorum. Akşam yemeklerinden sonra da, sağdan soldan temin ettiğim basit romanlar okuyorum sadece. Dünkü yürüyüşüm sırasında Praetorius'lara uğradım. İkisi de beni sonbaharda gördüklerine nazaran çok daha iyi buldular: Yüzüme renk geldi, yanakla-

---

* Söz konusu olan kişi, Dr. *Ernst Praetorius*'dur. Kendisi, Weimar'da sürdürmekte olduğu genel müzik direktörlüğü görevinden Almanya'daki siyasi gelişmeyi protesto etmek amacıyla istifa etmiştir ve 1935'ten itibaren de Cumhurbaşkanlığı Senfoni Orkestrası Yönetmeni ve Devlet Konservatuvarı hocası olarak çalışmalarını sürdürmüştür. Evi, fakülte binasının yakınındaydı. Yakın dost olmuştuk (bkz. Bölüm 6/III).

** Söz konusu kişiler, Dr. *Muhlis Ete* ve hanımıdır. Kendisi, Siyasal Bilgiler Fakültesinde işletme iktisadı hocası olup, bir süre İktisat ve Ticaret Bakanlığı da yapmıştı (Bkz. 1. Bölüm, Kısım 3).

rım doldu. Zaten, 20 yaşındaki Türk gençlerinin mideleri için düşünülmüş bu okul yemeklerini yedikten sonra da hâlâ daha kilo almayıp şişmanlamasaydım, herhalde benim için yapacak bir şey kalmamış demek olurdu bu. Hem iklim değişikliği de yaradı. Gerçi burada da, depremden önce korkunç lodos* vardı, fena halde sıkıntı çektirdi bana. Depremi olanca tatsızlığıyla hissettik. Yataktaydım, epeyi salladı. Neyse ki, ilk sarsıntıdan sonra hava rahatladı, insanın başındaki ağırlık hissi kayboldu. Geceleri soğuk oluyor, gündüzleri genellikle güneşli.

Öğrencilerimden çok memnunum, onlar da benden memnun. Öğrenciler iki çeşit: Yatılı öğrenciler ve serbest öğrenciler. Serbest öğrenci dememin nedeni, bu çocukların yatılılar gibi, bir anlaşma yaparak, öğrenimlerini bitirdikten sonra şu kadar yıl Anadolu'da çalışacaklarına dair bir yükümlülük altına girmiş olmamalarıdır. Anlaşmaya göre, yatılı öğrenciler devlet hesabına okumaktalar, yurtta parasız yatıp kalkıyor, yiyip içiyor, bir de küçük bir miktar cep harçlığı alıyorlar. Fakat, bu zorunlu hizmet yükümlülüğünü, yararlanılan hizmetler karşılığı olarak belli bir miktar para ödeyerek ortadan kaldırmak mümkün. Bu yolun pratikliği, özellikle devletin burslu eski öğrencilerinden biri, büyük şehirlerden birinde oturan babası zengin bir kızla evlenip de, Anadolu'yla bağından kurtulmak isterse, işe yarıyor. Serbest öğrenci dediklerimin sadece birazı sahiden öğrenci, büyük bölümü ise kayıtlı, ama derslere gelip gittikleri yok. Bakanlıklarda ya da başka resmî dairelerde düşük dereceli memur ya da sözleşmeli olarak çalışmaktalar, sadece sınav günlerinde Fakültede gözüküyorlar.

Meslekdaşlarımla da ilişkilerim pürüzsüz. Kendimi biraz uzak tutuyorum, derslerimi veriyorum ve pırr! dosdoğru odama çekiliyorum. Odam hem sıcak, hem sessiz.

Hava bazen bozuyor, ama olsun, hâlâ bahar ılıklığı var, kürklü paltomu daha giymedim. Hergün hava nasıl olursa olsun, mutlaka bir saat yürüyüş yapıyorum. Fakülte şehrin dışında olduğundan, öyle uzun boylu giyinip hazırlanmaya da hacet yok.

11.1.1944

... Benim meselem, son günlerde bir adım daha ilerledi: Bakanlık kanun taslağını hazırlamış ve Başbakanlığa vermiş. Bundan sonraki gelişmeler, artık, mutad parlamenter yolu izleyecek; yani daha aylarca uzayabilir. Ama iyi dostlarımın da yardımıyla gelişmelerin seyrini biraz olsun hızlandırabilirim sanıyorum. Asıl iş, taslağın yetkili bakanlıktan çıkmasındaydı. Eğer bu tasarı kanunlaşırsa, sevineceğim. Burada olmam ne mutluluk! İstanbul'da olsaydım, *hiçbir şey yapamıyacaktım*... Canımı hiç

---

* Alplerin eteğindeki yörelerde görülen "Föhn" rüzgârının etkisine benzer etkileri olan, Güney - Batı yönünden esen şiddetli rüzgâr.

sıkmıyorum. Bir kere sinirlerim, kış sporu yapmadığım halde bile, çok daha iyi durumda. İkincisi, kendi kendime şunları söylüyorum hep: Bak oğlum, eğer çevredeki insanların, Türk olsun-olmasın, düşüncelerini, duygularını, tepkilerini, davranışlarını, olayların %80'inde aklın almıyorsa eğer, üstelik kendini normal, öbürlerini ise kaçık kabul edemeyecek kadar da alçak gönüllü isen, sen kendin kaçıksın demektir. Ama eğer ben kaçıksam, o zaman hele canımı sıkmaya bir sebep yok demektir. İlâveten, en sevgili uğraşım olan felsefeyle -daha doğrusu felsefe yapmakla- yeniden ilgilenmeye başladığımdan beri, olaylar ve insanlarla arama, gerekli mesafeyi koyabiliyorum...

Bedensel rahatım hiç bu kadar yerinde olmamıştı. El bebek, gül bebek bakılan bu öğrencilerin arasında yaşadığım sürece, yemekten yana hiç sıkıntım olmayacak demektir. Bu genç insanların ne kadar şımarık olduklarını ve durmadan da şımartıldıklarını gördükçe şaşıp şaşıp kalıyorum. Zaten ancak şaşılabilir bu işe. Anlamak mümkün değil. Çay konusuna gelince, buraya geldim geleli öğleden sonra çayını kaldırdım, hiç de aramıyorum. Sabahları ise şöyle ağır, demli bir çay içiyorum doğrusu. Çay yoksa da mesele yok, o zaman da gidip öğrencilerle birlikte sabah çorbası içiyorum.

Sömestre tatilini iptal ettiler. Savaş tehlikesi mi? Ama İstanbul'daki Devletler Hukuku Enstitüsünden, bir haftalık bir kurs için dâvet aldım (doktora sınıfına özel ders). Hangi konuyu işlesem? Programımı baştan aşağı değiştirmem gerekiyor. Birinci sömestre öğrencileri de yeni profesörden birşeyler duymak istiyorlar, yani sonuçta haftada iki ders saati daha üstlenmek zorundaydım. Haftada 10 saat ders, 2 saat pratik, 3 saat seminer yetip de artıyor. Ama, çok, pekçok hoşuma gidiyor. Cuma günü İktisatçılar Derneğinde bir konferans vereceğim. Yanımda öğrencilerden bir muhafız gücü götürmeye karar verdim: Tartışmalar ateşli geçeceğe benziyor. Devlet İktisadî Teşekküllerinde Genel Kurul toplantısı üzerine konuşacağım, son derece hassas bir konu.

20.1.1944

42 yaşıma bastım. Sabah 7.00'den beri ayaktayım. Doğum günü partisi hak getire. Akşam üstü bir şişe şarap alıp *Ruben*'lere düştüm, el birliğiyle şişeyi boşalttık.

24.1.1944

Hayatım, bilinen rotasında akıp gidiyor: Cuma akşamı davetliydim; Cumartesi öğleden sonra Bay Rüstow'un şerefine yemek, yemekten sonra Bay Rüstow bir konferans verdi; cânım öğleden sonram güme gitti. Dün (pazar) bütün günü güneşte, karda geçirdim. Bugün üç saat ders verdim... Herşey alışılmış temposunda gidiyor.

1.2.1944

Raife*, bugün âniden Fakülteye çıkageldi. Rengim uçmuş olmalı, Pazar günü o kadar güneşte, rüzgârda kayak yaptığım halde. Halimi hiç beğenmedi, bu sabah üçüncü ders saatimi de doldurmuş olduğumu ne bilsin... Gelir gelmez gardrobumu teftişe koyuldu. Bu durum, erkek ve dişi "işgüzar" takımının gözünden kaçar mı, hiç! Derhal suratlar asıldı. Yoksa, rahat değil miymişim? Kız hergün mü gelecekmiş? Kızı işe mi almışım? Vesaire, vesaire. Yarın münasebetsiz öğrencinin biri çıkıp da profesör, makam odasına hanım misafirler alıyor; ya da bir kız, profesörü sordu, dahada iyisi kız, profesörün peşinden taa İstanbul'lardan kalkmış gelmiş vb. vb. diye dedikodu yayarsa, hiç şaşmam.

Her ne hal ise, *Raife*, Pazar günkü kayak gezintisi sırasında kayak ceketimden kopan bir düğmeyle, cekette bir lekeden başka eksik gedik bulmadı.

Eğer anlattığı sebep doğruysa, *Raife*'nin bu Ankara seyahati zırvalıktan başka birşey değil. Ama, kimbilir, belki de burada bir iş bulmak istiyordur. Ayda 60-70 Türk lirasına bir yere kapılanması işten bile değil. Burada dehşetli hizmetçi sıkıntısı çekiliyor. Aman, ne yaparsa yapsın, tek beni bir daha buralarda ziyarete kalkışmasın: Gayet açık bir dille bunu kendisine söyledim.

15.2.1944

Yurttaki yatılı öğrenciler samimileşmeye başladı. Benim yerime başka biri olsa, belki onları yapışkan bulurdu. Ama ben öyle bulmuyorum. Akşam yemeklerinden sonra, saat 20.00 ile 21.00 arası, odamın kapısına hafifçe vuruluyor, kapıda beliren bir ya da birkaç öğrenci, büyük bir nezaketle, beni biraz "rahatsız" edip edemeyeceklerini soruyorlar. Söze başlama vesilesi de, genellikle o sabahki derste söylediğim (ya da söylediğim iddia edilen) bir cümle oluyor. Ama çoğu kez küçük bir sohbet için ellerinde başka sorular ya da konular hazır tutuyorlar. Bu sohbetler bana, bu genç insanların ruhunda neler olup bittiği hakkında bir fikir edinme imkânını veriyor. Onları, sadece dersleri dinleyen öğrenciler olarak değil, Türkiye'nin binbir köşesinden gelen insanlar olarak tanıyabilmem için bir fırsat (o sırada kurulan bağlar, bugün bile, aradan 35 yıl geçmiş olduğu halde kopmamıştır, gerçek dostluklar olarak sürmektedir). Bu teklifsiz sohbetler sırasında onların kafa ve ruh yapısını öğreniyorum. Pazar günleri benimle birlikte yürüyüşe çıkmalarını ya da birlikte kayak yapmamızı önerdiğimde, kesin bir dille reddediyorlar. Pazar günleri sinema günü, başıboş gezme, keyif çatma günü. Spor yapmak, yani ciddî olarak bedenlerini çalıştırmak, onlara göre, profesyonellerin işi. Çocukluktan bu yana spora hazır-

* İstanbul'daki evimizde ev işlerine yardımcı hanım.

lanmamışlar. Haftada bir kerecik olsun hiç bir şey yapmak istemiyorlar, daha doğrusu paşa gönülleri ne çekerse onu yapmak istiyorlar. Peki, acaba boş zamanlarında, hukuk kitapları dışında bir kitap okurlar mı, yabancı bir dil öğrenmek için çalışırlar mı, bir müzik âleti çalmayı denemişler mi, diye soruyorum. Bu sorularıma bir anlam veremiyorlar. Onlar hukuk öğrencisi, bütün bu ıvır zıvır da ne olacak? Benim kendi geçmişimle, anlattıklarım hayret uyandırıyor, böyle şeyler yapmanın benim gençliğimde âdetten mi olduğunu soruyorlar... Saat 21.00'i çoktan geçmiş, onlara iyi geceler dileyip kibarca odalarına yolluyorum.

İstanbul, 5-12.3.1944

15 hafta uzaklarda yaşadıktan sonra aslında artık içinde yaşamadığınız "evinize dönmek", garip bir duygu. Üstelik, aylar önce vedalaşıp ayrıldığınız bir Fakültede ders vermek var! İstanbul Üniversitesinin Devletler Hukuku Enstitüsünde doktora öğrencileri için açılan özel kurlar çerçevesinde, Kant'ın ebedî barışla ilgili felsefî denemesi konusunda bir dizi konferans veriyorum. Sanırım bu savaş günleri için en uygun konu bu. Türk siyaseti, Türkiye'yi asıl savaş gürültüsünün dışında tutmayı başardığı halde, savaş kendini burada da hissettiriyor.

Gene Ankara, 23.3.1944

İstanbul'da geçirdiğim hafta, benim için dinlenmeden başka herşey oldu. Ve bu nedenle, burada ilk hafta, bu çalışma çarkı içinde mümkün olabildiği kadar, ağırdan aldım. Böylece toparlanabildim, azıcık. Buraya geldiğimde Dekan beni tarttı: 70 kg. Bunun üzerine Dekanımız, yaz tatili başına kadar beni 80 kg'a çıkaracağına yemin etti. Elinden geleni yapacakmış.

Dün Bakana çıktım. Kitap meselesi yola gireceğe benziyor. Önümüzdeki günlerde bir memur gidip Moda'daki kitaplara ve dosyalara bakacak, gerekli hesapları yapacak, tahsisat teklifini onaylatacak ve sonra da ambalajlama ve nakil işleriyle ilgilenecek.

30.3.1944

Dün akşam çalışma odam yatılı öğrencilerle dopdoluydu. Önemli bir sorunu tartıştık. İnsanın sadece ekmekle yaşamadığını, bedeninin bakımının yanı sıra manevî bakımdan ilerlemek için de çaba sarfetmesi gerektiğini açıklamıştım onlara. Bunu yapmıyor değiliz ki, dediler; derslerimize sıkı bir şekilde çalışıyoruz. Bu gelecekte tutacağınız mesleğiniz için gerekli, diye cevap verdim. Ama hukukun yanısıra, bir dolu kültürel alan vardır ve bunları, öyle haftada bir sinemaya giderek doldurmak mümkün değildir. Kitap okumaya ve hukuk dışındaki alanlarda kendilerini yetiştirmeye hiç mi ihtiyaç duymuyorlardı, peki. Tamam, ihtiyaç duymasına duyuyorlardı, ama, kendilerine pahalı kitaplar almak için paraları yoktu, Fakülte kitaplığında ise meslekî kitaplardan başkası bulunmazdı. Doğru, dedim, ama devlete ait meslekî kitaplığın yanı sıra, kooperatif ya da dernek temelinde öğrencilere ait bir kitaplık kurmak pekâlâ mümkündür. Yurtta kalan öğrencilerin herbiri ayda 50 kuruş verse, bir ayda bu 200 lira yapar. Herhalde hepsi 50 kuruş verecek durumdadır, buna karşılık ayda bir defa daha az sinemaya giderler. İçlerinde mutlaka edebiyatla ilgilenen öğrenciler vardır; bunlar kitap satın almada ve hangi dergilere abone olunacağı konusunda yardımcı olabilirler. Önerim olumlu yankı uyandırdı. Sonra, birden öğrencilerin biri, bu kitapların kimin malı olacağını sordu. Örneğin kendisi, sınavlarını verdikten sonra, zaman boyunca kendi ödediği para değerinde kitap alıp götürebilir miydi? Güldüm ve kendisine, o güne kadar hiç bir hayır vakfı, bir kooperatif ya da benzerleri hakkında bir şey duyup duymamış olduğunu sordum. Kitaplık, şimdiki ve sonraki öğrencilere ait olacaktı, öğrenciler kitaplığı kullanabilecekler, ama kitap alıp götüremeyeceklerdi... Hayır, daha sonra kendilerine ait olmayacak bir şey için verecek paraları yoktu! Olamazdı böyle bir şey, olabileceğini hiç birinin aklı almadı. Kendi inisiyatifleriyle genel kültürlerini geliştirmeleri için bir yol bulmak için kurduğum tatlı hayallerim de böylece suya düştü.

29.4.1944

... Burada bugün sınavlar başladı; yazılıda gözcülük yaptığım sırada, ne yazık ki, birkaç can yaktım, ama ertesi günkü sınavda çıt çıkmıyordu, Almanya'daki "Referendar" sınavı yazılılarında bile daha âlâ bir düzen ve sessizlik bulamazdınız! Yüceltici bir etkim var. Bu etki, örneğin sınav sorularının hazırlanmasında bile kendini hissettiriyor. Öteki beyefendilerin benim yardımım olmaksızın hazırladıkları sorularda görüyorum bunu. Tabii, azıcık vur deyince öldüren cinsinden de işler yapıyorlar, ama olsun, benden iyi puan almak için gösterdikleri çaba, sevindirici. Burada geçirdiğim ilk yıldan memnunum, tabiî aslında sadece 6 ay bile tutmayan bir yıl bu. Kendi örneğim ve enerjimle, umduğumdan da fazlasını başardım.

Haziran başı, 1944

Sınav, sınav, sınav. Ticaret hukuku, hukuk felsefesi. Her gün, sabahtan akşama kadar, cumartesi ve pazarları da dahil, sınav, sınav, sınav. Sonuçlar, genelde, beklediğimden iyi. Oysa benim sınav tarzım, yani pozitif bilgi değil de, hukukî kavrayışı arayan tarzım öğrencilere yabancı. Baktım ki, hiç olmuyor, o zaman, ortada kurtarılacak ne kalmışsa kurtarmak için bir bilgi sorusu soruyorum.

15.6.1944

Kızkardeşim Anni'nin, Birinci Dünya Savaşında ağır yaralanan, EK I, yedek subay kocası ve 8 yaşındaki oğluyla birlikte enterne edildikleri Theresienstadt'dan, uzun zaman sonra bir haber alabildik. Aylarca arayla yazılmış üç kart. Bu günlerde Alman Temerküz kamplarında olanları, bütün ümitsizliği, zulmü, dehşeti belgeleyen kartlar.

Theresienstadt, 9.10.1943

Sevgili Anneciğim,

Doğum günü için yolladığın kartı büyük bir memnuniyetle aldık. Sana haber ulaştırabildiğimiz için ne kadar mutlu olduğumuzu bilemezsin. Petercik ve ben uzun süreden beri hastaydık. Şimdi, Tanrıya şükürler olsun iyiyiz. Kardeşim Klare'yi uzun bir zamandır görmedim; her halde sana bizzat yazacaktır. Ne yazık ki Hetta hala Ocak ayında burada öldü. Kocam hâlâ çalışıyor. Ümit ederim ki, yakında daha hafif bir işe kavuşur.

Yürekten selâmlar ve öpücükler.

Senin Anni

Theresienstadt, 7.2.1944

Sevgili Anneciğim,

Gönderdiğin paketi aldığımızı teyid eden makbuzun ve mektubumuzun bu arada eline geçtiğini ümit ediyorum. Yolladıklarınla bize birçok güzel gün bahşettin; onların bizler için ne ifade ettiğini bir bilsen. Ümit ederim ki hepiniz iyisiniz. Kuzenim Rosalcık'ı ve kardeşi Albert'i maalesef kaybettik. Bu cesur insanlara huzur temenni ediyoruz. Bu sıralar sıhhat bakımından iyiyiz. Şimdi büroda çalışıyorum. Peter yuvadan memnun. Orada çocuklarla birlikte; oyun ve uyku için yeteri kadar yeri de var. Birşeylerimiz olduğunda yemeğimizi ısıtmak veya pişirmek imkânına sahibiz. Kuzinim Martha'ya hepimizden yürekten selâmlar. Sağlıklı kal sevgili anneciğim ve bize sık sık yaz. Son kartın 27.11.1943 tarihliydi.

Anni'den selâmlar ve öpücükler.

Theresienstadt, 1.4.1944

Sevgili kardeşim Ernst, üçümüz de iyiyiz. Senin de iyi olduğunu tahmin ederim. Senden mektup gelmiş olmasına rağmen özlemim çok büyük. Ancak hoşnutsuz da olmak istemem. Büyük özlemle beklenen selâmların için teşekkürler. Bize düzenli olarak selâmlarını yollamanın senin için mümkün olduğunu ümit ederim. Bize mektup geldiğinde Peterciğin mutlu çocuk yüzünü görmelisin. Kısa süre sonra sekizine basacak. Peter, sen ve Hans gibi ince ve uzun; okuma hususunda da sizler gibi olmasını temenni ederim. Hemen ve sık sık yaz, üçünüzün nasıl olduğunuzu bildir ve kuzenim Martha'ya selâmlarımı söyle, şimdi pişirecek biraz birşeylerimiz var. Selâm ederim ve öperim. Sizlerden sağlık haberlerinizi ne kadar büyük bir özlemle beklediğimi unutma.

Senin Anni

Hikâye Ausschwitz'de noktalandı.

İstanbul Temmuz/Ağustos 1944

Yaz tatilini üç hanımın yanında (karım, annem ve Bayan Rosenberg), Moda'da geçiriyorum. Ama iç huzurum yok: Bir yandan, Yahudi oldukları için Nazilerin kurbanı olan kızkardeşimle ailemizin öteki bireylerinin üzüntüsü. Ne kendilerinin ne de bizim elimizden onları korumak için birşey gelmedi. Bırakın birşeyler yapmayı, haber almak, haber yollamak, yiyecek paketi göndermek için varolan cılız bir-iki imkân bile siyasî olaylar nedeniyle ortadan kalkmış durumda. Türkiye ile Almanya arasındaki diplomatik ilişkiler kesildi, bunun sonucunda da Orta Avrupa ile, hattâ İsviçre ile bile bağlar koptu. Öte yandan da, benim işim hâlâ sürüncemede. Milletvekillerinin deyimiyle "Hirsch Kanunu" karara bağlanmış ve ilân edilmiş olduğu halde, hâlâ devlet memuru olarak tayinim çıkmadı. Geçenlerde seçilen yeni dekan çekingen tabiatlı bir adam. Yardımcı olmayı beceremiyor ve yanlış bir karar verme riskini göze almaktansa, hiç karar vermemeyi tercih ediyor. Eski öğrencilerimden olan, benim tavsiyemle Göttingen'de deniz hukukuna ilişkin bir konuda doktorasını yapan Dr. *Hikmet Belbez*, şimdi Ankara'da deniz hukuku doçenti ve benim işim olsun diye kendini parçalıyor. Geçenlerde bana 24 Temmuz tarihli son derece ivedi bir mektup gönderdi.

Herneyse, kesin olan tek bir şey var: Benim memuriyete tayinim haftalar, hatta aylar* sürebilir. Bu tayin çıktıktan sonra da ilk maaşımın ödenmesi, gene haftalar alır. Ve eğer Başbakan, bundan önce ödemelerini durdurursa, para sıkıntısına düşeriz. Bu şartlar altında, benim ailemle birlikte Ankara'ya taşınmayı aklıma getirmem için bile, evvelâ bu belirsizlik durumunun sona ermesi gerekli. Durumumu askıda bıraktıkları sürece, ben de Ankara Fakültesinin konuğu olarak kalmaya devam ederim, yeme-içme ve yatacak yerimi değiştirmem.

3.10.1944

Ankara'ya geleli koca bir hafta daha geçti ve zamanın nasıl uçup gittiğinin farkına bile varmadım. *Ruben*'ler hâlâ dönmedikleri halde, kendimi yalnız hissetmiyorum. Üç akşamı dostların yanında geçirdim, üç akşam da

---

* Gerçekten de, İstanbul'daki Ticaret Hukuku kürsüsü kadromun Ankara'ya nakli tam iki ay almıştır. Ayrıca, buna ilâveten hukuk felsefesi ordinaryüs profesörlüğüne atanmam da bir ay daha gerektirmiştir.

"evde" kaldım. Düne kadar "ev", Fakülteydi; bugünden itibaren ise *Praetorius*'ların yanı. Bugün, Bayan *Praetorius*'un bana önerdiği ufacık bir odaya taşınıyorum. Şöyle oldu: Cumartesi akşamı, tatilden dönmem dolayısıyla nezaket ziyaretlerimi yaptım ve cümleten büyük sevinç tezahüratıyla karşılandım. Konuşmalar sırasında, bir oda aradığımı, zira birkaç gün önce Bakanlıktan bana bildirdiklerine göre İstanbul'daki kürsümün Ankara'ya naklinin kesinlikle gerçekleşmiş olduğunu, bu durumda, artık Fakültenin konuğu olarak yurtta kalmanın psikolojik nedenlerden ötürü mümkün olamıyacağını belirttim. *Ruben*'lerin ev sahibi, onların evinin bir köşesinde kalmama kesinlikle hayır dediği için -oysa bizim dekan adamın komşusuydu, iyi görüşüyorlardı ve dekan da kendisinden ricada bulunmuştu- çarnâçar pazar günü yollara düşüp kendime kalacak bir yer aramamdan başka yapacak şey kalmıyordu.

Pazar sabahı kör karanlıkta, 07.30'da bir el ulağı bana, üzerinde "çok acele" yazılı bir zarf getirdi. Gönderen: *Praetorius*. Az kalsın yüreğime iniyordu. Binbir ihtimal üşüştü kafama, ama doğrusu bana bir oda bulduklarını hiç mi hiç aklıma gelmedi. Bayan *Praetorius*, kocasıyla kendisinin sabah kahvaltı masasında aynı anda, sözleşmiş gibi bir ağızdan aynı şeyi söylediklerini yazıyordu mektupta, ikisinin de gece rüyasına girmişim, evlerinden bir odayı bana veriyorlarmış. Hemen o sabah, hiçbir taahhüt söz konusu olmadan, görüşmek üzere, onlara gitmeliymişim. Çarçabuk anlaştık. Hemen bu akşam taşınıyorum. Evin yeri fevkalâde rahat: Fakülteye kadar en fazla 12 dakikalık asfalt, iki tarafı ağaçlı cadde... Tabii, bu sadece geçici bir çözüm. Ama, kışa girerken, ehven fiyata, küçük de olsa bir ev bulmak mesele. Hele tayinim kesinleşsin, iyi dostlar yanında kalacak bir yerim de olsun, rahat rahat uygun bir fırsat bekleyebilirim.

4.
Ankara Hukuk Fakültesi

1943'ün Kasım ayı ortalarında Ankara'daki görevime başladığımda, adına Hukuk Fakültesi denen kurum, aslında yanında bir de yatakhanesi bulunan bir meslek yüksek okulundan ibaretti. Burası, daha önce de sözünü ettiğim gibi, 5 Kasım 1925'te Atatürk tarafından geleceğin hâkimlerini yetiştirmek amacıyla kurulmuş ve parlamentonun 15 Şubat 1926 tarihli bir tefsir kararı ile meslek yüksek okulu niteliğini kazanmıştı. Yıllar geçtikçe, zaman içinde okul, bütçe kanunlarında da Fakülte adıyla anılmaya başladı, oysa nesnel olarak durumda hiçbir değişiklik olmamıştı. Hatta 1940'da okul, başlangıçta bağlı olduğu Adalet Bakanlığından alınıp idarî bakımdan Millî Eğitim Bakanlığına bağlandığı halde bile (Bkz. 1. Bölüm), birşey değişmemişti. Okulun öteki meslek okullarıyla, Ankara'da o arada peşpeşe kurulmuş olan sahici fakültelerle hiç bir ilişkisi yoktu. Yalnız binaları hemen kapı komşu olan ve ayrıca bir yurdu da bulunan Siyasî Bilimler Okulu ile, gevşek de olsa, belli bir ilişki söz konusuydu; çünkü öğretim üyelerinin bir bölümü, her iki yüksek okulda birden ders vermekteydi. Hukuk Fakültesinin doktora ve doçentlik ünvanlarını verme yetkisi yoktu, ben de durumu kendi açımdan bir "capitis diminutio" (kısıtlanma) olarak görmekteydim. Ankara Hukukta göreve çağrılmamdan sonra Bakanla bir konuşmam sırasında bu noktaya dikkatini çektiğimde, bana "işin çoğunu üstlenmeye hazırsanız, neden olmasın" cevabını verdi. Ve gerçekten de, aradan bir yıl geçtikten sora, doktora çalışmaları başladı. Aynı şekilde, 1944'de bir Fakülte Dergisi de yayınlanmaya başlandı. Fransızca eserlerin ağır bastığı küçük bir kitaplık mevcuttu. Fakat bu kitaplık, bilimsel çalışmalar için son derece yetersizdi. Eski kitaplık memuru, gerçi biraz işten anlıyordu, ama kütüphaneci değildi, sadece iyi kalpli, iyi niyetli biriydi, o kadar. Kitaplık, ayrılan tahsisat sayesinde, İstanbul Fakülte kitaplığı örneğine bakarak, (bkz. 5-II Bölüm, ilk paragraf), benim yönetimim altında birkaç yıl zarfında kuruldu ve İstanbul'daki Fakülte Kitaplığıyla boy ölçüşecek duruma geldi.Yukarda da anlattığım gibi, Ankara Hukuk Fakültesinin özelliği, 400 kadar parasız yatılı öğrencisi, bunların yanısıra da yüzlerce serbest öğrencisi olmasaydı. Bu serbest öğrencilerin bir kısmı, bir yerlerde bir işte çalışıyordu ve durumlarını düzeltmek için de, bir yandan Hukuk Fakültesini bitirmek istiyorlardı, yani derslere düzenli olarak girmeksizin sınavlardan geçmekti dertleri. Uzun sözün kısası, öğrencilerin terkibi, İstanbul'dakinden çok farklıydı. Üstelik Ankara'da birden fazla fakülteyi bünyesinde toplayan bir üniversite de yoktu, henüz. Dolayısıyla başka fakülte öğrencisi pek ortalıkta gözükmüyordu, kapı komşu Siyasal Bilgilerin öğrencisini bile göremezdiniz. Hukuk Fakültesinin idaresi *Fevzi* beyin elindeydi, kendisi aynı zamanda yurt müdürlüğü ve fakülte sekreterliği de yapmaktaydı. Son derece bürokratik bir memurdu, bana karşı her zaman gayet terbiyeli davranmıştır, ama gerçek düşüncesinin ne olduğunu hiç bilememişimdir. Fakülte sekreteri olarak görevlerini hakkıyla yerine getiriyordu, fakat yurt öğrencilerinin idaresi her zaman kolay iş değildi.

Üstelik adamcağızın benimle de başı dertte sayılırdı, çünkü çalışma üslubumla olsun, öğrencilere karşı, onun anlayışına göre, bir profesöre yakışmayan tutumumla olsun, huzurunu kaçırıyordum. Ama gene de, yurtta kaldığım o ilk yıl zarfında beni rahat ettirmek için elinden geleni yaptı. Ciddî bir anlaşmazlık hiç çıkmadı aramızda.

Akademik kadroya gelince, memur statüsünde profesör de vardı, sözleşmeli çalışan da. Sözleşmeli çalışanlar, ayrıca saat başına bir ücret de alırlardı. 1925 yılında böyle bir meslek yüksek okulu kurulması tartışılırken, milletvekillerinden biri, okul kurmaya karar vermenin kolay olduğunu, ama öğretmen bulmanın çok zor olacağını söylemiş. Bunun üzerine günün Adalet Bakanı şu cevabı vermiş: "Hele okulu bir açalım, nasıl olsa öğretmen buluruz". Ve aynen böyle olmuş. Adalet Bakanlığından, Dışişlerinden, İçişlerinden çeşitli memurlar, bir yandan da bu okulda hocalık yapmışlar, bunların dışında da bazı milletvekillerine profesörlük ünvanı verilmiş. Yurt dışında eğitim görmüş ve hukuk doktorası yapmış hukukçular doçent olarak tayin edilmiş, birkaç yıl sonra da profesörlüğe yükseltilmiş.

1943/44 ders yılında önce Profesör *Esat Arsebük*, hemen arkasından da Profesör *Sabri Şakir Ansay*, Fakültede dekanlık yaptılar. Her ikisi de, hem eski İslâm hukukunu hem de İsviçre'den ithal edilen yeni hukuku iyi bilen, tecrübeli hukukçulardı. Birinin uzmanlık alanı borçlar hukuku, diğerininki ise hukuk muhakemeleri usulü idi. İnsan olarak birbirlerinin tam zıddıydılar. *Arsebük*, fevkalâde bir dekandı, fakültenin çıkarları uğruna bir insan için mümkün olan ne varsa seferber etmesini biliyordu. *Ansay* ise, çekingen, vesveseli biriydi, herhalde dekanlık için elverişli yaratılışta değildi. Öğrenciler, *Arsebük*'e, hoca olarak saygı duyar, sınavlarda da kendisinden korkarlardı; oysa *Ansay*'ı öğrenciler pek saymazlardı. Her ikisiyle de çok iyi geçiniyordum, yalnız *Ansay*'la aramda arasıra anlaşmazlık çıkıyordu. 1945 Mayıs ayı sonundaki yazılı ticaret hukuku sınavını hatırlıyorum. Çekilen kura sonucu, ticaret hukuku yazılı olarak yapılacaktı. Sınav kâğıtlarını okuduktan sonra üstlerine notları da yazıp imzaladım ve Dekanlığa teslim ettim. Aradan yarım saat geçti geçmedi, dekan *Ansay*, elinde bir sınav kâğıdı, yüzü bembeyaz, titreyerek odama kadar geldi.Ağzını açıp birşey söylemiyor, sadece elindeki sınav kâğıdını sağa sola sallayarak, hiç durmadan "olamaz olamaz" deyip duruyordu. Sakinleşmesini ve neyin olamayacağını lütfedip bana da söylemesini rica ettim kendisinden; "Bilmiyor musunuz, sınavda 3 (yani geçmez not) verdiğiniz öğrenci kim bilmiyor musunuz?" diye sordu. "Nereden bileyim, zaten ismiyle tanıdığım öğrenci sayısı, üçü beşi geçmez. Hem ben sınavda notu, öğrencinin başarısına göre veririm, başka hiçbir kriterim yoktur". "Olmaz, olamaz, mümkün değil. Başbakanın oğlu bu. Notunuzu değiştirmek zorundasınız. En azından bir 7 (= iyi) vermeniz lâzım!" Bu sefer"olamaz, olamaz" diye aynen tekrarlamak sırası bana gelmişti. "Başbakanın oğluyla başkasının oğlu arasında ayrım yapmam mümkün değil. Üstelik en kötü kâğıt onunki. Öğrencilerin geri kalan hepsine "pekiyi" bile versem, onunki ancak kıtkanaat "orta" alırdı. Ama bunların hiçbiri söz konusu olamaz. Verdiğim not neyse o kalacak. Hiçbirşey değiştirmiyorum". "Kendinizi düşünmeseniz bile beni düşünün, dekan olarak mevkiimi düşünün, Fakülteyi düşünün. Başbakan bize neler eder. Mutlaka değiştirmek zorundasınız bu notu, mecbursunuz". Bunun üzerine buz gibi bir sesle "Hiç bir şeye mecbur değilim, sayın Dekan. Verdiğim notlara siz karışamazsınız. Bu iş burada biter" dedim. Dekanın yüzü kireç gibi bembeyaz oldu, o güne kadar kendisiyle hiç kimse bu şekilde konuşmamıştı. Hiddetten titreyerek odamdan çıktı, ama araya başka meslekdaşları koyarak beni kararımdan caydırmaya çalışmadı değil. Oysa bu meslekdaşlar, bunun boşuna çaba olduğunu çok iyi biliyorlardı. Nitekim hiç bir şey değiştirmedim.

24 Temmuz 1924'de Lozan'da imzalanmış olan antlaşma şerefine, Lozan günü kutlanıyordu. O gün Hukuk Fakültesinde devletin ileri gelenlerinin de katıldığı bir tören yapıldı. Bütün bakanlar, başlarında da başbakan olmak üzere salona girip, kendileri için ilk sırada ayrılmış olan yerlerine oturduklarında, Başbakanın gözü bana ilişti, beni tanıdı, yanıma gelerek şunları söyledi: "Çok teşekkürler, sayın Profesör, oğluma ne yapması gerektiğini en nihayet gösterdiğiniz için. Sonbahardaki ikmal sınavında sizi hayal kırıklığına uğratmayacak, emin olabilirsiniz. Bir kere daha yürekten teşekkürler!". Dekan korkusundan bayılmak üzereydi, elinde olsa bir sıçan deliği bulup içine kaçacaktı. Hele başbakanın yüzündeki dostça ifadeyi, benim de gözlerimin parladığını gördüğünde, iyice telâşa kapıldı. Tören bittikten sonra hemen ne olduğunu sordu bana. Şu cevabı verdim: "Başbakan, tam kendisinden beklediğim tepkiyi gösterdi. Çünkü beni buraya getirten *kendisidir* ve bunu belli bir amaçla yapmıştır. Ve benim davranış biçimimden, Türkiye Cumhuriyetini Çağdaş Batı uygarlıklarının seviyesine çıkarma çabalarını son derece ciddiye aldığımı anladı".

Bu olay çabucak duyuldu. Öğrenciler, sınavdan çok korktukları halde, bir şeyi kesinlikle biliyorlardı: Benim verdiğim notu isim falan değil, başarı belirlerdi. Bu sebeple her öğrenci aldığı notu hak ettiği numara olarak kabul etmiş, hiç kimse herhangi bir değişiklik yapmamı talep etmemiştir. Profesör *Ansay* ise, kendi öz oğlunun, Fakülteyi bitirdikten sonra benim yanıma asistan girmesinin en iyisi olacağı sonucuna varmıştı. Nitekim bu, Ankara'daki son sömestremde gerçekleşmiştir.

Yeri gelmişken, Fakültede gerçi sadece konuk profesör olarak, iki yıl çalışmış olan, ama hem uluslararası plânda sahip olduğu bilimsel saygınlık sayesinde, hem Roma hukuku derslerini veriş biçimi ve öğrencilere kavratışı sayesinde Fakültenin oluşmasına büyük etki yapan bir meslekdaşımın da adını anmak istiyorum: *Paul Koschacker*. Bu arada bu dersleri çok ustaca Türkçeye çeviren *Dr. Kudret Ayiter*'in de hakkını teslim etmek gerek; kendisi sonradan Ankara'da Roma hukuku profesörü olmuştur. Koschacker, Leipzig'de Roma hukuku profesörü iken 1941'de Tübingen'e gitmiş ve emekli olduktan sonra da *Andreas B. Schwarz*'ın aracılığıyla 1948'de Ankara'ya konuk profesör olarak davet edilmiş. Koschacker'in bu daveti kabul etmekteki amacı, kendi açıklamasına göre, Ankara'da 1935'ten bu yana çalışan asurolog *Landsberger* ile, eskiden Leipzig'de başlatmış oldukları işbirliğini sürdürmekmiş. Çünkü *Koschacker*, sadece dünya çapında bir Roma hukukçusu olmakla kalmıyor, aynı zamanda eski Doğu hukukları konusunda da araştırmalar yapıyordu. Yazdığı "Avrupa ve Roma Hukuku" eseri ile hayranlık uyandırmış ve büyük ün kazanmıştır. Özellikle Hititlerin hukuku ile ilgilenmekteydi, bu hukukun belli başlı kaynakları Boğazköy'de ve Anadolu'nun başka yerlerinde yapılan kazılarda bulunmuştu. Ama Koschacker'in ümidi gerçekleşmedi. Türk hükümeti, Profesör *Landsberger*'in sözleşmesini uzatmaya yanaşmamıştı. Bunun üzerine Landsberger, 1948'de, daha *Koschacker* Ankara'ya varmadan, buradan ayrılarak Chicago Üniversitesinden aldığı çağrı üzerine oraya gitti. Ama gene de *Koschacker*, hiç olmazsa Hititlerin devlet arşivindeki sayısız buluntunun orijinalini görme ve Anadolu'daki çeşitli Hitit yerleşme merkezlerini, örneğin Kültepe'yi, Alaca Höyük'ü, Karatepe'yi gezip tanıma mutluluğunu tattı. Bu gezide kendisine "dragoman" (= tercüman) ve "konakçı subay" sıfatıyla eşlik etmiştim. Bir yanıyla bu görev fevkalâde hassas bir işti: Çünkü, taş çatlasa kocasını yalnız bırakmak istemeyen Bayan *Koschacker*, hayvan haklarının yılmaz bir savunucusu olarak, önüne çıkan her eli değnekli eşek sürücüsünün, kırbaç sallayan her arabacının yakasına yapışıyor, adamlarla kavgaya başlıyordu. Bu kavgaları durdurmak son derece güçtü, çünkü saldırıya uğrayan Türk, zaten ne olup bittiğini anlayamıyordu. Öte yandan Bayan Koschacker, ölse ağzına koyun eti koymayacağını ilân etmiş olduğundan, en âlâsından koyun etlerini ona dana ya da sığır eti diye yutturana kadar dilimde tüy bitti. Bunların dışında, bu gezi beni mânen muazzam zenginleştirmiştir. Özel hayatımda da dostça gidip gelme ve görüşmeyle sonuçlanan yakın bir insanî ilişki kurmuştum. *Koschacker*, Ankara'daki bu iki yıllık kısa misafircilik oyunundan sonra Walchensee kıyısındaki evine çekildi. Kendisine, büyük bir bilgin ve baba gibi sevdiğim bir dost olarak sonsuz saygım var. İlk defa Ankara Üniversitesi yıllığında çıkan "Hukuk Bilimi ve Yeni Dünya Görüşü" başlıklı incelememi kendisine ithaf etmemi kabul etti.

Fakültedeki konumum ve görevlerim, İstanbul Hukuktaki, 1. bölüm, 5. kesimde tasvir ettiğim faaliyetimden birçok bakımdan farklıydı.

İstanbul Hukuk Fakültesi, 1933'te yeni kurulmuştu ve organizasyon, yönetim, öğretim ve araştırma konularındaki tüm ayrıntıları bu yeni kuruluştan sorumlu kişilerin beklentileri doğrultusunda yeni baştan düzenlemekle yükümlü yepyeni bir profesörler kuruluna sahipti. Oysa Ankara'da, neredeyse yirmi yıla yakın bir süre içinde oluşmuş olan ve içinde, hatta ilk kuruluş anından beri görev yapan profesörlerin de yer aldığı bir Profesörler Kurulunun üyesi olmuştum. Gerçi belli ölçülerde bir kıdeme saygı zihniyeti yerleşmemiş değildi, fakat genç meslekdaşlarımın kendilerinden daha kıdemli olanlara karşı herşeyi itirazsız kabul edecek bir havası da yoktu. 1933'te İstanbul Hukuk Fakültesindeyken en genç öğretim üyesi olduğum halde, 1943'te yaşım Fakültedeki çoğunluğun yaşına uygundu. Ayrıca Ankara Hukuk Fakültesine sadece hükümetin güvenilir adamı olarak değil, aynı zamanda Profesörler Kurulunun da isteği üzerine gelmiştim ve bu, benim için çok önemliydi. İlk yıl konuk olarak bulunmamı saymazsak, Fakültenin öteki öğretim üyelerininkinden farklı bir statüm yoktu ve kendimi de hiçbir şekilde dışarıdan biri olarak hissetmiyordum. Meslekdaşlarım beni daha önceki on yıllık faaliyetimden dolayı tanıyorlar ve benim yardımım ve desteğim sayesinde, İstanbul Hukuk Fakültesinin bilimsel seviyesine erişmeyi umduklarını ve buna önem verdiklerini gizlemiyorlardı. Dolayısıyla, İstanbul'daki uygulamada doğruluğu sabit olan bir takım önlemleri Ankara'da almak hiç de zor olmadı. Örneğin ve özellikle derslerin yanısıra pratik alıştırmalar da yapılması, seminerler düzenlenmesi ve İstanbul örneği temelinde bir doktora sınıfı açılması gibi adımları atmak ve ders ve sınav yönetmeliklerinde bunların gerektirdiği değişiklikleri yapmak kolay ve uzun boylu tartışmalara gerek kalmaksızın mümkün oldu*. Meslekdaşlarım iyi niyetliydi, içlerinden pek azı benim arkamdan aleyhimde kışkırtıcı sözler söylüyordu, o kadar. Ama asıl önemli olan, öğrencilerin tutumuydu. Öğrenciler, rüzgârın nereden nereye doğru estiğini çok çabuk kavradılar ve parasız yatılıların arasındaki birkaç mızmız tip dışında, gösterilen rotayı benimsediler. Tabiî, bu arada, bütün öğretim faaliyetlerimi başından beri Türkçe olarak yürütmüş olmamın sağladığı muazzam avantajı da hesaba katmak gerek. Türkçe konuştuğum andan itibaren öğrencileri hem kendim için, hem de yöntemlerim için kazanmayı başarmıştım. Tek bir cümleyle özetlemek gerekirse: İstanbul Hukukta binbir zahmet ve meşakkat çekerek, yıllar sonra başarabildiklerimi, Ankara Hukukta daha ilk anda gerçekleştirmiştim. Ve zaten başka türlü olsaydı, o yıllarda Ankara'da bana verilen öteki ödevlerin altından kalkmam mümkün olamazdı.

Daha önce de sözünü ettiğim gibi, bana iki kürsü tevdi edilmişti. Kara ve Deniz Ticaret Hukuku Kürsüsü (bu kürsü, o güne kadar bağımsız olan iki kürsünün birleştirilmesi sonucu oluşmuştu) ve yeni kurulan Hukuk

---

* Söz konusu yıllarda Ankara'da lisans öğrencisi, seminer öğrencisi, doktora öğrencisi ve asistan olarak derslerime ve bilimsel çalışmalarıma katılan *Mukbil Özyörük*, 18.10.1981 (!) tarihli *Tercüman* gazetesindeki, "Neumark'lar, Hirş'ler, Schwarz'lar..." başlıklı makalesinde, benim çabalarıma özellikle dikkat çekerek, bu Alman profesörlerin Türkiye'de gerçekleştirdikleri esas hizmetin yazdıkları ders kitapları, makaleler, bilirkişi raporları, kanun taslakları vb. gibi çalışmalardan çok, bir Türk profesörler elitinin yetiştirilmesinde yattığını ve bunun, özellikle de onbinlerce üniversite öğrencisinin bu sayede gördüğü bilimsel metot, hukukçu düşünüşü, hukuk problemleri ve çözümleri, seminerler, doktora kursları, yaşayan hukukla kuru kanunlar bilgisi arasında ayrım yapabilme, profesörün öğrencilerine karşı derslerde ve sınavlarda takındığı tavır ve davranış örneklerinin her şeyden daha önemli olduğunu vurgulamıştır. İtiraf etmeliyim ki, 35 yıl sonra (post festum) açıkça dile getirilen ve Türk hukuk eğitiminde reform uğruna harcadığım çabaları belgeleyen bu sözler beni ölçüsüz sevindirmiştir.

Felsefesi Kürsüsü. Sonraları bu kürsüye hukuk sosyolojisi de eklenmiştir. Kara ve deniz ticaret hukuku, son sınıfta (dördüncü sınıf) zorunlu ders olarak okutulur ve sınavı yapılırdı. Hukuk felsefesi ve hukuk sosyolojisi ise bir önceki sınıfın (üçüncü sınıf) zorunlu dersi idi. Bu dersin sınavı da yıl sonunda yapılırdı. Bunların yanısıra ben isteğe, öğrencilerin seçimine bağlı olarak, birinci sınıfta metod bilgisi, ikinci sınıfta da fikrî haklar derslerini veriyordum, öyle ki bazı öğrencilerin öğrenci karnesinde Profesör Hirsch'in adı dört sınıfta birden geçiyordu. Bugün medenî hukuk ve fikrî haklar derslerini okutan profesör Bayan *Dr. Nuşin Ayiter*, bir arkadaş topluluğunda bir gün, tam dört kere benden sınava girmiş olduğunu söyledi. Herkes "vah vah" diye kendisine acıdığında da, gözlerinin içi gülerek "ama, her seferinde de en iyi notu aldım" dedi. Bunun üzerine, bu durumun nasıl mümkün olduğunun esrarını çözmek üzere kafa yormaya koyulduk ve yukarıdaki açıklamayı bulduk.

Ankara'daki ikinci faaliyet yılımın başlangıcından itibaren asistanlarım şunlardı: Ticaret hukuku için *Yaşar Karayalçın*. Karayalçın, kendi mezuniyet yılı olan 1943/44'ün en parlak öğrencileri arasında lisans sınavını vermişti, ticaret hukuku ile ilgileniyordu ve bu alanda doktora yapmak, sonra da doçent olmak istiyordu. Onu, birkaç yıl önce, bir konferansım sırasında tanımıştım, o tarihlerde henüz öğrenciydi ve Türk Hukuk Derneğinin sekretaryasına ve kitaplığına bakıyordu. Yani, daha asistanlığa başlamadan eski dost sayılırdık ve bugün de (1981) hâlâ en sıkı dostluk bağlarıyla birbirimize bağlıyız. *Karayalçın*, yakın yardımcılarımdan biridir. Fakat sadece seçtiği bilim dalında hocasının izinden giderek kürsüyü devralmakla kalmamış, hocasının hobilerini de devralmıştır. Örneğin kütüphane ve bibliyografya merakı, yüksek okul hocalarının organizasyonu, üniversite hukuku gibi meraklarım aynen ona da geçmiştir.

Hukuk felsefesi dalında ise Bayan *Hâmide Uzbark* (evlendikten sonra soyadı *Topçuoğlu* oldu) başvurmuştu. Hâmide hanım, hukuk öğrenimini birkaç yıl önce tamamlamış bulunuyordu, ama şimdi yeni açılan doktora sınıfında öğrenimini sürdürmek istiyordu. O da bugüne kadar yakın dostum olarak kalmış ve akademik kariyerini tamamlayarak benim Hukuk Felsefesi ve Hukuk Sosyolojisi Kürsümü devralmıştır. Devlet memuru statüsündeki bu iki asistanım dışında bir de özel asistanım vardı. Günün birinde, *İlhan Akipek* adında çok genç bir delikanlı gelmişti yanıma ve Almanca olarak, benim asistanım olmak istediğini söylemişti. Lisans sınavını ne zaman ve nerede vermiş olduğunu sorduğumda ise, cevaben, daha yeni üniversite öğrenimine başladığını, birinci sınıfta olduğunu, ama gizlice benim birkaç ticaret hukuku ve hukuk felsefesi dersime girip dinlediğini, şimdi de özel olarak, deyim yerindeyse çırak olarak, benim yanıma girip çekirdekten yetişmek istediğini söyledi. Kabul ettim ve sahiden de çok çalışkan bir yardımcı kazandım. Akipek öğrenimini tamamladıktan sonra kamu hukukuyla ilgilendi ve Devletler Hukuku Kürsüsünün başına geçti. O da, karısı da, bugün en yakın dostlarımdandır. Karısı *Jale*, Bayan *Topçuoğlu*'nun arkadaşıydı ve onunla birlikte doktora sınıfına kaydolmuştu. Sonradan medenî hukuk asistanı oldu ve yükselerek Medenî Hukuk Kürsüsünün başına geçti.

5.
Türk Hukuk Eğitiminde
Hukuk Felsefesi ve Hukuk Sosyolojisi Üzerine

Ders saatlerimin çokluğu yüzünden en çok vaktimi alan kürsü Kara ve Deniz Ticareti Hukuku Kürsüsüydü. Dersler, pratik alıştırmalar ve seminerlerden başımı kaşıyacak zaman kalmıyordu. Ama bu konuyu çok iyi bildiğimden, hiç yorulmuyordum. Dersleri olsun, pratik çalışma ve seminerleri olsun, tıpkı on yıldır İstanbul'da uygulayageldiğim tarzda yürütüyor ve öğrencilerin eksiksiz dikkatini ve şükranını kazanabiliyordum. 1944/45 ders yılında ticaret hukuku derslerimi dinlemiş olan İstanbul'lu bir avukattan 1979 Aralık ayında aldığım bir mektupta, şunlar yazılıdır:

"Bize Ticaret Hukuku dersini verirken, Medenî Hukuk bilgimizin ne kadar zayıf olduğu hemen dikkatinizi çekti ve boşluklarımızı kapatmak için gayret gösterdiniz. Bu suretle Ticaret Hukuku derslerinizi Medenî Hukukun sağlam temelleri üzerine oturtarak bize bir rehber olarak mesleğimizin icrasında sağlıklı ilkeleri ve modern hukukî düşünüşü aşıladınız. Hukukî bilgilerimin yarısını ve hukukçu olarak formasyonumu sizin derslerinize borçlu olduğumu belirtmemdeki samimiyetime inanmanızı rica ederim. İkazınızı daima aklımda tutuyorum: Metod, metod; ve metodun sonuçtan önemli olduğu vecizenizi de unutmuyorum. Konuşma tarzınızı da hiç unutmadım: Şimdi kendi kendime "şeytanın avukatı" olarak sorular soruyorum ve "menfaatler durumu"mun ne olduğunu araştırıyorum. Bunlar, gerçek değerlerini meslekî faaliyete başladıktan sonra kavradığım vecizelerdir. O zamanlar hâfızalarımıza unutulmaz hukukî ilkeler ve vecizeler nakşettiniz. Bir defasında tahtada yanlış hesap ettiğinizi bildiren bir arkadaşımıza bıyık altından gülerek meselâ "judex non calculat" (yargıç hesapla uğraşmaz. ç.n.) demiştiniz. Bu ve benzeri vecizeler beni ve meslekdaşlarımı her zaman doğru yola sevk etmiştir....."

Ticaret hukuku, Ankara'da da öğretiminden sorumlu olduğum esas daldı; buna karşılık hukuk felsefesi ve hukuk sosyolojisi, iki bakımdan yeni dallardı: Bir kere ders programında yazılı oldukları halde, o güne kadar ölü kalmışlar, öğrencilerin hukukçu olarak bilimsel formasyonlarında rol oynamamışlardı. İkincisi, benim için de yeni konulardı ve derslerde ve seminerlerde bu konuları başarıyla işleyebilmek için, önce benim hazırlanmam gerekiyordu. Bu nedenle bu derslerin içeriği ve yapısı konusunda bilgi vermem yerinde olur, sanırım. Söz konusu dallar, Alman hukuk fakültelerinde gerçi "temel ders" olarak tanımlanmışlardı ama, bunlar seçimlik ders derecesine indirilmiş, hukuk öğretimindeki amaç ve anlamlarını kaybetmişlerdi.

Nitekim İstanbul'lu meslekdaşım, sosyolog *Fahrettin Fındıkoğlu* aynı kanıdadır, Ankara Hukuk Fakültesince bana ithaf edilen Armağan kitabındaki yazısında (s. 45-50) Profesör *Fındıkoğlu*, Türk hukuk fakültelerinde hukuk sosyolojisi öğretilmeye başlanmasını, hukuk öğretiminde adeta bir devrim olarak niteler. "Ne yazık ki" diye yazar, "İstanbul Hukuk Fakültesi bu inkılâbın derin mânasını ve klâsik hukuk öğretimine aşılayacağı ilmî zihniyeti muvakkat bir zaman muhafaza edebilmiş, nihayet Alman profesörün avdetlerinden sonra hukuk sosyolojisi ve hukuk felsefesi derslerini ihtiyarî olma derecesine indirmeğe bile girişmiştir". Profesör *Fındıkoğlu*, benim İstanbul'dan ayrılarak Ankara'ya gitmemin, Ankara Hukuk Fakültesi için bir reform başlangıcı anlamına geldiğini doğru olarak teşhis ediyordu. Bu da -yukarıda da değinildiği gibi- hükümetin ulaşmak istediği hedeflere uygundu. Bu reformun ilk adımı, benim hukuk felsefesi ve hukuk sosyolojisi derslerini üstlenmem olmuştu. Gerçi bu derslerin adı daha önce kâğıt üzerinde vardı, ama derslerin okutulduğu yoktu. Reformun ikinci bölümü ise, bir Hukuk Felsefesi ve Hukuk Sosyolojisi Enstitüsünün kurulmasıyla başlamıştı; böylece İstanbul Hukuk Fakültesi bir hayli yaya kalmış oluyordu.

Bayan *Hâmide Topçuoğlu*'nun desteğiyle, 1949 yılında Türkçe olarak yayınlanan "Hukuk Felsefesi ve Hukuk Sosyolojisi Dersleri" başlıklı kitabımda, bu derslerin anlam ve amacını, şu genel yaklaşımla açıklamaya çalışmıştım:

"Yeni Türkiye'nin temel taşları Avrupa kültür ocağından çıkarılmıştır. Avrupa kültürünün bir kısmını teşkil eden batı hukuku da İsviçre'den, Almanya'dan, İtalya'dan alınan esas kanunlarımızla Türkiye'de yerleşmiştir. Bu kanunlar ise binlerce yıl süren fikrî bir gelişimin eseri olup Lâtin, Cermen ve Kanonik esaslara dayanmaktadır. Bu esasların temeli olan "Hümanizm ruhu", eski Yunanlılar'dan beri, milletlerin sanat ve fikir hayatında meydana getirdikleri şaheserlerden bellidir. O halde modern hukukumuzu kavramak ve gereği gibi tatbik edebilmek için kanun kaidelerinden başka, bunlara hâkim olan ruhu belirten yüce fikir adamlarının görüşlerini de benimsemek gerekmektedir: İşte bu mülâhaza ile, 1933 yılında İstanbul Üniversitesinde islahat yapıldığı zaman Avrupa Hukuk Fakültelerinde olduğu gibi Türk Hukuk Fakültelerinin de mecburî ders programlarına haftada iki saat olmak üzere "Hukuk Felsefesi" adı altında bir ders ilâve edilmiştir. Bu ders ile güdülen maksat "Hukuk tâbiri altında bir araya toplanan olgu, fenomen ve müesseseleri felsefe bakımından incelemektir."

Hukukla meşgul olan filozoflar isteyerek veya istemeyerek insan oğlunun içinde yaşadığı insan topluluklarıyla, bunların bünyelerini ve bunlarda câri olan nizamı nazara almak zorunda kalmışlardır. Çünkü, fizik ötesi (metafizik) görüşlerinden mülhem olarak değer kuramı zaviyesinden hukukun fenomen ve müesseseleri hakkında hüküm vermek isteyen kimse *olanı* kavramadıkça *olması lâzım geleni* de sağlam temeller üzerine kuramaz. Fikir tarihinin bize gösterdiği gibi filozoflar çok defa hayattan uzak kalarak masa başında hayranlığımızı çeken hukuk sistemlerini tasarlamışlarsa da, gökte değil, yerde yaşayan ve birlikte yaşama zaruretinden doğan çeşitli güçlüklere ve ıstıraplara maruz kalan insan oğullarının ezelî dertlerine bir deva bulamamış, durumlarının ıslahına fazla yardım edememişlerdir.

O halde yüce filozofların hukuk mevzuu etrafında ileri sürdükleri yüksek fikir ve idealler hakkında hüküm verebilmek için toplumsal (içtimaî) hayatın temel taşlarını *Aristo*'nun meşhur sözüne göre, doğuştan "toplumsal bir mahlûk" olan insan oğlunun bu bakımdan önemli bulunan iç ve dış hayata ait yaşama şartlarını incelemek gerekmektedir. İşte 1935 yılından itibaren Türk Hukuk Fakültelerinin ders programına, birinci sınıfta verilmek ve haftada bir saat olmak üzere "içtimaiyat" adı altında talebelerin ihtiyarına bırakılan bir ders eklenmiş olmasının sebebi budur. Bu ders ile güdülen maksat, "Hukuk" tâbiri altında bir araya toplanan fenomen ve müesseseleri sosyoloji bakımından incelemektir.

Fakat bununla asıl mesele halledilmiş değildi. Çünkü, bir yandan talebe seçimlik hakkını dilediği gibi kullanabileceğinden dersin hakikî öneminden ziyade, sene sonunda yapılacak olan imtihanın basitlik derecesine göre bir tercih yapıyordu. Diğer yandan da tıpkı felsefenin genel ilkeleri gibi, sosyolojinin esasları da, liselerin ders programı içinde yer almış olduğundan genel sosyoloji dersinden ziyade bir hukuk sosyolojisi dersine ihtiyaç hissediliyordu. Böyle bir ders ise "hukuk" hakkında henüz bilgi sahibi olmayan birinci sınıf talebesinin seviyesini aşıyordu. Sözü geçen sebepler yüzünden Ankara Hukuk Fakültesi Profesörler Meclisinin teklifi üzerine birinci sınıftaki içtimaiyat dersinin kaldırılması ve üçüncü sınıfta 1944-1945 öğretim yılı başından itibaren okutulmak ve haftada üç saat olmak üzere *"Hukuk felsefesi ve Hukuki sosyoloji"* adı altında hukuk felsefesi dersinin genişletilmesi Millî Eğitim Bakanlığınca uygun görüldü.

Dersimize re'sen ve resmen takılan başlık güzel olmadığı gibi doğru da değildir. Güzel değildir, çünkü, "Hukuk" kelimesi iki defa geçmektedir. Doğru da değildir, çünkü, sosyolojinin "hukukî" bir sıfatı yoktur. Hakikatte bahis mevzuu olan şey, hukukun toplumsal bir fenomen olarak incelenmesi yani kısaca hukukun sosyolojisidir. O halde dersin başlığı olarak "Hukukun felsefe ve sosyolojisi" veya bunun kısaltılmış şekli olan "Hukuk Felsefe ve Sosyolojisi" ünvanı bizce daha uygundur.

Hülâsa dersin konusunu, kısa bir cümlecik kullanmış olmak için *"Sosyoloji ve felsefe bakımından hukuk"* ibaresiyle de ifade edebiliriz."

İsim verme sorunu, sadece bir kelime kavgasından ibaret değildi. Bilindiği gibi İngilizce konuşulan çevrede "legal sociology" yanısıra "sociology of law"; Fransızca konuşulan çevrede "sociologie juridique" yanısıra "sociologie de droit" da vardır. Bakanlığın seçtiği ismin arkasında, siyasî anlamı olan yüksek okul hukuku sorunu yatmaktaydı.

Başka yerde de vurgulamış olduğum gibi, Ankara'da gerçi fakülte ya da enstitü adını taşıyan pek çok yüksek okul vardı, ama henüz, çatısı altında bunların toparlanacağı ve kooperatif bir birlik oluşturacağı bir üniversite yoktu. Her yüksek okul, kendi başına idare hukuku açısından bağımsız bir birim oluşturuyordu. Bu birimlerin personel bütçeleri kanunla öyle düzenlenmişti ki, her yüksek okul için belli ünvan ve maaş kademelerindeki öğretim kadrolarının sadece sayısı belirtilmiş, bu kadroların kürsü ve ders olarak dağıtılması ve adlandırılması ise, o yüksek okulların görüşü alınmak kaydı ile Millî Eğitim Bakanlığına bırakılmıştı.

Ankara'ya çağrılmam sırasında, bana Ticaret Hukuku Kürsüsünün yanısıra bir de Hukuk Felsefesi Kürsüsünün teklif edilmesi de, bütçe hukuku açısından, ancak böyle bir kadronun mevcut, fakat henüz doldurulmamış olması sayesinde mümkün olmuştu. Ve eğer artık, haftada bir saatlik genel sosyoloji dersi yerine hukuk sosyolojisi -neyse o, işte- dersi de verilecekse, artık genel sosyoloji dersini veren kişinin, otomatik olarak hukuk sosyolojisi dersini de üstlenip üstlenemeyeceğini araştırmak zorundaydık.

Profesörler Kurulunda, derinlemesine hukuk bilgisini gerektiren bu özel dalı her sosyologun veremeyeceği görüşü ağır bastı. Dolayısıyla Dil, Tarih ve Coğrafya Fakültesine başvurarak, orada görevli sosyologlardan hangisinin bu dersi vermek için uygun nitelikte ve buna istekli olduğunu sormak gerekti. Yukarıda adını andığım Fakültede sosyoloji dersi veren Doçent Dr. *Behice Boran*, bizim fakültede bu dersi vermeye tâlib oldu ve şahsen görüşmeye geldi. Kendisiyle yapılan görüşme olumlu bir yankı uyandırmadı, zaten meslekdaşların bir kısmı her tür sosyoloji dersine daha baştan karşıydı. Zira onlara göre "sosyoloji eşittir sosyalizm", "sosyalizm de eşittir komünizm" idi. Hele meslekdaşlardan biri, Bayan *Boran*'ın iyi haber alan çevrelerde komünist olarak tanındığına da dikkati çekince, Profesörler Kurulu, oy çokluğuyla, Bayan *Boran*'ın başvurusunu reddetti. Ama sorun böylece çözülmüş olmuyordu ki. Kendi Fakültemizden birinin bu dersi üstlenip üstlenemeyeceği üzerinde duruldu. Amme Hukuku ve Hukuk Tarihi Kürsülerinin sahipleri, kendilerinin bu dersi veremeyeceklerini açıkladılar. Böylece, geriye kala kala, haftada sadece iki saatlik dersi olan Hukuk Felsefesi Kürsüsü kalıyordu. Bu kürsüden başka bir de Kara ve Deniz Ticaret Hukuku gibi ağır ders yükü olan bir kürsüden de sorumlu olduğumu, hem ayrıca o güne kadar hiç hukuk sosyolojisiyle uğraşmamış ve o dal için ders verme yetkisini kazanmamış olduğumu ileri sürerek direnmeye çalıştım. Bu mazeretime kulak asmadılar bile. Felsefe dalında da ders verme yetkim yoktu, ama pekalâ bu kürsüyü kabul etmesini bilmiştim; hem geçtiğim yılda bu işin altından gayet iyi kalkabileceğimi de ispatlamıştım. Ama, diye karşı çıktım, hukuk felsefesi kürsüsünü kabul etmemin tek sebebi, bu konuyla daha öğrencilik yıllarımda ve sonraları da özel merakımdan dolayı haşır-neşir olmam, aynı ders malzemesini tam üç ayrı hocanın ağzından üç ayrı biçimde -ilkin Frankfurt'ta Ernst *Maier*'den, sonra Münih'te Ernst *von Beling*'den ve Giessen'de Ernst *von Aster*'den- dinlememdir. Üstelik, 1939/40 ders yılında, söz konusu dersi geçici olarak ve vekâleten üstlenmiş olan felsefe profesörü Ernst *von Aster*'in, deyim yerindeyse, hukukçu yardımcısı olarak konuyla yeniden ve yoğun bir biçimde ilgilenmiş olmamdır. Ama hukuk sosyolojisi dalında buna benzer bir temelim yok. Genel sosyoloji dalında 1943 sonbaharında usulen bir sınava girmiştim, çünkü avukatlık yapabilmem için böyle gerekiyordu.

Yıllar önce İstanbul'da Ticaret Hukuku derslerimi öğrenci olarak dinlemiş olan şimdiki meslekdaşlarımdan ikisi, bu itirazımı da geçersiz buldular. İddialarına göre, benim ticaret hukuku derslerim de hiç bir zaman katı dogmatik nitelikte olmamış, tam tersine son derece sosyoloji ağırlıklı olmuştur. Her derste, ısrarla "menfaatler durumu" sözcüğünü kullanan, bu sözcükle öğrencilerin dikkatini her hukukî değerlendirmenin nesnel olayları, yani sosyolojik olarak açıklanabilecek şartlara bağlı olduğuna çekmek isteyen ben değil miydim? Bunun karşısına çıkaracak bir şey bulamadım artık. Üstelik, daha Almanya'da hocalık yaptığım sıralarda bile ticaret şirketleri hukukunda sosyolojik metot çoktan kendini kabul ettirmiş bulunuyordu. Profesörler Kurulu, Millî Eğitim Bakanlığına başvurarak, ikinci kürsüm olan Hukuk Felsefesi Kürsüsüne, Hukuk Sosyolojisinin de eklenmesi ve kürsünün adının buna uygun olarak değiştirilmesi konusunda öneride bulundu. Gerekçe şuydu: Hukuk sosyolojisi de, tıpkı hukuk felsefesi gibi, ancak meslekten hukukçular tarafından ders olarak okutulabilirdi, çünkü sırf felsefeci ya da sosyolog olan biri, hukukun problematiğine vâkıf olamazdı ve öğrencilere "ekmek yerine taş" verirdi. Bu nedenledir ki, Batıdaki hukuk fakültelerinde de bu dersi hukukçular veriyordu; dolayısıyla Dil, Tarih ve Coğrafya Fakültesinden bir öğretim üyesini ek ücret karşılığında bu dersi vermekle görevlendirmenin gereği yoktu. Bakan, Hukuk Fakültesi Profesörler Kurulunun bu önerisini seve seve kabul etti, haklıydı da, çünkü böylece bütçeye yeni yük gelmemiş oluyordu. Bütün yük benim sırtıma binmişti tabiî. Bakan için ise,'mutatis mutandis' sadece Charles Dickens'in "A Christmas Carol" adlı eserinden şu cümle geçerliydi: "Scrooge's name was good upon Change for anything he put his hand to" "elini attığı her konuda Scrooge'un borsada güvenilir bir adı vardı".

Bu yükün altından nasıl mı kalktım?

Ayrıntılara girmenin yeri burası değil.* Burada, sadece Bayan *Topçuoğlu*'nun Ankara Hukuk Fakültesi tarafından bana ithaf edilen armağan kitabında yer alan ve adına hukuk bilimi denen bilimin bilimsel karakteri konusundaki metodolojik sorunları ön plâna çıkaran yazısından şu bölümleri aktarmakla yetineceğim:

"1944-45 yılında Fakülteye asistan olarak intisap ettiğim sıralarda hukuk felsefesi ve hukuk sosyolojisi dersleri, profesörün şahsında birleşmiş iki daldan terekküp ediyordu. Biri tamamen spekülatif, diğeri müspet bir cemiyet ilmi olma yolunda bulunan bu iki sahayı hoca, kendine has bir plân içinde iki sömestre zarfında takrir ediyordu.

HIRSCH'in tedrisat programı içinde yer alan hukuk sosyolojisi ise, bizim için tamamen yeni idi. Hukukun gerek felsefe, gerek sosyoloji açısından ele alınması bir hukukçu için ne kadar zarurî ise o kadar da zor olan bir teşebbüstü.

HIRSCH, hakikî ilmin müspet metodundan başka bir araştırma vasıtasına inanmazdı. Gerçekliğin yerine ikame edilmek istenen mefhumlar demetinden, edebî ve sözüm ona "ahlâkî"

---

* Hukuk felsefesi ve hukuk sosyolojisi ders notlarım, büyük ölçüde kısaltılmış olarak, fakat buna karşılık sayısız biyografik, bibliyografik ve terminolojik notlar ve isim ve konu fihristi ilâvesiyle, 1949'da Türkçe olarak kitap halinde yayınlanmıştır.

safsatalardan nefret ederdi. İnsanlara, bilgi yerine nasihat sunan beylik devlet teorilerinden, hukuk felsefesi yerine ikame edilmek istenen hukuk edebiyat'ından hiç hoşlanmazdı. Sarahate, kesinliğe, duruluğa düşkündü. Sosyal gerçekliği olduğu gibi görmeden, ona süslü püslü fistanlar biçmeye kalkan fikir terzilerini de hiç sevmezdi. O, cemiyet ilminin, ancak pozitif bir ilim haline gelmekle insanlara birşeyler yapabileceğine inanırdı.

Cemiyet hayatının kendi kanunları anlaşılmadan, bu hayatı düzenleme teşebbüslerinden ibaret olan hukukî müdahalelerin verimsiz kalacağını daima hatırlatırdı. Ancak, HIRSCH'in "ilim" anlayışını bilmemiz gerekir. O, her düzene konmuş bilgi demetine "ilim" demiyecek kadar insaf sahibidir! Bunun içindir ki "Hukuk Bir Bilim Kolu mudur?" başlıklı etüdünde bütün bir ömrünü tahsis ettiği hukuk ilminin, gerçek anlamı ile bir "ilim" olup olmadığını her türlü meslekî zaaftan soyunmuş olarak tartışmış ve sonunda "...hukuk dogmatiği, hukuk tarihi, hukuk siyaseti kisvesinde tezahür eden bir kanun ve hukuk bilgisi varsa da, ilim pâyesine lâyık, yani kesin ve itiraz kabul etmez temellere dayanan hakikî bir hukuk ilmi henüz mevcut değildir" demek cesaretini gösterebilmiştir!

İnsanların toplumsal hayatına ait tabiî kanunlar bizce malûm olmadıkça, asıl hukuk ilmine yüklediğimiz "insanı doğuştan toplumsal bir mahlûk olarak incelemek" şeklindeki ödevin yerine getirilmesi imkânsız görünmektedir. Bu itibarla, asıl hukuk ilmine düşen ödevin şu suretle tespiti icabeder:

Hukuk bilginleri; hukuku araştırmak, incelemek, anlatmak ve tefsir etmekle uğraştıkları sırada; merkezini, doğuştan içtimaî mahlûk olan "insan"ın teşkil ettiği toplumsal hayata mahsus tabiat kanunlarından hareket ederken, bu kanunlar tamamen malûm olmadıkları müddetçe, bunların meydana çıkarılmaları hususunda, diğer ilgili bilim kollarının yardımlarına da müracaat suretiyle, bu sahalardaki bilginlerle birlikte çalışmak mecburiyetindedirler.

İçinde bulunduğumuz çıkmazdan kurtulmak için, başka bir yol ve imkân mevcut değildir.

Nasıl hekimlik; ancak, insan vücuduna müteallik incelemeler için fizik, kimya ve biyolojiyi tabiî ve zarurî esaslar olarak telâkki ettiği zaman da canlı mahlûkun sağlam ve hasta organizmasından bahseden bir bilim kolu mahiyetini kazanmışsa; hukuk bilgisi de, içtimaî mahlûk olan insana müteallik incelemelerde biyoloji, psikoloji, ekonomi ve sosyolojiyi, tabiî ve zarurî temeller olarak kabul ettiği andadır ki, asıl "hukuk ilmi" karakterini iktisap edebilecektir."

HIRSCH, hukuk bilgilerinin henüz bir "ilim" hüviyetini kazanmış olmadığına işaret ederken, kendilerinin "ilmin ta kendisi" olduğunu iddia eden türlü ideolojiler'e karşı da gerekli ikazı yapmıştı. Her yıl ikinci sömestrede okuttuğu hukuk sosyolojisi derslerinde çağdaş insanın ideolojiler karşısındaki acıklı durumunu pek güzel belirtir ve iktidarların kendilerini "meşru" gösterme gayretlerine temas ederken (bunun her iktidar için "zarurî ve tabiî" bir ihtiyaç, bu anlamda "tabiî bir kanun" oluşuna işaret etmekle beraber) modern iktidarların kendi meşruiyet desteklerini artık dinlerde değil, ideolojilerde bulduklarına dikkati çekerdi! "Her cemiyet içinde, her rejim tarafından, her düzen lehine bir ideoloji icat edilmektedir. Buna "bulmak" diyoruz. Çünkü, ideoloji kelimesindeki "ide" ile normal olarak felsefe sahasında kullanılan "ide" mefhumu arasında pek çok fark vardır. "İlmî" ideler, ilmî bir surette meydana getirilmiş olan ilmî varsayımlardır. Halbuki ideolojilerdeki "ide"ler gayrı-ilmî fikirlerdir. Yalnız bu ilmî olmayan ide'lerin ilmî bir kılıkları, ilmî kisveleri vardır... İdeolojilerdeki "ideler" mutlak surette ilmen ispat edilebilen ve ilmî bakımdan doğru olan fikirler değillerdir. Bunlar, muayyen bir gayeye varmak ve muayyen bir rejimi kutsî ve meşrû kılmak için icat edilmiş ideallerdir. Zira burada bahis mevzuu olan şey herhangi ilmî ve nazarî bir hakikat değil, pratik menfaatlardır. Muayyen bir cemiyette meydana gelen muayyen bir düzenin muhafazası veya değiştirilmesidir. Bunun için halkın ruhunda bu rejimin meşru olduğu fikri yerleşmelidir. İdeoloji yapmak demek, nazarî değil, pratik menfaatlerı temin etmek maksadıyla gayrı-ilmî fikirler serdetmek demektir."

HIRSCH bu, kaçınılmaz fenomenin iç sebeplerini de açıklamaktadır: "Herkes hayata muayyen bir gözlükle bakmaktadır. Bu itibarla felsefe sahasında çalışan hukukçuların çoğu, yani hukuk felsefesi, devlet felsefesi ile meşgul olan mütefekkirlerin ekserisi, esas itibariyle, ilmî ide'leri değil, pratik ideleri meydana getirmeye çalışmışlar ve eserlerini yalnız muayyen bir rejimin meşruiyetini ispat için yazmışlardır. Bu içtimaî bir hakikattir. Her cemiyetin içindeki rejimin meşruiyeti muayyen bir surette ispat olunmaya çalışılmaktadır. Zira, aksi halde bu rejim devamlı ve dayanıklı olmayacaktır. Aynı sebeplerden dolayı halen hüküm sürmekte olan rejimi bertaraf etmek isteyenler de bu rejimin meşru olmadığını gene ilmî surette ispat etmeye gayret etmektedirler. Mamafih burada ispat tabirini kullanmak da yanlıştır. Çünkü ideolojilerin dayandıkları deliller ilmî hakikatler değildir. Bunlar, pratik menfaatları gizlemek maksadı ile serdedilmiş olan gayrı-ilmî hakikatlerdir. Bu hakikatler bir akide, bir inanç olarak vasıflandırılmalıdır. Zira asıl ilmî hakikatler her türlü gaye'den âri olanlardır. İdeolojilerde hakikat diye öne sürülen iddialar, muayyen maksatlara matuf hakikatlerdir."

"Bundan dolayıdır ki, bütün rejimler ve siyasî cereyanlar halkın ilme karşı duyduğu hürmeti,tâbir caizse, istismar ederek kendi menfaat ve dâvalarını ilmen müdafaa etmektedirler."

Derslerin yanısıra hukuk felsefesi ve hukuk sosyolojisi semineri de önemli bir rol oynuyordu. İstanbul Hukuk Fakültesi için de yeni olan bu öğretim biçimi konusuna daha önce de (1. bölüm, 5, IV. kesim sonlara doğru) değinmiş ve bu vesileyle Bayan *Topçuoğlu*'nun yukarıya aldığım yazısından da bazı paragrafların Almanca çevirisini aktarmıştım. Söz konusu paragraflar, Ankara'daki hukuk felsefesi ve hukuk sosyolojisi seminerleriyle ilgiliydi. Bu bakımdan onlara işaret etmek isterim. Seminerlerde işlediğimiz konular arasında sadece biri belleğimde yer etmiş. Sebebi de şu: Eflâtun'un hukuk felsefesi ve hukuk sosyolojisi açısından ilginç olan bir diyalogunu, ortak olarak incelemeyi önermiştim. Söz konusu diyalog, Kriton Diyalogu idi. Seminere katılan her öğrenci, Diyalog'un tam da o sırada çıkmış olan Türkçe çevirisini edinmek, bundan başka da, bildiği yabancı dile göre, Almanca, İngilizce ya da Fransızca bir çeviri bulmakla yükümlüydü; benim elimde temel olarak eski Yunanca orijinal metin bulunuyordu. Asıl hukuk felsefesini ve hukuk sosyolojisini ilgilendiren konuları tartışırken, özellikle üzerinde durduğum nokta, seminere katılanların dikkatini, bilimsel bir metnin bir dilden ötekine çevrilmesi sırasında ne gibi tehlikelerin söz konusu olduğuna ve bunlar sonucunda, genellikle, istemeyerek orijinal metnin nasıl tahrif edildiğine çekmekti. Yani, evvelâ metin eleştirisi yapıyorduk. Bunu yaparken, Türkçe çeviriyi cümle cümle hem orijinal metinle, hem de öteki çevirilerle karşılaştırıyor; berrak olmayan yerlerde ya da açıkça sapma tespit ettiğimizde, esas aldığımız orijinal metinde geçen sözcüğün karşılığını benim emektar "Benseler" de, Yunan Klâsikleri için hazırlanmış ünlü Yunanca-Almanca okul sözlüğünde arıyor, bundan sonra da, orijinaldekine anlamca en yakın Türkçe sözcüğü bulmaya çalışıyorduk. Bunu yaparken, Türk dil devrimini de göz önünde tutarak, 1942'de Türk Dil Kurumu tarafından çıkarılmış olan felsefe ve gramer terimleri sözlüğünden de yararlanıyorduk. Bu yöntem, seminere katılan öğrencilere, bilimsel çalışmanın çok ciddî ve sorumluluk isteyen bir faaliyet olduğunu ve özellikle de yabancı dilde yazılmış eserlerden çevirilerin, çeviri yapılırken, eser yazarının etkisi altında bulunduğu manevî ve sosyal şartlar göz önünde bulundurulduğu takdirde güvenilir çeviriler olacağını gösteriyordu. Bir hukuk felsefesi ve hukuk sosyolojisi seminerinde Kriton Diyalogu gibi bir eseri inceleme konusu yaparsanız, *Eflatun*'un tüm eserlerinden çıkan tutumunu, öğretilerini ve görüşlerini, o zamanın sosyal hayatı açısından değerlendirmek zorunda kalırsınız. Çünkü Diyalogun tek bir cümlesinin bile doğru çevirisi ve yorumu, ancak böyle mümkündür. Bu gayet zahmetli bir işti, ama seminere katılanlar için fevkalâde yararlı ve öğretici oluyordu. Bu çabalarımız sırasında gözümüze Öz Türkçe bir sözcük, yani dilin yenileştirilmesi sırasında bulunan, ya da icat edilen Türkçe bir sözcük çarptı. Bu sözcük, ne Eski Yunanca orijinal deyime, ne de bunun doğru karşılığı olarak kullanılan Almanca, Fransızca ve İngilizce sözcüklere uyuyordu. Tartışma sonucu, hepimiz oybirliğiyle, o metin içinde, sadece o güne kadar kullanılagelen Osmanlıca-Türkçe sözcük hazinesinden kullanılabilir bir sözcüğün, Eski-Yunanca deyimin anlamını tam olarak karşıladığı sonucuna vardık. Ne yazık ki, söz konusu deyimler, aklımdan çıkmış. Ama, Kriton Diyaloğunu tanıyan herkes, bu metinde adalet ile adaletsizlik, hak ile haksızlık arasındaki ayrımların nasıl önem taşıdığını bilir.

Bu seminerden birkaç hafta sonra Millî Eğitim Bakanı *Hasan Ali Yücel*, Hukuk Fakültesinin bir Profesörler Kurulu toplantısına başkanlık ediyordu. Bakanlığı için önem taşıyan gündem maddelerini bitirdikten sonra, âniden bana döndü ve beni, kendisinin antik çağın klâsik eserlerini Türkçeye çevirtme yolundaki çabalarını sabote etmekle, çevirinin doğruluğu konusunda öğrencilerin kafasına güvensizlik tohumları serpmekle suçladı. Bizim hukuk felsefesi ve hukuk sosyolojisine ilişkin meselelerle uğraşacak yerde, filolojik incelemeler yaptığımızı haber almış. Bu tür incelemeler yapmak bir hukuk profesörüne düşmez, filologların işidir. Seminere katılan öğrencilerle bir olup Öz Türkçe sözcüklere kusur bulma hakkını nereden alıyor muşum? Üstelik beğenmediğimiz o sözcük, birçok anlamının yanısıra, bizim bulduğumuz Osmanlıca-Türkçe sözcüğün anlamını da karşılarmış. Bu Osmanlıca-Türkçe sözcük, Arapçadan alınma bir sözcükmüş ve Arapçadaki kökü, çeviride kullanılan Öz Türkçe sözcükte dile getirilen anlamı taşıyormuş. Bu itham karşılığında, ben de, gerçi Arapça bilmediğimi, ama daha okuldayken eski Yunanca öğrendiğimi ve *Eflatun*'un diyaloglarını orijinallerinden okuduğumu belirttim. Elbette, ben hukukçuydum. Ama şu son 12 yıl içinde, yurtdışından devralınan Türk Kanunlarında sayısız çeviri hatası bulunduğunu gözlerimle görmüştüm. Bu yanlışları silmek, yerine doğru deyimler koymak zorunluydu. Hele, bundan 2000 yıl önce yazılmış ve genellikle günümüze pek de kelimesi kelimesine sadakatle aktarılmamış olan metinler için, bu büsbütün doğruydu. Kendisinin de mutlaka bileceği gibi, klâsik antik çağa ait eserleri pek çok değişik biçimlerde okumak mümkündü ve işine titizlikle bağlı bir üniversite hocasının da görevi, seminerine katılanların bu hususa dikkatini çekmekti. Dolayısıyla davranışımı kınamasına hak veremiyordum. Üstelik, Kriton Diyaloğunu Türkçeye çeviren kişinin, bunu Yunanca orijinal metinden mi, yoksa bir başka çeviri üzerinden mi yaptığını da bilmiyordum. Ayrıca, nesnel olarak da kendisiyle aynı görüşte değildim, çünkü çeviride kullanılan deyim, orijinal metindeki deyimin anlamını vermiyordu. Bakan, kitaplıktan eski bir Arapça-Türkçe sözlük getirtti ve benim söylediğim Osmanlıca-Türkçe sözcüğün beğenmediğim Öz Türkçe sözcüğün anlamına da gelebileceğini bana ispat etmek istedi. Ama bu ispat denemesi başarısızlıkla sonuçlandı. Sonunda Bakan, bana Yunanca ve Lâtince klâsiklerin çevirisinin 2. baskıları sırasında yardımcı olup olmayacağımı sorarak, işin içinden sıyrıldı. Seve seve yardım edeceğimi söyledim.

Söz konusu çeviri dizisinin hikâyesi şöyleydi (mahiyeti şuydu): Dil, Tarih ve Coğrafya Fakültesinin kuruluşunda, bir de Klâsik Filoloji Kürsüsü açılmış ve buraya 1935 yılında Marburg/Lahn Üniversitesinden Profesör Dr. *Georg Rohde* çağrılmıştı. Profesör Rohde, bir Klâsik Filoloji Enstitüsü kurdu ve çalışma arkadaşlarıyla birlikte hummalı bir çeviri faaliyetine girişti. Bazı Türk liselerine Lâtince dersinin konması fikri de ondan çıkmıştır. Profesör *Rohde*'nin, Millî Eğitim Bakanı üzerinde büyük etkisi vardı. Millî Eğitim Bakanı, "artibus et litteris" hümanist bir yaklaşımın oluşması için çaba gösteriyordu ve dünya edebiyatının, özellikle de Yunan ve Lâtin yazarların klâsik eserlerinin Türkçeye çevrilerek bir klâsikler kitaplığının kurulması için etkileyici teşvik ondan gelmişti. Klâsiklerin çevrilmesi işine 1941'de başlanmış ve bundan sonra düzenli olarak sürdürülmüştür. Zamanın Devlet Başkanı *İsmet İnönü*, Yunan klâsikleri dizisine şu önsözü yazmıştı:

"Eski Yunanlılardan beri milletlerin sanat ve fikir hayatında meydana getirdikleri şaheserleri dilimize çevirmek, Türk milletinin kültüründe yer tutmak ve hizmet etmek istiyenlere en kıymetli vasıtayı hazırlamaktadır. Edebiyatımızda, sanatlarımızda ve fikirlerimizde istediğimiz yüksekliği ve genişliği bol yardımcı vasıtalar içinde yetişmiş olanlardan beklemek, tabiî yoldur."

Yeri gelmişken tarihî bir paralelliğe işaret etmek istiyorum: Nasıl ki Rönesans Hümanizmasında ifadesini bulan kültürel değişiklikler, Konstantinopel'in 1453 yılında Türkler tarafından fethi üzerine Batı Avrupa'ya göçen bölginler tarafından başlatılmışsa Atatürk'ün modern Türkiye'nin önünde açtığı kültürel değişme çığrı da, siyasî nedenlerden ötürü 1933'de Almanya'yı terketmek zorunda kalmış, ama içlerinde yaşattıkları antik kültür mirasını beraberlerinde Türkiye'ye getirerek oradaki reform düşüncesinin hizmetine sokmuş olan bir avuç Alman profesör etkilemiştir.

Öğretimin hümanizm ruhu ile yenilenmesi, hukuk felsefesi ve hukuk sosyolojisi derslerimin temelini oluşturuyordu ve kendimi de bu konuda yükümlü görüyordum. Bu yolda genç Türk kuşağı gerek entellektüel, gerek politik kültürel bakımdan Türkiye'nin devlet yapısı ve hukuk düzeninin sosyal ve iktisadî hayat açısından Batılaşmasında davranış modellerini ve rol örneklerini zihinsel olarak kavrayabilecek ve uygulamaya koyabilecek duruma getirildi.

6.
Hikâyeler

Ankara'daki meslekî faaliyetimin aşağıda anlatacağım ilk iki yılı olsun, ondan sonraki yıllar olsun, yer yer bazen politik, bazen kişisel ilginç olayla doludur. Bu bölümde bunları, birbirlerinden kopuk, ama hayatımın Ankara'da geçen on yılına sıkıca bağlı bir biçimde, peşpeşe sıralıyorum.

I.
Enver Tandoğan

Ders zamanında ve büyük yaz tatilinin de bir kısmında Ankara'da, genel müzik direktörü Dr. *Ernst Praetorius* ve karısının evinde, yarım pansiyoner olarak kalıyordum. Tam bir uyum ve dostluk havası içindeydik. Tatilin ancak bir kısmını ailemin yanında, yani karımın, annemin ve Bayan Rosenberg'in yanında geçirmekteydim. Ailemle Ankara'ya taşınmam, gerek ev bulmanın zorluğu, gerek nihayet 1944 Kasımında tespit edilebilen, ama ancak geçinmemi sağlayan memur gelirim nedeniyle, söz konusu değildi. Ayrıca karımla aramızdaki kişisel ilişkiler, 19 Ağustos 1945 tarihinde oğlumun dünyaya gelmesiyle de düzelmemişti. Oğlum, Türk vatandaşı olarak Kadıköy Nüfus Dairesine, *Enver Tandoğan* adıyla kaydolmuştu. Enver adı, bana daha çocukluğumdan âşinâydı, çünkü Enver Paşa, 1910 ve 1920 yılları arasında Almanya'da da herkesin adını duyduğu ünlü bir çağdaş tarihî kişiydi. Bu arada, Enver sözcüğünün anlamını da öğrenmiştim. Enver, Arapça Nur sözcüğünün süperlatifiydi ve "Aydınlanmış" demekti. *Tandoğan* ise, yeni bir Öz Türkçe isimdi, "şafak vakti doğan" anlamına geliyordu. Almanca bir küçük ismi aklıma bile getirmemiştim, çünkü o tarihlerde Hitler Rayh'ı birkaç ay önce teslim olduğu ve bazı meslekdaşlarım derhal Almanya'ya dönmeyi tartıştıkları halde, ben bu ihtimali hiç aklıma getirmiyordum ve Türkiye'de kalmaya kararlıydım. O Türkiye ki, hükümeti kısa bir süre önce beni vatandaşlığa kabul etmiş ve Ankara'da kişiliğimi geliştirme şansını tanımıştı. Enver'in daha sonra ne olacağını o sıralarda, 1945 Ağustosunda, hiç düşünmüyordum bile. Evde Almanca öğreniyordu, sokakta da komşu çocuklarından Türkçe. Sonuç olarak 1951'de Türk ilkokulunun birinci sınıfına girdiğinde hiç zorluk çekmedi.

Ben hemen Eylül başında Ankara'ya dönmüştüm. Amacım, Ticaret Kanununa bir cep kitabı tarzında hazırladığım şerh metnini (ilgili kanunlar, Yargıtay kararları ve başka açıklamalarla birlikte) mümkün olan en kısa zamanda baskıya hazır hale getirmek ve bunun için kararlaştırılan 500 Türk Lirasını da, doğum masraflarına tam zamanında yetişen bir katkı olarak almaktı. Ama ancak 1946 yılı başında, 500 sayfalık kitap çıktıktan sonradır ki, bu parayı alabildim. Kitap, kapağı, içi ve dışı ile Türkiye için bir yenilikti ve hemencecik de benzerleri üretildi.

II.

Ernst Praetorius

Beni kişisel olarak çok sarsan bir olay, *Ernst Praetorius*'un 26 Mart 1946'da âni ölümü olmuştur. Praetorius, bir pankreas ameliyatı geçirmiş, bundan birkaç gün sonra hastanede gece yataktan düşmüş ve ölmüştü. Ankara'daki Ufak Protestan Mezarlığında, şiddetli fırtına, tipi altında, müziksiz gömdük onu. Oysa müzisyen olarak *Praetorius*'a özellikle değer verilirdi, hele *İsmet İnönü, Praetorius*'un yönettiği hiçbir konseri kaçırmazdı. *Praetorius, Paul Hindemith*'in tavsiyesi üzerine 1935 Ekiminde Türkiye'ye ilk gelen müzisyendi ve sadece Cumhurbaşkanlığı Filarmoni Orkestrasının yönetimini değil, Konservatuvarın inşası ve bestecilerle öteki müzisyenlerin yetiştirilmesi gibi görevlere de canla başla sarılmıştı. Evinde kaldığım bir buçuk yıl zarfında *Praetorius*, baba gibi bir dost olmuştu bana. Her zaman neşesi yerindeydi. Ankara'daki on yıllık faaliyeti sırasında başından geçen olayları anlatmaya bayılırdı. Örneğin, Cumhuriyet Bayramından hemen önce Ankara'ya geldiği için, tören günü Cumhurbaşkanlığı Filarmoni Orkestrasını önceden prova yapmaksızın yönetmek zorunda kalmış. Akşamları erkenden yatmaya alışkın olduğu halde, bir kere gece yarısı saat 23.00'de polis aracılığıyla Atatürk'ün sofrasına çağrılmış; çünkü Atatürk, bir uzman olarak onun ağzından bazı müzik meseleleri hakkında bilgi almak istiyormuş. Bir gün de Millî Eğitim Bakanı, Beethoven'in Dokuzuncu Senfonisini çalışmalarını istemiş, bu arada da lâfı koro parçasına, Schiller diye birinin yazdığı Sevinç'e Övgü şarkısına getirmiş; Fidelio'nun sahneye konması nasıl olmuş ve daha neler neler. Özel zevki, her sabah saat 06.00'da kahvaltı masasında karşıma geçip, müzik bilgimi ölçmek için ıslıkla parçalar çalmaktı. Hobisi de saat tamiri. Cep saatleri, kol saatleri, her cinsten ve boydan çalar saatler. Alman kolonisi mensuplarına ait bozuk saatler, sahipleri tarafından ona verilir ve başarıyla tamir edilirlerdi. Özellikle zevk aldığı başka bir uğraş da, her onbeş günde bir Cumartesileri, senfoni konseri bittiğinde, öğleden sonraları saat 17.00'de başlayan ve akşam geç saatlere kadar süren skat (iskambil) partisiydi. Oyuna katılanlar, asuroloji hocası Profesör *Benno Landsberger*, şehirci Profesör *Ernst Reuter*'di; Bayan *Praetorius*'a ev sahibesi olduğu için, bana da seyirci olduğum için tahammül ederlerdi. Oyuncularımızın birbirlerini aldatmaları mümkün değildi. Dehşetli küfürlü oynarlardı. Yakası açılmadık küfürlerin, açık saçık fıkraların bini bir paraya giderdi. Her bakımdan en usta *Landsberger*'di kuşkusuz. Kendini çok rahat hisseder, hiç zorlanmadan oynardı. *Ernst Reuter*, biraz daha temkinli oynardı, ama o da işin ehliydi. *Praetorius* ise, iki saat boyunca konseri yönetirken çektiği zahmetleri, sıkıntıyı üzerinden atar, oyunun keyfini çıkarırdı. Benim için de doğrusu, oyunu seyretmek, sabahtan akşama kadar, kelimenin tam anlamıyla her gün, beynimi oyan manevî yüklerden kurtuluş anlamını taşıyordu. Normal olarak günde oniki saat çalışıyordum; Praetorius'ların evine taşındım taşınalı öğle yemeklerini Fakültedeki çalışma odamda, bir parça ekmek peynir ve meyvayla geçiştirir olmuştum. Çünkü yemek için sadece onbeş dakika vaktim vardı. Sabahları saat 06.00'da Praetorius çiftiyle birlikte kahvaltı ediyor ve gene onlarla birlikte, saat 19.00'la 20.00 arasında hafif bir akşam yemeği yiyordum. Saat 21.00'de yataktaydım. Bu şartlarda, yukarıda tasvir ettiğim türden kâğıt oyunuyla şenlenen bir öğle sonu, merhem gibi geliyordu. *Ernst Praetorius*'un ölümüyle, benden sadece yıl olarak 22 yaş büyük olan bir dostumu değil, aynı zamanda hayatı benden çok daha iyi tanıyan, çok daha akıllı bir bilge olan bir dostumu kaybetmiştim.

III.
İşçi Sigortaları Kurumu

Kürsülerime ek olarak bir iş daha üstlenmek zorunda kaldım. 1.1.1946 tarihinde İşçi Sigortaları Kurumu hakkındaki kanun yürürlüğe girmişti.* O günkü Çalışma Bakanı Profesör *Sadi Irmak*'tı. İstanbul'dan çok iyi tanıyordum. Kendisi, Profesör *Winterstein*'in yanında doçentti. *Winterstein*, Üniversitenin ana binası içinde yer alan Fizyoloji Enstitüsünü yönetiyordu. Sadi Irmak, sonradan politikaya atıldı ve hızla bakanlığa kadar yükseldi. Fevkalâde iyi Almanca konuşurdu. Benim Fakülteden meslekdaşım Profesör Dr. *Hüseyin Avni Göktürk*'ün dostuydu ve kendisiyle Göktürk'lerin evinde bir akşam davetinde karşılaşmıştık. O akşam, Göktürk'le benim de politikaya atılıp milletvekilliğine adaylığımızı koymamız ve milletvekili seçilmemiz konularını konuşmuştuk. O zaman ben de Adalet Bakanı olur ve haklarında onca makale yazıp zorunluluklarını savunduğum reformları, nihayet, kendi ellerimle uygulayabilirdim. Şu cevabı verdim:

"Biri gelir, biri gider bakanların,
Profesör olarak kalıp olanları izlerim."

* İşçi Sigortaları Kurumu'nun adı 1964 yılında "Sosyal Sigortalar Kurumu" olmuştur (ç.n.).

Bunun tersine Profesör *Göktürk* siyasete girdi ve evvelâ dostu *Irmak*'ın, bakan sıfatıyla, kendi üstünde olduğu Çalışma Bakanlığında müsteşarlık yaptı. Bana gelince, Bakan, beni müsteşarıyla birlikte İşçi Sigortaları Kurumu'nun Yönetim Kuruluna aldı. Gerekçesi şuydu: Devlet tarafından kurulan ve yönetilen Sosyal Sigorta o güne kadar Türkiye'de bilinmeyen bir şeydi. Faaliyete şimdi geçecek olan yeni kurulan bu kurumun başına geçecek genel müdür, sigorta alanında özellikle de sigorta matematiğinde uzman biri olmalıydı. Böyle bir uzmanı, Bay *Vedat Bayru*'nun şahsında bulmuşlardı neyse ki. *Bayru*, yüksek öğrenimini İsviçre'de başarıyla tamamlamış bulunuyordu ve görüldüğü kadarıyla, sigortacılığın teknik yanını biliyordu. Yönetim Kuruluna uygun nitelikte üyeler de bulunmuştu. Tek eksik kalan, sigortacılık hukukundan ve sigortacılıktan anlayan, hem de kamuoyunda iyi isim yapmış bir hukukçuydu. Ben, tam aradıkları adamdım. Gerçi özel sigorta hukuku konusunda birşeyler bildiğimi, ama özel sigorta hukuku ile sosyal sigorta hukuku arasındaki tek ortak yanın, "sigorta hukuku" sözcüğü olduğunu, bunun dışında bambaşka konular ve hukuk alanları olduğunu ne kadar anlatmaya çalıştıysam da, para etmedi. Bakan ve müsteşarı, bu kurumun hatırı sayılır prim geliri olacağına dikkatimi çektiler. Burada söz konusu olan, milyonlarca liranın yönetilmesi, yatırılması ve hukukî açıdan hiç bir pürüze yer vermeyecek şekilde, zarar gören sigortalılara dağıtılmasıydı. Benim adıma ihtiyaçları vardı. Bu yan görevim bana fazla yük olmayacaktı, çünkü yönetim kurulu zaten pek seyrek toplanıyordu. Bu iş karşılığında elbette ki belli bir ücret de alacaktım. 24 Ocak 1946* tarihinde Çalışma Bakanı bana, benim İşçi Sigortaları Kurumu Yönetim Kurulu üyeliğine tayinim hakkındaki Bakanlar Kurulu kararının Cumhurbaşkanı tarafından onaylanmış olduğunu belirtti. Beni tebrik ediyor ve başarılar diliyordu. Yönetim Kurulunun ilk toplantısında, müsteşar Göktürk'ün önerisi üzerine Yönetim Kurulu Başkanı seçildim. Yönetim Kurulunda *Göktürk*'ten başka tanımadığım dört kişi daha vardı. Başkanlık, pek tabii ki, sıradan bir yönetim kurulu üyesine düşen çalışmanın çok daha üstünde bir faaliyet gerektirmekteydi. Fakat bu yan uğraşım pek çabuk sona erdi. Gerçi genel müdürle ve müdür yardımcılarıyla gayet iyi anlaşıyordum. Yönetim Kurulundaki görüşme ve tartışmalar da usulüne uygundu. Primler birikmeye başlamıştı, hazırlanan çalışma plânına göre bunlar, sigortanın çeşitli alanları (kaza, hastalık, doğum) için fon olarak hesaba kaydediliyor ve yönetiliyordu. Haziran ayında Çalışma Bakanı, kendi bakanlığının işlerinde kullanmak amacıyla, İşçi Sigortaları Genel Müdüründen bu fondan bir milyon lira ödemesini talep etti. Genel Müdür

---

* Çalışma Bakanlığı, Ocak ay ıiçin henüz "II. Kânun" adını kullanmaktaydı. Oysa bu ad, bir yıl önce yürürlüğe girmiş olan 4696 sayılı, bazı ay adlarını değiştiren kanun ile kaldırılmış ve yerine "Ocak" sözcüğü konmuştu.

ve ben, bu ödemeyi yapmaya hakkımız olmadığı görüşünde birleştik. Çünkü, söz konusu fonlar belli bir amaç için oluşturulmuştu ve kanunda öngörülenden başka amaçlar için kullanılamazlardı. Bunu Bakana şu şekilde bildirdim: Bakanlığınızdaki yetkili memur herhalde bu paraların kanunda yazılı amaçla bağlı olduğunu bilmiyordu ve dolayısıyla bunları bakanlığın başka amaçları için de kullanabileceğini sandı, dedim. Ama Bakan, İşçi Sigortaları Kurumunun kendi Bakanlığının emrinde olduğu görüşünü savundu. Bu nedenle de, Bakan olarak, bu Kurumun paralarını kendi uygun gördüğü biçimde kullanmaya yetkili olduğu kanısındaydı. Sözün kısası, gereğinin yapılmasını rica ediyordu. İsteğini reddettim ve istifamı sundum. Genel Müdür de istifasını verdi. 22 Haziran 1946'da bütün günlük gazeteler, İşçi Sigortaları Kurumunun Yönetim Kurulu Başkanıyla Genel Müdürünün görevlerinden çekildiklerini yazıyordu. Profesör, bundan böyle bütün zamanını Üniversitedeki çalışmalarına ayıracağını açıklamıştı. Ama istifamızın gerçek sebebi pek çabuk dışarı sızdı ve kamuoyunda benim itibarımı yükseltti. Görevinden çekilen Genel Müdür, ısrarlı ricalara dayanamayarak, yeniden görevine döndüyse de, 'ben' benzer ricalara şu cevabı verdim; "Ben kendimi paravana olarak kullandırmam". İstifamın kabulü, 13 Temmuz 1946 tarihini ve Bakan yerine Müsteşarı *Göktürk*'ün imzasını taşır. Bu belgelerin dışında, elimde bu beş aylık faaliyetin anısı olarak, Yönetim Kurulunun ve genel müdürlüğün imza yetkisine sahip mensuplarını gösteren fasikül ve Kuruma ait bir dizi broşür var.

IV.
Türk Hukuk Lûgatı

Beni son derece meşgul eden bir başka yan uğraş da, Türk Hukuk Kurumunun çıkaracağı Türk Hukuk Lûgatı'nın hazırlanmasıydı. Eserin ön çalışmaları 1937'de başlamıştı. Türk Hukuk Kurumunun pekçok üyeleri, özel çalışma grupları oluşturarak, Manisa Milletvekili *Refik İnce*'nin (kendisiyle tanışıklığım konusunda bkz. Kesim 2) ne yaptığını bilen ve dirayetli yönetimi altında, 4000 kadar hukuk terimi toplamışlardı. Beni de hazırlıklara dahil etmişlerdi ve sözlüğe alınması düşünülen her Türkçe hukuk kavramı için -İslâm hukuku kavramları dışında- Almancadaki teknik karşılığı bulup çıkarmıştım. Yalnız bu bile, hayli yorucu ve sorumluluk gerektiren bir işti. Daha İstanbul'da çalıştığım sıralarda halletmiştim bu işi. Nihaî tespit, 1942 yaz tatili arasında Ankara'daki bir toplantıda yapıldı. Toplantıya Profesör *Andreas B. Schwarz* ve Profesör *Charles Crozat* da katılmışlardı. Schwarz, terimlerin İngilizce ve Lâtince karşılıklarını; Crozat ise Fransızca karşılıkları getirmişti. Bu toplantıda üç profesör, nesnel yanılgılara, hatalara ve eksikliklere de dikkati çekerek, böylece belli ölçülerde birliğin sağlanmasına katkıda bulunabilmişlerdir. Müsveddenin ilk kısımları, 1944 yılı başında baskıya verildi. Bu müsveddenin nasıl meydana getirildiği *Refik İnce* imzalı ve 1.3.1943 tarihli önsözde, emeği geçen herkesin isimleri de anılarak, etraflı bir biçimde hikâye edilmiştir. O günün Millî Eğitim Bakanının yazdığı ve eseri takdim eden 14.12.1943 tarihli önsözde ise, eserin bilimsel önemi vurgulanmış ve o günün şartlarında böyle bir Türk Hukuk Lûgatının yaratılmasındaki güçlüklere dikkat çekilmiştir. Bu güçlükler başlıca şunlardı: Türk hukukunun tüm alanlarında hukuk terimi olarak kullanılan bütün sözcüklerin toplanması, alfabetik sıraya göre dizilmesidir. Türkiye'de, özel hukuk alanında, Medenî Kanun, Borçlar Kanunu ve Ticaret Kanunu gibi ana kanunların yürürlüğe girdiği 4.10.1926 tarihinden önce İslâm hukuku geçerliydi. İslâm hukuku, İslâm dininin ayrılmaz bir parçasıydı ve parçasıdır. Dolayısıyla, hukuk deyimleri Kuran'ın dil âleminden çıkma deyimlerdi; yani bunlar Türkçe telâffuz edilen ve Türkçe imlâyla yazılan Arapça sözcüklerdi. Türkiye Cumhuriyeti'nin 20 Nisan 1924 tarihli Anayasası buna uygun biçimde ifade edilmişti. Başka yerde de vurgulamış olduğum gibi, bu Arapça ağırlıklı metin, nesnel içeriği değiştirilmeksizin 10 Ocak 1945 tarihli bir kanunla Türkçeleştirilmiştir. Yani dili öyle bir şekilde değiştirilmiştir ki, o güne kadar kullanılagelen, İslâm-Arap hukuk dili kaynaklı terimler silinerek, yerlerine yeni, Türkçe dil köklerinden, türetilmiş, Öz Türkçe deyimler konmuştur*.

Yukarıda adını andığım üç büyük kodifikasyon, yabancı kanunların Türkçeye tercümeleriydi. Söz konusu yabancı kanunlar, Fransızca, İtalyanca ya da Almanca hukuk dilinde kaleme alınmışlardı ve bunlarda kullanılan ifadeler, İsviçre'deki, İtalya ya da Almanya'daki dünyevî günlük hayatın (Weltliches Leben) geçirdiği uzun gelişmelerin sonucuydular. Bu kanunların yabancı dildeki metnini Türkçeye aktarmakla görevlendirilen komisyonların üyelerinin elinde ise, 1924 Anayasasının metnininde formüle edildiği Türkçe dil dağarcığından başka bir araç yoktu. Gerçi çeviri yapanlar, kısmen Arapça kökenli hukuk deyimlerinin yerine halkın dilinde kullanıldığı nisbette Öz Türkçe deyimler kullanmaya gayret göstermişlerdir. Ama dildeki asıl yenileşme ve dil reformu, daha sonra başlatılmıştır. (Bkz. 1'nci bölüm, 3'ncü ve 5.1'nci kesim). Bu dil hareketi, ancak 1945 yılında 1924 Anayasa metni yeni ya da "Öz" Türkçeye aktarıldığında, hukukçular tarafından ciddiye alındı. Ayrıca, zaten İkinci Eğitim Şurası toplantısından (1942) sonra İstanbul ve Ankara Hukuk Fakültelerine, hukuk terminolojisini millîleştirmeleri talimatı verilmişti.

Refik İnce, bana 1944 Cumhuriyet Bayramı (29 Ekim) şerefine yayınlanan 80 sayfalık ilk fasikülü getirdiğinde, bundan sonraki fasiküllerin redaksiyon ve yayınlanmasına katılmamı, özellikle de eserin ikinci bölümü-

---

* Konuyu eksik bırakmamak için, söz konusu 1945 tarihli bu metnin, 24 Aralık 1952 tarihli kanunla, başlangıç metnine geri döndürülmüş olduğunu belirtelim.

nü oluşturan Almanca-Türkçe, Fransızca-Türkçe, İngilizce-Türkçe ve Lâtince-Türkçe terim sözcüklerinin hazırlanmasına yardımcı olmamı istedi. Eninde sonunda esas ağırlığı benim omuzlarıma yüklenen işin boyutlarını düşünmeksizin, yardımcı olmaya söz verdim. Esas sözlüğün son (5.) fasikülünün yayınlanabilmesi, tam üç yıl aldı. Esas sözlük, çift sütun olarak sözlük ebadında basılmış toplam 373 sahifeden ibaretti. Son fasikül, 1947 Cumhuriyet Bayramına yetişti. Yukarıda andığım teknik terim sözlüklerinin yayınlanması ise, bundan bir yıl sonra mümkün oldu. Bu sözlüklerde 19.000'in üzerinde yabancı dilde terim vardı ve çift-sütunlu 200 sözlük sahifesinden ibarettiler. Türk Hukuk Kurumunun o günkü Başkanı Profesör *Göktürk* tarafından, 30 Haziran 1948'de yazılan son sözde, benim faaliyetim şöyle anlatılır: "Tertip, tanzim, tamamlama, tashih ve basım işlemi Ankara Hukuk Fakültesinin değerli Ord. Profesörlerinden Dr. Ernest Hirş tarafından sağlanmıştır. Bu vesile ile Prof. Hirş'in Türk Hukuk Lûgatına yaptığı yardımların bundan ibaret kalmadığına da işaret etmek isterim. Şöyleki, Lûgatın birinci fasikülünden sonraki kısmının her türlü tertip, tanzim ve tashih işleri kendi mesuliyetine tevdi edilmiş olduğundan, onun yayımın devam eylediği uzun yıllar boyunca, bize yaptığı ikazlar sayesinde birçok eksikler tamamlanmış, bazen terimler gerek ilim heyeti azası ve gerekse dışardan tedarik edilen yazıcılar tarafından ıslah ve ikmal olunmuş veya yeniden yazılmış ve F harfinden sonraki terimler, basım sırasında bir kere daha İlim Heyetince gözden geçirilmek suretiyle gayeye daha fazla yaklaşmaya uğraşılmıştır". Buna eklenmesi gereken husus, Anayasanın yukarıda anılan biçimde Türkçeleştirilmesi sonucu yeni oluşturulan Öz Türkçe terimlerin, Sözlük metninde, İ harfinden itibaren, yani 10. formadan sonra, kısmen dikkate alınmış olmasıdır. Bu eserin yayınlanan ilk fasikülünden sonra, şayet benim enerjim olmasaydı, hiçbir zaman arkasının gelip öteki fasiküllerinin yayınlanamıyacağını tarafsız bir dille tespit etmek, herhalde kendi kendimi övmek anlamına gelmez. 30 Haziran 1948 tarihli son sözde bildirildiği üzere 1950 kışında çıkması gereken ek fasikülün, aradan 30 yıl geçmiş olduğu halde, hâlâ yayınlanmamış olması bu konuda yeteri kadar aydınlatıcıdır.

V.
Defne

Türkiye, tütün ve çay ülkesidir. Dolayısıyla, benim de tam bir "çaycı" ve aynı zamandada tütün tiryakisi olup çıkmama hiç şaşmamalı. Üstelik, gençliğimde, Almanya'da yaşadığım yıllarda, sigarayı hiç sevmezdim. Bana birisi sigara tutsa, "çok teşekkür ederim, kağıdı üstüne yazı yazmak için kullanırım, dumanını içime çekmek için değil" gibisinden cevaplar verirdim. Belki de bu, sıkı bir purocu olan babamdan bana geçmiş bir sözdü.

Türkiye'de "sigara", "zigarette" anlamına geliyordu. Sigaranın her çeşidini, türlü türlü tatta olanını bol bol bulmanız mümkündü. Bundan başka nefis kokulu, bal ya da incirle mayalanmış, en iyi cinsinden "pipo tütünü" de vardı. Bu tütünü ince kıyım tütün içimine uygun kısa pipolara doldurup içiyorlardı. Başlangıçta ben de bu tütünde karar kıldım, çünkü nargile içmek için yaşımı küçük buluyordum henüz. Almanya'dan alışkın olduğum purolara gelince, gerçi bunları özellikle İstanbul, Ankara ve İzmir'in yabancılarla turistlerin çokça bulunduğu semtlerindeki bazı tütün bayilerinde (Tabakstrafiken) bulabilirdiniz. Ama son derece pahalıydılar. Çünkü bunların yurt dışından ithali ve iç pazarda satışı, sadece Türk Tekel İdaresinin elindeydi. Bunlara "yaprak sigara" diyorlardı ya da kısaca "puro". Puro, İspanyolca bir sözcüktü. Bildiğiniz "Havana" tipinde sarılmış, yani damarları çıkarılmış tütün yapraklarından oluşan, ayrıca birer "Umblatt" ve "Deckblatt"la kaplı tipe "puro" deniyordu. Bundan başka, gene "puro" denen, ama Türkiye'de imal edilen yerli bir tip daha vardı. Bunlar, bir Sumatra ya da Brasil "Deckblatt"a sarılı bir dolgudan oluşmaktaydılar. Dolgu, esas olarak, sigara içi ya da pipo tütünü olarak kullanılmaya elverişsiz, küçük küçük kıyılmış tütün yaprağı damarlarından oluşmaktaydı. Bu dolgu Türkiye'de üretildiği için, bunlar yurt dışından ithal edilen purolara oranla daha ucuzdular ucuz olmasına, ama içimleri çok ağırdı. Küçük piponuzu bütün gün hiç söndürmeden tüttürebileceğiniz halde, bir günde içebileceğiniz puro sayısı pek fazla değildi. Bu nedenle, ben de, sabahları kahvaltıdan sonra, çalışma günüme başlarken kendime bir puro içme hakkı tanımıştım. Puronun üçte ikisini -tabiî dumanını içime çekmeksizin- kendim içip bitirirdim, geri kalan üçte biri de kül tablasında için için yanarak sönerdi. Ve soğumuş puronun o berbat kokusu, odayı bir baştan öbür başa kaplayan yoğun tütün dumanının kokusuna "uyum" içinde karışırdı. İlk dersin başlamasına ne kadar zaman kalmış olmasına bağlı olarak, artık ya küçük bir pipo yakardım ya da benim küçük Bruyère'den daha fazla tütün alan bir tür büyük "Försterpfeife" piposu doldururdum. Hem bu büyük pipomun sapı da öyle fazla kızmıyordu, dolayısıyla pipoyu sol elimde tuturken, sağ elimle de not alabiliyordum. Bu tiryakilik sonucu, Enstitünün odası, sabah daha 9'da öylesine yoğun bir duman bulutuyla kaplanırdı ki, asistanlarım odaya geldiklerinde, ilk iş pencerelere koşup nefes alabilmek için ardına kadar açarlardı.

Bir sabah -sanırım 1947 Nisan ayıydı- bu arada doktoralarını vermiş ve asistanlık sınavlarını tamamlamış olan asistanlarım, yani Ticaret Hukuku dalında Bay *Karayalçın* ve Bayan *Uzbark* (sonradan evlenip *Topçuoğlu* soyadını aldı), bana bir ültimatom verdiler: "Ya tütünden vazgeçersiniz, ya da bizden. Çünkü bu havada ne nefes alabiliyoruz, ne de çalışabiliyoruz. Ayrıca, bu çılgınca tüketim yüzünden kendinizi nasıl hasta ettiğinize, nasıl mahvettiğinize seyirci kalmamız ve bunun sorumluluğunu paylaşmamız da mümkün değil". Nutkum tutuldu önce, ama bir-iki saniye sonra ne kadar pipom varsa hepsini, purolarımdan geri kalmış olanların hepsini, bir de koca kül tablamı toparlayıp ellerine tutuşturdum ve "Bunların hepsinden vazgeçebilirim, ama sizden vazgeçemem" dedim. Ve o andan itibaren, yani kelimenin tam anlamıyla, bıçakla keser gibi, tütünle ilişkimi kesip attım.

Aradan 14 gün geçmişti, bir sabah asistanım işe geldiğinde, beni yemyeşil bir yüzle yerde yatar durumda buldu. Anlaşılan kuvvetli bir baş dönmesi sonucu düşmüştüm. Başımı ıslak süngerlerle sildikten sonra, beni bir taksiye koyup evime götürdüler. Evde Bayan Praetorius -mesleği hekimlikti- beni derhal yatağa yatırdı, alnıma ve gözlerime soğuk kompres yaptı. Hemen birkaç saat sonra da, Tıp Fakültesi dekanı ve iç hastalıkları uzmanı olan, beni de çok seven Profesör *Abdülkadir Noyan* geldi. Anlaşılan Hukuk Fakültesi dekanı haber vermişti kendisine. Sanki kendisi resmen görevli hekim imiş gibi beni muayene ettikten sonra şunları söyledi: "Durumunuz apaçık. Hepimizin çok iyi bildiği gibi, sorumsuzca aşırı çalışıp kendinizi hırpaladınız. Bu aşırı yorgunluğu ancak aşırı tütün sayesinde kaldırabiliyordunuz. Vücudunuz tütüne alışmıştı. Aniden nikotini kesince, bu sonuç ortaya çıktı. Bir kaç hafta kesin istirahate ihtiyacınız var. Size 4 haftalık rapor veriyorum. Toros Ekspresiyle Antakya'ya gideceksiniz. Hangi taksiye binseniz, sizi Defne'ye, resmî adıyla Harbiye'deki otele götürür (otelin adını unuttum). Orada bol bol yürüyüşe çıkacaksınız, öğle uykusunu ihmal etmeyeceksiniz. Ve mümkün mertebe sırtüstü yatarak dinleneceksiniz. Çok az okuyun, esas olarak dalga geçin, ziyaretçi yok. Üç hafta sonra, hiç ilâç tedavisine gerek kalmadan, turp gibi olacaksınız, inanın."

Antakya'yı henüz görmüşlüğüm yoktu, ama, ülkenin en güneyinde, İskenderun yakınlarında bir yerde olduğunu biliyordum. İskenderun'u İstanbul'dan gemiyle gittiğimde görmüştüm.

İstanbul'daki karıma bir mektup yazarak olanı biteni anlattım, bir seyahat acentasından ertesi akşamki Toros Ekspresinde yataklı vagon için bir yer aldım, küçük valizimi yerleştirdim ve tek başıma bir taksiye atlayıp tren istasyonuna gittim. Asistanlarım da dahil, kimsenin bana eşlik etmesini istememiş, önerileri-mutlak sükûnete ihtiyacım olduğunu ve trende de kendi kompartımanımı kendimin bulabileceğimi- söyleyerek geri çevirmiştim.

İstanbul (Haydarpaşa) yönünden beklenen trenin yarım saatlik gecikmeyle geleceği bildirildi. Yeni gar binasının bekleme salonuna, bir tanıdık çıkar da beni lâfa tutar korkusuyla, girmeye cesaret edemiyordum. Peronun en karanlık, rüzgâra karşı biraz korunaklı bir köşesine oturup, demiryollarını, raylarını seyre daldım. Aniden önümde bir demiryolları görevlisi belirdi. "Aman hocam, bu saatte nereye gidiyorsunuz? Yarın sabah hukuk felsefesi dersiniz var." "Demek, benim öğrencimsiniz, öyle mi?" diye sordum. "Evet", dedi, "olgunluk sınavını verdim, şimdi de bir yandan Hukuk Fakültesinden lisans diploması almak istiyorum. Amacım, demiryolları idaresinde hukukçu olarak çalışabilmek. Yarın dersiniz yok mu?" "Yok" dedim. "Doktor bana dört haftalık rapor verdi, sağlığımı yeniden kazanmam için beni güneye gönderiyor." "Vah, vah, vah" dedi öğrenci, "ve siz, başka yer yokmuş gibi, gelip peronun en cereyanlı yerine oturmuşsunuz. Lütfen benim büroma gelin. Hem sıcakta bekleyin, hem de bir sıcak çayımı için. Sizi zamanında yataklı vagon kondüktörüne emanet ederim." "Emanet etmek" demişti ve sahiden dediği gibi yaptı. Kondüktöre benim neyin nesi olduğumu iyice belletti ve İskenderun'a sağ salim varmam için bana gözü gibi bakmasını tembihledi. Sıradan bir öğrencinin ani hastalanan hocasına böyle ihtimam göstermesi, kuvvet şurubu etkisi yapmıştı üzerimde. Eğer öğrencilerimin çoğu bana karşı bu tutum içindeyseler, emeklerim boşa gitmemiş demekti.

Bütün gece süren yolculuktan sonra, sabahleyin tren Boğazköprü'de durdu. Burada, köprünün hemen birkaç kilometre ötesinde kalan Kayseri üzerinden Doğuya (Sivas, Erzurum, Malatya ya da Diyarbakır) gidecek olan vagonlar katardan ayrıldı. Sabah olduğunda yatak kaldırılıp kompartıman yeniden oturulacak hale getirildiğinde pencereyi indirdim. Karlı tepesiyle Erciyes Dağı'nı sabah ışığında görmek istiyordum. Erciyes'in görüntüsü daha 1930'lu yıllarda karımla birlikte yaptığımız İç Anadolu seyahatinden bu yana hafızamdan silinmemişti. Derken penceremin dibinde gençten biri peydah oldu: "Günaydın Hocam" diye selâmladı beni. "Hayrola, hangi rüzgâr attı sizi bu mevsimde buralara? Tatilin başlamasına daha dört, beş ay var. Yoksa Ankara'dan kovuldunuz mu?" "Evet, bir anlamda öyle sayılır" diye cevap verdim. "Ama siz kimsiniz, kuzum?". "Tanımadınız mı?". Adını söyledi ve "1944'de Ticaret Hukuku sınavında bana pekiyi vermiştiniz, oysa çözmem gereken meseleyi yanlış anlamıştım. Ama siz bana gene de iyi not verdiniz, çünkü gerekçem hoşunuza gitmişti" dedi. "O zaman, önemli olan doğru çözümün kendi değildir, asıl izlediğiniz yol, metod doğru olmalı demiştiniz. Ve bu sözünüzün ne kadar doğru olduğunu her gün yeniden farkediyorum. Memleketim Niğde'ye yerleştim, avukatlık yapıyorum. Kayseri'de duruşmaya yetişeceğim, aksi yönden gelen Niğde treninden indim, biraz önce. Siz nereye gidiyorsunuz ve neden?". Kısaca olanları anlattım ve nereye gittiğimi söyledim. Anlamıştı. "Ama dönüş yolunda mutlaka Niğde'de yolculuğunuza ara verin. Size Ürgüp yöresini gezdirir, Göreme vâdisindeki kaya içine oyulmuş kiliseleri gösterirdim" dedi. "Niye olmasın, imkân olursa, güzel olur. Dâvetiniz için çok teşekkür ederim, size iyi şanslar, sevgili genç meslekdaşım," dedim.

Tren hareket etti, avukat arkamdan seslenerek iyi yolculuklar ve âcil şifalar diliyordu.

Ankara garında olduğu gibi, burada da öğrencilerimin bağlılığını, şükranını ve ihtimamlarını hissetmiştim bir kez daha. Bu ihtimam içimi ısıtıyor, bana kuvvet veriyordu. Tren, İncesu'dan geçmekteydi. Buradan Erciyes Dağı, bütün heybetiyle yükseliyordu ovanın düzlüğü üzerinde. İncesu, Niğde, Ulukışla üzerinden, Kilikya kapısından geçerek Yenice'den Adana'ya vardık. Kilikya kapısından geçer geçmez, daha Pozantı'da mevsimin ilk hasadının yapıldığını gördük. Adana'dan Toprakkale üzerinden İskenderun'a vardık. İskenderun'da trenden inip bir otobüse bindim. Otobüs, yer yer İskenderun Körfezinin nefis manzaralarını sergileyen yılankavi dönemeçlerden geçerek Belen geçidine tırmandı, sonra da Antakya'ya (Asi nehri kıyısındaki antik Antiochia'ya) iletti bizi. Hiç oyalanmadan bir taksiye bindim ve yemyeşil bahçeleri, harikulâde güzel çağlayanlarıyla Defne'ye, bana adı verilen otele gittim. Otelde, beyaz kireç badanalı yüksek tavanlı sade bir oda verdiler bana. Odada basit bir yer kereveti, küçük bir masa, bir sandalye ve bir komodinin üstünde de bir leğenle su testisi vardı. Yüksek bir pencere, daha doğrusu önünde yeşil bir pancuru olan bir kapı, binayı çepeçevre dolaşan, üstü örtülü, çeşit çeşit bitkiyle ve çiçekle kaplı bir verandaya açılıyordu. Yumuşak, ozon dolu temiz bir hava doldu ciğerlerime. Kerevete uzandım, hemen uykuya dalmışım.

İki gün sonra, sabah yürüyüşünden otele döndüğümde, ağzına kadar taze meyva, çikulata, Türk tatlılarıyla dolu, üzeri çiçek çengeliyle bezeli bir hediye sepeti buldum. Sepet benim için Antakya'dan yollanmış. İçindeki kartta şunlar yazılıydı: "İstanbul ve Ankara'da eski öğrencileri muhterem ve sevgili Hocalarına, âcil şifalar diler, bir haftalık mutlak istirahatten sonra, kendisini kısa bir geçmiş olsun ziyaretiyle rahatsız edebileceklerini ümit ederler". İmzaları okumak mümkün değildi, tabiî. Bu son derece candan ve o nispette de nazik hoşgeldin, bu yolculuğumda tattığım üçüncü kuvvet şurubu oldu, eski öğrencilerimin bana bağlılıklarının bir nişanesi olarak ve ruhumu güçlendiren bir kuvvet iksiri. Uzun zamandır hissetmemiş olduğum türden bir huzur doldu içime, Türkiye'de nereye gidersem gideyim, kader beni nereye savurursa savursun, mutlaka yardıma hazır dostlar bulacağımı düşünebilmek bana huzur veriyordu.

Hergün Antakya'da oteli arıyorlar, sağlığımı soruyorlardı; geçmiş olsun dileklerini alıyordum. Aradan bir hafta geçtikten sonra, nihayet şahsen ziyaretin mümkün olup olmadığını sordular. 8 genç adam geldi ziyaretime. Çok değil, daha bir kaç yıl önce İstanbul ya da Ankara'daki Hukuk Fakültelerinin anfilerinde derslerimi dinleyen, şimdi de Antakya'da hâkim ya da Avukat olarak çalışan gençlerdi bunlar. Benim Defne'de olduğumu nereden duyduklarını sorduğumda, şunu anlattılar: Boğazköprü istasyonunda ayaküstü konuştuğum avukat, yememiş, içmemiş, Antakya'dan meslekdaşlarından birine telefon ederek, ayrıntılı bilgi vermişti. Genç hukukçular fazla kalmadılar, birer bardak çay içip kalktılar. Benim için ne yapabileceklerini sordular. Kendilerinden kendimi daha iyi hissettiğimde, bir müsait zamanda bana Antakya'yı gezdirmelerini, görülmeye değer yerlerini göstermelerini istedim. Ama bunun dışında doktorun tavsiyesine uyacak, mutlak surette istirahat edecek, yürüyüşe çıkacaktım.

Ve çıktım da. Defne ağaçlarıyla, selvilerle, çağlayanlarla bezenmiş çayırlarda yürüyordum. Antik çağda Apollo 'ya adanmış kutsal bir korulukmuş burası. Efsaneye göre, Apollo'nun sevgisini istemeyip ondan kaçan su perisi Daphne'yi burada, bir defne ağacına çevirmiş Apollo. Bugün Türkçede bu ağaca defne denmesi bu nedenledir! Bu lâtif manzaralı tepede Romalılar devrinde (M.Ö. 64 ile M.S. 260 arası) Antakya'da üslenmiş olan Roma garnizonunun subayları ve eyaletin üst düzey yöneticileri villalar yaptırmışlar, ben oradayken bu villaların bulunduğu yerde kazı yapılıyordu. Gün ışığına çıkarılan o harikulâde, eşsiz güzellikteki yer ve duvar mozaiklerine bakmaya doyamıyordum. Mozaikler Defne'de çayırların üstünde olduğu gibi, dağınık bulundukları yerde, bugün konuldukları Antakya müzesindeki sıkışık durumlarına nazaran çok daha derin bir etki uyandırıyorlardı insanın üstünde. Her büyük mozaik içine üzerinde sırtı kambur bir insan tasviriyle, Eski Yunanca harflerle yazılmış "Sen de" yazısı bulunan el kadar bir çini yerleştirilmişti. Özellikle ilginç buldum bunu. Sanki her insana, kendisinin de gizli bile olsa, sırtında bir şeyler taşıdığını anlatmak isteyen bir uyarıydı bu.

Bir sabah gene böyle çayırlıklarda gezindiğimde, bir jandarma devriyesi tarafından durduruldum. Yakınlardan Türk-Suriye hududunun geçtiğini bilmek gerek. Jandarmalara Türk kimlik belgemi gösterdim. O tepelerde ne aradığımı sordular. Kaç gündür beni gözetlediklerini, hareketlerime bir anlam veremediklerini söylediler. En güzel Türkçemi seferber edip, ani olarak hastalandığımı, doktorum Profesör Dr. Noyan Paşa'nın (Paşa kelimesini üstüne basa basa telâffuz ettim) beni iyileşmem için Ankara'dan buraya hava değişimine yolladığını söyledim. Madem ki iyileşmek için gelmiştim, o zaman böyle ortalıkta dolaşacak yerde, yatıp dinlenmem daha iyi olmaz mıydı? Yanlarındaki katıra binip Defne'ye onlarla birlikte katır sırtında dönmeliydim. Çok teşekkür ettim; ama ne yazık ki önerilerini reddetmek zorundaydım, çünkü Paşa bana hayvana bineceksin dememişti, bol bol yürüyeceksin demişti. Ama onlarla birlikte otele kadar gidebilirdim. Benim hakkımda daha fazla bilgi almak istiyorlarsa, Antakya'daki genç hâkimlerden ya da avukatlardan birine sorabilirlerdi. O beyler, benim kim olduğumu biliyorlardı, buraya ziyaretime bile gelmişlerdi. Jandarmalardan biri, "elinizdeki kimlik Türk kimliği, ama, Türk değilsiniz" dedi. "Türk vatandaşıyım, ama aslen Almanım", "Yani şu Alman profesörlerden misiniz?" "Evet" dedim. Derken bana sigara tuttular, binbir teşekkürle reddettim, o sırada sigarayı bırakma kürü yaptığımı söyledim. Ertesi günler zarfında gene sık sık karşılaştık, ayaküstü sohbet ettik. Öngörülen dinlenme süremin bitiminde İskenderun'dan deniz yoluyla İstanbul'a oradan da Ankara'ya döndüm. Sağlığıma yeniden kavuşmuştum.

7. Yüksek Okulların Hukukî Durumu

I.
1933'den 1946'ya kadar

Daha önce (1. bölüm, 2. kesimde) etraflıca anlattığım gibi, İstanbul Üniversitesi 1933 yılında yeni bir kuruluş olarak ortaya çıktı. Kuruluş Kanununda, Üniversitenin Teşkilât Kanunu taslağının 1934'de Meclise sunulması, o tarihe kadar da bu yeni kuruluşun bütçesinin Millî Eğitim Bakanlığı tarafından geçici olarak yönetilmesi öngörülmüştü. Bunun yerine 1934'de Üniversite bütçesi özel kanunla genel devlet bütçesi içine alındı ve 63 maddelik bir Bakanlar Kurulu kararıyla, üniversitenin, fakültelerin ve enstitülerin yönetimi, öğretim üyelerinin ve asistanların hukukî konumları ve malî ve iktisadî hususlar, tıpkı daha yüksek seviyede bir okul tarzında düzenlenmişti; herhalde bu düzenleme yüksek okul statüsüne benzemiyordu. Devlet yönetiminde merkezden yönetim ilkesi geçerliydi. Üniversitenin ne hukukî şahsiyeti vardı, ne de herhangi bir biçimde özerkliği. Rektör ve dekanlar seçimle işbaşına gelmiyor, Millî Eğitim Bakanlığınca tayin ediliyor ve görevden alınıyordu. Rektör, Millî Eğitim Bakanının temsilcisiydi; gene Bakan tarafından tayin edilen bir genel sekreter, rektörün yardımcılığını yapıyordu. Sadece rektör, genel sekreter ve dekanlardan oluşan bir Üniversite kurulu, bazı belli sınırlı yönetim yetkilerine sahipti, Üniversitenin öteki bütün kurullarının sırf danışmanlık fonksiyonları vardı. Bunların aldığı kararlar, hukukî mahiyetleri bakımından, ancak Bakan tarafından onaylanmak ve yürürlüğe konmak durumunda olan tavsiyelerden başka birşey değildi. İktisadî ve malî meseleler, doğrudan doğruya Maliye Bakanlığına bağlı olan bir muhasebe tarafından hallediliyordu. İta emri yetkisi yalnızca rektördeydi ve bu yetki genel sekreterin paraflı teklifi üzerine kullanılabiliyordu.

Bu düzenlemenin amacı, tamamiyle yeni baştan kurulan Üniversiteyi bu çocukluk çağında evvelâ vesayet altına sokmak, bütün ilgilileri gelecekteki görevlerine hazırlamak ve onları, olgunluk çağına gelindiğinde Üniversiteyi artık kendi başlarına yönetebilecek duruma getirecek bir ruh içinde eğitmekti.

Aynı şekilde Yüksek Teknik Okul'dan kaynaklanan ve 1944'de statüsü değiştirilen İstanbul Teknik Üniversitesi ve Ankara'da 1925, 1935, 1943 ve 1944'de kurulmuş olan bağımsız Hukuk, Dil-Tarih ve Coğrafya, Fen, Tıp,

Siyasal Bilimler Fakülteleri ile Ziraat Yüksek Okulu da bu doğrultuda yönetilmekteydiler. Yukarıda anlatılan, adı geçen Üniversitelerle Fakültelerin Eğitim Bakanlığının Yüksek Öğretim Genel Müdürlüğünde merkezileştirilmiş olan yönetimi, Türkiye'de 1945 yılına kadar ağır basan sıkı devletçi çizgiye ve otoriter tek parti sistemine uygun düşüyordu. Buna rağmen, devletin bu vesayeti, personel ve malî meseleler dışında, öğretim ve araştırma işlerine devletin hiç karışmaması, ya da sadece çok zorunlu ve haklı durumlarda karışması ve bütün yönetim meselelerinde de yüksek okullardaki danışma kurullarının tavsiyeleri doğrultusunda hareket sonucunda, pratikte, hafifletilmiş oluyordu. Ayrıca üniversiteler, fakülteler ve yüksek okulların Millî Eğitim Bakanının başkanlığında toplanan özel kongrelerde kamu önünde ve bütün açıklığıyla üniversitenin organizasyonuna ilişkin meseleleri, üniversite öğretim üyelerinin (Hochschullehrer) hukukî konumlarını, özerklik, bilim ve öğretim özgürlüğü konularını tartışmak mümkündü. (Bu konu hakkında bkz. 1. bölüm, 5/1. kısım). Bu yolla, Profesör *Malche*'ın raporunda öngörülen ve her zaman vaadedilen özgür yüksek okul düşüncesi sürekli olarak canlı tutulmaktaydı. Dolayısıyla İtalya ve Almanya'daki totaliter sistemler yıkıldıktan sonra, Türkiye'de demokrasi rüzgârı daha kuvvetli esmeye başladığında, Üniversitelerle Fakülteler bu rüzgâra göre ilk yelken açmaya hazır kurumlar oldu. Özgür bir Üniversite Kanunu çabaları sonucunda 1943 ile 1945 yılları arasında hem İstanbul'daki iki Üniversite tarafından, hem de Ankara'daki *Yüksek Öğretim Genel Müdürlüğü* tarafından çeşitli ön taslaklar hazırlanmıştı. Bu projelerin bir kısmı yüksek okul hocalarının hukukî konumlarını amaca uygun biçimde düzenlemeye yönelikti. Bir kısmı organizasyon, özellikle de üniversite özerkliği konusunu işliyordu. Bütün bu ön taslakların temeli bir yandan yukarıda adı geçen ve 1939'da toplanan ve çalışmalarına benim de katılmış olduğun Eğitim Kongresi'nde alınan kararlar, öte yandan ise bir takım bilimsel raporlardı. Bu bilimsel raporlar, o tarihte İstanbul Hukuk Fakültesi Dekanı olan Profesör *Onar* tarafından, en önemli ülkelerde yaptırılmış olan geniş çaplı bir bilimsel anket sonucu hazırlanmışlardı. Bu konudaki rapor, belgeleriyle birlikte 1945 Nisan ayında sunulmuştu. Millî Eğitim Bakanı *Hasan Ali Yücel*, buna benzer temel belgelerin Bakanlığın işbirliği halinde Yüksek Öğretim Genel Müdürlüğü ile Ankara'daki fakülteler tarafından da hazırlanmasını istiyordu. Buna uygun olarak 1945 sonlarına doğru bir komisyon kurdurdu. Komisyon, Bakanın başkanlığında olmak üzere, Eğitim Bakanlığından dört üst düzeyde memur, Ankara'da kurulmuş olan dört fakültenin dekanları ve bu fakültelerde görevli Türk ve yabancı profesörlerden bazılarından oluşmaktaydı. Bakanın önerisi üzerine komisyon bana, "Üniversitelerin Özerkliği" konusunda bir rapor hazırlama görevini verdi. Bu raporu 1946 yılında sundum ve komisyon da oy birliğiyle onayladı. Daha sonraki yıllarda Meclis tartışmalarında olsun, gazete makalelerinde olsun, hele özerklik, özgürlük ve devlet mercilerinin bilimsel araştırma ve öğretim özgürlüğüne müdahalesi konuları alevlendiğinde*, bu raporun, özellikle çarpıcı bazı yerlerinden kelimesi kelimesine alıntı yapılmıştır.

II.

Üniversiteler Kanunu

Benim sözünü ettiğim bu rapor, 1946 Şubat ayında Ankara'da Eğitim Bakanlığında toplanan bir"karma komisyonun" çalışmalarına temel oluşturmuştur. Söz konusu komisyon, yukarıda adı geçen Ankara komisyonunun üyelerinden, İstanbul Üniversitesinin Rektöründen ve İstanbul Hukuk Fakültesinin Dekanından oluşuyordu. Bu komisyon çalışmaları sonucunda üniversitelerin, fakültelerin ve bunlara bağlı öteki kurumların özerkliği konusunda, gerekçeli bir kanun taslağı hazırlandı. Sadece 30 maddeden oluşan bu taslak, yedi kısım halinde, Üniversitenin bilimsel, yönetsel ve malî özerkliği konusunda; fakültelerin yapısı, organizasyonu ve organları konusunda, Üniversitenin organları konusunda, bir üniversitelerarası kurul konusunda, devlet gözetimi ve malî işler konusunda hükümler içermekteydi.

Formülasyonuna çok emeğim geçmiş olan bu taslak ve gerekçesine dayanarak Eğitim Bakanlığının yetkili dairesi bir kanun tasarısı hazırladı. Başlıktan da anlaşılacağı gibi kanun, üniversiteler ve fakültelerin hukukî konumunu, üniversite hocalarının konumunu, aşağı yukarı 100 madde içinde düzenlemekteydi. Söz konusu tasarı, İstanbul'daki iki üniversiteye görüşlerini bildirmeleri için yollandı; gelen cevaplardan bazı değişiklik önerileri yer almıştı. 27 Nisan 1946'da Başbakan, nihaî biçimiyle, gayet etraflı gerekçesiyle bir Üniversiteler Kanununu hükümet tasarısı olarak parlamentoya sundu. Kılı kırk yararcasına titizlikle yürütülen ve günlerce süren Meclis tartışması, 13.6.1946 tarihinde 4936 sayılı Üniversiteler Kanununun parlamentoca kabulüyle son buldu.

Bu Üniversiteler Kanununun karakteristik özelliği, üniversitelerle fakültelere tanınmış olan fevkalâde geniş kapsamlı özerkliktir. Siyasî güçlerin (Parlamento, Hükümet, Millî Eğitim Bakanlığı, Yüksek Öğretim Genel Müdürlüğü) bu konudaki cömertlikleri, Türk Üniversitelerinin, yalnızca devletin parasal imkânlarıyla yaşayan devlet üniversiteleri olduğu hesaba katılacak olursa, büsbütün çarpıcı olmaktadır. Bu geniş kapsamlı özerklik,

* Bu rapor, tarafımdan yayınlanan ve yukarıda sık sık adını andığım, Üniversiteler konusundaki "Dünya Üniversiteleri ve Türkiye'de Üniversitelerin Gelişmesi" adlı eserimde, C. I, 1950, s. 175-198'de basılmıştır. Almanca bir çevirisi yoktur, ayrıca buraya alınması, konuyu gereksiz yere genişletir.

bir tesadüf değil, tam tersine son derece bilinçli ve ön şartlarıyla etkileri etraflıca düşünülmüş bir önlemdi. Politik açıdan, ikinci bir partinin kurulması ve milletvekilinin doğrudan doğruya seçimini öngören seçim kanunu ile başlatılmış olan parlamenter demokrasiye geçiş doğrultusunda atılmış bir adımdı ve otoriter merkeziyetçilikten bilinçli olarak uzaklaşma anlamına geliyordu. Ama aynı zamanda ve sanırım daha da büyük oranda, Profesör *Malche*'ın raporunda Batı Avrupa üniversitesi temelinde dile getirdiği üniversite tipine bağlılığı kanıtlamaktaydı. Yani, 13 yıl önce başlatılmış ve yabancı profesörlerin yardımıyla gerçekleştirilmiş olan reformun onaylanması anlamına geliyordu. Bu gerçek, çeşitli yerlerde, üstüne basılarak, vurgulanmıştır. Şu örnekleri verebiliriz:

Bütçe komisyonunun Meclis Genel Kuruluna sunduğu rapordan:

"Memlekette yüksek araştırma ve öğretim işi üniversitelerin sorumluluğuna emanet edilmektedir. İstanbul Üniversitesinde on üç yıldır edinilen tecrübe ve elde edilen başarı üniversitelerimizin buna lâyık olduklarını göstermektedir. Kaldı ki üniversite öğretim ve yönetim işleri, yüksek bilgi ve ihtisas istiyen konular olmak itibariyle bizzat üniversite mensupları tarafından en iyi bir şekilde yürütülebilir." (Hirş: Dünya Üniversiteleri ve Türkiye'de Üniversitelerin Gelişmesi, C. II., 1955, S. 843)

Millî Eğitim Bakanının Meclis Genel Kurulu önünde yaptığı konuşmadan:

"Bu kanun dört seneden beri üzerinde çalışılan, Türk ve ecnebi mütehassısların bizim üniversite hayatımızda hizmet etmiş bulunan arkadaşların ve Eğitim Bakanlığının ilgili insanlarının emeğiyle, vücude geldikten sonra Hükûmetçe tetkik olunarak daha tekâmül ettirilirdi... Ana prensip üniversitelerin özerk olmasıdır, üniversitelerin otonomisidir. Bu özerklik, yönetimde, öğretimde ve malî alanlardadır. Üniversitelerin özerkliği, bir oluşun, erginliğin ifadesi olduğu vakit kıymetlidir... 1933 Kanunu... vazifesini görmüştür... Bilimin hürriyet isteyişi bir bedahettir. Bunun üstünde münakaşa etmiyoruz. Fakat bilim adamlarının da bu hürriyete liyakat göstermeleri bir vazifedir. Aynı suretle o hak mukabelesinde bu vazifeyi de inkâr etmeye kimsenin mecali yoktur.

Biz esasen üniversitelerimizde hiçbir zaman fikir hürriyetinin zıddına hareket etmedik. Öğretimde, ders vermede, kitap yazmada hiçbir eli tutmadık. Bu iyi duyguda olduğumuzun delili böyle bir kanunun Yüksek Huzurunuza getirilmesidir. Onun için özerk olan, özerk olarak kurulacak olan bu müesseseler, daha çok gelişme imkânını bulacaklardır. Çünkü sorumluluklarını kendi başlarına daha çok hissedeceklerdir. Sorumluluk derken özerk olacak üniversitelerin, doğrudan doğruya memleket efkârı umumiyesiyle temasa geçeceklerini, esasen işaret etmiş bulunuyoruz. Eğitim Bakanlarınızın üniversitelerin başı ve üniversitelerarası kurulun başkanı olması; üniversite işleriyle ilgili meselelerde Yüksek Huzurunuza bütçeleri gelecek bu müesseselerin sorumlu bir insanı ve sizin mümessiliniz sıfatiyle sizi cevaplayabilmek içindir. Ondan dolayı, Eğitim Bakanınıza bazı sorma ve denetleme hakları verilmiştir. Bu da üniversitenin iç işlerine ve öğretimine asla ve kat'a bir müdahale değildir. Asıl parlâmento denetlemesi bütçe ile olacaktır. Denetleme ve müesseselerin başında bulunan Eğitim Bakanı vasıtasıyla yapılmakla beraber hakikî denetleme yüksek Meclisin üniversite bütçelerini tasdik veya red suretiyle tecelli edecektir*". (age. s. 942-943).

1946 tarihli Üniversiteler Kanununa burada bu kadar geniş yer vermemin nedeni, bunun ön çalışmalarına etkili olarak katılmış olmamdır. Gerçi dışarı karşı ben özellikle gözükmüyordum. Ama, Ankara'da Millî Eğitim Bakanının başkanlığında ad hoc (geçici) olarak kurulmuş olan komisyonun raportörü olmak sıfatıyla ve bununla hemen hemen aynı kişilerden oluşan, karma komisyonun da üyesi olarak bu ön taslakların hazırlanması sırasında özellikle çok etkili olmuştur. Çünkü Bakanın bana mutlak güveni vardı. Bu güven, özellikle, kendisinin milletvekillerine söz vermiş olduğu, yukarda birkaç kez adı geçen eserin yayınlanması görevini bana vermiş olmasından da anlaşılmaktadır. Müsvedde, 25 Aralık 1949 tarihli önsözümde de belirtmiş olduğum gibi, daha 1946 Aralık ayında, yani Üniversite Kanununun kabulünden altı ay sonra basılmaya hazır durumdaydı. Fakat üç yıl, Millî Eğitim Bakanlığının çekmecelerinde kaldı. Neydi buna sebep? 1946 yazında yeni seçimler yapılmış, Cumhuriyet Halk Partisi, gerçi gene koltukların çoğunluğunu kazanmıştı, ama yeni kurulmuş olan Demokrat Parti, hükümet partisinin içindeki çeşitli akım ve grupların ağırlığında çok önemli kaymalara yol açmış bulunuyordu: O güne kadar belirleyici rol oynamış olan hümanist çizgi'nin yerine milliyetçi çizgi geçmişti. 17 Ağustos 1946 tarihinde, daha *Atatürk* hayattayken uzun yıllar parti genel sekreterliği yapmış olan *Recep Peker*'in (bkz. 1. bölüm, 6/II. kısım) başbakanlığında yeni bir hükümet kuruldu. Bu hükümetin Millî Eğitim Bakanı *Reşat Şemsettin Sirer* oldu. Yeni Bakanın, selefinin faaliyetleri anısına iki ciltlik

---

* Türk Üniversitesi Kanunu konusunda Almanca olarak daha başka bilgileri "Selbstverwaltung der Universität. Ein rechtsvergleichender Ausblick auf das türkische Recht", başlıklı makalemde bulmak mümkündür. Bkz. Die Öffenliche Verwaltung 1953, s. 176-178.

bir anıt sunmaya doğrusu hiç niyeti yoktu. Müsvedde, 1949 yılı ortalarında, yeniden benim elime geldiğinde, *Tahsin Banguoğlu*, Millî Eğitim Bakanı olmuştu. Başbakan ise *Şemsettin Günaltay*'dı. Her ikisi de, bu arada "eskimiş" olan eseri bastırmakta bir sakınca görmüyorlardı anlaşılan. Millî Eğitim Bakanlığı, Üniversiteler Kanununun kabulünden sonraki gelişmelere ilişkin belgeleri, yani 18.6.1946 ile 31.12.1949 arasındaki dönemin gelişmelerini de bana iletmek inceliğini gösterdi. Böylece bunları, bir çok isim ve konu fihristiyle birlikte müsveddeye ekleyebildim. Sonuç olarak, eser, 1950'de yayınlandığında, Türk Üniversitelerinin ve bunların hukukî durumlarının Cumhuriyetin ilânından bu yanaki gelişmelerini, hemen hemen eksiksiz olarak ileten bir belge niteliğini kazandı.

III.

Ankara Üniversitesi

Aradan geçen yıllar zarfında Ankara'da birçok bilimsel yüksek okul ve benzer enstitüler kurulmuştu. Bunlar çeşitli bakanlıklara bağlıydılar. Birbirlerinden bağımsızdılar ve organizasyonları ve yapıları da birbirlerinden tamamiyle farklıydı. Üniversiteler Kanununun hazırlanması sırasında yüksek okulların içinden dördü, fakülte adını taşıyordu. Millî Eğitim Bakanlığı, bu fakülteleri olabildiği kadar tek bir şemaya göre örgütlemeye çalışmıştı, ama aralarında bağlantı kurmamıştı. Bu bağlantı, Üniversiteler Kanunu vesilesiyle gerçekleşti. Kanunun 78. maddesi, şu cümleden oluşuyordu:

"Ankara'da bulunan Hukuk, Dil, Tarih ve Coğrafya, Fen Bilimleri ve Tıp Fakültelerini bünyesinde toplamak üzere Ankara Üniversitesi kurulmuştur."

Buna uygun olarak 75. madde ile de söz konusu fakültelerin öğretim üyelerinin önceden kazanmış oldukları ünvan, yetki ve hakları açıkça korunmuştu. Üniversitenin kurulması dolayısıyla ortaya çıkacak ek masrafların, özellikle rektörlük ve yönetim için gerekli maddî ve personel giderlerinin karşılanması için gerekli para hakkında gene Üniversiteler Kanununa hüküm konmuştu. (Geçici madde 3).

Yeni Üniversitenin organlarının, Rektörün ve Senato üyelerinin seçimi, hemen kanunun yürürlüğe girmesinin ardından yapıldı. İlk rektör olarak, dört fakültenin seçme hakkına sahip öğretim üyelerinin oylarının mutlak çoğunluğuyla, Dil, Tarih ve Coğrafya Fakültesinden Antropoloji Profesörü *Şevket Aziz Kansu* seçildi. Seçimi, Tıp Fakültesi Dekanı, İç Hastalıkları Uzmanı Dr. *Abdülkadir Noyan* ise kaybetti.

Hukuk Fakültesi, senatoya kendi temsilcisi olarak Profesör *Esat Arsebük* ile beni seçti. Gerçi ben Türk vatandaşıydım, ama hâlâ yabancı profesör olarak görülüyordum. Dil, Tarih ve Coğrafya Fakültesi de, senatörlerinden biri olarak, Asuroloji Profesörü *Benno Landsberger*'i seçmişti. Üniversiteler Kanunu, seçilme hakkı açısından, yabancı profesörlerin senato üyesi olarak seçilmesine engel değildi.

Rektör, Senatoyu 27.6.1946 tarihinde ilk toplantısına çağırdı. Toplantı, Rektörlükte yani Rektörlüğün bulunduğu Dil, Tarih ve Coğrafya Fakültesi binasında yapılacaktı. Ziraat Yüksek Okulu, bazı fakültelerle Üniversite bünyesine katılınca (1948) Rektörlük orada boşalan binalara taşındı.

Dört bağımsız fakültenin üyeleri arasında, o güne kadar zaten son derece canlı bir kişisel görüşme ve temas bulunduğundan, üniversitenin kurulması, herhangi bir idarî eylem ötesinde bir anlam taşımamıştır. Senatodaki çalışmalar olsun, tek tek komisyonların kurulması olsun, kısacası rutin işler, önemli bir güçlük ve sürtüşme çıkmaksızın yürütüldü. Tek tek fakültelerle üniversitenin üst yönetimi arasındaki bağlar da çarçabuk yerine oturdu. En azından, 1946/47'deki ilk üniversite yılından hatırımda ciddî bir güçlük, ya da olay kalmamıştır.

Üniversitenin ikinci yılı olan 1947/48 başlangıcında ise, ülkenin iç politikasındaki gerilimler hayli artmıştı. Bir yandan, demokratikleşmeyi daha da ileri götürmek amacıyla, Milletvekilleri için yeni bir seçim kanunu çıkarılmaya çalışılıyordu. Söz konusu kanun dolaysız ve genel seçim, eşit ve gizli oy, açık tasnif, çoğunluk ilkesi ve yargı denetimi getiriyordu. Öte yandan da hâlâ iktidarda olan Cumhuriyet Halk Partisinin kendi içindeki kanatlar arasında ciddî mücadeleler olmuş ve bunun sonucunda yeniden hükümet değişmişti. Üniversiteler Kanununun çıkarılmasına kadar başı çeken hümanist akım, yukarıda da belirtildiği gibi, 1946 seçimlerinden sonra yerini milliyetçi akıma terketmek zorunda kalmıştı. Bu akım kendini parlameno dışında da, özellikle basınla ve üniversite öğrencileri arasında hissettirmekteydi. Özellikle liberal düşünceli profesörleri, komünist oldukları şüphesiyle, görevden uzaklaştırma konusunda Batı Avrupa'da âdet haline gelmiş olan yöntemler vardı. Dünyaya, Türk öğrencilerinin de politik meselelerde demonstrasyon yapabileceği gösterilmek isteniyordu. Dil, Tarih ve Coğrafya Fakültesinde bazı sosyoloji öğretim üyeleri özellikle solcu, hattâ komünist olarak itham edildiler, bunların öğrencileri de aynı töhmet altında tutuldu. Bundan başka bu Fakültedeki bazı Alman profesörlerin de "sol" koktukları şüphesi vardı. Hukuk Fakültesinde ise profesörler, kendilerini siyasî konuların tamamiyle dışında tutmaktaydılar, buna karşılık öğrenciler, özellikle de yurt öğrencileri, siyasî kamplara ayrılmışlardı.

11 Aralık 1947 tarihinde, sol ile mücadele amacıyla, adı "Milliyetçi Türk Gençliği" olan bir öğrenci derneği kuruldu. Bundan önce de, Üniversiteler Kanununun 46. maddesi uyarınca disiplin mercii olarak Üniversite Senatosunda, üç öğretim üyesinin üniversite itibarıyla bağdaşmayacak po-

litik davranışlarından ötürü üniversiteden uzaklaştırılması konusunda bir tartışma çıkmıştı. Tartışmanın konusu politik davranışın, Ceza Kanunu anlamında cezalandırılabilir bir eylem (kanunda açık seçik olarak "suç" deyimi yer alıyordu) olması mı gerektiği, yoksa değerlendirmenin Senatonun takdirine mi kaldığı sorusuydu. Senatoda, aralarında benim de bulunduğum üç hukukçu, Ceza Kanunundaki ifadenin Üniversiteler Kanununda kullanıldığını ve suçun somut unsurlarının oluşmamış bulunduğu görüşünü savunuyorduk. Buna karşılık, Senatonun çoğunluğu ise, ellerindeki bilgi kadarıyla ve vicdanlarının sesini de dinleyerek kendi özgür takdirini kullanıp karar verebilecekleri görüşündeydi. Rektör, söz konusu kanun hükmünün otantik bir yorumunu temin etmekle görevlendirildi. Ama böyle bir yorumun temini ancak ve ancak Parlamentoya başvurmakla mümkündü, çünkü o tarihte yürürlükte olan 1924 Anayasasına göre, herhangi bir kanunun otantik yorumunu yapmada yalnızca Parlamento yetkiliydi. Buna uygun olarak Rektör, Millî Eğitim Bakanlığı ve Bakanlar Kurulu aracılığıyla, 1 Aralık 1947'de Parlamentoya başvurdu. İç Tüzük uyarınca bu başvuru, önce 5.12.1947 tarihinde Eğitim Komisyonuna gitti. Söz konusu komisyon, 19 Aralık 1947'de bu başvuruyu görüştü ve 23 Aralık 1947'de de, otantik yoruma gerek olmadığı kararına vardı. Zira kanun metni, gayet açıktı, buradaki "suç" sözcüğü, ceza hukukunun dar sınırlı anlamında değil, meslek ve sanat onurunu zedeleyici davranış anlamında kullanılmıştı. Parlamento Adalet Komisyonu ve Bütçe Komisyonunun da bunu izleyen raporlarında aynı sonuca varılmış olduğundan, 9 Şubat 1948'de bu soru, Parlamento tarafından, nihaî çözüme bağlanmış oluyordu.

Fakat bu arada, yukarıda adı geçen Milliyetçi Türk Gençliği örgütü, Ankara'daki komünist profesörlere karşı bir gösteri düzenlemişti. Gösteride ciddî taşkınlık olayları çıkmıştı. Rektör hırpalanmış ve istifaya zorlanmıştı.

Senato, 10 Ocak 1948'de toplandı. Parlamento komisyonunun görüşmeleri hakkında çok iyi bilgi sahibi olduğu anlaşılan Tıp Fakültesi Senatörü, Dil, Tarih ve Coğrafya Fakültesi mensubu bir profesörle iki doçentin üniversite hocalığı görevinde kalmalarını imkânsız kılacak biçimde üniversitenin şeref ve itibarını zedeleyen davranışlarından ötürü, üniversiteden çıkarılmaları önerisini getirdi. Ben söz alarak hazırlık soruşturması dosyasını istedim. Böyle bir şey yoktu! "Peki, suçlanan kişiler bu konuda dinlendi mi?" Soruma ise, Tıp Fakültesinden meslekdaşım "Buna hacet yok, hepimiz onların komünist olduğunu biliyoruz" cevabını verdi. "Özür dilerim, ben bilmiyorum; ama bir hukukçu olarak, her suçlanan kişinin en temel hakkının, dinlenme hakkı olduğuna işaret ederim" dedim.

Tıp Fakültesi senatörü buna kesinlikle karşı çıktı. Bunun üzerine, ben de: "Pekâlâ sayın meslekdaşım" dedim, "o zaman, ben de, şu andan itibaren körbağırsağın sol omuzda bulunduğunu iddia ediyorum" dedim. Hiddetten kendini kaybeden Tıp Senatörü üzerime saldırmak istedi, öteki senato üyeleri ancak zaptedebildiler. Ama, önerisinde ısrar etti. Ben de, yaklaşık şu açıklamayı tutanaklara geçirttim: "Bir disiplin soruşturmasında dahi suçlanana söz hakkı tanınması zorunludur. Bu olmaksızın yapılacak bütün işlemler hukuka aykırıdır. Ben hukuka aykırı bir işleme katılmam. Hukuk Fakültesinin senatodaki temsilcisi olma görevimden burada istifa ediyorum." Profesör *Esat Arsebük* de, bu açıklamaya katıldı. Buna rağmen Senato, söz konusu üç öğretim üyesini akademik kariyerden çıkarma kararını aldı. Yetkili idare mahkemesi olan Danıştay, 16 Şubat 1948 tarihinde Senatonun bu kararını hukukî gerekçelerle bozdu 2 Nisan 1948'de, Milliyetçi Türk Gençliği gene solculara karşı, bu kez sadece sokaklarda değil, üniversite binalarının içinde de, gösteriler yaptı.

18 Haziran 1948'de o üç öğretim üyesi aleyhine cezaî kovuşturma başlatıldı. Bu kovuşturmanın sonunda iki doçent, üç ay hapis ve görevlerinden alınma cezasına çarptırıldılar. Üçüncü sanık olan profesör, gerçi beraat etti, fakat, Türkiye'de bir üniversitede çalışma hakkı elinden alındı.

Üniversite, Senatosunun, bu kez zorunlu formalitelere dikkat ederek, görevden el çektirme yolunda bir disiplin cezası alması, mağdurların da, buna karşı, Üniversiteler Kanununun 48. maddesi uyarınca Üniversitelerarası Kurul'a itiraz etmesi üzerine ceza davasının açıldığı anlaşılıyordu. Tüm Türk Üniversitelerinin temsilcilerinden oluşan bu kurul da, itirazı yerinde bularak Ankara Üniversitesi Senatosunun kararını bozmuştu. Kurulun kararı, Üniversiteler Kanununun 48. maddesinin son cümlesine göre kesin nitelikteydi ve iptali de mümkün değildi.

Ne ki, bütün bu olayların sonucunda, Parlamentoda 5 ve 6 Temmuz 1948 tarihinde Üniversite kadrolarına ilişkin kanun görüşmeleri sırasında bazı aşırı milliyetçi milletvekilleri tarafından sadece Dil, Tarih ve Coğrafya Fakültesinin komünistlikle suçlanan üç üyesini değil, aynı zamanda bu Fakültedeki bazı yabancı profesörleri de hedef alan, hatta beni ve Fakülteden meslekdaşım *Esat Arsebük*'ü disiplin kovuşturmasını sabote etmekle suçlayan ağır ve yer yer kişisel saldırı ve sataşmalarda bulunuldu. Sadece bunu zikretmekle yetiniyorum. Parlamentonun bu konuya ilişkin oturum tutanakları, yukarda adını tekrar tekrar andığım, Türkiye'de Üniversitelerin Gelişmesi konulu eserimde, s. 1134-1210'da kelimesi kelimesine aynen aktardım. Bu konuda bana önemli görünen husus, Parlamentonun kadro taslağında üç kadroyu lâğvetmiş olması ve bunların Dil, Tarih ve Coğrafya Fakültesinde folklor dalındaki bir kadro ve sosyoloji dalındaki iki kadro olduğunu da açık ve seçik olarak belirtmiş olmasıdır. Bunu yapmakla kanun koyucu, ilgililer aleyhindeki ceza kovuşturmasına müdahale etmiş ve mahkeme kararına tekaddüm etmişti. Bu işlemin ne hukuk devleti ilkesiyle, ne de üniversite özerkliğiyle bağdaşır hiçbir yanı yoktu. Aynı şekilde, zamanında, Atatürk'ün kesin isteği üzerine, *Atatürk*'ün dil ve tarih teorisine bilimsel zemini sağlamak amacıyla ilgili kürsülere çağrılmış bulunan bazı Alman profesörlerin maaşları da yeniden onaylanmadı. Sonuçta Profesör *Eberhard* (Sinoloji), Profesör *Güterbock* (Hititoloji), ve Profesör *Landsberger* (Asuroloji), Profesör *Rohde* (Klâsik Filoloji) ve Profesör *Ruben* (Hindoloji), Ankara'yı terkettiler. Münhasıran Dil, Tarih ve Coğrafya Fakültesini hedef alan bir temizlik harekâtı söz konusuydu. Tıp ve Fen Fakültelerindeki yabancı profesörlere, herhangi bir şekilde dokunulmamıştı. Bana gelince, benim Hukuk Fakültesinde korkacak hiç bir şeyim yoktu, çünkü öğrencilerim benim tutumumu çok iyi biliyor ve bana karşı herhangi bir entrikaya girişmiyorlardı. Yapacak o kadar çok işim vardı ki, politikayla uğraşmaya hiç zamanım yoktu.

8. Kodifikatör

I.

Genel Bilgiler

Profesör Fındıkoğlu, yukarıda birkaç kez adını andığım makalesinde, yabancı sosyal bilim adamları arasında bazılarının, kendi kürsülerinin sınırlarının ötesini de gördüklerini ve Türk toplumunun meselelerini kendi öz meseleleri kıldıklarını yazar. Bunlar, kuru, cansız ve skolastik bir öğretim metodunun yerine canlı ve somut, gerçekle sıkı temas halinde olan bir toplumsal çalışma tarzı uygulamışlardır. Ve bunun sonucu olarak da isimleri akademik çevrelerin dışına taşmış, yarı eğitilmiş halkın ve memurların arasındada iyi bir şöhrete kavuşmuştur. Ne yazık ki, halkın hayatıyla ilgilenen, kişisel çıkarlarını düşünmeyen, gerçekçi bilgin tipi Türkiye'de bir ekol oluşturamamıştır. Fındıkoğlu, bu yabancılara örnek olarak, ismen Profesör *Kessler*'i (iş hukuku meselelerinde), Profesör *Neumark*'ı (maliye ve vergi hukuku meselelerinde) ve benim adımı verir.

Fındıkoğlu, aynen şöyle yazmaktadır:

> Prof. Hirsch, her şeyden evvel müstesna intibak kabiliyeti ile kendisini Üniversite içi ve dışı âlemimize tanıtan bir şahsiyettir. Bu itibarla çok taraflıdır. Ben yalnız bir tarafına işaret edeceğim: Kodifikatör.

Bu konuda *Fındıkoğlu*, benim o arada kanunlaşmış olan Ticaret Kanunu ile Fikir ve Sanat Eserleri, Marka ve Patent Kanunu taslaklarımı örnek olarak verir. Ayrıca Üniversiteler Kanununun çıkarılması sırasındaki katkıma da dikkati çeker ve kanun yapıcısının müdahalesine sebep olan bazı makale ve konferanslarımdan söz eder.

"Kodifikatör" deyimi, bu yazılış biçimiyle, Türkçe bir neolojizmdir. Bu deyim Fransa'da kullanılmayan, ama İsviçre'de bilinen Fransızca "codificateur" sözcüğünden türetilmiştir. Aynı anlamda Fransa'da kullanılan deyim "législateur"dür ve bunun karşılığı Osmanlıca-Türkçede "kanunî" kelimesidir. Nitekim bu, Avrupa'da *Muhteşem Süleyman* olarak tanınan padişaha verilmiş olan bir şeref ünvanıdır. "Kodifizieren" ve "Kodifikation" herkesin bildiği Almanca yabancı sözcükler olduğu için, ben de kodifikatör deyimini benimsedim. Bu deyimi kullanmaktaki amacım, benim resmî anlamda "Kanun yapıcı" değil de, bir anlamda ısdarı düşünülen Türk kanunlarının ortaya çıkmasına az ya da çok ölçüde katılmış bulunduğumu göstermektir. Bu katılmanın türü, görev ve kapsamı çok farklı olabiliyordu. Bir önceki kısımda Üniversiteler Kanununun hazırlanmasını anlatırken, kendi katılmamın biçimi ve türü hakkında etraflı bilgi vermiştim, dolayısıyla burada, öntaslaklarını, gerekçesiyle birlikte bizzat hazırlamış olduğum kanun tasarıları hakkında bilgi vermekle yetineceğim.

Bunların hepsi de, ancak çok sabır isteyen ve uzun vadede gerçekleştirilmesi mümkün görevlerdi. Çünkü siyasî olayları ve tesadüfleri önceden hesaplamak mümkün değildi ve bu cüretkâr girişimlerin her birinin harcanan onca çabaya, çekilen zahmete, bilimsel -özellikle de karşılaştırmalı hukuk açısından- külfetlere rağmen, eninde sonunda bakanlık bürokrasisinin çekmecelerinde unutulup hurda kağıt değerine düşmesi işten bile değildi.

Bu çerçeveden olarak, sözünü ettiğim tehlikeyi daha açık seçik gösteren bazı iç politika olaylarını aktarmak istiyorum:

Türkiye'nin 1924 tarihli Anayasası, kuvvetler ayrılığına değil, kuvvetler birliği ilkesine dayanmaktaydı. Başlangıçta sadece bir tek parti vardı ve bu partinin milletvekili adayları bir üçlü komisyon (parti şefi, başbakan ve parti genel sekreteri) tarafından gösterilir, bundan sonra da dolaylı seçim usulüne göre ikinci seçmenler tarafından "seçilir", daha doğrusu belirlenirdi. Uzun yıllar süren iç politik çekişmeler sonucunda, bu tek devlet partisi bünyesinde -partinin şefi aynı zamanda Cumhurbaşkanı olarak devletinde başkanıydı- bazı önemli değişiklikler yapıldı. 1945'te çıkarılan bir kanunla tek parti ilkesinden vazgeçilip, siyasî hayata birden fazla partinin katılmasına izin verilmesinden sonra, 1946 yılı başlarında o güne kadar Cumhuriyet Halk Partisine mensup olan bazı milletvekilleri, örneğin *Celâl Bayar, Adnan Menderes, Fuat Köprülü, Koraltan* ve başkaları ikinci bir parti kurdular. Bunun adı "Demokrat Parti" oldu. Yeni parti o güne kadar son derece otoriter olan rejimi gevşetmeyi ve demokratikleştirmeyi kendine amaç edinmişti. Bu yönde atılan diğer birçok önemli adım da, gene 1946'da karara bağlanan ve o güne kadar geçerli olan dolaylı seçim yöntemi yerine, seçmenlik hakkına sahip her erkek ve kadın için dolaysız seçim yöntemini getiren yeni seçim kanununun çıkarılmasıydı. 1946 yazında yapılan Millet Meclisi seçimlerinde, gerçi bu kanun değişiklikleri parlamentonun terkibini etkilemiştir. Ancak bu durum, hâlâ çoğunluğu oluşturan Halk Partisi grubundaki karşıt akımlar, hükümetlerin istikrarsız olmasına ve iktidardaki parti değişmediği halde, sık sık hükümetlerin değişmesine sebep olmuştur. Nitekim benim 1947 ve 1948 yıllarında, zamanın bakanlarına sunmuş olduğum kanun taslaklarının, bakanlık bürokrasisinin çekmecelerinde unutulmasının ve kanun tasarısı olarak bir türlü parlamentoya getirilmemesinin nedenlerinden biri de buydu. "Birinin ölümü öbürünün ekmeğidir" der atasözü ve bu konuda bu söz tam yerindeydi.

16 Şubat 1950'de parlamento, erkek ve kadın seçmenlere doğrudan, genel, eşit ve gizli seçme hakkı tanıyan, seçim bölgelerinde salt çoğunluk ilkesini getiren ve seçimlerin hâkim gözetiminde yapılmasını öngören yeni bir kanun çıkardı demiştik. Bunun siyasî sonucu, 14 Mayıs 1950'de yapılan yeni parlamento seçimlerinde, Demokrat Partinin, oyların sadece %53.59'unu almasına rağmen 408 milletvekili çıkarması, o güne kadar iktidar partisi olan Cumhuriyet Halk Partisinin ise oyların %39.98'ini aldığı halde sadece 69 milletvekili çıkarması oldu. Bu seçimler, örnek bir disiplin içinde yapılmışlardı. Bu seçime "tarihî seçim" denmiştir; çünkü 1923'den o yana hüküm süren Cumhuriyet Halk Partisi iktidarı, bu seçimlerle son bulmuş oluyordu.

Adnan Menderes'in önderliğinde seçilen yeni hükümet, Yargıtay Başkanlığı yapmış olan *Halil Özyörük*'ü Adalet Bakanlığına getirdi. Kendisi beni şahsen tanıyordu ve yıllar süren çalışmalar sonucu hazırladığım kanun taslaklarından haberi vardı. Bu taslakları çekmecelerden bulup çıkarttı, tozlarını sildi ve hiçbir değişiklik yapmaksızın Bakanlar Kurulundan geçirerek hükümetin kanun teklifi niteliğinde parlamentoya sunulmalarını sağladı. Böylece tarafımdan 1948'de gözden geçirilmiş ve kısaltılmış yeni bir Fikir ve Sanat Eserleri Kanunu tasarısı 27 Ekim 1950 tarihinde ve gene 1948'de Adalet Bakanına benim teslim ettiğim Türk Ticaret Kanunu tasarısı 17 Şubat 1951 tarihinde Parlamentoya sunulmuştu.

Başka bir deyişle; *Menderes* hükümeti, daha iş başına gelir gelmez, iki hazır kanun teklifini, görüşülmesi için parlamentoya sunabildi. Komisyonlardaki görüşmelere benim de Adalet Bakanlığı temsilcisi olarak Hukuk İşleri Genel Müdürü ile birlikte katılmam istendi ve bu görüşmelere katıldım. 9 Ocak 1951 tarihli, üzerinde bir fotoğrafım yapıştırılmış olan, parlamento binasına serbest giriş kartımı hâlâ saklıyorum.

Yeri gelmişken gayet genel olarak, bilimsel uzmanlık alanım olan hukuk alanlarının, yani tüm ticaret ve iktisat hukukunun iki bakımdan sürekli bir hareket içinde olduklarını da belirtmek isterim. Türkiye Cumhuriyeti'ndeki kültürel, iktisadî ve sosyal hayat, devletin durmadan yeni yeni müdahaleleri sonucunda sürekli bir değişim içindeydi. Bu konuyu 1. bölüm, 7. kesimde, "La Turquie Kemaliste" başlığı altında anlatmıştım.

İşte, bu değişimleri, eğilimleri ve bunların gelecekte doğuracağı sonuçları hesaba katmayan her kanun tasarısı, daha doğmadan ölüme mahkûmdu. Öte yandan ise, *Atatürk*'ün gösterdiği Türk toplumunu çağdaş medeniyet seviyesine çıkarma hedefini de gözden kaybetmemek gerekiyordu. Türkiye, Batılı anlamda lâik bir devlet olma durumundaydı ve bu nedenle de kanunlarını yaparken, Batılı endüstri milletlerinin geçerli kanunlarında ve uluslararası antlaşmalarda ifadesini bulan akımlara katılmak ve kendini uydurmak zorundaydı. Herşeyden önce bu nokta çok önemliydi, çünkü Türkiye'nin iç hukuku, Batı uygarlığının çağdaş devletlerindeki aynı konudaki hukuk kurallarının kesinlikle gerisinde kalamazdı. Dolayısıyla ben de, Türk hukuku için karşılaştırma açısından en önemli olan devletlerin (İsviçre, Almanya, Fransa, İtalya) kanunlarını ve ticarî, ekonomik ve sosyal konularda milletlerarası antlaşmalardaki gelişmeleri sürekli izleyip yoğun bir şekilde incelemeseydim, kodifikatör olarak başarısızlığa uğrardım. Faaliyetim sırasında hem İstanbul'da, hem de Ankara'da Fakülte kitaplığının yönetiminde yetkili profesör olmam, işime yaradı. Çünkü, böylece, bütün kitaplık adına yurt dışında hukuk kitapları piyasasına çıkan yeni yayınları sürekli olarak izlemek, kitabevi kataloglarını incelemek ve yabancı meslek dergilerini okumak zorunda kalıyor, hem de haklı olarak, yeni kitap alımı siyasetinde, "kodifikatör" sıfatıyla ihtiyaçlarımı özellikle göz önüne alabiliyordum.

II.
Fikir ve Sanat Eserleri Kanunu Nasıl Ortaya Çıktı?

Bu konuyla ilgili olarak, evvelâ 1. bölüm, 5, IV'de verdiğim bilgileri hatırlatmak isterim. Orada da belirttiğim gibi, Millî Eğitim Bakanlığının isteği ve İstanbul Hukuk Fakültesinin de talimatı üzerine, 1941'de etraflı bir Telif Hakları Kanunu Taslağı hazırlamış, Bakanlığa teslim etmiş ve İstanbul Üniversitesi Hukuk Fakültesi dergisinde de yayınlamıştım. Bu taslak, başlangıçta Millî Eğitim Bakanlığının yazı masası çekmecelerinde unutulup gitti, ama yönettiğim doktora sınıfı kurlarındaki karşılaştırmalı hukuk incelemelerinde, tartışma malzemesi olarak, işime yaradı. İşte bu çabaların bir ürünü olan söz konusu ön taslağın ayrıntılı gerekçesi 'Fikri Say' konusunda Türkçe yayınlanmış olan eserimin ikinci cildini oluşturdu*.

Daha sonra ancak 1948'de bana yeniden başvurdular. Bu kez talep Millî Eğitim Bakanlığından değil, Adalet Bakanlığından geliyordu. Bu talebe yol açan neden, muhtemelen, dünyaca ünlü Türk kadın yazar *Halide Edip Adıvar*'ın 16 Haziran 1948 tarihli Cumhuriyet Gazetesinde çıkan bir yazısıydı. Bayan *Adıvar*, telif hakkının korunmasını ve yabancı dilden kitap

* Hukukî Bakımdan Fikrî Say, İstanbul 1943.

çevirme özgürlüğünün sınırlandırılmasını sağlayacak yeni bir kanun talep ediyordu. O günkü Adalet Bakanı *Fuat Sirmen*, benden elimdeki ön tasarıyı bir kez daha gözden geçirmemi ve en zorunlu olan hacme indirmemi, yani eser sahibinin eserinden ekonomik yarar sağlamasıyla ilgili sözleşmelere ait hükümleri çıkarmamı istedi. Ayrıca, bu ön tasarıyı, o arada (1948) Brüksel'de yeniden gözden geçirilmiş olan Bern Konvansiyonuna da uydurmamı rica etti.

Buna uygun olarak, orijinal metinde 66. madde ile 110. madde arasında yer alan yayın sözleşmesi, sahneye koyma ve temsil sözleşmeleri ve işleme sözleşmesi konularındaki hükümleri taslaktan çıkardım. Aynı şekilde, yürürlükteki kanuna tekabül eden müellif sicilinin uygulanması ve önemi ile ilgili hüküm de çıkarıldı. Bunun nedeni, hakkın derme yanının daha önceden tescil edilmesi şartına bağlı olduğu görüntüsünü de ortadan kaldırmaktı.

Takip hakkı (droit de suite) konusunda ön tasarıda yer almamış olan bir hüküm, yeni bir hüküm ve 45'nci madde olarak, hükümet tasarısına kondu. Bundan başka, 1948 Brüksel Konferansında Bern Konvansiyonu metninde yapılan değişiklikler de dikkate alınarak, fikir eserleri sahiplerine, orijinal taslak için esas örneği oluşturan 1928 Roma Versiyonuna göre tanınandan daha fazla haklar tanındı.

Taslak, bu şekliyle, 1948 yılı sonunda Adalet Bakanlığına teslim edildi. Ama Adalet Bakanlığı tarafından derhal Bakanlar Kuruluna iletilmemişti. Bu, yukarda da değindiğim gibi ancak tarihî 1950 seçimlerinden sonra mümkün oldu ve taslak 27 Ekim 1950'de hükümet tasarısı olarak parlamentoya sunuldu. Parlamentonun iki yetkili komisyonu olan Eğitim ve Adalet Komisyonlarındaki görüşmelere, Adalet Bakanlığının temsilcisi olarak ben de katıldım. Bu görüşmeler sonucunda, dile ilişkin birkaç düzeltme ve ifade değişikliği dışında, taslağımın temel konsepsiyonunda hiçbir nesnel değişiklik yapılmadı. Yapılan bir-iki, ufak tefek değişikliğe ise benim hiçbir nesnel itirazım olmadı. Tek önemli tartışma, 42'nci madde olarak değiştirilen tasarının 44. maddesi üzerinde yapıldı. Burada sorun, adına Eser Sahibi Meslekî Birlikleri denen kuruluşların pratik açıdan önem taşıyan durumuydu. Taslakta, sadece, eser sahiplerinin maddî ve manevî menfaatlerini müşterek bir tarzda kullanmak ve korumak maksadıyla bir statü ile meslekî birliğin kurulabileceği belirtilmişti. Millî Eğitim Komisyonundaki bazı üyeler, bu hükmü hem politik, hem de nesnel açıdan uygun bulmadılar. Bir kere, politik bakımdan, devletçilikle, vatandaşların sanki çocukmuşlar gibi devlet tarafından yönlendirilmesiyle ilgili değişme söz konusuydu. Şimdi özgürlük yönünde esiyordu rüzgâr. Bu nedenle de, bu meselenin düzenlenmesini menfaat sahiplerinin kendi kuruluşlarına bırakmak zorunluydu ve bu pekâlâ mümkündü. Çünkü, telif hakkı ile korunan yaratma alanlarından hangilerinde böyle bir meslek birliğinin gerekli ve amaca uygun olacağını en iyi kendileri bilebilirdi. Demek ki, kanunda, menfaat sahiplerine sadece bu tür birlikler kurabileceklerine dair bir işaret verilmesi tamamiyle yeterli olacaktı. Komisyon üyelerine, gayet ihtiyatlı bir dille, ama açık ve seçik sözcüklerle, 18 yıldır Türkiye'de yaşadığımı ve bu yüzden, kanunda söz konusu olan menfaat sahiplerinin zihniyetini azıcık tanıdığımı, bu nedenle de, bu kimselerin kendi menfaatlerini koruma konusunda gereken enerjik çabayı göstererek bu tür meslek birlikleri kuracaklarından pek ümidim olmadığını açıkladım. Ancak kooperatif davranışla bir şeyler elde edilebileceği gerçeğini –gerçi iş ehli bilirdi– tamamen bireyci bir tutum içindeki Türk yazarlarıyla sanatçılarına kavratmak çok güçtü. Sonuç olarak şu formül üzerinde uzlaşmaya varıldı. İlgililer, kanunun yürürlüğe girdiği tarihten itibaren altı ay içinde kendi arzuları ile meslek birliklerini oluşturmadıkları takdirde, devletin müdahale hakkı doğacaktı. Ayrıca bir fıkra daha (2 fıkra) eklenerek, mesele, hukuk tecrübesi olmayan müelliflerin menfaati doğrultusunda, somut olarak şöyle düzenlendi: Söz konusu birliklerin organizasyonunu, denetim ve gözetim usullerini düzenleyecek olan tüzükler, menfaat sahipleri dinlendikten sonra, Adalet Bakanlığı ve Milli Eğitim Bakanlığı tarafından ortak olarak hazırlanıp Bakanlar Kurulunca onaylanacaklardı. Menfaat sahipleri, böyle bir kuruluşun üyesi olmadıkları sürece, ne bu birliğin sağladığı avantajlardan, ne de -elde edilme biçimleri söz konusu birliğin tüzüğünde belirtilmesi öngörülen- maddî hak ve gelirlerden yararlanabileceklerdi.

Kanun, 5 Aralık 1951'de kabul edildiği ve 1 Ocak 1952'de yürürlüğe girdiği halde, yukarıda sözünü ettiğim bu meslek birliklerinin kurulmasına ilişkin hüküm, kağıt üzerinde, ölü bir harf yığınından ibaret kaldı. Öğrendiğim kadarı ile, Türk yazarları bir araya gelerek 1978 yılında ekonomik menfaatlerinin korunmasını amaçlayan bu tür bir meslek birliği kurma yönünden adımlar atmışlar. Fakat, örnek tüzük vb. biçiminde herhangi bir pozitif sonuç, henüz benim elime geçmiş değil (Nisan 1980).

Komisyon görüşmeleri sırasında, tercüme hakkı konusunda öngörülen hükümleri kabul ettirmem güç olmadı. Türkiye'de tercüme hakkının gelişmesi konusunda, 31 Ekim 1939 tarihinde verdiğim konferanstan (bkz. 1. bölüm, 5/IV. kesim, sonu) bu yana on yıldan fazla zaman geçmişti. Türk toplumunun *Atatürk*'ün gösterdiği çağdaş medeniyet seviyesine ulaşma hedefine ancak -âmiyane deyimiyle- "fikrî mülkiyet alanındaki hırsızlıklar"ın kanunla yasaklanması, ya da en azından çok sınırlı şekilde mümkün olabilmesi halinde erişebileceği ve dünya kamuoyunu buna inandırabileceği şeklindeki tezime, pek çok saygın yazar ve bilim adamı katılmıştı. Dolayısıyla, yeni Fikir ve Sanat Eserleri Kanunuyla birlikte, Bern Konvansiyonunun 1948 tarihinde değiştirilen Brüksel metnine katılmamız hakkındaki kanunun da, parlamentodan geçmesi gerekiyordu. Bunun için, Türk parlamentosu, 28 Mayıs 1951 tarihli kanunla Türk hükümetine, 1 Ocak 1952'den itibaren geçerli olmak kaydıyla Bern Konvansiyonunun 1948 tarihli Brüksel metnine katılma yetkisi verdi. Bu konudaki tek sınırlama, Türkiye dışında yayınlanmış olan eserleri tercüme hakkının, sadece 1886 tarihli Konvansiyonun Paris metninin 5'nci maddesinde öngörülen 10 yıllık kısa bir süre ile korunmaları idi. Öte yandan, yurt içinde Türkçe'den başka bir dilde ilk kez yayınlanan bilim ve edebiyat eserlerinin tercümesi konusundaki koruma süresi de, aynı şekilde, yayımlarından itibaren 10 yıllık süre ile sınırlandırıldı. Böylece bu süre dolduktan sonra Türkçeye tercüme -ama yalnızca Türkçeye tercüme- serbest bırakılmış oldu. Yetki kanunu çıktı ve Bern Konvansiyonunun Brüksel metni, Türkçe tercümesi ile birlikte resmen yayınlandı. Konvansiyon metninin Tükçe tercümesini yapmayı ben üzerime almıştım, bu sebeple tercümenin sorumluluğu bana aittir: Bern Bürosunun "Droit d'Auteur" dergisinde (yıl 1951, s. 133-134) ilân ettiği gibi Türkiye, 1948 Brüksel Sözleşmesinin üyesi olmuştu, bu üyelik 1 Ocak 1952 tarihinden itibaren geçerliydi.

Türk Fikir ve Sanat Eserleri Kanununun kabulü ve aynı tarihte yürürlüğe girmesiyle, en büyük girişimlerinden biri gerçekleşmiştir. Ve 5 Aralık 1951 tarihinde, parlamentodaki nihaî oylamadan sonra, hükümet ve parlamento üyelerinin beni kutlamalarını sevinç içinde kabul ettim. Dolayısıyla "Alman ve uluslararası telif hukukunu geliştiren çalışmalarım ve emeklerim karşılığında" 1969 Aralığında *Gema* tarafından bana "Richard - Strauss" madalyasının verilmesini ve Gema-Haberlerinde 1951 tarihli-Türk Fikir ve Sanat Eserleri Kanununun ortaya çıkması ve benim buna katkım konusunda aydınlatıcı bir makalenin yayınlanmasını da, hakketmiş olduğum bir onurlandırma olarak saymaktayım. Çünkü daha önce de *Sacem*, yayınladığı "Bulletin de la société des auteurs, compositeurs et éditeurs de musique" adlı bültenin 1969 Temmuz sayısında, gerçeğe aykırı olarak 1951 yılına ait Fikir ve Sanat Eserleri Kanununun, Sacem'in temsilcisi bir Türk avukatın eseri olduğunu yazmıştı. Kendisi ölmüş olduğu için, burada adını veremiyorum; yalnız şunu vurgulamakla yetineceğim, bu "meslekdaşımın" bu kanunun oluşmasında, bırakınız bir gazete ya da dergi makalesini, tek bir sözcük şeklinde bile katkısı olmamıştır.

III.
1956 Tarihli Türk Ticaret Kanunu

Fikir ve sanat hukuku ile yoğun olarak uğraşma ve bu konuda bir yasa tasarısı hazırlama kararı resmî mercilerden gelmişti ve ilgili bakanın verdiği göreve dayanıyordu. Yeni bir türde Ticaret Kanunu hazırlama konusunda ise durum başkaydı.

Kara ve deniz ticareti hukuku kürsüsü sahibi olarak, her gün 1926 ve 1929 tarihli kanunlarla uğraşır ve öğrencilerim için, kötü yapılmış ve hükümleri birbirini tutmayan bu kanunlar esas olmak üzere dersler hazırladım. Bu derslerde ekseriya yanlış olan kanun metni yanında, incelediğim problemle ilgili doğru çözümü de göstermeğe çalışırdım. Bu devamlı karşılaştırma yüzünden, en azından yıllarca hazırlığı gerektiren bir reform gerçekleşinceye kadar geçici çözümler için yollar arama zorunda olduğumu gördüm. Bu zorunlu çözümleri, herhangi bir şekilde bir reform hazırlığı için resmî bir görev almaksızın özel çalışmalar halinde kısmen ders kitaplarımdaki açıklamalar dolayısıyla, kısmen de makale ve konferanslar şeklinde özel çalışmalar olarak yayınlamıştım. İlk makalem (Ticaret Kanununun Islahı Hakkında Fikirlerim) 1937 yılında İstanbul Üniversitesi Hukuk Fakültesi Mecmuasında yayınlandı, Türk deniz ticareti hukuku reformuna ilk katkım, bir yıl sonra İzmir Baro Dergisinde yayınlandı. 1941'de Adalet Bakanlığının Dergisinde "Ticaret Kanununun Islahı Hakkında Fikirlerim, Esbabı Mucibeli Kanun Projesi" başlıklı büyükçe bir makale ve aynı yılda İstanbul Baro Dergisinde "İsviçre Borçlar Kanununun Senedatı Ticariye ve Şirketler Müteallik Üçüncü ve Beşinci Kısmının İktibası Tavsiye Edilebilir mi?" konusunda bir inceleme yayınladım.

İstanbul'da Sanayi ve Ticaret Odası nezdinde, benim de dahil olduğum, tacirler ve avukatlardan oluşan bir komisyon vardı. 1926 tarihli kanunun ilk yüz maddesinin ötesine gidemeyen bir rapor hazırlanıyordu. 1934'de muhalefetime rağmen işinden uzaklaştırılmış olan Türk meslekdaşım *Ali Kemal Elbir*'in 1936 yılında Adalet Bakanlığı Dergisinde "Ticaret Kanunumuza Umumî Bir Bakış" başlıklı konferansı yayınlandı. Burada da yukarda işaret edilen eksiklikler anlatılıyordu. Avukat *Gad Franko Milaslı* kendi çıkardığı dergide 1936 yılında, Ticaret Kanununun ilga edilmesini ve İsviçre Borçlar Kanunu'nun 3 ilâ 5'nci bölümleriyle, İsviçre Özel Sigorta Kanununu'nun iktibasını savunuyordu.

İstanbul'da yoğunlaşan bu ilk çalışmaların yanında, Ankara'da Adalet Bakanı *Şükrü Saraçoğlu*'nun iş'arı üzerine resmî girişimlerde bulunuluyordu: 1936 Ekim ayında Adalet Bakanlığında, bakanın başkanlığında kara ve deniz ticareti hukukunu Türkiye'nin ekonomik koşullarına uydurmakla görevli bir komisyon kurulmuştu. 1936'da hâkimler ve savcılar arasında da bir anket düzenlendi. 1937'de Büyük Millet Meclisinin açılışında, gerek *Atatürk* tarafından açılış konuşmasında, gerek Başbakan *Celâl Bayar*'ın hükümet adına yaptığı konuşmada her iki kanunda reform zorunluğu açıkça vurgulandı. Adalet Bakanlığı nezdindeki komisyon bir süre Kara Ticareti Kanunu üzerinde çalıştı; fakat ilerleyemedi. Adalet Bakanı ve komisyonun çoğunluğu ön tasarıların tek elden hazırlanıp sonra komisyonda müzakere edilmesini daha doğru buluyordu. Bu görüşe uygun olarak Profesör *Bilgişin* Kara Ticareti Kanunu ön tasarısını ve Profesör *Göknil* Deniz Ticareti Kanunu ön tasarısını hazırladığını bildirdi. Kara Ticareti Kanunu öntasarısı da Profesör *Bilgişin* tarafından hazırlanmış. Ben her iki çalışmayı da görmedim. Bildiğim kadarıyla, bunlar yayınlanmadılar. Her ne hal ise oldukları gibi kaldılar ve Adalet Bakanlığı tarafından ele alınmadılar. Bu arada (1943 yılının sonu) yukarıda adı geçen bu iki profesörü İstanbul Hukuk Fakültesine naklettiler, ben de Ankara Hukuk Fakültesinde kara ve deniz ticareti hukuku kürsüsünü üzerime aldım.

Adalet Bakanı ile daha yakın bir ilişkiye girişim bu yüzdendir. İsviçre'de doktorasını yapmış olan ve benimle yakın bir işbirliğine önem veren Adalet Bakanlığı Hukuk İşleri Genel Müdürü *Dr. Amil Artüs* on yıl önce benim öğrencimdi. Ankara'ya nakledişimden birkaç ay sonra, 1944 Martında, Türk Hukuk Kurumunun düzenlediği konferanslar serisinde "Ticaret Hukukunda Yeni Temayüller" başlıklı bir konferans verdim. Bu konferans Adalet Bakanlığının Dergisinde de yayımlandı. O zamanki Adalet Bakanı *Ali Rıza Türel* bunu, 1936 yılında Adalet Bakanlığında kurulmuş olan komisyona ek olarak her iki Ticaret Kanununda yapılacak reformu müzakere etmek üzere yeniden bir küçük komisyon kurmak için fırsat bildi. Bu küçük komisyon tabir caizse Adalet Bakanlığının bir iç komisyonu idi. Komisyon yukarda adı geçen genel müdürden ve yardımcı olarak milletvekili *Hidayet Aydıner* ve Ticaret ve (veya ?) İktisat Bakanlığı Başhukuk Müşaviri *Dr. Ferit Ayiter*'den oluşuyor ve ben de onlara katılıyordum. Fakat bu çalışma şekliyle işin yürümeyeceği çok çabuk görüldü. Ayrıntıların müzakeresine girilmeden önce ilk iş olarak bir plâna ve bütünlük arzeden bir sisteme göre hazırlanmış, yani Ticaret Kanunu metni mevcut olmalıydı. Bu koşullar altında, 1941'de yayınlanmış olan, sadece mahdut kapsamda bir reform denemesi yapma konusundaki görüşümü terkettim ve Borçlar Kanunu ile birlikte Medenî Kanunun da ayrılmaz bir cüz'ü olacak bir Ticaret Kanunu yapmak plânını geliştirdim. Bu kanunda ticaret hukukuna ilişkin olarak nitelendirilebilecek olan bütün konular yer alacaktı. Bakan da buna razı oldu. Fakat bu konuda maddeleri kaleme alırken 1924 tarihli Anayasanın 1945 tarihli kanunla dil bakımından yeni bir biçim aldığını göz önünde bulundurmam gerekiyordu. Bu yüzden, Osmanlı Türkçesinden bir ölçüde ayrılmam ve terminoloji bakımından sadece yeni Anayasa metnini değil, mümkün olduğu kadar Medenî Kanun ve Borçlar Kanununun metnini de kullanmam gerekiyordu. Sırf formüle etmek ve metni şekillendirmek amacı ile, 1945 sömestre tatilini geçirdim İstanbul'da, ne yazık ki ismini unuttuğum bir hâkim bana yardımcı oldu. Sonradan Ankara'da tasarıyı parça parça hazırlarken bana metin şekillendirmede yardımcı olmak üzere daima bir yardımcı tahsis eden Adalet Bakanlığı ile sıkı temas halinde kaldım. Ayrıntılı gerekçesiyle birlikte tüm tasarıyı, hatırladığıma göre 1948 yılında, sağlık sebeplerinden dolayı görevi bırakmasından kısa bir süre önce Adalet Bakanı *Şinasi Devrim*'e teslim ettim. Tasarının küçük komisyonda ön görülen müzakeresi olmadı. Çünkü yeni Adalet Bakanı işi "ad acta" bıraktı ve ben kendim de hem 1948 sonbaharında, hem de 1949 yazında misafir profesör olarak ders vermek üzere Almanya'ya gittim (Bundan sonraki bölüme bak). Bunun sonucunda tarafımdan hazırlanmış olan Ticaret Kanunu Tasarısı, Fikir ve Sanat Eserleri Kanunu Tasarısı ile aynı akibete uğradı. 1950 tarihli seçimlerden sonradır ki, yeni Adalet Bakanı *Halil Özyörük* tasarıyı gerekçesiyle birlikte Bakanlar Kuruluna sundu. Bakanlar Kurulu da onu Hükümet Tasarısı olarak 17 Şubat 1951'de Büyük Millet Meclisine getirdi. İşi yürüten Adalet Komisyonu üç kişilik bir Alt Komisyon kurdu. Bu Alt Komisyonun toplantılarına 1951 yılı süresince ben de katıldım. Alt Komisyonun müzakerelerinde, ne yazık ki, metnin ve terminolojinin vahdeti kısmen bozuldu. Dilin yenilenmesi hususundaki rüzgâr aksi tarafa dönmüştü. Demokrat Parti Grubunun çoğunluğu o kadar gerici idi ki, Anayasanın 1945'de değiştirilmiş olan metni, 24.12.1952 tarihli kanunla yeniden 1924 metni haline getirildi. Adalet Komisyonu Alt Komisyonunun yaptığı değişiklikler hakkında elimizde zabıt yok. Her ne hal ise Alt Komisyonun değiştirdiği tasarı, geçmekte olan yasama döneminin sonuna kadar (1954) iş bitirilmeden uyudu ve yeniden Parlamentoya getirilmek zorunda kalındı. İkinci *Menderes* kabinesindeki Adalet Bakanı, Ankara Hukuk Fakültesinden meslekdaşım olan Profesör *Göktürk* idi. Bana yazılmış olan 25 Haziran 1956 tarihli mektubunda, başka şeyler arasında şöyle diyordu: "Sizin büyük bir sabır, enerji ve konuya vukufla hazırlamış olduğunuz Türk Ticaret Kanununu, bakanlık görevine gelir gelmez, diğer önemli kanunlarla birlikte ele aldım ve bu iş için özellikle uzman bir komisyon teşkil ettim (Deniz Hukuku için bir doçent, başkan, Yargıtay Ticaret Dairesinden bir üye ve raportör ve bir avukat).

Bu komisyon tasarıyı bir defa daha müzakere ettikten ve değişiklik ve ilâveler hakkında ayrıntılı bir rapor* hazırladıktan sonra bu üçüncü tasarı Adalet Komisyonunun tasarısı olarak nitelendirildi ve önce Demokrat Partinin grup toplantısında onaylanmasından sonra, yeni ifade şekliyle maddeler tek tek müzakere edilmeksizin ve tüm olarak kabul edilmesi önerisiyle Meclis Genel Kuruluna sunuldu. Milletvekillerinin münferit hükümlere itirazlarını bildirmeleri için tanınmış olan ondört günlük süre kullanılmaksızın geçtikten sonra tasarı, Genel Kurulun 29.6.1956 tarihli oturumunda kabul edildi.

---

* Bu raporda, başka şeylerin yanısıra, şöyle yazılıdır: "Mer'i Kanunun tadili ve lâyihada tanzim edilen şekilde yeni bir Ticaret Kanununun tedvini hususunda hükümet esbabı mucibesinde ileri sürülen mucip sebeplere ve ilmî izahata Encümenimiz tamamiyle iştirak etmektedir".

Bakan mektubuna aşağıdaki sözlerle son veriyordu: "Size tarafınızdan başlanmış olan eserin zafer tacını giydiği haberini vermekten büyük bir memnuniyet duyuyor, şahsen kendimi de mütevazı gayretlerimle ülkemizin böyle önemli bir kanuna kavuşması için başarıyla katkıda bulunmuş olmaktan dolayı bu dünyanın gerçekten en mutlu insanlarından biri sayıyorum."

30 Haziran 1956'da Adalet Bakanının bana Büyük Millet Meclisinin 29 Haziran 1956 tarihli oturumunda Ticaret Kanununu, yıl başında yürürlüğe girmek üzere, kabul ettiği hayırlı haberini ileten telgrafını aldım. Kendi teşekkür telgrafımda Türk Milletine, özellikle adalet camiasına değişmez bağlılığımı ifade ediyordum. Verdiğim bu teminata geçen 25 yıl içinde bu güne kadar sadık kaldım. Bu konuda karakteristik bir olay, 1944-45 ders yılında benim en çok dikkatimi çeken ve en iyi öğrencilerimden biri olan ve Türk Yargıtayının Onbirinci Hukuk (Ticaret) Dairesi Başkanı *İsmail Doğanay*'ın Türk Ticaret Kanunu hakkında çok değerli üç ciltlik bir şerh yazması ve bunu bana ithaf etmesidir. Onunla devamlı mektuplaşıyorum. Yargıtaydaki çalışma odasında gümüş bir çerçeve içinde benim bir fotoğrafım durur. Benim için en büyük zevk ise, son 25 yıl içinde davalarda ticaret hukuku ile ilgili sorunlarda kâh bilirkişi, kâh taraflara Türk Ticaret Hukuku ile ilgili mütâlâa veren kimse olarak kanunun kalitesini bizzat sınadığım zaman duymuşumdur. Kanun bu sınavlardan başarı ile çıkmıştır. Ne var ki, Parlamento çalışmaları esnasında metne sızmış olan değişikliklere güleyim mi ağlayayım mı, bilememişimdir.

Bu eser hakkında burada münferit açıklamalarda bulunmaya gerek yoktur, çünkü bu hususta Almanca olarak da* bilgi verdim. Sadece orada söylediğimi tekrarlamak isterim (s. 158 Fr. 1): Kanun projesinin hazırlanması, ortaya çıkması ve danışılması esnasında yol göstererek ve fiilen, görüşleri, karşı görüşleri, onayları, eleştirileri, hayranlıkları ve şüphecilikleri, sınırsız güvenleri ve güvensizlikleri ile Devlet Başkanından en genç öğrencilerime kadar bana yardımcı olan herkese, her şeyden önce sınırsız itimatları ile her zaman sevineceğim Başbakan ve Adalet Bakanı beylere, Yargıtay Başkanı, Daire Başkanları ve Üyelerine, Ankara, İstanbul ve İzmir'deki Ticaret Mahkemesi Başkanlarına, Adalet Bakanlığındaki Genel Müdür ve Müşavirlerine, Fakülte arkadaşlarıma ve asistanlarıma ve "last not least" Büyük Millet Meclisi Adalet Komisyonunun üyelerine, yürekten teşekkür ederim. Bunların hepsi aktif iş birliği ile olsun, cesaretlendirme, yol gösterme, fikir verme, eleştiri şeklinde olsun, böyle kapsamlı bir kanun projesinin hazırlandığı uzun zaman içinde gerekli olan şu niteliklerin kaybedilmemesi konusunda katkıda bulundular: "Sorumluluk bilinci, önyargısızlık, çalışma sevinci ve sebat".

* Bkz. "Das neue Türkische Handelsgesetzbuch", Z.f.d. gesamte Handelsrecht und Konkursrecht, Cilt 119 (1956), s. 157-207.

IV.
Marka, Patent, Sınaî ve Faydalı Modeller Kanunu

O zaman yetkili olan Ticaret Bakanı Profesör Dr. *Muhlis Ete*'nin verdiği görev üzerine 1950-51 yıllarında kısa gerekçeli daha üç kanun tasarısı hazırladım. Fakat bunlar kanun haline gelemediler. Bu tasarıların ne olduğu 29 Mart 1979 (no. 1334) tarihli Türkiye İktisat Gazetesi'nde *Hayri Devecioğlu* tarafından anlatılmıştır. Bu yazıdan anlaşıldığına göre bir milletvekilinin girişimi ile marka ve menşe işaretleri hakkındaki tasarılarım, 1965 senesinde kanunlaşmış. Oysa bu zaman zarfındaki milletlerarası gelişme dolayısıyla eskimiş olan Patent Kanunu Tasarım kimbilir hangi bakanlıkta nerede hayalet gibi dolaşmaktadır! Bu tasarıların ayrıntılarına inmeye değmez. Bunlar ilgili İsviçre kanunlarının adaptasyonları idi, zira başka bir bağlantının anlamı olamazdı.

9.
Almanya'nın Amerikan İşgali Altındaki Bölgesinde Bir Türk Profesör

I.
Münih, Stuttgart ve Frankfurt (Main)'da 1948

Münih'teki Amerikan hükümetinin çıkardığı "Neue Zeitung" gazetesinde, 1947 Ocak ayında, kendilerine bir Alman Üniversitesine (Münih) dönmeleri için çağrıda bulunulan, yurt dışına göçmüş Alman Profesörlerin bir listesi yayınlanmıştı. Bu listede benim adımın da yer aldığını, eski okul arkadaşım *Hans Schröder*'in -İstanbul'da olmayan bir adrese postalandığı halde, gene de dönüp dolaşıp beni Ankara'da bulan- kısa bir mektubundan öğrendim. Almanya'dan ayrıldığım tarihten bu yana arkadaşımdan haber almamıştım. Mektubunda hayatta olduğunu yazıyor, 1945'den itibaren yeniden göreve başladığını, 1946 Mart'ında da Frankfurt (Main) Yüksek Eyalet Mahkemesinde görev yaptığını bildiriyordu. "Zavallı Almanya'ya dönüp dönmeyeceğini, ancak kendin bilebilirsin, herhalde kararını vermişsindir. Ama eğer, geri dönmene sevinecek kimselerin varlığını bilmek kararında bir rol oynayacaksa, bil ki, ben de sevinç duyacakların arasındayım" satırları, mektubun en önemli bölümüydü.

Kararımı, Türkiye'de kalma yönünde vermiştim; en azından o tarihte böyle olduğuna inanıyordum. 19 Ağustos 1945'de İstanbul'da doğan oğluma Alman adı koymamış, ona Enver Tandoğan demiştim. O sıralarda, biricik kızkardeşimin, kocası ve 8 yaşındaki oğluyla birlikte, annemin kardeşleri, eniştelerı, yakın dostlarımızla birlikte Auschwitz'de gaz odasında öldürülmeleri haberinin şoku altındaydım. Kendi geleceğim de, oğlumun geleceği de Türkiye'deydi, Almanya'ya geri dönüş programda yoktu.

Birbiri peşinden Alman Üniversiteleri kapılarını yeniden açtıklarında, basında Almanya'da akademik hayatın ürkekçe de olsa, yeniden başladığına dair haberler çıktığında ve tek tek Alman meslekdaşlarla tanıdıklar dönüşe hazırlandıklarında, ben -baştan beri yaptığım gibi- bu düşünceyi reddediyordum. Üstelik, yukarda da etraflıca anlattığım gibi, Ankara'da sayısız bilimsel görev ve işe boğulmuş durumdaydım.

1948 yılı yazında Prof. Dr. *Hans Rheinfelder*'den, Bavyera Eyaleti Eğitim ve Kültür Bakanlığı Yüksek Okullar Görevlisi sıfatıyla, Münih Üniversitesinde misafir hoca olarak ders vermem için bir davetiye aldım. Fakültedeki meslekdaşlarımla, üniversite rektörüyle ve Millî Eğitim Bakanıyla bu konuyu enine boyuna tartıştım. Hepsi de bana daveti kabul etmem yolunda telkinde bulundular. Bu vesileyle, yeniden bir kültür alışverişi başlatma imkânlarını da araştırmamı istediler.

Rektör Prof. Dr. *Enver Ziya Karal*, Münih Üniversitesi Rektörüne hitabeden bir yazıyı elden götürmem için bana verdi.

Cebimde Türk diplomatik pasaportuyla, bir anlamda resmî görevle seyahat etmekteydim ve bu durum, o günün hâlâ savaş acılarıyla yüklü şartlarında olağanüstü bir kolaylık sağlamaktaydı. Almanya'nın Amerikan işgalindeki bölgesine giriş için gerekli vizeyi bana, Roma'daki Amerikan Büyükelçiliğinin bu iş için yetkili askerî ateşesi verdi. Bu vizeyi almak için Roma'ya gitmek zorunda olmama özellikle sevinmiştim; çünkü orada yaşayan kızım Hannelore'yi nihayet yeniden görebilecektim.Ayrıca Istituto Italiano di Studi Legislativi'nin direktörü Profesör *Galgano* ile, savaş yüzünden kopan bilimsel ve kişisel ilişkilerimi yeniden kurma fırsatı bulabilecektim.

Roma'dan SAS havayollarına ait bir uçakla Nis ve Cenevre üzerinden Stuttgart'a uçtum. Stuttgart'ta, hayatta kalabilmiş yegâne akrabalarım olan kuzenim Margarethe Schmidtgen'i (kızlık adı: Hirsch), kocası ve çocuklarıyla birlikte, sağsalim kucaklayabildim. Bugün, aradan tam 30 yıl geçtikten sonra, 1948 yılının bir Ekim gecesinde, ayışığı altında hayatımda ilk kez bombalanmış bir şehir görüntüsüyle karşılaştığım o anı hatırladığımda, hâlâ sanki ateşim yükseliyormuş gibi ürperirim. Hafta sonunu Stuttgart'ta geçirdim ve oradan demiryoluyla Münih'e gittim. Münih'te bir hafta kalmayı tasarlıyordum. Münih Üniversitesinin Rektörü, fizikçi *Walther Gerlach*'ı, resmen ziyaret ettim. Kendisi beni fevkalâde candan karşıladı ve elden götürdüğüm Ankara Üniversitesi Rektörü tarafından kendisine hitaben yazılmış mektuptan çok etkilenip duygulandı. Hukuk Fakültesi Dekanlığında o esnada orada bulunmayan Dekan Prof. *Kaufmann*'a vekâlet eden bir meslekdaş tarafından karşılandım. Kendisinin adını açıklamak istemiyorum. Bana karşı akla gelebilecek en kötü bir şekilde davrandı ve sivri bir dil kullanarak, benim Fakülte tarafından davet edilmiş olmadığımı, dolayısıyla onların konuğu olarak orada bulunmadığımı, deyim yerindeyse Bakanlık tarafından Fakültenin başına sarıldığımı belirtti. Fakülteye Bakanlık tarafından konuları bildirilmiş olan altı konferansın söz konusu dahi olamıyacağını, iki konferansın çok bile olduğunu bildirdi. Konferanslar için gün tespit ettikten sonra, izin isteyerek yanından ayrıldım. Derinlemesine kırılmış ve yaralanmıştım. Nazi hâkimiyetinden güya üç yıldır kurtulmuş olan Almanya'da, bir Alman meslekdaşımla ilk kez karşılaşmam böyle mi olacaktı! Ertesi gün, Giessen Üniversitesinde okuduğum sırada hocam olan, çok saydığım ve sonraları da bana babaca dostluk gösteren Prof. Dr. *Leo Rosenberg*'in Münih'de izini bulup evinde ziyaret ettim. Prof. Rosenberg, kalabalıkta gizlenerek canını kurtarabilmişti. Onunla geçirdiğim yarım saatin mutluluğunu unutamam! İlk konferansım, eğer doğru hatırlıyorsam, 25 Ekim saat 14.30'a konulmuştu. Üniversitedeki ilân tahtasında duyuruyu arayıp buldum ve belirtilen dersaneye gittim. Görünürlerde ne bir hademe, ne de bir hoca vardı. Dersanede birkaç düzine dinleyici oturmaktaydı. Bunların da bir kısmı zaten başka bir konferansçıyı beklemekteydiler, dolayısıyla ben kendimi takdim ettiğimde, salondan çıktılar. "Hukuk İlmi ve Yeni Dünya Görüşü"* başlıklı konferansımı vermeye başladım. Konuşmam dinleyicilerden bir kaçının ilgisini çekmişe benziyordu. Can kulağıyla dinliyorlardı. Ama gene de içimi yavaş yavaş soğuk bir hiddet kaplamaya başladı: 15 yıl sürgünde kaldıktan sonra bir alman hukuk fakültesinde bu muameleyle karşılaşmak için mi dönmüştüm!

Bir saat sonra konferansı kestim. En ön sıraya bırakmış olduğum paltomu giydiğim sırada, bir kız öğrenci yanıma yaklaştı. Konuşmamdan benim Ankara'da profesör olduğumu anladığını, ama uzmanlık dalının hangisi olduğunu çıkaramadığını söyledi. Biyolog muydum acaba, yoksa fizikçi mi? "Olur mu hiç" diye cevap verdim "hukukçuyum ben, biraz önce dinlediğiniz konuşmam, her iki sömestrede bir verdiğim hukuk sosyolojisi dersinin özüydü." "Ne mutlu o Türk öğrencilere" dedi, genç kız. Ve bu sözleriyle yaralı ruhumu nasıl onardığını ve dekan vekilinin düşüncesizliğini unutturduğunu farketmedi bile.

Münih'te daha fazla kalmadan derhal ayrılmaya karar verdim. Rektör *Gerlach*'a birkaç satır yazıp olanları anlattım ve bu şartlar altında ikinci bir konferans vermemin mümkün olmadığını, benden bunu beklememesini belirterek mektubu bitirdim. Stuttgart'a uğramak suretiyle Frankfurt (Main)'a geçtim. Ben ayrıldıktan sora Ankara'ya ulaşan ve oradan gönderilen davetiyeden anladığıma göre, Frankfurt'ta da konuk profesör olarak ders vermem isteniyordu. Frankfurt Hukuk Fakültesinin bana yolladığı

---

* Yayınlandığı yer: Annales de l'Université d'Ankara, 3 (1949), s. 275-301 ve benim 1966'da Berlin'de çıkan "Das Recht im sozialen Ordnungsgefüge" başlıklı kitabım, s. 65-87.

davet mektubu 29 Temmuz 1948 tarihini taşıyordu, fakat ancak benim hareketimden sonra Ankara'ya gelmişti. Buna cevap olarak, vaktiyle ayrılmak zorunda kaldığım bu Fakültede, içinde büyümüş olduğum meslekdaşlık ruhu ile dünyaya açık bilimsel tutumu yeniden bulmaktan ötürü duyduğum büyük sevinci dile getirdim. Bu ruha sadık kalabilmek için en acı anlarda bile elimden gelen çabayı göstermiştim. Şirketler hukuku problemleri konusunda ders vermem önerisini olumlu karşıladığımı da belirttim. Fakat, ikamet iznim Kasım ayı ortasında, Fakülteden aldığım izin ise 20 Kasımda bitiyordu. O anda aklıma gelen tek çözüm, altı ya da sekiz saatlik kısa bir konferans dizisinde konuyu işlemekti. Kasım başında Frankfurt'a vardığımda, Rektör Gerlach'ın (Münih) ekspres olarak bana yollamış olduğu, 27.10 tarihli mektubu buldum. Mektup şöyleydi.

Aziz ve sevgili meslekdaşım,
Benim için son derece üzücü olan durumu açıklığa kavuşturmak için, dün ve bugün her şeyi yaptım. Bugün sizi dünkünden ziyade temin edebilirim ki, mesele fevkalâde elverişsiz şartların bir araya gelmesi ve özellikle dekanın anî olarak seyahate çıkmasından kaynaklanmıştır. Bunu dün akşam sayın Bakana şahsen de bildirdim.

Samimî ricam şudur: Stuttgart ve Frankfurt'taki işlerinizi bitirdikten sonra dönüşünüzde Münih'e tekrar uğrayamaz mısınız? Hukuk Fakültesi Dekanı, meslekdaşımız Bay Kaufmann da sizinle şahsen konuşup edinmiş olduğunuz kötü izlenimi silebilirse, özellikle memnun olacaktır.

Ben şahsen sizin bu kadar çabuk yola çıkmanıza bilhassa üzüldüm. Sizi bu hafta evimizde ağırlamaktan eşim de memnun olacaktı. Eşim de Kiel'deki tahsil yıllarında sık sık ziyaret ettiği Rosenberg'lerden havadis almayı arzu ediyordu.

Yakında görüşmek ümidi ile
saygılarımla
Prof. Dr. Walther Gerlach

Meseleyi etraflıca tartıştıktan sonra, özellikle de Frankfurt'lu meslekdaşlarımın ısrarları üzerine, 6 Kasımda Gerlach'a bir cevap yazdım. Cevabımda, meseleyi aydınlattığı için kendisine teşekkür ettim ve tepkimin, kişisel bir alınganlık ifadesi olmaktan çok, dost bir yabancı üniversitenin temsilcisine karşı Hukuk Fakültesinin takındığı garip tavra yöneldiğini belirttim. Mademki son derece elverişsiz şartların tesadüf eseri olarak üstüste geldiğini kabul etmem rica ediliyordu, o takdirde ben de, içimde duyduğum son derece anlaşılır isteksizliği bastırmaya ve hepimizin hizmetinde olduğumuz toplumsal amaç uğruna önümde kalan ikamet süresinin kısalığına rağmen yeniden Münih'e gelmeyi denemeye çalışacaktım. 15 Kasım tarihinde saat 9 ile 12 arasında, "Türkiye'de İktisadî Kamu Kuruluşları" konulu bir buçuk saatlik bir konferans vermeye hazır olduğumu bildirdim. Frankfurt'ta ikişer saatlik 6 derste ticaret şirketleri hukukunun genel meselelerini anlattım. Rektör Prof. Dr. *Franz Böhm,* beni öğrencilere, ancak kendisinin muktedir olduğu bir sıcaklık ve içtenlikle takdim etti. Öğrenciler istekli ve dikkatliydiler. Profesörler arasında iki eski tanışıma rastladım. Giessen'de 1923 sonbaharında birinci devlet hukuk sınavına birlikte girdiğim ceza hukukçusu *Glass,* bir de Bay *Ophüls.* Ophüls, benim 1931 yılında Frankfurt Eyalet Mahkemesinde görev yaptığım sırada gene benim de üyesi bulunduğum Zivilkammer'in başkanıydı.* Kendileriyle yeniden buluşmamız özellikle sevinç dolu ve candan oldu. Öteki meslekdaşlardan sadece Bay *Schiedermaier* ve Bay *Coing* hatırımda kalmış. Bay Coing beni Fortshausstrasse'deki evine davet etmişti. Her ikisi de, bu kısa misafircilik oyunu ve belki yaz sömestresinde misafir profesör olarak gelme ihtimalimle katiyyen yetinmek istemiyor, mutlaka Frankfurt'ta kalıcı olarak bir kürsünün başına geçmem için ciddî bir şekilde ısrar ediyorlardı. Israrlarını daha sonra da sürdürdüler.

Frankfurt'ta geçirdiğim kısa süre boyunca Offenbach'ta Hotel Kaiserhof'ta kaldım. Böylece orada oturan eski okul arkadaşım *Hans Schröder*'i de ziyaret edip yeniden görme fırsatını buldum. Frankfurt'ta kaldığım süreden Wiesbaden'e kısa bir kaçamak yapmak için de yararlandım, çünkü Frankfurt'a davet edilmem, Hessen Eyaleti Amerikan Askerî İdaresinin yetkili mercilerinin aracılığı sayesinde gerçekleşmişti ve ben de, özellikle, 1949 yazında misafir hoca olarak yeniden gelmem konusunda daha yakın bilgi edinmek istiyordum. Yüksek okullar konusunda yetkili Amerikan subayı *Montgomery* ile ve Offenbach Sulh Mahkemesindeki staj döneminden tanıdığım, şimdi Hessen Eğitim ve Kültür Bakanı olan *Dr. Stein* ile ilişki kurdum ve Amerikan işgali altındaki yüksek okullarla Türk üniversiteleri arasında bir kültür alışverişinin imkânlarını kendileriyle tartıştım.

Frankfurt'dan Münih'e yolculuğum sırasında iki günlüğüne Stuttgart'a uğradım. Burada da Teknik Üniversitenin ve Ziraat Yüksek Okulunun bazı profesörleriyle, Alman ve Türk üniversiteleri arasında yeniden bir ilişki kurulmasının imkânları üzerine serbest ve samimi görüşmeler yaptım.

15 Kasım 1948 Pazartesi günü Münih'te, nisbeten az hasar görmüş dersanelerden birinde, "Türkiye'deki İktisadî Devlet Teşekkülleri" konulu ikinci konferansımı verdim. Salon hınca hınç doluydu. Hem Hukuk Fakültesinin öğretim üyeleri, hem de Bakanlık mensupları tam kadro gelmişler-

* Bununla ilgili olarak bkz. *Fèeaux de la Croix,* liber amicorum Ernst E. Hirsch (1977) s. 20.

di. Rektör *Gerlach* da beni içtenlikle karşıladı. İlk konferans sırasında yapılması gerekip de yapılmayanı telâfi etmek istiyorlardı.

Serbest konuşarak verdiğim konferansım, ilgi gördü, çünkü o sıralarda para reformundan sonra Alman iktisadî hayatının yeniden organizasyonu ve özellikle de iktisadî hayatın hukukî düzeni konuları gündemdeydi. Konferans bittikten sonra, Ticaret Hukuku Kürsüsü başkanı Profesör *Alfred Hueck*, beni kenara çekti, odasına götürdü, kütüphaneden geriye kalan acıklı manzarayı gösterdi ve aniden "bu üniversitede görev kabul eder miydiniz" diye sordu. "Şartlara bağlı" filan gibi kaçamak bir cevap verdim. Ama ne o sırada, ne daha sonra o üniversiteden bir görev çağrısı almadım. Münih'ten ayrılmadan önce, Bavyera Kültür Bakanı *Dr. Hundhammer* beni kabul etti ve geldiğime teşekkür ederek "karşılanış" tarzımdan ötürü duyduğu üzüntüyü dile getirdi.

16 Kasım 1948'de Stuttgart'tan kalkarak Cenevre, Nis ve Roma üzerinden Türkiye'ye uçtum. Ankara Üniversitesi Rektörüne gezimle ilgili olarak gayet ayrıntılı bir yazılı rapor sundum, bu raporun bir bölümünü de, halka açık bir öğrenci toplantısında sözlü olarak anlattım.

II.
Berlin'in Amerikan Bölgesinde

Münih, Stuttgart, Frankfurt ve Wiesbaden'de geçirdiğim dört hafta içinde edindiğim izlenimler, hiçbir şekilde, içimde eski vatanıma karşı bir özlem duygusu uyandırmamıştı. Kendi alnımın teri ve bileğimin hakkıyla kazanmış olduğum yeni vatanım soluk almama bile zaman bırakmıyordu. Türk ticaret hukuku konusunda aşağı yukarı 1000 sahife kalınlığındaki ders kitabım, o sırada üçüncü baskısını yapmıştı, "Pratik Hukukta Metod" adlı kitabımın ikinci baskısı da henüz çıkmıştı; ayrıca hukuk terimlerine ait bizzat hazırladığım Almanca - Türkçe, İngilizce - Türkçe, Fransızca - Türkçe ve Lâtince - Türkçe sözlükler de, Türk Hukuk Lûgatine ek olarak, çok şükür nihayet çıkabilmişlerdi. Fikir ve sanat eserleri konusundaki yeni hazırlanan kanun taslağına yapılan ilâve, yani Bern Birliği Anlaşması adıyla anılan metin, benim tarafımdan Türkçeye çevrilerek Ankara Hukuk Fakültesi Dergisinde yayınlanmıştı. Hukuk Felsefesi ve Hukuk Sosyolojisi derslerim, kitap haline getirilmeyi bekliyorlardı, "Dünya Üniversiteleri ve Türkiye'de Üniversitenin Gelişmesi" başlıklı iki ciltlik eserim ise tamamlanmak üzereydi. Cebeci'deki Fakülteye yapılan ilâve inşaattan sonra bana verilen odamdan ve enstitü odalarından çok hoşnuttum. Öylesine doluydum ki, sanki insan hayatının tek anlamı, gündelik işlerin yerine getirilmesinden ibaretmişçesine çalışıyordum. 1964 yılında Ankara Hukuk Fakültesi tarafından bana ithaf edilen armağan kitabında Prof. *Hâmide Topçuoğlu*, başka şeyler yanında şunu da yazar: "... Ben Hirsch kadar popüler olmuş bir yabancı profesörü pek az hatırlarım... Hoca, bizim Fakültenin âdeta bir mütemmim cüzü olmuştu... Akademik çalışmanın, ilmî titizliğin, fikrî bağımsızlığın, işbirliği ahlâkının, meslekî dostluğun ve anlayışın en güzel örneklerini vermiş olan Hirsch'in aziz hatıraları Fakülte Kütüphanesinden, ders salonlarından, öğrenci sıralarına kadar müessesemizin her köşesine öyle derin bir şekilde sinmiştir ki, ne Profesörün biyografisi bizde geçen yıllarından, ne de Fakültemizin tarihi onun paha biçilmez faaliyetlerinden mücerret olarak nakledilebilir. Kısacası, her köşemizde Hirsch'den bir şey bulmak mümkündür! Ve bu da az bahtiyarlık değildir!..."

İşimle nasıl bütünleştiğimi, dopdolu olduğumu, Fakültede kendimi nasıl evimdeymişçesine rahat hissettiğimi anlatan bu sözler kuşkusuz doğruydu. Ama madalyonun sadece bir yanını dile getiriyorlardı. Gerçekte ise kendi kendimden kaçmaktaydım, çünkü eskiden olduğu gibi hâlâ İstanbul'da oturmaya devam eden ailemden -karım, annem ve küçük çocuğumayrı yaşamanın doğurduğu bir sonuç olarak, hayatımda kişisel bağlar ve işe karşı bir denge eksikti. Parçalanmış olan evliliğimi yeniden onarma denemeleri, kalıcı sonuç vermiyordu, oysa Ankara ile İstanbul arasında uçak seferlerinin başlaması ile birlikte hafta sonlarında daha sık eve gitmem pekâla imkân dahilindeydi.

1949 Haziranı sonunda, sorumluluğum altında olan yıl sonu sınavlarını tamamladıktan sonra, Frankfurt (Main) Üniversitesi Hukuk Fakültesi tarafından daha 1948 Kasımında yapılan davete uyarak, bu üniversitede konuk profesör sıfatıyla beş hafta ders vermek için Frankfurt'a gittim. Ticaret şirketleri hukuku derslerinin yanısıra, Alman üniversitelerinde 1933'den bu yana okutulmayan hukuk sosyolojisi konusunu da, deyim yerindeyse, yol armağanı olarak beraberimde götürmüştüm. Bu suretle Almanya'da hukuk eğitiminin yeniden inşasına katkıda bulunacağım inancındaydım.

Arada Göttingen'e yaptığım kısa bir ziyaret sırasında Frankfurt Fakültesindeki eski meslekdaşlarımdan *Hans Thieme* ile yeniden görüşebildim. Kendi ders saatlerinden birinde Türk aile hukuku konusunda öğrencilerle sohbet etmeme izin verdi. Ama Frankfurt'ta olsun, Göttingen'de olsun daha başka uzun vadeli sözler verme, ya da bağ kurma konusunda bir karar veremiyordum.

Ancak tam bir yıl sonra, 1950 yılı yaz sömestresinde, Batı Berlin'de 1948'de yeni kurulmuş olan Freie Universität Berlin'in -aslında *Ernst Reuter*'in fikri olan çağrısını kabul ederek- Hukuk Fakültesinde bir sömestre boyunca misafir profesör olarak ticaret hukuku, hukuk felsefesi ve hukuk sosyolojisi dersleri vermeye Berlin'e gittim.

Berlin'de meslekdaşlarımla yaptığım sohbetler sırasında, Türkiye'de yaşamış olduğum hemen hemen yirmi yılı bulan süre içinde dünyada değişikliklerin sırf siyasî çalkantılar ve savaş sonucu olmadığını farkettim. En genel anlamıyla bilimde olduğu gibi, hukukta da yeni metodlar, sistemleştirmeler, teoriler ve kavramlarla kendini belli eden değişiklikler görünüyordu. Üniversitenin konukevinde yuvarlak masanın çevresinde dünyanın dört bir köşesinden Amerikan, İskandinav, Fransız ve Alman Üniversitelerinin akla gelebilecek her çeşit fakültesinden oraya gelmiş bir düzine kadar misafir profesör yemek yemek için toplandığında ortaya atılan bilimsel konular üzerinde sohbet koyulaştıkça, meslekdaşlarıma oranla ne kadar geri durumda olduğumu çok belirgin bir şekilde hissediyordum. İçimde çağdaş bilim seviyesine erişmek için karşı konmaz bir ihtiyaç büyüyordu. Türkiye'deki yıllarım sırasında kendimi "tüketmiştim", görevimi hakkıyla yerine getirebilmek için boşalan aküleri yeniden doldurmam gerekiyordu. Tespit ettiğim bir gerçek buydu. Öte yandan, yeni kurulan Üniversite'de Hukuk Fakültesinin perişan durumu içimi yakıyordu. Sovyet işgal bölgesinden batı Berlin'e kaçmış olan yüzlerce öğrenci, yeterli sayıda profesör bulunmadığı için, öğrenimlerini sürdüremiyorlardı. Hukuk derslerini, öğretim görevlisi olarak avukatlar üstlenmişti; fakat bu, en mütevazi bir seviyeyi bile karşılamaktan uzaktı. Birgün *Ernst Reuter*, bana bu durumdan söz açtı. "İstanbul ve Ankara Üniversitelerinin kuruluşunda ön safta yer aldınız ve bu üniversitelerin gelişmesinde sizin de hizmetiniz var. Bu yirmi yılda kazandığınız tecrübelerinizin meyvalarını yeni Berlin Üniversitesinin inşasında da ortaya koymanız mümkün değil mi? Bize çok değil, üç yıl yardım etseniz, köşeyi döneriz. Türkiye'deki yetkili şahsiyetlerin de, müracaat ettiğiniz takdirde, size gerekli izni vereceklerinden eminim". Anladığım kadarıyla o, günün siyasî şartlarında, Batı Berlin'in yardımına koşmanın bütün Batı Dünyası için bir tür şeref borcu olduğunu düşünmekteydi.

Hiç kuşkusuz, görev beni çok çekiyordu. Büyük çoğunluğu savaşa katılanlardan oluşan öğrenciler, ciddiyetleri, çalışkanlıkları ve dikkatleriyle beni etkilemişlerdi. Hayatımda ne daha önce, ne de daha sonra, o günlerde Dahlem'deki, -kaba saba yapılmış, oturacak yerleri dar sıralar konarak bir dersaneye dönüştürülmüş ve adına "At ahırı" (Reitstall) denen metroya ait- eski bir depoda 600 öğrencinin önünde verdiğim hukuk dersi kadar ikna edici bir ders verdiğimi hatırlamıyorum. Öğrenciler beni çabucak "benimseyip" bağırlarına basmışlardı. Ben de onların sorunlarını benimsemiştim. Berlin, özellikle de Dahlem, yaz aylarında kıraç Ankara'ya nispetle, bir çiçek bahçesi gibiydi. Üniversitenin konukevinde, konuk profesörleri rahat ettirmek, onları Berlin için ve Berlin'in Freie Universität'i için coşkulandırıp kazanmak için ne mümkünse yapılıyordu.

1950 Ağustosunun başlarında Türkiye'ye döndüğümde ayaklarım geri geri gidiyordu. Sanki halk deyimiyle bavullarımın birini Berlin'de bırakmıştım. Ayrıca dönüş yolculuğum sırasında başımdan geçen bir olay, sonradan görüleceği gibi, o güne kadarki özel hayatımı allak bullak edecek ve hayatımda yepyeni bir safhanın başlangıcı olacaktı. Ne var ki 1950 yılının ikinci yarısında ve 1951 yılında Ankara'da öylesine yoğun işler içine gömülmüştüm ki, geçici olarak Berlin'de üç yıl çalışmak fikri, o sırada tamamen bir hayaldi. Yine de arasıra siyaset adamları ve meslekdaşlarımla bunun ne dereceye kadar gerçekleştirilebilir olduğunu tartışıyordum. Daha önce de başka bir yerde belirttiğim gibi, 1950 yılında Türkiye'de yapılan tarihî parlamento seçimi ile birlikte yepyeni bir siyasî oluşum ortaya çıkmıştı. Demokrat Partinin *Menderes* hükümeti, o güne kadar istisnasız Halk Partisinin iktidarındaki hükümetlerden daha iyi şeyler yapabileceğini halka gösterme çabasındaydı. Fikir ve Sanat Eserleri Kanunu ve Ticaret Kanunu için"benim" hazırlamış olduğum taslaklar eski bakanların çekmecelerinden çıkmış ve yeni yetkili bakanın müracaatı üzerine Bakanlar Kurul tarafından, oldukları gibi, yani hiçbir değişiklik ya da ilâve yapılmaksızın kabul edilerek Parlamentoya sunulmuştu. Kanun taslakları parlamento komisyonlarında görüşüldü. 1951 yılında, zamanımı, Fakültedeki Enstitümden çok Parlamento binasının komisyon odalarında geçirmişimdir. Adalet Bakanı *Özyörük*, İçişleri Bakanlığına getirildiğinde, "antidemokratik kanunların" bertaraf edilmesini görüşmek üzere bir komisyon topladı. Bu komisyonda da çalışmam isteniyordu benden. Bu görevi, siyaset bilimcisi değil, hukukçu olduğum gerekçesiyle reddettim. Ben "anayasaya aykırı" kanun kavramını bilirdim. Ama "antidemokratik kanun" kavramı, tamamiyle politik bir slogandı ve söz konusu partinin rengine göre kâh öyle, kâh böyle yorumlanabilirdi. Böyle bir komisyonda yapabileceğim hiç bir şey yoktu. Sadece, bugün antidemokratik olarak nitelenen kanunların, her demokrat hükümetin başı sıkıştığında ihtiyaç duyabileceği türden hükümler içerdiği düşüncesindeydim. Bu düşüncemin ne kadar doğru olduğu, 1950 ile 1960 yılları arasında sık sık görüldü.

Ankara'da işlerimin çok yoğun olmasına rağmen, Berlin'deki meslekdaşlarımın, misafir profesör sıfatıyla vereceğim derslerle kendilerine yardımcı olmam konusundaki ısrarlarına birazcık olsun uyarak, 1951 Ocak ve Şubat aylarında, Türkiye'deki yarıyıl tatili sırasında Berlin Freie Universität'te birkaç hafta çalışabildim. 1951 Haziran başında Basel Hukuk Fakültesinden aldığım bir çağrı üzerine, orada "Türkiye'de İsviçre Medenî Kanunu" başlıklı bir konferans verdim. Bu vesileyle de, sonsuz saygı duyduğum hocam, devletler hususî hukuku profesörü *Hans Lewald*'ı ziyaret ettim. Hans Lewald, bir zamanlar Almanya'yı terkederken, Berlin'de istasyona kadar gelerek beni geçirmiş, birkaç yıl sonra da kendisi Berlin'i terkederek Basel'de bir kürsünün başına geçmişti.

Berlin'liler yeniden oraya gelmem için ısrara başladılar. Üç yıllık geçici bir süre için gelmeme bile razıydılar, tek Berlin'e gitmeyi kabul edeydim!

Amerikan İşgal Bölgesinde ve en azından Berlin'de hayat boyu memuriyet şartı zaten yoktu. Bütün profesörler, özel hukuk hükümlerine göre imzalanmış olan kısa vadeli sözleşmelerle göreve alınmışlardı.

Şayet ben kabul edecek olursam, en az üç profesörün daha bu örneği izleyeceklerini ummak mümkündü. Aksi takdirde ise, Fakültenin hali felâketti ve tüm proje, başarısızlıkla karşı karşıyaydı. Bütün yaz ayları boyunca yakamı bırakmayan bu meseleyi elbette *Hans Lewald*'la da konuştum.

Bütün bunlara ilâveten aile hayatımda da bir uç noktaya varmıştım. Karımın durumu gittikçe kötüleşmişti; onu bir psikiyatri kliniğinin kapalı bölümüne yatırmakdan başka çözüm kalmamıştı. Altı yaşına basan oğlum, 1951 sonbaharında Kadıköy'de bir Türk ilkokuluna yazılmıştı; oğluma artık çok yaşlanmış 80'lik annemle, çocuk bakıcısı bir kadın bakıyordu. Bu durumu değiştirmenin ve çocuğuma bir anne, kendime de sahici bir hayat arkadaşı bulmanın zamanı çoktan gelmişti. Berlin'de bunu gerçekleştirme fırsatı geçer gibi olmuştu elime.

Bütün bunların üstüste gelmesi sonucunda, Türkiye'deki Üniversiteler Kanununun üniversite profesörlerine tanıdığı bir haktan yararlanmaya karar verdim. Buna göre, Türk profesörleri resmî görevlerinden ayrılmaksızın bir ilâ üç yıllık bir süre için yabancı bir üniversitede bir kürsü yönetme, ya da ders verme imkânına sahiptiler. 1952 Ocak ve Şubat ayları için Berlin Freie Universität'te konuk profesör olarak ders vermek üzere izin almıştım. Berlin'de yalnızlık içinde, kendi başıma 50. yaş günümü kutladım. Dekan bana kocaman bir demet çiçek armağan etmişti. Çiçekleri, daha sonra da asistanım olan o günkü asistanım Dr. *Gerhard Eiselt* "Reblaus"daki otel adama getirdi. Berlin'li meslekdaşlarımın yeniden ısrara başlamaları ve Berlin (Batı) Senatosunun Halk Eğitimi yetkilileriyle yaptığım görüşmeler sonunda, nihayet, Ankara Hukuk Fakültesi Dekanı yoluyla, hiyerarşi kurallarına uyarak, Berlin kentinin Amerikan sektöründeki Berlin Freie Universität'te ders vermek için üç yıl süreyle ücretsiz izinli sayılmamı istedim. Ankara Fakültesinin yetkili organları, aslında benim müracaatım hakkında ancak görüş belirtme ve müracaatı karar için Bakanlığa iletme durumunda oldukları halde, Üniversite ile organlarının özerkliği açısından kendilerinde benim müracaatım hakkında karar verme yetkisi gördüler ve müracaatımı reddettiler.

İlk müracaatımın kanunlara aykırı bir biçimde işlem gördüğünü açıklayan ikinci bir müracaatım gene reddedildi. Bu sefer, 1952/53 öğrenim yılı başlangıcında Ankara'da görevimin başında bulunmam gerektiği de bildirilmişti. Geçen on yıl zarfında hem Fakültenin menfaatleri, hem de tek tek meslekdaşların menfaatleri için nasıl elimden geleni yapmaya hazır olduğumun bunca kanıtını yakından bilen meslekdaşlarımın bu tutumu, yani şimdi beni hizaya sokmaya kalkışmaları, doğrusu canımı fevkalâde sıktı.

Ankara Hukuk Fakültesinin söz konusu iki kararına işaretle Millî Eğitim Bakanlığına bir yazı yazarak ordinaryüs profesörlükten affımı istemek zorunda kaldım. Fakat, bir Türk vatandaşı olarak, geçerli yasa hükümleri uyarınca Türkiye dışında, Berlin Freie Universität'te bana önerilen Medenî Hukuk, Ticaret Hukuku ve Hukuk Felsefesi Kürsüsünü kabul etmeme izin verilmesini de istedim.

Türk Bakanlar Kurulu, başvurularımın üzerinden tam dokuz ay geçtikten sonra bir karar verdi. Görevimden istifamı kabul etmedi ve daha 1952 yılında istemiş olduğum iznin Fakülte tarafından reddedilmiş olmasını hiç dikkate almayarak, bana Berlin'deki görevi geçici olarak kabul etmem üzere gerekli izni verdi.

Fakat, 25 Temmuz 1953 tarihli bu Bakanlar Kurulu kararı çok geç kalmıştı! Gelişmeler bu kararı çoktan aşmış bulunuyordu. Karımın bir kliniğin kapalı bölümüne yatırılmasından sonra, evliliğimi sürdürmem artık söz konusu olamazdı. Yetkili Türk Mahkemesi boşanma kararını verdi. 10 Temmuz 1953 tarihinde, yani Bakanlar Kurulunun yukarıda andığım kararından iki hafta önce, Berlin'de yeni bir evlilik yaptım ve bundan birkaç gün sonra da Berlin Freie Universität profesörleri beni rektör seçtiler. Bu görevimi, yeniden seçilerek 1955 sonbaharına kadar sürdürdüm.

Bunun sonucunda başlangıçta geçici olarak düşündüğüm üç yıllık bir öğretim faaliyeti, Üniversiteyle öylesine güçlü bir bağa dönüşmüş oldu ki, Ankara'ya geri dönmek, her bakımdan, ailem açısından da imkânsızlaştı.

Fakat bu, Berlin'deyken de Türk menfaatlerini savunmayı ve onları kollamayı kendime görev bilmemi hiç bir şekilde etkilememiştir. Çevreme birçok genç Türk hukukçu topladım. Bu gençler, ya benim yanımda doktoralarını verdiler, ya da Türkiye'deki doçentliklerini hazırladılar. Ben, karım ve oğlum, Türkiye Cumhuriyeti vatandaşları olarak Türk Başkonsolosluğunun dosyalarında kayıtlıyızdır. Bugüne kadar (1981) Türkiye ile ilişkilerimi ayakta tutmaya çaba gösterdim. Şu geçen otuz yıla yakın süre içinde Türk hukukunun meseleleri hakkında, sadece Türkçe olarak, pekçok kitap ve makale yayınlamakla kalmadım; Almanca olarak da bilimsel kitap ve makaleler kaleme alarak, Türkçe bilmeyen Alman hukukçularına Türkiye Cumhuriyetinin yeni hukuk kültürünü tanıtmaya çalıştım.

İstanbul'lu gazeteci *Ahmed Emin Yalman*, 1958 Aralık ayında Berlin'de ziyaretime geldiğinde, "Vatan" gazetesinde şunları yazdı:

"Profesör Hirsch, Türkiye'de geçirmiş olduğu yirmi yıldan sonra tamamen bizden biri olmuştur. Herhalde iyi bir Alman'dır, ama hiç şüphesiz, aynı derecede de iyi bir Türk'tür."

Bunun Türk hukukçularının genel kanısı olduğunu, bu otuz yıl boyunca Türkler tarafından bana verilen pek çok şeref payesinden de çıkarmak mümkündür. İstanbul Üniversitesi tarafından 26.5.1978 tarihinde bana verilen fahrî doktorluk diplomasında şunlar yazılıdır:

"... haiz olduğu ahlâkî faziletler yanında, ilmin terakki ve inkişafına hizmet etmiş olan Ord. Prof. Dr. Ernst E. Hirsch'e ilmî şan ve şerefinin yükseltilmesi maksadıyla, İstanbul Üniversitesi Senatosunun ... tarihinde verdiği karar gereğince, ... İstanbul Üniversitesi Fahrî Hukuk Doktorluğu "doctor honoris causa" payesi tevcih olunmuştur."

Kişi Adlarına Göre Arama Cetveli

-A-
Abadan, Yavuz 230
Adıvar, Halide Edip 372
Adler, Dora 16
Ağralı, Fuat 310
Akipek, İlhan 336, 337
Akipek, Jale 337
Ansay, Sabri Şakir 332, 333
Ansberg, Paul 37
Aristoteles 88
Arsebük, Esad 309, 332, 365, 368
Arsel, İlhan 257, 258
Arslanlı, Halil 215, 220, 221, 222, 223, 231, 241, 243, 253,
Aster, Ernst von 284, 285, 286, 341
Atatürk 89, 187, 203, 211, 215, 227, 262, 269, 272, 276, 278, 280, 290, 299, 302, 364, 369, 372, 374, 375
Aydıner, Hidayet 377
Ayiter, Ferid 229, 377
Ayiter, Kudret 333
Ayiter, Nuşin 336

-B-
Baade, Fritz 306
Ballin, Albert 52
Banguoğlu, Tahsin 365
Başgil, Ali Fuat 232, 237
Bauer 284
Baumgarten, Arthur 163
Bayar, Celâl 370, 377
Bayru, Vedat 351
Bayur, Hikmet 209
Beeckmann 85

Belbez, Hikmet 329
Belge, Burhan 291
Beling, Ernst von 341
Berksoy, Kemal Cenap 205
Benn, Gottfried 134
Bennesch, Aduard 306
Bernstein, Wilhelm 158
Beyer, Franz 163
Bilgişin, Mehmet 311, 377
Billasch 50
Bilsel, Cemil 219, 229, 263
Binder, Julius 165, 229
Birsen, Kemalettin 230
Bischof, Norbert von 294
Boor, Hans Otto 117, 163, 165
Boran, Behice 341
Borchardtz, Rudolf 286
Bötticher, Edward 135
Böhm, Franz 384
Brandis, Bernhard 156, 180
Brann, Hedwig 172
Brentano, Lujo 129
Bruck, Eberhardt 164
Buch, Dorchen 3
Burchard, Karl 117

-C-
Cemal, Hüsnü 192
Churchill 289
Cicero 91, 94, 115
Clemenceau 74
Cohn, Ernst 164, 169, 191
Coing 384
Cosack, Konrad 129, 132

Croix, Féaux de la 163, 172, 175, 182, 384
Crozat, Charles 249, 352

-Ç-
Çernis, Volf 251, 254, 256

-D-
Dember 285
Demirelli, Fuat Hulusi 266
Devecioğlu, Hayri 380
Devrim, Şinasi 378
Dickens, Charles 342
Dilemre 309
Dixelius, Hildur 285
Doğanay, İsmail 379
Dönmezer, Sulhi 239, 243, 255, 267
Dreher, Ferdinand 30, 57, 80
Drumm, Otto 49, 62, 63

-E-
Ebert 76
Eberhard 369
Eckhard, Karl August 164, 165
Edward VII 268
Eflâtun bkz. Platon
Eger 134
Ehrhardt, Arnold 164
Ehrenberg, Victor 131
Eiselt, Gerhard 389
Eisner 77, 101
Eitz, Carl 34
Elbir, Ali Kemal 202, 229, 376
Emge, Karl August 135
Engelmann, Bernt 37
Englaender, Konrad 167
Erzber, Matthias 101
Ete, Muhlis 219, 380, 322

-F-
Fees, Else 134
Fees, Karl 134

Felek, Burhan 217, 222
Fındıkoğlu, Fahrettin 338, 369
Finley - Freundlich 283, 287
Flechtheim 153
Foche 68
Frank 283
Frank, Reinhard von 129
Freisler, Ronald 179
Fröhlich 138
Fuchs, Theodor 269, 284
Fürst, Max 101

-G-
Galgano 244, 381
Gediz, Hadi 283
Gerlach, Walter 381, 382, 383, 385
Gerloff, Wilhelm 117
Gierke, Julius von 165, 166
Gierke, Otto von 138, 165
Giese, Friedrich 117, 163
Glass 384
Goethe 1, 2, 59, 127, 178
Goldenberg 283
Goldmann, Bernhard 9
Goldmann, Paul 20
Goldmann, Philipp 20
Gottschalk 290
Gmelin 134
Gökberg, Macit 286
Göknil, Mazhar Nedim 311, 377
Göktürk, Hüseyin Avni 350, 351, 352, 354, 378
Gönensay, Samim 230
Graf, Goothold 66
Gral, August Ritter von 294
Groedel, Hand 121
Groh 137
Grödel, Täubchen 6
Güler, Cemal Nadir 216
Gültekin, Galip 222, 231, 253
Günaltay, Şemsettin 365
Günther 137, 141

Günzberg, Sami 269, 271, 283
Gürtner 180
Güterbock 369

-H-
Hachenburg 153
Hanstein, Herman 80
Heilbronn, Alfred 192
Heilfron 166
Heimberger 163
Heimeran, Ernst 121
Heine, Heinrich 10
Hempen 179
Heisenberg, Werner 182
Heller, Herman 163
Henkel, Heinrich 164
Henning 117
Hermann, Armin 182
Hermann, Fritz H. 30, 33
Heyland 135
Hildenbrandt, Fred 101
Hillel 41
Hiller, Holde 267
Himmelsreich, Oswald 81
Hindemith, Paul 64, 349
Hindenburg 52, 69, 176
Hippel, Fritz von 164, 165
Hippel, Robert von 165
Hirsch, Edward 3
Hirsch, Emil 4, 30, 34, 35, 52
Hirsch, Georg 12
Hirsch, Hannelore 276, 277, 278
Hirsch, Lina 3, 4, 5, 13
Hirsch, Louis 2, 17
Hirsch, Margarethe 4, 104
Hirsch, Mayer J. 2, 6, 13, 46
Hirsch (Baron) 195
Hitler 97, 176, 177, 190, 196, 222, 272
Hock, Hermann 63, 65, 66, 120, 126, 147, 154
Hodler 127

Hoelscher 160, 168
Hoeniger, Heinrich 167
Homburg, Brendel von 18
Homer 92
Honig, Richard 165, 191, 229, 230, 283, 286
Horatius 83, 92
Houeck, Alfred 385
Hundhammer 385
Huosmann, Rüdiger 35

-I-
Irmak, Sadi 350, 351

-İ-
İnce, Refik 317, 318, 353
İnönü, İsmet 276, 304, 347, 349
İrdelp, Neşet Ömer 207
İşbay, Ali Hüseyin 318

-J-
Jäger, Herbert 161
Jessen, Jens 165
Jhering, Rudolph von 131

-K-
Kaempfert 120
Kansu, Şevket Aziz 365
Kant 115, 116, 326
Kapp 102, 103
Karal, Enver Ziya 381
Karayalçın, Yaşar 336, 355
Karon 199
Katz 203, 204, 205, 206, 207, 272, 283
Kaufmann 381
Kayser, Wemer 83
Kemal, Ali 229
Kessler, Gerhard 229, 243, 309, 369
Kisch, Wilhelm 129, 132
Kitzinger, Hans 195, 196, 197, 199, 203, 204

Klausing, Friedrich 39, 147, 157, 161, 162, 169, 176, 183
Kluge 121
Koblenz, Isaak 36
Koch, Hanns 80
Konstantin I 271
Koraltan, Refik 370
Korn, Karl 101
Koschacker, Paul 333
Köprülü, Fuat 370
Krantz, Hubert 35
Krieck 170

-L-
Landsberger, Benno 333, 349, 350, 366, 369
Larenz 165
Lehmann, Julius 153, 170, 183
Levy, Ernst 117, 163
Lewald, Hans 163, 167, 169, 186, 388
Liebknecht, Karl 100
Lipman, R. Elieser 25
Lipschitz 283
Lloyd, George 74
Loti, Pierre 198
Lotz 129
Löwenick, Trudl 154
Ludwig, Ernst 26
Luther, Martin 28, 40, 63, 85
Luxemburg, Rosa 100
Lüttwitz (General) 102, 103
Lyon-Caen 184

-M-
Maelzig, Herbert 294
Magnus, Julius 158, 160, 170, 186
Maier, Ernst 341
Malata, Fritz 60
Malche H. 189, 190, 192, 210, 211, 212, 217, 227, 228, 229, 230, 231, 232, 239, 248, 249, 250, 254, 255, 361, 363

Mamboury, Ernest 199
Manasse, E. 246
Mannheimer, David 6
Mardin, Ebülûla 230, 232
Maximilian 25
Mayer, Max Ernst 117, 163
Meer, van der 117, 183
Mefistofeles 98
Mejers 183
Melanchton, Philipp 85, 86, 87, 89, 90, 91, 92, 93, 94
Menderes, Adnan 370, 371, 378, 388
Meyer, Herbert 164, 165, 166
Meyerhoff, Rosa 104
Michaelis 165
Miezi 206, 207, 271, 273
Milaslı, Gad Franko 376
Mittermaier 134, 139
Mombert 137
Montgomery 384
Mussolini 279

-N-
Napoleon I 38, 70
Nassau, Graf Adolf von 29
Naumann, Friedrich 17
Nausbaum, Arthur 150
Nebel 121
Nebenzahl, Ernst 168
Neumark 191, 229, 283, 369
Neumeir 132
Neumeyer, Karl 129
Niemann, Engelhardt 164
Nietzsche 115
Nikola II 26
Noordman, W.E. 191
Noyan, Abdülkadir 356, 359, 365
Nussbaum, Arthur 150

-O-
Oberndorfer 283
Onar, Sıddık Sami 223, 232, 255, 361

Onegin, Sigrid 125
Ophüls 172, 384
Oppenheim 185
Oppenheimer, Franz 7, 117

-Ö-
Örtmann, Paul 165
Özyörük, Halil 371, 378, 388
Özyörük, Mukbil 335

-P-
Pagenstecher 117
Pape 117, 172
Peker, Recep 269, 271, 272, 273, 274, 277, 282, 301, 302, 364
Pelin, Fazıl 207, 249
Peters, Ernst 66
Pforten, von der 127
Pittard 299
Platon 59, 92, 94, 115, 345
Postacıoğlu, İlhan 222
Praetorius, Ernst 322, 330, 348, 349, 350, 356
Preuss, Hugo 132

-Q-
Quidde, Ludwig 126
Quincke 155
Quincke (Doktor) 283

-R-
Rabel, Ernst 129
Raife 325
Rathenau, Walter 101, 132
Reich, Franz 51
Reif, Heinrich 46
Reimann, Hans 116
Reitz 53, 55, 56, 57, 59
Reiz, Frantz 42
Reşit, Galip 190, 209, 211, 228
Reuter, Ernst 306, 315, 350, 386, 387
Reuter, Fritz 278

Rheinfelder, Hans 381
Rodenhausen 57
Rohde, Georg 347, 369
Roosevelt 289
Rosbaud, Hans 122
Rosenberg, Hans 274, 286, 287, 288
Rosenberg, Leo 135, 136, 137, 382
Rothenbücher 129, 132
Rothschild, Fritz 127, 155
Röhrich, Lutz 28
Röpke 192, 219, 229, 318
Ruben, Walter 275, 318, 324, 330, 369
Ruprecht 33
Rüstow 229, 324

-S-
Saenger, August 147, 148, 149, 150, 151, 152, 153, 163, 182, 183
Salta, Stefanie 118
Sandberger 127
Saraçoğlu, Şükrü 310, 315, 376
Schaefer 180
Schaffstein 165
Schantz, Arno 164
Scheidemann 76, 77
Schiedermaier 384
Schlegelberger 170, 260
Schmidt, Fritz 117
Schmidt, Karl 56, 57, 59, 60, 63, 65, 67, 71, 80, 120
Schmidt, Wolf 68
Schneider, Fedor 157
Schopenhauer 115
Schön, Paul 165
Schröder, Hans 126, 127, 380, 384
Schuppert 172
Schütz 142
Schütz, Heinrich 63, 64
Schwartz, Andreas B. 167, 189, 230, 257, 283, 333, 352
Schwartz, Philip 189, 190, 191, 192, 217, 306

Selk 153
Seneca 245
Shakespeare 58
Scheltema 183, 184, 189, 190, 192
Sinzheimer, Hugo 117, 161, 163, 183
Sirer, Reşat Şemsettin 364
Sirmen, Fuat 373
Sokrates 118
Sophokles 93, 94
Spitzweg, Carl 29
Stalin 289
Stein 384
Stoltze, Friedrich 79, 105, 119
Strasburg 166
Strohmann 57
Strupp, Karl 117, 163, 191, 229
Subise 70
Sur, Fadıl Hakkı 201

-T-
Talip, Şemsettin 230
Talu, Ercüment Ekrem 295
Tandoğan, Enver 348, 380
Temistokles 75, 91
Terentius Varro 69
Thaller 184
Theodosius I 270
Thieme, Hans 167, 175, 182, 386
Tirpitz 52
Titze 117, 130
Topçuoğlu, Hamide 251, 256, 267, 336, 337, 338, 342, 345, 355, 385
Tör, Vedat Nedim 295
Trier 115, 184
Türel, Ali Rıza 337

-U-
Ungewitter 172
Usinger 121
Usinger, Fritz 122
Uzbark, Hamide (Bkz. Topçuğlu)

-X-
Xenophon 92
Xerxes 75

-V-
Ventura, Mişon 230
Vergil 92
Verrocchio 136
Voss, J.H. 45, 55

-W-
Walter, Bruno 125
Walz 78
Wenger 129
Wertheimer, Ludwig 183
Widmann, Horst 189, 219
Wilbrandt, Hans 306
Wilhelm, II 26
Wilson 74, 75, 76
Winterstein 350
Wolf, Erik 167
Wolff, Hans Wulius 164
Wölfflin, Heinrich 127, 129
Wunderlich 180

-Y-
Yalman, Ahmet Emin 390
Yücel, Hasan Ali 89, 209, 309, 346, 361

-Z-
Zitelmann, Ernst 129, 130, 131, 135
Zweig, Stefan 134
Zizek, Franz 117
Zycha 135, 138